해커스 TSC 한 권으로 끝내기

3

정확한 발음으로 답변할 수 있어요!

다양한 버전의 MP3와
[발음 완성 트레이너] 프로그램으로
정확한 발음으로 답변하는 법을
알려드립니다.

4

빠르고 논리적으로 답변할 수 있어요!

각 부분별로 모든 문제에
활용 가능한 [답변 템플릿]과
[답변문장 패턴]을 알려드립니다.

해커스 중국어 TSC 한 권으로 끝내기 200% 활용법!

TSC 발음 완성 트레이너로 정확한 발음 완성!

▲ 해커스ONE 앱 다운받기

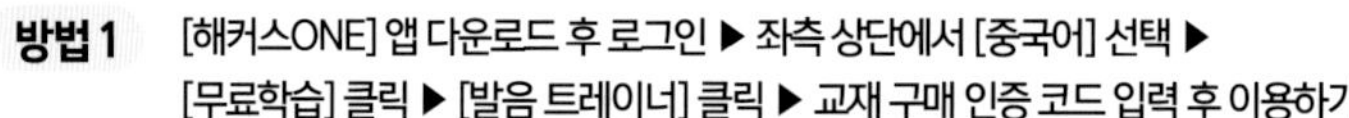

방법 1 [해커스ONE] 앱 다운로드 후 로그인 ▶ 좌측 상단에서 [중국어] 선택 ▶ [무료학습] 클릭 ▶ [발음 트레이너] 클릭 ▶ 교재 구매 인증 코드 입력 후 이용하기

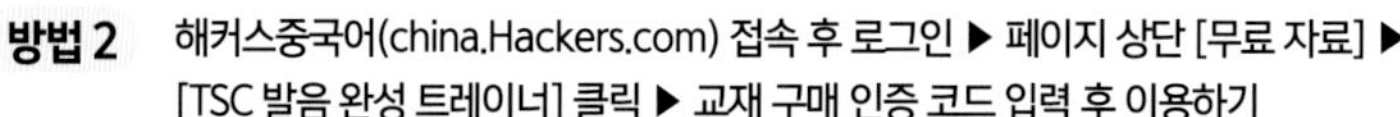

방법 2 해커스중국어(china.Hackers.com) 접속 후 로그인 ▶ 페이지 상단 [무료 자료] ▶ [TSC 발음 완성 트레이너] 클릭 ▶ 교재 구매 인증 코드 입력 후 이용하기

TSC 직청직해 쉐도잉 연습을 통해 문제 빠르게 이해하기!

방법 1 [해커스ONE] 앱 다운로드 후 로그인 ▶ 좌측 상단에서 [중국어] 선택 ▶ [교재·MP3] 클릭 ▶ 본 교재 클릭 ▶ [무료자료]의 [빈출문제 직청직해 쉐도잉 연습] 클릭 후 이용하기

방법 2 해커스중국어(china.Hackers.com) 접속 후 로그인 ▶ 페이지 상단 [무료 자료] ▶ [TSC 직청직해 쉐도잉] 클릭 후 이용하기

TSC 온라인 영상 모의고사로 실전감각 UP!

이용방법 해커스중국어(china.Hackers.com) 접속 후 로그인 ▶ 페이지 상단 [교재/MP3] 클릭 ▶ 본 교재 클릭 ▶ [TSC 온라인 모의고사] 클릭 후 이용하기

TSC 무료 MP3로 매일 복습하기!

이용방법 해커스중국어(china.Hackers.com) 접속 후 로그인 ▶ 페이지 상단 [교재/MP3] ▶ [교재 MP3/자료] 클릭 ▶ 본 교재 선택 후 이용하기

만능 표현 비법 노트로 어떤 문제에도 대비 가능!

이용방법 본 교재에 수록된 중철부록을 분리하여 시험장에 가져가기

본 교재 인강 20% 할인쿠폰

3934FAB646265FYC * 쿠폰 유효기간: 쿠폰 등록 후 30일

▲ 쿠폰 등록하기

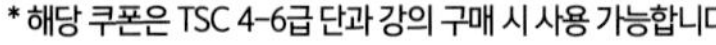

* 해당 쿠폰은 TSC 4-6급 단과 강의 구매 시 사용 가능합니다.
* 본 쿠폰은 1회에 한해 등록 가능합니다.
* 이 외 쿠폰 관련 문의는 해커스중국어 고객센터(02-537-5000)로 연락 바랍니다.

이용방법 해커스중국어(china.Hackers.com) 접속 후 로그인 ▶ 나의강의실 ▶ 내 쿠폰 확인하기 ▶ 쿠폰번호 등록

해커스 TSC 중국어 한 권으로 끝내기

해커스 어학연구소

목차

목표 급수 취득을 위한 본 교재 활용법 4 | TSC의 모든 것 8 | TSC 부분별 출제 유형 및 답변 가이드 10 | 나에게 맞는 TSC 목표 급수와 학습법 14 | 목표 급수 취득을 위한 한 달 학습 플랜 16

TSC 기본기 쌓기

01 在로 지금 진행 중인 동작 말하기 20
02 着로 지속되는 상태 또는 상황 말하기 21
03 了로 완료된 동작 또는 상황의 변화 말하기 22
04 过로 경험했던 동작 말하기 23
05 和로 여러 가지 항목을 나열하거나 특정 상황을 함께 겪는 사람 말하기 24
06 从으로 장소 또는 시간의 출발점 말하기 25
07 是…的로 사람·장소·방법·시점 등을 강조하여 말하기 26
08 把로 특정 사물이나 대상의 처리 결과 자세히 말하기 27
09 让으로 하라고 시키는 내용 말하기 28
10 得로 동작의 정도를 보충하여 말하기 29
11 사실을 확인하는 질문에 즉답하기 30
12 단순한 정보를 묻는 질문에 즉답하기 31
13 구체적인 사항을 묻는 질문에 즉답하기 32
14 선택을 요구하는 질문에 즉답하기 33
15 제안 또는 요청하는 질문에 즉답하기 34
16 자연스러운 리액션을 요구하는 질문에 즉답하기 35
17 소개 또는 설명을 요청하는 질문에 즉답하기 36
18 이유 또는 원인을 묻는 질문에 즉답하기 37
19 견해를 묻는 질문에 즉답하기 38
20 장점·단점을 묻는 질문에 즉답하기 39

제1부분 자기 소개

01 이름 말하기 46
02 출생 연월일 말하기 47
03 가족 수 말하기 48
04 소속 말하기 49
실전 테스트 50

제2부분 그림 보고 답하기

01 장소/위치, 직업 관련 그림 보고 답하기 58
02 동작/상태, 비교 관련 그림 보고 답하기 66
03 숫자 관련 그림 보고 답하기 74
실전 테스트 86

제3부분 대화 완성

01 기호·습관 관련 대화 완성하기 94
02 계획·경험 관련 대화 완성하기 104
03 제안·의견 관련 대화 완성하기 114
04 정보·상황 관련 대화 완성하기 124
실전 테스트 134

제4부분 일상 화제에 대해 설명하기

01 생활 습관에 대해 설명하기 142

02 여가·관심사에 대해 설명하기 152

03 인생관에 대해 설명하기 162

실전 테스트 172

제5부분 의견 제시

01 일상 관련 의견 제시하기 180

02 교육·직업 관련 의견 제시하기 190

03 인생관 관련 의견 제시하기 200

04 트렌드·이슈 관련 의견 제시하기 210

실전 테스트 220

제6부분 상황 대응

01 제안·요청하며 상황 대응하기 228

02 약속·예약하며 상황 대응하기 240

03 정보 교류하며 상황 대응하기 252

04 특정 태도로 상황 대응하기 264

실전 테스트 276

제7부분 스토리 구성

01 가족·친구 관련 만화의 스토리 구성하기 284

02 낯선 사람 관련 만화의 스토리 구성하기 294

03 주인공 1인 관련 만화의 스토리 구성하기 304

실전 테스트(1),(2) 314

실전모의고사 316

모범답변 및 해석 334

부록&MP3

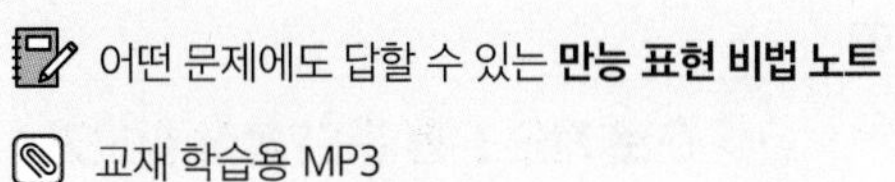

무료 학습 도구

TSC 온라인 영상 모의고사
TSC 발음 완성 트레이너
TSC 빈출 문제 직청직해 쉐도잉 연습

* 교재 학습용 MP3, 발음 완성 트레이너, 직청직해 쉐도잉 연습, 온라인 영상 모의고사는 해커스중국어 사이트(china.Hackers.com)에서 무료로 다운로드 및 이용하실 수 있습니다.

목표 급수 취득을 위한

본 교재 활용법

1 **문장 말하기**와 **즉문즉답법**으로 TSC 기본기를 쌓는다!

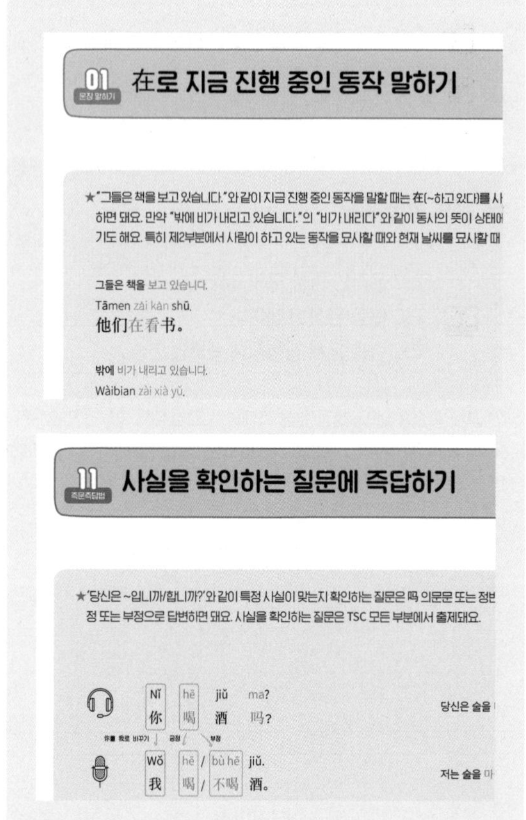
01 문장 말하기

在로 지금 진행 중인 동작 말하기

★"그들은 책을 보고 있습니다."와 같이 지금 진행 중인 동작을 말할 때는 在(~하고 있다)를 사
하면 돼요. 만약 "밖에 비가 내리고 있습니다."의 "비가 내리다"와 같이 동사의 뜻이 상태에
기도 해요. 특히 제2부분에서 사람이 하고 있는 동작을 묘사할 때와 현재 날씨를 묘사할 때

그들은 책을 보고 있습니다.
Tāmen zài kàn shū.
他们在看书。

밖에 비가 내리고 있습니다.
Wàibian zài xià yǔ.

11 즉문즉답법

사실을 확인하는 질문에 즉답하기

★'당신은 ~입니까/합니까?'와 같이 특정 사실이 맞는지 확인하는 질문은 때 의문문 또는 정반
정 또는 부정으로 답변하면 돼요. 사실을 확인하는 질문은 TSC 모든 부분에서 출제돼요.

Nǐ hē jiǔ ma?
你 喝 酒 吗?
당신은 술을

Wǒ hē / bù hē jiǔ.
我 喝 / 不喝 酒。
저는 술을 마

▲ 어법 오류 없이 정확하게 답변하기 위해 꼭 알아두어야 할 중국어 문장 말하는 방법을 학습할 수 있고, 질문을 듣고 그에 맞는 답변을 바로 말할 수 있게 되는 즉문즉답법을 학습할 수 있습니다.

문장 말하기와 즉문즉답법을 학습하여 TSC 기본기를 차근차근 쌓아보세요.

2 **답변 템플릿, 빈출 표현, 답변문장 패턴**으로 실력을 다진다!

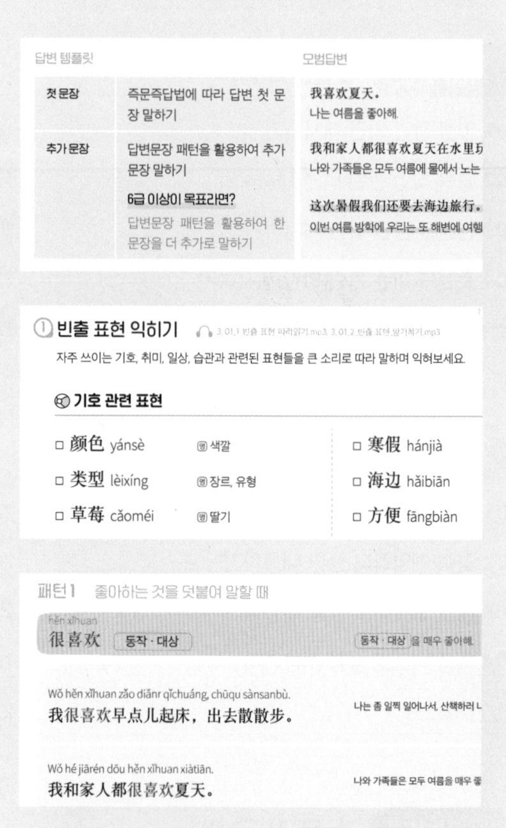
답변 템플릿		모범답변
첫 문장	즉문즉답법에 따라 답변 첫 문장 말하기	我喜欢夏天。 나는 여름을 좋아해.
추가 문장	답변문장 패턴을 활용하여 추가 문장 말하기	我和家人都很喜欢夏天在水里玩 나와 가족들은 모두 여름에 물에서 노는
	6급 이상이 목표라면? 답변문장 패턴을 활용하여 한 문장을 더 추가로 말하기	这次暑假我们还要去海边旅行。 이번 여름 방학에 우리는 또 해변에 여행

① 빈출 표현 익히기

자주 쓰이는 기호, 취미, 일상, 습관과 관련된 표현들을 큰 소리로 따라 말하며 익혀보세요.

기호 관련 표현

□ 颜色 yánsè 명 색깔
□ 类型 lèixíng 명 장르, 유형
□ 草莓 cǎoméi 명 딸기
□ 寒假 hánjià
□ 海边 hǎibiān
□ 方便 fāngbiàn

패턴1 좋아하는 것을 덧붙여 말할 때

hěn xǐhuan
很喜欢 동작·대상

동작·대상을 매우 좋아해.

Wǒ hěn xǐhuan zǎo diǎnr qǐchuáng, chūqu sànsanbù.
我很喜欢早点儿起床，出去散散步。
나는 좀 일찍 일어나서, 산책하러 나

Wǒ hé jiārén dōu hěn xǐhuan xiàtiān.
我和家人都很喜欢夏天。
나와 가족들은 모두 여름을 매우 좋

▲ 각 부분별로 답변을 더 빠르게 만들어 말할 수 있는 답변 템플릿, 각 주제별로 자주 출제되는 빈출 표현, 그리고 답변 문장을 만드는 데 활용할 수 있는 답변문장 패턴을 학습할 수 있습니다.

답변 템플릿, 빈출 표현, 답변문장 패턴을 학습하여 실력을 다져보세요.

3 빈출 문제와 실전모의고사로 실전 감각을 익힌다!

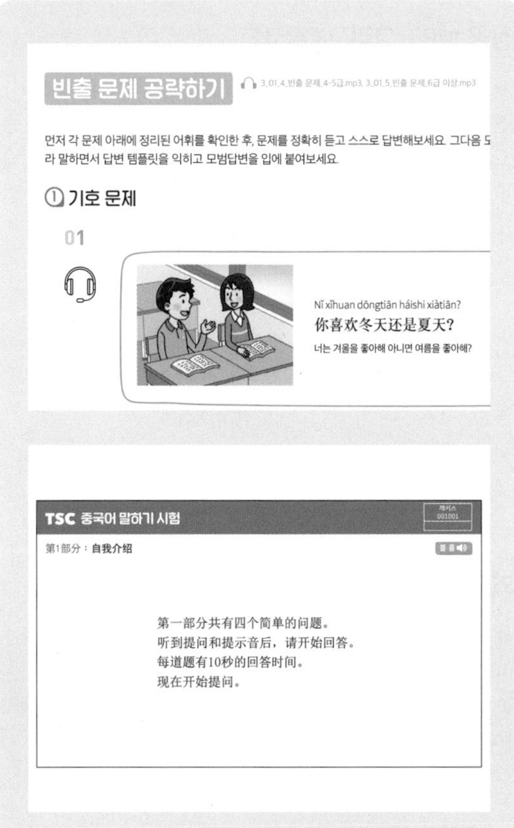
빈출 문제 공략하기 3_01_4_빈출 문제_4-5급.mp3, 3_01_5_빈출 문제_6급 이상.mp3

먼저 각 문제 아래에 정리된 어휘를 확인한 후, 문제를 정확히 듣고 스스로 답변해보세요. 그다음 도
라 말하면서 답변 템플릿을 익히고 모범답변을 입에 붙여보세요.

① 기호 문제

01

Nǐ xǐhuan dōngtiān háishi xiàtiān?
你喜欢冬天还是夏天?
너는 겨울을 좋아해 아니면 여름을 좋아해?

TSC 중국어 말하기 시험

第1部分：自我介绍

第一部分共有四个简单的问题。
听到提问和提示音后，请开始回答。
每道题有10秒的回答时间。
现在开始提问。

▲ 최신 출제경향을 반영한 빈출 문제와 답변 템플릿에 따라 작성된 모범답변을 한번에 학습할 수 있습니다. 그리고 실제 시험과 동일한 형태와 난이도로 구성된 실전모의고사를 풀어볼 수 있습니다.

빈출 문제로 실전 감각을 익히고, 실전모의고사로 실전 감각을 극대화하여 시험에 완벽히 대비하세요.

4 [만능 표현 비법 노트]로 실력을 업그레이드한다!

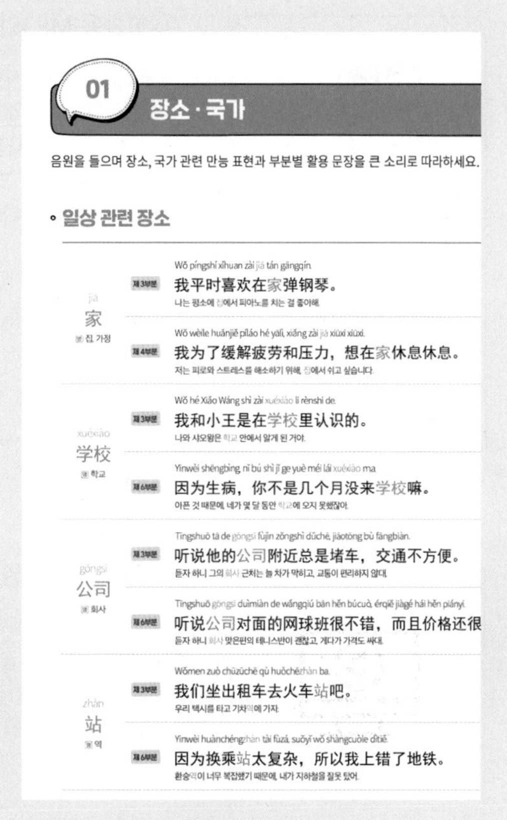
01 장소·국가

음원을 들으며 장소, 국가 관련 만능 표현과 부분별 활용 문장을 큰 소리로 따라하세요.

• 일상 관련 장소

jiā 家 명 집, 가정

제3부분 Wǒ píngshí xǐhuan zài jiā tán gāngqín.
我平时喜欢在家弹钢琴。
나는 평소에 집에서 피아노를 치는 걸 좋아해.

제4부분 Wǒ wèile huǎnjiě píláo hé yālì, xiǎng zài jiā xiūxi xiūxi.
我为了缓解疲劳和压力，想在家休息休息。
저는 피로와 스트레스를 해소하기 위해, 집에서 쉬고 싶습니다.

xuéxiào 学校 명 학교

제3부분 Wǒ hé Xiǎo Wáng shì zài xuéxiào li rènshi de.
我和小王是在学校里认识的。
나와 샤오왕은 학교 안에서 알게 된 거야.

제6부분 Yīnwèi shēngbìng, nǐ bú shì jǐ ge yuè méi lái xuéxiào ma.
因为生病，你不是几个月没来学校嘛。
아픈 것 때문에, 네가 몇 달 동안 학교에 오지 못했잖아.

gōngsī 公司 명 회사

제3부분 Tīngshuō tā de gōngsī fùjìn zǒngshì dǔchē, jiāotōng bù fāngbiàn.
听说他的公司附近总是堵车，交通不方便。
듣자 하니 그의 회사 근처는 늘 차가 막히고, 교통이 편리하지 않대.

제6부분 Tīngshuō gōngsī duìmiàn de wǎngqiú bān hěn búcuò, érqiě jiàgé hái hěn piányi.
听说公司对面的网球班很不错，而且价格还很
듣자 하니 회사 맞은편의 테니스반이 괜찮고, 게다가 가격도 싸대.

zhàn 站 명 역

제3부분 Wǒmen zuò chūzūchē qù huǒchēzhàn ba.
我们坐出租车去火车站吧。
우리 택시를 타고 기차역에 가자.

제6부분 Yīnwèi huànchéngzhàn tài fùzá, suǒyǐ wǒ shàngcuòle dìtiě.
因为换乘站太复杂，所以我上错了地铁。
환승역이 너무 복잡했기 때문에, 내가 지하철을 잘못 탔어.

▲ 교재에 수록된 표현 중 활용도가 매우 높은 만능 표현만 모아 부분별 예문과 함께 학습할 수 있습니다.

시험장에 들어가는 순간까지 [어떤 문제에도 답할 수 있는 만능 표현 비법 노트](별책 부록)를 반복적으로 보며 실력을 한 층 업그레이드하세요.

목표 급수 취득을 위한

본 교재 활용법

5 입체적 MP3와 다양한 학습 프로그램으로 답변 실력을 극대화한다!

MP3 바로듣기

① 학습용 MP3와 고사장용 MP3, 그리고 QR코드

해커스중국어 사이트에서 다양한 버전의 MP3를 제공하고 있습니다. [따라읽기], [암기하기] 등 다양한 버전의 학습용 MP3로 듣고 말하는 실력을 향상할 수 있을 뿐만 아니라, [고사장 버전으로 풀어보기]를 통해 실제 고사장 환경 속에서 집중 학습이 가능합니다. 그리고 QR코드를 통해 모든 음원을 다운로드 없이 언제 어디서나 들어볼 수 있습니다.

- MP3 이용 경로

해커스중국어(china.Hackers.com) 접속 ▶ 상단의 [교재/MP3] ▶ [교재 MP3/자료] ▶ [해커스 TSC 한 권으로 끝내기]

온라인 영상 모의고사 바로가기

② TSC 온라인 영상 모의고사

해커스중국어 사이트에서 실제 TSC 시험과 동일한 형태와 난이도로 구성된 '해커스 TSC 한 권으로 끝내기 온라인 영상 모의고사'를 이용할 수 있습니다. 교재에 수록된 실전모의고사를 실제 TSC 시험과 동일한 순서로 진행되는 온라인 모의고사로 풀어보며 실전 감각을 극대화하세요.

- '온라인 영상 모의고사' 이용 경로

해커스중국어(china.Hackers.com) 접속 ▶ 페이지 상단 [교재/MP3] ▶ [교재 MP3/자료] ▶ [해커스 TSC 한 권으로 끝내기] ▶ [TSC 온라인 모의고사] 클릭

발음 완성 트레이너
바로가기

③ TSC 발음 완성 트레이너

해커스중국어 사이트에서 정확한 발음으로 답변하는 실력을 키울 수 있는 'TSC 발음 완성 트레이너' 프로그램을 이용할 수 있습니다. '발음 완성 트레이너'는 교재에 수록된 모범답변을 직접 녹음해보고 들어볼 수 있으며, 또한 원어민 음성과 비교해보며 자신의 발음을 스스로 교정할 수 있습니다.

- '발음 완성 트레이너' 프로그램 이용 경로

① PC 버전: 해커스중국어(china.Hackers.com) 접속 ▶ 상단의 [무료 자료] ▶ [TSC 발음 완성 트레이너] 클릭

② 모바일 버전: 해커스ONE 앱 다운로드 ▶ [중국어] 클릭 ▶ [무료학습] 클릭 ▶ [발음 트레이너] 클릭

직청직해 쉐도잉 연습
바로가기

④ TSC 빈출 문제 직청직해 쉐도잉 연습

해커스중국어 사이트에서 직청직해 실력을 키울 수 있는 '빈출 문제 직청직해 쉐도잉 연습' 프로그램을 이용할 수 있습니다. '빈출 문제 직청직해 쉐도잉 연습'은 자주 출제되는 문제들을 직접 듣고 쉐도잉하면서 문제를 정확히 따라 말했는지 또 제대로 이해했는지 확인할 수 있으며, 결과적으로 직청직해 실력과 함께 발음 실력도 향상시킬 수 있습니다.

- '빈출 문제 직청직해 쉐도잉 연습' 프로그램 이용 경로

① PC 버전: 해커스중국어(china.Hackers.com) 접속 ▶ 페이지 상단 [무료 자료] ▶ [TSC 직청직해 쉐도잉 연습] 클릭

② 모바일 버전: 해커스ONE 앱 다운로드 ▶ [중국어] 클릭 ▶ [교재·MP3] 클릭 ▶ [해커스 TSC 한 권으로 끝내기] ▶ [무료자료] 클릭 ▶ [직청직해 쉐도잉 연습] 클릭

TSC의 모든 것

TSC란?

TSC(Test of Spoken Chinese)는 국내 최초의 CBT(Computer-Based Test) 방식의 중국어 말하기 시험으로, 중국어 학습자의 말하기 능력을 직접적으로 평가하는 시험입니다.

TSC 시험 구성

TSC는 모두 7개의 부분, 총 26문항으로 구성되어 있으며, 평가 시간은 총 50분(오리엔테이션: 20분, 시험: 30분)입니다.

구분	구성	답변 준비시간	답변 시간	문제 수
제1부분	자기 소개	0초	10초	4개
제2부분	그림 보고 답하기	3초	6초	4개
제3부분	대화 완성	2초	15초	5개
제4부분	일상 화제에 대해 설명하기	15초	25초	5개
제5부분	의견 제시	30초	50초	4개
제6부분	상황 대응	30초	40초	3개
제7부분	스토리 구성	30초	90초	1개

TSC 평가 방법

TSC는 이해도, 반응도, 정확도 등 답변의 전반적인 수준을 측정하여 급수를 부여하고, 유창성·어법·어휘·발음으로 평가 영역을 나누어, 4가지 평가 영역별로 성취도 평가를 진행합니다. 마지막으로 평가 완료된 답변을 무작위로 골라 동일 기준으로 평가가 되었는지 검토한 후 최종적으로 평가를 마무리합니다.

TSC 급수별 수준

시험 결과는 초급부터 최상급까지 10단계로 구분하여 등급으로 표시됩니다.

급수	수준	급수	수준
1급	인사말만 겨우 말할 수 있는 수준	6급	일반적인 화제에 대해 내용이 충실하고 구체적으로 답할 수 있는 수준
2급	어휘와 구(句) 사용이 제한적이고 기본적인 의사소통만 가능한 수준	7급	일반적인 화제에 대해 적극적으로 자신감을 갖고 대응할 수 있는 수준
3급	기초적인 어휘와 어법으로 구성한 간단한 문장을 말할 수 있는 수준	8급	대부분의 문제에 명확하고 설득력을 갖추어 답변할 수 있는 수준
4급	기초적인 사회 활동에 필요한 대화를 구사할 수 있는 수준	9급	대부분의 화제에 적극적으로 대처하고 자세히 설명할 수 있는 수준
5급	일반적인 화제에 대해 답변할 수 있고 기본적인 사회 활동에 지장이 없는 수준	10급	모든 질문에 풍부한 어휘와 복잡한 문형을 사용해 조리 있게 답변할 수 있는 수준

TSC 접수부터 성적 확인까지

1. TSC 시험 접수

TSC 홈페이지 (https://www.ybmtsc.co.kr)에서 왼쪽 상단의 [시험접수]를 클릭하여 접수합니다.

*TSC는 반드시 홈페이지를 통해 온라인 접수를 해야 하며 우편/방문접수는 받지 않습니다.

-접수 과정: 로그인 → 시험센터 선택 → 개인 정보 입력 및 사진 등록 → 내용 확인 및 결제

2. TSC 시험 당일 준비물 : 규정 신분증

3. TSC 시험 성적 확인

(1) 성적 확인: 시험 성적은 시험일로부터 11일 후, TSC 홈페이지에서 확인이 가능합니다.
- 성적 확인 과정: 홈페이지 상단의 [성적확인] 클릭 → 로그인 → 비밀번호 재입력 → '자세히보기' 클릭

(2) 성적표 수령 방법: 성적표는 시험 접수 시 선택했던 온라인 출력 또는 우편 수령 방법으로 받아볼 수 있습니다.

(3) 성적 유효기간: 성적은 시험 시행일로부터 2년 후 해당 시험 일자까지입니다.

TSC 부분별
출제 유형 및 답변 가이드

제1부분 - 자기 소개

이름, 출생 연월일, 가족 수, 소속 등 자기 소개 관련 질문을 듣고 답하는 유형이에요.

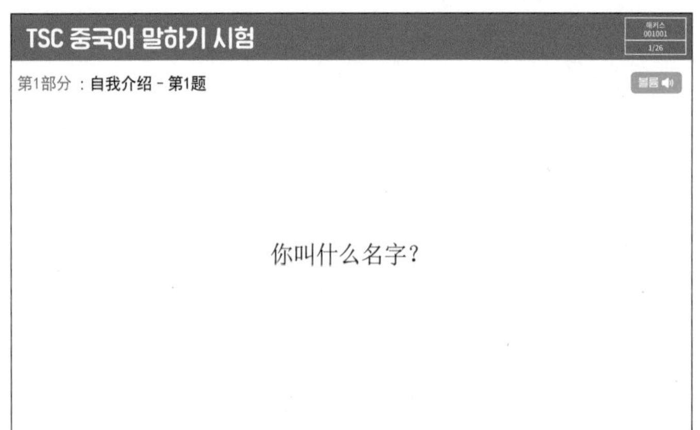

- 문제 수: 4개
- 답변 준비시간: 0초
- 답변시간: 10초

답변 가이드

미리 준비한 이름, 출생 연월일, 가족 수, 소속에 대한 답변을 정확한 발음으로 끊김 없이 답변하세요.

제2부분 - 그림 보고 답하기

화면 속 그림을 보고 음성으로 들리는 질문에 맞게 답하는 유형이에요.

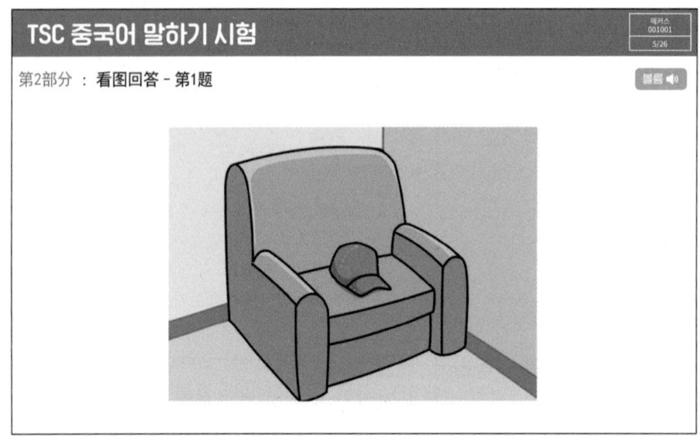

- 문제 수: 4개
- 답변 준비시간: 3초
- 답변시간: 6초

답변 가이드

문제를 정확히 듣고 그림 속에서 정답 어휘를 찾아 답변 문장을 만든 뒤 정확한 발음으로 끊김 없이 답변하세요.

제3부분 - 대화 완성

음성으로 들리는 질문에 정확하게 답하는 유형이에요.

- 문제 수: 5개
- 답변 준비시간: 2초
- 답변시간: 15초

답변 가이드

문제 속 주인공이라고 상상한 후, 문제의 상황에 맞게 최소 2문장을 정확하게 답변하세요. 특히 6급 이상을 목표로 한다면 실제 대화하듯이 자연스러운 연기를 가미하여, 최소 3문장을 정확하면서도 유창하게 답변하세요.

제4부분 - 일상 화제에 대해 설명하기

화면 속 질문을 보고 정확하게 답하는 유형이에요.

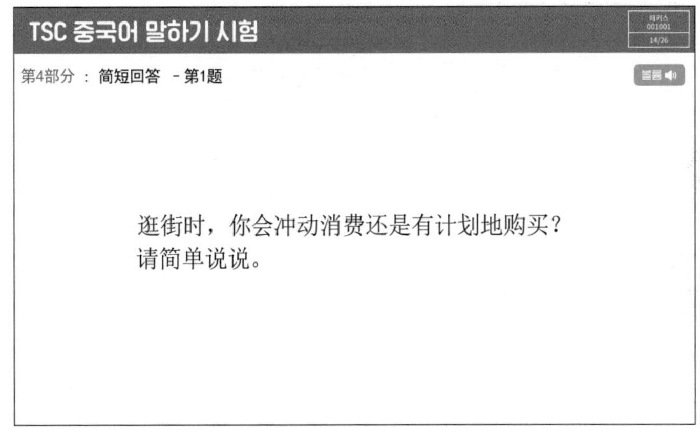

- 문제 수: 5개
- 답변 준비시간: 15초
- 답변시간: 25초

답변 가이드

문제를 최대한 활용하여 답변을 시작하세요. 그리고 최소 1개의 연결어를 사용하여 논리정연하게 답변하세요.
특히 6급 이상을 목표로 한다면 최소 2개의 연결어를 사용하여 자신의 생각을 최대한 구체적으로 답변하세요. 그리고 외국인 억양이 최대한 덜 느껴지도록 발음에 신경 쓰며 유창하게 답변하세요.

TSC 부분별

출제 유형 및 답변 가이드

제5부분 - 의견 제시

화면 속 질문에 맞춰 자신의 의견을 논리적으로 답하는 유형이에요.

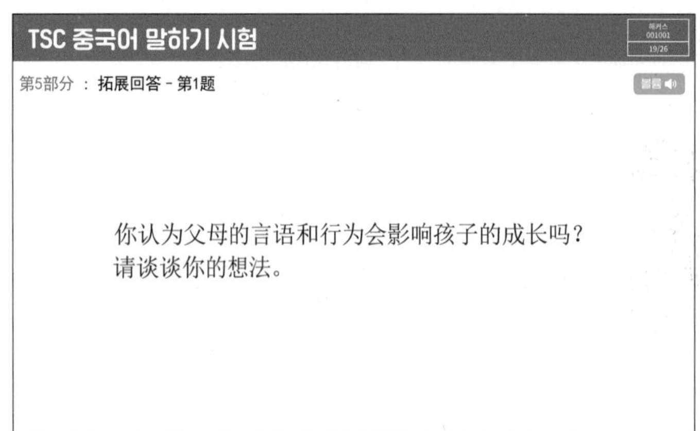

- 문제 수: 4개
- 답변 준비시간: 30초
- 답변시간: 50초

답변 가이드

최소 2개의 연결어를 사용하여 자신의 견해를 타당한 근거 또는 이유와 함께 정확하게 답변하세요.
특히 6급 이상을 목표로 한다면 최소 3개의 연결어를 사용하고, 자신의 실제 생각 또는 경험을 추가하여 풍부하게 답변하세요. 그리고 외국인 억양이 최대한 덜 느껴지도록 발음에 신경 쓰며 유창하게 답변하세요.

제6부분 - 상황 대응

주어진 상황에 맞춰 문제 속 미션을 모두 달성해야 하는 유형이에요.

- 문제 수: 3개
- 답변 준비시간: 30초
- 답변시간: 40초

답변 가이드

문제 속 주인공이라고 상상한 후, 문제에서 제시한 미션을 상황 설명과 함께 정확하게 해결하세요.
특히 6급 이상을 목표로 한다면 실제 대화하듯이 자연스러운 연기를 가미하여, 답변시간을 충분히 채워 정확하면서도 유창하게 답변하세요.

제7부분 - 스토리 구성

화면 속 4개의 그림으로 된 만화를 하나의 스토리로 만들어 답하는 유형이에요.

- 문제 수: 1개
- 답변 준비시간: 30초
- 답변시간: 90초

답변 가이드

4개의 그림을 모두 생동감 있게 묘사하고, 기-승-전-결이 잘 드러나도록 스토리를 만들어 답변하세요.
특히 6급 이상을 목표로 한다면 그림에 나타난 내용 외에 상상을 덧붙여 스토리를 더욱 풍부하게 만들어 답변하세요.

[자유 발언]

시험이 모두 종료된 후, 자유롭게 하고 싶은 말을 할 수 있는 시간이 주어져요.

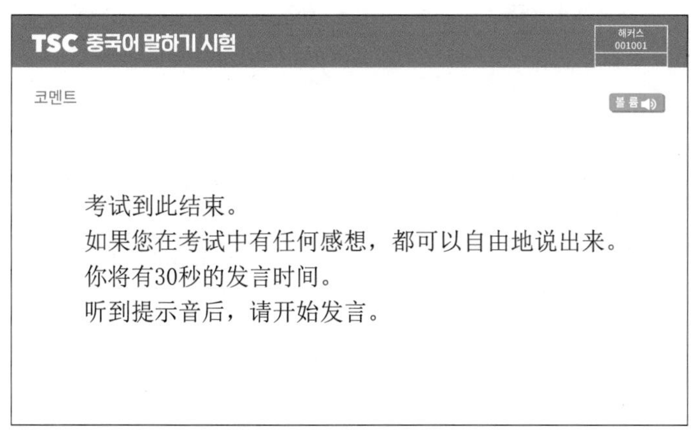

- 발언 준비시간: 2초
- 발언시간: 30초

발언은 이렇게!

중국어로 시험에 대한 감상평 등을 자유롭게 얘기하세요. 아무런 말을 하지 않아도 돼요.

나에게 맞는 TSC
목표 급수와 학습법

목표 급수 찾기

아래 YES or NO 퀴즈를 통해 자신에게 맞는 TSC 목표 급수를 찾아 보세요. 그리고 목표 급수를 달성하기 위해서는 어떻게 학습해야 하는지 확인해보세요.

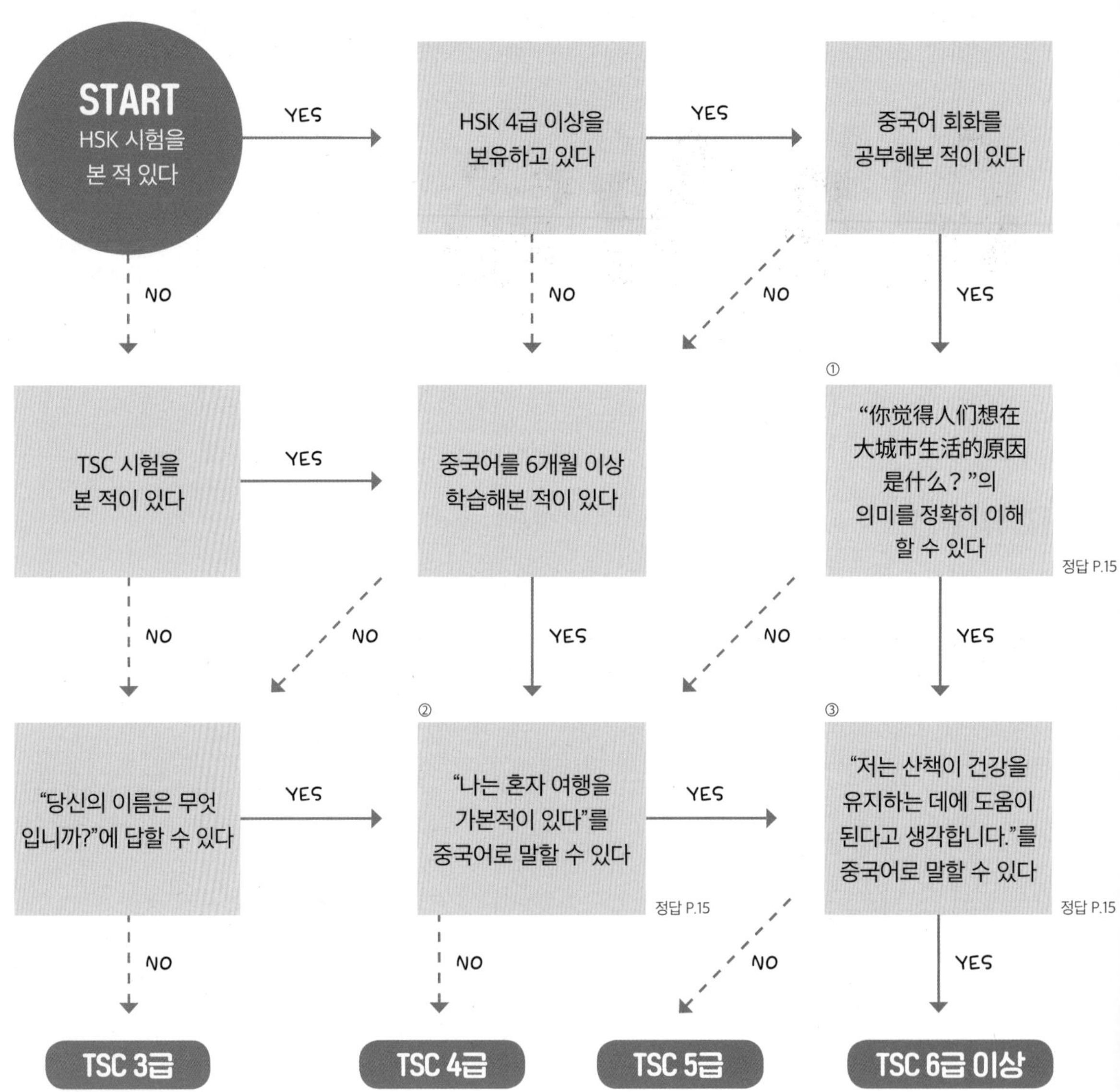

START
HSK 시험을 본 적 있다
YES
HSK 4급 이상을 보유하고 있다
YES
중국어 회화를 공부해본 적이 있다
NO
NO
NO
YES
TSC 시험을 본 적이 있다
YES
중국어를 6개월 이상 학습해본 적이 있다
①
"你觉得人们想在大城市生活的原因是什么？"의 의미를 정확히 이해할 수 있다
정답 P.15
NO
NO
YES
NO
YES
②
"당신의 이름은 무엇입니까?"에 답할 수 있다
YES
"나는 혼자 여행을 가본적이 있다"를 중국어로 말할 수 있다
정답 P.15
YES
③
"저는 산책이 건강을 유지하는 데에 도움이 된다고 생각합니다."를 중국어로 말할 수 있다
정답 P.15
NO
NO
NO
YES
TSC 3급
TSC 4급
TSC 5급
TSC 6급 이상

목표 급수별 학습 방법

TSC 3급 목표

TSC 3급은 모든 문제에 최소 1문장으로 답변해야 해요. <해커스 TSC 3급 "니하오"를 몰라도 20일 만에 딸 수 있다!>로 중국어 발음과 TSC 필수 어법부터 3급용 답변까지 차근차근 학습해보세요.

<해커스 TSC 3급 "니하오"를 몰라도 20일 만에 딸 수 있다!> ▶

TSC 4급 목표

TSC 5급 목표

TSC 4-5급은 모든 문제에 정확하고 완성도 있는 답변을 해야 해요. <해커스 TSC 한 권으로 끝내기>로 TSC 4급 또는 5급에 도전해보세요. 우선 모범답변에서 '6급 이상용 문장'을 제외한 4-5급용 답변을 익히는 데 집중해보세요. 그러면 조금 더 수월하게 학습할 수 있어요.

TSC 6급 이상 목표

TSC 6급 이상은 모든 문제에 정확하면서도 일정 속도를 유지한 유창성 있는 답변을 해야 해요. <해커스 TSC 한 권으로 끝내기>로 빈출 표현과 답변문장 패턴은 물론, 모범답변에 적힌 모든 문장을 완벽히 학습하여 TSC 6급 이상에 도전해보세요.

[정답] ① 당신은 사람들이 대도시에서 살고 싶어하는 원인이 무엇이라고 생각합니까?
② 我一个人去过旅行。
③ 我觉得(认为)散步对保持健康很有帮助。

목표 급수 취득을 위한

한 달 학습 플랜

학습 플랜 TIP!

① 공부할 날짜를 쓰고, 매일 당일 학습 분량을 공부해보세요.

② 해커스중국어 사이트에서 제공하는 '빈출 문제 직청직해 쉐도잉 연습'과 '발음 완성 트레이너' 프로그램을 활용하여 함께 학습하면 실력을 더 탄탄히 다질 수 있어요.

③ 학습 기간을 절반으로 줄이고 싶다면 이틀 분량을 하루에 학습해보세요.

4-5급 목표

기본기부터 모든 부분을 차근차근 학습하세요.
그리고 최종적으로 모의고사를 풀어본 후 시험을 보세요.

주	일	날짜	학습 내용
1주	1일	__월__일	기본기 쌓기
	2일	__월__일	제1부분, 제2부분 01
	3일	__월__일	제2부분 02
	4일	__월__일	제2부분 03, 실전 테스트
	5일	__월__일	제3부분 01
	6일	__월__일	제3부분 02
2주	1일	__월__일	제3부분 03
	2일	__월__일	제3부분 04, 실전 테스트
	3일	__월__일	제4부분 01
	4일	__월__일	제4부분 02
	5일	__월__일	제4부분 03, 실전 테스트
	6일	__월__일	제5부분 01
3주	1일	__월__일	제5부분 02
	2일	__월__일	제5부분 03
	3일	__월__일	제5부분 04, 실전 테스트
	4일	__월__일	제6부분 01
	5일	__월__일	제6부분 02
	6일	__월__일	제6부분 03
4주	1일	__월__일	제6부분 04, 실전 테스트
	2일	__월__일	제7부분 01
	3일	__월__일	제7부분 02
	4일	__월__일	제7부분 03, 실전 테스트
	5일	__월__일	실전모의고사, 부록 [만능 표현 비법 노트]
	6일	__월__일	온라인 영상 모의고사
	D-DAY TSC 시험		목표 급수 달성!!!

6급 이상 목표

제3부분까지는 빠른 속도로, 제4부분부터는 집중해서 학습하세요.
그리고 모든 부분의 모범답변을 한 번 더 복습한 후 시험을 보세요.

주	일	날짜	학습 내용
1주	1일	__월__일	기본기 쌓기, 제1부분
	2일	__월__일	제2부분 01, 제2부분 02
	3일	__월__일	제2부분 03, 실전 테스트
	4일	__월__일	제3부분 01, 제3부분 02
	5일	__월__일	제3부분 03, 제3부분 04, 실전 테스트
	6일	__월__일	제4부분 01
2주	1일	__월__일	제4부분 02
	2일	__월__일	제4부분 03, 실전 테스트
	3일	__월__일	제5부분 01
	4일	__월__일	제5부분 02
	5일	__월__일	제5부분 03
	6일	__월__일	제5부분 04, 실전 테스트
3주	1일	__월__일	제6부분 01
	2일	__월__일	제6부분 02
	3일	__월__일	제6부분 03
	4일	__월__일	제6부분 04, 실전 테스트
	5일	__월__일	제7부분 01
	6일	__월__일	제7부분 02
4주	1일	__월__일	제7부분 03, 실전 테스트
	2일	__월__일	실전모의고사
	3일	__월__일	제1-3부분 모범답변 복습
	4일	__월__일	제4,5부분 모범답변 복습
	5일	__월__일	제6,7부분 모범답변 복습
	6일	__월__일	온라인 영상 모의고사 부록 [만능 표현 비법 노트]

D-DAY TSC 시험 — 목표 급수 달성!!!

TSC 기본기 쌓기

TSC 시험에서 유창하게 답변하기 위해 꼭 알아두어야 할 중국어 문장을 말하는 방법을 학습해보아요. 그리고 질문을 듣고 그에 맞는 답변을 바로 말할 수 있도록 TSC 시험에서 자주 출제되는 질문의 종류와 답변 방법을 학습해보아요.

TSC 기본기 쌓기
바로듣기

01 在로 지금 진행 중인 동작 말하기

문장 말하기

在(zài, ~하고 있다)

기본기 쌓기 01.mp3

★"그들은 책을 보고 있습니다."와 같이 지금 진행 중인 동작을 말할 때는 在(~하고 있다)를 사용해요. 동사 바로 앞에 在를 붙여 말하면 돼요. 만약 "밖에 비가 내리고 있습니다."의 "비가 내리다"와 같이 동사의 뜻이 상태에 가까울 때는 상태의 지속을 나타내기도 해요. 특히 제2부분에서 사람이 하고 있는 동작을 묘사할 때와 현재 날씨를 묘사할 때 자주 사용해요.

그들은 책을 보고 있습니다.
Tāmen zài kàn shū.
他们在看书。

밖에 비가 내리고 있습니다.
Wàibian zài xià yǔ.
外边在下雨。

따라 말해보기 다음 문장을 음원을 들으며 큰 소리로 세 번씩 따라 말해보세요.

그녀는 수영하고 있습니다.
Tā zài yóuyǒng.
她在游泳。

지금 눈이 내리고 있습니다.
Xiànzài zài xià xuě.
现在在下雪。

스스로 말해보기 제시된 우리말 문장을 중국어로 말해보세요.

01 여자는 머리를 자르고 있습니다.
(女的 nǚde 여자, 剪头发 jiǎn tóufa 머리를 자르다)

02 아이는 버스에 오르고 있습니다.
(上 shàng 오르다, 公交车 gōngjiāochē 버스)

정답 1 Nǚde zài jiǎn tóufa.
女的在剪头发。

정답 2 Háizi zài shàng gōngjiāochē.
孩子在上公交车。

02 문장 말하기 着로 지속되는 상태 또는 상황 말하기

着(zhe, ~한 채로 있다/하고 있는 상태이다)

기본기 쌓기 02.mp3

★"문은 닫혀 있습니다."와 같이 지속되는 상태 또는 "그는 짐이 나오기를 기다리고 있습니다."와 같이 지속되는 상황을 말할 때는 着(~한 채로 있다/하고 있는 상황이다)를 사용해요. 동사 바로 뒤에 着를 붙이고 경성으로 발음하면 돼요. 특히 제2부분에서 문과 창문의 상태를 묘사할 때와 제7부분에서 주인공의 특정 상황이 지속되는 모습을 묘사할 때 자주 사용해요.

문이 닫혀 있습니다.
Mén guānzhe.
门关着。

그는 짐이 나오기를 기다리고 있습니다.
Tā děngzhe xíngli chūlai.
他等着行李出来。

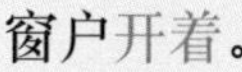
따라 말해보기 다음 문장을 음원을 들으며 큰 소리로 세 번씩 따라 말해보세요.

창문이 열려 있습니다.
Chuānghu kāizhe.
窗户开着。

주위의 사람들이 모두 그를 쳐다보고 있습니다.
Zhōuwéi de rén dōu kànzhe tā.
周围的人都看着他。

스스로 말해보기 제시된 우리말 문장을 중국어로 말해보세요.

01 창문이 닫혀 있습니다.
(窗户 chuānghu 창문, 关 guān 닫다)

02 그녀는 검정색 치마를 입고 있습니다.
(穿 chuān 입다, 裙子 qúnzi 치마)

정답 1 Chuānghu guānzhe.
窗户关着。

정답 2 Tā chuānzhe hēisè de qúnzi.
她穿着黑色的裙子。

03 了로 완료된 동작 또는 상황의 변화 말하기

문장 말하기

了(le, ~했다/됐다)

기본기 쌓기 03.mp3

★"나는 백화점에 가서 외투 한 벌을 샀습니다."와 같이 완료된 동작 또는 "날이 이미 어두워졌습니다."와 같이 상황의 변화를 말할 때는 了(~했다/됐다)를 사용해요. 완료된 동작은 동사 바로 뒤에 了를 붙이고, 상황의 변화는 문장 끝에 了를 붙여 말하면 돼요. 특히 제3부분에서 자신이 이미 완료한 동작을 말할 때와 제7부분에서 주변 상황의 변화를 묘사할 때 자주 사용해요.

나는 백화점에 가서 외투 한 벌을 샀습니다.
Wǒ qù bǎihuòshāngdiàn mǎile yí jiàn wàitào.
我去百货商店买了一件外套。

날은 이미 어두워졌습니다.
Tiān yǐjīng hēi le.
天已经黑了。

따라 말해보기 다음 문장을 음원을 들으며 큰 소리로 세 번씩 따라 말해보세요.

나는 중국에 가서 일정 시간 머물렀습니다.
Wǒ qù Zhōngguó dāile yí duàn shíjiān.
我去中国待了一段时间 。

나는 너와 함께 갈 수 없게 됐어.
Wǒ bù néng gēn nǐ yìqǐ qù le.
我不能跟你一起去了。

스스로 말해보기 제시된 우리말 문장을 중국어로 말해보세요.

01 지난번 휴가 때, 나는 영국에 갔었습니다.
(休假 xiūjià 휴가, 英国 Yīngguó 영국)

02 초콜릿이 더 이상 없어요.
(巧克力 qiǎokèlì 초콜릿, 没有 méiyǒu 없다)

정답 1 Shàng cì xiūjià de shíhou, wǒ qùle Yīngguó.
上次休假的时候，我去了英国。

정답 2 Qiǎokèlì méiyǒu le.
巧克力没有了。

04 과로 경험했던 동작 말하기

문장 말하기

过(guo, ~해봤다/해본 적 있다)

기본기 쌓기 04.mp3

★"나는 많은 운동을 해봤어.", "나는 중국 음식을 먹어본 적 있습니다."와 같이 경험했던 동작을 말할 때는 过(~해봤다/해본 적 있다)를 사용해요. 동사 바로 뒤에 过를 붙이고 경성으로 발음하면 돼요. 특히 제3,4,5부분에서 과거의 경험을 말할 때 자주 사용해요.

나는 많은 운동을 해봤어.
Wǒ zuòguo hěn duō yùndòng.
我做过很多运动。

나는 중국 음식을 먹어본 적 있습니다.
Wǒ chīguo Zhōngguó cài.
我吃过中国菜。

따라 말해보기 다음 문장을 음원을 들으며 큰 소리로 세 번씩 따라 말해보세요.

저는 혼자 중국의 많은 곳에 가본 적이 있습니다.
Wǒ yí ge rén qùguo Zhōngguó de hěn duō dìfang.
我一个人去过中国的很多地方。

저는 영어, 중국어 그리고 일본어를 배웠습니다.
Wǒ xuéguo Yīngyǔ, Hànyǔ hé Rìyǔ.
我学过英语、汉语和日语。

스스로 말해보기 제시된 우리말 문장을 중국어로 말해보세요.

01 나 예전에 이 식당 와본 적 있어.
(以前 yǐqián 예전, 餐厅 cāntīng 식당)

02 나는 유럽에 가봤어.
(去 qù 가다, 欧洲 Ōuzhōu 유럽)

정답 1 Wǒ yǐqián láiguo zhè jiā cāntīng.
我以前来过这家餐厅。

정답 2 wǒ qùguo Ōuzhōu.
我去过欧洲。

TSC 기본기 쌓기

해커스 TSC 한 권으로 끝내기

05 문장 말하기
和로 여러 가지 항목을 나열하거나 특정 상황을 함께 겪는 사람 말하기

和[hé, ~와/과]

기본기 쌓기 05.mp3

★"저는 예습과 복습하는 습관이 있습니다."와 같이 여러 가지 항목을 나열하거나 "샤오리는 친구와 함께 도서관에서 책을 봅니다."와 같이 특정 상황을 함께 겪는 사람을 말할 때는 和(~와/과)를 사용해요. 특히 제3,4부분에서 여러 가지 예시를 들 때와 제7부분에서 주인공이 누군가와 함께 있는 모습을 묘사할 때 자주 사용해요. 참고로 특정 상황을 함께 겪는 사람을 말할 때는 和 대신 跟[gēn, ~와/과]을 사용할 수 있어요.

저는 예습과 복습하는 습관이 있습니다.
wǒ yǒu yùxí hé fùxí de xíguàn.
我有预习和复习的习惯。

샤오리는 친구와 함께 도서관에서 책을 봅니다.
Xiǎo Lǐ hé(gēn) péngyou yìqǐ zài túshūguǎn kàn shū.
小李和(跟)朋友一起在图书馆看书。

따라 말해보기 다음 문장을 음원을 들으며 큰 소리로 세 번씩 따라 말해보세요.

저는 혼자 중국과 미국에 가본 적이 있습니다.
Wǒ yí ge rén qùguo Zhōngguó hé Měiguó.
我一个人去过中国和美国。

나는 너와 함께 시험을 준비하고 싶어.
Wǒ xiǎng hé(gēn) nǐ yìqǐ zhǔnbèi kǎoshì.
我想和(跟)你一起准备考试。

스스로 말해보기 제시된 우리말 문장을 중국어로 말해보세요.

01 아빠는 저와 함께 등산을 가고 싶어합니다.
(爸爸 bàba 아빠, 爬山 pá shān 등산)

02 라오왕의 앞에는 그의 아내와 딸이 앉아 있습니다.
(面前 miànqián 앞, 坐着 zuòzhe 앉아 있다)

정답 1 Bàba xiǎng hé(gēn) wǒ yìqǐ qù pá shān.
爸爸想和(跟)我一起去爬山。

정답 2 Lǎo Wáng miànqián zuòzhe tā de qīzi hé nǚ'ér.
老王面前坐着他的妻子和女儿。

06 문장 말하기 从으로 장소 또는 시간의 출발점 말하기

从(cóng, ~에서/부터)

기본기 쌓기 06.mp3

★"학교에서 카페까지는 780m입니다."와 같이 장소의 출발점이나 "그는 내일부터 출근을 시작하게 됐어요."와 같이 시간의 출발점을 말할 때는 从(~에서/부터)을 사용해요. 특히 제2부분에서 두 장소 간의 거리를 말할 때와 제3,7부분에서 동작이 시작된 장소와 특정 상황의 발생 시점을 말할 때 자주 사용해요.

학교에서 카페까지는 780m입니다.
Cóng xuéxiào dào kāfēitīng yǒu qībǎi bāshí mǐ.
从学校到咖啡厅有七百八十米。

그는 내일부터 출근을 시작하게 됐어요.
Tā cóng míngtiān kāishǐ shàngbān le.
他从明天开始上班了。

따라 말해보기 다음 문장을 음원을 들으며 큰 소리로 세 번씩 따라 말해보세요.

아침이 되자, 샤오리는 집에서 나왔습니다.
Dàole zǎoshang, Xiǎo Lǐ cóng jiā li chūlai le.
到了早上，小李从家里出来了。

오늘부터, 우리 함께 공원에 달리기 하러 가자. 어때?
Cóng jīntiān kāishǐ, wǒmen yìqǐ qù gōngyuán pǎobù, hǎo ma?
从今天开始，我们一起去公园跑步，好吗?

스스로 말해보기 제시된 우리말 문장을 중국어로 말해보세요.

01 어제부터 줄곧 머리가 아파요.
(一直 yìzhí 줄곧, 头疼 tóuténg 머리가 아프다)

02 샤오리는 문 뒤에서 걸어 나왔습니다.
(门 mén 문, 走出来 zǒu chūlai 걸어나오다)

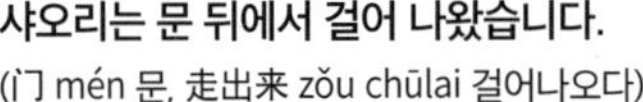

정답 1 Cóng zuótiān kāishǐ yìzhí tóuténg.
从昨天开始一直头疼。

정답 2 Xiǎo Lǐ cóng mén hòubian zǒu chūlai le.
小李从门后边走出来了。

07 是…的로 사람·장소·방법·시점 등을 강조하여 말하기

문장 말하기

是…的(shì…de, ~한 것이다/이다)

기본기 쌓기 07.mp3

★"이 요리는 모두 내가 만든 거야."는 '내가'를 강조하고, "나와 샤오왕은 학교 안에서 알게 된 거야."는 '학교 안에서'를 강조하듯이, 과거에 발생한 일과 관련된 특정 사람, 장소, 방법, 시점 등을 강조하여 말할 때 是…的(~한 것이다/이다)를 사용해요. 是과 的 사이에 강조할 내용과 동사를 넣어 말하면 돼요. 특히 제3부분에서 과거의 경험과 관련된 사실을 강조하여 말할 때 자주 사용해요.

이 요리는 모두 내가 만든 거야.
Zhèxiē cài dōu shì wǒ zuò de.
这些菜都是我做的。

나와 샤오왕은 학교 안에서 알게 된 거야.
Wǒ hé Xiǎo Wáng shì zài xuéxiào li rènshi de.
我和小王是在学校里认识的。

따라 말해보기 다음 문장을 음원을 들으며 큰 소리로 세 번씩 따라 말해보세요.

이 책은 우리 엄마가 쓴 것입니다.
Zhè běn shū shì wǒ māma xiě de.
这本书是我妈妈写的。

그녀는 버스를 타고 왔습니다.
Tā shì zuò gōngjiāochē lái de.
她是坐公交车来的。

스스로 말해보기 제시된 우리말 문장을 중국어로 말해보세요.

01 그는 중국에서 왔습니다.
(从 cóng ~에서, 中国 Zhōngguó 중국)

02 이 신발은 어제 산 것입니다.
(鞋子 xiézi 신발, 昨天 zuótiān 어제)

정답 1 Tā shì cóng Zhōngguó lái de.
他是从中国来的。

정답 2 Zhè shuāng xiézi shì zuótiān mǎi de.
这双鞋子是昨天买的。

08 문장 말하기 把로 특정 사물이나 대상의 처리 결과 자세히 말하기

把(bǎ, ~을/를)

기본기 쌓기 08.mp3

★"그녀는 많은 물건을 모두 캐리어 안에 넣었습니다."와 같이 특정 사물이나 대상의 처리 결과를 강조하여 자세히 말할 때는 把(~을/를)를 사용해요. '주어+把+특정 사물/대상+동사+기타성분'의 형태로 말하고, '동사+기타성분'을 통해 처리 결과를 자세히 말할 수 있어요. 기타성분으로는 동작의 결과, 방향, 정도를 나타내는 보어를 써요. 특히 제7부분에서 사물의 처리 결과가 중요한 장면을 묘사할 때 자주 사용해요.

그녀는 많은 물건을 캐리어 안에 넣었습니다.
Tā bǎ hěn duō dōngxi fàngjìn xíngli xiāng li le.
她把很多东西放进行李箱里了。

여동생은 실수로 가방을 바닥에 떨어트렸습니다.
Mèimei bù xiǎoxīn bǎ bāo diào zài dì shang le.
妹妹不小心把包掉在地上了。

따라 말해보기 다음 문장을 음원을 들으며 큰 소리로 세 번씩 따라 말해보세요.

그녀는 방금 산 양말을 아빠에게 주었습니다.
Tā bǎ gāng mǎi de wàzi sònggěi bàba le.
她把刚买的袜子送给爸爸了。

저는 자주 다른 사람의 일을 제 자신의 일로 여깁니다.
Wǒ jīngcháng bǎ biéren de shì dàngchéng zìjǐ de shì.
我经常把别人的事当成自己的事。

스스로 말해보기 제시된 우리말 문장을 중국어로 말해보세요.

01 그는 신발을 바닥에 두었습니다.
(鞋子 xiézi 신발, 地板 dìbǎn 바닥)

02 그는 완성한 그림을 샤오왕에게 주었습니다.
(完成 wánchéng 완성하다, 画儿 huàr 그림)

정답 1 Tā bǎ xiézi fàngzài dìbǎn shang le.
他把鞋子放在地板上了。

정답 2 Tā bǎ wánchéng de huàr gěi Xiǎo Wáng le.
他把完成的画儿给小王了。

09 让으로 하라고 시키는 내용 말하기

문장 말하기

让(ràng, ~하라고 한다/하게 하다)

기본기 쌓기 09.mp3

★"회사에서 갑자기 나에게 회의에 참석하라고 한다."와 같이 어떤 동작을 하라고 시키는 내용의 문장을 말할 때에는 让(~하라고 한다/하게 하다)을 사용해요. '주어+让+대상+동작/상태'의 형태로 말해요. 만약 주어가 사물이면 "술은 사람들을 더 친하게 합니다"와 같이 '어떤 상태로 만들다'라는 내용도 말할 수 있어요. 특히 제5부분에서 자신의 견해를 나타낼 때와 제7부분에서 어떤 사람이 다른 사람에게 무언가를 시키는 모습을 묘사할 때 자주 사용해요.

회사에서 갑자기 나에게 회의에 참석하라고 한다.
Gōngsī tūrán ràng wǒ cānjiā yí ge huìyì.
公司突然让我参加一个会议。

술은 사람들을 더 친하게 합니다.
Jiǔ kěyǐ ràng rénmen biànde gèngjiā qīnjìn.
酒可以让人们变得更加亲近。

따라 말해보기 다음 문장을 음원을 들으며 큰 소리로 세 번씩 따라 말해보세요.

샤오왕의 엄마는 샤오왕에게 우산을 가져가라고 한다.
Xiǎo Wáng de māma ràng Xiǎo Wáng bǎ yǔsǎn dàizǒu.
小王的妈妈让小王把雨伞带走。

종교를 믿는 것은 사람이 자기 마음의 평정을 찾을 수 있게 합니다.
Xìnyǎng zōngjiào kěyǐ ràng rén zhǎodào zìjǐ nèixīn de píngjìng.
信仰宗教可以让人找到自己内心的平静。

스스로 말해보기 제시된 우리말 문장을 중국어로 말해보세요.

01 친구는 그에게 시험 준비를 제대로 하라고 합니다.
(准备 zhǔnbèi 준비하다, 考试 kǎoshì 시험)

02 독서는 사람으로 하여금 각종 어휘를 배우게 할 수 있습니다.
(阅读 yuèdú 독서하다, 各种词汇 gè zhǒng cíhuì 각종 어휘)

정답 1 Péngyou ràng tā hǎohāor zhǔnbèi kǎoshì.
朋友让他好好儿准备考试。

정답 2 Yuèdú kěyǐ ràng rén xuédào gè zhǒng cíhuì.
阅读可以让人学到各种词汇。

10 得로 동작의 정도를 보충하여 말하기

문장 말하기

得(de, ~하게 ~하다)

기본기 쌓기 10.mp3

★"샤오리가 바오쯔를 굉장히 훌륭하게 만들어."에서 '굉장히 훌륭하게'와 같이 동작의 정도를 보충하여 말할 때는 得(~하게 ~하다)를 사용해요. '주어+동사+목적어+동사+得+형용사'의 형태로 말하고, 첫 번째 동사는 생략할 수 있어요. 만약 목적어를 말하지 않을 경우에는 '주어+동사+得+형용사'의 형태로 말해요. 특히 제3부분에서 누군가의 동작에 대해 평가할 때 자주 사용해요.

샤오리가 바오쯔를 굉장히 훌륭하게 만들어.
Xiǎo Lǐ zuò bāozi zuòde fēicháng bàng.
小李做包子做得非常棒。

나는 네가 빨리 걷는다고 생각해.
Wǒ juéde nǐ zǒude hěn kuài.
我觉得你走得很快。

따라 말해보기 다음 문장을 음원을 들으며 큰 소리로 세 번씩 따라 말해보세요.

내 동료는 태극권을 매우 잘 해.
Wǒ de tóngshì dǎ tàijíquán dǎde tǐng hǎo de.
我的同事打太极拳打得挺好的。

너 요즘 늘 옷을 적게 입는데, 그래서 감기에 걸린 거야.
Nǐ zuìjìn zǒngshì chuānde hěn shǎo, suǒyǐ cái gǎnmào le.
你最近总是穿得很少，所以才感冒了。

스스로 말해보기 제시된 우리말 문장을 중국어로 말해보세요.

01 할아버지가 비교적 빨리 뛰십니다.
(跑 pǎo 뛰다, 快 kuài 빠르다)

02 내 여동생은 그림을 잘 그려.
(妹妹 mèimei 여동생, 画画儿 huà huàr 그림을 그리다)

정답 1 Yéye pǎode bǐjiào kuài.
爷爷跑得比较快。

정답 2 Wǒ mèimei huà huàr huàde hěn hǎo.
我妹妹画画儿画得很好。

사실을 확인하는 질문에 즉답하기

기본기 쌓기 11.mp3

★'당신은 ~입니까/합니까?'와 같이 특정 사실이 맞는지 확인하는 질문은 吗 의문문 또는 정반 의문문으로 출제되며, 질문에는 긍정 또는 부정으로 답변하면 돼요. 사실을 확인하는 질문은 TSC 모든 부분에서 출제돼요.

당신은 술을 마십니까?

저는 술을 마십니다. / 마시지 않습니다.

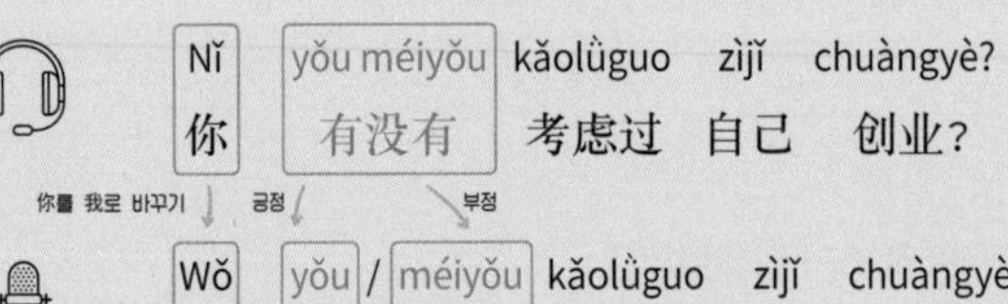

Nǐ yǒu méiyǒu kǎolǜguo zìjǐ chuàngyè?
你 有没有 考虑过 自己 创业?
你를 我로 바꾸기
긍정
부정
Wǒ yǒu / méiyǒu kǎolǜguo zìjǐ chuàngyè.
我 有 / 没有 考虑过 自己 创业。

당신은 스스로 창업하는 것을 고려해본 적이 있습니까 없습니까?

저는 스스로 창업하는 것을 고려해본 적이 있습니다. / 없습니다.

따라 말해보기 다음의 질문과 답변을 처음에는 보면서, 나머지 두 번은 듣기만 하면서 따라 말해보세요.

Nǐ píngcháng shuìmián zhìliàng hǎo ma?
你平常睡眠质量好吗?

당신은 평소 수면의 질이 좋습니까?

Wǒ píngcháng shuìmián zhìliàng bù hǎo.
我平常睡眠质量不好。

저는 평소 수면의 질이 좋지 않습니다.

스스로 답변해보기 다음의 질문을 듣고 제시된 우리말 문장을 보며 스스로 답변해보세요.

Nǐ shì ge hěn huì ānwèi biéren de rén ma?
你是个很会安慰别人的人吗?

당신은 다른 사람을 잘 위로할 줄 아는 사람입니까?

저는 다른 사람을 잘 위로할 줄 아는 사람입니다.

정답 Wǒ shì ge hěn huì ānwèi biéren de rén.
我是个很会安慰别人的人。

12 즉문즉답법 단순한 정보를 묻는 질문에 즉답하기

기본기 쌓기 12.mp3

★'누구와~?', '어디에서~?', '언제~?'와 같이 단순한 정보를 묻는 질문은 의문사 의문문으로 출제돼요. 의문사는 谁(누구), 哪儿(어디), 几(몇/얼마) 등 매우 다양하며, 의문사 자리에 해당 정보를 넣어서 답변하면 돼요. 단순한 정보를 묻는 질문은 TSC 모든 부분에서 출제돼요.

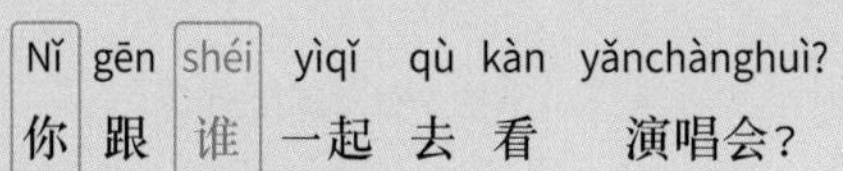

Nǐ gēn shéi yìqǐ qù kàn yǎnchànghuì?
你跟谁一起去看演唱会? 너는 누구와 함께 콘서트를 보러 가?

你를 我로 바꾸기 / 사람 어휘 넣기

Wǒ gēn Xiǎo Lǐ yìqǐ qù kàn yǎnchànghuì.
我跟小李一起去看演唱会。 나는 샤오리와 함께 콘서트를 보러 가.

Nǐ píngshí xǐhuan zài nǎr kàn shū?
你平时喜欢在哪儿看书? 너는 평소에 어디에서 책 보는 걸 좋아해?

你를 我로 바꾸기 / 장소 어휘 넣기

Wǒ píngshí xǐhuan zài túshūguǎn kàn shū.
我平时喜欢在图书馆看书。 나는 평소에 도서관에서 책 보는 걸 좋아해.

따라 말해보기 다음의 질문과 답변을 처음에는 보면서, 나머지 두 번은 듣기만 하면서 따라 말해보세요.

Nǐ zhōumò tōngcháng jǐ diǎn qǐchuáng?
你周末通常几点起床? 너는 주말에 통상적으로 몇 시에 일어나?

Wǒ zhōumò tōngcháng qī diǎn qǐchuáng.
我周末通常七点起床。 나는 주말에 통상적으로 7시에 일어나.

스스로 답변해보기 다음의 질문을 듣고 제시된 우리말 문장을 보며 스스로 답변해보세요.

Zhè dōu shì shéi zuò de?
这都是谁做的? 이거 다 누가 만든 거야?

이거 다 샤오리가 만든 거야.

정답 Zhè dōu shì Xiǎo Lǐ zuò de.
这都是小李做的。

TSC 기본기 쌓기 / 해커스 TSC 한 권으로 끝내기

구체적인 사항을 묻는 질문에 즉답하기

기본기 쌓기 13.mp3

★'어떤 곳을~?', '무슨 물건이~?'와 같은 구체적인 사항을 묻는 질문은 '哪些(어떤/어느)+명사', '什么(무엇/어떤)+명사', '什么样的(어떤)+명사' 또는 是什么(무엇입니까?)의 형태로 출제돼요. 구체적인 사항을 묻는 질문에는 특정 어휘를 넣어 명확하게 답변하거나 또는 很多(많다)를 활용하여 포괄적으로 답변하면 돼요. 구체적인 사항을 묻는 질문은 제2-5부분에서 모두 출제돼요.

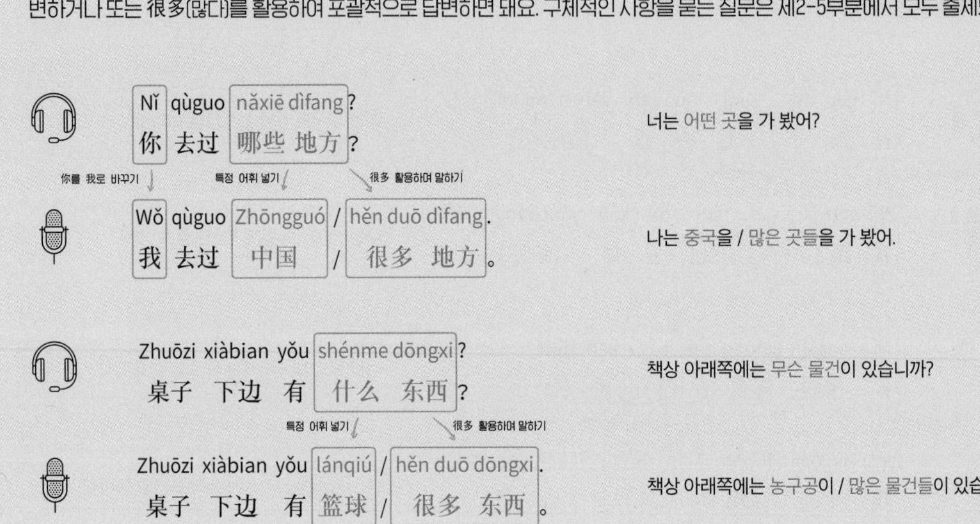

Nǐ qùguo nǎxiē dìfang?
你 去过 哪些 地方?
너는 어떤 곳을 가 봤어?
你를 我로 바꾸기
특정 어휘 넣기
很多 활용하여 말하기
Wǒ qùguo Zhōngguó / hěn duō dìfang.
我 去过 中国 / 很多 地方。
나는 중국을 / 많은 곳들을 가 봤어.
Zhuōzi xiàbian yǒu shénme dōngxi?
桌子 下边 有 什么 东西?
책상 아래쪽에는 무슨 물건이 있습니까?
특정 어휘 넣기
很多 활용하여 말하기
Zhuōzi xiàbian yǒu lánqiú / hěn duō dōngxi.
桌子 下边 有 篮球 / 很多 东西。
책상 아래쪽에는 농구공이 / 많은 물건들이 있습니다.

따라 말해보기 다음의 질문과 답변을 처음에는 보면서, 나머지 두 번은 듣기만 하면서 따라 말해보세요.

Nǐ xǐhuan shénme yàng de diànyǐng?
你喜欢什么样的电影?
너는 어떤 영화를 좋아해?

Wǒ xǐhuan àiqíngpiàn.
我喜欢爱情片。
나는 로맨스 영화를 좋아해.

스스로 답변해보기 다음의 질문을 듣고 제시된 우리말 문장을 보며 스스로 답변해보세요.

Nǐ zuì xǐhuan de yánsè shì shénme?
你最喜欢的颜色是什么?
당신이 가장 좋아하는 색깔은 무엇입니까?

제가 가장 좋아하는 색깔은 파란색입니다.

정답 Wǒ zuì xǐhuan de yánsè shì lánsè.
我最喜欢的颜色是蓝色。

14 즉문즉답법 선택을 요구하는 질문에 즉답하기

기본기 쌓기 14.mp3

★둘 중 하나를 선택하도록 요구하는 질문은 A还是B(A 아니면 B) 또는 'A和B中+의문사(A와 B 중 ~)'의 형태로 출제돼요. 선택을 요구하는 질문에는 제시된 2개의 선택지 A와 B 중 1개를 선택해 바로 말하거나 의문사 자리에 넣어 답변하면 돼요. 제3,4부분에서 취향 또는 일상을 묻는 문제로 자주 출제돼요.

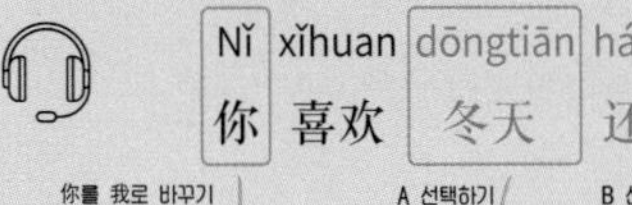

Nǐ xǐhuan dōngtiān háishi xiàtiān?
你 喜欢 冬天 还是 夏天?

너는 겨울을 좋아해 아니면 여름을 좋아해?

你를 我로 바꾸기 / A 선택하기 / B 선택하기

Wǒ xǐhuan dōngtiān / xiàtiān.
我 喜欢 冬天 / 夏天。

나는 겨울 / 여름을 좋아해.

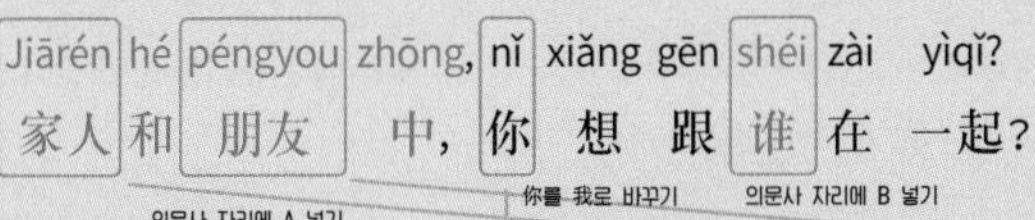

Jiārén hé péngyou zhōng, nǐ xiǎng gēn shéi zài yìqǐ?
家人和朋友中，你想跟谁在一起?

가족과 친구 중, 당신은 누구와 함께 있고 싶습니까?

의문사 자리에 A 넣기 / 你를 我로 바꾸기 / 의문사 자리에 B 넣기

Jiārén hé péngyou zhōng, wǒ xiǎng gēn jiārén / péngyou zài yìqǐ.
家人和朋友中，我想跟家人/朋友在一起。

가족과 친구 중, 저는 가족 / 친구와 함께 있고 싶습니다.

따라 말해보기 다음의 질문과 답변을 처음에는 보면서, 나머지 두 번은 듣기만 하면서 따라 말해보세요.

Shìqū hé jiāoqū zhōng, nǐ huì xuǎnzé zài nǎli shēnghuó?
市区和郊区中，你会选择在哪里生活?

시내 지역과 교외 지역 중, 당신은 어디에서 생활하는 것을 선택할 것입니까?

Shìqū hé jiāoqū zhōng, wǒ huì xuǎnzé zài jiāoqū shēnghuó.
市区和郊区中，我会选择在郊区生活。

시내 지역과 교외 지역 중, 저는 교외 지역에서 생활하는 것을 선택할 것입니다.

스스로 답변해보기 다음의 질문을 듣고 제시된 우리말 문장을 보며 스스로 답변해보세요.

Nǐ xǐhuan kàn diànzǐ shū háishi zhǐzhì shū?
你喜欢看电子书还是纸质书?

당신은 전자책 보는 것을 좋아합니까 아니면 종이책 보는 것을 좋아합니까?

저는 전자책 보는 것을 좋아합니다.

정답 Wǒ xǐhuan kàn diànzǐ shū.
我喜欢看电子书。

15 제안 또는 요청하는 질문에 즉답하기

즉문즉답법

기본기 쌓기 15.mp3

★상대방에게 제안하는 질문은 '~, 好不好/怎么样？(~, 어때?)', '~吧。(~해/하자.)'의 형태로, 요청하는 질문은 '能不能~？(~할 수 있을까 없을까?)', '能/可以~吗？(~할 수 있어?/해도 될까?)'의 형태로 출제돼요. 제안 또는 요청하는 질문에는 수락 또는 거절로 답변하면 돼요. 제3부분에서 "우리 함께 헬스장에 가자. 어때?"와 같이 상대방에게 각종 제안 또는 요청을 하는 문제로 자주 출제돼요.

Zánmen yìqǐ qù jiànshēnfáng, hǎo bu hǎo / zěnmeyàng?
咱们 一起去 健身房, 好不好 / 怎么样？

우리 함께 헬스장에 가자. 어때?

好吧 또는 当然可以로 수락하기

Hǎo ba / Dāngrán kěyǐ, zánmen yìqǐ qù ba.
好吧 / 当然可以, 咱们 一起 去 吧。

좋아. / 당연히 되지. 우리 함께 가자.

Wǒ néng bu néng jièyòng yíxià nǐ de diànnǎo?
我 能不能 借用一下 你的 电脑？

내가 네 컴퓨터를 한번 빌려 쓸 수 있을까 없을까?

不好意思로 거절하기 / 부정하기

Bù hǎoyìsi, wǒ bù néng jiègěi nǐ.
不好意思, 我 不能 借给 你。

미안해. 나는 너에게 빌려줄 수 없어.

따라 말해보기 다음의 질문과 답변을 처음에는 보면서, 나머지 두 번은 듣기만 하면서 따라 말해보세요.

Nǐ jīntiān tài xīnkǔ le, zǎo diǎnr xiūxi ba.
你今天太辛苦了，早点儿休息吧。

너 오늘 너무 수고했으니, 좀 일찍 쉬어.

Hǎo ba, wǒ huì zǎo diǎnr xiūxi .
好吧，我会早点儿休息。

좋아. 나 좀 일찍 쉴게.

스스로 답변해보기 다음의 질문을 듣고 제시된 우리말 문장을 보며 스스로 답변해보세요.

Wǒ kěyǐ kàn yíxià nǐ de bǐjì ma?
我可以看一下你的笔记吗？

내가 너의 필기를 한번 봐도 될까?

당연히 되지. 내가 너에게 보여줄게.

정답 Dāngrán kěyǐ, wǒ gěi nǐ kàn ba.
当然可以，我给你看吧。

16 즉문즉답법 자연스러운 리액션을 요구하는 질문에 즉답하기

기본기 쌓기 16.mp3

★상황을 설명하거나 의견을 전달하여 듣는 사람으로 하여금 자연스러운 리액션을 요구하는 질문은 주로 평서문으로 출제돼요. 이러한 질문에는 먼저 是吗？(그래?)라고 반응을 한 후, 질문에서 언급된 상황이나 의견과 관련된 적절한 말을 이어가면 돼요. 제3부분에서 "우리 집의 냉장고가 갑자기 고장났어."와 같이 특정 상황이 주어지는 문제로 자주 출제돼요.

Wǒ jiā de bīngxiāng tūrán huài le.
我家的 冰箱 突然 坏了。
우리 집의 냉장고가 갑자기 고장났어.

是吗？로 반응하기

Shì ma? Nǐ gěi xiūlǐdiàn dǎ ge diànhuà ba.
是吗？你给修理店打个 电话吧。
그래? 너 수리점에 전화 한 번 해봐.

Wǒ dǎsuan qù hǎibiān wánr.
我 打算 去 海边 玩儿。
나는 해변으로 놀러 갈 계획이야.

是吗？로 반응하기

Shì ma? Wǒmen yìqǐ qù ba.
是吗？我们 一起 去 吧。
그래? 우리 같이 가자.

따라 말해보기 다음의 질문과 답변을 처음에는 보면서, 나머지 두 번은 듣기만 하면서 따라 말해보세요.

Zhè xuéqī wǒ yào jiārù bǎolíngqiú shètuán.
这学期我要加入保龄球社团。
이번 학기에 나는 볼링 동아리에 가입할 거야.

Shì ma? Wǒmen yìqǐ jiārù ba.
是吗？我们一起加入吧。
그래? 우리 같이 가입하자.

스스로 답변해보기 다음의 질문을 듣고 제시된 우리말 문장을 보며 스스로 답변해보세요.

Zhèxiē cài zuòde zhēn búcuò.
这些菜做得真不错。
이 요리들 정말 훌륭하게 만들었다.

그래? 이 요리들 모두 내가 만든 거야.

정답 Shì ma? Zhèxiē cài dōu shì wǒ zuò de.
是吗？这些菜都是我做的。

17 소개 또는 설명을 요청하는 질문에 즉답하기

즉문즉답법

기본기 쌓기 17.mp3

★"가장 존경했던 사람을 소개해주세요."나 "가장 중요한 것이 무엇인지 말해주세요."와 같이 소개 또는 설명을 요청하는 질문은 '请~(~해주세요)'의 형태로 출제돼요. 이러한 질문에는 A是B(A는 B이다)를 활용하여, B 자리에 소개 또는 설명할 대상을 넣어서 답변하면 돼요. 제4부분에서 특정 사람과 자신의 인생관을 묻는 문제로 자주 출제돼요.

Qǐng jièshào yíxià nǐ zuì zūnjìng de rén.
请介绍一下 你 最 尊敬 的 人。

당신이 가장 존경했던 사람을 소개해주세요.

你를 我로 바꾸기 / 请介绍一下 삭제 후, 문장 마지막에 是+소개/설명 대상 말하기

Wǒ zuì zūnjìng de rén shì wǒ chū yī de lǎoshī.
我 最 尊敬 的 人 是 我初一的老师。

제가 가장 존경했던 사람은 제 중학교 1학년 선생님입니다.

Qǐng shuō yíxià nǐ jīnnián de mùbiāo.
请说一下 你 今年 的 目标。

당신의 올해의 목표를 말해주세요.

你를 我로 바꾸기 / 请说一下 삭제 후, 문장 마지막에 是+소개/설명 대상 말하기

Wǒ jīnnián de mùbiāo shì mǎi fáng mǎi chē.
我 今年 的 目标 是 买房买车。

제 올해의 목표는 집을 사고 차를 사는 것입니다.

따라 말해보기 다음의 질문과 답변을 처음에는 보면서, 나머지 두 번은 듣기만 하면서 따라 말해보세요.

Qǐng jièshào yíxià nǐ zhōuwéi xìnggé zuì hǎo de rén.
请介绍一下你周围性格最好的人。

당신 주위에서 성격이 가장 좋은 사람을 소개해주세요.

Wǒ zhōuwéi xìnggé zuì hǎo de rén shì wǒ māma.
我周围性格最好的人是我妈妈。

제 주위에서 성격이 가장 좋은 사람은 엄마입니다.

스스로 답변해보기 다음의 질문을 듣고 제시된 우리말 문장을 보며 스스로 답변해보세요.

Qǐng shuō yíxià nǐ rénshēng zhōng zuì zhòngyào de shì shénme.
请说一下你人生中最重要的是什么。

당신의 인생에서 가장 중요한 것이 무엇인지 말해주세요.

제 인생에서 가장 중요한 것은 신체의 건강입니다.

정답 Wǒ rénshēng zhōng zuì zhòngyào de shì shēntǐ jiànkāng.
我人生中最重要的是身体健康。

18 즉문즉답법 이유 또는 원인을 묻는 질문에 즉답하기

기본기 쌓기 18.mp3

★이유를 묻는 질문은 为什么(왜~), '~的原因/理由是什么?(~의 이유/원인이 무엇입니까?)'의 형태로 출제돼요. 이유를 묻는 질문에는 '이유가 많다.'는 말로 답변을 시작하면 돼요. 제5부분에서 "당신은 사람들이 왜 술을 마신다고 생각합니까?"와 같이 특정 현상이 일어나게 된 이유를 묻는 문제로 자주 출제돼요.

Nǐ rènwéi rénmen wèishénme hē jiǔ?
你认为人们为什么喝酒?

당신은 사람들이 왜 술을 마신다고 생각합니까?

你를 我로 바꾸기 / ~的理由很多 넣기

Wǒ rènwéi rénmen hē jiǔ de lǐyóu hěn duō.
我认为人们喝酒的理由很多。

저는 사람들이 술을 마시는 이유가 많다고 생각합니다.

Nǐ juéde rénmen xiǎng zài chéngshì shēnghuó de yuányīn shì shénme?
你觉得人们想在城市生活的原因是什么?

당신은 사람들이 도시에서 생활하고 싶은 원인이 무엇이라고 생각합니까?

你를 我로 바꾸기 / ~的理由很多 넣기

Wǒ juéde rénmen xiǎng zài chéngshì shēnghuó de yuányīn hěn duō.
我觉得人们想在城市生活的原因很多。

저는 사람들이 도시에서 생활하고 싶은 원인이 많다고 생각합니다.

따라 말해보기 다음의 질문과 답변을 처음에는 보면서, 나머지 두 번은 듣기만 하면서 따라 말해보세요.

Nǐ rènwéi niánqīng rén xǐhuan wánr shǒujī de lǐyóu shì shénme?
你认为年轻人喜欢玩儿手机的理由是什么?

당신은 젊은 사람들이 휴대폰을 가지고 노는 것을 좋아하는 이유가 무엇이라고 생각합니까?

Wǒ rènwéi niánqīng rén xǐhuan wánr shǒujī de lǐyóu hěn duō.
我认为年轻人喜欢玩儿手机的理由很多。

저는 젊은 사람들이 휴대폰을 가지고 노는 것을 좋아하는 이유가 많다고 생각합니다.

스스로 답변해보기 다음의 질문을 듣고 제시된 우리말 문장을 보며 스스로 답변해보세요.

Nǐ rènwéi rénmen wèishénme tiāntiān jiào wàimài?
你认为人们为什么天天叫外卖?

당신은 사람들이 왜 매일 배달 음식을 시킨다고 생각합니까?

저는 사람들이 매일 배달 음식을 시키는 이유가 많다고 생각합니다.

정답 Wǒ rènwéi rénmen tiāntiān jiào wàimài de lǐyóu hěn duō.
我认为人们天天叫外卖的理由很多。

TSC 기본기 쌓기

해커스 TSC 한 권으로 끝내기

19 견해를 묻는 질문에 즉답하기

즉문즉답법

기본기 쌓기 19.mp3

★견해를 묻는 질문은 '~怎么看/有什么看法?(~어떻게 생각합니까/어떠한 견해가 있습니까?)'의 형태로 출제돼요. 견해를 묻는 질문에는 '비교적 큰 문제라고 생각합니다.' 또는 '문제가 없다고 생각합니다.'라는 말로 답변을 시작하면 돼요. 제5부분에서 "최근 자주 환경 문제가 생기는데, 당신은 이에 대해 어떻게 생각합니까?"와 같이 사회 문제에 대한 자세한 견해를 묻는 문제로 자주 출제돼요.

Zuìjìn chángcháng chūxiàn huánjìng wèntí, nǐ duì cǐ zěnme kàn?
最近 常常 出现 环境问题，你 对此 怎么看？
최근 자주 환경 문제가 생기는데, 당신은 이에 대해 어떻게 생각합니까?

你를 我로 바꾸기 / 비교적 큰 문제라고 말하기

Zuìjìn chángcháng chūxiàn huánjìng wèntí, wǒ juéde zhè shì bǐjiào dà de wèntí.
最近 常常 出现 环境问题，我 觉得这是比较大的问题。
최근 자주 환경 문제가 생기는데, 저는 이것이 비교적 큰 문제라고 생각합니다.

Duìyú jiābān, nǐ yǒu shénme kànfǎ?
对于 加班，你 有什么看法？
야근에 대해, 당신은 어떠한 견해가 있습니까?

你를 我로 바꾸기 / '문제가 없다'고 말하기

Duìyú jiābān, wǒ juéde méiyǒu wèntí.
对于 加班，我 觉得没有问题。
야근에 대해, 저는 문제가 없다고 생각합니다.

따라 말해보기 다음의 질문과 답변을 처음에는 보면서, 나머지 두 번은 듣기만 하면서 따라 말해보세요.

Yǒuxiē xuésheng xiǎng zài tǐyù kè shang zìxí, duì cǐ nǐ yǒu shénme kànfǎ?
有些学生想在体育课上自习，对此你有什么看法？
어떤 고등학생들은 체육 수업 때 자습하고 싶어하는데, 이에 대해 당신은 어떠한 견해가 있습니까?

Yǒuxiē xuésheng xiǎng zài tǐyù kè shang zìxí, wǒ juéde méiyǒu wèntí.
有些学生想在体育课上自习，我觉得没有问题。
어떤 고등학생들은 체육 수업 때 자습하고 싶어하는데, 저는 문제가 없다고 생각합니다.

스스로 답변해보기 다음의 질문을 듣고 제시된 우리말 문장을 보며 스스로 답변해보세요.

Zuìjìn chángcháng fāshēng zàoyīn wèntí, nǐ duì cǐ zěnme kàn?
最近常常发生噪音问题，你对此怎么看？
최근 자주 소음 문제가 발생하는데, 당신은 이에 대해 어떻게 생각합니까?

최근 자주 소음 문제가 생기는데, 저는 이것이 비교적 큰 문제라고 생각합니다.

정답 Zuìjìn chángcháng fāshēng zàoyīn wèntí, wǒ juéde zhè shì bǐjiào dà de wèntí.
最近常常发生噪音问题，我觉得这是比较大的问题。

20 장점·단점을 묻는 질문에 즉답하기

즉문즉답법

기본기 쌓기 20.mp3

★장점이나 단점을 묻는 질문은 '好处(좋은 점)', '坏处(나쁜 점)', '优缺点(장단점)' 등의 어휘가 포함된 형태로 출제돼요. 장점과 단점 중 하나만 묻는 질문에는 '좋은 점이 많다' 또는 '나쁜 점이 많다'라는 말로 답변을 시작하고, 장단점을 모두 묻는 질문에는 '장점도 있고 단점도 있다'고 답변하면 돼요. 제5부분에서 "당신은 장수하면 어떤 좋은 점이 있다고 생각합니까?"와 같이 장단점을 묻는 문제로 자주 출제돼요.

Nǐ juéde chángshòu yǒu shénme hǎochù / huàichù?
你觉得长寿有什么好处 / 坏处?

당신은 장수하면 어떤 좋은 점 / 나쁜 점이 있다고 생각합니까?

你를 我로 바꾸기 / '좋은 점이 많다'고 말하기 / '나쁜 점이 많다'고 말하기

Wǒ juéde chángshòu yǒu hěn duō hǎochù / huàichù.
我觉得长寿有很多好处 / 坏处。

저는 장수하면 좋은 점 / 나쁜 점이 많다고 생각합니다.

Nǐ juéde yālì yǒu shénme yōuquēdiǎn?
你觉得压力有什么优缺点?

당신은 스트레스가 어떤 장단점이 있다고 생각합니까?

你를 我로 바꾸기 / '장점도 있고 단점도 있다'고 말하기

Wǒ juéde yālì jì yǒu yōudiǎn yě yǒu quēdiǎn.
我觉得压力既有优点也有缺点。

저는 스트레스가 장점이 있기도 하고 단점이 있기도 하다고 생각합니다.

따라 말해보기 다음의 질문과 답변을 처음에는 보면서, 나머지 두 번은 듣기만 하면서 따라 말해보세요.

Nǐ rènwéi wǎngshàng shòukè yǒu nǎxiē hǎochù?
你认为网上授课有哪些好处?

당신은 온라인으로 수업하는 것이 어떤 좋은 점이 있다고 생각합니까?

Wǒ rènwéi wǎngshàng shòukè yǒu hěn duō hǎochù.
我认为网上授课有很多好处。

저는 온라인으로 수업하는 것이 많은 좋은 점이 있다고 생각합니다.

스스로 답변해보기 다음의 질문을 듣고 제시된 우리말 문장을 보며 스스로 답변해보세요.

Nǐ juéde chīsù yǒu shénme hǎochù hé huàichù?
你觉得吃素有什么好处和坏处?

당신은 채식을 하는 것이 어떠한 좋은 점과 나쁜 점이 있다고 생각합니까?

저는 채식을 하는 것이 좋은 점도 있고 나쁜 점도 있다고 생각합니다.

정답 Wǒ juéde chīsù jì yǒu hǎochù yě yǒu huàichù.
我觉得吃素既有好处也有坏处。

제1부분

자기 소개
自我介绍

01 이름 말하기

02 출생 연월일 말하기

03 가족 수 말하기

04 소속 말하기

실전 테스트

제1부분 알아보기

남자가 여자에게 자기 소개를 부탁하니
여자가 자기 소개를 하고 있군요.

제 1부분은 이처럼 자기 소개 관련 질문에 답하는 파트랍니다.
자, 그럼 제1부분에 대해 좀 더 자세히 알아볼까요?

출제 형태 제1부분은?

제1부분 '자기 소개'는 이름, 출생 연월일, 가족 수, 소속을 묻는 문제에 답하는 파트입니다.

문제 번호	1, 2, 3, 4
문제 수	4개
답변 준비시간	0초
답변시간	10초

평가 기준	
	문제에 맞게 정확히 답변했는가
	어법적 오류가 없는가
	발음·성조 오류가 없는가
	답변 시간을 최대한 활용하여 답변했는가

출제 경향 이렇게 출제돼요!

제1부분은 항상 똑같은 문제가 출제돼요. 즉, 1번부터 4번까지는 항상 이름, 출생 연월일, 가족 수, 소속을 물어요.

출제되는 주제

1번	你叫什么名字？ 당신의 이름은 무엇입니까?
2번	请说出你的出生年月日。 당신의 출생 연월일을 말해주세요.
3번	你家有几口人？ 당신의 가족은 몇 명입니까?
4번	你在什么地方工作？或者你在哪个学校上学？ 당신은 어느 곳에서 일합니까? 혹은 어느 학교에 다닙니까?

합격 비법 이렇게 학습하세요!

1. **항상 똑같은 문제가 출제되므로 답변을 미리 준비하세요.**

   1번부터 4번까지는 항상 똑같은 문제가 출제되므로, 모범답변과 활용어휘를 참고하여 자신만의 답변을 미리 준비하세요.

2. **미리 준비한 답변을 정확한 발음과 성조로 말할 수 있도록 반복 연습하세요.**

   항상 똑같은 문제가 출제되는 만큼, 문제를 듣자마자 미리 준비한 답변이 정확한 발음과 성조로 입에서 튀어나올 수 있게 반복 연습하세요.

문제 풀이 스텝 이런 순서로 답변하세요!

STEP 1 문제 확인하기

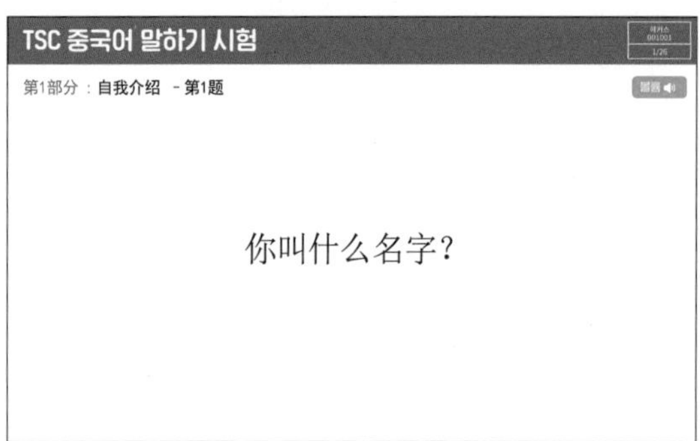

*p.46, 01 이름 말하기

화면에 문제가 1번부터 4번까지 순서대로 나타납니다. 이름, 출생 연월일, 가족 수, 소속 중 무엇을 묻는 문제인지 확인하세요.

[음성] 你叫什么名字?
당신의 이름은 무엇입니까?

STEP 2 답변 준비하기

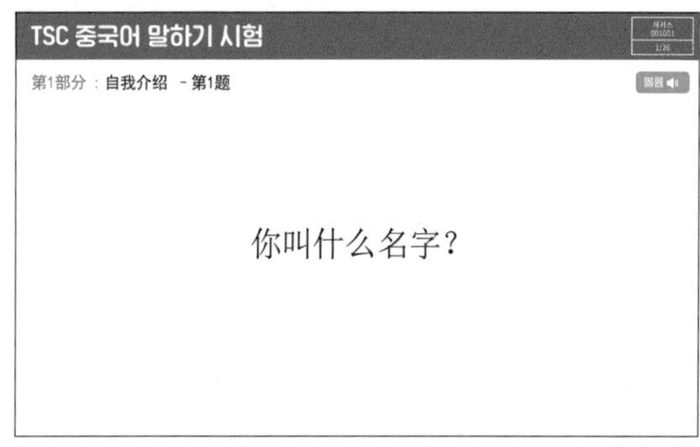

문제가 나타나고 나면 약 2초 후 음성으로 문제 번호와 문제를 들려줍니다. 답변 준비시간이 따로 없으므로 문제가 들리는 동안 미리 준비해둔 답변 문장을 떠올려보며 답변을 준비하세요.

[답변 문장] 我叫金垠秀。这是爸爸给我起的名字。
제 이름은 김은수입니다. 아빠가 제게 지어준 이름입니다.

STEP 3 정확한 발음과 성조로 답변하기

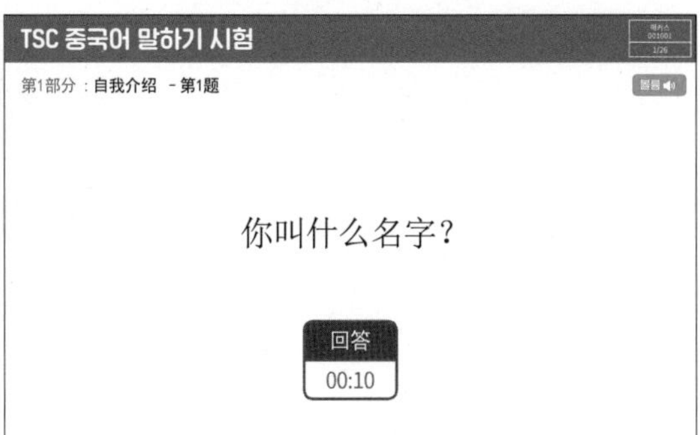

문제를 들려주는 음성이 끝나면 '삐-' 소리와 함께 10초의 답변시간이 시작됩니다. '삐-' 소리가 들리면 녹음이 온전하게 되도록 1초 정도 후에 미리 떠올린 답변 문장을 정확한 발음과 성조로 답변하세요.

[답변] **我叫金根秀。这是爸爸给我起的名字。**

01 이름 말하기

제1부분 01 바로듣기

1번 문제는 항상 이름을 물어요. 본인의 이름을 말한 뒤, 누가 지어준 이름인지 덧붙여 답변하면 돼요.

1_01_이름 말하기.mp3

Nǐ jiào shénme míngzi?
你叫什么名字?
당신의 이름은 무엇입니까?

Wǒ jiào Jīn Yínxiù.
我叫金垠秀。
Zhè shì bàba gěi wǒ qǐ de míngzi.
这是爸爸给我起的名字。

해석 제 이름은 김은수입니다. 아빠가 제게 지어준 이름입니다.

어휘 叫 jiào 동 ~라고 하다, 부르다 名字 míngzi 명 이름 金 Jīn 명 김[성씨] 爸爸 bàba 명 아빠 给 gěi 개 ~에게 起名字 qǐ míngzi 이름을 짓다

나만의 답변 만들어 보기

Wǒ jiào ____________ Zhè shì ____________ gěi wǒ qǐ de míngzi.
我叫____________。这是____________给我起的名字。
제 이름은 ______입니다. ______가 제게 지어준 이름입니다.

[활용어휘] 사람의 성씨

김 Jīn 金	최 Cuī 崔	정 Zhèng 郑	이 Lǐ 李
장 Zhāng 张	임 Lín 林	박 Piáo 朴	강 Jiāng 姜

[활용어휘] 가족 구성원

할아버지 yéye 爷爷	할머니 nǎinai 奶奶	아빠 bàba 爸爸	엄마 māma 妈妈

02 출생 연월일 말하기

제1부분 02 바로듣기

2번 문제는 항상 출생 연월일을 물어요. 본인의 출생 연월일을 정확히 답변하면 돼요. 연도를 말할 때에는 숫자를 한 자리씩 말해야 하는 것에 유의하세요.

1_02_출생 연월일 말하기.mp3

Qǐng shuōchū nǐ de chūshēng nián yuè rì.
请说出你的出生年月日。
당신의 출생 연월일을 말해주세요.

Wǒ shì yī jiǔ jiǔ liù nián liù yuè shí hào chūshēng de.
我是一九九六年六月十号出生的。

해석 저는 1996년 6월 10일에 태어났습니다.

어휘 请 qǐng 동 ~해주세요 说出 shuōchū 말하다 出生年月日 chūshēng nián yuè rì 출생 연월일 年 nián 명 년 月 yuè 명 월 号 hào 명 일 出生 chūshēng 동 태어나다, 출생하다

나만의 답변 만들어 보기

Wǒ shì ______ nián ______ yuè ______ hào chūshēng de.
我是______年______月______号出生的。
저는 ______년 ____월 ____일에 태어났습니다.

[활용어휘] 숫자

1 yī 一	2 èr 二	3 sān 三	4 sì 四
5 wǔ 五	6 liù 六	7 qī 七	8 bā 八
9 jiǔ 九	10 shí 十	0 líng 零	

03 가족 수 말하기

3번 문제는 항상 가족 수를 물어요. 가족 수를 말한 뒤, 구체적인 가족 구성원을 언급하여 답변하면 돼요.

1_03_가족 수 말하기.mp3

Nǐ jiā yǒu jǐ kǒu rén?
你家有几口人?
당신의 가족은 몇 명입니까?

Wǒ jiā yǒu liù kǒu rén.
我家有六口人。
Bàba, māma, jiějie, liǎng ge dìdi hái yǒu wǒ.
爸爸、妈妈、姐姐、两个弟弟还有我。

해석 우리 가족은 6명입니다. 아빠, 엄마, 언니, 2명의 남동생 그리고 제가 있습니다.

어휘 家 jiā 명 집, 가정 有 yǒu 동 있다 几 jǐ 수 몇, 얼마 口 kǒu 명 명[식구를 세는 단위] 人 rén 명 사람 爸爸 bàba 명 아빠 妈妈 māma 명 엄마 姐姐 jiějie 명 언니, 누나 弟弟 dìdi 명 남동생 还有 hái yǒu 그리고, 또

나만의 답변 만들어 보기

Wǒ jiā yǒu ________ kǒu rén. ________________________ hái yǒu wǒ.
我家有________口人。________________________还有我。
우리 가족은 _____명입니다. ______________ 그리고 제가 있습니다.

[활용어휘] 가족 구성원

할아버지 yéye 爷爷	할머니 nǎinai 奶奶	아빠 bàba 爸爸	엄마 māma 妈妈
오빠, 형 gēge 哥哥	언니, 누나 jiějie 姐姐	여동생 mèimei 妹妹	남동생 dìdi 弟弟
남편 zhàngfu 丈夫	아내 qīzi 妻子	딸 nǚ'ér 女儿	아들 érzi 儿子

04 소속 말하기

제1부분 04 바로듣기

4번 문제는 항상 소속을 물어요. 학생이라면 학교명과 전공을, 직장인이라면 회사명과 회사에 대한 생각을, 구직자라면 일을 구하고 있다는 말과 함께 자신의 상황으로 답변하면 돼요.

1_04_소속 말하기.mp3

Nǐ zài shénme dìfang gōngzuò? Huòzhě nǐ zài nǎge xuéxiào shàngxué?

你在什么地方工作？或者你在哪个学校上学？

당신은 어느 곳에서 일합니까? 혹은 어느 학교에 다닙니까?

[학생의 경우]

Wǒ zài Shǒu'ěr Dàxué shàngxué. Wǒ de zhuānyè shì jìsuànjī gōngchéng.

我在首尔大学上学。我的专业是计算机工程。

해석 저는 서울대학교에 다닙니다. 저의 전공은 컴퓨터 공학입니다.

어휘 在 zài 개 ~에서 동 ~에 있다 地方 dìfang 명 곳, 장소 工作 gōngzuò 동 일하다 명 일 或者 huòzhě 접 혹은, 또는 学校 xuéxiào 명 학교 上学 shàngxué 동 학교에 다니다, 등교하다 首尔大学 Shǒu'ěr Dàxué 고유 서울대학교 专业 zhuānyè 명 전공 计算机工程 jìsuànjī gōngchéng 컴퓨터 공학

[직장인의 경우]

Wǒ zài Sānxīng gōngzuò. Wǒ xǐhuan zhè jiā gōngsī.

我在三星工作。我喜欢这家公司。

해석 저는 삼성에서 일합니다. 저는 이 회사를 좋아합니다.

어휘 三星 Sānxīng 고유 삼성 喜欢 xǐhuan 동 좋아하다 家 jiā 양 [가게·기업 따위를 세는 단위] 公司 gōngsī 명 회사

[구직자의 경우]

Wǒ zhèngzài zhǎo gōngzuò. Wǒ xiǎng zhǎo yí fèn hǎo gōngzuò.

我正在找工作。我想找一份好工作。

해석 저는 일을 구하고 있습니다. 저는 좋은 일을 하나 구하고 싶습니다.

어휘 正在 zhèngzài 부 ~하고 있다 找 zhǎo 동 구하다, 찾다 份 fèn 양 [일, 직업 등을 세는 단위]

나만의 답변 만들어 보기

Wǒ

我＿＿＿＿＿＿＿＿＿＿＿＿＿＿＿＿＿＿＿＿。

저는 ＿＿＿＿＿＿＿＿＿＿＿＿＿＿.

[활용어휘] 학교명, 회사명

가천대학교 Jiāquán Dàxué 嘉泉大学

인천대학교 Rénchuān Dàxué 仁川大学

롯데 Lètiān 乐天

아시아나항공 Hányà Hángkōng 韩亚航空

실전 테스트

1_05_실전 테스트_풀어보기.mp3,
1_06_실전 테스트_모범답변 따라하기.mp3

TSC 중국어 말하기 시험

해커스
001001
1/26

第1部分 : 自我介绍 - 第1题

볼륨

你叫什么名字?

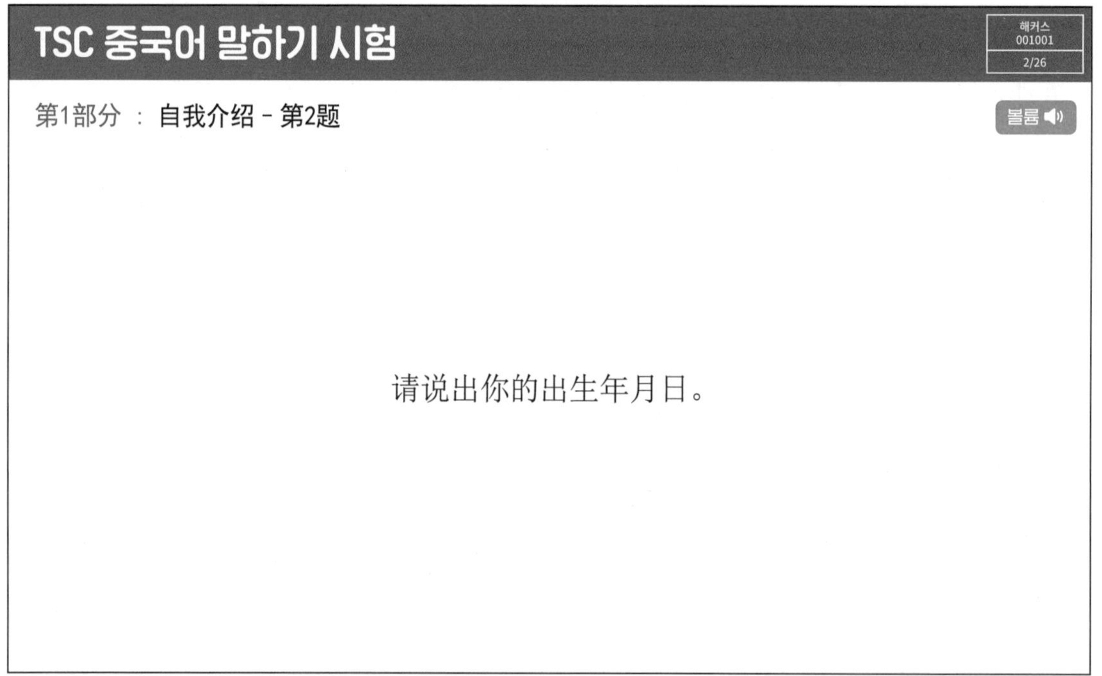

TSC 중국어 말하기 시험

해커스
001001
3/26

第1部分 : 自我介绍 - 第3题

볼륨

你家有几口人？

TSC 중국어 말하기 시험

해커스
001001
4/26

第1部分 : 自我介绍 - 第4题

볼륨

你在什么地方工作？或者你在哪个学校上学？

모범답변 및 해석 p.336

그림 보고 답하기
看图回答

01 장소/위치, 직업 관련 그림 보고 답하기

02 동작/상태, 비교 관련 그림 보고 답하기

03 숫자 관련 그림 보고 답하기

실전 테스트

제2부분 알아보기

남자가 그림에 대해 여자에게 질문을 하고,
여자는 그림을 보며 남자의 질문에 답하고 있군요.

제2부분은 이처럼 한 장의 그림과 관련된 문제를 듣고 답변하는 파트랍니다.
자, 그럼 제2부분에 대해 좀 더 자세히 알아볼까요?

출제 형태 제2부분은?

제2부분 '그림 보고 답하기'는 화면에 제시되는 그림을 보며 장소/위치, 직업, 동작/상태, 비교, 숫자와 관련된 문제를 듣고 답하는 파트입니다.

문제 번호	5, 6, 7, 8
문제 수	4개
답변 준비시간	3초
답변시간	6초

평가 기준	
	문제를 모두 정확히 이해했는가
	그림의 정보와 일치하게 답변했는가
	어법적 오류가 없는가
	정확한 발음·성조로 느리지 않고 유창하게 답변했는가

출제 경향 이렇게 출제돼요!

제2부분에서는 장소/위치, 직업, 동작/상태, 비교, 숫자와 관련된 다양한 주제의 문제가 출제돼요. 아래 표를 보며 각 주제별로 어떤 문제들이 출제되는지 확인해보세요.

출제되는 주제

주제	문제
장소/위치, 직업	公园在哪儿？ 공원은 어디에 있습니까? 她是医生吗？ 그녀는 의사입니까?
동작/상태, 비교	他们在喝饮料吗？ 그들은 음료를 마시고 있습니까? 谁的个子比较高？ 누구의 키가 비교적 큽니까?
숫자	水果一共多少钱？ 과일은 모두 얼마입니까? 椅子上有几本书？ 의자 위에는 몇 권의 책이 있습니까?

출제 비율

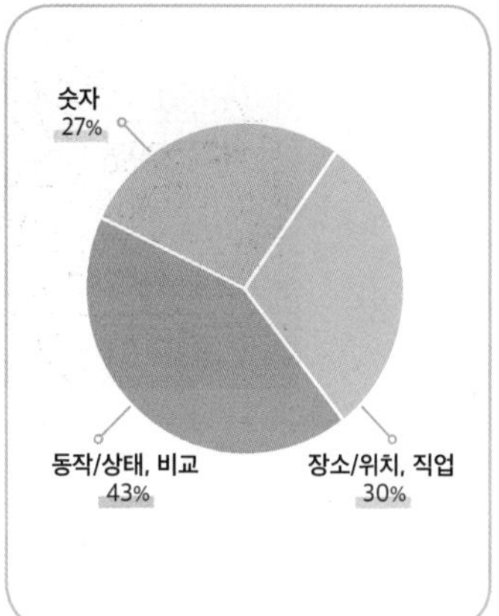

합격 비법 이렇게 학습하세요!

1. 문제 속에 등장하는 의문사를 정확히 파악하세요.

제2부분은 대부분 의문사를 활용하여 문제가 출제돼요. 그렇기 때문에 문제 속에 어떤 의문사가 사용되었는지를 파악하면 답변하는 데 큰 도움이 돼요. 따라서 의문사에 집중하며 문제를 듣는 연습을 하세요. 또 의문사에 따라 어떻게 답변하는지도 알아두세요.

2. 어법 실수 없이 완전한 한 문장으로 답변하세요.

제2부분은 답변시간이 짧기 때문에 많은 내용을 말하려고 하기보다는 어법적으로 오류가 없는 한 개의 문장을 빠르고 정확하게 답변하는 것이 좋아요. 빈출 표현과 답변문장 패턴을 집중 학습하여, 그림과 일치하면서 어법적 오류가 없는 문장으로 빠르고 정확하게 답변하는 연습을 하세요.

문제 풀이 스텝 이런 순서로 답변하세요!

STEP 1 문제 듣고 정확히 이해하기

*p.62, [장소/위치, 직업] 빈출 문제 02

화면에 그림이 나타나면 문제 번호가 들린 후 문제가 들립니다. 문제가 무엇을 묻고 있는지 이해해야 해요.

[음성] 公园在哪儿?
공원은 어디에 있습니까?

STEP 2 답변 패턴을 활용하여 답변 미리 떠올리기

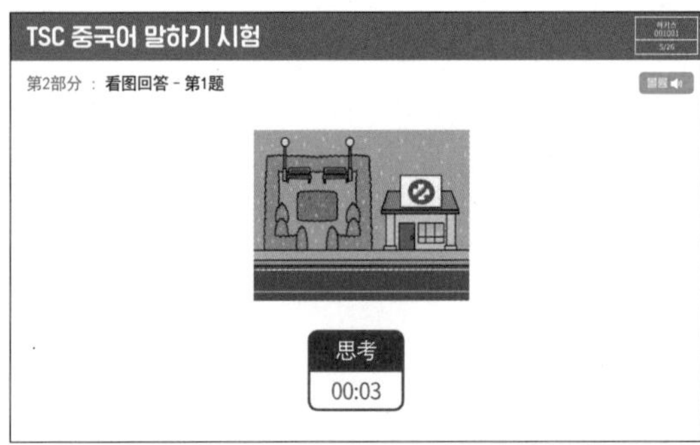

문제 음성이 끝나면 3초의 답변 준비시간이 주어집니다. 이때 답변에 사용할 답변문장 패턴을 재빨리 정하고 답변 문장을 미리 떠올려보며 답변을 준비하세요.

[답변 패턴] 사람/사물/장소 + 在 + 장소/위치

[답변 문장] 公园在药店旁边。
공원은 약국 옆에 있습니다.

STEP 3 발음·성조에 주의하며 답변 말하기

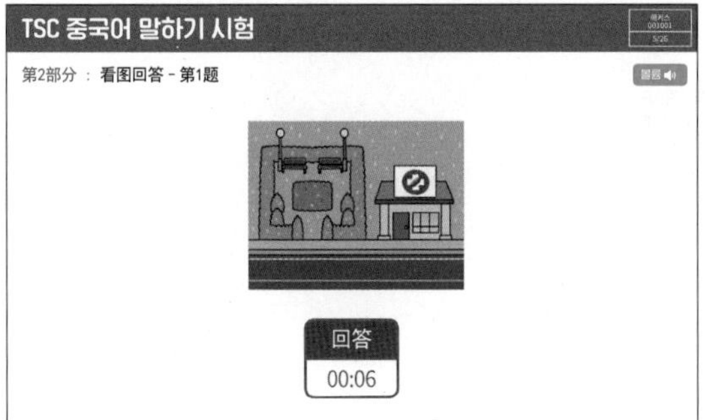

답변 준비시간이 끝나면 '삐-' 소리와 함께 6초의 답변시간이 시작됩니다. '삐-' 소리가 들리면 녹음이 온전하게 되도록 1초 정도 후에 준비한 답변을 정확한 발음과 성조로 답변하세요.

[답변] 公园在药店旁边。

01 장소/위치, 직업 관련 그림 보고 답하기

장소/위치, 직업 문제에는 그림 속 사람이 가고 있는 장소, 사람/사물/장소/동물이 있는 위치, 그리고 사람의 직업이 무엇인지 등을 묻는 문제들이 다양하게 출제돼요. 장소/위치, 직업과 관련된 빈출 표현과 답변문장 패턴을 꼼꼼히 익혀보세요. 그리고 빈출 문제를 스스로 답변할 수 있도록 반복 연습하세요.

제2부분 01 바로듣기

빈출 표현 및 답변문장 패턴 익히기

① 빈출 표현 익히기

2_01_1_빈출 표현_따라읽기.mp3, 2_01_2_빈출 표현_암기하기.mp3

자주 쓰이는 장소/위치, 직업과 관련된 표현들을 큰 소리로 따라 말하며 익혀보세요.

장소/위치 관련 표현

- □ 家 jiā ⓜ 집 ⓐ [가게·기업 따위를 세는 단위]
- □ 学校 xuéxiào ⓜ 학교
- □ 教室 jiàoshì ⓜ 교실
- □ 机场 jīchǎng ⓜ 공항
- □ 公园 gōngyuán ⓜ 공원
- □ 医院 yīyuàn ⓜ 병원
- □ 银行 yínháng ⓜ 은행
- □ 邮局 yóujú ⓜ 우체국
- □ 药店 yàodiàn ⓜ 약국
- □ 花店 huādiàn ⓜ 꽃집
- □ 超市 chāoshì ⓜ 마트, 슈퍼마켓
- □ 水果店 shuǐguǒdiàn ⓜ 과일 가게
- □ 电影院 diànyǐngyuàn ⓜ 영화관
- □ 面包店 miànbāodiàn ⓜ 빵집
- □ 图书馆 túshūguǎn ⓜ 도서관
- □ 咖啡厅 kāfēitīng ⓜ 카페
- □ 卫生间 wèishēngjiān ⓜ 화장실
- □ 办公室 bàngōngshì ⓜ 사무실
- □ 地铁站 dìtiězhàn ⓜ 지하철역
- □ 里 li ⓜ 안, 안쪽
- □ 床上 chuáng shang 침대 위
- □ 上边 shàngbian ⓜ 위쪽
- □ 下边 xiàbian ⓜ 아래쪽
- □ 左边 zuǒbian ⓜ 왼쪽

□ 右边 yòubian ⑱ 오른쪽
□ 旁边 pángbiān ⑱ 옆
□ 对面 duìmiàn ⑱ 맞은편
□ 外面 wàimian ⑱ 밖, 바깥
□ 书 shū ⑱ 책
□ 东西 dōngxi ⑱ 물건
□ 报纸 bàozhǐ ⑱ 신문
□ 桌子 zhuōzi ⑱ 책상
□ 椅子 yǐzi ⑱ 의자
□ 沙发 shāfā ⑱ 소파
□ 书包 shūbāo ⑱ 책가방
□ 帽子 màozi ⑱ 모자
□ 裤子 kùzi ⑱ 바지

□ 杯子 bēizi ⑱ 컵, 잔
□ 花瓶 huāpíng ⑱ 꽃병
□ 电脑 diànnǎo ⑱ 컴퓨터
□ 足球 zúqiú ⑱ 축구공, 축구
□ 篮球 lánqiú ⑱ 농구공, 농구
□ 手表 shǒubiǎo ⑱ 손목시계
□ 手机 shǒujī ⑱ 휴대폰
□ 眼镜 yǎnjìng ⑱ 안경
□ 苹果 píngguǒ ⑱ 사과
□ 草莓 cǎoméi ⑱ 딸기
□ 鸡蛋 jīdàn ⑱ 달걀
□ 牛奶 niúnǎi ⑱ 우유
□ 咖啡 kāfēi ⑱ 커피

직업 관련 표현

□ 做 zuò ⑤ ~을 하다
□ 工作 gōngzuò ⑱ 일 ⑤ 일하다
□ 上班族 shàngbānzú ⑱ 회사원, 직장인
□ 歌手 gēshǒu ⑱ 가수
□ 医生 yīshēng ⑱ 의사
□ 老师 lǎoshī ⑱ 선생님
□ 警察 jǐngchá ⑱ 경찰
□ 画家 huàjiā ⑱ 화가

□ 厨师 chúshī ⑱ 요리사
□ 司机 sījī ⑱ 운전기사
□ 导游 dǎoyóu ⑱ 여행 가이드
□ 女的 nǚde ⑱ 여자
□ 女人 nǚrén ⑱ 여자
□ 男的 nánde ⑱ 남자
□ 男人 nánrén ⑱ 남자
□ 孩子 háizi ⑱ 아이

② 답변문장 패턴 익히기 2_01_3_답변문장 패턴.mp3

어법 오류 없이 빠르고 정확하게 말하기 위해 꼭 알아두어야 할 답변문장 패턴을 큰 소리로 따라 말하며 익혀보세요.

패턴 1 사람이 특정 장소에 간다고 말할 때

사람 + 去(qù) + 장소	(사람)이 (장소)에 가다
Tā qù jīchǎng. 她去机场。	그녀는 공항에 갑니다.

패턴 2 사람/사물/장소가 특정 장소/위치에 있다고 말할 때

사람/사물/장소 + 在(zài) + 장소/위치	(사람/사물/장소)가 (장소/위치)에 있다
Tāmen zài dìtiězhàn. 他们在地铁站。	그들은 지하철역에 있습니다.
Màozi zài shāfā shang. 帽子在沙发上。	모자는 소파 위에 있습니다.
Gōngyuán zài yàodiàn pángbiān. 公园在药店旁边。	공원은 약국 옆에 있습니다.

패턴 3 특정 위치에 사물이 있다고 말할 때

위치 + 有(yǒu) + 사물	(위치)에 (사물)이 있다
Yǎnjìng zuǒbian yǒu shūbāo. 眼镜左边有书包。	안경 왼쪽에 책가방이 있습니다.

패턴 4 특정 위치에 있는 것은 특정 사물이라고 말할 때

de shì
위치 + 的是 + 사물 (위치)의 것은 (사물)이다

Zuǒbian de shì shūbāo.
左边的是书包。 왼쪽의 것은 책가방입니다.

패턴 5 사람의 직업이 무엇인지 말할 때

shì
사람 + 是 + 직업 (사람)은 (직업)이다

Tāmen shì jǐngchá.
他们是警察。 그들은 경찰입니다.

빈출 문제 공략하기

2_01_4_빈출 문제.mp3

먼저 각 문제 아래에 제시된 그림과 어휘를 확인한 후, 문제를 정확히 듣고 스스로 답변해보세요. 그다음 모범답변을 듣고 큰 소리로 따라 말하면서 모범답변을 입에 붙여보세요.

① 장소/위치 문제

장소/위치 관련 문제는 주로 哪儿(어디)과 什么(무슨)를 사용하여 출제돼요. 답변할 때에는 哪儿 또는 什么 자리에 그림에서 알 수 있는 장소, 위치 또는 사물 어휘를 넣어 말하면 돼요.

01

Tā qù nǎr?
她去哪儿?
그녀는 어디에 갑니까?

Tā qù jīchǎng.
她去机场。

해석 그녀는 공항에 갑니다.

어휘 机场 jīchǎng 명 공항

02

Gōngyuán zài nǎr?
公园在哪儿?
공원은 어디에 있습니까?

Gōngyuán zài yàodiàn pángbiān.
公园在药店旁边。

해석 공원은 약국 옆에 있습니다.

어휘 公园 gōngyuán 명 공원 药店 yàodiàn 명 약국 旁边 pángbiān 명 옆

03

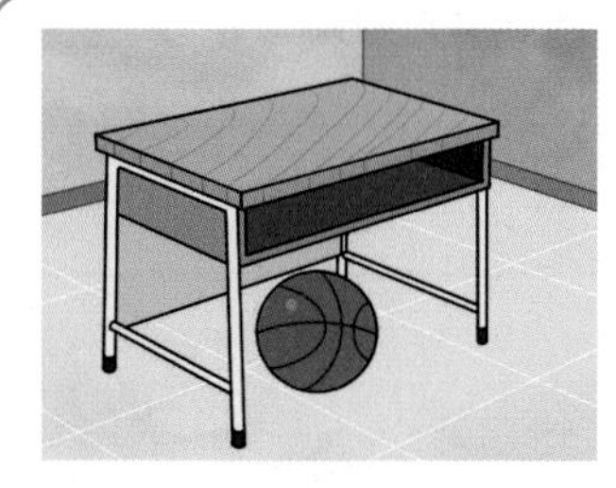

Zhuōzi xiàbian yǒu shénme dōngxi?

桌子下边有什么东西?

책상 아래쪽에는 무슨 물건이 있습니까?

Zhuōzi xiàbian yǒu lánqiú.

桌子下边有篮球。

해석 책상 아래쪽에는 농구공이 있습니다.

어휘 桌子 zhuōzi 명 책상 下边 xiàbian 명 아래쪽 东西 dōngxi 명 물건 篮球 lánqiú 명 농구공, 농구

04

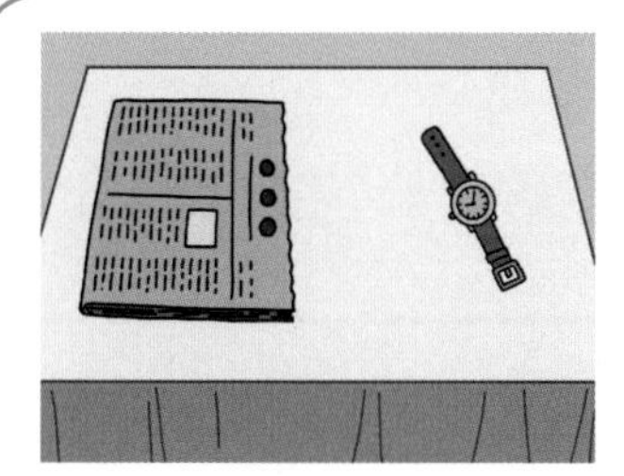

Zuǒbian de shì shénme?

左边的是什么?

왼쪽의 것은 무엇입니까?

Zuǒbian de shì bàozhǐ.

左边的是报纸。

해석 왼쪽의 것은 신문입니다.

어휘 左边 zuǒbian 명 왼쪽 报纸 bàozhǐ 명 신문

② 직업 문제

직업 관련 문제는 주로 **谁**(누구)와 **做什么工作的**(무슨 일을 하는 사람)를 사용하여 출제돼요. 답변할 때에는 '그림 속 인물+**是**+그림 속 인물의 직업' 형태로 말하면 돼요.

01

Tā shì shéi?

她是谁?

그녀는 누구입니까?

Tā shì gēshǒu.

她是歌手。

해석 그녀는 가수입니다.

어휘 歌手 gēshǒu 명 가수

02

Nánde shì zuò shénme gōngzuò de?

男的是做什么工作的?

남자는 무슨 일을 하는 사람입니까?

Nánde shì dǎoyóu.

男的是导游。

해석 남자는 여행 가이드입니다.

어휘 男的 nánde 명 남자 工作 gōngzuò 명 일 동 일하다 导游 dǎoyóu 명 여행 가이드

실전 연습문제

2_01_5_연습문제_풀어보기.mp3,
2_01_6_연습문제_모범답변 따라하기.mp3

제2부분 01 연습문제
바로듣기

먼저 그림을 눈으로 확인한 후, 문제를 듣고 큰 소리로 답변해보세요.

01

02

03

04

모범답변 및 해석 p.338

02 동작/상태, 비교 관련 그림 보고 답하기

동작/상태, 비교 문제에는 그림 속 사람의 동작, 사물의 현재 상태를 묻는 문제와 두 명 이상의 사람 또는 사물의 수량/크기/무게 등을 비교하는 문제들이 다양하게 출제돼요. 동작/상태, 비교와 관련된 빈출 표현과 답변문장 패턴을 꼼꼼히 익혀보세요. 그리고 빈출 문제를 스스로 답변할 수 있도록 반복 연습하세요.

제2부분 02 바로듣기

빈출 표현 및 답변문장 패턴 익히기

① 빈출 표현 익히기

2_02_1_빈출 표현_따라읽기.mp3, 2_02_2_빈출 표현_암기하기.mp3

자주 쓰이는 동작/상태, 비교와 관련된 표현들을 큰 소리로 따라 말하며 익혀보세요.

동작/상태 관련 표현

- □ 干 gàn 동 (일을) 하다
- □ 看书 kàn shū 책을 보다
- □ 吃东西 chī dōngxi 음식을 먹다
- □ 喝茶 hē chá 차를 마시다
- □ 喝酒 hē jiǔ 술을 마시다
- □ 喝饮料 hē yǐnliào 음료를 마시다
- □ 爬山 pá shān 등산하다
- □ 跑步 pǎobù 동 달리다, 뛰다
- □ 游泳 yóuyǒng 동 수영하다
- □ 跳舞 tiàowǔ 동 춤을 추다
- □ 唱歌 chàng gē 노래를 부르다
- □ 听音乐 tīng yīnyuè 음악을 듣다
- □ 画画儿 huà huàr 그림을 그리다
- □ 看电视 kàn diànshì TV를 보다
- □ 看电影 kàn diànyǐng 영화를 보다
- □ 打电话 dǎ diànhuà 전화하다
- □ 剪头发 jiǎn tóufa 머리를 자르다
- □ 踢足球 tī zúqiú 축구를 하다
- □ 打保龄球 dǎ bǎolíngqiú 볼링을 치다
- □ 热 rè 형 덥다
- □ 冷 lěng 형 춥다
- □ 开 kāi 동 열다, 켜다
- □ 关 guān 동 닫다, 끄다
- □ 门 mén 명 문

- □ 窗户 chuānghu ⑱ 창문
- □ 春天 chūntiān ⑱ 봄
- □ 夏天 xiàtiān ⑱ 여름
- □ 秋天 qiūtiān ⑱ 가을
- □ 冬天 dōngtiān ⑱ 겨울
- □ 晴天 qíngtiān ⑱ 맑은 날
- □ 阴天 yīntiān ⑱ 흐린 날
- □ 下雨 xià yǔ 비가 내리다
- □ 下雪 xià xuě 눈이 내리다
- □ 刮风 guā fēng 바람이 불다

비교 관련 표현

- □ 更 gèng 부 더
- □ 比较 bǐjiào 부 비교적
- □ 高 gāo 형 (키가) 크다, 높다
- □ 矮 ǎi 형 (키가) 작다, 낮다
- □ 快 kuài 형 빠르다
- □ 慢 màn 형 느리다
- □ 多 duō 형 많다 대 얼마나
- □ 少 shǎo 형 적다
- □ 大 dà 형 크다
- □ 小 xiǎo 형 작다
- □ 长 cháng 형 길다
- □ 短 duǎn 형 짧다
- □ 重 zhòng 형 무겁다
- □ 轻 qīng 형 가볍다
- □ 远 yuǎn 형 멀다
- □ 近 jìn 형 가깝다
- □ 新 xīn 형 새롭다
- □ 旧 jiù 형 낡다, 오래다
- □ 贵 guì 형 비싸다
- □ 便宜 piányi 형 싸다
- □ 老 lǎo 형 늙다
- □ 年轻 niánqīng 형 젊다
- □ 胖 pàng 형 뚱뚱하다
- □ 瘦 shòu 형 마르다
- □ 动物 dòngwù 명 동물
- □ 猫 māo 명 고양이
- □ 狗 gǒu 명 개, 강아지
- □ 小猫 xiǎo māo 명 고양이
- □ 小狗 xiǎo gǒu 명 강아지
- □ 行李 xíngli 명 짐
- □ 速度 sùdù 명 속도
- □ 跑得 pǎode ~하게 뛰다, ~하게 달리다

② 답변문장 패턴 익히기

2_02_3_답변문장 패턴.mp3

어법 오류 없이 빠르고 정확하게 말하기 위해 꼭 알아두어야 할 답변문장 패턴을 큰 소리로 따라 말하며 익혀보세요.

패턴 1 사람이 특정 동작을 하고 있다고 말할 때

zài
사람 + 在 + 동작 — (사람)은 (동작)을 하고 있다

Tāmen zài kàn shū.
他们在看书。 — 그들은 책을 보고 있습니다.

패턴 2 장소/위치에서 특정 동작을 하면 안 된다고 말할 때

bù kěyǐ / bù néng
장소/위치 + 不可以/不能 + 동작 — (장소/위치)에서 (동작)하면 안 된다

Shūdiàn li bù kěyǐ chī dōngxi.
书店里不可以吃东西。 — 서점 안에서 음식을 먹으면 안 됩니다.

패턴 3 사물이 특정 상태가 지속되고 있다고 말할 때

zhe
사물 + 동사 + 着 — (사물)은 (동사)해 있다

Mén guānzhe.
门关着。 — 문은 닫혀 있습니다.

패턴 4 지금은 특정 계절이라고 말할 때

Xiànzài shì
现在是 + 계절 — 지금은 (계절)입니다

Xiànzài shì xiàtiān.
现在是夏天。 — 지금은 여름입니다.

패턴 5 어느 사람/사물/동물이 특정 조건에 비교적 부합하는지 말할 때

사람/사물/동물 + 比较(bǐjiào) + 형용사	(사람/사물/동물)이 비교적 (형용사)하다

Nǚshēng bǐjiào gāo. 女生比较高。	여자가 비교적 큽니다.
Píngguǒ bǐjiào qīng. 苹果比较轻。	사과가 비교적 가볍습니다.
Xiǎo māo bǐjiào xiǎo. 小猫比较小。	고양이가 비교적 작습니다.

패턴 6 어느 사람/사물/동물이 특정 조건에 더 부합하는지 말할 때

사람/사물/동물 + 更(gèng) + 형용사	(사람/사물/동물)이 더 (형용사)하다

Nánde gèng kuài. 男的更快。	남자가 더 빠릅니다.
Niúnǎi gèng piányi. 牛奶更便宜。	우유가 더 쌉니다.
Xiǎo gǒu gèng dà. 小狗更大。	강아지가 더 큽니다.

빈출 문제 공략하기

2_02_4_빈출 문제.mp3

먼저 각 문제 아래에 제시된 그림과 어휘를 확인한 후, 문제를 정확히 듣고 스스로 답변해보세요. 그다음 모범답변을 듣고 큰 소리로 따라 말하면서 모범답변을 입에 붙여보세요.

① 동작/상태 문제

동작 관련 문제는 주로 '在(~을 하고 있다)+특정 동작' 또는 做什么(무엇을 합니까?) 형태로 출제돼요. 동작 문제에 답변할 때에는 '특정 동작' 또는 做什么 자리에 그림 속 동작 어휘를 넣어 말하면 돼요. 상태 관련 문제는 주로 '在/是(~이다)+특정 상태' 또는 '특정 상태+吗(~입니까?)'의 형태로 출제돼요. 상태 문제에 답변할 때에는 '특정 상태' 자리에 그림 속 상태 어휘를 넣어 말하면 돼요.

01

Tāmen zài hē yǐnliào ma?
他们在喝饮料吗?
그들은 음료를 마시고 있습니까?

Tāmen zài kàn shū.
他们在看书。

해석 그들은 책을 보고 있습니다.

어휘 喝饮料 hē yǐnliào 음료를 마시다 看书 kàn shū 책을 보다

02

Tā xiàwǔ sān diǎn zuò shénme?
他下午三点做什么?
그는 오후 3시에 무엇을 합니까?

Tā xiàwǔ sān diǎn dǎ bǎolíngqiú.
他下午三点打保龄球。

해석 그는 오후 3시에 볼링을 칩니다.

어휘 下午 xiàwǔ 명 오후 点 diǎn 명 시 打保龄球 dǎ bǎolíngqiú 볼링을 치다

03

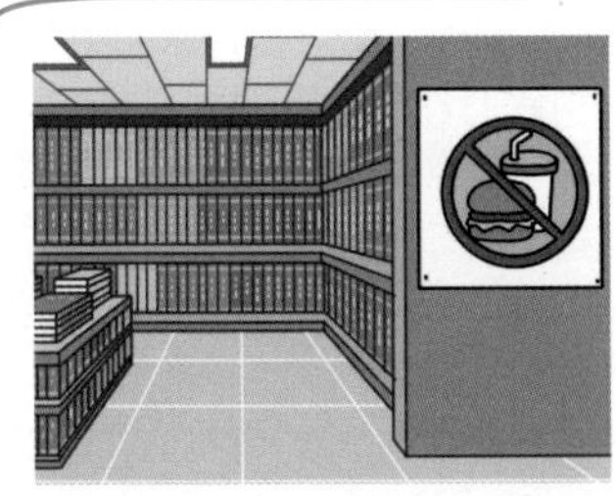

Shūdiàn li bù kěyǐ zuò shénme?

书店里不可以做什么?

서점 안에서 무엇을 하면 안 됩니까?

Shūdiàn li bù kěyǐ chī dōngxi.

书店里不可以吃东西。

해석 서점 안에서 음식을 먹으면 안 됩니다.

어휘 书店 shūdiàn 명 서점 吃东西 chī dōngxi 음식을 먹다

04

Xiànzài shì qiūtiān ma?

现在是秋天吗?

지금은 가을입니까?

Xiànzài shì xiàtiān.

现在是夏天。

해석 지금은 여름입니다.

어휘 秋天 qiūtiān 명 가을 夏天 xiàtiān 명 여름

05

Mén kāizhe ma?

门开着吗?

문은 열려 있습니까?

Mén guānzhe.

门关着。

해석 문은 닫혀 있습니다.

어휘 门 mén 명 문 开 kāi 동 열다, 켜다 关 guān 동 닫다, 끄다

② 비교 문제

비교 관련 문제는 주로 谁(누구), '哪种(어떤 종류)+대상'과 함께 比较(비교적) 또는 更(더)을 사용하여 출제돼요. 답변할 때에는 그림 속 두 비교 대상의 특징을 확인한 후 谁 자리에 조건에 부합하는 사람 어휘를, '哪种+대상' 자리에 조건에 부합하는 동물/사물 어휘를 넣어서 말하면 돼요. 참고로, '특정 대상+更+형용사+吗?(~이 더 ~합니까?)'의 형태로도 출제될 수 있어요. 답변할 때에는 '특정 대상' 자리에 부합하는 사람/사물/동물 어휘를 넣어 말하면 돼요.

01

Shéi de gèzi bǐjiào gāo?
谁的个子比较高?
누구의 키가 비교적 큽니까?

Nǚshēng de gèzi bǐjiào gāo.
女生的个子比较高。

해석 여자의 키가 비교적 큽니다.

어휘 个子 gèzi 명 키 比较 bǐjiào 부 비교적 高 gāo 형 (키가) 크다, 높다

02

Nánde de xíngli gèng zhòng ma?
男的的行李更重吗?
남자의 짐이 더 무겁습니까?

Nǚde de xíngli gèng zhòng.
女的的行李更重。

해석 여자의 짐이 더 무겁습니다.

어휘 男的 nánde 명 남자 行李 xíngli 명 짐 更 gèng 부 더 重 zhòng 형 무겁다 女的 nǚde 명 여자

실전 연습문제

2_02_5_연습문제_풀어보기.mp3,
2_02_6_연습문제_모범답변 따라하기.mp3

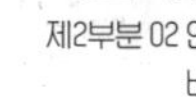

제2부분 02 연습문제 바로듣기

먼저 그림을 눈으로 확인한 후, 문제를 듣고 큰 소리로 답변해보세요.

01

02

03

04

모범답변 및 해석 p.340

03 숫자 관련 그림 보고 답하기

숫자 문제에는 날짜/요일/시간을 묻는 문제, 특정 사물의 가격을 묻는 문제, 방 번호/전화번호를 묻는 문제, 그리고 높이/길이/무게 등 각종 숫자와 단위를 묻는 문제들이 다양하게 출제돼요. 숫자와 관련된 빈출 표현과 답변문장 패턴을 꼼꼼히 익혀보세요. 그리고 빈출 문제를 스스로 답변할 수 있도록 반복 연습하세요.

제2부분 03 바로듣기

빈출 표현 및 답변문장 패턴 익히기

① 빈출 표현 익히기

2_03_1_빈출 표현_따라읽기.mp3, 2_03_2_빈출 표현_암기하기.mp3

자주 쓰이는 날짜/요일/시간, 가격, 번호, 단위와 관련된 표현들을 큰 소리로 따라 말하며 익혀보세요.

날짜/요일/시간 관련 표현

- □ 月 yuè 명 월
- □ 号 hào 명 일
- □ 日 rì 명 일
- □ 星期 xīngqī 명 요일
- □ 今天 jīntiān 명 오늘
- □ 明天 míngtiān 명 내일
- □ 昨天 zuótiān 명 어제
- □ 早上 zǎoshang 명 아침
- □ 晚上 wǎnshang 명 저녁, 밤
- □ 上午 shàngwǔ 명 오전
- □ 下午 xiàwǔ 명 오후
- □ 点 diǎn 명 시
- □ 分 fēn 명 분
- □ 开门 kāi mén 문을 열다
- □ 开始 kāishǐ 동 시작하다
- □ 起床 qǐchuáng 동 일어나다, 기상하다

가격 관련 표현

- □ 块 kuài 양 위안
- □ 元 yuán 양 위안
- □ 多少钱 duōshao qián 얼마입니까
- □ 最 zuì 부 가장, 제일
- □ 一共 yígòng 부 모두, 도합
- □ 总共 zǒnggòng 부 전부, 합쳐서
- □ 门票 ménpiào 명 입장권
- □ 电影票 diànyǐngpiào 명 영화표

번호 관련 표현

□ 几 jǐ	㊐ 몇, 얼마	□ 住 zhù	㊐ 살다
□ 多少 duōshao	㊐ 몇, 얼마	□ 房间 fángjiān	㊐ 방
□ 号 hào	㊐ (방) 번호, 호	□ 公交车 gōngjiāochē	㊐ 버스
□ 路 lù	㊐ (버스) 번호	□ 电话号码 diànhuà hàomǎ	전화번호
□ 航班 hángbān	㊐ (비행기) 번호	□ 手机号码 shǒujī hàomǎ	휴대폰 번호

단위 관련 표현

□ 个 ge	㊐ 개[사물·사람을 세는 단위]	□ 米 mǐ	㊐ 미터(m)
□ 本 běn	㊐ 권[책을 세는 단위]	□ 厘米 límǐ	㊐ 센티미터(cm)
□ 座 zuò	㊐ 동, 채[산·건물 등을 세는 단위]	□ 公里 gōnglǐ	㊐ 킬로미터(km)
□ 张 zhāng	㊐ 장[종이를 세는 단위]	□ 书 shū	㊐ 책
□ 棵 kē	㊐ 그루[나무를 세는 단위]	□ 纸 zhǐ	㊐ 종이
□ 口 kǒu	㊐ 명[사람을 세는 단위]	□ 树 shù	㊐ 나무
□ 件 jiàn	㊐ 벌, 건[옷, 일을 세는 단위]	□ 人 rén	㊐ 사람
□ 只 zhī	㊐ 마리[동물을 세는 단위]	□ 学生 xuésheng	㊐ 학생
□ 楼 lóu	㊐ 층, 건물	□ 水果 shuǐguǒ	㊐ 과일
□ 层 céng	㊐ 층	□ 温度 wēndù	㊐ 온도
□ 度 dù	㊐ 도(℃)	□ 个子 gèzi	㊐ 키
□ 斤 jīn	㊐ 근(500g)	□ 铅笔 qiānbǐ	㊐ 연필
□ 公斤 gōngjīn	㊐ 킬로그램(kg)	□ 从…到… cóng…dào…	~부터 ~까지

② 답변문장 패턴 익히기 2_03_3_답변문장 패턴.mp3

어법 오류 없이 빠르고 정확하게 말하기 위해 꼭 알아두어야 할 답변문장 패턴을 큰 소리로 따라 말하며 익혀보세요.

패턴 1 특정 날짜를 말할 때

yuè hào
숫자 + 月 + 숫자 + 号 (숫자)월 (숫자)일

Zuótiān shì wǔ yuè èrshí hào.
昨天是五月二十号。 어제는 5월 20일입니다.

패턴 2 특정 요일을 말할 때

xīngqī
星期 + 숫자 (무슨)요일

Xīngqī wǔ xià xuě.
星期五下雪。 금요일은 눈이 내립니다.

√**TIP** 중국어로 요일은 **星期**(xīngqī, 요일) 뒤에 숫자 一(yī, 1)부터 六(liù, 6)를 붙여 월요일~토요일을 말해요. 다만, 일요일은 **星期天**(xīngqītiān) 또는 **星期日**(xīngqīrì)이라고 말하는 점을 알아두세요.

패턴 3 구체적인 시간을 말할 때

diǎn fēn
숫자 + 点 + 숫자 + 分 (숫자)시 (숫자)분

Zhè jiā huādiàn zǎoshang bā diǎn sānshí fēn kāi mén.
这家花店早上八点三十分开门。 이 꽃집은 아침 8시 30분에 문을 엽니다.

패턴 4 구체적인 가격을 말할 때

kuài qián
숫자 + 块钱 (숫자)위안

Niúnǎi sì kuài qián.
牛奶四块钱。 우유는 4위안입니다.

패턴 5 특정 방 번호를 말할 때

숫자 + 号(hào) — (숫자)호

Nǚde zhù qī líng sān hào fángjiān.
女的住七零三号房间。
여자는 703호 방에 삽니다.

패턴 6 특정 전화번호를 말할 때

是(shì) + 숫자 — (숫자)입니다

Chāoshì de diànhuà hàomǎ shì yāo wǔ jiǔ líng yāo bā qī.
超市的电话号码是幺五九零幺八七。
마트의 전화번호는 159-0187입니다.

√**TIP** 중국어로 번호를 말할 때는 숫자 1을 주로 一(yī) 대신 幺(yāo)라고 말하는 점을 알아두세요.

패턴 7 구체적인 개수를 말할 때

숫자 + 양사 + 명사 — (숫자)(양사)의 (명사)

Yǐzi shang yǒu sān běn shū.
椅子上有三本书。
의자 위에는 3권의 책이 있습니다.

Lù shang yǒu sì kē shù.
路上有四棵树。
길 위에는 4그루의 나무가 있습니다.

Zhuōzi shang yǒu sān zhāng bàozhǐ.
桌子上有三张报纸。
책상 위에는 3장의 신문지가 있습니다.

패턴 8 길이·거리를 말할 때

límǐ mǐ 숫자 + 厘米/米	(숫자)cm/m
Qiānbǐ yǒu bā límǐ. 铅笔有八厘米。	연필은 8cm입니다.
Cóng xuéxiào dào kāfēitīng yǒu qībǎi bāshí mǐ. 从学校到咖啡厅有七百八十米。	학교에서부터 카페까지는 780m입니다.

패턴 9 사람의 키를 말할 때

mǐ 숫자 + 米 + 숫자	(숫자)m(숫자)
Tā de gèzi yǒu yì mǐ bā sān. 他的个子有一米八三。	그의 키는 1m83입니다.

패턴 10 층수를 말할 때

lóu céng 숫자 + 楼/层	(숫자)층
Diànyǐngyuàn zài wǔ lóu. 电影院在五楼。	영화관은 5층에 있습니다.
Tā zài sān céng. 他在三层。	그는 3층에 있습니다.

패턴 11 무게를 말할 때

gōngjīn 숫자 + 公斤	(숫자)kg
Zhège huāpíng yǒu èr diǎn wǔ gōngjīn. 这个花瓶有二点五公斤。	이 꽃병은 2.5kg입니다.
Zhège shuǐguǒ yǒu yì diǎn bā gōngjīn. 这个水果有一点八公斤。	이 과일은 1.8kg입니다.

패턴 12 온도를 말할 때

dù 숫자 + 度	(숫자)도
Bàngōngshì li de wēndù shi èrshíliù dù. 办公室里的温度是二十六度。	사무실 안의 온도는 26도입니다.
Jiàoshì li de wēndù shì èrshísān dù. 教室里的温度是二十三度。	교실 안의 온도는 23도입니다.

빈출 문제 공략하기

2_03_4_빈출 문제.mp3

먼저 각 문제 아래에 제시된 그림과 어휘를 확인한 후, 문제를 정확히 듣고 스스로 답변해보세요. 그다음 모범답변을 듣고 큰 소리로 따라 말하면서 모범답변을 입에 붙여보세요.

① 날짜/요일/시간 문제

날짜/요일/시간 관련 문제는 주로 **几月几号**(몇 월 며칠), **星期几**(무슨 요일), **什么时候**(언제)를 사용하여 출제돼요. 답변할 때에는 **几** 또는 **什么时候** 자리에 구체적인 숫자를 넣어 말하면 돼요.

01

Zuótiān shì jǐ yuè jǐ hào?
昨天是几月几号?
어제는 몇 월 며칠입니까?

Zuótiān shì wǔ yuè èrshí hào.
昨天是五月二十号。

해석 어제는 5월 20일입니다.

어휘 昨天 zuótiān 명 어제 月 yuè 명 월 号 hào 명 일, 호

02

Zhè jiā huādiàn shénme shíhou kāi mén?
这家花店什么时候开门?
이 꽃집은 언제 문을 엽니까?

Zhè jiā huādiàn zǎoshang bā diǎn sānshí fēn kāi mén.
这家花店早上八点三十分开门。

해석 이 꽃집은 아침 8시 30분에 문을 엽니다.

어휘 家 jiā 양 [가게·기업 따위를 세는 단위] 명 집 花店 huādiàn 명 꽃집 开门 kāi mén 문을 열다 早上 zǎoshang 명 아침 点 diǎn 명 시, 소수점

② 가격 문제

가격 관련 문제는 주로 多少(얼마)를 사용하여 출제돼요. 답변할 때에는 多少 자리에 구체적인 가격 표현을 넣어 말하면 돼요.

01

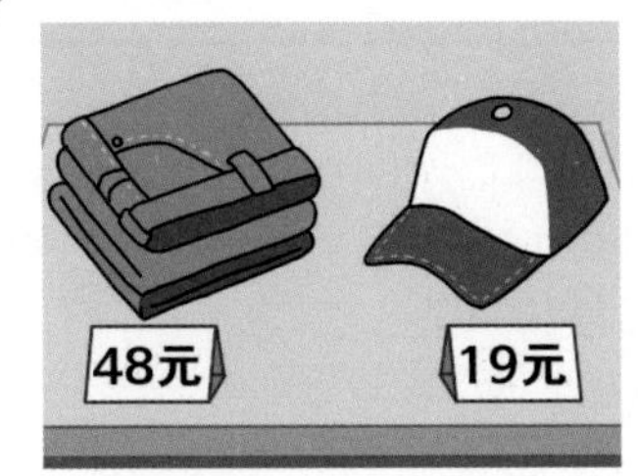

Kùzi duōshao qián?
裤子多少钱?
바지는 얼마입니까?

Kùzi sìshíbā kuài qián.
裤子四十八块钱。

해석 바지는 48위안입니다.

어휘 裤子 kùzi 명 바지 多少 duōshao 대 얼마, 몇

02

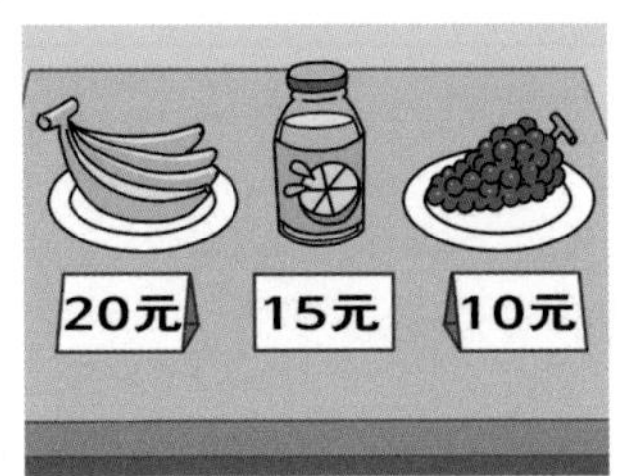

Shuǐguǒ yígòng duōshao qián?
水果一共多少钱?
과일은 모두 얼마입니까?

Shuǐguǒ yígòng sānshí kuài qián.
水果一共三十块钱。

해석 과일은 모두 30위안입니다.

어휘 水果 shuǐguǒ 명 과일 一共 yígòng 부 모두, 도합 多少 duōshao 대 얼마 , 몇

③ 번호 문제

번호 관련 문제는 주로 几(몇)+단위' 혹은 是多少(몇입니까)의 형태로 출제돼요. 답변할 때에는 几 혹은 多少 자리에 구체적인 번호를 넣어 말하면 돼요.

01

Nǚde zhù jǐ hào fángjiān?
女的住几号房间?
여자는 몇 호 방에 삽니까?

Nǚde zhù qī líng sān hào fángjiān.
女的住七零三号房间。

해석 여자는 703호 방에 삽니다.

어휘 女的 nǚde 명 여자 住 zhù 동 살다 号 hào 명 호, 일 房间 fángjiān 명 방

02

Chāoshì de diànhuà hàomǎ shì duōshao?
超市的电话号码是多少?
마트의 전화번호는 몇입니까?

Chāoshì de diànhuà hàomǎ shì yāo wǔ jiǔ líng yāo bā qī.
超市的电话号码是幺五九零幺八七。

해석 마트의 전화번호는 159-0187입니다.

어휘 超市 chāoshì 명 마트, 슈퍼마켓 电话号码 diànhuà hàomǎ 전화번호 多少 duōshao 대 몇, 얼마

④ 단위 문제

단위 관련 문제는 주로 '几(몇)+단위' 혹은 '多(얼마나)+형용사'의 형태로 출제돼요. 답변할 때에는 '几+단위' 혹은 '多+형용사' 자리에 구체적인 숫자와 알맞은 단위를 넣어 말하면 돼요. 참고로 산, 건물 등의 높이를 말할 땐 문장 맨 끝에 高(높다)를 붙여 말하는 게 더 정확해요.

01

Yǐzi shang yǒu jǐ běn shū?

椅子上有几本书?

의자 위에는 몇 권의 책이 있습니까?

Yǐzi shang yǒu sān běn shū.

椅子上有三本书。

해석 의자 위에는 3권의 책이 있습니다.

어휘 椅子 yǐzi 명 의자 本 běn 양 권[책을 세는 단위] 书 shū 명 책

02

Tā yǒu duō zhòng?

他有多重?

그는 얼마나 무겁습니까?

Tā yǒu qīshíwǔ gōngjīn.

他有七十五公斤。

해석 그는 75kg입니다.

어휘 多 duō 대 얼마나 형 많다 重 zhòng 형 무겁다 公斤 gōngjīn 양 킬로그램(kg)

03

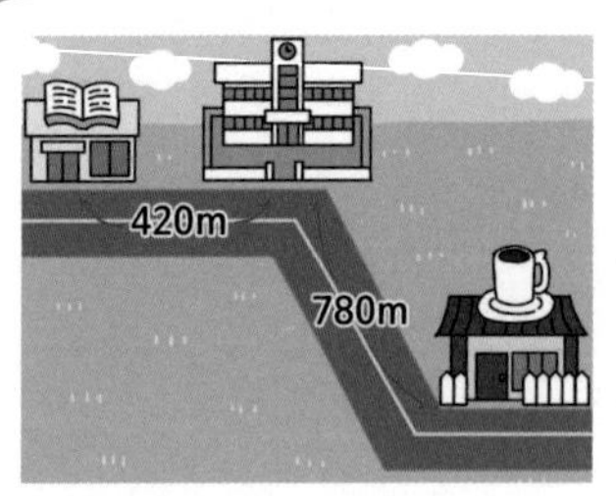

Cóng xuéxiào dào kāfēitīng yǒu duō yuǎn?

从学校到咖啡厅有多远?

학교에서부터 카페까지는 얼마나 멉니까?

Cóng xuéxiào dào kāfēitīng yǒu qībǎi bāshí mǐ.

从学校到咖啡厅有七百八十米。

해석 학교에서부터 카페까지는 780m입니다.

어휘 从…到… cóng…dào… ~부터 ~까지 学校 xuéxiào 명 학교 咖啡厅 kāfēitīng 명 카페 多 duō 대 얼마나 형 많다 米 mǐ 양 미터(m)

04

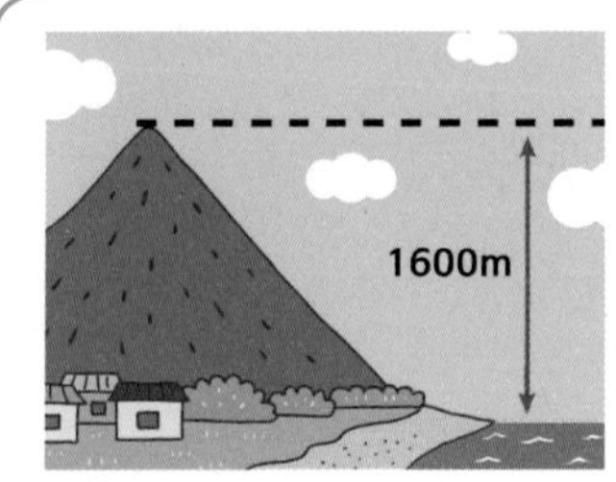

Zhè zuò shān yǒu duō gāo?

这座山有多高?

이 산은 얼마나 높습니까?

Zhè zuò shān yǒu yìqiān liùbǎi mǐ gāo.

这座山有一千六百米高。

해석 이 산은 1600m입니다.

어휘 座 zuò 양 동, 채[산·건물 등을 세는 단위] 多 duō 대 얼마나 형 많다 高 gāo 형 높다, (키가) 크다 米 mǐ 양 미터(m)

실전 연습문제

2_03_5_연습문제_풀어보기.mp3,
2_03_6_연습문제_모범답변 따라하기.mp3

제2부분 03 연습문제
바로듣기

먼저 그림을 눈으로 확인한 후, 문제를 듣고 큰 소리로 답변해보세요.

01

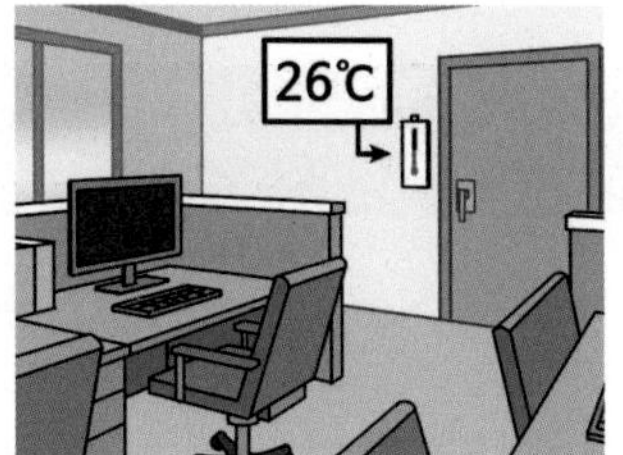

______________________________。

02

______________________________。

03

______________________________。

04

______________________________。

모범답변 및 해석 p.342

실전 테스트

제2부분 실전 테스트 바로듣기

2_04_1_실전 테스트_풀어보기.mp3
2_04_2_실전 테스트_모범답변 따라하기.mp3

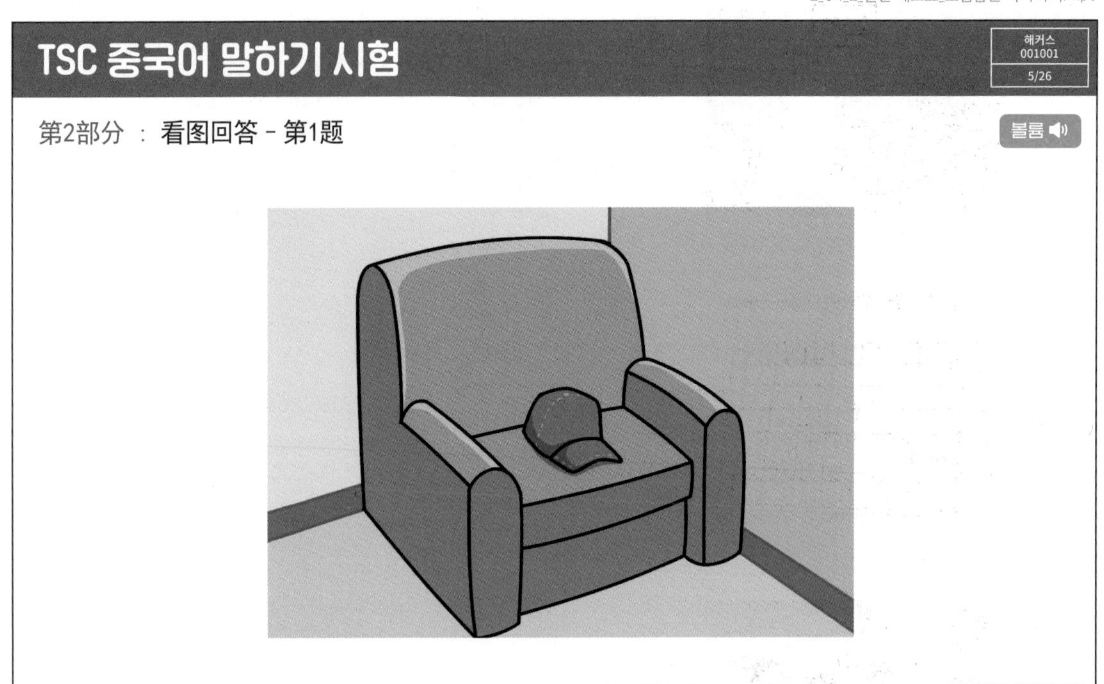

TSC 중국어 말하기 시험

해커스
001001
7/26

第2部分 : 看图回答 - 第3题

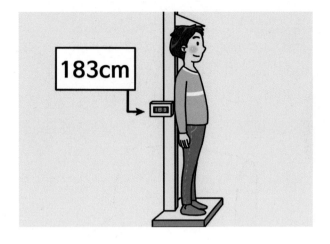

볼륨

183cm

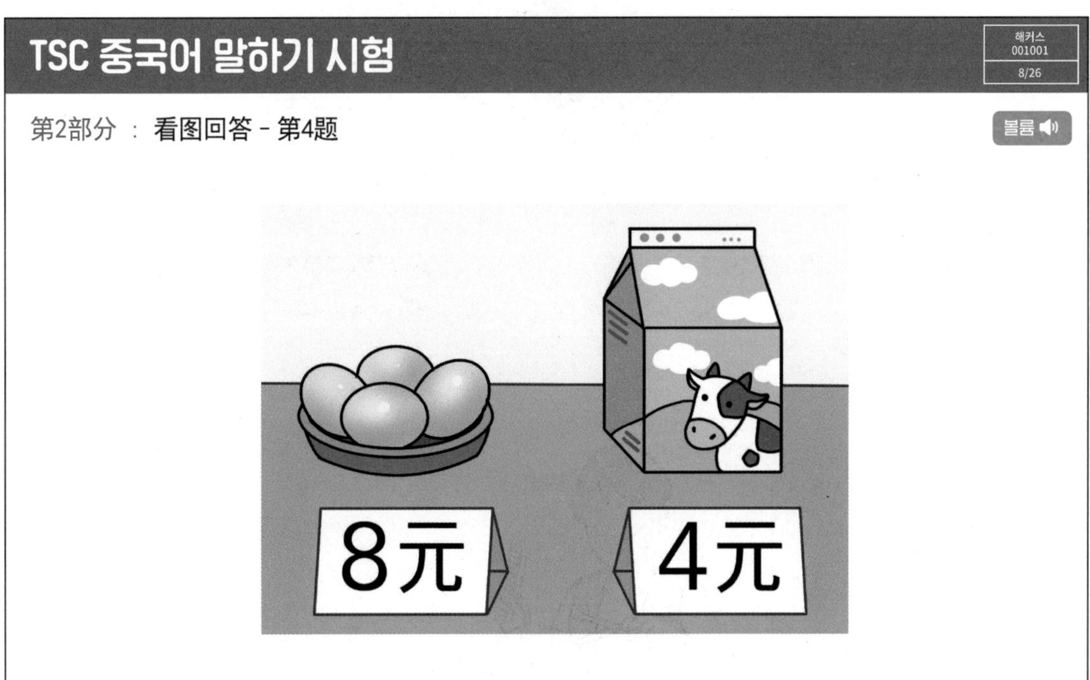

모범답변 및 해석 p.344

대화 완성
快速回答

01 기호·습관 관련 대화 완성하기

02 계획·경험 관련 대화 완성하기

03 제안·의견 관련 대화 완성하기

04 정보·상황 관련 대화 완성하기

실전 테스트

제3부분 알아보기

여자가 그림 속 주인공이 되어 남자에게 질문을 하고,
남자 또한 그림 속 인물인 것처럼 자연스럽게 대화를 이어가고 있군요.

제3부분은 이처럼 그림 속 인물이 되어 자연스럽게 대화를 완성하며 답변하는 파트랍니다.
자, 그럼 제3부분에 대해 좀 더 자세히 알아볼까요?

출제 형태 제3부분은?

제3부분 '대화 완성'은 기호, 계획, 제안, 정보 등 다양한 주제와 관련된 대화 형식의 문제에 대해 즉시 답변하여 대화를 완성하는 파트입니다.

문제 번호	9, 10, 11, 12, 13
문제 수	5개
답변 준비시간	2초
답변시간	15초

평가 기준 (4-5급 공통)	지체 없이 즉시 답변했는가
	대화가 자연스럽게 이어지는가
	정확한 어법과 어휘를 사용했는가
	발음·성조가 정확한가

추가 평가 기준 (6급 이상)	답변시간을 충실하게 가득 채워 답변했는가
	답변 속도가 느리지 않고 유창한가

출제 경향 이렇게 출제돼요!

제3부분에서는 기호·습관, 계획·경험, 제안·의견, 정보·상황과 관련된 다양한 주제의 문제가 출제돼요. 아래 표를 보며 각 주제별로 어떤 문제들이 출제되는지 확인해보세요.

출제되는 주제

기호·습관	**你平时喜欢在哪儿看书?** 너는 평소에 어디에서 책 보는 걸 좋아해? **你周末通常几点起床?** 너는 주말에 통상적으로 몇 시에 일어나?
계획·경험	**下班后，你要直接回家吗?** 퇴근 후에, 너는 곧바로 집에 돌아갈 거니? **你做过哪些运动?** 너는 어떤 운동들을 해봤어?
제안·의견	**你能帮我去买点儿小吃吗?** 너 나 대신 간식을 좀 사러 가줄 수 있어? **这些菜做得真不错。** 이 요리들 정말 훌륭하게 만들었다.
정보·상황	**孩子是从什么时候开始咳嗽的?** 아이가 언제부터 기침을 하기 시작했나요? **我家的冰箱突然坏了。** 우리 집의 냉장고가 갑자기 고장났어.

출제 비율

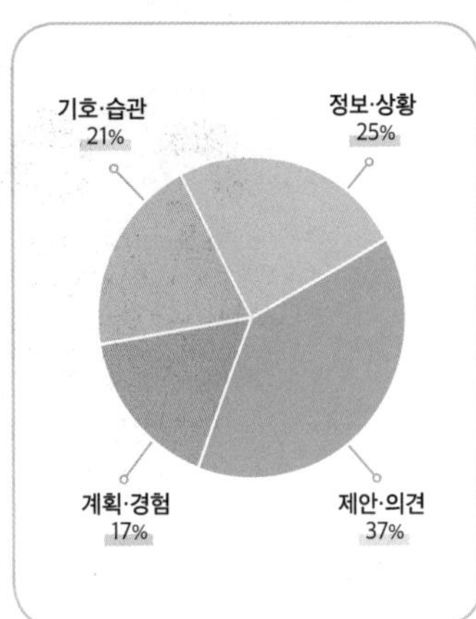

합격 비법 이렇게 학습하세요!

1. 쉐도잉 연습으로 문제를 듣자마자 바로 이해하는 직청직해 실력을 키우세요.

제3부분은 문제와 상관없는 그림이 자주 사용돼요. 그렇기 때문에 오직 듣기 실력에 의존하여 문제를 듣고 정확히 이해해야 해요. 본 교재 MP3 또는 [해커스 TSC 한 권으로 끝내기 빈출 문제 직청직해 쉐도잉 연습] 프로그램을 활용하여 문제를 듣자마자 바로 이해하는 직청직해 실력을 키우세요.

2. 자연스러운 대화처럼 들릴 수 있도록 실제로 말하듯이 연기하며 답변하세요.

제3부분은 상황극 문제가 다수 출제되는데, 대화가 이어지게 답변하는 것은 물론 실제로 상대방과 대화하듯이 연기하며 자연스럽게 답변하는 것이 중요해요. 본 교재 MP3와 [해커스 TSC 한 권으로 끝내기 발음 완성 트레이너] 프로그램을 활용하여 중국어 전문 성우의 발음을 들으며 자연스러운 톤으로 답변할 수 있도록 연습하세요.

문제 풀이 스텝 이런 순서로 답변하세요!

STEP 1 문제 듣고 정확히 이해하기

*p.98, [기호·습관] 빈출 문제

화면에 그림이 등장하고, 약 2초 후 음성으로 문제 번호와 문제를 들려줍니다. 음성으로 문제가 들리기 시작하면 문제를 쉐도잉하여 묻는 내용을 정확히 이해하세요.

[음성] **你喜欢冬天还是夏天?**
너는 겨울을 좋아해 아니면 여름을 좋아해?

STEP 2 답변 템플릿 떠올리기

문제를 들려주는 음성이 끝나면 2초의 답변 준비시간이 주어집니다. 답변 준비시간이 매우 짧기 때문에 답변을 완벽하게 준비하기 보다는 답변 템플릿을 떠올리는데 집중하세요.

답변 템플릿		모범답변
첫 문장	즉문즉답법에 따라 답변 첫 문장 말하기	**我喜欢夏天。** 나는 여름을 좋아해.
추가 문장	답변문장 패턴을 활용하여 추가 문장 말하기 **6급 이상이 목표라면?** 답변문장 패턴을 활용하여 한 문장을 더 추가로 말하기	**我和家人都很喜欢夏天在水里玩儿。** 나와 가족들은 모두 여름에 물에서 노는 걸 매우 좋아해. **这次暑假我们还要去海边旅行。** 이번 여름 방학에 우리는 또 해변에 여행을 갈 거야.

STEP 3 답변 템플릿에 따라 정확한 발음과 성조로 대화 이어 나가기

답변 준비시간이 끝나면 '삐-' 소리와 함께 15초의 답변시간이 시작됩니다. '삐-' 소리가 들리면 녹음이 온전하게 되도록 1초 정도 후에 답변 템플릿에 따라 문제 상황에 적합한 문장을 바로 만들어 정확한 발음과 성조로 대화하듯이 답변하세요.

[답변] **我喜欢夏天。我和家人都很喜欢夏天在水里玩儿。这次暑假我们还要去海边旅行。**

01 기호·습관 관련 대화 완성하기

기호·습관 문제에는 상대방의 기호, 취미, 습관이 무엇인지를 묻거나 하루 일과와 같이 일상에 대해 묻는 문제들이 다양하게 출제돼요. 기호·습관과 관련된 빈출 표현과 답변문장 패턴을 꼼꼼히 익혀보세요. 그리고 빈출 문제를 스스로 답변할 수 있도록 반복 연습하세요.

제3부분 01 바로듣기

빈출 표현 및 답변문장 패턴 익히기

① 빈출 표현 익히기

3_01_1_빈출 표현_따라읽기.mp3, 3_01_2_빈출 표현_암기하기.mp3

자주 쓰이는 기호, 취미, 일상, 습관과 관련된 표현들을 큰 소리로 따라 말하며 익혀보세요.

기호 관련 표현

- □ 颜色 yánsè ㊔ 색깔
- □ 类型 lèixíng ㊔ 장르, 유형
- □ 草莓 cǎoméi ㊔ 딸기
- □ 巧克力 qiǎokèlì ㊔ 초콜릿
- □ 夏天 xiàtiān ㊔ 여름
- □ 冬天 dōngtiān ㊔ 겨울
- □ 暑假 shǔjià ㊔ 여름 방학
- □ 寒假 hánjià ㊔ 겨울 방학
- □ 海边 hǎibiān ㊔ 해변, 바닷가
- □ 方便 fāngbiàn ㊔ 편리하다, 괜찮다
- □ 适合 shìhé ㊔ 적합하다, 적절하다
- □ 安静 ānjìng ㊔ 조용하다
- □ 浪漫 làngmàn ㊔ 낭만적이다
- □ 爱情片 àiqíngpiàn 로맨스 영화

취미 관련 표현

- □ 兴趣 xìngqù ㊔ 흥미
- □ 爱好 àihào ㊔ 취미
- □ 听音乐 tīng yīnyuè 음악을 듣다
- □ 弹钢琴 tán gāngqín 피아노를 치다
- □ 看小说 kàn xiǎoshuō 소설을 보다
- □ 发展 fāzhǎn ㊔ 발전 ㊔ 발전하다
- □ 旅行 lǚxíng ㊔ 여행 ㊔ 여행하다
- □ 旅游 lǚyóu ㊔ 여행 ㊔ 여행하다
- □ 准备 zhǔnbèi ㊔ 준비하다, 챙기다
- □ 行李 xíngli ㊔ 짐, 캐리어

일상 관련 표현

- □ 家人 jiārén ⓜ가족
- □ 学校 xuéxiào ⓜ학교
- □ 学习 xuéxí ⓓ공부하다 ⓜ공부
- □ 上课 shàngkè ⓓ수업을 듣다, 수업하다
- □ 下课 xiàkè ⓓ수업이 끝나다
- □ 公司 gōngsī ⓜ회사
- □ 事 shì ⓜ일
- □ 事情 shìqing ⓜ일
- □ 工作 gōngzuò ⓜ일 ⓓ일하다
- □ 回家 huíjiā ⓓ집에 돌아가다
- □ 出差 chūchāi ⓓ출장 가다
- □ 加班 jiābān ⓓ야근하다, 초과 근무를 하다
- □ 请假 qǐngjià ⓓ(회사, 학교에) 휴가를 내다
- □ 商量 shāngliang ⓓ상의하다, 의논하다
- □ 整理 zhěnglǐ ⓓ정리하다
- □ 帮助 bāngzhù ⓜ도움 ⓓ돕다
- □ 忙 máng ⓗ바쁘다
- □ 困 kùn ⓗ졸리다, 지치다
- □ 辛苦 xīnkǔ ⓗ수고스럽다 ⓓ수고하다
- □ 脸色 liǎnsè ⓜ안색, 얼굴빛
- □ 餐厅 cāntīng ⓜ레스토랑, 식당
- □ 超市 chāoshì ⓜ슈퍼마켓, 마트
- □ 图书馆 túshūguǎn ⓜ도서관
- □ 飞机票 fēijīpiào ⓜ비행기표

습관 관련 표현

- □ 经常 jīngcháng ⓑ항상, 자주
- □ 平时 píngshí ⓜ평소, 평상시
- □ 通常 tōngcháng ⓑ통상적으로, 보통
- □ 最近 zuìjìn ⓜ요즘, 최근
- □ 周末 zhōumò ⓜ주말
- □ 每天 měi tiān 매일
- □ 一直 yìzhí ⓑ줄곧, 내내
- □ 越来越 yuèláiyuè 점점, 갈수록

② 답변문장 패턴 익히기

3_01_3_답변문장 패턴.mp3

첫 문장을 말한 후 추가 문장으로 더 길게 말하기 위해 알아두어야 할 답변문장 패턴을 큰 소리로 따라 말하며 익혀보세요.

패턴 1 좋아하는 것을 덧붙여 말할 때

hěn xǐhuan
很喜欢 [동작 · 대상]

[동작 · 대상]을 매우 좋아해.

Wǒ hěn xǐhuan zǎo diǎnr qǐchuáng, chūqu sànsanbù.
我很喜欢早点儿起床，出去散散步。

나는 좀 일찍 일어나서, 산책하러 나가는 걸 매우 좋아해.

Wǒ hé jiārén dōu hěn xǐhuan xiàtiān.
我和家人都很喜欢夏天。

나와 가족들은 모두 여름을 매우 좋아해.

패턴 2 자주 하는 것 또는 늘 그런 상태라는 말을 덧붙여 말할 때

jīngcháng / zǒngshì
经常 / 总是 [동작 · 상태]

자주 / 늘 [동작 · 상태]해.

Tā jīngcháng qù túshūguǎn kàn xiǎoshuō.
她经常去图书馆看小说。

그녀는 자주 도서관에 가서 소설을 봐.

Wǒ zǒngshì ràng jiārén shǎo hē diǎnr jiǔ.
我总是让家人少喝点儿酒。

나는 늘 가족들에게 술을 적게 마시라고 해.

패턴 3 하고 싶은 것 또는 하려거나 해야 하는 것을 덧붙여 말할 때

xiǎng / yào
想 / 要 [희망 · 의지]

[희망 · 의지]하고 싶어 / 할 거야, 해야 해.

Wǒ xiǎng gēn nǐ yìqǐ qù kàn diànyǐng.
我想跟你一起去看电影。

나는 너와 함께 영화 보러 가고 싶어.

Wǒ yào gēn Xiǎo Wáng yìqǐ qù cāntīng chī wǔfàn.
我要跟小王一起去餐厅吃午饭。

나는 샤오왕과 함께 식당에 가서 점심을 먹을 거야.

패턴 4 자신의 생각이나 느낌을 덧붙여 말할 때

juéde
觉得 생각 · 느낌 — 생각 · 느낌 이라고 생각해.

Wǒ juéde túshūguǎn hěn ānjìng.
我觉得图书馆很安静。
나는 도서관이 조용하다고 생각해.

Wǒ juéde hē jiǔ duì shēntǐ jiànkāng méiyǒu shénme hǎochù.
我觉得喝酒对身体健康没有什么好处。
나는 술 마시는 게 몸 건강에 아무런 좋은 점이 없다고 생각해.

패턴 5 상대방에게 제안 또는 요청하는 말을 덧붙여 말할 때

hǎo bu hǎo?
제안 · 요청 ，好不好? — 제안 · 요청 , 어때?

Jīntiān xiàwǔ zánmen yìqǐ qù duìmiàn de túshūguǎn, hǎo bu hǎo?
今天下午咱们一起去对面的图书馆，好不好?
오늘 오후에 우리 같이 맞은편의 도서관에 가자. 어때?

Zánmen jīntiān xiàkè yǐhòu zài shuō, hǎo bu hǎo?
咱们今天下课以后再说，好不好?
우리 오늘 수업 끝난 후에 다시 얘기하자. 어때?

패턴 6 상대방에게 되묻는 말을 덧붙여 말할 때

Zěnme le? ma?
怎么了? 특정 내용 吗? — 무슨 일이야? / 왜 그래? 특정 내용 해?

Zěnme le? Nǐ yǒu huà yào shuō ma?
怎么了？你有话要说吗?
무슨 일이야? 너 할 말 있어?

Zěnme le? Nǐ xiǎng huàn shǒujī ma?
怎么了？你想换手机吗?
왜 그래? 너 휴대폰 바꾸고 싶어?

빈출 문제 공략하기

3_01_4_빈출 문제_4-5급.mp3, 3_01_5_빈출 문제_6급 이상.mp3

먼저 각 문제 아래에 정리된 어휘를 확인한 후, 문제를 정확히 듣고 스스로 답변해보세요. 그다음 모범답변을 듣고 큰 소리로 따라 말하면서 답변 템플릿을 익히고 모범답변을 입에 붙여보세요.

① 기호 문제

01

Nǐ xǐhuan dōngtiān háishi xiàtiān?
你喜欢冬天还是夏天?
너는 겨울을 좋아해 아니면 여름을 좋아해?

답변 템플릿

첫 문장	나는 여름을 좋아해.
추가문장	나와 가족들은 모두 여름에 물에서 노는 걸 매우 좋아해. 6급 이상 우리는 또 해변에 여행을 갈 거야.

Wǒ xǐhuan xiàtiān.
我喜欢夏天。

Wǒ hé jiārén dōu hěn xǐhuan xiàtiān zài shuǐ li wánr.
我和家人都很喜欢夏天在水里玩儿。

Zhè cì shǔjià wǒmen hái yào qù hǎibiān lǚxíng.
6급 이상 这次暑假我们还要去海边旅行。

해석 나는 여름을 좋아해. 나와 가족들은 모두 여름에 물에서 노는 걸 매우 좋아해. 이번 여름 방학에 우리는 또 해변에 여행을 갈 거야.

어휘 冬天 dōngtiān 명 겨울 夏天 xiàtiān 명 여름 家人 jiārén 명 가족 暑假 shǔjià 명 여름 방학 海边 hǎibiān 명 해변, 바닷가 旅行 lǚxíng 동 여행하다 명 여행

02

Nǐ píngshí xǐhuan zài nǎr kàn shū?
你平时喜欢在哪儿看书?
너는 평소에 어디에서 책 보는 걸 좋아해?

답변 템플릿

첫 문장	나는 도서관에서 책 보는 걸 좋아해.
추가 문장	도서관이 조용하고 책을 보기 매우 적합하다고 생각해. 6급 이상 우리 같이 도서관에 가자. 어때?

Wǒ píngshí xǐhuan zài túshūguǎn kàn shū.
我平时喜欢在图书馆看书。

Wǒ juéde túshūguǎn hěn ānjìng, hěn shìhé kàn shū.
我觉得图书馆很安静，很适合看书。

Jīntiān xiàwǔ zánmen yìqǐ qù duìmiàn de túshūguǎn, hǎo bu hǎo?
6급 이상 今天下午咱们一起去对面的图书馆，好不好?

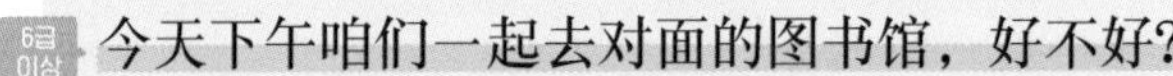

해석 나는 평소에 도서관에서 책 보는 걸 좋아해. 나는 도서관이 조용하고, 책을 보기 매우 적합하다고 생각해. 오늘 오후에 우리 같이 맞은편의 도서관에 가자. 어때?

어휘 平时 píngshí 명 평소, 평상시 图书馆 túshūguǎn 명 도서관 安静 ānjìng 형 조용하다 适合 shìhé 동 적합하다, 적절하다 咱们 zánmen 대 우리(들) 对面 duìmiàn 명 맞은편, 건너편

제3부분 해커스 TSC 한 권으로 끝내기

② 취미 문제

Nǐ píngshí yǒu shénme xìngqù àihào?

你平时有什么兴趣爱好?

너는 평소에 어떤 흥미와 취미가 있어?

답변 템플릿

첫 문장	나는 평소에 많은 흥미와 취미가 있어.
추가 문장	나는 피아노를 치고, 소설을 보고, 음악을 듣는 것을 매우 좋아해. 6급 이상 이런 취미들이 스트레스를 줄일 수 있다고 생각해.

Wǒ píngshí yǒu hěn duō xìngqù àihào.

我平时有很多兴趣爱好。

Wǒ hěn xǐhuan tán gāngqín, kàn xiǎoshuō, tīng yīnyuè.

我很喜欢弹钢琴、看小说、听音乐。

Wǒ juéde zhèxiē àihào néng jiǎnqīng yālì.

6급 이상 **我觉得这些爱好能减轻压力。**

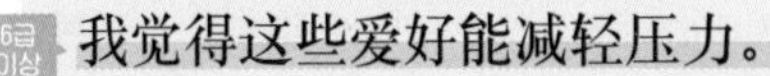

해석 나는 평소에 많은 흥미와 취미가 있어. 나는 피아노를 치고, 소설을 보고, 음악을 듣는 것을 매우 좋아해. 나는 이런 취미들이 스트레스를 줄일 수 있다고 생각해.

어휘 平时 píngshí 명 평소, 평상시 兴趣 xìngqù 명 흥미 爱好 àihào 명 취미 弹钢琴 tán gāngqín 피아노를 치다 看小说 kàn xiǎoshuō 소설을 보다 听音乐 tīng yīnyuè 음악을 듣다 减轻 jiǎnqīng 동 줄이다, 덜다, 가볍게 하다 压力 yālì 명 스트레스, 압력, 부담

③ 일상 문제

Kànlái nǐ jīntiān fēicháng máng, yǒu shénme shì ma?
看来你今天非常忙，有什么事吗?
보아하니 네가 오늘 굉장히 바쁜 것 같은데, 무슨 일 있어?

답변 템플릿

첫 문장	나 오늘 일이 많아.
추가 문장	나는 비행기표를 사러 가야 하고, 짐도 챙겨야 해. 6급 이상 무슨 일이야? 너 할 말 있어?

Wǒ jīntiān yǒu hěn duō shì.
我今天有很多事。

Wǒ xiànzài yào qù mǎi fēijīpiào, wǎnshang hái yào zhǔnbèi xíngli.
我现在要去买飞机票，晚上还要准备行李。

Zěnme le? Nǐ yǒu huà yào shuō ma?
6급 이상 
怎么了？你有话要说吗?

해석 나 오늘 일이 많아. 나는 지금 비행기표를 사러 가야 하고, 저녁에는 짐도 챙겨야 해. 무슨 일이야? 너 할 말 있어?

어휘 看来 kànlái 동 보아하니, 보기에 忙 máng 형 바쁘다 事 shì 명 일 飞机票 fēijīpiào 명 비행기표 晚上 wǎnshang 명 저녁, 밤 准备 zhǔnbèi 동 챙기다, 준비하다 行李 xíngli 명 짐, 캐리어 怎么了 zěnme le 무슨 일이야? 왜 그래? 话 huà 명 말

④ 습관 문제

Nǐ jīngcháng hē jiǔ ma?
你经常喝酒吗?
너는 자주 술을 마시니?

답변 템플릿

첫 문장	나는 자주 술을 안 마셔.
추가 문장	나는 술 마시는 게 건강에 좋은 점이 없다고 생각해. 6급 이상 나는 늘 가족들에게 술을 적게 마시라고 해.

Wǒ bù jīngcháng hē jiǔ.
我不经常喝酒。

Wǒ juéde hē jiǔ duì shēntǐ jiànkāng méiyǒu shénme hǎochù.
我觉得喝酒对身体健康没有什么好处。

Wǒ zǒngshì ràng jiārén shǎo hē diǎnr jiǔ.

我总是让家人少喝点儿酒。

해석 나는 자주 술을 안 마셔. 나는 술 마시는 게 신체 건강에 아무런 좋은 점이 없다고 생각해. 나는 늘 가족들에게 술을 적게 마시라고 해.

어휘 健康 jiànkāng 명 건강 没有 méiyǒu 동 없다 부 ~않다 好处 hǎochù 명 좋은 점, 이익, 장점 总是 zǒngshì 부 늘, 언제나

실전 연습문제

3_01_6_연습문제_풀어보기.mp3,
3_01_7_연습문제_모범답변 따라하기_4-5급.mp3,
3_01_8_연습문제_모범답변 따라하기_6급 이상.mp3

제3부분 01 연습문제 바로듣기

먼저 그림을 눈으로 한 번 확인한 후, 문제를 듣고 큰 소리로 답변해보세요.

01

____.

02

____.

03

____.

04

____.

모범답변 및 해석 p.346

02 계획·경험 관련 대화 완성하기

계획·경험 문제에는 상대방의 계획이 무엇인지를 묻거나 과거의 경험 또는 이미 완료한 일에 대해 묻는 문제들이 다양하게 출제돼요. 계획·경험과 관련된 빈출 표현과 답변문장 패턴을 꼼꼼히 익혀보세요. 그리고 빈출 문제를 스스로 답변할 수 있도록 반복 연습하세요.

제3부분 02 바로듣기

빈출 표현 및 답변문장 패턴 익히기

① 빈출 표현 익히기

3_02_1_빈출 표현_따라읽기.mp3, 3_02_2_빈출 표현_암기하기.mp3

자주 쓰이는 계획, 경험, 완료와 관련된 표현들을 큰 소리로 따라 말하며 익혀보세요.

계획 관련 표현

- □ 打算 dǎsuan 동 ~할 계획이다, ~할 것이다
- □ 听说 tīngshuō 동 듣자 하니
- □ 马上 mǎshàng 부 곧, 즉시
- □ 直接 zhíjiē 형 곧바로 ~하다, 직접적이다
- □ 学期 xuéqī 명 학기
- □ 休假 xiūjià 명 휴가
- □ 期间 qījiān 명 기간, 시간
- □ 假期 jiàqī 명 휴가 기간, 방학 기간
- □ 一段时间 yí duàn shíjiān 일정 시간
- □ 国外 guówài 명 외국, 해외
- □ 景色 jǐngsè 명 풍경, 경치
- □ 环境 huánjìng 명 환경
- □ 地方 dìfang 명 곳, 장소, 부분
- □ 方法 fāngfǎ 명 방법, 수단, 방식
- □ 急事 jíshì 명 급한 일
- □ 考试 kǎoshì 명 시험 동 시험을 보다
- □ 压力 yālì 명 스트레스, 부담, 압력
- □ 减轻 jiǎnqīng 동 줄이다, 덜다, 가볍게 하다
- □ 休息 xiūxi 동 쉬다, 휴식하다
- □ 洗澡 xǐzǎo 동 샤워하다, 목욕하다
- □ 联系 liánxì 동 연락하다, 연결하다
- □ 参加 cānjiā 동 참가하다, 참여하다
- □ 加入 jiārù 동 가입하다
- □ 社团 shètuán 명 동아리

경험 관련 표현

□ 美丽 měilì	형 아름답다, 예쁘다
□ 健康 jiànkāng	형 건강하다 명 건강
□ 满意 mǎnyì	형 만족스럽다 동 만족하다
□ 有名 yǒumíng	형 유명하다
□ 无聊 wúliáo	형 심심하다, 무료하다
□ 许多 xǔduō	수 매우 많다
□ 开心 kāixīn	형 즐겁다, 기쁘다
□ 有趣 yǒuqù	형 재미있다, 흥미가 있다
□ 有意思 yǒu yìsi	재미있다
□ 值得一去 zhídé yí qù	한 번 가 볼 만하다
□ 十分 shífēn	부 매우, 아주
□ 暂时 zànshí	형 잠시의, 잠깐의
□ 又…又… yòu…yòu…	~하기도 하고 ~하기도 하다
□ 语言 yǔyán	명 언어
□ 外语 wàiyǔ	명 외국어
□ 英语 Yīngyǔ	명 영어
□ 汉语 Hànyǔ	명 중국어
□ 日语 Rìyǔ	명 일본어
□ 法语 Fǎyǔ	명 프랑스어
□ 西班牙语 Xībānyáyǔ	명 스페인어
□ 踢足球 tī zúqiú	축구를 하다
□ 打棒球 dǎ bàngqiú	야구를 하다
□ 打网球 dǎ wǎngqiú	테니스를 치다
□ 打保龄球 dǎ bǎolíngqiú	볼링을 치다

완료 관련 표현

□ 刚 gāng	부 방금, 막
□ 刚才 gāngcái	명 방금, 막
□ 最 zuì	부 가장, 제일
□ 待 dāi	동 머물다, 머무르다
□ 过得 guòde	~하게 지내다
□ 过生日 guò shēngrì	생일을 보내다

② 답변문장 패턴 익히기

3_02_3_답변문장 패턴.mp3

첫 문장을 말한 후 추가 문장으로 더 길게 말하기 위해 알아두어야 할 답변문장 패턴을 큰 소리로 따라 말하며 익혀보세요.

패턴 1 좋아하는 것을 덧붙여 말할 때

hěn xǐhuan
很喜欢 [동작·대상]

[동작·대상]을 매우 좋아해.

Wǒ hěn xǐhuan zuò lǚxíng jìhuà.
我很喜欢做旅行计划。

나는 여행 계획 세우는 것을 매우 좋아해.

Wǒ hěn xǐhuan zuótiān kàn de nà bù àiqíngpiàn.
我很喜欢昨天看的那部爱情片。

나는 어제 본 그 로맨스 영화를 매우 좋아해.

패턴 2 자주 하는 것 또는 늘 그런 상태라는 말을 덧붙여 말할 때

jīngcháng / zǒngshì
经常 / 总是 [동작·상태]

자주 / 늘 [동작·상태]해.

Zuìjìn tā jīngcháng qù guówài chūchāi.
最近他经常去国外出差。

요즘 그는 자주 외국으로 출장을 가.

Wǒ kàn nǐ zuìjìn zǒngshì hěn máng.
我看你最近总是很忙。

내가 보니 너 요즘 늘 바쁜 것 같더라.

패턴 3 하고 싶은 것 또는 하려거나 해야 하는 것을 덧붙여 말할 때

xiǎng / yào
想 / 要 [희망·의지]

[희망·의지]하고 싶어 / 할 거야, 해야 해.

Wǒ xiǎng kuài diǎnr huíjiā xǐ ge zǎo.
我想快点儿回家洗个澡。

나는 빨리 집에 돌아가서 목욕하고 싶어.

Dōu bā diǎn le, wǒ yào qù shàngkè!
都八点了，我要去上课！

벌써 8시네. 나 수업하러 가야 해!

패턴 4 자신의 생각이나 느낌을 덧붙여 말할 때

juéde 觉得 [생각·느낌]	[생각·느낌]이라고 생각해.
Wǒ juéde zhèxiē yùndòng duì jiànkāng hěn yǒu hǎochù. 我觉得这些运动对健康很有好处。	나는 이 운동들이 건강에 좋은 점이 있다고 생각해.
Wǒ juéde jīntiān de gōngzuò tèbié xīnkǔ. 我觉得今天的工作特别辛苦。	나는 오늘 일이 특히 수고스러웠다고 생각해.

패턴 5 상대방에게 제안 또는 요청하는 말을 덧붙여 말할 때

hǎo bu hǎo? [제안·요청], 好不好?	[제안·요청], 어때?
Xià cì zánmen yìqǐ qù, hǎo bu hǎo? 下次咱们一起去，好不好?	다음번에 우리 같이 가자. 어때?
Nǐ gàosu wǒ jiārù shètuán de fāngfǎ, hǎo bu hǎo? 你告诉我加入社团的方法，好不好?	네가 나한테 동아리에 가입하는 방법을 알려줘. 어때?

패턴 6 상대방에게 되묻는 말을 덧붙여 말할 때

Zěnme le? ma? 怎么了? [특정 내용] 吗?	무슨 일이야? / 왜 그래? [특정 내용]해?
Zěnme le? Nǐ yǒu shénme jíshì ma? 怎么了？你有什么急事吗?	무슨 일이야? 너 무슨 급한 일 있어?
Zěnme le? Nǐ yě xiǎng qù lǚxíng ma? 怎么了？你也想去旅行吗?	왜 그래? 너도 여행 가고 싶어?

빈출 문제 공략하기

3_02_4_빈출 문제_4-5급.mp3, 3_02_5_빈출 문제_6급 이상.mp3

먼저 각 문제 아래에 정리된 어휘를 확인한 후, 문제를 정확히 듣고 스스로 답변해보세요. 그다음 모범답변을 듣고 큰 소리로 따라 말하면서 답변 템플릿을 익히고 모범답변을 입에 붙여보세요.

① 계획 문제

01

Xiàbān hòu, nǐ yào zhíjiē huíjiā ma?

下班后，你要直接回家吗?

퇴근 후에, 너는 곧바로 집에 돌아갈 거니?

답변 템플릿

첫 문장	나는 곧바로 집에 돌아갈 거야.
추가 문장	나는 오늘 일이 수고스러웠다고 생각해. 피곤해. 6급 이상 빨리 집에 돌아가서, 일찍 자고 싶어.

Xiàbān hòu, wǒ yào zhíjiē huíjiā.

下班后，我要直接回家。

Wǒ juéde jīntiān de gōngzuò tèbié xīnkǔ, shízài tài lèi le.

我觉得今天的工作特别辛苦，实在太累了。

Wǒ xiǎng kuài diǎnr huíjiā xǐ ge zǎo, ránhòu zǎo diǎnr shuìjiào.

6급 이상 **我想快点儿回家洗个澡，然后早点儿睡觉。**

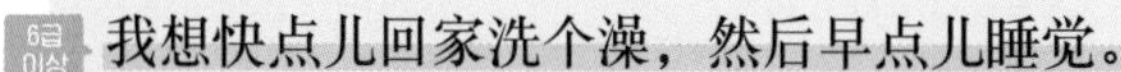

해석 퇴근 후에, 나는 곧바로 집에 돌아갈 거야. 나는 오늘 일이 특히 수고스러웠다고 생각해. 정말 너무 피곤해. 나는 빨리 집에 돌아가서 샤워하고, 그 다음 좀 일찍 자고 싶어.

어휘 直接 zhíjiē 형 곧바로 ~하다, 직접적이다 回家 huíjiā 동 집에 돌아가다 工作 gōngzuò 명 일 동 일하다 辛苦 xīnkǔ 형 수고스럽다 동 수고하다 实在 shízài 부 정말, 확실히 累 lèi 형 피곤하다, 힘들다 洗澡 xǐzǎo 동 샤워하다, 목욕하다 早点儿 zǎo diǎnr 좀 일찍

02

Xiūjià qījiān, wǒ dǎsuan qù hǎibiān wánr.

休假期间，我打算去海边玩儿。

휴가 기간에, 나는 해변으로 놀러 갈 계획이야.

답변 템플릿

첫 문장	그래? 우리 같이 가자.
추가 문장	나는 휴가 기간에 집에 있으면 너무 심심하다고 생각해. 6급 이상 그때 우리 같이 해변 레스토랑에 가서 밥 먹자. 어때?

Shì ma? Wǒmen yìqǐ qù ba.

是吗？我们一起去吧。

Wǒ juéde xiūjià qījiān zài jiā li de huà, tài wúliáo le.

我觉得休假期间在家里的话，太无聊了。

Dào shí wǒmen yìqǐ qù hǎibiān cāntīng chīfàn, hǎo bu hǎo?

6급 이상 **到时我们一起去海边餐厅吃饭，好不好？**

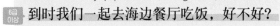

해석 그래? 우리 같이 가자. 나는 휴가 기간에 집에 있으면, 너무 심심하다고 생각해. 그때 우리 같이 해변 레스토랑에 가서 밥 먹자. 어때?

어휘 休假 xiūjià 명 휴가 期间 qījiān 명 기간, 시간 打算 dǎsuan 동 ~할 계획이다, ~할 것이다 海边 hǎibiān 명 해변, 바닷가 无聊 wúliáo 형 심심하다, 무료하다 到时 dào shí 그때, 그때가 되면 餐厅 cāntīng 명 레스토랑, 식당

② 경험 문제

Nǐ zuòguo nǎxiē yùndòng?

你做过哪些运动?

너는 어떤 운동들을 해봤어?

답변 템플릿

첫 문장	나는 많은 운동들을 해봤어.
추가 문장	나는 자주 축구, 야구, 테니스를 해. 6급 이상 나는 이 운동들이 건강에 좋은 점이 있다고 생각해.

Wǒ zuòguo hěn duō yùndòng.

我做过很多运动。

Wǒ jīngcháng tī zúqiú, dǎ bàngqiú, dǎ wǎngqiú.

我经常踢足球、打棒球、打网球。

Wǒ juéde zhèxiē yùndòng duì jiànkāng hěn yǒu hǎochù.

6급 이상 **我觉得这些运动对健康很有好处。**

해석 나는 많은 운동을 해봤어. 나는 자주 축구, 야구, 테니스를 해. 나는 이 운동들이 건강에 좋은 점이 있다고 생각해.

어휘 踢足球 tī zúqiú 축구를 하다 打棒球 dǎ bàngqiú 야구를 하다 打网球 dǎ wǎngqiú 테니스를 치다 健康 jiànkāng 명 건강 好处 hǎochù 명 좋은 점, 이익, 장점

③ 완료 문제

01

Zhè cì jiàqī, nǐ guòde zěnmeyàng?

这次假期，你过得怎么样?

이번 휴가 기간에, 너는 어떻게 지냈어?

답변 템플릿

첫 문장	나는 즐겁게 지냈어.
추가 문장	나는 중국에 갔는데, 중국에는 재미있는 곳이 많이 있다고 생각해. 6급 이상 다음번에 나는 또 중국에 가고 싶어.

Zhè cì jiàqī, wǒ guòde hěn kāixīn.

这次假期，我过得很开心。

Zhè cì wǒ qùle Zhōngguó, juéde Zhōngguó yǒu hěn duō hǎowánr de dìfang.

这次我去了中国，觉得中国有很多好玩儿的地方。

Xià cì jiàqī wǒ hái xiǎng qù Zhōngguó lǚyóu.

6급 이상 **下次假期我还想去中国旅游。**

해석 이번 휴가 기간에, 나는 즐겁게 지냈어. 이번에 나는 중국에 갔는데, 중국에는 재미있는 곳이 많이 있다고 생각해. 다음번 휴가 기간에 나는 또 중국에 여행을 가고 싶어.

어휘 假期 jiàqī 명 휴가 기간, 방학 기간 过得 guòde ~하게 지내다 开心 kāixīn 형 즐겁다, 기쁘다 中国 Zhōngguó 명 중국 好玩儿 hǎowánr 형 재미있다, 놀기 좋다 地方 dìfang 명 곳, 장소, 부분 旅游 lǚyóu 동 여행하다 명 여행

제3부분 해커스 TSC 한 권으로 끝내기

02

Tīngshuō nǐ shàng ge xīngqī qù pá shān le, lèi bu lèi?

听说你上个星期去爬山了，累不累?

듣자 하니 너 지난주에 등산하러 갔다던데, 피곤해 안 피곤해?

답변 템플릿

첫 문장	안 피곤해.
추가 문장	나는 자주 등산을 가는데, 나는 등산하는 것이 건강하고 재미있다고 생각해. 6급 이상 너 나와 함께 가자. 어때?

Wǒ bú lèi.

我不累。

Wǒ jīngcháng qù pá shān, wǒ juéde pá shān yòu jiànkāng yòu yǒuqù.

我经常去爬山，我觉得爬山又健康又有趣。

Zhège zhōumò nǐ gēn wǒ yìqǐ qù, hǎo bu hǎo?

6급 이상 **这个周末你跟我一起去，好不好?**

해석 나는 안 피곤해. 나는 자주 등산을 가는데, 나는 등산하는 것이 건강하고 재미있다고 생각해. 이번 주말에 나와 함께 가자. 어때?

어휘 听说 tīngshuō 동 듣자 하니 爬山 pá shān 등산하다 累 lèi 형 피곤하다, 힘들다 经常 jīngcháng 부 자주, 항상 又…又… yòu…yòu… ~하기도 하고 ~하기도 하다 健康 jiànkāng 형 건강하다 명 건강 有趣 yǒuqù 형 재미있다, 흥미가 있다 周末 zhōumò 명 주말

실전 연습문제

3_02_6_연습문제_풀어보기.mp3,
3_02_7_연습문제_모범답변 따라하기_4-5급.mp3,
3_02_8_연습문제_모범답변 따라하기_6급 이상.mp3

제3부분 02 연습문제 바로듣기

먼저 그림을 눈으로 한 번 확인한 후, 문제를 듣고 큰 소리로 답변해보세요.

01

02

03

04

____.

모범답변 및 해석 p.349

03 제안·의견 관련 대화 완성하기

제안·의견 문제에는 상대방의 제안이나 요청에 대응하는 문제와 상대방에게 의견을 묻거나 자신의 의견을 전달하는 문제들이 다양하게 출제돼요. 제안·의견과 관련된 빈출 표현과 답변문장 패턴을 꼼꼼히 익혀 보세요. 그리고 빈출 문제를 스스로 답변할 수 있도록 반복 연습하세요.

제3부분 03 바로듣기

빈출 표현 및 답변문장 패턴 익히기

① 빈출 표현 익히기

3_03_1_빈출 표현_따라읽기.mp3, 3_03_2_빈출 표현_암기하기

자주 쓰이는 제안/요청, 생각/느낌, 희망/의지와 관련된 표현들을 큰 소리로 따라 말하며 익혀보세요.

제안/요청 관련 표현

- □ 行吗 xíng ma 괜찮으신가요?
- □ 可以吗 kěyǐ ma 괜찮으신가요?
- □ 怎么样 zěnmeyàng 어떠세요?
- □ 怎么办 zěnme bàn 어떡하죠?
- □ 请问 qǐng wèn 말씀 좀 묻겠습니다.
- □ 尝 cháng ⓢ 맛보다, 시도해보다
- □ 推荐 tuījiàn ⓢ 추천하다
- □ 打折 dǎzhé ⓢ 할인하다, 가격을 깎다
- □ 借用 jièyòng ⓢ 빌려 쓰다
- □ 使用 shǐyòng ⓢ 쓰다, 사용하다
- □ 别的 bié de 다른, 다른 것
- □ 附近 fùjìn ⓜ 근처, 부근
- □ 对面 duìmiàn ⓜ 맞은편, 건너편
- □ 学生 xuésheng ⓜ 학생
- □ 老师 lǎoshī ⓜ 선생님
- □ 笔记 bǐjì ⓜ 필기 ⓢ 필기하다
- □ 学生证 xuéshēngzhèng ⓜ 학생증
- □ 房间 fángjiān ⓜ 방
- □ 商店 shāngdiàn ⓜ 상점, 가게
- □ 当然 dāngrán ⓟ 당연히 ⓗ 당연하다
- □ 只有 zhǐ yǒu 오직 ~만 있다
- □ 应该 yīnggāi 조동 (마땅히) ~해야 한다, (당연히) ~할 것이다

생각/느낌 관련 표현

- □ 看起来 kàn qǐlai 보아하니, 보기에
- □ 棒 bàng ⓗ 훌륭하다, 뛰어나다
- □ 贵 guì ⓗ 비싸다
- □ 便宜 piányi ⓗ 싸다
- □ 热 rè ⓗ 덥다, 뜨겁다
- □ 冷 lěng ⓗ 춥다, 차갑다
- □ 凉快 liángkuai ⓗ 시원하다, 서늘하다
- □ 舒服 shūfu ⓗ 편안하다, 안락하다
- □ 好吃 hǎochī ⓗ 맛있다
- □ 好玩儿 hǎowánr ⓗ 재미있다, 놀기 좋다
- □ 不错 búcuò ⓗ 좋다, 괜찮다, 맞다
- □ 漂亮 piàoliang ⓗ 예쁘다
- □ 认真 rènzhēn ⓗ 성실하다, 진지하다
- □ 坚持 jiānchí ⓢ 꾸준히 하다
- □ 来不及 láibují ⓢ 시간이 충분하지 않다
- □ 实在 shízài ⓑ 정말, 확실히
- □ 稍微 shāowēi ⓑ 조금, 약간, 다소
- □ 有点儿 yǒudiǎnr ⓑ 조금, 약간

희망/의지 관련 표현

- □ 从小 cóngxiǎo ⓑ 어릴 때부터
- □ 报 bào ⓢ 등록하다, 신청하다
- □ 挂 guà ⓢ 걸다, 걸리다
- □ 课 kè ⓜ 수업
- □ 课程 kèchéng ⓜ 커리큘럼, 과정
- □ 游泳班 yóuyǒng bān 수영반, 수영 학원
- □ 听课 tīng kè 수업을 듣다
- □ 预习 yùxí ⓢ 예습하다
- □ 复习 fùxí ⓢ 복습하다
- □ 阅读 yuèdú ⓢ 읽다
- □ 出发 chūfā ⓢ 출발하다, 떠나다
- □ 打车 dǎ chē 택시를 잡다
- □ 地铁 dìtiě ⓜ 지하철
- □ 火车站 huǒchēzhàn ⓜ 기차역
- □ 咖啡厅 kāfēitīng ⓜ 카페
- □ 演唱会 yǎnchànghuì ⓜ 콘서트, 음악회

② 답변문장 패턴 익히기

3_03_3_답변문장 패턴.mp3

첫 문장을 말한 후 추가 문장으로 더 길게 말하기 위해 알아두어야 할 답변문장 패턴을 큰 소리로 따라 말하며 익혀보세요.

패턴 1 좋아하는 것을 덧붙여 말할 때

hěn xǐhuan
很喜欢 [동작 · 대상]

[동작 · 대상]을 매우 좋아해.

Wǒ cóngxiǎo jiù hěn xǐhuan huà hěn duō dōngxi.
我从小就很喜欢画很多东西。

나는 어릴 때부터 많은 물건들을 그리는 걸 매우 좋아했어.

Wǒ píngshí hěn xǐhuan zhèyàng de Zhōngguó cài.
我平时很喜欢这样的中国菜。

나는 평소에 이런 중국 음식을 매우 좋아해.

패턴 2 자주 하는 것 또는 늘 그런 상태라는 말을 덧붙여 말할 때

jīngcháng / zǒngshì
经常 / 总是 [동작 · 상태]

자주 / 늘 [동작 · 상태]해.

Xiǎo Wáng jīngcháng bāngzhù biéren.
小王经常帮助别人。

샤오왕은 자주 다른 사람을 도와.

Wǒ kàn nǐ zǒngshì chídào, jīntiān wǎnshang zǎo diǎnr shuìjiào, zěnmeyàng?
我看你总是迟到，今天晚上早点儿睡觉，怎么样?

내가 보니 너 늘 지각하던데, 오늘 저녁에는 좀 더 일찍 자. 어때?

패턴 3 하고 싶은 것 또는 하려거나 해야 하는 것을 덧붙여 말할 때

xiǎng / yào
想 / 要 [희망 · 의지]

[희망 · 의지]하고 싶어 / 할 거야, 해야 해.

Wǒ xiǎng qù jiànshēnfáng duànliàn yíxià shēntǐ.
我想去健身房锻炼一下身体。

나는 헬스장에 가서 몸을 좀 단련하고 싶어.

Wǒ yào zài zhèr chī.
我要在这儿吃。

저 여기서 먹을 거예요.

패턴 4 자신의 생각이나 느낌을 덧붙여 말할 때

juéde 觉得 생각·느낌	생각·느낌 이라고 생각해.
Wǒ juéde cǎoméi wèir de dàngāo yě tǐng hǎochī de. **我觉得草莓味儿的蛋糕也挺好吃的。**	저는 딸기 맛 케이크도 매우 맛있다고 생각해요.
Wǒ juéde zuìjìn wǒmen dōu hěn xīnkǔ, shízài tài lèi le. **我觉得最近我们都很辛苦，实在太累了。**	나는 요즘 우리 모두가 수고스럽다고 생각해. 정말 너무 피곤해.

패턴 5 상대방에게 제안 또는 요청하는 말을 덧붙여 말할 때

hǎo bu hǎo? 제안·요청，好不好？	제안·요청, 어때?
Wǒmen xiūxi yíhuìr, hǎo bu hǎo? **我们休息一会儿，好不好？**	우리 잠시 쉬자. 어때?
Nǐ zài chángchang wǒ zuò de bāozi, hǎo bu hǎo? **你再尝尝我做的包子，好不好？**	너 내가 만든 바오쯔도 맛봐봐. 어때?

패턴 6 상대방에게 되묻는 말을 덧붙여 말할 때

Zěnme le? ma? 怎么了？ 특정 내용 吗？	무슨 일이야? / 왜 그래? 특정 내용 해?
Zěnme le? Nǐ yòu xiǎng wánr yóuxì le ma? **怎么了？你又想玩儿游戏了吗？**	무슨 일이야? 너 또 게임을 하고 싶어졌어?
Zěnme le? Nǐ xiǎng gēn wǒ yìqǐ qù chī ma? **怎么了？你想跟我一起去吃吗？**	왜 그래? 너 나와 함께 먹으러 가고 싶어?

빈출 문제 공략하기

3_03_4_빈출 문제_4-5급.mp3, 3_03_5_빈출 문제_6급 이상

먼저 각 문제 아래에 정리된 어휘를 확인한 후, 문제를 정확히 듣고 스스로 답변해보세요. 그다음 모범답변을 듣고 큰 소리로 따라 말하면서 답변 템플릿을 익히고 모범답변을 입에 붙여보세요.

① 제안/요청 문제

01

Zánmen xiàbān hòu yìqǐ qù jiànshēnfáng, hǎo bu hǎo?
咱们下班后一起去健身房，好不好?
우리 퇴근 후에 같이 헬스장 가자. 어때?

답변 템플릿

첫 문장	좋아, 우리 같이 가자.
추가 문장	나는 마침 몸을 좀 단련하고 싶었어. 6급 이상 우리 서점 옆에 있는 그 헬스장에 가자. 어때?

Hǎo ba, zánmen yìqǐ qù ba.
好吧，咱们一起去吧。

Wǒ zhènghǎo xiǎng qù jiànshēnfáng duànliàn yíxià shēntǐ.
我正好想去健身房锻炼一下身体。

Wǒmen qù shūdiàn pángbiān de nàge jiànshēnfáng, hǎo bu hǎo?
 **我们去书店旁边的那个健身房，好不好?**

해석 좋아. 우리 같이 가자. 나는 마침 헬스장에 가서 몸을 좀 단련하고 싶었어. 우리 서점 옆에 있는 그 헬스장에 가자. 어때?

어휘 咱们 zánmen 대 우리(들) 下班 xiàbān 동 퇴근하다 健身房 jiànshēnfáng 명 헬스장 正好 zhènghǎo 부 마침 형 딱 맞다 锻炼身体 duànliàn shēntǐ 몸을 단련하다 书店 shūdiàn 명 서점

02

Qiǎokèlì wèir de yǐjīng méiyǒu le, cǎoméi wèir de zěnmeyàng?

巧克力味儿的已经没有了，草莓味儿的怎么样？

초콜릿 맛은 이미 없는데, 딸기 맛은 어떤가요?

답변 템플릿

첫 문장	딸기 맛으로 하나 주세요.
추가 문장	저는 딸기 맛 케이크도 매우 맛있다고 생각해요. 6급 이상 커피도 주세요. 여기서 먹을 거예요.

Dāngrán kěyǐ, lái ge cǎoméi wèir de ba.

当然可以，来个草莓味儿的吧。

Wǒ juéde cǎoméi wèir de dàngāo yě tǐng hǎochī de.

我觉得草莓味儿的蛋糕也挺好吃的。

Zài lái yì bēi kāfēi ba, wǒ yào zài zhèr chī.

6급 이상 **再来一杯咖啡吧，我要在这儿吃。**

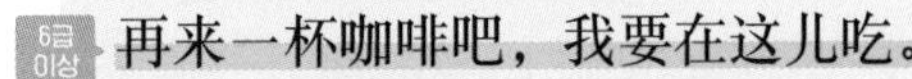

해석 당연히 되죠. 딸기 맛으로 하나 주세요. 저는 딸기 맛 케이크도 매우 맛있다고 생각해요. 커피도 한 잔 주세요. 저 여기서 먹을 거예요.

어휘 巧克力 qiǎokèlì 명 초콜릿 味儿 wèir 명 맛, 냄새 没有 méiyǒu 동 없다 草莓 cǎoméi 명 딸기 当然 dāngrán 부 당연히 형 당연하다 来 lái 동 주다, 하다[의미가 더욱 구체적인 동사를 대신해서 쓰임] 蛋糕 dàngāo 명 케이크 挺…的 tǐng…de 매우 ~하다 好吃 hǎochī 형 맛있다

03

Nǐ néng bāng wǒ qù mǎi diǎnr xiǎochī ma?

你能帮我去买点儿小吃吗?

너 나 대신 간식을 좀 사러 가줄 수 있어?

답변 템플릿

첫 문장	미안해, 너를 도울 수가 없어.
추가 문장	나 곧 수업 들으러 가야 해. 6급 이상 다음번에 내가 슈퍼마켓에 가서 사줄게. 어때?

Bù hǎoyìsi, wǒ bù néng bāng nǐ.

不好意思，我不能帮你。

Wǒ mǎshàng jiù yào qù shàngkè le.

我马上就要去上课了。

Xià cì wǒ zhǎo ge shíjiān qù chāoshì bāng nǐ mǎi, hǎo bu hǎo?

6급 이상 **下次我找个时间去超市帮你买，好不好?**

해석 미안해, 나는 너를 도울 수 없어. 나는 곧 수업 들으러 가야 해. 다음번에 내가 시간을 내서 슈퍼마켓에 가서 너 대신 사줄게. 어때?

어휘 帮我… bāng wǒ… 나를 대신하여 ~하다, 나를 도와 ~하다 小吃 xiǎochī 명 간식, 간단한 먹을 거리 不好意思 bù hǎoyìsi 미안하다 超市 chāoshì 명 슈퍼마켓, 마트

② 생각/느낌 문제

Zhèxiē cài zuòde zhēn búcuò.
这些菜做得真不错。
이 요리들 정말 훌륭하게 만들었다.

답변 템플릿

첫 문장	그래? 모두 내가 만든 거야.
추가 문장	나는 이런 중국 음식 만드는 걸 매우 좋아해. 6급 이상 너 바오쯔도 맛봐봐. 어때?

Shì ma? Zhèxiē cài dōu shì wǒ zuò de.
是吗？这些菜都是我做的。

Wǒ píngshí hěn xǐhuan zuò zhèyàng de Zhōngguó cài.
我平时很喜欢做这样的中国菜。

Nǐ zài chángchang wǒ zuò de bāozi, hǎo bu hǎo?

你再尝尝我做的包子，好不好？

해석 그래? 이 요리들 모두 내가 만든 거야. 나는 평소에 이런 중국 음식 만드는 걸 매우 좋아해. 너 내가 만든 바오쯔도 맛봐봐. 어때?

어휘 菜 cài 명 요리, 음식 不错 búcuò 형 훌륭하다, 괜찮다 平时 píngshí 명 평소, 평상시 中国菜 Zhōngguó cài 중국 음식 尝 cháng 동 맛보다, 시험 삼아 해 보다 包子 bāozi 명 바오쯔, 찐빵

제3부분

해커스 TSC 한 권으로 끝내기

③ 희망/의지 문제

Jīntiān zhōngwǔ nǐ yào chī shénme?

今天中午你要吃什么?

오늘 점심에 너는 무엇을 먹을 거야?

답변 템플릿

첫 문장	나 오리구이를 먹을 거야.
추가 문장	나는 우체국 옆에 있는 그 식당에 가서 먹고 싶어. 6급 이상 왜 그래? 너 나와 함께 먹으러 가고 싶어?

Jīntiān zhōngwǔ wǒ yào chī kǎoyā.

今天中午我要吃烤鸭。

Wǒ xiǎng qù yóujú pángbiān de nà jiā cāntīng chī.

我想去邮局旁边的那家餐厅吃。

Zěnme le? Nǐ xiǎng gēn wǒ yìqǐ qù chī ma?

6급 이상 怎么了? 你想跟我一起去吃吗?

해석 오늘 점심에 나는 오리구이를 먹을 거야. 나는 우체국 옆에 있는 그 식당에 가서 먹고 싶어. 왜 그래? 너 나와 함께 먹으러 가고 싶어?

어휘 烤鸭 kǎoyā 명 오리구이 邮局 yóujú 명 우체국 餐厅 cāntīng 명 식당 怎么了 Zěnme le 왜 그래? 무슨 일이야?

실전 연습문제

3_03_6_연습문제_풀어보기.mp3,
3_03_7_연습문제_모범답변 따라하기_4-5급.mp3,
3_03_8_연습문제_모범답변 따라하기_6급 이상.mp3

제3부분 03 연습문제 바로듣기

먼저 그림을 눈으로 한 번 확인한 후, 문제를 듣고 큰 소리로 답변해보세요.

01

____。

02

____。

03

____。

04

____。

모범답변 및 해석 p.352

04 정보·상황 관련 대화 완성하기

정보·상황 문제에는 배경, 출처, 방법, 과정 등의 다양한 정보를 묻는 문제와 문제적 상황에 대응하는 문제들이 다양하게 출제돼요. 정보·상황과 관련된 빈출 표현과 답변문장 패턴을 꼼꼼히 익혀보세요. 그리고 빈출 문제를 스스로 답변할 수 있도록 반복 연습하세요.

제3부분 04 바로듣기

빈출 표현 및 답변문장 패턴 익히기

① 빈출 표현 익히기

3_04_1_빈출 표현_따라읽기.mp3, 3_04_2_빈출 표현_암기하기

자주 쓰이는 다양한 정보 그리고 문제적 상황과 관련된 표현들을 큰 소리로 따라 말하며 익혀보세요.

다양한 정보 관련 표현

- □ 认识 rènshi 동 알다
- □ 知道 zhīdào 동 알다
- □ 记得 jìde 동 기억하고 있다
- □ 大小 dàxiǎo 명 크기
- □ 性格 xìnggé 명 성격
- □ 合适 héshì 형 알맞다, 적합하다
- □ 活泼 huópo 형 활발하다, 활달하다
- □ 俩 liǎ 수 두 사람, 두 개
- □ 自己 zìjǐ 대 자기, 스스로
- □ 网上 wǎngshàng 온라인, 인터넷

문제적 상황 관련 표현

- □ 突然 tūrán 형 갑작스럽다
- □ 从 cóng 개 ~부터
- □ 离 lí 동 ~에서, ~로부터
- □ 到底 dàodǐ 부 도대체
- □ 最好 zuìhǎo 부 ~하는 게 제일 좋다, 제일 좋기로는
- □ 丢 diū 동 잃어버리다
- □ 坏 huài 동 고장나다 형 나쁘다
- □ 疼 téng 형 아프다
- □ 等 děng 동 기다리다
- □ 堵车 dǔchē 동 차가 막히다, 교통이 체증되다
- □ 关门 guān mén 문을 닫다
- □ 迟到 chídào 동 지각하다

□ 咳嗽 késou ⓢ기침하다

□ 发烧 fāshāo ⓢ열이 나다

□ 感冒 gǎnmào ⓢ감기에 걸리다 ⓜ감기

□ 严重 yánzhòng ⓗ심하다, 심각하다

□ 下雨 xià yǔ 비가 오다, 비가 내리다

□ 仔细 zǐxì ⓗ자세하다, 꼼꼼하다

□ 马虎 mǎhu ⓗ건성으로 하다, 부주의하다

□ 忘带 wàng dài 두고 오다

□ 不见了 bú jiàn le 없어졌다, 잃어버렸다

□ 昨晚 zuó wǎn 어젯밤

□ 问题 wèntí ⓜ문제

□ 毛病 máobìng ⓜ문제, 결점, 고장

□ 孩子 háizi ⓜ아이, 자식

□ 身体 shēntǐ ⓜ몸, 신체

□ 铅笔 qiānbǐ ⓜ연필

□ 桌子 zhuōzi ⓜ책상

□ 冰箱 bīngxiāng ⓜ냉장고

□ 资料 zīliào ⓜ자료

□ 新闻 xīnwén ⓜ뉴스

□ 天气预报 tiānqì yùbào 일기예보

□ 雨伞 yǔsǎn ⓜ우산

□ 交通 jiāotōng ⓜ교통

□ 公交车 gōngjiāochē ⓜ버스

□ 交通费 jiāotōngfèi ⓜ교통비

□ 空房 kōng fáng 빈 방

□ 邮局 yóujú ⓜ우체국

□ 医院 yīyuàn ⓜ병원

□ 修理店 xiūlǐdiàn ⓜ수리점

② 답변문장 패턴 익히기

3_04_3_답변문장 패턴.mp3

첫 문장을 말한 후 추가 문장으로 더 길게 말하기 위해 알아두어야 할 답변문장 패턴을 큰 소리로 따라 말하며 익혀보세요.

패턴 1 좋아하는 것을 덧붙여 말할 때

hěn xǐhuan
很喜欢 [동작 · 대상] — [동작 · 대상]을 매우 좋아해.

Wǒ hěn xǐhuan bāngzhù yùdào kùnnan de rén.
我很喜欢帮助遇到困难的人。
나는 어려움에 처한 사람을 돕는 것을 매우 좋아해.

Wǒ hěn xǐhuan Xiǎo Wáng sònggěi wǒ de yùndòngxié.
我很喜欢小王送给我的运动鞋。
나는 샤오왕이 내게 선물해준 운동화를 매우 좋아해.

패턴 2 자주 하는 것 또는 늘 그런 상태라는 말을 덧붙여 말할 때

jīngcháng / zǒngshì
经常 / 总是 [동작 · 상태] — 자주 / 늘 [동작 · 상태]해.

Zuìjìn Xiǎo Lǐ jīngcháng zuò bāozi, zuòde fēicháng bàng.
最近小李经常做包子，做得非常棒。
요즘 샤오리가 자주 바오쯔를 만드는데, 굉장히 훌륭하게 만들어.

Tā de gōngsī fùjìn zǒngshì dǔchē.
他的公司附近总是堵车。
그의 회사 근처는 늘 차가 막혀.

패턴 3 하고 싶은 것 또는 하려거나 해야 하는 것을 덧붙여 말할 때

xiǎng / yào
想 / 要 [희망 · 의지] — [희망 · 의지]하고 싶어 / 할 거야, 해야 해.

Wǒ xiǎng zhǎo ge shíjiān gēn tā xué yíxià.
我想找个时间跟她学一下。
나는 시간을 내서 그녀에게 배워보고 싶어.

Wǒ yào gěi xiūlǐdiàn dǎ diànhuà jiějué wèntí.
我要给修理店打电话解决问题。
나는 수리점에 전화해서 문제를 해결해달라고 할 거야.

패턴 4 자신의 생각이나 느낌을 덧붙여 말할 때

juéde
觉得 [생각 · 느낌] — [생각 · 느낌]이라고 생각해.

Wǒ juéde tā hěn huópo, xìnggé yě hěn hǎo.
我觉得她很活泼，性格也很好。 나는 그녀가 활발하고, 성격도 좋다고 생각해.

Wǒ juéde nàge bīngxiāng yǒu wèntí.
我觉得那个冰箱有问题。 나는 그 냉장고에 문제가 있다고 생각해.

패턴 5 상대방에게 제안 또는 요청하는 말을 덧붙여 말할 때

hǎo bu hǎo?
[제안 · 요청]，**好不好?** — [제안 · 요청], 어때?

Wǒmen háishi zài děngdeng tā, hǎo bu hǎo?
我们还是再等等他，好不好? 우리 그래도 그를 좀 더 기다려보자. 어때?

Qǐng nǐ zǐxì kàn yíxià, hǎo bu hǎo?
请你仔细看一下，好不好? 자세히 한번 봐주세요. 어때요?

패턴 6 상대방에게 되묻는 말을 덧붙여 말할 때

Zěnme le? ma?
怎么了? [특정 내용] **吗?** — 무슨 일이야? / 왜 그래? [특정 내용]해?

Zěnme le? Nǐ yě rènshi Xiǎo Wáng ma?
怎么了? 你也认识小王吗? 무슨 일이야? 너도 샤오왕을 알아?

Zěnme le? Chū shénme shì le ma?
怎么了? 出什么事了吗? 왜 그래요? 무슨 일 생겼어요?

빈출 문제 공략하기

3_04_4_빈출 문제_4-5급.mp3, 3_04_5_빈출 문제_6급 이상.mp3

먼저 각 문제 아래에 정리된 어휘를 확인한 후, 문제를 정확히 듣고 스스로 답변해보세요. 그다음 모범답변을 듣고 큰 소리로 따라 말하면서 답변 템플릿을 익히고 모범답변을 입에 붙여보세요.

① 다양한 정보 문제

01

Nǐ hé Xiǎo Wáng shì zěnme rènshi de?
你和小王是怎么认识的?
너와 샤오왕은 어떻게 알게 된 거야?

답변 템플릿

첫 문장	학교 안에서 알게 된 거야.
추가 문장	나는 그녀가 활발하고 성격도 좋다고 생각해. 6급 이상 무슨 일이야? 너도 샤오왕을 알아?

Wǒ hé Xiǎo Wáng shì zài xuéxiào li rènshi de.
我和小王是在学校里认识的。

Wǒ juéde tā hěn huópo, xìnggé yě hěn hǎo.
我觉得她很活泼，性格也很好。

Zěnme le? Nǐ yě rènshi Xiǎo Wáng ma?

6급 이상 **怎么了? 你也认识小王吗?**

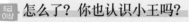

해석 나와 샤오왕은 학교 안에서 알게 된 거야. 나는 그녀가 활발하고, 성격도 좋다고 생각해. 무슨 일이야? 너도 샤오왕을 알아?

어휘 认识 rènshi 동 알다 学校 xuéxiào 명 학교 活泼 huópo 형 활발하다, 활달하다 性格 xìnggé 명 성격 怎么了 Zěnme le 무슨 일이야? 왜 그래?

02

Tài hǎochī le! Zhè dōu shì shéi zuò de?

太好吃了！这都是谁做的？

너무 맛있다! 이거 다 누가 만든 거야?

답변 템플릿

첫 문장	이거 다 샤오리가 만든 거야.
추가 문장	요즘 샤오리가 바오쯔를 만드는데, 굉장히 훌륭하게 만들어. 6급 이상 나는 그녀에게 배워보고 싶어.

Zhè dōu shì Xiǎo Lǐ zuò de.

这都是小李做的。

Zuìjìn Xiǎo Lǐ jīngcháng zuò bāozi, zuòde fēicháng bàng.

最近小李经常做包子，做得非常棒。

Wǒ xiǎng zhǎo ge shíjiān gēn tā xué yíxià.

6급 이상 **我想找个时间跟她学一下。**

해석 이거 다 샤오리가 만든 거야. 요즘 샤오리가 자주 바오쯔를 만드는데, 굉장히 훌륭하게 만들어. 나는 시간을 내서 그녀에게 배워보고 싶어.

어휘 好吃 hǎochī 형 맛있다 最近 zuìjìn 명 요즘, 최근 经常 jīngcháng 부 자주, 항상 包子 bāozi 명 바오쯔, 찐빵 棒 bàng 형 훌륭하다, 뛰어나다

03

Háizi shì cóng shénme shíhou kāishǐ késou de?

孩子是从什么时候开始咳嗽的?

아이가 언제부터 기침을 하기 시작했나요?

답변 템플릿

첫 문장	지난주부터 기침을 하기 시작했어요.
추가 문장	저는 점점 심해진다고 생각해요. 6급 이상 자세히 한번 봐주세요. 어때요?

Háizi shì cóng shàng ge xīngqī kāishǐ késou de.

孩子是从上个星期开始咳嗽的。

Wǒ juéde tā késou yuèláiyuè yánzhòng le.

我觉得她咳嗽越来越严重了。

Qǐng nǐ zǐxì kàn yíxià, hǎo bu hǎo?

6급 이상

请你仔细看一下，好不好?

해석 아이가 지난주부터 기침을 하기 시작했어요. 저는 그녀가 기침하는 것이 점점 심해진다고 생각해요. 자세히 한번 봐주세요. 어때요?

어휘 孩子 háizi 명 아이, 자식 从 cóng 개 ~부터 咳嗽 késou 동 기침하다 越来越 yuèláiyuè 점점, 갈수록 严重 yánzhòng 형 심하다, 심각하다 仔细 zǐxì 형 자세하다, 꼼꼼하다

② 문제적 상황 문제

01

Xiǎo Wáng zěnme hái bù lái? Dàjiā dōu zài děng tā ne.
小王怎么还不来？大家都在等他呢。
샤오왕은 왜 아직도 안 오는 거야? 모두 그를 기다리고 있어.

답변 템플릿

첫 문장	그래? 샤오왕은 10분 후에 도착해.
추가 문장	듣자 하니 그의 회사 근처는 늘 차가 막히고, 교통이 편리하지 않대. 6급 이상 우리 그를 좀 더 기다려보자. 어때?

Shì ma? Xiǎo Wáng shí fēnzhōng hòu dào.
是吗？小王十分钟后到。

Tīngshuō tā de gōngsī fùjìn zǒngshì dǔchē, jiāotōng bù fāngbiàn.
听说他的公司附近总是堵车，交通不方便。

Wǒmen háishi zài děngdeng tā, hǎo bu hǎo?
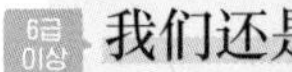
6급 이상 **我们还是再等等他，好不好？**

해석 그래? 샤오왕은 10분 후에 도착해. 듣자 하니 그의 회사 근처는 늘 차가 막히고, 교통이 편리하지 않대. 우리 그래도 그를 좀 더 기다려보자. 어때?

어휘 等 děng 동 기다리다 听说 tīngshuō 동 듣자 하니 公司 gōngsī 명 회사 附近 fùjìn 명 근처, 부근 总是 zǒngshì 부 늘, 언제나 堵车 dǔchē 동 차가 막히다, 교통이 체증되다 交通 jiāotōng 명 교통 方便 fāngbiàn 형 편리하다, 괜찮다

제3부분

해커스 TSC 한 권으로 끝내기

02

Wǒ jiā de bīngxiāng tūrán huài le.

我家的冰箱突然坏了。

우리 집의 냉장고가 갑자기 고장났어.

답변 템플릿

첫 문장	그래? 수리점에 전화 한 번 해봐.
추가 문장	나는 냉장고에 문제가 있다고 생각해. 6급 이상 우리 같이 새 것 사러 가자. 어때?

Shì ma? Nǐ gěi xiūlǐdiàn dǎ ge diànhuà ba.

是吗？你给修理店打个电话吧。

Wǒ juéde nàge bīngxiāng yǒu wèntí.

我觉得那个冰箱有问题。

Xià ge yuè zánmen yìqǐ qù mǎi yì tái xīn de, hǎo bu hǎo?

6급 이상 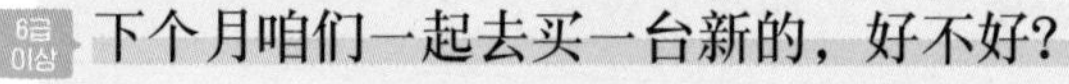

下个月咱们一起去买一台新的，好不好？

해석 그래? 너 수리점에 전화 한 번 해봐. 나는 그 냉장고에 문제가 있다고 생각해. 다음달에 우리 같이 새 것 한 대 사러 가자. 어때?

어휘 冰箱 bīngxiāng 명 냉장고 突然 tūrán 형 갑작스럽다 坏 huài 동 고장나다 형 나쁘다 修理店 xiūlǐdiàn 명 수리점 问题 wèntí 명 문제 下个月 xià ge yuè 다음달 咱们 zánmen 대 우리(들) 台 tái 양 대[기계·설비 등을 셀 때 쓰임]

실전 연습문제

3_04_6_연습문제_풀어보기.mp3,
3_04_7_연습문제_모범답변 따라하기_4-5급.mp3,
3_04_8_연습문제_모범답변 따라하기_6급 이상.mp3

제3부분 04 연습문제
바로듣기

먼저 그림을 눈으로 한 번 확인한 후, 문제를 듣고 큰 소리로 답변해보세요.

01

02

03

04

모범답변 및 해석 p.354

실전 테스트

제3부분 실전 테스트 바로듣기

3_05_1_실전 테스트_풀어보기.mp3,
3_05_2_실전 테스트_모범답변 따라하기_4-5급.mp3,
3_05_3_실전 테스트_모범답변 따라하기_6급 이상.mp3

TSC 중국어 말하기 시험

해커스 001001 9/26

第3部分 : 快速回答 - 第1题

볼륨

TSC 중국어 말하기 시험

해커스 001001 10/26

第3部分 : 快速回答 - 第2题

볼륨

TSC 중국어 말하기 시험

해커스
001001
11/26

第3部分 : 快速回答 - 第3题

TSC 중국어 말하기 시험

해커스
001001
12/26

第3部分 : 快速回答 - 第4题

TSC 중국어 말하기 시험

해커스
001001
13/26

第3部分 : 快速回答 - 第5题

볼륨

모범답변 및 해석 p.357

본 교재 동영상강의·무료 학습자료 제공

china.Hackers.com

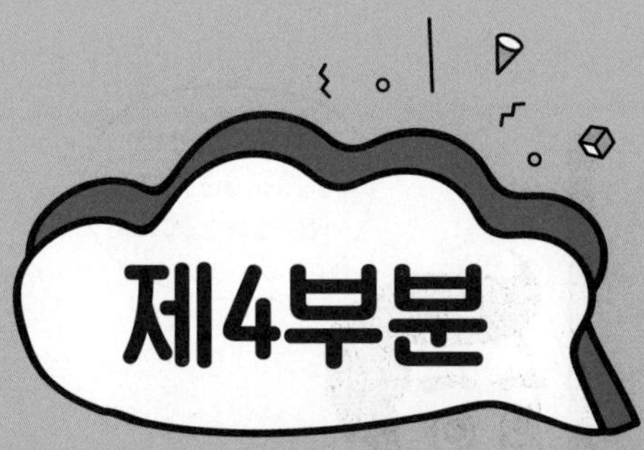

일상 화제에 대해 설명하기
简短回答

01 생활 습관에 대해 설명하기

02 여가·관심사에 대해 설명하기

03 인생관에 대해 설명하기

실전 테스트

제4부분 알아보기

여자 면접관이 남자 지원자의 개인적인 성향에 대해 질문을 하고 있군요.
지원자 역시 자신에 대해 솔직하게 답변하네요.

제4부분은 이처럼 '나의 일상'과 관련된 질문에 길게 답변하는 파트랍니다.
자, 그럼 제4부분에 대해 좀 더 자세히 알아볼까요?

출제 형태 제4부분은?

제4부분 '일상 화제에 대해 설명하기'는 생활 습관, 관심사, 인생관 등 '나'와 밀접한 주제의 다양한 문제를 듣고 본인의 생각을 논리적으로 길게 답하는 파트입니다.

문제 번호	14, 15, 16, 17, 18
문제 수	5개
답변 준비시간	15초
답변시간	25초

평가 기준 (4-5급 공통)	문제를 모두 정확히 이해했는가
	적합한 접속사를 사용하여 논리적으로 답변했는가
	답변시간을 최대한 활용하여 답변했는가
	다양한 어법을 사용했는가

추가 평가 기준 (6급 이상)	외국인의 억양이 덜 느껴지는가
	자신의 생각을 최대한 구체적으로 답변했는가

출제 경향 이렇게 출제돼요!

제4부분에서는 생활 습관, 여가·관심사, 인생관과 관련된 다양한 주제의 문제가 출제돼요. 아래 표를 보며 각 주제별로 어떤 문제들이 출제되는지 확인해보세요.

출제되는 주제

생활 습관	**你的饮食习惯怎么样？** 당신의 음식 습관은 어떻습니까? **中秋节时，你会吃月饼吗？** 추석 때, 당신은 월병을 먹습니까?
여가·관심사	**你去旅行时，一般选择国内还是国外？** 당신은 여행을 갈 때, 일반적으로 국내를 선택합니까 아니면 해외를 선택합니까? **你有没有考虑过自己创业？** 당신은 스스로 창업하는 것을 고려해본 적이 있습니까 없습니까?
인생관	**你觉得自己是个很会安慰别人的人吗？** 당신이 생각하기에 자신은 다른 사람을 잘 위로할 줄 아는 사람입니까?

출제 비율

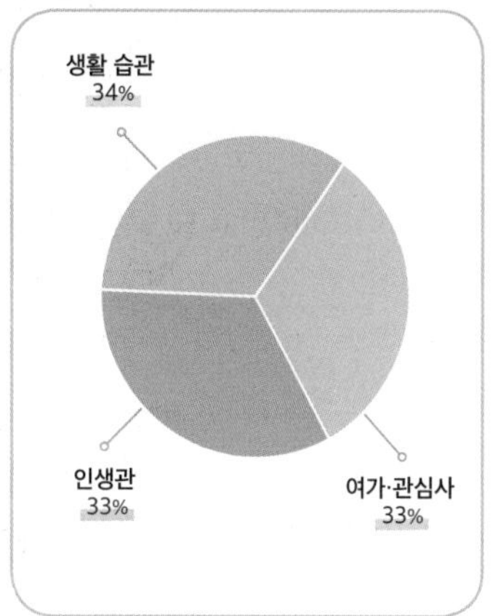

합격 비법 이렇게 학습하세요!

1. 귀로는 정확한 발음을 듣고 동시에 눈으로는 문제를 읽고 이해하세요.

제4부분은 화면에 문제가 보여지면서 음성으로도 한 번 읽어줘요. 따라서 귀로는 문제 속 어휘의 정확한 발음을 듣고, 동시에 눈으로 문제를 빠르게 훑으며 이해하는 연습이 필요해요. [해커스 TSC 한 권으로 끝내기 빈출 문제 직청직해 쉐도잉 연습] 프로그램을 활용하여 귀로 정확히 듣고 눈으로 빠르게 이해하는 직독직청직해 연습을 반복적으로 하세요.

2. 접속사를 사용하여 여러 문장을 논리적으로 답변하세요.

제4부분은 다양한 접속사를 사용하여 최소 3문장을 논리적으로 답변해야 해요. 따라서 이유, 생각, 경험 등을 말할 때 자주 쓰이는 접속사 패턴을 학습하여 오류 없는 문장을 논리적으로 조리 있게 말하는 연습을 하세요. 특히, 모범답변을 학습할 때에는 문장을 끊어 읽지 말고 연속하여 말하는 연습도 많이 해야 해요.

문제 풀이 스텝 이런 순서로 답변하세요!

STEP 1 문제 정확히 이해하기

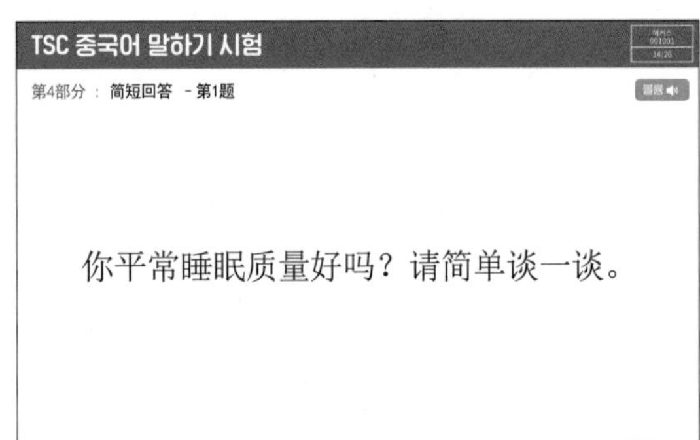

*p.148, [생활 습관] 빈출 문제

화면에 문제가 먼저 나타나고, 약 2초 후 음성으로 문제 번호와 문제를 들려줍니다. 음성으로 문제를 읽어주기 시작하면 헷갈리는 어휘의 발음과 성조를 정확히 기억하면서 문제를 빠르게 해석하세요.

[음성] **你平常睡眠质量好吗？请简单谈一谈。**
당신은 평소 수면의 질이 좋습니까? 간단히 말해 보세요.

STEP 2 답변 방향 정하고, 답변 템플릿에 따라 답변 준비하기

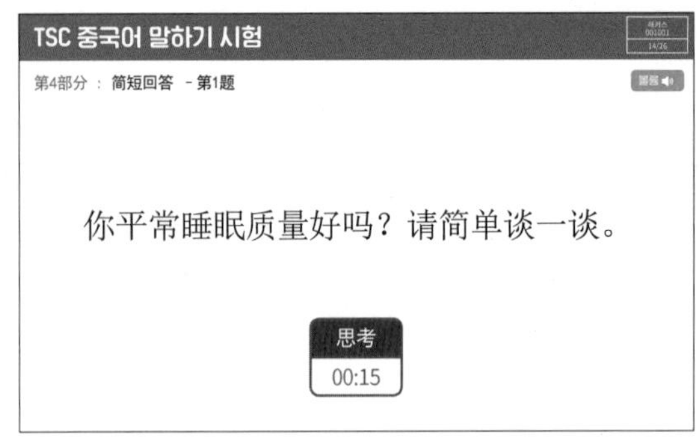

문제를 들려주는 음성이 끝나면 15초의 답변 준비시간이 주어집니다. 먼저 답변 템플릿에 따라 어떤 흐름의 내용으로 말해야 더 많이 말할 수 있을까를 생각하며 답변 방향을 정하세요. 그리고 답변문장 패턴을 활용하여 중국어 문장을 떠올리며 전체 답변을 준비하세요.

답변 템플릿 / 모범답변

	답변 템플릿	모범답변
첫 문장	즉문즉답법에 따라 답변 첫 문장 말하기	我平常睡眠质量不太好。 저는 평소 수면의 질이 그다지 좋지 않습니다.
이유	답변문장 패턴을 활용하여 첫 문장에 대한 이유 말하기 **6급 이상이 목표라면?** 답변문장 패턴을 활용하여 자신의 생각, 경험을 하나 더 추가하여 말하기	因为最近愁事比较多，生活压力的增大使我经常失眠。 왜냐하면 최근에 걱정거리가 비교적 많고, 생활 스트레스의 증가가 저로 하여금 자주 잠을 이루지 못하게 하기 때문입니다. 而且熬夜已经成为我的习惯之一了。 게다가 밤새는 것은 이미 제 습관 중 하나가 되었습니다.
마무리	所以(그래서)라고 말한 뒤, 결론을 한 번 더 강조하거나 앞으로의 계획을 말하며 마무리하기	所以，我平常睡眠质量不太好。 그래서, 저는 평소 수면의 질이 그다지 좋지 않습니다.

STEP 3 정확한 발음과 성조로 답변시간 꽉 채워 답변하기

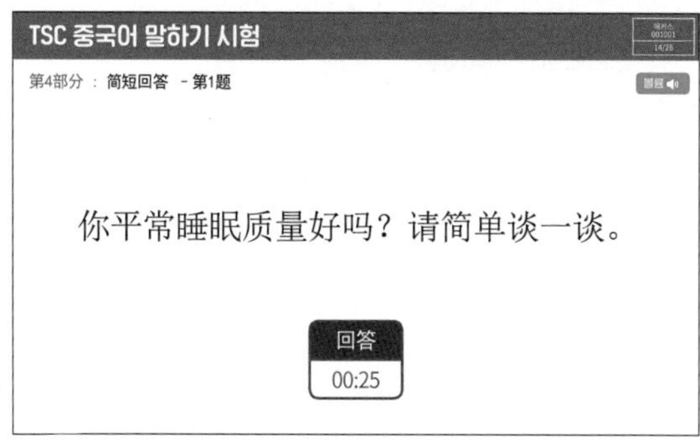

답변 준비시간이 끝나면 '삐-' 소리와 함께 25초의 답변시간이 시작됩니다 '삐-' 소리가 들리면 녹음이 온전하게 되도록 1초 정도 후에 준비한 답변을 정확한 발음과 성조로 답변시간 25초를 꽉 채워 답변하세요.

[답변] 我平常睡眠质量不太好。因为最近愁事比较多，生活压力的增大使我经常失眠。而且熬夜已经成为我的习惯之一了。所以，我平常睡眠质量不太好。

01 생활 습관에 대해 설명하기

생활 습관 문제에는 실생활에서 자주 하는 행동 또는 습관과 명절, 행사 등 특별한 날과 관련된 문제들이 다양하게 출제돼요. 생활 습관과 관련된 빈출 표현과 답변문장 패턴을 꼼꼼히 익혀보세요. 그리고 빈출 문제를 스스로 답변할 수 있도록 반복 연습하세요.

제4부분 01 바로듣기

빈출 표현 및 답변문장 패턴 익히기

① 빈출 표현 익히기

4_01_1_빈출 표현_따라읽기.mp3, 4_01_2_빈출 표현_암기하기.mp3

자주 쓰이는 쇼핑/경제, 음식/음료, 건강/운동, 명절/문화/행사 주제와 관련된 표현들을 큰 소리로 따라 말하며 익혀보세요.

쇼핑/경제 관련 표현

- □ 逛街 guàngjiē 동 쇼핑하다
- □ 购买 gòumǎi 동 구매하다
- □ 花 huā 동 쓰다, 소비하다
- □ 消费 xiāofèi 동 소비하다 명 소비
- □ 支付 zhīfù 동 지불하다
- □ 退换 tuìhuàn 동 반품 교환하다
- □ 试穿 shì chuān 입어 보다
- □ 扔掉 rēngdiào 내버리다
- □ 冲动 chōngdòng 형 충동적이다 명 충동
- □ 合适 héshì 형 알맞다, 적합하다
- □ 合理 hélǐ 형 합리적이다
- □ 方便 fāngbiàn 형 편리하다, 괜찮다
- □ 价格 jiàgé 명 가격
- □ 功能 gōngnéng 명 기능, 효능
- □ 质量 zhìliàng 명 질, 품질
- □ 性价比 xìngjiàbǐ 명 가성비
- □ 现金 xiànjīn 명 현금
- □ 信用卡 xìnyòngkǎ 명 신용카드

음식/음료 관련 표현

- □ 食物 shíwù 명 음식, 음식물
- □ 饮食 yǐnshí 명 음식, 먹고 마시는 것
- □ 饮料 yǐnliào 명 음료, 음료수
- □ 美食 měishí 명 맛있는 음식
- □ 垃圾食品 lājī shípǐn 정크 푸드
- □ 一日三餐 yírì sāncān 하루 세 끼

건강/운동 관련 표현

□ 健康 jiànkāng ⓜ건강 ⓗ건강하다

□ 运动 yùndòng ⓜ운동 ⓓ운동하다

□ 减肥 jiǎnféi ⓓ다이어트하다

□ 保持 bǎochí ⓓ유지하다, 지키다

□ 规律 guīlǜ ⓗ규칙적이다 ⓜ규칙

□ 失眠 shīmián ⓓ잠을 이루지 못하다

□ 熬夜 áoyè ⓓ밤새다, 철야하다

□ 身体 shēntǐ ⓜ신체, 몸

□ 压力 yālì ⓜ스트레스

□ 疲劳 píláo ⓜ피로 ⓗ피곤하다

□ 睡眠 shuìmián ⓜ수면, 잠

□ 习惯 xíguàn ⓜ습관

□ 愁事 chóu shì 걱정거리, 근심스러운 일

□ 健身房 jiànshēnfáng ⓜ헬스장

명절/문화/행사 관련 표현

□ 过年 guònián ⓓ설을 지내다, 새해를 보내다

□ 春节 Chūnjié ⓜ음력설, 춘절[음력 1월 1일]

□ 中秋节 Zhōngqiūjié ⓜ중국의 추석 중추절[음력 8월 15일]

□ 松饼 Sōngbǐng ⓜ송편

□ 月饼 yuèbǐng ⓜ월병

□ 家乡 jiāxiāng ⓜ고향

□ 火车票 huǒchēpiào ⓜ기차표

□ 飞机票 fēijīpiào ⓜ비행기표

□ 活动 huódòng ⓜ활동 ⓓ활동하다

□ 志愿 zhìyuàn ⓓ자원하다

□ 服务 fúwù ⓜ봉사, 서비스 ⓓ봉사하다

□ 社会 shèhuì ⓜ사회

□ 拍 pāi ⓓ(사진이나 영상을) 찍다, 촬영하다

□ 记录 jìlù ⓓ기록하다 ⓜ기록

□ 社交网络 shèjiāo wǎngluò 소셜 네트워크(SNS)

□ 引人注目 yǐnrénzhùmù ⓢ사람들의 주목을 끌다

② 답변문장 패턴 익히기

4_01_3_답변문장 패턴.mp3

첫 문장을 말한 후 그에 대한 이유와 자신의 생각, 경험을 추가로 말하기 위해 알아두어야 할 답변문장 패턴을 큰 소리로 따라 말하며 익혀보세요.

패턴 1 이유를 덧붙여 말할 때

Yīnwèi
因为 [이유]。 왜냐하면 [이유]이기 때문입니다.

Yīnwèi zuìjìn chóu shì bǐjiào duō, shēnghuó yālì de zēngdà shǐ wǒ jīngcháng shīmián.
因为最近愁事比较多，生活压力的增大使我经常失眠。
왜냐하면 최근에 걱정거리가 비교적 많고, 생활 스트레스의 증가가 저로 하여금 자주 잠을 이루지 못하게 하기 때문입니다.

Yīnwèi zhè shí rén bǐjiào duō, láihuí shízài shì tài máfan le.
因为这时人比较多，来回实在是太麻烦了。
왜냐하면 이때는 사람이 비교적 많아서, 왔다 갔다 하는 것이 정말 너무 번거롭기 때문입니다.

패턴 2 부연설명을 덧붙여 말할 때

Érqiě
而且 [부연설명]。 게다가 [부연설명].

Érqiě áoyè yǐjīng chéngwéi wǒ de xíguàn zhī yī le.
而且熬夜已经成为我的习惯之一了。
게다가 밤새는 것은 이미 제 습관 중의 하나가 되었습니다.

Érqiě Chūnjié shí, hěn nán mǎidào huǒchēpiào huòzhě fēijīpiào.
而且春节时，很难买到火车票或者飞机票。
게다가 설날 때는, 기차표 혹은 비행기표를 사기가 어렵습니다.

패턴 3 가정된 상황과 그 결과를 덧붙여 말할 때

Rúguǒ
如果 [가정의 상황]，[가정의 결과]。 만약 [가정의 상황]이면, [가정의 결과].

Rúguǒ zài shítǐdiàn mǎi xié dehuà, mǎshù bù héshì shí kěyǐ dāngchǎng huàn.
如果在实体店买鞋的话，码数不合适时可以当场换。
만약 오프라인 매장에서 신발을 산다면, 사이즈가 알맞지 않을 경우 그 자리에서 바꿀 수 있습니다.

Rúguǒ wǒ yǒu shíjiān qù jiànshēnfáng yùndòng dehuà, wǒ xiǎng gēn māma yìqǐ qù.
如果我有时间去健身房运动的话，我想跟妈妈一起去。
만약 저에게 헬스장에 가서 운동할 시간이 있다면, 저는 엄마와 함께 가고 싶습니다.

패턴 4 구체적인 예시를 덧붙여 말할 때

Bǐrú
比如 [구체적 예시]。 예를 들어 [구체적 예시]이다.

Bǐrú liǎng tái shǒujī de gōngnéng chàbuduō dehuà, wǒ huì xuǎn gèng piányi de.
比如两台手机的功能差不多的话，我会选更便宜的。
예를 들어 두 대의 휴대폰의 기능이 비슷하다면, 저는 더 저렴한 것을 고를 것입니다.

Bǐrú tànfǎng lǎorén, dǎsǎo xiǎoqū, zhǐhuī jiāotōng děng.
比如探访老人，打扫小区，指挥交通等。
예를 들어 어르신을 찾아뵙고, 단지를 청소하며, 교통을 지휘하는 것 등입니다.

패턴 5 특정 목적 또는 의도를 위한 행동과 생각을 덧붙여 말할 때

Wèile
为了 [목적 · 의도], [행동 · 생각]。 [목적 · 의도]를 하기 위해, [행동 · 생각].

Wèile hélǐ xiāofèi, wǒ huì kǎolǜ chǎnpǐn de xìngjiàbǐ.
为了合理消费，我会考虑产品的性价比。
합리적인 소비를 하기 위해, 저는 제품의 가성비를 고려합니다.

Wèile fúwù shèhuì, wǒ huì jìxù zuò gèzhǒnggèyàng de zhìyuàn huódòng.
为了服务社会，我会继续做各种各样的志愿活动。
사회에 봉사하기 위해, 저는 계속해서 각양각색의 자원 활동을 할 것입니다.

패턴 6 어떤 대상에 도움이 되는 특정 행동과 경험을 덧붙여 말할 때

duì hěn yǒu bāngzhù
[행동 · 경험] 对 [대상] 很有帮助。 [행동 · 경험]이 [대상]에 도움이 되다.

Wǒ rènwéi liánghǎo de yǐnshí xíguàn duì bǎochí shēntǐ jiànkāng hěn yǒu bāngzhù.
我认为良好的饮食习惯对保持身体健康很有帮助。
저는 좋은 음식 습관이 신체의 건강을 유지하는데 도움이 된다고 생각합니다.

Wǒ juéde, sījiào duì wǒ de yùndòng hěn yǒu bāngzhù.
我觉得，私教对我的运动很有帮助。
제가 생각하기에, 개인 트레이너는 제 운동에 도움이 됩니다.

빈출 문제 공략하기

4_01_4_빈출 문제_4-5급.mp3, 4_01_5_빈출 문제_6급 이상.mp3

먼저 각 문제 아래에 정리된 어휘를 확인한 후, 문제를 읽고 스스로 답변해보세요. 그 다음 모범답변을 듣고 큰 소리로 따라 말하면서 답변 템플릿을 익히고 모범답변을 입에 붙여보세요.

① 쇼핑/경제 문제

Nǐ huàn xīn shǒujī de shíhou, shǒuxiān huì kǎolǜ nǎxiē fāngmiàn? Qǐng jiǎndān shuō yi shuō.
你换新手机的时候，首先会考虑哪些方面？请简单说一说。
당신은 새로운 휴대폰으로 바꿀 때, 가장 먼저 어떤 부분을 고려하나요? 간단히 말해보세요.

답변 템플릿

첫 문장	나는 휴대폰을 바꿀 때, 가격을 먼저 고려한다.
이유	왜냐하면 합리적 소비를 하고 싶으면, 가성비를 고려해야 하기 때문이다. 6급 이상 예를 들어, 기능이 비슷하면, 나는 저렴한 것을 고를 것이다.
마무리	그래서, 나는 가격을 먼저 고려한다.

Wǒ huàn xīn shǒujī de shíhou, shǒuxiān huì kǎolǜ jiàgé fāngmiàn.
我换新手机的时候，首先会考虑价格方面。

Yīnwèi xiǎng yào hélǐ xiāofèi, jiù yào kǎolǜ chǎnpǐn de xìngjiàbǐ.
因为想要合理消费，就要考虑产品的性价比。
Bǐrú liǎng tái shǒujī de gōngnéng chàbuduō dehuà, wǒ huì xuǎn gèng piányi de.

比如两台手机的功能差不多的话，我会选更便宜的。

Suǒyǐ, wǒ shǒuxiān huì kǎolǜ jiàgé fāngmiàn.
所以，我首先会考虑价格方面。

해석 저는 새로운 휴대폰으로 바꿀 때, 가장 먼저 가격 부분을 고려합니다. 왜냐하면 합리적인 소비를 하고 싶다면, 제품의 가성비를 고려해야 하기 때문입니다. 예를 들어 두 대의 휴대폰의 기능이 비슷하다면, 저는 더 저렴한 것을 고를 것입니다. 그래서, 저는 가장 먼저 가격 부분을 고려합니다.

어휘 换 huàn 동 바꾸다, 교환하다 手机 shǒujī 명 휴대폰 首先 shǒuxiān 부 가장 먼저, 맨 먼저 考虑 kǎolǜ 동 고려하다, 생각하다 方面 fāngmiàn 명 부분, 방면, 분야 价格 jiàgé 명 가격 因为 yīnwèi 접 왜냐하면 ~때문이다 合理 hélǐ 형 합리적이다 消费 xiāofèi 명 소비 동 소비하다 产品 chǎnpǐn 명 제품, 상품 性价比 xìngjiàbǐ 명 가성비 比如 bǐrú 동 예를 들어 ~이다 台 tái 양 대[기계 · 설비 등을 세 는 단위] 功能 gōngnéng 명 기능, 효능 差不多 chàbuduō 형 비슷하다 부 거의

② 음식/음료 문제

Nǐ de yǐnshí xíguàn zěnmeyàng? Qǐng jiǎndān tán yi tán.
你的饮食习惯怎么样？请简单谈一谈。
당신의 음식 습관은 어떻습니까? 간단히 말해보세요.

답변 템플릿

첫 문장	내 음식 습관은 건강하다.
이유	왜냐하면 나는 정크 푸드는 안 먹고, 하루 세 끼도 규칙적이기 때문이다. 6급 이상 좋은 음식 습관은 건강을 유지하는데 도움이 된다.
마무리	그래서, 나는 내 음식 습관이 건강하다고 생각한다.

Wǒ de yǐnshí xíguàn hěn jiànkāng.
我的饮食习惯很健康。

Yīnwèi wǒ bù chī huò shǎo chī lājī shípǐn, yírì sāncān yě hěn guīlǜ.
因为我不吃或少吃垃圾食品，一日三餐也很规律。
Wǒ rènwéi liánghǎo de yǐnshí xíguàn duì bǎochí shēntǐ jiànkāng hěn yǒu bāngzhù.
6급 이상 **我认为良好的饮食习惯对保持身体健康很有帮助。**

Suǒyǐ, wǒ juéde wǒ de yǐnshí xíguàn hěn jiànkāng.
所以，我觉得我的饮食习惯很健康。

해석 제 음식 습관은 건강합니다. 왜냐하면 저는 정크 푸드는 먹지 않거나 혹은 조금 먹으며, 하루 세 끼도 매우 규칙적이기 때문입니다. 저는 좋은 음식 습관이 신체의 건강을 유지하는데 도움이 된다고 생각합니다. 그래서, 저는 제 음식 습관이 건강하다고 생각합니다.

어휘 饮食 yǐnshí 명 음식, 먹고 마시는 것 习惯 xíguàn 명 습관 谈 tán 동 말하다, 이야기하다 因为 yīnwèi 접 왜냐하면 ~때문이다 垃圾食品 lājī shípǐn 정크 푸드 一日三餐 yírì sāncān 하루 세 끼 规律 guīlǜ 형 규칙적이다 명 규칙 良好 liánghǎo 형 좋다, 양호하다 对…很有帮助 duì…hěn yǒu bāngzhù ~에 도움이 되다 保持 bǎochí 동 유지하다, 지키다

제4부분

해커스 TSC 한 권으로 끝내기

③ 건강/운동 문제

01

Nǐ píngcháng shuìmián zhìliàng hǎo ma? Qǐng jiǎndān tán yi tán.
你平常睡眠质量好吗？请简单谈一谈。
당신은 평소 수면의 질이 좋습니까? 간단히 말해보세요.

답변 템플릿

첫 문장	나는 평소 수면의 질이 그다지 좋지 않다.
이유	왜냐하면 최근에 걱정거리가 많아, 스트레스가 증가했기 때문이다. 6급 이상 게다가 밤새는 것은 이미 내 습관 중 하나이다.
마무리	그래서, 나는 평소 수면의 질이 그다지 좋지 않다.

Wǒ píngcháng shuìmián zhìliàng bú tài hǎo.
我平常睡眠质量不太好。

Yīnwèi zuìjìn chóu shì bǐjiào duō, shēnghuó yālì de zēngdà shǐ wǒ jīngcháng shīmián.
因为最近愁事比较多，生活压力的增大使我经常失眠。
Érqiě áoyè yǐjīng chéngwéi wǒ de xíguàn zhī yī le.
6급 이상 **而且熬夜已经成为我的习惯之一了。**

Suǒyǐ, wǒ píngcháng shuìmián zhìliàng bú tài hǎo.
所以，我平常睡眠质量不太好。

해석 저는 평소 수면의 질이 그다지 좋지 않습니다. 왜냐하면 최근에 걱정거리가 비교적 많고, 생활 스트레스의 증가가 저로 하여금 자주 잠을 이루지 못하게 하기 때문입니다. 게다가 밤새는 것은 이미 제 습관 중 하나가 되었습니다. 그래서, 저는 평소 수면의 질이 그다지 좋지 않습니다.

어휘 平常 píngcháng 명 평소 형 평범하다 睡眠 shuìmián 명 수면, 잠 质量 zhìliàng 명 질, 품질 谈 tán 동 말하다, 이야기하다 因为 yīnwèi 접 왜냐하면 ~때문이다 愁事 chóu shì 걱정거리, 근심스러운 일 生活 shēnghuó 명 생활 동 생활하다 压力 yālì 명 스트레스 使… shǐ… 동 ~로 하여금 ~하게 하다 失眠 shīmián 동 잠을 이루지 못하다 而且 érqiě 접 게다가 熬夜 áoyè 동 밤새다, 철야하다 成为… chéngwéi 동 ~이 되다, ~으로 되다 习惯 xíguàn 명 습관 …之一 …zhī yī ~중의 하나

02

Nǐ tōngcháng zài nǎr zuò yùndòng? Qǐng jiǎndān shuōshuo.
你通常在哪儿做运动？请简单说说。
당신은 보통 어디에서 운동을 합니까? 간단히 말해보세요.

답변 템플릿

첫 문장	나는 보통 헬스장에서 운동한다.
이유	왜냐하면 퍼스널 트레이닝을 제공하기 때문이다. 6급 이상 개인 트레이너는 내 운동에 도움이 된다.
마무리	그래서, 나는 보통 헬스장에서 운동한다.

Wǒ tōngcháng zài jiànshēnfáng zuò yùndòng.
我通常在健身房做运动。

Yīnwèi zài jiànshēnfáng, sījiào huì wèi wǒ tígōng yī duì yī de zhǐdǎo.
因为在健身房，私教会为我提供一对一的指导。
Wǒ juéde, sījiào duì wǒ de yùndòng hěn yǒu bāngzhù.
6급 이상 **我觉得，私教对我的运动很有帮助。**

Suǒyǐ, wǒ tōngcháng zài jiànshēnfáng zuò yùndòng.
所以，我通常在健身房做运动。

해석 저는 보통 헬스장에서 운동을 합니다. 왜냐하면 헬스장에서는, 개인 트레이너가 저를 위해 퍼스널 트레이닝을 제공하기 때문입니다. 제가 생각하기에, 개인 트레이너는 제 운동에 도움이 됩니다. 그래서, 저는 보통 헬스장에서 운동을 합니다.

어휘 **通常** tōngcháng 부 보통, 통상적으로 **运动** yùndòng 명 운동 동 운동하다 **健身房** jiànshēnfáng 명 헬스장 **因为** yīnwèi 접 왜냐하면 ~때문이다 **私教** sījiào 개인 트레이너, 개인 과외 **为** wèi 개 ~를 위해[대상을 나타냄] **提供** tígōng 동 제공하다, 공급하다 **一对一的指导** yī duì yī de zhǐdǎo 퍼스널 트레이닝(PT) **对…很有帮助** duì…hěn yǒu bāngzhù ~에 도움이 되다

제4부분

해커스 TSC 한 권으로 끝내기

④ 명절/문화/행사 문제

Chūnjié shí, nǐ xiǎng yí ge rén guònián háishi huí jiāxiāng yǔ jiārén yìqǐ guònián? Qǐng jiǎndān tántan.

春节时，你想一个人过年还是回家乡与家人一起过年？请简单谈谈。

설날 때, 당신은 혼자 설을 지내고 싶습니까 아니면 고향에 돌아가서 가족과 함께 설을 지내고 싶습니까?

답변 템플릿

첫 문장	설날 때, 나는 혼자 설을 지내고 싶다.
이유	왜냐하면 이때는 사람이 많아서, 왔다 갔다 하는 것이 번거롭기 때문이다. 6급 이상 게다가 설날 때는 표 사기가 어렵다.
마무리	그래서, 설날 때, 나는 혼자 설을 지내고 싶다.

Chūnjié shí, wǒ xiǎng yí ge rén guònián.

春节时，我想一个人过年。

Yīnwèi zhè shí rén bǐjiào duō, láihuí shízài shì tài máfan le.

因为这时人比较多，来回实在是太麻烦了。

Érqiě Chūnjié shí, hěn nán mǎidào huǒchēpiào huòzhě fēijīpiào.

6급 이상 **而且春节时，很难买到火车票或者飞机票。**

Suǒyǐ, Chūnjié shí, wǒ xiǎng yí ge rén guònián.

所以，春节时，我想一个人过年。

해석 설날 때, 저는 혼자 설을 지내고 싶습니다. 왜냐하면 이때는 사람이 비교적 많아서, 왔다 갔다 하는 것이 정말 너무 번거롭기 때문입니다. 게다가 설날 때는, 기차표 혹은 비행기표를 사기가 어렵습니다. 그래서, 설날 때, 저는 혼자 설을 지내고 싶습니다.

어휘 春节 Chūnjié 명 음력설, 춘절[음력 1월 1일] 过年 guònián 동 설을 지내다, 새해를 보내다 家乡 jiāxiāng 명 고향 与 yǔ 개 ~과(와), ~과(와) 함께 家人 jiārén 명 가족 谈 tán 동 말하다, 이야기하다 因为 yīnwèi 접 왜냐하면 ~때문이다 来回 láihuí 동 왔다 갔다 하다, 왕복하다 实在 shízài 부 정말, 확실히 麻烦 máfan 형 번거롭다, 귀찮다 而且 érqiě 접 게다가 火车票 huǒchēpiào 명 기차표 飞机票 fēijīpiào 명 비행기표

실전 연습문제

4_01_6_연습문제_풀어보기.mp3,
4_01_7_연습문제_모범답변 따라하기_4-5급.mp3,
4_01_8_연습문제_모범답변 따라하기_6급 이상

제4부분 01 연습문제 바로듣기

먼저 문제를 눈으로 확인한 후, 문제를 듣고 큰 소리로 답변해보세요.

01 你会把好久没用过的东西扔掉吗？请简单说说。

____。

02 买鞋子时，你愿意去实体店试穿还是直接在网上购买？请简单说一说。

____。

03 你做过志愿服务活动吗？请简单说说。

____。

04 每次吃饭之前，你都会拍美食照片吗？请简单说一说。

____。

모범답변 및 해석 p.360

02 여가·관심사에 대해 설명하기

여가·관심사 문제에는 여가 시간에 할 수 있는 활동, 사람들의 관심을 끄는 일과 관련된 문제들이 다양하게 출제돼요. 여가·관심사와 관련된 빈출 표현과 답변문장 패턴을 꼼꼼히 익혀보세요. 그리고 빈출 문제를 스스로 답변할 수 있도록 반복 연습하세요.

제4부분 02 바로듣기

빈출 표현 및 답변문장 패턴 익히기

① 빈출 표현 익히기

4_02_1_빈출 표현_따라읽기.mp3, 4_02_2_빈출 표현_암기하기.mp3

자주 쓰이는 여행/이민/이동, 취미/문화생활, 직업/학업, 환경/동물/제품 주제와 관련된 표현들을 큰 소리로 따라 말하며 익혀보세요.

여행/이민/이동 관련 표현

- □ 旅游 lǚyóu ㊔ 여행 ㊏ 여행하다
- □ 旅行 lǚxíng ㊔ 여행 ㊏ 여행하다
- □ 国家 guójiā ㊔ 나라, 국가
- □ 国内 guónèi ㊔ 국내
- □ 国外 guówài ㊔ 해외, 외국
- □ 外国 wàiguó ㊔ 외국, 해외
- □ 西方 xīfāng ㊔ 서양, 서방
- □ 市区 shìqū ㊔ 시내 지역
- □ 郊区 jiāoqū ㊔ (도시의) 교외 지역, 변두리
- □ 选择 xuǎnzé ㊔ 선택 ㊏ 선택하다
- □ 理解 lǐjiě ㊏ 이해하다, 알다
- □ 适应 shìyìng ㊏ 적응하다
- □ 提高 tígāo ㊏ 높이다, 향상시키다
- □ 堵车 dǔchē ㊏ 차가 막히다, 교통이 체증되다
- □ 地道 dìdao ㊎ 정통의, 본고장의
- □ 见识 jiànshi ㊔ 견문, 식견
- □ 独立意识 dúlì yìshi 자립심, 독립심
- □ 全球化 quánqiú huà 글로벌화

취미/문화생활 관련 표현

- □ 游戏 yóuxì ㊔ 게임
- □ 阅读 yuèdú ㊏ 읽다, 독서하다
- □ 纸质书 zhǐzhì shū ㊔ 종이책
- □ 电子书 diànzǐ shū ㊔ 전자책

□ 散步 sànbù ⓢ산책하다, 산보하다

□ 明星 míngxīng ⓜ스타

□ 寂寞感 jìmògǎn ⓜ외로움, 적막감

□ 随时随地 suíshísuídì ⓢ언제 어디서나

직업/학업 관련 표현

□ 上班 shàngbān ⓢ출근하다

□ 创业 chuàngyè ⓢ창업하다 ⓜ창업

□ 赚 zhuàn ⓢ(돈을) 벌다, 이윤을 얻다

□ 学习 xuéxí ⓜ학습 ⓢ공부하다

□ 系 xì ⓜ학과

□ 大学 dàxué ⓜ대학

□ 考上 kǎoshang 합격하다

□ 上学 shàngxué ⓢ학교에 다니다

□ 得奖 dé jiǎng 상을 받다

□ 预习 yùxí ⓢ예습하다

□ 复习 fùxí ⓢ복습하다

□ 迟到 chídào ⓢ지각하다

□ 笔记 bǐjì ⓜ필기 ⓢ필기하다

□ 内容 nèiróng ⓜ내용

□ 时代 shídài ⓜ시대, 시절

□ 大学时期 dàxué shíqī 대학 시절

□ 学生时期 xuéshēng shíqī 학생 시절

□ 学生时代 xuéshēng shídài 학창 시절

환경/동물/제품 관련 표현

□ 环保 huánbǎo ⓜ환경 보호

□ 节约 jiéyuē ⓢ절약하다, 아끼다

□ 节省 jiéshěng ⓢ아끼다, 절약하다

□ 保护环境 bǎohù huánjìng 환경을 보호하다

□ 实际生活 shíjì shēnghuó 실생활

□ 公共交通 gōnggòng jiāotōng 대중교통

□ 日常用品 rìcháng yòngpǐn 일상 용품

□ 一次性用品 yícìxìng yòngpǐn 일회용품

□ 宠物 chǒngwù ⓜ반려동물

□ 养 yǎng ⓢ기르다

□ 产品 chǎnpǐn ⓜ제품, 상품

□ 二手 èrshǒu ⓗ중고의

② 답변문장 패턴 익히기

4_02_3_답변문장 패턴.mp3

첫 문장을 말한 후 그에 대한 이유와 자신의 생각, 경험을 추가로 말하기 위해 알아두어야 할 답변문장 패턴을 큰 소리로 따라 말하며 익혀보세요.

패턴 1 이유를 덧붙여 말할 때

Yīnwèi
因为 [이유]。 왜냐하면 [이유]이기 때문입니다.

Yīnwèi wǒ juéde yí ge rén qù lǚxíng duì péiyǎng dúlì yìshi hěn yǒu bāngzhù.
因为我觉得一个人去旅行对培养独立意识很有帮助。
왜냐하면 저는 혼자 여행을 가는 것이 자립심을 기르는 데 도움이 된다고 생각하기 때문입니다.

Yīnwèi kàn diànzǐ shū dehuà, wǒ kěyǐ jiéshěng hěn duō qián hé dàliàng kōngjiān.
因为看电子书的话，我可以节省很多钱和大量空间。
왜냐하면 전자책을 본다면, 저는 많은 돈과 대량의 공간을 아낄 수 있기 때문입니다.

패턴 2 부연설명을 덧붙여 말할 때

Érqiě
而且 [부연설명]。 게다가 [부연설명].

Érqiě, zhǐyào yǒu shǒujī wǒ kěyǐ suíshísuídì yuèdú, fēicháng fāngbiàn.
而且，只要有手机我可以随时随地阅读，非常方便。
게다가, 휴대폰만 있다면 저는 언제 어디서나 읽을 수 있어, 매우 편리합니다.

Érqiě yǎng gǒu kěyǐ jiǎnqīng wǒ de jìmògǎn.
而且养狗可以减轻我的寂寞感。
게다가 개를 기르는 것은 제 외로움을 덜 수 있습니다.

패턴 3 가정된 상황과 그 결과를 덧붙여 말할 때

Rúguǒ
如果 [가정의 상황]，[가정의 결과]。 만약 [가정의 상황]이면, [가정의 결과].

Rúguǒ zài jiāoqū shēnghuó, wǒ búyòng rěn dǔchē zhī kǔ.
如果在郊区生活，我不用忍堵车之苦。
만약 교외 지역에서 생활한다면, 저는 차가 막히는 고통을 참을 필요가 없습니다.

Rúguǒ wǒ shàngkè qián méi yùxí dehuà, jiù hěn nán lǐjiě shàngkè de nèiróng.
如果我上课前没预习的话，就很难理解上课的内容。
만약 제가 수업 전에 예습을 하지 않았다면, 수업의 내용을 이해하기 어렵습니다.

패턴 4 구체적인 예시를 덧붙여 말할 때

Bǐrú
比如 [구체적 예시]。 예를 들어 [구체적 예시]이다.

Bǐrú zài yǔyán bù tōng de qíngkuàng xia, zìjǐ xúnzhǎo lù yǒu zhù yú péiyǎng dúlì yìshi.
比如在语言不通的情况下，自己寻找路有助于培养独立意识。
예를 들어 언어가 통하지 않는 상황에서, 스스로 길을 찾는 것은 자립심을 기르는데 도움이 됩니다.

Bǐrú wǒ yǒu yùxí hé fùxí de xíguàn.
比如我有预习和复习的习惯。
예를 들어 저는 예습하고 복습하는 습관이 있습니다.

패턴 5 특정 목적 또는 의도를 위한 행동과 생각을 덧붙여 말할 때

Wèile
为了 [목적 · 의도]，[행동 · 생각]。 [목적 · 의도]를 하기 위해, [행동 · 생각].

Wèile gǔlì rénmen chuàngyè, guójiā tuīchūle bù shǎo jìhuà.
为了鼓励人们创业，国家推出了不少计划。
사람들의 창업을 격려하기 위해, 나라에서 적지 않은 계획을 내놓았습니다.

Wèile hé tā qīnjìn, wǒ jīngcháng bǎ bǐjì jiègěi tā.
为了和她亲近，我经常把笔记借给她。
그녀와 친해지기 위해, 저는 자주 필기를 그녀에게 빌려주었습니다.

패턴 6 어떤 대상에 도움이 되는 특정 행동과 경험을 덧붙여 말할 때

duì hěn yǒu bāngzhù
[행동 · 경험] 对 [대상] 很有帮助。 [행동 · 경험]이 [대상]에 도움이 되다.

Qù guówài lǚyóu duì tígāo zìjǐ de jiànshi hěn yǒu bāngzhù.
去国外旅游对提高自己的见识很有帮助。
해외로 여행가는 것은 자신의 견문을 높이는데 도움이 됩니다.

Měi tiān dài gǒu chūmén sànbù, duì wǒ de jiànkāng hěn yǒu bāngzhù.
每天带狗出门散步，对我的健康很有帮助。
매일 개를 데리고 외출하여 산책하는 것은, 제 건강에 도움이 됩니다.

빈출 문제 공략하기

4_02_4_빈출 문제_4-5급.mp3, 4_02_5_빈출 문제_6급 이상.mp3

먼저 각 문제 아래에 정리된 어휘를 확인한 후, 문제를 읽고 스스로 답변해보세요. 그 다음 모범답변을 듣고 큰 소리로 따라 말하면서 답변 템플릿을 익히고 모범답변을 입에 붙여보세요.

① 여행/이민/이동 문제

01

Nǐ yí ge rén lǚxíngguo ma? Qǐng jiǎndān shuō yi shuō.
你一个人旅行过吗？ 请简单说一说。
당신은 혼자 여행을 한 적이 있습니까? 간단히 말해보세요.

답변 템플릿

첫 문장	나는 혼자 여행을 한 적이 있다.
이유	왜냐하면 혼자 여행 가는 것이 자립심을 기르는 데 도움이 되기 때문이다. 6급 이상 예를 들어, 언어가 통하지 않는데, 스스로 길을 찾는 것은 자립심을 기르는데 도움이 된다.
마무리	그래서, 나는 앞으로도 혼자 여행을 갈 계획이다.

Wǒ yí ge rén lǚxíngguo.
我一个人旅行过。

Yīnwèi wǒ juéde yí ge rén qù lǚxíng duì péiyǎng dúlì yìshi hěn yǒu bāngzhù.
因为我觉得一个人去旅行对培养独立意识很有帮助。
Bǐrú zài yǔyán bù tōng de qíngkuàng xia, zìjǐ xúnzhǎo lù yǒu zhù yú péiyǎng dúlì yìshi.
6급 이상 **比如在语言不通的情况下，自己寻找路有助于培养独立意识。**

Suǒyǐ, wǒ dǎsuan yǐhòu yě yí ge rén qù lǚxíng.
所以，我打算以后也一个人去旅行。

해석 저는 혼자 여행을 한 적이 있습니다. 왜냐하면 저는 혼자 여행을 가는 것이 자립심을 기르는 데 도움이 된다고 생각하기 때문입니다. 예를 들어 언어가 통하지 않는 상황에서, 스스로 길을 찾는 것은 자립심을 기르는데 도움이 됩니다. 그래서, 저는 앞으로도 혼자 여행을 갈 계획입니다.

어휘 旅行 lǚxíng 동 여행하다 명 여행 因为 yīnwèi 접 왜냐하면 ~때문이다 对…很有帮助 duì…hěn yǒu bāngzhù ~에 도움이 되다 培养 péiyǎng 동 기르다, 양성하다 独立意识 dúlì yìshi 자립심, 독립심 比如 bǐrú 동 예를 들어 ~이다 语言 yǔyán 명 언어 情况 qíngkuàng 명 상황 寻找 xúnzhǎo 동 찾다 有助于 yǒu zhù yú ~에 도움이 되다 打算 dǎsuan 동 ~할 계획이다, ~할 것이다

02

Shìqū hé jiāoqū zhōng, nǐ huì xuǎnzé zài nǎlǐ shēnghuó? Qǐng jiǎndān tán yi tán.

市区和郊区中，你会选择在哪里生活？请简单谈一谈。

시내 지역과 교외 지역 중, 당신은 어디에서 생활하는 것을 선택할 것입니까? 간단히 말해보세요.

답변 템플릿

첫 문장	시내 지역과 교외 지역 중, 나는 교외 지역에서 생활하는 것을 선택할 것이다.
이유	왜냐하면 집을 사는 관점에서 고려하면, 교외 지역이 수지가 맞기 때문이다. 6급 이상 만약, 교외 지역에서 생활한다면, 차가 막히는 교통을 참을 필요가 없다.
마무리	그래서, 나는 교외 지역에서 생활하는 것을 선택할 것이다.

Shìqū hé jiāoqū zhōng, wǒ huì xuǎnzé zài jiāoqū shēnghuó.

市区和郊区中，我会选择在郊区生活。

Yīnwèi wǒ juéde cóng mǎi fáng de jiǎodù kǎolǜ dehuà, xuǎnzé jiāoqū gèng huásuàn.

因为我觉得从买房的角度考虑的话，选择郊区更划算。

Rúguǒ zài jiāoqū shēnghuó, wǒ búyòng rěn dǔchē zhī kǔ, yě búyòng zài lù shang dānwu shíjiān.

6급 이상 **如果在郊区生活，我不用忍堵车之苦，也不用在路上耽误时间。**

Suǒyǐ, wǒ huì xuǎnzé zài jiāoqū shēnghuó.

所以，我会选择在郊区生活。

해석 시내 지역과 교외 지역 중, 저는 교외 지역에서 생활하는 것을 선택할 것입니다. 왜냐하면 집을 사는 관점에서 고려하면, 교외 지역을 선택하는 것이 더 수지가 맞다고 생각하기 때문입니다. 만약 교외 지역에서 생활한다면, 저는 차가 막히는 고통을 참을 필요가 없고, 길에서 시간을 지체할 필요도 없습니다. 그래서, 저는 교외 지역에서 생활하는 것을 선택할 것입니다.

어휘 市区 shìqū 명 시내 지역 郊区 jiāoqū 명 (도시의) 교외 지역, 변두리 选择 xuǎnzé 동 선택하다 명 선택 生活 shēnghuó 동 생활하다 명 생활 谈 tán 동 말하다, 이야기하다 因为 yīnwèi 접 왜냐하면 ~때문이다 角度 jiǎodù 명 관점, 각도 考虑 kǎolǜ 동 고려하다, 생각하다 划算 huásuàn 형 수지가 맞다 如果 rúguǒ 접 만약 忍 rěn 동 참다 堵车 dǔchē 동 차가 막히다, 교통이 체증되다 …之苦 … zhī kǔ ~의 고통 耽误 dānwu 동 지체하다, 그르치다 时间 shíjiān 명 시간

제4부분

해커스 TSC 한 권으로 끝내기

② 취미/문화생활 문제

Nǐ xǐhuan kàn diànzǐ shū háishi zhǐzhì shū? Qǐng jiǎndān tántan.

你喜欢看电子书还是纸质书？ 请简单谈谈。

당신은 전자책 보는 것을 좋아합니까 아니면 종이책 보는 것을 좋아합니까? 간단히 말해보세요.

답변 템플릿

첫 문장	나는 전자책 보는 것을 좋아한다.
이유	왜냐하면 전자책을 보면, 돈과 공간을 아낄 수 있기 때문이다. 6급 이상 게다가 휴대폰만 있으면 언제 어디서나 읽을 수 있어 편리하다.
마무리	그래서, 나는 계속 전자책을 볼 것이다.

Wǒ xǐhuan kàn diànzǐ shū.

我喜欢看电子书。

Yīnwèi kàn diànzǐ shū dehuà, wǒ kěyǐ jiéshěng hěn duō qián hé dàliàng kōngjiān.

因为看电子书的话，我可以节省很多钱和大量空间。

Érqiě, zhǐyào yǒu shǒujī wǒ kěyǐ suíshísuídì yuèdú, fēicháng fāngbiàn.

6급 이상 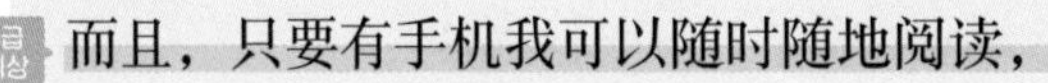
而且，只要有手机我可以随时随地阅读，非常方便。

Suǒyǐ, wǒ dǎsuan yìzhí kàn diànzǐ shū.

所以，我打算一直看电子书。

해석 저는 전자책 보는 것을 좋아합니다. 왜냐하면 전자책을 본다면, 저는 많은 돈과 대량의 공간을 아낄 수 있기 때문입니다. 게다가, 휴대폰만 있다면 저는 언제 어디서나 읽을 수 있어, 매우 편리합니다. 그래서, 저는 계속 전자책을 볼 것입니다.

어휘 电子书 diànzǐ shū 명 전자책 纸质书 zhǐzhì shū 명 종이책 谈 tán 동 말하다, 이야기하다 因为 yīnwèi 접 왜냐하면 ~때문이다 节省 jiéshěng 동 아끼다, 절약하다 空间 kōngjiān 명 공간 而且 érqiě 접 게다가 只要 zhǐyào 접 ~하기만 하면 手机 shǒujī 명 휴대폰 随时随地 suíshísuídì 성 언제 어디서나 阅读 yuèdú 동 읽다, 열람하다 方便 fāngbiàn 형 편리하다, 괜찮다 打算 dǎsuan 동 ~할 것이다, ~할 계획이다

③ 직업/학업 문제

Nǐ yǒu méiyǒu kǎolǜguo zìjǐ chuàngyè? Qǐng jiǎndān tán yi tán.

你有没有考虑过自己创业？ 请简单谈一谈。

당신은 스스로 창업하는 것을 고려해본 적이 있습니까 없습니까? 간단히 말해보세요.

답변 템플릿

첫 문장	나는 창업을 고려해본 적이 있다.
이유	왜냐하면 비록 창업은 어렵지만, 성공하면 많은 돈을 벌 수 있기 때문이다. 6급 이상 게다가 창업을 격려하기 위해, 나라에서 적지 않은 계획을 내놓았다.
마무리	그래서, 나는 스스로 창업할 계획이다.

Wǒ yǒu kǎolǜguo zìjǐ chuàngyè.

我有考虑过自己创业。

Yīnwèi suīrán chuàngyè bù róngyì, dàn chuàngyè chénggōng dehuà, jiù kěyǐ zhuàn hěn duō qián.

因为虽然创业不容易，但创业成功的话，就可以赚很多钱。

Érqiě wèile gǔlì rénmen chuàngyè, guójiā tuīchūle bù shǎo jìhuà.

6급 이상 **而且为了鼓励人们创业，国家推出了不少计划。**

Suǒyǐ, wǒ dǎsuan zìjǐ chuàngyè.

所以，我打算自己创业。

해석 저는 스스로 창업하는 것을 고려해본 적이 있습니다. 왜냐하면 비록 창업은 쉽지 않지만, 그러나 창업에 성공하면, 많은 돈을 벌 수 있기 때문입니다. 게다가 사람들의 창업을 격려하기 위해, 나라에서 적지 않은 계획을 내놓았습니다. 그래서, 저는 스스로 창업할 계획입니다.

어휘 考虑 동 kǎolǜ 고려하다, 생각하다 创业 chuàngyè 동 창업하다 명 창업 谈 tán 동 말하다, 이야기하다 因为 yīnwèi 접 왜냐하면 ~때문이다 虽然…但… suīrán…dàn… 비록 ~이지만, 그러나~ 赚 zhuàn 동 (돈을) 벌다, 이윤을 얻다 而且 érqiě 접 게다가 为了 wèile 개 ~를 하기 위해, ~를 위해 推出 tuīchū 동 내놓다 计划 jìhuà 명 계획 동 계획하다 打算 dǎsuan 동 ~할 계획이다, ~할 것이다

제4부분

해커스 TSC 한 권으로 끝내기

④ 환경/동물/제품 문제

Wèile huánbǎo, nǐ zuòguo nǎxiē nǔlì? Qǐng jiǎndān shuōshuo kàn.
为了环保，你做过哪些努力？请简单说说看。
환경 보호를 위해, 당신은 어떠한 노력들을 해봤습니까? 간단히 말해보세요.

답변템플릿

첫 문장	환경 보호를 위해, 나는 많은 노력을 해봤다.
이유	왜냐하면 실생활에서 노력을 하면 환경을 보호할 수 있기 때문이다. 6급 이상 예를 들어, 물을 절약하고 일회용품을 적게 쓰며, 대중교통을 자주 이용하는 것 등이다.
마무리	그래서, 환경 보호를 위해, 나는 계속해서 노력을 할 계획이다.

Wèile huánbǎo, wǒ zuòguo hěn duō nǔlì.
为了环保，我做过很多努力。

Yīnwèi zài shíjì shēnghuó zhōng zuò yìxiē jiǎndān de nǔlì jiù kěyǐ bǎohù huánjìng.
因为在实际生活中做一些简单的努力就可以保护环境。
Bǐrú jiéyuē yòng shuǐ, jǐnliàng bú yòng yícìxìng yòngpǐn, jīngcháng shǐyòng gōnggòng jiāotōng děng.

6급 이상 **比如节约用水，尽量不用一次性用品，经常使用公共交通等。**

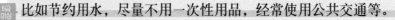

Suǒyǐ, wèile huánbǎo, wǒ dǎsuan jìxù nǔlì.
所以，为了环保，我打算继续努力。

해석 환경 보호를 위해, 저는 많은 노력을 해봤습니다. 왜냐하면 실생활에서 간단한 여러 가지 노력을 하면 환경을 보호할 수 있기 때문입니다. 예를 들어 물 사용을 절약하고, 가능한 일회용품을 사용하지 않으며, 대중교통을 자주 이용하는 것 등입니다. 그래서, 환경 보호를 위해, 저는 계속해서 노력을 할 계획입니다.

어휘 为了 wèile 개 ~를 위해, ~를 하기 위해 环保 huánbǎo 명 환경 보호 努力 nǔlì 명 노력 동 노력하다 因为 yīnwèi 접 왜냐하면 ~때문이다 实际生活 shíjì shēnghuó 실생활 保护环境 bǎohù huánjìng 환경을 보호하다 比如 bǐrú 동 예를 들어 ~이다 节约 jiéyuē 동 절약하다, 아끼다 尽量 jǐnliàng 부 가능한, 되도록 一次性用品 yícìxìng yòngpǐn 일회용품 公共交通 gōnggòng jiāotōng 대중교통 等 děng 조 등, 따위 打算 dǎsuan 동 ~할 계획이다, ~할 것이다 继续 jìxù 동 계속하다

실전 연습문제

4_02_6_연습문제_풀어보기.mp3,
4_02_7_연습문제_모범답변 따라하기_4-5급.mp3,
4_02_8_연습문제_모범답변 따라하기_6급 이상.mp3

제4부분 02 연습문제
바로듣기

먼저 문제를 눈으로 확인한 후, 문제를 듣고 큰 소리로 답변해보세요.

01 你第一次遇到明星是什么时候？请简单说说。

____。

02 学生时代，你得过奖吗？请简单说一说。

____。

03 你去旅行时，一般选择国内还是国外？请简单说说。

____。

04 如果能养宠物的话，你想养什么动物？请简单说一说。

____。

모범답변 및 해석 p.363

03 인생관에 대해 설명하기

인생관 문제에는 실제 성격/성향과 관련된 문제, 사람과 사람 사이의 관계나 소통과 관련된 문제, 그리고 인생의 가치관 또는 목표와 관련된 문제들이 다양하게 출제돼요. 인생관과 관련된 빈출 표현과 답변문장 패턴을 꼼꼼히 익혀보세요. 그리고 빈출 문제를 스스로 답변할 수 있도록 반복 연습하세요.

제4부분 03 바로듣기

빈출 표현 및 답변문장 패턴 익히기

① 빈출 표현 익히기

4_03_1_빈출 표현_따라읽기.mp3, 4_03_2_빈출 표현_암기하기.mp3

자주 쓰이는 성격/성향, 인간관계/소통, 가치관/목표 주제와 관련된 표현들을 큰 소리로 따라 말하며 익혀보세요.

성격/성향 관련 표현

- □ 性格 xìnggé 명 성격
- □ 外向 wàixiàng 형 외향적이다
- □ 内向 nèixiàng 형 내성적이다, 내향적이다
- □ 善良 shànliáng 형 착하다, 선량하다
- □ 着急 zháojí 형 조급해하다, 초조해하다
- □ 粗心 cūxīn 형 세심하지 못하다, 소홀하다
- □ 严肃 yánsù 형 진지하다, 엄숙하다
- □ 顺利 shùnlì 형 순조롭다
- □ 善于… shànyú… 동 ~을 잘하다, ~에 능숙하다
- □ 体会 tǐhuì 동 (몸소) 이해하다 명 체험
- □ 感受 gǎnshòu 명 감정, 느낌 동 느끼다
- □ 过程 guòchéng 명 과정
- □ 事前 shìqián 명 사전, 일이 일어나기 전
- □ 计划 jìhuà 명 계획 동 계획하다
- □ 制定 zhìdìng 동 세우다, 제정하다
- □ 决定 juédìng 명 결정 동 결정하다
- □ 最 zuì 부 가장, 제일
- □ 敢… gǎn… 조동 ~할 용기가 있다 동 감히 ~ 하다

인간관계/소통 관련 표현

- □ 朋友 péngyou 명 친구
- □ 别人 biéren 대 다른 사람
- □ 对方 duìfāng 명 상대방
- □ 周围 zhōuwéi 명 주위, 주변

- □ 陪伴 péibàn ⓢ함께하다, 동반하다
- □ 主动 zhǔdòng ⓗ자발적이다, 능동적이다
- □ 沟通 gōutōng ⓢ교류하다, 소통하다
- □ 交流 jiāoliú ⓢ서로 소통하다, 교류하다
- □ 见面 jiànmiàn ⓢ만나다
- □ 打招呼 dǎ zhāohu (말이나 행동으로) 인사하다
- □ 聊天儿 liáotiānr ⓢ이야기를 나누다, 잡담하다
- □ 联系 liánxì ⓢ연락하다, 연결하다
- □ 发短信 fā duǎnxìn 문자를 보내다
- □ 表达 biǎodá ⓢ(생각, 감정을) 표현하다, 나타내다
- □ 抽时间 chōu shíjiān 짬을 내다, 시간을 내다
- □ 亲近 qīnjìn ⓗ친하다 ⓢ친해지다
- □ 尊敬 zūnjìng ⓢ존경하다
- □ 感谢 gǎnxiè ⓢ감사하다
- □ 安慰 ānwèi ⓢ위로하다
- □ 鼓励 gǔlì ⓢ격려하다
- □ 困难 kùnnan ⓜ어려움 ⓗ곤란하다
- □ 帮助 bāngzhù ⓜ도움 ⓢ돕다
- □ 初次 chū cì 처음
- □ 第一次 dìyī cì 처음, 첫 번째
- □ 反应 fǎnyìng ⓜ반응 ⓢ반응하다
- □ 视频 shìpín ⓜ영상, 동영상

가치관/목표 관련 표현

- □ 人生 rénshēng ⓜ인생
- □ 生活 shēnghuó ⓜ생활 ⓢ생활하다
- □ 幸福 xìngfú ⓜ행복 ⓗ행복하다
- □ 美丽 měilì ⓗ아름답다, 예쁘다
- □ 丰富 fēngfù ⓗ풍요롭다, 풍부하다
- □ 机会 jīhuì ⓜ기회
- □ 成功 chénggōng ⓜ성공 ⓢ성공하다
- □ 保证 bǎozhèng ⓢ보장하다, 보증하다
- □ 享受 xiǎngshòu ⓢ누리다, 즐기다
- □ 活着 huózhe 살다, 살아 있다
- □ 失去 shīqù ⓢ잃어버리다, 잃다
- □ 克服 kèfú ⓢ극복하다, 이겨내다
- □ 成为 chéngwéi ⓢ~이 되다, ~으로 되다
- □ …不了 …buliǎo ~해 낼 수 없다
- □ 事情 shìqing ⓜ일
- □ 做事情 zuò shìqing 일을 처리하다, 일을 하다

② 답변문장 패턴 익히기

4_03_3_답변문장 패턴.mp3

첫 문장을 말한 후 그에 대한 이유와 자신의 생각, 경험을 추가로 말하기 위해 알아두어야 할 답변문장 패턴을 큰 소리로 따라 말하며 익혀보세요.

패턴 1 이유를 덧붙여 말할 때

Yīnwèi
因为 [이유]。 왜냐하면 [이유]이기 때문입니다.

Yīnwèi měi cì biéren yùdào kùnnan shí, wǒ dōu huì chōu shíjiān péibàn tāmen.
因为每次别人遇到困难时，我都会抽时间陪伴他们。
왜냐하면 매번 다른 사람이 어려움을 맞닥뜨렸을 때, 저는 짬을 내어 그들과 함께하기 때문입니다.

Yīnwèi wǒ xìnggé bǐjiào nèixiàng, bùgǎn zhǔdòng yǔ rén jiāoliú.
因为我性格比较内向，不敢主动与人交流。
왜냐하면 저는 성격이 비교적 내성적이라, 자발적으로 사람과 소통할 용기가 없기 때문입니다.

패턴 2 부연설명을 덧붙여 말할 때

Érqiě
而且 [부연설명]。 게다가 [부연설명].

Érqiě, wǒ shànyú tǐhuì biéren de gǎnshòu.
而且，我善于体会别人的感受。
게다가, 저는 다른 사람의 감정을 이해하는 것을 잘합니다.

Érqiě yǒu qián jiù kěyǐ xiǎngshòu gèngjiā fēngfù de shēnghuó.
而且有钱就可以享受更加丰富的生活。
게다가 돈이 있으면 더욱 더 풍요로운 삶을 누릴 수 있습니다.

패턴 3 가정된 상황과 그 결과를 덧붙여 말할 때

Rúguǒ
如果 [가정의 상황]，[가정의 결과]。 만약 [가정의 상황]이면, [가정의 결과].

Rúguǒ shīqùle jiànkāng, shēnghuó jiù bú zài měilì.
如果失去了健康，生活就不再美丽。
만약 건강을 잃어버린다면, 삶은 더이상 아름답지 않습니다.

Rúguǒ wǒ zhǔdòng xiàng duìfāng dǎ zhāohu, wǒ de liǎn jiù huì biànde hěn hóng.
如果我主动向对方打招呼，我的脸就会变得很红。
만약 제가 자발적으로 상대방을 향해 인사하면, 제 얼굴은 빨갛게 변할 것입니다.

패턴 4 구체적인 예시를 덧붙여 말할 때

Bǐrú
比如 [구체적 예시]。 예를 들어 [구체적 예시]이다.

Bǐrú wǒ xǐhuan bāngzhù biéren, jīngcháng bǎ biéren de shì dàngchéng zìjǐ de shì.
比如我喜欢帮助别人，经常把别人的事当成自己的事。
예를 들어 저는 다른 사람을 돕는 것을 좋아하고, 자주 다른 사람의 일을 자신의 일로 여깁니다.

Bǐrú wǒ jīngcháng gēn péngyou yìqǐ qù yǒuqù de dìfang, chī hǎochī de dōngxi.
比如我经常跟朋友一起去有趣的地方，吃好吃的东西。
예를 들어 저는 자주 친구와 함께 재미있는 곳에 가서, 맛있는 것을 먹습니다.

패턴 5 특정 목적 또는 의도를 위한 행동과 생각을 덧붙여 말할 때

Wèile
为了 [목적 · 의도]，[행동 · 생각]。 [목적 · 의도]를 하기 위해, [행동 · 생각].

Wèile bǎozhèng shìqing shùnlì, wǒ měi tiān dōu huì gěi zìjǐ zhìdìng jìhuà.
为了保证事情顺利，我每天都会给自己制定计划。
일이 순조로울 것을 보장하기 위해, 저는 매일 스스로 계획을 세웁니다.

Tā wèile ràng wǒ shìyìng xuéxiào shēnghuó, zuòle xǔduō nǔlì.
他为了让我适应学校生活，做了许多努力。
그분은 저를 학교 생활에 적응시키기 위해, 매우 많은 노력을 하셨습니다.

패턴 6 어떤 대상에 도움이 되는 특정 행동과 경험을 덧붙여 말할 때

duì hěn yǒu bāngzhù
[행동 · 경험] 对 [대상] 很有帮助。 [행동 · 경험]이 [대상]에 도움이 되다.

Wǒ juéde xiānghù zūnzhòng de tàidu duì shuāngfāng zhī jiān de gōutōng hěn yǒu bāngzhù.
我觉得相互尊重的态度对双方之间的沟通很有帮助。
저는 서로 존중하는 태도가 쌍방의 소통에 도움이 된다고 생각합니다.

Jīnqián duì wǒmen shēnghuó de hěn duō fāngmiàn dōu hěn yǒu bāngzhù.
金钱对我们生活的很多方面都很有帮助。
돈은 우리 생활의 많은 방면에 모두 도움이 됩니다.

빈출 문제 공략하기

4_03_4_빈출 문제_4-5급.mp3, 4_03_5_빈출 문제_6급 이상.mp3

먼저 각 문제 아래에 정리된 어휘를 확인한 후, 문제를 읽고 스스로 답변해보세요. 그 다음 모범답변을 듣고 큰소리로 따라 말하면서 답변 템플릿을 익히고 모범답변을 입에 붙여보세요.

① 성격/성향 문제

01

Nǐ juéde zìjǐ shì ge hěn huì ānwèi biéren de rén ma? Qǐng jiǎndān shuōshuo kàn.
你觉得自己是个很会安慰别人的人吗？请简单说说看。
당신이 생각하기에 당신은 다른 사람을 잘 위로할 줄 아는 사람입니까? 간단히 말해보세요.

답변 템플릿

첫 문장	나는 다른 사람을 잘 위로할 줄 아는 사람이다.
이유	왜냐하면 매번 다른 사람이 어려움을 맞닥뜨렸을 때, 나는 짬을 내어 함께하기 때문이다. 6급 이상 게다가, 나는 다른 사람의 느낌을 이해하는 것을 잘한다.
마무리	그래서, 나는 앞으로도 계속 다른 사람을 돕고 위로할 것이다.

Wǒ juéde zìjǐ shì ge hěn huì ānwèi biéren de rén.
我觉得自己是个很会安慰别人的人。

Yīnwèi měi cì biéren yùdào kùnnan shí, wǒ dōu huì chōu shíjiān péibàn tāmen.
因为每次别人遇到困难时，我都会抽时间陪伴他们。

Érqiě, wǒ shànyú tǐhuì biéren de gǎnshòu.

6급 이상 **而且，我善于体会别人的感受。**

Suǒyǐ, wǒ yǐhòu yě huì yìzhí bāngzhù hé ānwèi biéren.
所以，我以后也会一直帮助和安慰别人。

해석 제가 생각하기에 저는 다른 사람을 잘 위로할 줄 아는 사람입니다. 왜냐하면 매번 다른 사람이 어려움을 맞닥뜨렸을 때, 저는 짬을 내어 그들과 함께하기 때문입니다. 게다가, 저는 다른 사람의 감정을 이해하는 것을 잘합니다. 그래서, 저는 앞으로도 계속 다른 사람을 돕고 위로할 것입니다.

어휘 安慰 ānwèi 동 위로하다 别人 biéren 대 다른 사람 因为 yīnwèi 접 왜냐하면 ~때문이다 遇到 yùdào 동 맞닥뜨리다, 마주하다 困难 kùnnan 명 어려움 형 곤란하다 抽时间 chōu shíjiān 짬을 내다, 시간을 내다 陪伴 péibàn 동 함께하다, 동반하다 而且 érqiě 접 게다가 善于… shànyú… 동 ~을 잘하다, ~에 능숙하다 体会 tǐhuì 동 (몸소) 이해하다 명 체험 感受 gǎnshòu 명 감정, 느낌 동 느끼다 帮助 bāngzhù 동 돕다 명 도움

02

Nǐ shì ge shìqián zuòhǎo jìhuà de rén, háishi yí ge dāngchǎng cái zuò juédìng de rén? Qǐng jiǎndān shuō yi shuō.
你是个事前做好计划的人，还是一个当场才做决定的人？请简单说一说。
당신은 사전에 계획을 하는 사람입니까, 아니면 그 자리에서야 비로소 결정을 하는 사람입니까? 간단히 말해보세요.

답변 템플릿

첫 문장	나는 사전에 계획을 하는 사람이다.
이유	왜냐하면 사전에 계획을 하면, 일 처리가 순조로울 수 있기 때문이다. 6급 이상 일이 순조로울 것을 보장하기 위해, 나는 매일 계획을 세운다.
마무리	그래서, 나는 앞으로도 사전에 계획을 할 것이다.

Wǒ shì ge shìqián zuòhǎo jìhuà de rén.
我是个事前做好计划的人。

Yīnwèi, shìqián zuòhǎo jìhuà dehuà, zuò shìqing shí jiù huì hěn shùnlì.
因为，事前做好计划的话，做事情时就会很顺利。

Wèile bǎozhèng shìqing shùnlì, wǒ měi tiān dōu huì gěi zìjǐ zhìdìng jìhuà.

为了保证事情顺利，我每天都会给自己制定计划。

Suǒyǐ, wǒ yǐhòu yě huì shìqián zuòhǎo jìhuà
所以，我以后也会事前做好计划。

해석 저는 사전에 계획을 하는 사람입니다. 왜냐하면, 사전에 계획을 한다면, 일을 처리할 때 순조로울 수 있기 때문입니다. 일이 순조로울 것을 보장하기 위해, 저는 매일 스스로 계획을 세웁니다. 그래서, 저는 앞으로도 사전에 계획을 할 것입니다.

어휘 事前 shìqián 명 사전, 일이 일어나기 전 计划 jìhuà 명 계획 동 계획하다 当场 dāngchǎng 부 그 자리에서, 즉석에서 决定 juédìng 명 결정 동 결정하다 因为 yīnwèi 접 왜냐하면 ~때문이다 做事情 zuò shìqing 일을 처리하다, 일을 하다 顺利 shùnlì 형 순조롭다 为了 wèile 개 ~를 하기 위해, ~를 위해 保证 bǎozhèng 동 보장하다, 보증하다 事情 shìqing 명 일 每天 měi tiān 매일 制定 zhìdìng 동 세우다, 제정하다

제4부분 해커스 TSC 한 권으로 끝내기

② 인간관계/소통 문제

01

Qǐng jièshào yíxià xuéshēng shíqī nǐ zuì zūnjìng hé gǎnxiè de rén.
请介绍一下学生时期你最尊敬和感谢的人。
학창 시절에 당신이 가장 존경하고 감사했던 사람을 소개해주세요.

답변 템플릿

첫 문장	학창 시절 내가 가장 존경하고 감사했던 사람은 중학교 1학년 선생님이다.
이유	왜냐하면 그분은 나를 학교 생활에 적응시키기 위해, 많은 노력을 하셨기 때문이다. 6급 이상 예를 들어, 내가 학업상 어려움을 맞닥뜨렸을 때, 그분은 늘 나를 격려했다.
마무리	그래서, 내가 가장 존경하고 감사했던 사람은 중학교 1학년 선생님이다.

Xuéshēng shíqī wǒ zuì zūnjìng hé gǎnxiè de rén shì wǒ chū yī de lǎoshī.
学生时期我最尊敬和感谢的人是我初一的老师。

Yīnwèi tā wèile ràng wǒ shìyìng xuéxiào shēnghuó, zuòle xǔduō nǔlì.
因为他为了让我适应学校生活，做了许多努力。
Bǐrú dāng wǒ yùdào xuéxí shang de kùnnan shí, tā zǒng huì gǔlì wǒ.
 **比如当我遇到学习上的困难时，他总会鼓励我。**

Suǒyǐ, wǒ zuì zūnjìng hé gǎnxiè de rén shì wǒ chū yī de lǎoshī.
所以，我最尊敬和感谢的人是我初一的老师。

해석 학창 시절에 제가 가장 존경하고 감사했던 사람은 제 중학교 1학년 선생님입니다. 왜냐하면 그분은 저를 학교 생활에 적응시키기 위해, 매우 많은 노력을 하셨기 때문입니다. 예를 들어 제가 학습상 어려움을 맞닥뜨렸을 때, 그분은 항상 저를 격려했습니다. 그래서, 제가 학창 시절에 가장 존경하고 감사했던 사람은 바로 제 중학교 1학년 선생님입니다.

어휘 学生时期 xuéshēng shíqī 학창 시절　最 zuì [부] 가장, 제일　尊敬 zūnjìng [동] 존경하다　感谢 gǎnxiè [동] 감사하다　初一 chū yī 중학교 1학년　因为 yīnwèi [접] 왜냐하면 ~때문이다　为了 wèile [개] ~를 하기 위해, ~를 위해　适应 shìyìng [동] 적응하다　学校 xuéxiào [명] 학교　生活 shēnghuó [명] 생활 [동] 생활하다　许多 xǔduō [수] 매우 많다　努力 nǔlì [명] 노력 [동] 노력하다　比如 bǐrú [동] 예를 들어 ~이다　当 dāng [개] ~할 때 [동] ~이 되다　遇到 yùdào [동] 맞닥뜨리다, 마주하다　困难 kùnnan [명] 어려움 [형] 곤란하다　鼓励 gǔlì [동] 격려하다

02

Yǔ rén chū cì jiànmiàn shí, nǐ huì zhǔdòng liáotiānr háishi děng duìfāng xiān shuōhuà? Qǐng jiǎndān tántan.
与人初次见面时，你会主动聊天儿还是等对方先说话？ 请简单谈谈。
사람과 처음 만날 때, 당신은 자발적으로 이야기를 나눕니까 아니면 상대방이 먼저 말을 하기를 기다립니까? 간단하게 말해보세요.

답변 템플릿

첫 문장	사람과 처음 만날 때, 나는 상대방이 먼저 말을 하기를 기다린다.
이유	왜냐하면 나는 성격이 내성적이라, 자발적으로 사람과 소통할 용기가 없기 때문이다. 6급 이상 만약 내가 자발적으로 상대방을 향해 인사하면, 내 얼굴은 빨갛게 변할 것이다.
마무리	그래서, 나는 상대방이 먼저 말을 하기를 기다린다.

Yǔ rén chū cì jiànmiàn shí, wǒ huì děng duìfāng xiān shuōhuà.
与人初次见面时，我会等对方先说话。

Yīnwèi wǒ xìnggé bǐjiào nèixiàng, bùgǎn zhǔdòng yǔ rén jiāoliú.
因为我性格比较内向，不敢主动与人交流。
Rúguǒ wǒ zhǔdòng xiàng duìfāng dǎ zhāohu, wǒ de liǎn jiù huì biànde hěn hóng.
6급 이상 **如果我主动向对方打招呼，我的脸就会变得很红。**

Suǒyǐ, wǒ huì děng duìfāng xiān shuōhuà.
所以，我会等对方先说话。

해석 사람과 처음 만날 때, 저는 상대방이 먼저 말을 하기를 기다립니다. 왜냐하면 저는 성격이 비교적 내성적이라, 자발적으로 사람과 소통할 용기가 없기 때문입니다. 만약 제가 자발적으로 상대방을 향해 인사하면, 제 얼굴은 빨갛게 변할 것입니다. 그래서, 저는 상대방이 먼저 말을 하기를 기다립니다.

어휘 与… yǔ 개 ~과(와), ~과(와) 함께 初次 chū cì 처음 见面 jiànmiàn 동 만나다 主动 zhǔdòng 형 자발적이다, 능동적이다 聊天儿 liáotiānr 동 이야기를 나누다, 잡담하다 对方 duìfāng 명 상대방 谈 tán 동 말하다, 이야기하다 因为 yīnwèi 접 왜냐하면 ~때문이다 性格 xìnggé 명 성격 内向 nèixiàng 형 내성적이다, 내향적이다 敢… gǎn 조동 ~할 용기가 있다 동 감히 ~하다 交流 jiāoliú 동 서로 소통하다, 교류하다 如果 rúguǒ 접 만약 打招呼 dǎ zhāohu (말이나 행동으로) 인사하다 变得 biànde ~하게 변하다 红 hóng 형 빨갛다, 붉다

③ 가치관/목표 문제

Qǐng shuō yíxià nǐ rénshēng zhōng zuì zhòngyào de shì shénme.
请说一下你人生中最重要的是什么。
당신의 인생에서 가장 중요한 것이 무엇인지 말해주세요.

답변 템플릿

첫 문장	내 인생에서 가장 중요한 것은 신체의 건강이다.
이유	왜냐하면 인생 최대의 행복은 건강하게 사는 것이라 생각하기 때문이다. 6급 이상 만약 건강을 잃어버린다면, 삶은 더 이상 아름답지 않다.
마무리	그래서, 내 인생에서 가장 중요한 것은 신체의 건강이다.

Wǒ rénshēng zhōng zuì zhòngyào de shì shēntǐ jiànkāng.
我人生中最重要的是身体健康。

Yīnwèi wǒ juéde rénshēng zuì dà de xìngfú jiù shì jiànkāng de huózhe.
因为我觉得人生最大的幸福就是健康地活着。
Rúguǒ shīqùle jiànkāng, shēnghuó jiù bú zài měilì.

如果失去了健康，生活就不再美丽。

Suǒyǐ, wǒ rénshēng zhōng zuì zhòngyào de shì shēntǐ jiànkāng.
所以，我人生中最重要的是身体健康。

해석 제 인생에서 가장 중요한 것은 신체의 건강입니다. 왜냐하면 저는 인생 최대의 행복이 바로 건강하게 사는 것이라고 생각하기 때문입니다. 만약 건강을 잃어버린다면, 삶은 더 이상 아름답지 않습니다. 그래서, 제 인생에서 가장 중요한 것은 신체의 건강입니다.

어휘 人生 rénshēng 명 인생 最 zuì 부 가장, 제일 身体 shēntǐ 명 신체, 몸 健康 jiànkāng 명 건강 형 건강하다 因为 yīnwèi 접 왜냐하면 ~때문이다 幸福 xìngfú 명 행복 형 행복하다 活着 huózhe 살다, 살아 있다 如果 rúguǒ 접 만약 失去 shīqù 동 잃어버리다, 잃다 生活 shēnghuó 명 삶, 생활 美丽 měilì 형 아름답다, 예쁘다

실전 연습문제

4_03_6_연습문제_풀어보기.mp3,
4_03_7_연습문제_모범답변 따라하기_4-5급.mp3,
4_03_8_연습문제_모범답변 따라하기_6급 이상.mp3

제4부분 03 연습문제
바로듣기

먼저 문제를 눈으로 확인한 후, 문제를 듣고 큰 소리로 답변해보세요.

01 你是性格外向的人吗？请简单谈谈。

______________________________。

02 家人和朋友中，你平时跟谁在一起的时间更多？请简单说一说。

______________________________。

03 有人对你说“你错了”，你的第一反应是什么？请简单谈一谈。

______________________________。

04 十年后，你想成为什么样的人？请简单说说。

______________________________。

모범답변 및 해석 p.366

실전 테스트

4_04_1_실전 테스트_풀어보기.mp3,
4_04_2_실전 테스트_모범답변 따라하기_4-5급.mp3,
4_04_3_실전 테스트_모범답변 따라하기_6급 이상.mp3

TSC 중국어 말하기 시험

해커스 001001
14/26

第4部分 : 简短回答 - 第1题

볼륨

逛街时，你会冲动消费还是有计划地购买？
请简单说说。

TSC 중국어 말하기 시험

해커스 001001
15/26

第4部分 : 简短回答 - 第2题

볼륨

如果你看到需要帮助的人，你会帮助他吗？
请简单说说。

TSC 중국어 말하기 시험

해커스
001001
16/26

第4部分 : 简短回答 - 第3题

볼륨

中秋节时，你会吃月饼吗？请简单说说。

TSC 중국어 말하기 시험

해커스
001001
17/26

第4部分 : 简短回答 - 第4题

볼륨

你在学习的过程中，有预习的习惯吗？
请简单谈谈。

TSC 중국어 말하기 시험

해커스
001001
18/26

第4部分 : 简短回答 - 第5题

볼륨

你平时买东西的时候喜欢用什么支付方式？
请简单说说。

모범답변 및 해석 p.369

제5부분

의견 제시
拓展回答

01 일상 관련 의견 제시하기

02 교육·직업 관련 의견 제시하기

03 인생관 관련 의견 제시하기

04 트렌드·이슈 관련 의견 제시하기

실전 테스트

제5부분 알아보기

대학 전공이 직업을 구하는 데에 영향을 미친다고 생각해?
난 영향을 미친다고 생각해. 회사 입장에서는 대학에서 배운 이론을 바로 실무에 적용할 수 있는 전공자를 원할 거야. 그렇기 때문에 난 대학 전공이 직업을 구하는 데에 영향을 미친다고 생각해.

남자가 여자에게 대학 전공이 직업을 구하는 데에 영향을 미친다고 생각하는지를 묻자
여자가 영향을 미친다고 얘기하며 논리적인 근거를 제시하고 있군요.

제5부분은 이처럼 의견 제시를 요구하는 문제에 논리적으로 답변하는 파트랍니다.
자, 그럼 제5부분에 대해 좀 더 자세히 알아볼까요?

출제 형태 제5부분은?

제5부분 '의견 제시'는 일상, 교육·직업, 인생관, 트렌드·이슈 등에 대한 자신의 견해와 생각을 논리적으로 답하는 파트입니다.

문제 번호	19, 20, 21, 22
문제 수	4개
답변 준비시간	30초
답변시간	50초

평가 기준 (4-5급 공통)	
	문제에서 제시하는 관점을 올바로 이해했는가
	타당한 근거를 들어 답변했는가
	논리의 흐름에 맞는 연결어를 사용해서 답변했는가
	어법적 오류가 없는가

추가 평가 기준 (6급 이상)	
	추가로 자신의 생각 또는 경험 등을 덧붙여 길게 답변했는가
	외국인의 억양이 덜 느껴지는가

출제 경향 이렇게 출제돼요!

제5부분에서는 일상, 교육·직업, 인생관, 트렌드·이슈와 관련된 다양한 주제의 문제가 출제돼요. 아래 표를 보며 각 주제별로 어떤 문제들이 출제되는지 확인해보세요.

출제되는 주제

일상	**你觉得人们想在大城市生活的原因是什么?** 당신은 사람들이 대도시에서 생활하고 싶은 원인이 무엇이라고 생각합니까?
교육·직업	**你觉得观看电影或电视剧有助于学好外语吗?** 당신은 영화 혹은 드라마를 보는 것이 외국어를 잘 배우는 데 도움이 된다고 생각합니까? **你认为公司的工资待遇和福利制度，哪个更重要?** 당신은 회사의 급여 대우와 복지 제도 중에, 어떤 것이 더 중요하다고 생각합니까?
인생관	**为了发展，你认为人与人之间的竞争和合作中，哪个更重要?** 발전을 위해, 당신은 사람과 사람 사이의 경쟁과 협력 중, 어떤 것이 더 중요하다고 생각합니까?
트렌드·이슈	**最近很多人不做饭天天叫外卖，你觉得为什么会这样?** 최근 많은 사람들이 밥을 하지 않고 매일 배달 음식을 시키는데, 당신은 어째서 이렇다고 생각합니까? **你觉得把垃圾进行分类回收对环保有帮助吗?** 당신은 쓰레기를 분리수거 하는 것이 환경 보호에 도움이 된다고 생각합니까?

출제 비율

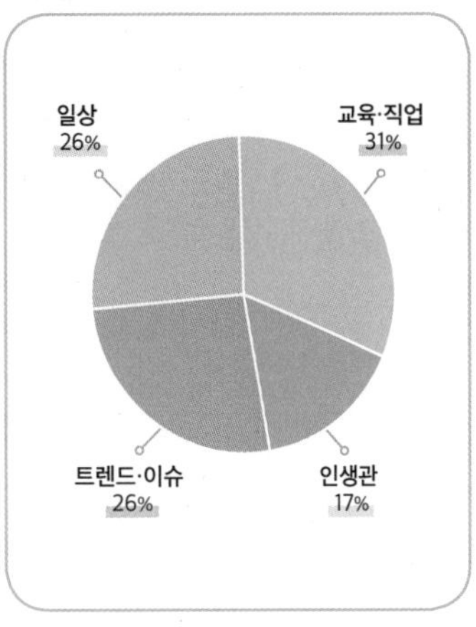

합격 비법 이렇게 학습하세요!

1. 어휘와 표현을 최대한 많이 익혀 문제가 제시하는 관점을 정확히 이해해야 해요.

제5부분은 문제에 다소 난이도가 높은 어휘와 표현이 종종 등장하기 때문에 문제를 정확히 이해하는 데 어려움이 있을 수 있어요. 그렇기 때문에, 많은 어휘와 표현을 익혀두는 것이 중요해요. 이를 위해 '빈출 표현 익히기'에 등장하는 어휘와 표현들을 모두 익혀 문제를 정확히 이해하는 연습을 하세요.

2. 자신의 견해를 타당한 근거와 함께 논리적으로 답변하세요.

제5부분은 자신의 견해를 타당한 근거와 함께 논리적으로 50초 가까이 말해야 높은 점수를 받을 수 있어요. 2개 이상의 근거를 나열할 때 또는 자신의 생각을 덧붙이며 근거를 말할 때 사용하는 다양한 연결어 패턴들을 학습하여 문장을 논리적으로 길게 말하는 연습을 하세요.

문제 풀이 스텝 이런 순서로 답변하세요!

STEP 1 문제 정확히 이해하기

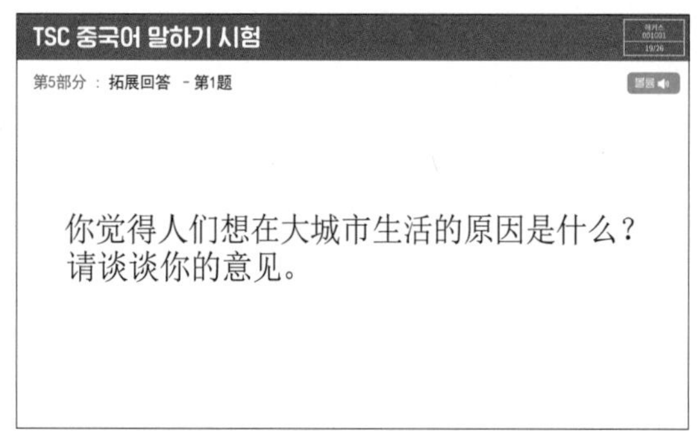

TSC 중국어 말하기 시험
第5部分：拓展回答 - 第1题
你觉得人们想在大城市生活的原因是什么？请谈谈你的意见。

*p.184, [일상] 빈출 문제

화면에 문제가 먼저 나타나고, 약 2초 후 음성으로 문제 번호와 문제를 들려줍니다. 음성으로 문제를 읽어주기 시작하면 생소한 어휘의 발음과 성조를 정확히 기억하면서 문제를 빠르게 해석하세요.

[음성] **你觉得人们想在大城市生活的原因是什么？请谈谈你的意见。**
당신은 사람들이 대도시에서 생활하고 싶은 원인이 무엇이라고 생각합니까? 당신의 의견을 말해주세요.

STEP 2 답변 방향 정하고, 답변 템플릿에 따라 답변 준비하기

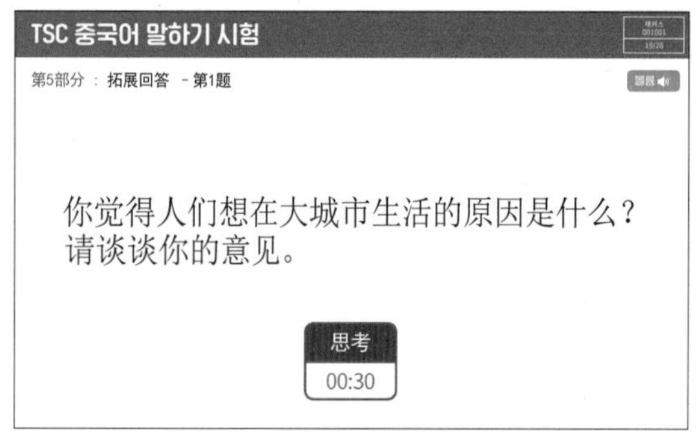

TSC 중국어 말하기 시험
第5部分：拓展回答 - 第1题
你觉得人们想在大城市生活的原因是什么？请谈谈你的意见。
思考
00:30

문제를 들려주는 음성이 끝나면 30초의 답변 준비시간이 주어집니다. 먼저 답변 템플릿에 따라 어떤 흐름의 내용으로 말해야 더 구체적이고 논리적인 근거를 많이 말할 수 있을지 생각해 본 후 답변 방향을 정하세요. 그리고 남은 시간 동안 답변 패턴을 활용하여 중국어 문장을 떠올리며 전체 답변을 준비하세요.

답변 템플릿 / 모범답변

답변 템플릿		모범답변
첫 문장	즉문즉답법에 따라 답변 첫 문장 말하기	**我觉得人们想在大城市生活的原因很多。** 저는 사람들이 대도시에서 생활하고 싶은 원인이 많다고 생각합니다.
근거	답변문장 패턴을 활용하여 첫 문장의 근거를 두 가지로 나열해서 말하기 **6급 이상이 목표라면?** 说实话(솔직히 말하면)라고 말한 뒤, 자신의 생각 또는 경험을 하나 더 추가하여 말하기	**第一是因为找工作时机会很多，所以自己能够选择自己想要的工作。** 첫째로는 직업을 찾을 때 기회가 많아, 그래서 자신이 원하는 직업을 고를 수 있기 때문입니다. **第二是因为教育、医疗条件较好，人们的生活质量也很高。** 둘째로는 교육, 의료 조건이 비교적 좋아서, 사람들의 생활의 질도 높기 때문입니다. **说实话，虽然大城市的房价越来越高，但是我还是喜欢在大城市生活。** 솔직히 말하면, 비록 대도시의 집값은 점점 높아지지만, 그러나 저는 그래도 대도시에서 생활하는 것을 좋아합니다.
마무리	**总的来说**(결론적으로 말하자면)라고 말한 뒤, 답변 첫 문장을 한 번 더 반복하여 마무리하기	**总的来说，我觉得人们想在大城市生活的原因很多。** 결론적으로 말하자면, 저는 사람들이 대도시에서 생활하고 싶은 원인이 많다고 생각합니다.

STEP 3 정확한 발음과 성조로 답변시간 꽉 채워 답변하기

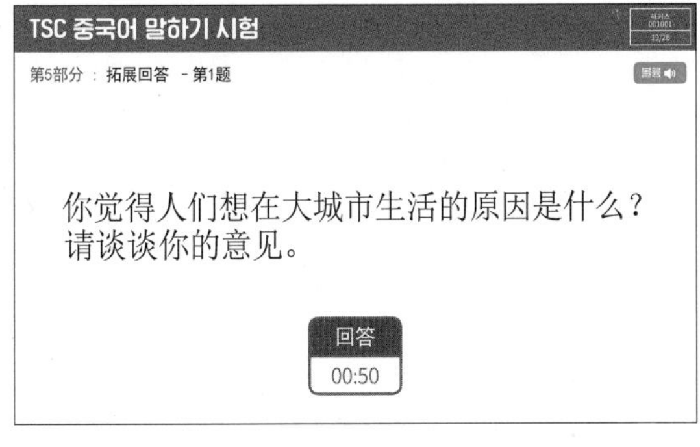
TSC 중국어 말하기 시험
第5部分 : 拓展回答 - 第1题
你觉得人们想在大城市生活的原因是什么？
请谈谈你的意见。
回答
00:50

답변준비 시간이 끝나면 '삐-' 소리와 함께 50초의 답변시간이 시작됩니다. '삐-' 소리가 들리면 녹음이 온전하게 되도록 1초 정도 후에 준비한 답변을 정확한 발음과 성조로 답변시간 50초를 꽉 채워 답변하세요.

[답변] 我觉得人们想在大城市生活的原因很多。第一是因为找工作时机会很多，所以自己能够选择自己想要的工作。第二是因为教育、医疗条件较好，人们的生活质量也很高。说实话，虽然大城市的房价越来越高，但是我还是喜欢在大城市生活。总的来说，我觉得人们想在大城市生活的原因很多。

01 일상 관련 의견 제시하기

일상 문제에는 평소 우리 일상생활과 밀접하고 친숙한 주제와 관련된 문제들이 다양하게 출제돼요. 일상과 관련된 빈출 표현과 답변문장 패턴을 꼼꼼히 익혀보세요. 그리고 빈출 문제를 스스로 답변할 수 있도록 반복 연습하세요.

제5부분 01 바로듣기

빈출 표현 및 답변문장 패턴 익히기

① 빈출 표현 익히기

5_01_1_빈출 표현_따라읽기.mp3, 5_01_2_빈출 표현_암기하기.mp3

자주 쓰이는 거주/교통, 의료/건강, 예술/전통문화, 여가활동/스포츠 주제와 관련된 표현들을 큰 소리로 따라 말하며 익혀 보세요.

거주/교통 관련 표현

- □ 农村 nóngcūn ⓜ 농촌
- □ 城市 chéngshì ⓜ 도시
- □ 大城市 dà chéngshì 대도시
- □ 住 zhù ⓓ 살다, 거주하다
- □ 生活 shēnghuó ⓓ 생활하다 ⓜ 생활
- □ 退休 tuìxiū ⓓ 퇴직하다, 은퇴하다
- □ 风景 fēngjǐng ⓜ 풍경, 경치
- □ 悠闲 yōuxián ⓗ 여유롭다
- □ 享受 xiǎngshòu ⓓ 즐기다, 누리다
- □ 便利 biànlì ⓗ 편리하다
- □ 条件 tiáojiàn ⓜ 조건
- □ 房价 fáng jià 집값
- □ 家电 jiādiàn ⓜ 가전제품
- □ 噪音 zàoyīn ⓜ 소음
- □ 楼层间 lóucéng jiān 층간
- □ 邻里关系 línlǐ guānxi 이웃 관계
- □ 交通 jiāotōng ⓜ 교통
- □ 公共交通 gōnggòng jiāotōng 대중교통
- □ 交通工具 jiāotōng gōngjù 교통수단
- □ 实时位置 shíshí wèizhi 실시간 위치
- □ 乘坐 chéngzuò ⓓ (자동차·배·비행기 등을) 타다
- □ 换乘 huànchéng ⓓ 갈아타다

의료/건강 관련 표현

- □ 医疗 yīliáo ⓜ 의료
- □ 改善 gǎishàn ⓓ 개선하다
- □ 人类 rénlèi ⓜ 인류
- □ 寿命 shòumìng ⓜ 수명, 목숨
- □ 增长 zēngzhǎng ⓓ 늘어나다, 증가하다
- □ 长寿 chángshòu ⓗ 장수하다
- □ 健康 jiànkāng ⓜ 건강 ⓗ 건강하다
- □ 身体 shēntǐ ⓜ 몸, 신체
- □ 营养 yíngyǎng ⓜ 영양
- □ 压力 yālì ⓜ 스트레스
- □ 吃素 chīsù ⓓ 채식하다
- □ 缺少 quēshǎo ⓓ 부족하다, 모자라다
- □ 献血 xiànxuè ⓜ 헌혈
- □ 弱 ruò ⓗ 허약하다, 쇠약하다
- □ 患上 huànshang (병에) 걸리다
- □ 传染病 chuánrǎnbìng ⓜ 전염병

예술/전통문화 관련 표현

- □ 明星 míngxīng ⓜ 스타
- □ 梦想 mèngxiǎng ⓜ 꿈 ⓓ 갈망하다
- □ 追梦 zhuī mèng 꿈을 좇다
- □ 追求 zhuīqiú ⓓ 추구하다
- □ 独特 dútè ⓗ 독특하다
- □ 国家 guójiā ⓜ 나라, 국가
- □ 快快 kuài kuài 빨리빨리
- □ 网吧 wǎngbā ⓜ PC방
- □ 年轻人 niánqīng rén 젊은 사람
- □ 成年人 chéngnián rén 성인
- □ 不同之处 bù tóng zhī chù 차이점
- □ 丰富多彩 fēngfùduōcǎi ⓢ 풍부하고 다채롭다

여가활동/스포츠 관련 표현

- □ 运动 yùndòng ⓓ 운동하다 ⓜ 운동
- □ 抽出 chōuchū 빼다, 뽑아내다
- □ 抽时间 chōu shíjiān 짬을 내다, 시간을 내다
- □ 充足 chōngzú ⓗ 충분하다, 충족하다
- □ 熟悉 shúxi ⓓ 익숙하다, 잘 알다
- □ 替代 tìdài ⓓ 대체하다, 대신하다
- □ 烦恼 fánnǎo ⓗ 걱정스럽다 ⓜ 걱정
- □ 暂时 zànshí ⓗ 잠시의, 잠깐의

② 답변문장 패턴 익히기

5_01_3_답변문장 패턴.mp3

첫 문장을 말한 후 그에 대한 타당한 근거와 자신의 생각 또는 경험을 논리적으로 길게 말하기 위해 알아두어야 할 답변문장 패턴을 큰 소리로 따라 말하며 익혀보세요.

패턴 1 우선순위와 관계없이 견해·의견을 나열하며 말할 때

Dìyī Dì èr
第一，[첫 번째 견해·의견]。第二，[두 번째 견해·의견]。 첫째, [첫 번째 견해·의견]. 둘째, [두 번째 견해·의견].

Dìyī, zìjǐ nénggòu xuǎnzé xiǎng yào de gōngzuò. Dì èr, rénmen de shēnghuó zhìliàng yě hěn gāo.
第一，自己能够选择想要的工作。第二，人们的生活质量也很高。
첫째, 자신이 원하는 직업을 고를 수 있습니다. 둘째, 사람들의 생활의 질도 높습니다.

Dìyī, hē jiǔ kěyǐ ràng rén jiǎnqīng yālì. Dì èr, hē jiǔ kěyǐ ràng rén zànshí wàngjì fánnǎo.
第一，喝酒可以让人减轻压力。第二，喝酒可以让人暂时忘记烦恼。
첫째, 술을 마시면 사람으로 하여금 스트레스를 줄일 수 있게 합니다. 둘째, 술을 마시면 사람으로 하여금 잠시 걱정을 잊을 수 있게 합니다.

패턴 2 우선순위에 따라 견해·의견을 나열하며 말할 때

Shǒuxiān ne Qícì ne
首先呢，[첫 번째 견해·의견]。其次呢，[두 번째 견해·의견]。 먼저, [첫 번째 견해·의견]. 그다음, [두 번째 견해·의견].

Shǒuxiān ne, jiǎnféi huì ràng rén gèng yǒu zìxìn. Qícì ne, jiǎnféi huì ràng rén gèngjiā jiànkāng.
首先呢，减肥会让人更有自信。其次呢，减肥会让人更加健康。
먼저, 다이어트는 사람으로 하여금 더 자신 있게 합니다. 그다음, 다이어트는 사람으로 하여금 더 건강하게 합니다.

Shǒuxiān ne, céng jiān zàoyīn dàilai jīngshén shang de yālì. Qícì ne, línlǐ guānxi yě hěn róngyì bèi pòhuài.
首先呢，层间噪音带来精神上的压力。其次呢，邻里关系也很容易被破坏。
먼저, 층간 소음은 정신적 스트레스를 가져다줍니다. 그다음, 이웃 관계도 쉽게 손상됩니다.

패턴 3 먼저 결론·결과를 말하고 그 다음 이유·원인을 말할 때

zhīsuǒyǐ shìyīnwèi
…之所以 [결론·결과]，是因为 [이유·원인]。 ~가 [결론·결과]하는 이유는, [이유·원인]이기 때문이다.

Wǒ zhīsuǒyǐ zhīchí wǒ de háizi zhuī mèng, shìyīnwèi yǒu mèngxiǎng shì ge hǎo xiànxiàng.
我之所以支持我的孩子追梦，是因为有梦想是个好现象。
제가 제 아이가 꿈을 좇는 것을 지지하는 이유는, 꿈이 있는 것은 좋은 현상이기 때문입니다.

Wǒ zhīsuǒyǐ zànchéng tuìxiū hòu líkāi chéngshì, shìyīnwèi nóngcūn de shēnghuó shífēn ānjìng.
我之所以赞成退休后离开城市，是因为农村的生活十分安静。
제가 퇴직 후에 도시를 떠나는 것을 찬성하는 이유는, 농촌의 생활이 매우 평온하기 때문입니다.

패턴 4 기본적인 내용과 더불어 점층적인 내용을 말할 때

bùjǐn　　　　　　　　hái
不仅 [기본적인 내용]，还 [점층적인 내용]。　　[기본적인 내용]뿐만 아니라, (오히려) [점층적인 내용]하다.

Wǒ bùjǐn xiǎng huóde cháng, hái xiǎng huóde jiànjiankāngkāng.
我不仅想活得长，还想活得健健康康。
저는 오래 살고 싶을 뿐만 아니라, 건강하게 살고 싶습니다.

Wǒ guó bùjǐn yǒu zhè liǎng diǎn dútè de wénhuà, hái yǒu qítā fēngfùduōcǎi de wénhuà.
我国不仅有这两点独特的文化，还有其他丰富多彩的文化。
우리나라는 이 두 가지의 독특한 문화뿐만 아니라, 다른 풍부하고 다채로운 문화도 있습니다.

패턴 5 먼저 기존 사실을 말하고 그 다음 상반되는 내용을 말할 때

Suīrán　　　　　　　dàn(shì)
虽然 [기존 사실]，但(是) [상반되는 내용]。　　비록 [기존 사실]이지만, 그러나 [상반되는 내용]하다.

Suīrán wǒmen kěyǐ hē qítā zhǒnglèi de yǐnliào, dànshì hē jiǔ de kuàilè shì bùkě tìdài de.
虽然我们可以喝其他种类的饮料，但是喝酒的快乐是不可替代的。
비록 우리는 다른 종류의 음료를 마실 수 있지만, 그러나 술을 마시는 기쁨은 대체할 수 없습니다.

Suīrán chéngwéi míngxīng bìng bù róngyì, dànshì jìn quánlì dehuà zhìshǎo bú huì liúxia yíhàn.
虽然成为明星并不容易，但是尽全力的话至少不会留下遗憾。
비록 스타가 되는 것은 결코 쉽지 않지만, 그러나 최선을 다한다면 적어도 여한을 남기지는 않을 것입니다.

패턴 6 조건에 상관없이 변치 않는 결론·결과를 말할 때

Bùguǎn　　　　dōu
不管 [조건]，都 [결론 · 결과]。　　[조건]든지 간에, 모두 [결론 · 결과]이다.

Wǒmen bùguǎn duō máng, dōu yào chōu shíjiān qù yùndòng.
我们不管多忙，都要抽时间去运动。
우리는 얼마나 바쁘든지 간에, 모두 짬을 내서 운동을 가야합니다.

Bùguǎn shì háizi háishi chéngnián rén, dōu yǒu zīgé qù zhuīqiú zìjǐ de mèngxiǎng.
不管是孩子还是成年人，都有资格去追求自己的梦想。
아이든 성인이든지 간에, 모두 자신의 꿈을 추구할 자격이 있습니다.

빈출 문제 공략하기

5_01_4_빈출 문제_4-5급.mp3, 5_01_5_빈출 문제_6급 이상.mp3

먼저 각 문제 아래에 정리된 어휘를 확인한 후, 문제를 읽고 스스로 답변해보세요. 그 다음 모범답변을 듣고 큰 소리로 따라 말하면서 답변 템플릿을 익히고 모범답변을 입에 붙여보세요.

① 거주/교통 문제

01

Nǐ juéde rénmen xiǎng zài dà chéngshì shēnghuó de yuányīn shì shénme? Qǐng tántan nǐ de yìjiàn.
你觉得人们想在大城市生活的原因是什么？请谈谈你的意见。
당신은 사람들이 대도시에서 생활하고 싶은 원인이 무엇이라고 생각합니까? 당신의 의견을 말해주세요.

답변 템플릿

첫 문장	대도시에서 생활하고 싶은 원인은 많다.
근거	첫째, 원하는 직업을 고를 수 있기 때문이다. 둘째, 교육과 의료 조건이 좋아 생활의 질이 높기 때문이다. 6급 이상 솔직히 말하면, 비록 집값이 점점 높아지지만, 그러나 나는 대도시에서 생활하는 것을 좋아한다.
마무리	결론적으로 말하자면, 대도시에서 생활하고 싶은 원인은 많다.

Wǒ juéde rénmen xiǎng zài dà chéngshì shēnghuó de yuányīn hěn duō.
我觉得人们想在大城市生活的原因很多。

Dìyī shì yīnwèi zhǎo gōngzuò shí jīhuì hěn duō, suǒyǐ zìjǐ nénggòu xuǎnzé zìjǐ xiǎng yào de gōngzuò.
第一是因为找工作时机会很多，所以自己能够选择自己想要的工作。

Dì èr shì yīnwèi jiàoyù, yīliáo tiáojiàn jiào hǎo, rénmen de shēnghuó zhìliàng yě hěn gāo.
第二是因为教育、医疗条件较好，人们的生活质量也很高。

Shuō shíhuà, suīrán dà chéngshì de fáng jià yuèláiyuè gāo, dànshì wǒ háishi xǐhuan zài dà chéngshì shēnghuó.
 6급 이상 **说实话，虽然大城市的房价越来越高，但是我还是喜欢在大城市生活。**

Zǒng de lái shuō, wǒ juéde rénmen xiǎng zài dà chéngshì shēnghuó de yuányīn hěn duō.
总的来说，我觉得人们想在大城市生活的原因很多。

해석 저는 사람들이 대도시에서 생활하고 싶은 원인이 많다고 생각합니다. 첫째로는 직업을 찾을 때 기회가 많아, 그래서 자신이 원하는 직업을 고를 수 있기 때문입니다. 둘째로는 교육, 의료 조건이 비교적 좋아서, 사람들의 생활의 질도 높기 때문입니다. 솔직히 말하면, 비록 대도시의 집값은 점점 높아지지만, 그러나 저는 그래도 대도시에서 생활하는 것을 좋아합니다. 결론적으로 말하자면, 저는 사람들이 대도시에서 생활하고 싶은 원인이 많다고 생각합니다.

어휘 大城市 dà chéngshì 대도시 生活 shēnghuó 동 생활하다 명 생활 原因 yuányīn 명 원인 谈 tán 동 말하다, 이야기하다 意见 yìjiàn 명 의견, 견해 第一…第二… dìyī…dì èr… 첫째~ 둘째~ 工作 gōngzuò 명 직업 동 일하다 自己 zìjǐ 대 자신, 자기 能够 nénggòu 조동 ~할 수 있다 教育 jiàoyù 명 교육 동 교육하다 医疗 yīliáo 명 의료 条件 tiáojiàn 명 조건 质量 zhìliàng 명 질, 품질 说实话 shuō shíhuà 솔직히 말하면 虽然…但(是)… suīrán…dàn(shì)… 비록 ~이지만, 그러나 ~ 越来越 yuèláiyuè 점점 房价 fáng jià 집값 总的来说 zǒng de lái shuō 결론적으로 말하자면

02

Nǐ juéde nǐmen guójiā de gōnggòng jiāotōng xìtǒng bǐ qítā guójiā de gèng hǎo ma?
你觉得你们国家的公共交通系统比其他国家的更好吗?
당신이 생각하기에 당신 나라의 대중교통 시스템은 다른 나라보다 더 좋습니까?

답변 템플릿

첫 문장	우리나라의 대중교통 시스템은 다른 나라보다 더 좋다.
근거	첫째, 교통카드 한 장으로 모든 지하철과 버스를 갈아탈 수 있다. 둘째, 지하철과 버스의 실시간 위치를 찾을 수 있다. 6급 이상 솔직히 말하면, 비록 나는 차가 있지만, 그러나 대중교통을 타는 것을 더 좋아한다.
마무리	결론적으로 말하자면, 우리나라의 대중교통 시스템은 다른 나라보다 더 좋다.

Wǒ juéde wǒmen guójiā de gōnggòng jiāotōng xìtǒng bǐ qítā guójiā de gèng hǎo.
我觉得我们国家的公共交通系统比其他国家的更好。

Dìyī, zài Shǒu'ěr, yì zhāng jiāotōng kǎ jiù kěyǐ huànchéng suǒyǒu de dìtiě hé gōngjiāochē.
第一，在首尔，一张交通卡就可以换乘所有的地铁和公交车。
Dì èr, suíshí kěyǐ chádào dìtiě hé gōngjiāochē de shíshí wèizhi yǐjí xìnxī.
第二，随时可以查到地铁和公交车的实时位置以及信息。
Shuō shíhuà, suīrán wǒ yǒu chē, dàn wǒ gèng xǐhuan chéngzuò gōnggòng jiāotōng gōngjù.

6급 이상 **说实话，虽然我有车，但我更喜欢乘坐公共交通工具。**

Zǒng de lái shuō, wǒ juéde wǒmen guójiā de gōnggòng jiāotōng xìtǒng bǐ qítā guójiā de gèng hǎo.
总的来说，我觉得我们国家的公共交通系统比其他国家的更好。

해석 저는 우리나라의 대중교통 시스템은 다른 나라보다 더 좋다고 생각합니다. 첫째, 서울에서는, 교통카드 한 장으로 모든 지하철과 버스를 갈아탈 수 있습니다. 둘째, 수시로 지하철과 버스의 실시간 위치 및 정보를 찾을 수 있습니다. 솔직히 말하면, 비록 저는 차가 있지만, 그러나 저는 대중교통을 타는 것을 더 좋아합니다. 결론적으로 말하자면, 저는 우리나라의 대중교통 시스템은 다른 나라의 것보다 더 좋다고 생각합니다.

어휘 国家 guójiā 명 나라, 국가 公共交通 gōnggòng jiāotōng 대중교통 系统 xìtǒng 명 시스템, 체계 其他 qítā 대 다른, 기타 第一…第二… dìyī…dì èr… 첫째~ 둘째~ 换乘 huànchéng 동 갈아타다 所有 suǒyǒu 형 모든, 전부의 随时 suíshí 부 수시로, 언제나 实时位置 shíshí wèizhi 실시간 위치 以及 yǐjí 접 및, 그리고 信息 xìnxī 명 정보, 소식 说实话 shuō shíhuà 솔직히 말하면 虽然…但(是)… suīrán…dàn(shì)… 비록 ~이지만, 그러나~ 乘坐 chéngzuò 동 (자동차·배·비행기 등을) 타다 工具 gōngjù 명 수단, 도구 总的来说 zǒng de lái shuō 결론적으로 말하자면

② 의료/건강 문제

Suízhe yīliáo tiáojiàn de gǎishàn, rénlèi de shòumìng yě zài zēngzhǎng, nǐ juéde chángshòu yǒu nǎxiē hǎochù?

随着医疗条件的改善，人类的寿命也在增长，你觉得长寿有哪些好处？

의료 조건의 개선에 따라서, 인류의 수명도 늘어나고 있습니다. 당신은 장수에 어떠한 좋은 점이 있다고 생각합니까?

답변 템플릿

첫 문장	장수에 많은 좋은 점이 있다.
근거	먼저, 꿈을 실현할 기회가 많아진다. 그다음, 사랑하는 사람과 더 많은 추억을 남길 수 있다. 6급 이상 솔직히 말하면, 나는 오래 살고 싶을 뿐만 아니라, 건강하게 살고 싶다.
마무리	결론적으로 말하자면, 장수에 많은 좋은 점이 있다.

Suízhe yīliáo tiáojiàn de gǎishàn, rénlèi de shòumìng yě zài zēngzhǎng. Wǒ juéde chángshòu yǒu hěn duō hǎochù.

随着医疗条件的改善，人类的寿命也在增长。我觉得长寿有很多好处。

Shǒuxiān ne, rénlèi shòumìng biàncháng dehuà, shíxiàn mèngxiǎng de jīhuì yě jiù biànduō le.

首先呢，人类寿命变长的话，实现梦想的机会也就变多了。

Qícì ne, yǔ xīn'ài de rén zài yìqǐ de shíjiān huì biàncháng, kěyǐ liúxia gèng duō měihǎo de huíyì.

其次呢，与心爱的人在一起的时间会变长，可以留下更多美好的回忆。

Shuō shíhuà, wǒ bùjǐn xiǎng huóde cháng, hái xiǎng huóde jiànjiankāngkāng.

6급 이상 **说实话，我不仅想活得长，还想活得健健康康。**

Zǒng de lái shuō, wǒ juéde chángshòu yǒu hěn duō hǎochù.

总的来说，我觉得长寿有很多好处。

해석 의료 조건의 개선에 따라서, 인류의 수명도 늘어나고 있습니다. 저는 장수에 많은 좋은 점이 있다고 생각합니다. 먼저, 인류 수명이 길어지면, 꿈을 실현하는 기회도 많아질 것입니다. 그다음, 진심으로 사랑하는 사람과 함께하는 시간이 길어지면, 더 많은 아름다운 추억을 남길 수 있습니다. 솔직히 말하면, 저는 오래 살고 싶을 뿐만 아니라, 건강하게 살고 싶습니다. 결론적으로 말하자면, 저는 장수에 많은 좋은 점이 있다고 생각합니다.

어휘 随着 suízhe 개 ~에 따라서 医疗 yīliáo 명 의료 条件 tiáojiàn 명 조건 改善 gǎishàn 동 개선하다 人类 rénlèi 명 인류 寿命 shòumìng 명 수명, 목숨 增长 zēngzhǎng 동 늘어나다, 증가하다 长寿 chángshòu 형 장수하다 好处 hǎochù 명 좋은 점, 이점 首先呢…其次呢… shǒuxiān ne…qícì ne… 먼저 ~ 그다음 ~ 实现 shíxiàn 동 실현하다, 달성하다 梦想 mèngxiǎng 명 꿈 동 갈망하다 与 yǔ 개 ~과(와), ~과(와) 함께 心爱 xīn'ài 형 진심으로 사랑하다, 애지중지하다 留下 liúxia 남기다, 머무르다 回忆 huíyì 명 추억 동 회상하다 说实话 shuō shíhuà 솔직히 말하면 不仅…还… bùjǐn…hái… ~뿐만 아니라, (오히려) ~하다 健康 jiànkāng 형 건강하다 명 건강 总的来说 zǒng de lái shuō 결론적으로 말하자면

③ 예술/전통문화 문제

Rúguǒ nǐ de háizi zhǎngdà yǐhòu xiǎng chéngwéi yí ge míngxīng, nǐ huì zhīchí háishi fǎnduì?

如果你的孩子长大以后想成为一个明星，你会支持还是反对？

만약 당신의 아이가 커서 스타가 되고 싶어 한다면, 당신은 지지할 것입니까 아니면 반대할 것입니까?

답변 템플릿

첫 문장	나는 내 아이가 스타가 되고 싶어 한다면, 지지할 것이다.
근거	아이가 꿈을 좇는 것을 지지하는 이유는, 꿈이 있는 것은 좋은 현상이기 때문이다. 아이든 성인이든 간에, 모두 꿈을 추구할 자격이 있다. 6급 이상 솔직히 말하면, 비록 스타가 되는 것은 쉽지 않지만, 그러나 최선을 다한다면 여한을 남기지 않을 것이다.
마무리	결론적으로 말하자면, 나는 아이가 스타가 되고 싶어 하는 것을 지지할 것이다.

Rúguǒ wǒ de háizi zhǎngdà yǐhòu xiǎng chéngwéi yí ge míngxīng, wǒ huì zhīchí.

如果我的孩子长大以后想成为一个明星，我会支持。

Wǒ zhīsuǒyǐ zhīchi wǒ de háizi zhuī mèng, shìyīnwèi yǒu mèngxiǎng shì ge hǎo xiànxiàng.

我之所以支持我的孩子追梦，是因为有梦想是个好现象。

Bùguǎn shì háizi háishi chéngnián rén, dōu yǒu zīgé qù zhuīqiú zìjǐ de mèngxiǎng.

不管是孩子还是成年人，都有资格去追求自己的梦想。

Shuō shíhuà, suīrán chéngwéi míngxīng bìng bù róngyì, dànshì jìn quánlì dehuà zhìshǎo bú huì liúxia yíhàn.

6급 이상 **说实话，虽然成为明星并不容易，但是尽全力的话至少不会留下遗憾。**

Zǒng de lái shuō, wǒ huì zhīchí háizi chéngwéi yí ge míngxīng.

总的来说，我会支持孩子成为一个明星。

해석 만약 제 아이가 커서 스타가 되고 싶어 한다면, 저는 지지할 것입니다. 제가 제 아이가 꿈을 좇는 것을 지지하는 이유는, 꿈이 있는 것은 좋은 현상이기 때문입니다. 아이든 성인이든지 간에, 모두 자신의 꿈을 추구할 자격이 있습니다. 솔직히 말하면, 비록 스타가 되는 것은 결코 쉽지 않지만, 그러나 최선을 다한다면 적어도 여한을 남기지는 않을 것입니다. 결론적으로 말하자면, 저는 아이가 스타가 되고 싶어 하는 것을 지지할 것입니다.

어휘 孩子 háizi 명 아이, 자식　成为 chéngwéi 동 ~이 되다, ~으로 되다　明星 míngxīng 명 스타　支持 zhīchí 동 지지하다　反对 fǎnduì 동 반대하다　之所以…是因为… zhīsuǒyǐ…shìyīnwèi… ~한 이유는 ~이기 때문이다　追梦 zhuī mèng 꿈을 좇다　梦想 mèngxiǎng 명 꿈 동 갈망하다　现象 xiànxiàng 명 현상　不管…都… bùguǎn…dōu… ~를 하든지 간에, 모두~　成年人 chéngnián rén 성인　资格 zīgé 명 자격　追求 zhuīqiú 동 추구하다　自己 zìjǐ 대 자신, 자기　说实话 shuō shíhuà 솔직히 말하면　虽然…但(是)… suīrán…dàn(shì)… 비록 ~이지만, 그러나~　并不 bìng bù 부 결코 ~하지 않다　尽 jìn 동 다하다, 소멸하다　至少 zhìshǎo 부 적어도, 최소한　留下 liúxia 남기다, 머무르다　遗憾 yíhàn 명 여한 형 유감스럽다　总的来说 zǒng de lái shuō 결론적으로 말하자면

제5부분

해커스 TSC 한 권으로 끝내기

④ 여가활동/스포츠 문제

Nǐ rènwéi rénmen wèishénme hē jiǔ? Qǐng tántan nǐ de xiǎngfǎ.
你认为人们为什么喝酒？ 请谈谈你的想法。
당신은 사람들이 왜 술을 마신다고 생각합니까? 당신의 생각을 말해주세요.

답변템플릿

첫 문장	사람들이 술을 마시는 이유는 많다.
근거	첫째, 술은 사람과 사람 사이를 더 익숙하고 친하게 한다. 둘째, 술은 스트레스를 줄이고, 잠시 걱정을 잊게 한다. 6급 이상 솔직히 말하면, 비록 우리는 다른 음료를 마실 수 있지만, 그러나 술을 마시는 기쁨은 대체할 수 없다.
마무리	결론적으로 말하자면, 사람들이 술을 마시는 이유는 많다.

Wǒ rènwéi rénmen hē jiǔ de lǐyóu hěn duō.
我认为人们喝酒的理由很多。

Dìyī ge yuányīn jiù shì, jiǔ kěyǐ ràng rén yǔ rén zhī jiān biànde gèngjiā shúxi hé qīnjìn.
第一个原因就是，酒可以让人与人之间变得更加熟悉和亲近。

Dì èr ge yuányīn jiù shì, hē jiǔ kěyǐ jiǎnqīng yālì, yě kěyǐ ràng rén zànshí wàngjì fánnǎo.
第二个原因就是，喝酒可以减轻压力，也可以让人暂时忘记烦恼。

Shuō shíhuà, suīrán wǒmen kěyǐ hē qítā zhǒnglèi de yǐnliào, dànshì hē jiǔ de kuàilè shì bùkě tìdài de.
6급 이상 **说实话，虽然我们可以喝其他种类的饮料，但是喝酒的快乐是不可替代的。**

Zǒng de lái shuō, wǒ rènwéi rénmen hē jiǔ de lǐyóu hěn duō.
总的来说，我认为人们喝酒的理由很多。

해석 저는 사람들이 술을 마시는 이유가 많다고 생각합니다. 첫 번째 원인은, 술은 사람과 사람 사이를 더 익숙하고 친하게 합니다. 두 번째 원인은, 술을 마시면 스트레스를 줄일 수 있고, 또한 사람으로 하여금 잠시 걱정을 잊을 수 있게 합니다. 솔직히 말하면, 비록 우리는 다른 종류의 음료를 마실 수 있지만, 그러나 술을 마시는 기쁨은 대체할 수 없습니다. 결론적으로 말하자면, 저는 사람들이 술을 마시는 이유가 많다고 생각합니다.

어휘 谈 tán 동 말하다, 이야기하다 理由 lǐyóu 명 이유 第一…第二… dìyī…dì èr… 첫째~ 둘째~ 原因 yuányīn 명 원인 与 yǔ 개 ~과(와), ~과(와) 함께 之间 zhī jiān 사이 熟悉 shúxi 동 익숙하다, 잘 알다 亲近 qīnjìn 형 친하다, 가깝다 减轻 jiǎnqīng 동 줄이다, 가볍게 하다 压力 yālì 명 스트레스 暂时 zànshí 형 잠시의, 잠깐의 烦恼 fánnǎo 명 걱정 형 걱정스럽다 说实话 shuō shíhuà 솔직히 말하면 虽然…但(是)… suīrán…dàn(shì)… 비록 ~이지만, 그러나~ 其他 qítā 대 다른, 기타 种类 zhǒnglèi 명 종류 替代 tìdài 동 대체하다, 대신하다 总的来说 zǒng de lái shuō 결론적으로 말하자면

실전 연습문제

5_01_6_연습문제_풀어보기.mp3,
5_01_7_연습문제_모범답변 따라하기_4-5급.mp3,
5_01_8_연습문제_모범답변 따라하기_6급 이상.mp3

제5부분 01 연습문제 바로듣기

먼저 문제를 눈으로 확인한 후, 문제를 듣고 큰 소리로 답변해보세요.

01 长期只吃素不吃肉会让身体更加健康吗？

______________________________。

02 你认为你们国家的人有充足的时间去锻炼身体吗？请谈谈你的想法。

______________________________。

03 你觉得你们国家的文化和其他国家的文化有什么不同之处？

______________________________。

04 最近邻居之间常常发生楼层间的噪音问题，你对此怎么看？

______________________________。

모범답변 및 해석 p.372

02 교육·직업 관련 의견 제시하기

교육·직업 문제에는 학습 방법 및 습관, 부모가 자녀의 교육에 미치는 영향 등 교육과 관련된 문제, 구직과 면접, 회사의 제도 등 직업과 관련된 문제들이 다양하게 출제돼요. 교육·직업과 관련된 빈출 표현과 답변문장 패턴을 꼼꼼히 익혀보세요. 그리고 빈출 문제를 스스로 답변할 수 있도록 반복 연습하세요.

제5부분 02 바로듣기

빈출 표현 및 답변문장 패턴 익히기

① 빈출 표현 익히기

5_02_1_빈출 표현_따라읽기.mp3, 5_02_2_빈출 표현_암기하기.mp3

자주 쓰이는 교육, 직업 주제와 관련된 표현들을 큰 소리로 따라 말하며 익혀보세요.

교육 관련 표현

- □ 学习 xuéxí ⓔ 공부하다 ⓜ 학습
- □ 教育 jiàoyù ⓜ 교육 ⓔ 교육하다
- □ 阅读 yuèdú ⓔ 독서하다, 읽다
- □ 了解 liǎojiě ⓔ 이해하다, 알다
- □ 培养 péiyǎng ⓔ 기르다, 양성하다
- □ 关照 guānzhào ⓔ 보살피다, 돌보다
- □ 观看 guānkàn ⓔ 보다, 관람하다
- □ 影像 yǐngxiàng ⓜ 영상
- □ 视频 shìpín ⓜ 영상
- □ 网上 wǎngshàng 온라인
- □ 授课 shòukè ⓔ 수업하다
- □ 学生 xuésheng ⓜ 학생
- □ 父母 fùmǔ ⓜ 부모님
- □ 孩子 háizi ⓜ 아이, 자식
- □ 知识 zhīshi ⓜ 지식
- □ 兴趣 xìngqù ⓜ 흥미
- □ 词汇 cíhuì ⓜ 어휘, 단어
- □ 言语 yányǔ ⓜ 말, 언어
- □ 行为 xíngwéi ⓜ 행동, 행위
- □ 口语 kǒuyǔ ⓜ 회화, 구어
- □ 内容 nèiróng ⓜ 내용
- □ 手机 shǒujī ⓜ 휴대폰
- □ 成长 chéngzhǎng ⓔ 성장하다, 자라다
- □ 成人 chéngrén ⓜ 성인 ⓔ 어른이 되다

- □ 安全感 ānquángǎn — 명 안정감, 안전감
- □ 想象力 xiǎngxiànglì — 명 상상력
- □ 判断力 pànduànlì — 명 판단력
- □ 开阔眼界 kāikuòyǎnjiè — 식견을 넓히다

직업 관련 표현

- □ 公司 gōngsī — 명 회사
- □ 员工 yuángōng — 명 직원, 종업원
- □ 工资 gōngzī — 명 임금, 월급
- □ 制度 zhìdù — 명 제도
- □ 待遇 dàiyù — 명 대우 동 대우하다
- □ 福利 fúlì — 명 복지 동 복지를 증진시키다
- □ 竞争 jìngzhēng — 명 경쟁 동 경쟁하다
- □ 组织 zǔzhī — 명 조직 동 조직하다
- □ 规定 guīdìng — 명 규정 동 규정하다
- □ 就业 jiùyè — 동 취업하다, 취직하다
- □ 招聘 zhāopìn — 동 채용하다, 모집하다
- □ 发掘 fājué — 동 발굴하다
- □ 吸引 xīyǐn — 동 끌어들이다, 매료시키다
- □ 优秀 yōuxiù — 형 우수하다, 뛰어나다
- □ 激烈 jīliè — 형 치열하다, 격렬하다
- □ 限制 xiànzhì — 명 제한 동 제한하다
- □ 废除 fèichú — 동 폐지하다, 취소하다
- □ 行事 xíngshì — 동 일을 처리하다, 실행하다
- □ 提升 tíshēng — 동 끌어올리다, 진급하다
- □ 升职 shēngzhí — 동 진급하다
- □ 适当 shìdàng — 형 적당하다
- □ 承担 chéngdān — 동 (책임을) 지다, 담당하다
- □ 要求 yāoqiú — 명 요구 동 요구하다
- □ 责任 zérèn — 명 책임
- □ 领导 lǐngdǎo — 명 리더 동 이끌다
- □ 目标 mùbiāo — 명 목표
- □ 远见 yuǎnjiàn — 명 원대한 식견
- □ 工作 gōngzuò — 명 근무, 직업
- □ 效率 xiàolǜ — 명 효율, 능률
- □ 人才 réncái — 명 인재
- □ 学历 xuélì — 명 학력
- □ 外貌 wàimào — 명 외모, 외관

② 답변문장 패턴 익히기

5_02_3_답변문장 패턴.mp3

첫 문장을 말한 후 그에 대한 타당한 근거와 자신의 생각 또는 경험을 논리적으로 길게 말하기 위해 알아두어야 할 답변문장 패턴을 큰 소리로 따라 말하며 익혀보세요.

패턴 1 우선순위와 관계없이 견해·의견을 나열하며 말할 때

Dìyī Dì èr
第一，[첫 번째 견해·의견]。第二，[두 번째 견해·의견]。 첫째, [첫 번째 견해·의견]. 둘째, [두 번째 견해·의견].

Dìyī, yuèdú kěyǐ tígāo xiǎngxiànglì. Dì èr, yuèdú kěyǐ péiyǎng xiězuò nénglì.
第一，阅读可以提高想象力。第二，阅读可以培养写作能力。
첫째, 독서는 상상력을 향상시킬 수 있습니다. 둘째, 독서는 작문하는 능력을 기를 수 있습니다.

Dìyī ge tiáojiàn jiù shì, shuōhuà shí xūyào yǒu shuōfúlì. Dì èr ge tiáojiàn jiù shì, yào àn guīdìng xíngshì.
第一个条件就是，说话时需要有说服力。第二个条件就是，要按规定行事。
첫 번째 조건은 바로, 말을 할 때 설득력이 필요하다는 것입니다. 두 번째 조건은 바로, 규정에 따라 일을 처리해야 하는 것입니다.

패턴 2 우선순위에 따라 견해·의견을 나열하며 말할 때

Shǒuxiān ne Qícì ne
首先呢，[첫 번째 견해·의견]。其次呢，[두 번째 견해·의견]。 먼저, [첫 번째 견해·의견]. 그다음, [두 번째 견해·의견].

Shǒuxiān ne, wǎngshàng shòukè méiyǒu kōngjiān xiànzhì. Qícì ne, tā néng gěi xuésheng gèng duō xuǎnzé.
首先呢，网上授课没有空间限制。其次呢，它能给学生更多选择。
먼저, 온라인으로 수업하는 것은 공간의 제한이 없습니다. 그다음, 그것은 학생들에게 더 많은 선택지를 줄 수 있습니다.

Shǒuxiān ne, "shìdàng de yālì" néng ràng rén jìnbù. Qícì ne, tā hái néng tígāo rén de nénglì.
首先呢，"适当的压力"能让人进步。其次呢，它还能提高人的能力。
먼저, '적당한 스트레스'는 사람으로 하여금 발전할 수 있게 합니다. 그다음, 그것은 사람의 능력을 향상시킬 수도 있습니다.

패턴 3 먼저 결론·결과를 말하고 그 다음 이유·원인을 말할 때

zhīsuǒyǐ shìyīnwèi
…之所以 [결론·결과]，是因为 [이유·원인]。 ~가 [결론·결과]하는 이유는, [이유·원인]이기 때문이다.

Wǒ zhīsuǒyǐ tóngyì zhège shuōfǎ, shìyīnwèi xuéxí wàiyǔ de huánjìng hěn zhòngyào.
我之所以同意这个说法，是因为学习外语的环境很重要。
제가 이 견해에 동의하는 이유는, 외국어를 배우는 환경이 중요하기 때문입니다.

Wǒ zhīsuǒyǐ tóngyì qǔxiāo xuélì xiànzhì, shìyīnwèi xiànzài gōngzuò nénglì bǐ xuélì gèng zhòngyào.
我之所以同意取消学历限制，是因为现在工作能力比学历更重要。
제가 학력 제한을 없애는 것에 동의하는 이유는, 현재 업무 능력이 학력보다 더 중요하기 때문입니다.

패턴 4 기본적인 내용과 더불어 점층적인 내용을 말할 때

bùjǐn / hái
不仅 [기본적인 내용]，还 [점층적인 내용]。 [기본적인 내용] 뿐만 아니라, (오히려) [점층적인 내용] 하다.

Háizi bùjǐn huì shòudào yǐngxiǎng, hái huì bùzhībùjué de mófǎng fùmǔ de yányǔ hé xíngwéi.
孩子不仅会受到影响，还会不知不觉地模仿父母的言语和行为。
아이는 영향을 받을 뿐만 아니라, 자기도 모르는 사이에 부모님의 말과 행동을 모방하기도 합니다.

Lǐngdǎo bùjǐn yào àn guīdìng xíngshì, hái děi chéngdān gèng duō zérèn.
领导不仅要按规定行事，还得承担更多责任。
리더는 규정에 따라 일을 처리해야 할 뿐만 아니라, 더 많은 책임을 져야 합니다.

패턴 5 먼저 기존 사실을 말하고 그 다음 상반되는 내용을 말할 때

Suīrán / dàn(shì)
虽然 [기존 사실]，但(是) [상반되는 내용]。 비록 [기존 사실] 이지만, 그러나 [상반되는 내용] 하다.

Suīrán wǒ bú tài xǐhuan yuèdú, dànshì wèile zēngzhǎng zhīshi, bùdébù jìnxíng yuèdú.
虽然我不太喜欢阅读，但是为了增长知识，不得不进行阅读。
비록 저는 독서를 그다지 좋아하지는 않지만, 그러나 지식을 늘리기 위해 마지못하여 독서를 합니다.

Suīrán zhǎo gōngzuò hěn kùnnan, dàn wǒ háishi huì zhǎo yìxiē fúlì hǎo de gōngsī.
虽然找工作很困难，但我还是会找一些福利好的公司。
비록 직업을 찾는 것은 어렵지만, 그러나 저는 그래도 복지가 좋은 회사들을 찾을 것입니다.

패턴 6 조건에 상관없이 변치 않는 결론·결과를 말할 때

Bùguǎn / dōu
不管 [조건]，都 [결론 · 결과]。 [조건] 든지 간에, 모두 [결론 · 결과] 이다.

Wǒ juéde bùguǎn shì shénme shòukè fāngshì, dōu yǒu yōuquēdiǎn.
我觉得不管是什么授课方式，都有优缺点。
저는 어떤 수업 방식이든 간에, 모두 장단점이 있다고 생각합니다.

Bùguǎn zuò shénme shì, lǐngdǎo dōu yào qīngchu de zhīdào zìjǐ de mùbiāo.
不管做什么事，领导都要清楚地知道自己的目标。
어떤 일을 하든지 간에, 리더는 모두 자신의 목표를 명확하게 알아야 합니다.

빈출 문제 공략하기

5_02_4_빈출 문제_4-5급.mp3, 5_02_5_빈출 문제_6급 이상.mp3

먼저 각 문제 아래에 정리된 어휘를 확인한 후, 문제를 읽고 스스로 답변해보세요. 그 다음 모범답변을 듣고 큰 소리로 따라 말하면서 답변 템플릿을 익히고 모범답변을 입에 붙여보세요.

① 교육 문제

01

Ài yuèdú de xíguàn gěi rénmen dàilai de hǎochù yǒu nǎxiē? Qǐng tántan nǐ de kànfǎ.

爱阅读的习惯给人们带来的好处有哪些？请谈谈你的看法。

독서를 좋아하는 습관이 사람들에게 가져다주는 좋은 점에는 무엇이 있습니까? 당신의 견해를 말해주세요.

답변 템플릿

첫 문장	독서를 좋아하는 습관이 가져다주는 좋은 점은 많다.
근거	첫째, 지식의 범위를 넓혀주고, 상상력을 향상시킬 수 있다. 둘째, 각종 어휘와 표현 방식을 배울 수 있다. 6급 이상 솔직히 말하면, 비록 나는 독서를 좋아하지는 않지만, 그러나 지식을 늘리기 위해 독서를 한다.
마무리	결론적으로 말하자면, 독서를 좋아하는 습관이 가져다주는 좋은 점은 많다.

Ài yuèdú de xíguàn gěi rénmen dàilai de hǎochù yǒu hěn duō.

爱阅读的习惯给人们带来的好处有很多。

Dìyī ge hǎochù shì, yuèdú kěyǐ tuòkuān zhīshi fànwéi, hái kěyǐ tígāo xiǎngxiànglì.

第一个好处是，阅读可以拓宽知识范围，还可以提高想象力。

Dì èr ge hǎochù shì, yuèdú kěyǐ ràng rén xuédào gè zhǒng cíhuì hé biǎodá fāngshì, hái kěyǐ péiyǎng rén de xiězuò nénglì.

第二个好处是，阅读可以让人学到各种词汇和表达方式，还可以培养人的写作能力。

Shuō shíhuà, suīrán wǒ bú tài xǐhuan yuèdú, dànshì wèile zēngzhǎng zhīshi, bùdébù jìnxíng yuèdú.

6급 이상 **说实话，虽然我不太喜欢阅读，但是为了增长知识，不得不进行阅读。**

Zǒng de lái shuō, ài yuèdú de xíguàn gěi rénmen dàilai de hǎochù yǒu hěn duō.

总的来说，爱阅读的习惯给人们带来的好处有很多。

해석 독서를 좋아하는 습관이 사람들에게 가져다주는 좋은 점은 많습니다. 첫 번째 좋은 점은, 독서는 지식의 범위를 넓힐 수 있으며, 상상력을 향상시킬 수도 있습니다. 두 번째 좋은 점은, 독서는 사람으로 하여금 각종 어휘와 표현 방식을 배우게 할 수 있고, 또한 작문 능력을 기르게 할 수 있습니다. 솔직히 말하면, 비록 저는 독서를 그다지 좋아하지는 않지만, 그러나 지식을 늘리기 위해 마지못해 독서를 합니다. 결론적으로 말하자면, 독서를 좋아하는 습관이 사람들에게 가져다주는 좋은 점은 많습니다.

어휘 阅读 yuèdú 동 독서하다 好处 hǎochù 명 좋은 점 看法 kànfǎ 명 견해 第一…第二… dìyī…dì èr… 첫째~ 둘째~ 拓宽 tuòkuān 동 넓히다 知识 zhīshi 명 지식 范围 fànwéi 명 범위 提高 tígāo 동 향상시키다 想象力 xiǎngxiànglì 명 상상력 词汇 cíhuì 명 어휘 表达 biǎodá 동 표현하다 方式 fāngshì 명 방식 培养 péiyǎng 동 기르다 写作 xiězuò 동 작문하다 能力 nénglì 명 능력 说实话 shuō shíhuà 솔직히 말하면 虽然…但(是)… suīrán…dàn(shì)… 비록 ~이지만, 그러나 ~ 增长 zēngzhǎng 동 늘어나다 不得不… bùdébù… 부 마지못하여 总的来说 zǒng de lái shuō 결론적으로 말하자면

02

Nǐ juéde guānkàn diànyǐng huò diànshìjù yǒu zhù yú xuéhǎo wàiyǔ ma?

你觉得观看电影或电视剧有助于学好外语吗?

당신은 영화 혹은 드라마를 보는 것이 외국어를 잘 배우는데 도움이 된다고 생각합니까?

답변 템플릿

첫 문장	영화 혹은 드라마를 보는 것이 외국어를 잘 배우는 데 도움이 된다.
근거	첫째, 외국어 듣기 실력을 향상시킬 수 있다. 둘째, 일상 회화를 공부하는 데 도움이 된다. 6급 이상 솔직히 말하면, 나는 영상을 봤을 뿐만 아니라, 대사를 따라 말하는 연습도 했다.
마무리	결론적으로 말하자면, 영화 혹은 드라마를 보는 것은 외국어를 잘 배우는 데 도움이 된다.

Wǒ juéde guānkàn diànyǐng huò diànshìjù yǒu zhù yú xuéhǎo wàiyǔ.

我觉得观看电影或电视剧有助于学好外语。

Dìyī, tōngguò guānkàn diànyǐng huò diànshìjù, kěyǐ tígāo wàiyǔ tīnglì shuǐpíng.

第一，通过观看电影或电视剧，可以提高外语听力水平。

Dì èr, kěyǐ yǐnfā xué wàiyǔ de xìngqù, duì xuéxí rìcháng kǒuyǔ yě hěn yǒu bāngzhù.

第二，可以引发学外语的兴趣，对学习日常口语也很有帮助。

Shuō shíhuà, wǒ xuéxí wàiyǔ shí, bùjǐn guānkànle yǐngxiàng, hái gēnzhe táicí liànxí shuōhuà le.

6급 이상 **说实话，我学习外语时，不仅观看了影像，还跟着台词练习说话了。**

Zǒng de lái shuō, wǒ juéde guānkàn diànyǐng huò diànshìjù yǒu zhù yú xuéhǎo wàiyǔ.

总的来说，我觉得观看电影或电视剧有助于学好外语。

해석 저는 영화 혹은 드라마를 보는 것이 외국어를 잘 배우는 데 도움이 된다고 생각합니다. 첫째, 영화 혹은 드라마를 보는 것을 통해, 외국어 듣기 실력을 향상시킬 수 있습니다. 둘째, 외국어 학습의 흥미를 일으킬 수 있고, 일상 회화를 공부하는 데도 도움이 됩니다. 솔직히 말하면, 저는 외국어 공부를 할 때, 영상을 봤을 뿐만 아니라, 대사를 따라 말하는 연습도 했습니다. 결론적으로 말하자면, 저는 영화 혹은 드라마를 보는 것이 외국어를 잘 배우는 데 도움이 된다고 생각합니다.

어휘 观看 동 guānkàn 보다, 관람하다 电影 diànyǐng 명 영화 电视剧 diànshìjù 드라마 有助于 yǒu zhù yú ~에 도움이 되다 第一… 第二… dìyī…dì èr… 첫째~ 둘째~ 通过 tōngguò 개 ~을 통해 동 통과하다 提高 tígāo 동 향상시키다, 끌어올리다 引发 yǐnfā 동 일으키다, 야기하다 兴趣 xìngqù 명 흥미 学习 xuéxí 동 공부하다 명 학습 日常 rìcháng 형 일상의, 일상적인 口语 kǒuyǔ 명 회화, 구어 说实话 shuō shíhuà 솔직히 말하면 不仅…还… bùjǐn…hái… ~뿐만 아니라, (오히려) ~하다 影像 yǐngxiàng 명 영상 台词 táicí 명 대사 总的来说 zǒng de lái shuō 결론적으로 말하자면

제5부분

해커스 TSC 한 권으로 끝내기

03

Yǒu rén shuō wèile gèng shēnrù de xuéxí wàiyǔ, bìxū děi qù guówài liúxué, nǐ tóngyì zhèyàng de shuōfǎ ma?

有人说为了更深入地学习外语，必须得去国外留学，你同意这样的说法吗?

누군가 말하길 더 깊이 외국어를 공부하기 위해서, 반드시 외국으로 나가서 유학을 해야만 한다고 하는데, 당신은 이러한 견해에 동의합니까?

답변 템플릿

첫 문장	외국어 공부를 위해서, 외국으로 나가서 유학을 해야만 한다고 하는데, 나는 이러한 견해에 동의한다.
근거	이 견해에 동의하는 이유는, 외국어를 공부하는 환경이 중요하기 때문이다. 비록 외국에서 생활하는 것은 쉽지 않지만, 그러나 정통의 외국어를 배울 수 있다. 6급 이상 솔직히 말하면, 유학하는 것은 외국어를 공부할 수 있을 뿐만 아니라, 문화 배경도 이해할 수 있다.
마무리	결론적으로 말하자면, 나는 이러한 견해에 동의한다.

Yǒu rén shuō wèile gèng shēnrù de xuéxí wàiyǔ, bìxū děi qù guówài liúxué, wǒ tóngyì zhèyàng de shuōfǎ.

有人说为了更深入地学习外语，必须得去国外留学，我同意这样的说法。

Wǒ zhīsuǒyǐ tóngyì zhège shuōfǎ, shìyīnwèi xuéxí wàiyǔ de huánjìng hěn zhòngyào.

我之所以同意这个说法，是因为学习外语的环境很重要。

Suīrán zài guówài shēnghuó huì bù róngyì, dànshì yě néng hěn kuài xuéxí dào dìdao de wàiyǔ.

虽然在国外生活会不容易，但是也能很快学习到地道的外语。

Shuō shíhuà, chūguó liúxué bùjǐn kěyǐ xuéxí wàiyǔ, hái kěyǐ liǎojiě dào yǒuguān de wénhuà bèijǐng.

6급 이상 **说实话，出国留学不仅可以学习外语，还可以了解到有关的文化背景。**

Zǒng de lái shuō, wǒ tóngyì zhèyàng de shuōfǎ.

总的来说，我同意这样的说法。

해석 누군가 말하길 더 깊이 외국어를 공부하기 위해서, 반드시 외국으로 나가서 유학을 해야만 한다고 하는데, 저는 이러한 견해에 동의합니다. 제가 이 견해에 동의하는 이유는, 외국어를 공부하는 환경이 중요하기 때문입니다. 비록 외국에서 생활하는 것은 쉽지 않지만, 그러나 정통의 외국어를 빨리 배울 수도 있습니다. 솔직히 말하면, 외국에 가서 유학하는 것은 외국어를 공부할 수 있을 뿐만 아니라, 관련 있는 문화 배경도 이해할 수 있습니다. 결론적으로 말하자면, 저는 이러한 견해에 동의합니다.

어휘 有人说 yǒu rén shuō 누군가 말하길 深入 shēnrù 동 깊이 파고들다 学习 xuéxí 동 공부하다 명 학습 得 děi 조동 ~해야 한다 之所以…是因为… zhīsuǒyǐ…shìyīnwèi… ~한 이유는 ~이기 때문이다 环境 huánjìng 명 환경 虽然…但(是)… suīrán…dàn(shì)… 비록 ~이지만, 그러나~ 生活 shēnghuó 동 생활하다 명 생활 地道 dìdao 형 정통의, 본고장의 说实话 shuō shíhuà 솔직히 말하면 不仅…还… bùjǐn…hái… ~뿐만 아니라, (오히려) ~하다 了解 liǎojiě 동 이해하다, 알다 背景 bèijǐng 명 배경 总的来说 zǒng de lái shuō 결론적으로 말하자면

② 직업 문제

01

Nǐ rènwéi dāng yí ge zǔzhī de lǐngdǎo xūyào shénme tiáojiàn? Qǐng tántan nǐ de xiǎngfǎ.
你认为当一个组织的领导需要什么条件？请谈谈你的想法。
당신은 조직의 리더가 되려면 무슨 조건이 필요하다고 생각합니까? 당신의 생각을 말해주세요.

답변템플릿

첫 문장	리더가 되려면 많은 조건이 필요하다.
근거	첫째, 자신에게 엄격히 요구하고, 말을 할 때 설득력이 있어야 한다. 둘째, 규정에 따라 일을 처리하고, 원대한 식견이 있어야 한다. 6급 이상 솔직히 말하면, 어떤 일을 하든지 간에, 리더는 모두 목표를 명확하게 알아야 한다.
마무리	결론적으로 말하자면, 리더가 되려면 많은 조건이 필요하다.

Wǒ rènwéi dāng yí ge zǔzhī de lǐngdǎo xūyào hěn duō tiáojiàn.
我认为当一个组织的领导需要很多条件。

Dìyī ge tiáojiàn jiù shì, duì zìjǐ yángé yāoqiú, shuōhuà shí xūyào yǒu shuōfúlì.
第一个条件就是，对自己严格要求，说话时需要有说服力。

Dì èr ge tiáojiàn jiù shì, yào àn guīdìng xíngshì, bìxū yào yǒu yuǎnjiàn, hái néng yǒnggǎn de chéngdān zérèn.
第二个条件就是，要按规定行事，必须要有远见，还能勇敢地承担责任。

Shuō shíhuà, bùguǎn zuò shénme shì, lǐngdǎo dōu yào qīngchu de zhīdào zìjǐ de mùbiāo.
6급 이상 **说实话，不管做什么事，领导都要清楚地知道自己的目标。**

Zǒng de lái shuō, wǒ rènwéi dāng yí ge zǔzhī de lǐngdǎo xūyào hěn duō tiáojiàn.
总的来说，我认为当一个组织的领导需要很多条件。

해석 저는 조직의 리더가 되려면 많은 조건이 필요하다고 생각합니다. 첫 번째 조건은 바로, 자신에게 엄격히 요구하고, 말을 할 때 설득력이 필요하다는 것입니다. 두 번째 조건은 바로, 규정에 따라 일을 처리해야 하고, 반드시 원대한 식견이 있어야 하며, 용감하게 책임을 질 수 있어야 한다는 것입니다. 솔직히 말하면, 어떤 일을 하든지 간에, 리더는 모두 자신의 목표를 명확하게 알아야 합니다. 결론적으로 말하자면, 저는 조직의 리더가 되려면 많은 조건이 필요하다고 생각합니다.

어휘 当 dāng 동 ~이 되다, 담당하다, 맡다 组织 zǔzhī 명 조직 동 조직하다 领导 lǐngdǎo 명 리더 동 이끌다 需要 xūyào 동 필요하다, (시간이) 걸리다 条件 tiáojiàn 명 조건 谈 tán 동 말하다, 이야기하다 第一…第二… dìyī…dì èr… 첫째~ 둘째~ 自己 zìjǐ 대 자신, 자기 严格 yángé 형 엄격하다, 엄하다 要求 yāoqiú 동 요구하다 명 요구 说服力 shuōfúlì 명 설득력 规定 guīdìng 명 규정 동 규정하다 行事 xíngshì 동 일을 처리하다, 실행하다 远见 yuǎnjiàn 명 원대한 식견 勇敢 yǒnggǎn 형 용감하다 承担 chéngdān 동 (책임을) 지다, 담당하다 责任 zérèn 명 책임 说实话 shuō shíhuà 솔직히 말하면 不管…都… bùguǎn…dōu… ~를 하든지 간에, 모두~ 目标 mùbiāo 명 목표 总的来说 zǒng de lái shuō 결론적으로 말하자면

02

Nǐ juéde "shìdàng de yālì" yǒu nǎxiē hǎochù hé huàichù? Qǐng tántan nǐ de kànfǎ.

你觉得"适当的压力"有哪些好处和坏处？请谈谈你的看法。

당신은 '적당한 스트레스'는 어떠한 좋은 점과 나쁜 점이 있다고 생각합니까? 당신의 견해를 말해주세요.

답변 템플릿

첫 문장	'적당한 스트레스'는 좋은 점도 있고 나쁜 점도 있다.
근거	먼저, '적당한 스트레스'는 더 큰 능력을 발굴해내도록 도와준다. 그다음, 비록 '적당한 스트레스'는 좋은 점이 있지만, 그러나 장기간 스트레스를 받으면 희망을 보지 못하게 한다. 6급 이상 솔직히 말하면, 무엇을 하든지 간에 모두 적당해야 한다.
마무리	결론적으로 말하자면, '적당한 스트레스'는 좋은 점도 있고 나쁜 점도 있다.

Wǒ juéde "shìdàng de yālì" jì yǒu hǎochù yě yǒu huàichù.

我觉得"适当的压力"既有好处也有坏处。

Shǒuxiān ne, "shìdàng de yālì" néng ràng wǒmen jìxù qiánjìn, bāngzhù wǒmen qù fājué chū zìjǐ gèng dà de nénglì.

首先呢，"适当的压力"能让我们继续前进，帮助我们去发掘出自己更大的能力。

Qícì ne, suīrán "shìdàng de yālì" yǒu hǎochù, dànshì chángqī shòudào yālì huì ràng rén kàn bu dào xīwàng.

其次呢，虽然"适当的压力"有好处，但是长期受到压力会让人看不到希望。

Shuō shíhuà, bùguǎn zuò shénme dōu yào shìdù.

6급 이상 **说实话，不管做什么都要适度。**

Zǒng de lái shuō, wǒ juéde "shìdàng de yālì" jì yǒu hǎochù yě yǒu huàichù.

总的来说，我觉得"适当的压力"既有好处也有坏处。

해석 저는 '적당한 스트레스'는 좋은 점이 있기도 하고 나쁜 점이 있기도 하다고 생각합니다. 먼저, '적당한 스트레스'는 우리로 하여금 계속 앞으로 나아가게 하고, 우리가 자신의 더 큰 능력을 발굴해내도록 도와줍니다. 그다음, 비록 '적당한 스트레스'는 좋은 점이 있지만, 그러나 장기간 스트레스를 받으면 사람으로 하여금 희망을 보지 못하게 합니다. 솔직히 말하면, 무엇을 하든지 간에 모두 적당해야 합니다. 결론적으로 말하자면, 저는 '적당한 스트레스'는 좋은 점이 있기도 하고 나쁜 점이 있기도 하다고 생각합니다.

어휘 适当 shìdàng 형 적당하다 压力 yālì 명 스트레스 好处 hǎochù 명 좋은 점, 이점 坏处 huàichù 명 나쁜 점, 결점 谈 tán 동 말하다, 이야기하다 看法 kànfǎ 명 견해 既…也… jì…yě… ~하고 (또) ~하다 首先呢…其次呢… shǒuxiān ne…qícì ne… 먼저~ 그다음~ 前进 qiánjìn 동 앞으로 나아가다 发掘 fājué 동 발굴하다 自己 zìjǐ 대 자신, 자기 能力 nénglì 명 능력 虽然…但(是)… suīrán…dàn(shì)… 비록 ~이지만, 그러나~ 受到 shòudào ~을 받다 希望 xīwàng 명 희망 동 희망하다 说实话 shuō shíhuà 솔직히 말하면 不管…都… bùguǎn…dōu… ~를 하든지 간에, 모두~ 适度 shìdù 형 적당하다, 적절하다 总的来说 zǒng de lái shuō 결론적으로 말하자면

실전 연습문제

5_02_6_연습문제_풀어보기.mp3,
5_02_7_연습문제_모범답변 따라하기_4-5급.mp3,
5_02_8_연습문제_모범답변 따라하기_6급 이상.mp3

제5부분 02 연습문제 바로듣기

먼저 문제를 눈으로 확인한 후, 문제를 듣고 큰 소리로 답변해보세요.

01 你认为孩子几岁出国留学比较合适？请谈谈你的想法。

______________________________。

02 你认为网上授课有哪些好处和坏处？请谈谈你的看法。

______________________________。

03 你认为公司的工资待遇和福利制度，哪个更重要？

______________________________。

04 你同意公司在招聘时取消学历限制吗？

______________________________。

모범답변 및 해석 p.376

03 인생관 관련 의견 제시하기

인생관 문제에는 종교, 인간관계, 결혼 등 인생에서 중요시되는 가치와 관련된 문제들이 다양하게 출제돼요. 인생관과 관련된 빈출 표현과 답변문장 패턴을 꼼꼼히 익혀보세요. 그리고 빈출 문제를 스스로 답변할 수 있도록 반복 연습하세요.

제5부분 03 바로듣기

빈출 표현 및 답변문장 패턴 익히기

① 빈출 표현 익히기

5_03_1_빈출 표현_따라읽기.mp3, 5_03_2_빈출 표현_암기하기.mp3

자주 쓰이는 가치관/종교, 성격/인간관계, 결혼/가정 주제와 관련된 표현들을 큰 소리로 따라 말하며 익혀보세요.

가치관/종교 관련 표현

- □ 意义 yìyì ⓜ 의의, 의미
- □ 念头 niàntou ⓜ 생각, 마음
- □ 内心 nèixīn ⓜ 마음, 내심
- □ 幸福 xìngfú ⓜ 행복 ⓗ 행복하다
- □ 合作 hézuò ⓜ 협력 ⓓ 협력하다
- □ 综合 zōnghé ⓓ 종합하다
- □ 竞争 jìngzhēng ⓜ 경쟁 ⓓ 경쟁하다
- □ 力量 lìliang ⓜ 역량, 힘
- □ 结果 jiéguǒ ⓜ 결과 ⓙ 결국
- □ 宗教 zōngjiào ⓜ 종교
- □ 信仰 xìnyǎng ⓓ 믿다 ⓜ 신앙
- □ 取得 qǔdé ⓓ 얻다, 취득하다
- □ 理想 lǐxiǎng ⓗ 이상적이다 ⓜ 이상
- □ 真正 zhēnzhèng ⓗ 진정한, 참된
- □ 宁静 níngjìng ⓗ 편안하다, 조용하다
- □ 平静 píngjìng ⓗ 평정하다, 평온하다
- □ 赚钱 zhuàn qián 돈을 벌다
- □ 花钱 huā qián 돈을 쓰다
- □ 消费 xiāofèi ⓓ 소비하다 ⓜ 소비
- □ 富人 fù rén 부유한 사람
- □ 穷人 qióng rén 가난한 사람
- □ 越来越 yuèláiyuè 점점
- □ 第一位 dìyī wèi 최우선
- □ 影响力 yǐngxiǎnglì ⓜ 영향력

성격/인간관계 관련 표현

□ 性格 xìnggé ⓜ 성격

□ 养成 yǎngchéng ⓓ 양성하다, 기르다

□ 改变 gǎibiàn ⓓ 바뀌다, 고치다

□ 先天 xiāntiān ⓜ 선천적

□ 后天 hòutiān ⓜ 후천적, 모레

□ 决定 juédìng ⓓ 결정하다 ⓜ 결정

□ 表达 biǎodá ⓓ (생각, 감정을) 표현하다, 나타내다

□ 消极 xiāojí ⓗ 소극적이다, 부정적이다

□ 积极 jījí ⓗ 적극적이다, 긍정적이다

□ 真诚 zhēnchéng ⓗ 성실하다, 진실하다

□ 建立 jiànlì ⓓ 형성하다, 세우다

□ 判断 pànduàn ⓓ 판단하다

□ 不错 búcuò ⓗ 괜찮다, 좋다

□ 良好 liánghǎo ⓗ 좋다, 양호하다

□ 相似 xiāngsì ⓗ 비슷하다, 닮다

□ 可信 kěxìn ⓗ 믿을 만하다

□ 沟通 gōutōng ⓓ 소통하다, 교류하다

□ 误会 wùhuì ⓓ 오해하다 ⓜ 오해

□ 对方 duìfāng ⓜ 상대방, 상대편

□ 相同 xiāngtóng ⓗ 동일하다, 서로 같다

□ 基因 jīyīn ⓜ 유전자, 기본 요인

□ 遗传基因 yíchuán jīyīn 유전자

□ 人际关系 rénjì guānxi 인간관계

□ 与生俱来 yǔshēngjùlái ⓢ 태어날 때부터 갖고 있는 천성

결혼/가정 관련 표현

□ 家人 jiārén ⓜ 가족

□ 人生 rénshēng ⓜ 인생

□ 将来 jiānglái ⓜ 장래, 미래

□ 自由 zìyóu ⓗ 자유롭다 ⓜ 자유

□ 爱情 àiqíng ⓜ 사랑, 애정

□ 感情 gǎnqíng ⓜ 감정

□ 独自 dúzì ⓑ 혼자서, 단독으로

□ 独居 dú jū 혼자 살다

□ 同居 tóng jū 동거하다

□ 结婚 jiéhūn ⓓ 결혼하다

□ 恋爱 liàn'ài ⓓ 연애하다, 연애

□ 考虑 kǎolǜ ⓓ 고려하다, 생각하다

② 답변문장 패턴 익히기 5_03_3_답변문장 패턴.mp3

첫 문장을 말한 후 그에 대한 타당한 근거와 자신의 생각 또는 경험을 논리적으로 길게 말하기 위해 알아두어야 할 답변문장 패턴을 큰 소리로 따라 말하며 익혀보세요.

패턴 1 우선순위와 관계없이 견해·의견을 나열하며 말할 때

Dìyī　　　　　　　　　Dì èr
第一，[첫 번째 견해·의견]。第二，[두 번째 견해·의견]。 첫째, [첫 번째 견해·의견]. 둘째, [두 번째 견해·의견].

Dìyī, hézuò kěyǐ jiějué nántí. Dì èr, hézuò kěyǐ tígāo shèhuì de zōnghé shuǐpíng.
第一，合作可以解决难题。第二，合作可以提高社会的综合水平。
첫째, 협력은 어려운 문제를 해결할 수 있습니다. 둘째, 협력은 사회의 종합 수준을 향상시킬 수 있습니다.

Dìyī, jiéhūn shí xūyào yǒu wùzhì jīchǔ. Dì èr, dà bùfen niánqīng rén yuànyì zìyóu shēnghuó.
第一，结婚时需要有物质基础。第二，大部分年轻人愿意自由生活。
첫째, 결혼할 때 물질적 기반이 있어야 합니다. 둘째, 대부분의 젊은 사람들은 자유롭게 생활하기를 원합니다.

패턴 2 우선순위에 따라 견해·의견을 나열하며 말할 때

Shǒuxiān ne　　　　　　Qícì ne
首先呢，[첫 번째 견해·의견]。其次呢，[두 번째 견해·의견]。 먼저, [첫 번째 견해·의견]. 그다음, [두 번째 견해·의견].

Shǒuxiān ne, xìnyǎng zōngjiào kěyǐ ràng rén píngjìng. Qícì ne, tā kěyǐ ràng rén zhǎodào shēnghuó de yìyì.
首先呢，信仰宗教可以让人平静。其次呢，它可以让人找到生活的意义。
먼저, 종교를 믿는 것은 사람으로 하여금 평온할 수 있게 합니다. 그다음, 그것은 사람으로 하여금 삶의 의의를 찾을 수 있게 합니다.

Shǒuxiān ne, zūnzhòng biéren shì jīběn lǐmào. Qícì ne, yòng zūnzhòng de tàidu gōutōng kěyǐ jiǎnshǎo máodùn.
首先呢，尊重别人是基本礼貌。其次呢，用尊重的态度沟通可以减少矛盾。
먼저, 다른 사람을 존중하는 것은 기본적인 예의입니다. 그다음, 존중하는 태도로 소통하면 갈등을 줄일 수 있습니다.

패턴 3 먼저 결론·결과를 말하고 그 다음 이유·원인을 말할 때

　zhīsuǒyǐ　　　　　　shìyīnwèi
…之所以 [결론·결과]，是因为 [이유·원인]。 ~가 [결론·결과]하는 이유는, [이유·원인]이기 때문이다.

Wǒ zhīsuǒyǐ zhīchí zhège guāndiǎn, shìyīnwèi wǒ juéde xìnggé shì hòutiān yǎngchéng de.
我之所以支持这个观点，是因为我觉得性格是后天养成的。
제가 이 관점을 지지하는 이유는, 저는 성격은 후천적으로 양성되는 것이라 생각하기 때문입니다.

Wǒ zhīsuǒyǐ zhīchí hūn qián tóng jū, shìyīnwèi tóng jū shì quèrèn àiqíng de fāngfǎ zhī yī.
我之所以支持婚前同居，是因为同居是确认爱情的方法之一。
제가 결혼 전에 동거를 지지하는 이유는, 동거가 사랑을 확인하는 방법 중의 하나이기 때문입니다.

패턴 4 기본적인 내용과 더불어 점층적인 내용을 말할 때

bùjǐn hái
不仅 [기본적인 내용], 还 [점층적인 내용]。 [기본적인 내용] 뿐만 아니라, (오히려) [점층적인 내용] 하다.

Zūnzhòng biéren bùjǐn shì zuì jīběn de lǐmào, hái shì yì zhǒng zuòrén de tàidu.
尊重别人不仅是最基本的礼貌，还是一种做人的态度。
다른 사람을 존중하는 것은 가장 기본적인 예의일 뿐만 아니라, 일종의 처세하는 태도입니다.

Wǒ rènwéi tóng jū bùjǐn kěyǐ ràng gǎnqíng biànde gèng shēn, hái kěyǐ chōngfèn liǎojiě duìfāng.
我认为同居不仅可以让感情变得更深，还可以充分了解对方。
저는 동거가 감정을 더 깊어지게 할 수 있을 뿐만 아니라, 상대방을 충분히 이해할 수 있게 한다고 생각합니다.

패턴 5 먼저 기존 사실을 말하고 그 다음 상반되는 내용을 말할 때

Suīrán dàn(shì)
虽然 [기존 사실], 但(是) [상반되는 내용]。 비록 [기존 사실] 이지만, 그러나 [상반되는 내용] 하다.

Suīrán xiāntiān de xìnggé hěn nán gǎibiàn, dàn zhǐyào nǔlì, méiyǒu shénme bù kěnéng de.
虽然先天的性格很难改变，但只要努力，没有什么不可能的。
비록 선천적인 성격은 바꾸기 어렵지만, 그러나 노력하기만 한다면, 불가능한 것은 없습니다.

Suīrán wǒ yě yǒu liànrén, dàn háishi bù xiǎng jiéhūn, zhǐ xiǎng duō xiǎngshòu wǒ de rénshēng.
虽然我也有恋人，但还是不想结婚，只想多享受我的人生。
비록 저도 연인이 있지만, 그러나 그래도 결혼하지 않고, 그저 제 인생을 더 즐기고 싶습니다.

패턴 6 조건에 상관없이 변치 않는 결론·결과를 말할 때

Bùguǎn dōu
不管 [조건], 都 [결론 · 결과]。 [조건] 든지 간에, 모두 [결론 · 결과] 이다.

Bùguǎn niánlíng dà háishi xiǎo, jīngguò nǔlì dōu kěyǐ péiyǎng liánghǎo de xìnggé.
不管年龄大还是小，经过努力都可以培养良好的性格。
나이가 많든 아니면 적든지 간에, 노력을 거쳐 모두 좋은 성격을 기를 수 있습니다.

Bùguǎn tóng jū háishi bù tóng jū, dōu gāi yào yóu liàn'ài zhōng de qínglǚ lái juédìng.
不管同居还是不同居，都该要由恋爱中的情侣来决定。
동거를 하든지 안 하든지 간에, 모두 연애 중인 커플이 결정해야 합니다.

빈출 문제 공략하기

5_03_4_빈출 문제_4-5급.mp3, 5_03_5_빈출 문제_6급 이상.mp3

먼저 각 문제 아래에 정리된 어휘를 확인한 후, 문제를 읽고 스스로 답변해보세요. 그 다음 모범답변을 듣고 큰 소리로 따라 말하면서 답변 템플릿을 익히고 모범답변을 입에 붙여보세요.

① 가치관/종교 문제

01

Wèile fāzhǎn, nǐ rènwéi rén yǔ rén zhī jiān de jìngzhēng hé hézuò zhōng, nǎge gèng zhòngyào?

为了发展，你认为人与人之间的竞争和合作中，哪个更重要?

발전을 위해, 당신은 사람과 사람 사이의 경쟁과 협력 중, 어떤 것이 더 중요하다고 생각합니까?

답변 템플릿

첫 문장	발전을 위해, 협력이 더 중요하다.
근거	첫째, 사람들은 협력을 통해 어려운 문제를 해결할 수 있다. 둘째, 협력은 개인의 능력을 향상시킬 수 있고, 기업과 사회의 종합 수준을 향상시킬 수 있다. 6급 이상 솔직히 말하면, 비록 협력과 경쟁 모두 도움이 되지만, 그러나 협력의 좋은 점이 더 많다.
마무리	결론적으로 말하자면, 협력이 더 중요하다.

Wèile fāzhǎn, wǒ rènwéi rén yǔ rén zhī jiān de hézuò gèng zhòngyào.

为了发展，我认为人与人之间的合作更重要。

Dìyī shì yīnwèi rén duō lìliang dà, rénmen tōngguò hézuò kěyǐ gèng hǎo de jiějué nántí.

第一是因为人多力量大，人们通过合作可以更好地解决难题。

Dì èr shì yīnwèi hézuò kěyǐ tígāo gèrén nénglì, tóngshí tígāo qǐyè hé shèhuì de zōnghé shuǐpíng.

第二是因为合作可以提高个人能力，同时提高企业和社会的综合水平。

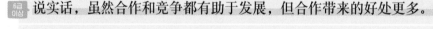

Shuō shíhuà, suīrán hézuò hé jìngzhēng dōu yǒu zhù yú fāzhǎn, dàn hézuò dàilai de hǎochù gèng duō.

6급 이상 
说实话，虽然合作和竞争都有助于发展，但合作带来的好处更多。

Zǒng de lái shuō, wǒ rènwéi rén yǔ rén zhī jiān de hézuò gèng zhòngyào.

总的来说，我认为人与人之间的合作更重要。

해석 발전을 위해, 저는 사람과 사람 사이의 협력이 더 중요하다고 생각합니다. 첫째로는 사람이 많으면 역량이 커지고, 사람들은 협력을 통해 어려운 문제를 더 잘 해결할 수 있기 때문입니다. 둘째로는 협력은 개인의 능력을 향상시킬 수 있고, 동시에 기업과 사회의 종합 수준을 향상시킬 수 있기 때문입니다. 솔직히 말하면, 비록 협력과 경쟁은 모두 발전에 도움이 되지만, 그러나 협력이 가져다주는 좋은 점이 더 많습니다. 결론적으로 말하자면, 저는 사람과 사람 사이의 협력이 더 중요하다고 생각합니다.

어휘 与 yǔ 개 ~과(와), ~과(와) 함께 之间 zhī jiān 사이 竞争 jìngzhēng 명 경쟁 동 경쟁하다 合作 hézuò 명 협력 동 협력하다 第一…第二… dìyī…dì èr… 첫째~ 둘째~ 力量 lìliang 명 역량, 힘 通过 tōngguò 개 ~을 통해 동 통과하다 提高 tígāo 동 향상시키다, 끌어올리다 能力 nénglì 명 능력 同时 tóngshí 접 동시에 명 동시 企业 qǐyè 명 기업 社会 shèhuì 명 사회 综合 zōnghé 동 종합하다 说实话 shuō shíhuà 솔직히 말하면 虽然…但(是)… suīrán…dàn(shì)… 비록 ~이지만, 그러나~ 有助于 yǒu zhù yú ~에 도움이 되다 好处 hǎochù 명 좋은 점, 이점 总的来说 zǒng de lái shuō 결론적으로 말하자면

02

Xìnyǎng zōngjiào dàilai de xīnli biànhuà yǒu nǎxiē?

信仰宗教带来的心里变化有哪些?

종교를 믿는 것이 가져오는 심적 변화에는 무엇이 있습니까?

답변 템플릿

첫 문장	종교를 믿는 것이 가져오는 심적 변화는 많다.
근거	먼저, 자기 마음의 평정과 편안을 찾을 수 있게 한다. 그다음, 자기 삶의 의의와 희망을 찾을 수 있게 한다. 6급 이상 솔직히 말하면, 비록 나는 종교 신앙은 없지만, 그러나 종교를 믿는 것의 영향력을 믿는다.
마무리	결론적으로 말하자면, 종교를 믿는 것이 가져오는 심적 변화는 많다.

Xìnyǎng zōngjiào dàilai de xīnli biànhuà yǒu hěn duō.

信仰宗教带来的心里变化有很多。

Shǒuxiān ne, xìnyǎng zōngjiào kěyǐ ràng rén zhǎodào zìjǐ nèixīn de píngjìng hé níngjìng.

首先呢，信仰宗教可以让人找到自己内心的平静和宁静。

Qícì ne, xìnyǎng zōngjiào kěyǐ ràng rén zhǎodào zìjǐ shēnghuó de yìyì hé xīwàng.

其次呢，信仰宗教可以让人找到自己生活的意义和希望。

Shuō shíhuà, suīrán wǒ méiyǒu zōngjiào xìnyǎng, dàn wǒ xiāngxìn zōngjiào gěi rénmen dàilai de gè zhǒng

说实话，虽然我没有宗教信仰，但我相信宗教给人们带来的各种

biànhuà hé yǐngxiǎnglì.

变化和影响力。

Zǒng de lái shuō, xìnyǎng zōngjiào dàilai de xīnli biànhuà yǒu hěn duō.

总的来说，信仰宗教带来的心里变化有很多。

해석 종교를 믿는 것이 가져오는 심적 변화는 많습니다. 먼저, 종교를 믿는 것은 사람으로 하여금 자기 마음의 평정과 편안을 찾을 수 있게 합니다. 그다음, 종교를 믿는 것은 사람으로 하여금 자기 삶의 의의와 희망을 찾을 수 있게 합니다. 솔직히 말하면, 비록 저는 종교 신앙은 없지만, 그러나 저는 종교를 믿는 것이 사람들에게 가져오는 각종 변화와 영향력을 믿습니다. 결론적으로 말하자면, 종교를 믿는 것이 가져오는 심적 변화는 많습니다.

어휘 信仰 xìnyǎng 동 믿다 명 신앙 宗教 zōngjiào 명 종교 首先呢…其次呢… shǒuxiān ne…qícì ne… 먼저~ 그다음~ 自己 zìjǐ 대 자기, 자신 内心 nèixīn 명 마음, 내심 平静 píngjìng 형 평정하다, 평온하다 宁静 níngjìng 형 편안하다, 조용하다 生活 shēnghuó 명 삶 동 생활하다 意义 yìyì 명 의의, 의미 希望 xīwàng 명 희망 동 희망하다 说实话 shuō shíhuà 솔직히 말하면 虽然…但(是)… suīrán…dàn(shì)… 비록 ~이지만, 그러나~ 各种 gè zhǒng 각종, 여러 가지 影响力 yǐngxiǎnglì 명 영향력 总的来说 zǒng de lái shuō 결론적으로 말하자면

② 성격/인간관계 문제

01

Yǒu rén shuō yí ge rén jīngguò nǔlì, kěyǐ gǎibiàn zìjǐ de xìnggé. Nǐ zhīchí zhè guāndiǎn ma?

有人说一个人经过努力，可以改变自己的性格。你支持这观点吗?

누군가 말하길 사람은 노력을 거쳐, 자신의 성격을 바꿀 수 있다고 합니다. 당신은 이 관점을 지지합니까?

답변 템플릿

첫 문장	노력을 거쳐, 자신의 성격을 바꿀 수 있다고 하는데, 나는 이 관점을 지지한다.
근거	이 관점을 지지하는 이유는, 성격은 후천적으로 양성되는 것이기 때문이다. 나이가 많든 적든지 간에, 노력을 거쳐 모두 좋은 성격을 기를 수 있다. 6급 이상 솔직히 말하면, 비록 선천적인 성격은 바꾸기 어렵지만, 그러나 노력하기만 하면 불가능은 없다.
마무리	결론적으로 말하자면, 나는 이 관점을 지지한다.

Yǒu rén shuō yí ge rén jīngguò nǔlì, kěyǐ gǎibiàn zìjǐ de xìnggé. Wǒ zhīchí zhè guāndiǎn.

有人说一个人经过努力，可以改变自己的性格。我支持这观点。

Wǒ zhīsuǒyǐ zhīchí zhège guāndiǎn, shìyīnwèi wǒ juéde xìnggé shì hòutiān yǎngchéng de.

我之所以支持这个观点，是因为我觉得性格是后天养成的。

Bùguǎn niánlíng dà háishi xiǎo, jīngguò nǔlì dōu kěyǐ péiyǎng liánghǎo de xìnggé.

不管年龄大还是小，经过努力都可以培养良好的性格。

Shuō shíhuà, suīrán xiāntiān de xìnggé hěn nán gǎibiàn, dàn zhǐyào nǔlì, méiyǒu shénme bù kěnéng de.

6급 이상 **说实话，虽然先天的性格很难改变，但只要努力，没有什么不可能的。**

Zǒng de lái shuō, wǒ zhīchí zhè guāndiǎn.

总的来说，我支持这观点。

해석 누군가 말하길 사람은 노력을 거쳐, 자신의 성격을 바꿀 수 있다고 합니다. 저는 이 관점을 지지합니다. 제가 이 관점을 지지하는 이유는, 저는 성격은 후천적으로 양성되는 것이라 생각하기 때문입니다. 나이가 많든 아니면 적든지 간에, 노력을 거쳐 모두 좋은 성격을 기를 수 있습니다. 솔직히 말하면, 비록 선천적인 성격은 바꾸기 어렵지만, 그러나 노력하기만 한다면, 불가능한 것은 없습니다. 결론적으로 말하자면, 저는 이 관점을 지지합니다.

어휘 有人说 yǒu rén shuō 누군가 말하길　一个人 yí ge rén 한 사람　改变 gǎibiàn 동 바꾸다, 변하다, 고치다　自己 zìjǐ 대 자신, 자기　性格 xìnggé 명 성격　支持 zhīchí 동 지지하다　观点 guāndiǎn 명 관점　之所以…是因为… zhīsuǒyǐ…shìyīnwèi… ~한 이유는 ~이기 때문이다　后天 hòutiān 명 후천적, 모레　养成 yǎngchéng 동 양성하다, 기르다　不管…都… bùguǎn…dōu… ~를 하든지 간에, 모두~　年龄 niánlíng 명 나이, 연령　良好 liánghǎo 형 좋다, 양호하다　说实话 shuō shíhuà 솔직히 말하면　虽然…但(是)… suīrán…dàn(shì)… 비록 ~이지만, 그러나~　先天 xiāntiān 명 선천적　总的来说 zǒng de lái shuō 결론적으로 말하자면

02

Yǒu rén shuō, xìnggé xiāojí de rén hěn nán jiànlì jiào guǎng de rénjì guānxi. Nǐ tóngyì zhè zhǒng kànfǎ ma?

有人说，性格消极的人很难建立较广的人际关系。你同意这种看法吗?

누군가 말하길, 성격이 소극적인 사람은 비교적 넓은 인간관계를 형성하기 어렵다고 합니다. 당신은 이러한 견해에 동의합니까?

답변 템플릿

첫 문장	소극적인 사람은 비교적 넓은 인간관계를 형성하기 어렵다고 하는데, 나는 이러한 견해에 동의하지 않는다.
근거	이 견해에 동의하지 않는 이유는, 성격이 반드시 인간관계를 결정하지는 않기 때문이다. 소극적이든 적극적이든 간에, 모두 비교적 넓은 인간관계를 형성할 수 있다. 6급 이상 솔직히 말하면, 비록 내 성격도 소극적이지만, 그러나 인간관계는 괜찮다.
마무리	결론적으로 말하자면, 나는 이러한 견해에 동의하지 않는다.

Yǒu rén shuō, xìnggé xiāojí de rén hěn nán jiànlì jiào guǎng de rénjì guānxi. Wǒ bù tóngyì zhè zhǒng kànfǎ.

有人说，性格消极的人很难建立较广的人际关系。我不同意这种看法。

Wǒ zhīsuǒyǐ bù tóngyì zhè kànfǎ, shìyīnwèi xìnggé bù yídìng juédìng rénjì guānxi.

我之所以不同意这看法，是因为性格不一定决定人际关系。

Bùguǎn xìnggé xiāojí háishi jījí, dōu kěyǐ jiànlì jiào guǎng de rénjì guānxi.

不管性格消极还是积极，都可以建立较广的人际关系。

Shuō shíhuà, suīrán wǒ xìnggé yě jiào xiāojí, dàn rénjì guānxi háishi búcuò de.

6급 이상 **说实话，虽然我性格也较消极，但人际关系还是不错的。**

Zǒng de lái shuō, wǒ bù tóngyì zhè zhǒng kànfǎ.

总的来说，我不同意这种看法。

해석 누군가 말하길, 성격이 소극적인 사람은 비교적 넓은 인간관계를 형성하기 어렵다고 합니다. 저는 이러한 견해에 동의하지 않습니다. 제가 이 견해에 동의하지 않는 이유는, 성격이 반드시 인간관계를 결정하지는 않기 때문입니다. 성격이 소극적이든 아니면 적극적이든 간에, 모두 비교적 넓은 인간관계를 형성할 수 있습니다. 솔직히 말하면, 비록 제 성격도 비교적 소극적이지만, 그러나 인간관계는 그래도 괜찮습니다. 결론적으로 말하자면, 저는 이러한 견해에 동의하지 않습니다.

어휘 有人说 yǒu rén shuō 누군가 말하길 性格 xìnggé 명 성격 消极 xiāojí 형 소극적이다, 부정적이다 建立 jiànlì 동 형성하다, 세우다 人际关系 rénjì guānxi 인간관계 看法 kànfǎ 명 견해 之所以…是因为… zhīsuǒyǐ…shìyīnwèi… ~한 이유는 ~이기 때문이다 决定 juédìng 동 결정하다 명 결정 不管…都… bùguǎn…dōu… ~를 하든지 간에, 모두~ 积极 jījí 형 적극적이다, 긍정적이다 说实话 shuō shíhuà 솔직히 말하면 虽然…但(是)… suīrán…dàn(shì)… 비록 ~이지만, 그러나~ 不错 búcuò 형 괜찮다, 좋다 总的来说 zǒng de lái shuō 결론적으로 말하자면

제5부분

해커스 TSC 한 권으로 끝내기

③ 결혼/가정 문제

Zuìjìn hěn duō niánqīng rén bù xiǎng jiéhūn, xiǎng dúzì xiǎngshòu rénshēng. Nǐ rènwéi wèishénme huì zhèyàng?

最近很多年轻人不想结婚，想独自享受人生。你认为为什么会这样?

최근 많은 젊은 사람들이 결혼하고 싶어 하지 않고, 혼자서 인생을 즐기고 싶어 합니다. 당신은 어째서 이렇다고 생각합니까?

답변 템플릿

첫 문장	나는 젊은 사람들이 혼자서 인생을 즐기고 싶어 하는 이유가 많다고 생각한다.
근거	첫째, 결혼은 젊은 사람들에게 경제적인 부담을 가져다준다. 둘째, 대부분 열심히 일하면서 자유롭게 생활하기를 원한다.  솔직히 말하면, 비록 나도 연인이 있지만, 그러나 결혼하고 싶지 않고, 내 인생을 더 즐기고 싶다.
마무리	결론적으로 말하자면, 젊은 사람들이 혼자서 인생을 즐기고 싶어 하는 이유는 많다.

Wǒ rènwéi zuìjìn hěn duō niánqīng rén bù xiǎng jiéhūn, xiǎng dúzì xiǎngshòu rénshēng de lǐyóu hěn duō.

我认为最近很多年轻人不想结婚，想独自享受人生的理由很多。

Dìyī, jiéhūn shí xūyào yǒu wùzhì jīchǔ, zhè huì gěi niánqīng rén dàilai jīngjì shang de yālì.

第一，结婚时需要有物质基础，这会给年轻人带来经济上的压力。

Dì èr, dà bùfen niánqīng rén yuànyì yìbiān nǔlì gōngzuò yìbiān zìyóu shēnghuó.

第二，大部分年轻人愿意一边努力工作一边自由生活。

Shuō shíhuà, suīrán wǒ yě yǒu liànrén, dàn háishi bù xiǎng jiéhūn, zhǐ xiǎng duō xiǎngshòu wǒ de rénshēng.

6급 이상 **说实话，虽然我也有恋人，但还是不想结婚，只想多享受我的人生。**

Zǒng de lái shuō, hěn duō niánqīng rén xiǎng dúzì xiǎngshòu rénshēng de lǐyóu hěn duō.

总的来说，很多年轻人想独自享受人生的理由很多。

해석 저는 최근 많은 젊은 사람들이 결혼하고 싶어 하지 않고, 혼자서 인생을 즐기고 싶어 하는 이유가 많다고 생각합니다. 첫째, 결혼할 때 물질적인 기반이 있어야 해서, 이는 젊은 사람들에게 경제적인 부담을 가져다줍니다. 둘째, 대부분의 젊은 사람들은 열심히 일하면서 자유롭게 생활하기를 원합니다. 솔직히 말하면, 비록 저도 연인이 있지만, 그러나 그래도 결혼하고 싶지 않고, 그저 제 인생을 더 즐기고 싶습니다. 결론적으로 말하자면, 많은 젊은 사람들이 혼자서 인생을 즐기고 싶어 하는 이유는 많습니다.

어휘 最近 zuìjìn 명 최근 年轻人 niánqīng rén 젊은 사람 结婚 jiéhūn 동 결혼하다 独自 dúzì 부 혼자서, 단독으로 享受 xiǎngshòu 동 즐기다, 누리다 人生 rénshēng 명 인생 理由 lǐyóu 명 이유 第一…第二… dìyī…dì èr… 첫째~ 둘째~ 物质 wùzhì 명 물질 基础 jīchǔ 명 기반, 기초 经济 jīngjì 명 경제 压力 yālì 명 부담, 스트레스 大部分 dà bùfen 명 대부분 工作 gōngzuò 동 일하다 명 직업 自由 zìyóu 형 자유롭다 명 자유 生活 shēnghuó 동 생활하다 명 생활 说实话 shuō shíhuà 솔직히 말하면 虽然…但(是)… suīrán…dàn(shì)… 비록 ~이지만, 그러나~ 恋人 liànrén 명 연인 总的来说 zǒng de lái shuō 결론적으로 말하자면

실전 연습문제

5_03_6_연습문제_풀어보기.mp3,
5_03_7_연습문제_모범답변 따라하기_4-5급.mp3,
5_03_8_연습문제_모범답변 따라하기_6급 이상.mp3

제5부분 03 연습문제 바로듣기

먼저 문제를 눈으로 확인한 후, 문제를 듣고 큰 소리로 답변해보세요.

01 你觉得赚钱和花钱哪个更重要？请谈谈你的看法。

____。

02 你觉得遗传基因和性格有关系吗？为什么？

____。

03 别人误会你的话，你会怎么解决？

____。

04 如果你的孩子想婚前同居，你会支持还是反对？

____。

모범답변 및 해석 p.380

04 트렌드·이슈 관련 의견 제시하기

트렌드·이슈 문제에는 최근의 트렌드와 더불어 사회적으로 비교적 관심이 집중되었던 이슈와 관련된 문제들이 다양하게 출제돼요. 트렌드·이슈와 관련된 빈출 표현과 답변문장 패턴을 꼼꼼히 익혀보세요. 그리고 빈출 문제를 스스로 답변할 수 있도록 반복 연습하세요.

제5부분 04 바로듣기

빈출 표현 및 답변문장 패턴 익히기

① 빈출 표현 익히기

5_04_1_빈출 표현_따라읽기.mp3, 5_04_2_빈출 표현_암기하기.mp3

자주 쓰이는 기술/서비스, 미디어/인터넷, 사회/정책, 환경/동물 주제와 관련된 표현들을 큰 소리로 따라 말하며 익혀보세요.

기술/서비스 관련 표현

- □ 技术 jìshù ㊄ 기술
- □ 产品 chǎnpǐn ㊄ 제품, 상품
- □ 机器 jīqì ㊄ 기기, 기계
- □ 性能 xìngnéng ㊄ 성능
- □ 含量 hánliàng ㊄ 함량
- □ 质量 zhìliàng ㊄ 질, 품질
- □ 价格 jiàgé ㊄ 가격, 값
- □ 评价 píngjià ㊄ 평가 ㊅ 평가하다
- □ 普及 pǔjí ㊅ 보급되다 ㊄ 보급
- □ 叫外卖 jiào wàimài 배달 음식을 시키다
- □ 一人家庭 yìrén jiātíng 1인 가구
- □ 人工智能 réngōng zhìnéng 인공지능

미디어/인터넷 관련 표현

- □ 媒体 méitǐ ㊄ 매체
- □ 大众 dàzhòng ㊄ 대중
- □ 信息 xìnxī ㊄ 정보, 소식
- □ 假 jiǎ ㊆ 가짜의
- □ 个性 gèxìng ㊄ 개성
- □ 别人 biéren ㊇ 다른 사람
- □ 获得 huòdé ㊅ 얻다, 취득하다
- □ 注目 zhùmù ㊄ 주목 ㊅ 주목하다
- □ 低头族 Dītóu zú 수그리족[고개를 숙여 스마트폰만 보는 사람들]
- □ 双刃剑 shuāngrènjiàn 양날의 검

□ 社交网络 shèjiāo wǎngluò 소셜 네트워크(SNS)

□ 网上购物 wǎngshàng gòuwù 인터넷 쇼핑

사회/정책 관련 표현

□ 社会 shèhuì 명 사회

□ 政府 zhèngfǔ 명 정부

□ 企业 qǐyè 명 기업

□ 经济 jīngjì 명 경제

□ 实行 shíxíng 동 실행하다

□ 管理 guǎnlǐ 동 관리하다, 돌보다

□ 保持 bǎochí 동 유지하다, 지키다

□ 依赖 yīlài 동 의존하다, 의지하다

□ 角度 jiǎodù 명 관점, 각도

□ 情况 qíngkuàng 명 상황, 정황

□ 问题 wèntí 명 문제

□ 袋鼠族 Dàishǔ zú 캥거루족

□ 弹性工作制 tánxìng gōngzuò zhì 탄력 근무제

□ 最近 zuìjìn 명 최근

환경/동물 관련 표현

□ 环境 huánjìng 명 환경

□ 垃圾 lājī 명 쓰레기

□ 空气 kōngqì 명 공기

□ 污染 wūrǎn 명 오염 동 오염되다

□ 资源 zīyuán 명 자원

□ 保护 bǎohù 동 보호하다

□ 环保 huánbǎo 명 환경 보호

□ 利用 lìyòng 동 이용하다

□ 节省 jiéshěng 동 절약하다, 아끼다

□ 减少 jiǎnshǎo 동 줄이다, 감소하다

□ 制造 zhìzào 동 만들다, 제조하다

□ 浪费 làngfèi 동 낭비하다

□ 危害 wēihài 동 해를 끼치다 명 피해

□ 破坏 pòhuài 동 손상시키다, 파괴하다

□ 可回收 kě huíshōu 재활용, 재활용할 수 있다

□ 分类回收 fēnlèi huíshōu 분리수거

□ 一次性用品 yícìxìng yòngpǐn 일회용품

□ 动物 dòngwù 명 동물

□ 生命 shēngmìng 명 생명

□ 实验 shíyàn 명 실험 동 실험하다

□ 尊重 zūnzhòng 동 존중하다, 중시하다

□ 道德 dàodé 형 윤리적이다 명 도덕

② 답변문장 패턴 익히기

5_04_3_답변문장 패턴.mp3

첫 문장을 말한 후 그에 대한 타당한 근거와 자신의 생각 또는 경험을 논리적으로 길게 말하기 위해 알아두어야 할 답변문장 패턴을 큰 소리로 따라 말하며 익혀보세요.

패턴 1 우선순위와 관계없이 견해·의견을 나열하며 말할 때

Dìyī　Dì èr
第一，(첫 번째 견해·의견)。第二，(두 번째 견해·의견)。 첫째, (첫 번째 견해·의견). 둘째, (두 번째 견해·의견).

Dìyī shì yīnwèi xìngnéng juédìng jiàgé. Dì èr shì yīnwèi jìshù hánliàng yuè gāo, jiàgé yuè gāo.
第一是因为性能决定价格。第二是因为技术含量越高，价格越高。
첫째로는 성능이 가격을 결정하기 때문입니다. 둘째로는 기술 함량이 높을수록, 가격도 높아지기 때문입니다.

Dìyī, kěyǐ jiǎnshǎo yuáncáiliào de làngfèi. Dì èr, kěyǐ jiǎnshǎo yǒu hài lājī duì huánjìng de wēihài.
第一，可以减少原材料的浪费。第二，可以减少有害垃圾对环境的危害。
첫째, 원자재의 낭비를 줄일 수 있습니다. 둘째, 유해한 쓰레기가 환경에 미치는 피해를 줄일 수 있습니다.

패턴 2 우선순위에 따라 견해·의견을 나열하며 말할 때

Shǒuxiān ne　Qícì ne
首先呢，(첫 번째 견해·의견)。其次呢，(두 번째 견해·의견)。 먼저, (첫 번째 견해·의견). 그다음, (두 번째 견해·의견).

Shǒuxiān ne, tánxìng gōngzuò zhì huì tígāo xiàolǜ. Qícì ne, tā néng mǎnzú yuángōng de xūqiú.
首先呢，弹性工作制会提高效率。其次呢，它能满足员工的需求。
먼저, 탄력 근무제는 효율을 향상시킵니다. 그다음, 그것은 직원들의 요구를 만족시킬 수 있습니다.

Shǒuxiān ne, shēngmìng dōu zhídé bèi zūnzhòng. Qícì ne, dòngwù shíyàn bú shì wéiyī de yánjiū fāngfǎ.
首先呢，生命都值得被尊重。其次呢，动物实验不是唯一的研究方法。
먼저, 생명은 모두 존중 받을 가치가 있습니다. 그다음, 동물 실험은 유일한 연구 방법이 아닙니다.

패턴 3 먼저 결론·결과를 말하고 그 다음 이유·원인을 말할 때

zhīsuǒyǐ　shìyīnwèi
…之所以 (결론·결과)，是因为 (이유·원인)。 ~가 (결론·결과) 하는 이유는, (이유·원인) 이기 때문이다.

Zuìjìn hěn duō rén zhīsuǒyǐ yīlài fùmǔ shēnghuó, shìyīnwèi xiànzài zhǎo gōngzuò hěn nán.
最近很多人之所以依赖父母生活，是因为现在找工作很难。
최근 많은 사람들이 부모님께 의존하여 생활하는 이유는, 현재 직업을 찾는 것이 어렵기 때문입니다.

Wǒ zhīsuǒyǐ fǎnduì ná dòngwù zuò shíyàn, shìyīnwèi zhège xíngwéi hěn bú dàodé.
我之所以反对拿动物做实验，是因为这个行为很不道德。
제가 동물을 가지고 실험하는 것을 반대하는 이유는, 이 행위가 윤리적이지 않기 때문입니다.

패턴 4 기본적인 내용과 더불어 점층적인 내용을 말할 때

bùjǐn　　　　hái
不仅 기본적인 내용 , 还 점층적인 내용 。　기본적인 내용 뿐만 아니라, (오히려) 점층적인 내용 하다.

Bùjǐn shì wǒ, hái yǒu hěn duō péngyou yě jīngcháng jiào wàimài.
不仅是我，还有很多朋友也经常叫外卖。
저뿐만 아니라, 많은 친구들도 자주 배달 음식을 시킵니다.

Wèile bǎohù huánjìng, wǒmen bùjǐn yào shǎo yòng yícìxìng yòngpǐn, hái yào jiéyuē zīyuán.
为了保护环境，我们不仅要少用一次性用品，还要节约资源。
환경을 보호하기 위해, 우리는 일회용품을 적게 사용해야할 뿐만 아니라, 자원도 절약해야 합니다.

패턴 5 먼저 기존 사실을 말하고 그 다음 상반되는 내용을 말할 때

Suīrán　　　　dàn(shì)
虽然 기존 사실 , 但(是) 상반되는 내용 。　비록 기존 사실 이지만, 그러나 상반되는 내용 하다.

Suīrán wǒmen tōngguò méitǐ kěyǐ huòdé xīn xìnxī, dàn zhè zhī zhōng yǒu zhēn yǒu jiǎ.
虽然我们通过媒体可以获得新信息，但这之中有真有假。
비록 우리는 매체를 통해 새로운 정보를 얻을 수 있지만, 그러나 이중에는 진짜도 있고 가짜도 있습니다.

Fēnlèi huíshōu suīrán hěn máfan, dàn wèile huánbǎo, wǒmen háishi yào rènzhēn qù zuò.
分类回收虽然很麻烦，但为了环保，我们还是要认真去做。
분리수거는 비록 귀찮지만, 그러나 환경 보호를 위해, 우리는 그래도 성실히 해나가야 합니다.

패턴 6 조건에 상관없이 변치 않는 결론·결과를 말할 때

Bùguǎn　　　　dōu
不管 조건 , 都 결론 · 결과 。　조건 든지 간에, 모두 결론 · 결과 이다.

Bùguǎn shì bu shì shíxíng tánxìng gōngzuò zhì, yuángōng dōu xūyào bǎochí liánghǎo de gōngzuò tàidu.
不管是不是实行弹性工作制，员工都需要保持良好的工作态度。
탄력 근무제를 시행하든 하지 않든 간에, 직원들은 모두 좋은 근무 태도를 유지해야 합니다.

Mǎi chǎnpǐn shí, bùguǎn jiàgé duō gāo, xìngnéng hǎo de wǒ dōu huì mǎi.
买产品时，不管价格多高，性能好的我都会买。
제품을 살 때, 가격이 얼마나 높든 간에, 성능이 좋은 것이면 저는 모두 삽니다.

빈출 문제 공략하기

5_04_4_빈출 문제_4-5급.mp3, 5_04_5_빈출 문제_6급 이상.mp3

먼저 각 문제 아래에 정리된 어휘를 확인한 후, 문제를 읽고 스스로 답변해보세요. 그 다음 모범답변을 듣고 큰 소리로 따라 말하면서 답변 템플릿을 익히고 모범답변을 입에 붙여보세요.

① 기술/서비스 문제

01

Nǐ juéde chǎnpǐn de xìngnéng hé jiàgé yǒu guānxi ma? Qǐng tántan nǐ de xiǎngfǎ.

你觉得产品的性能和价格有关系吗？请谈谈你的想法。

당신은 제품의 성능과 가격이 관계가 있다고 생각합니까? 당신의 생각을 말해주세요.

답변 템플릿

첫 문장	제품의 성능과 가격은 관계가 있다.
근거	첫째, 성능이 가격을 결정한다. 둘째, 기술 함량이 높을수록, 가격도 높아진다. 6급 이상 솔직히 말하면, 나는 가격이 얼마나 높든 간에, 성능이 좋은 것이면 모두 산다.
마무리	결론적으로 말하자면, 제품의 성능과 가격은 관계가 있다.

Wǒ juéde chǎnpǐn de xìngnéng hé jiàgé yǒu guānxi.

我觉得产品的性能和价格有关系。

Dìyī shì yīnwèi xìngnéng juédìng jiàgé, rúguǒ chǎnpǐn de xìngnéng hěn qiáng, chǎnpǐn de jiàgé zìrán jiù huì hěn gāo.

第一是因为性能决定价格，如果产品的性能很强，产品的价格自然就会很高。

Dì èr shì yīnwèi jìshù hánliàng yuè gāo, jiàgé yuè gāo, suǒyǐ rénmen cái shuō: "Yì fēn qián yì fēn huò".

第二是因为技术含量越高，价格越高，所以人们才说："一分钱一分货"。

Shuō shíhuà, mǎi chǎnpǐn shí, bùguǎn jiàgé duō gāo, xìngnéng hǎo de wǒ dōu huì mǎi.

6급 이상 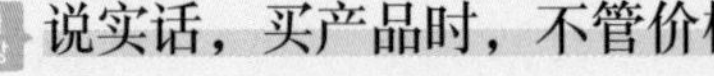

说实话，买产品时，不管价格多高，性能好的我都会买。

Zǒng de lái shuō, wǒ juéde chǎnpǐn de xìngnéng hé jiàgé yǒu guānxi.

总的来说，我觉得产品的性能和价格有关系。

해석 저는 제품의 성능과 가격이 관계가 있다고 생각합니다. 첫째로는 성능이 가격을 결정하므로, 만약 제품의 성능이 좋다면, 제품의 가격은 자연히 높을 것이기 때문입니다. 둘째로는 기술 함량이 높을수록, 가격도 높아지기 때문에, 그래서 사람들은 '싼 게 비지떡이다'라고 말합니다. 솔직히 말하면, 제품을 살 때, 가격이 얼마나 높든 간에, 성능이 좋은 것이면 저는 모두 삽니다. 결론적으로 말하자면, 저는 제품의 성능과 가격이 관계가 있다고 생각합니다.

어휘 产品 chǎnpǐn 명 제품, 상품 性能 xìngnéng 명 성능 价格 jiàgé 명 가격, 값 谈 tán 동 말하다, 이야기하다 第一…第二… dìyī…dì èr… 첫째~ 둘째~ 决定 juédìng 동 결정하다 명 결정 自然 zìrán 부 자연히, 저절로 技术 jìshù 명 기술 含量 hánliàng 명 함량 越…越… yuè…yuè… ~하면 할수록 ~하다 一分钱一分货 yì fēn qián yì fēn huò 싼 게 비지떡이다, 한 푼의 돈으로 한 푼의 물건을 사다 说实话 shuō shíhuà 솔직히 말하면 不管…都… bùguǎn…dōu… ~를 하든지 간에, 모두~ 总的来说 zǒng de lái shuō 결론적으로 말하자면

02

Zuìjìn hěn duō rén bú zuò fàn tiāntiān jiào wàimài, nǐ juéde wèishénme huì zhèyàng?

最近很多人不做饭天天叫外卖，你觉得为什么会这样?

최근 많은 사람들이 밥을 하지 않고 매일 배달 음식을 시키는데, 당신은 어째서 이렇다고 생각합니까?

답변 템플릿

첫 문장	사람들이 매일 배달 음식을 시키는 이유는 많다.
근거	첫째, 밥 하는 시간을 아껴 다른 일을 할 수 있다. 둘째, 1인 가구 입장에서 보면, 배달 음식을 시키는 것이 장을 보는 것보다 싸고 편리하다. 6급 이상 솔직히 말하면, 나뿐만 아니라, 많은 친구들도 자주 배달 음식을 시킨다.
마무리	결론적으로 말하자면, 사람들이 매일 배달 음식을 시키는 이유는 많다.

Wǒ juéde zuìjìn hěn duō rén bú zuò fàn tiāntiān jiào wàimài de lǐyóu hěn duō.

我觉得最近很多人不做饭天天叫外卖的理由很多。

Dìyī shì yīnwèi kěyǐ jiéshěng zuò fàn shíjiān. Shěng xiàlai de shíjiān kěyǐ zuò qítā shìqing.

第一是因为可以节省做饭时间。省下来的时间可以做其他事情。

Dì èr shì yīnwèi zuìjìn yìrén jiātíng yuèláiyuè duō. Duì tāmen lái shuō, jiào wàimài bǐ mǎi cài gèng piányi, fāngbiàn.

第二是因为最近一人家庭越来越多。对他们来说，叫外卖比买菜更便宜、方便。

Shuō shíhuà, bùjǐn shì wǒ, hái yǒu hěn duō péngyou yě jīngcháng jiào wàimài.

6급 이상 **说实话，不仅是我，还有很多朋友也经常叫外卖。**

Zǒng de lái shuō, wǒ juéde zuìjìn hěn duō rén bú zuò fàn tiāntiān jiào wàimài de lǐyóu hěn duō.

总的来说，我觉得最近很多人不做饭天天叫外卖的理由很多。

해석 저는 최근 많은 사람들이 밥을 하지 않고 매일 배달 음식을 시키는 이유가 많다고 생각합니다. 첫째로는 밥 하는 시간을 아낄 수 있기 때문입니다. 아낀 시간으로 다른 일을 할 수 있습니다. 둘째로는 최근 1인 가구가 점점 많아지고 있기 때문입니다. 그들의 입장에서 보면, 배달 음식을 시키는 것이 장을 보는 것보다 싸고 편리합니다. 솔직히 말하면, 저뿐만 아니라, 많은 친구들도 자주 배달 음식을 시킵니다. 결론적으로 말하자면, 저는 최근 많은 사람들이 밥을 하지 않고 매일 배달 음식을 시키는 이유가 많다고 생각합니다.

어휘 最近 zuìjìn 명 최근 叫外卖 jiào wàimài 배달 음식을 시키다 理由 lǐyóu 명 이유 第一…第二… dìyī…dì èr… 첫째~ 둘째~ 节省 jiéshěng 동 아끼다, 절약하다 其他 qítā 대 다른, 기타 一人家庭 yìrén jiātíng 1인 가구 越来越 yuèláiyuè 점점 对…来说 duì… lái shuō ~의 입장에서 보면 说实话 shuō shíhuà 솔직히 말하면 不仅…还… bùjǐn…hái… ~뿐만 아니라, (오히려) ~하다 总的来说 zǒng de lái shuō 결론적으로 말하자면

제5부분

해커스 TSC 한 권으로 끝내기

② 미디어/인터넷 문제

Yǒu rén shuō dàzhòng méitǐ shì yì bǎ "shuāngrènjiàn", nǐ tóngyì zhè zhǒng guāndiǎn ma?

有人说大众媒体是一把"双刃剑"，你同意这种观点吗?

누군가 말하길 대중 매체는 '양날의 검'이라고 하는데, 당신은 이러한 관점에 동의합니까?

답변 템플릿

첫 문장	대중 매체는 '양날의 검'이라고 하는데, 나는 이러한 관점에 동의한다.
근거	비록 매체를 통해 대량의 정보를 얻을 수 있지만, 그러나 이중에는, 진짜도 있고 가짜도 있다. 이런 정보는 사람들의 판단에 영향을 줬을뿐만 아니라, 사람들의 생활을 변화시켰다. 6급 이상 솔직히 말하면, 비록 매체는 생활을 편해지게 했지만, 그러나 적지 않은 문제도 가져다주었다.
마무리	결론적으로 말하자면, 이러한 관점에 동의한다.

Yǒu rén shuō dàzhòng méitǐ shì yì bǎ "shuāngrènjiàn", wǒ tóngyì zhè zhǒng guāndiǎn.

有人说大众媒体是一把"双刃剑"，我同意这种观点。

Suīrán wǒmen tōngguò méitǐ kěyǐ huòdé dàliàng xīn xìnxī, dàn zài zhè zhī zhōng, jì yǒu zhēn de yě yǒu jiǎ de.

虽然我们通过媒体可以获得大量新信息，但在这之中，既有真的也有假的。

Zhèxiē xìnxī bùjǐn yǐngxiǎngle rénmen de pànduàn, hái gǎibiànle rénmen de shēnghuó.

这些信息不仅影响了人们的判断，还改变了人们的生活。

Shuō shíhuà, suīrán méitǐ ràng wǒmen de shēnghuó biànde gèng fāngbiàn, dàn yě dàilaile bù shǎo wèntí.

6급 이상 **说实话，虽然媒体让我们的生活变得更方便，但也带来了不少问题。**

Zǒng de lái shuō, wǒ tóngyì zhè zhǒng guāndiǎn.

总的来说，我同意这种观点。

해석 누군가 말하길 대중 매체는 '양날의 검'이라고 하는데, 저는 이러한 관점에 동의합니다. 비록 우리는 매체를 통해 대량의 새로운 정보를 얻을 수 있지만, 그러나 이중에는, 진짜가 있기도 하고 가짜가 있기도 합니다. 이런 정보는 사람들의 판단에 영향을 줬을뿐만 아니라, 사람들의 생활을 변화시켰습니다. 솔직히 말하면, 비록 매체는 우리의 생활을 더욱 편해지게 했지만, 그러나 적지 않은 문제도 가져다주었습니다. 결론적으로 말하자면, 저는 이러한 관점에 동의합니다.

어휘 有人说 yǒu rén shuō 누군가 말하길 大众 dàzhòng 명 대중 媒体 méitǐ 명 매체 双刃剑 shuāngrènjiàn 양날의 검 观点 guāndiǎn 명 관점 虽然…但(是)… suīrán…dàn(shì)… 비록 ~이지만, 그러나~ 通过 tōngguò 개 ~을 통해 동 통과하다 获得 huòdé 동 얻다, 취득하다 信息 xìnxī 명 정보, 소식 既…也… jì…yě… ~하고 (또) ~하다 假 jiǎ 형 가짜의 不仅…还… bùjǐn…hái… ~뿐만 아니라, (오히려) ~하다 影响 yǐngxiǎng 명 영향 동 영향을 주다 判断 pànduàn 동 판단하다 生活 shēnghuó 명 생활 동 생활하다 说实话 shuō shíhuà 솔직히 말하면 总的来说 zǒng de lái shuō 결론적으로 말하자면

③ 사회/정책 문제

Nǐ juéde gōngsī shíxíng tánxìng gōngzuò zhì yǒu shénme hǎochù hé huàichù? Qǐng tántan nǐ de kànfǎ.
你觉得公司实行弹性工作制有什么好处和坏处？请谈谈你的看法。
당신은 회사가 탄력 근무제를 시행하는 것이 어떠한 좋은 점과 나쁜 점이 있다고 생각합니까? 당신의 견해를 말해주세요.

답변 템플릿

첫 문장	탄력 근무제를 시행하는 것은 좋은 점도 있고 나쁜 점도 있다.
근거	먼저, 출근 시간을 선택할 수 있어서, 근무 효율이 향상될 것이다. 그다음, 비록 탄력 근무제는 좋은 점이 있지만, 그러나 회사의 관점에서 보면, 직원들 관리가 어렵다. 6급 이상 솔직히 말하면, 탄력 근무제를 시행하든 하지 않든 간에, 직원들은 모두 좋은 근무 태도를 유지해야 한다.
마무리	결론적으로 말하자면, 탄력 근무제를 시행하는 것은 좋은 점도 있고 나쁜 점도 있다.

Wǒ juéde gōngsī shíxíng tánxìng gōngzuò zhì jì yǒu hǎochù yě yǒu huàichù.
我觉得公司实行弹性工作制既有好处也有坏处。

Shǒuxiān ne, yuángōng kěyǐ zìyóu xuǎnzé shàngbān shíjiān, gōngzuò xiàolǜ huì tígāo.
首先呢，员工可以自由选择上班时间，工作效率会提高。
Qícì ne, suīrán tánxìng gōngzuò zhì yǒu hǎochù, dàn cóng gōngsī de jiǎodù kàn, guǎnlǐ yuángōng jiù huì
其次呢，虽然弹性工作制有好处，但从公司的角度看，管理员工就会
biànde hěn nán.
变得很难。
Shuō shíhuà, bùguǎn shì bu shì shíxíng tánxìng gōngzuò zhì, yuángōng dōu xūyào bǎochí liánghǎo de gōngzuò

说实话，不管是不是实行弹性工作制，员工都需要保持良好的工作
tàidu.
态度。

Zǒng de lái shuō, wǒ juéde gōngsī shíxíng tánxìng gōngzuò zhì jì yǒu hǎochù yě yǒu huàichù.
总的来说，我觉得公司实行弹性工作制既有好处也有坏处。

해석 저는 회사가 탄력 근무제를 시행하는 것이 좋은 점이 있기도 하고 나쁜 점이 있기도 하다고 생각합니다. 먼저, 직원은 자유롭게 출근 시간을 선택할 수 있어서, 근무 효율이 향상될 것입니다. 그다음, 비록 탄력 근무제는 좋은 점이 있지만, 그러나 회사의 관점에서 보면, 직원들을 관리하기가 어려워질 것입니다. 솔직히 말하면, 탄력 근무제를 시행하든 하지 않든 간에, 직원들은 모두 좋은 근무 태도를 유지해야 합니다. 결론적으로 말하자면, 저는 회사가 탄력 근무제를 시행하는 것이 좋은 점이 있기도 하고, 나쁜 점이 있기도 하다고 생각합니다.

어휘 公司 gōngsī 명 회사 实行 shíxíng 동 실행하다 弹性工作制 tánxìng gōngzuò zhì 탄력 근무제 好处 hǎochù 명 좋은 점, 이점 坏处 huàichù 명 나쁜 점 谈 tán 동 말하다 看法 kànfǎ 명 견해 既…也… jì…yě… ~하고 (또) ~하다 首先呢…其次呢… shǒuxiān ne…qícì ne… 먼저~ 그다음~ 员工 yuángōng 명 직원, 종업원 自由 zìyóu 형 자유롭다 工作 gōngzuò 명 근무, 직업 效率 xiàolǜ 명 효율, 능률 提高 tígāo 동 향상시키다, 끌어올리다 虽然…但(是)… suīrán…dàn(shì)… 비록 ~이지만, 그러나~ 角度 jiǎodù 명 관점, 각도 管理 guǎnlǐ 동 관리하다 说实话 shuō shíhuà 솔직히 말하면 不管…都… bùguǎn…dōu… ~를 하든지 간에, 모두~ 需要 xūyào 동 해야 한다, 필요하다 保持 bǎochí 동 유지하다, 지키다 良好 liánghǎo 형 좋다, 양호하다 态度 tàidu 명 태도 总的来说 zǒng de lái shuō 결론적으로 말하자면

④ 환경/동물 문제

Nǐ juéde bǎ lājī jìnxíng fēnlèi huíshōu duì huánbǎo yǒu bāngzhù ma? Qǐng tántan nǐ de xiǎngfǎ.
你觉得把垃圾进行分类回收对环保有帮助吗？请谈谈你的想法。
당신은 쓰레기를 분리수거 하는 것이 환경 보호에 도움이 된다고 생각합니까? 당신의 생각을 말해주세요.

답변 템플릿

첫 문장	쓰레기를 분리수거 하는 것이 환경 보호에 도움이 된다.
근거	첫째, 원자재의 낭비를 줄일 수 있다. 둘째, 유해한 쓰레기가 환경에 미치는 피해를 줄일 수 있다. 6급 이상 솔직히 말하면, 분리수거는 비록 귀찮지만, 그러나 환경 보호를 위해, 성실히 해나가야 한다.
마무리	결론적으로 말하자면, 쓰레기를 분리수거 하는 것이 환경 보호에 도움이 된다.

Wǒ juéde bǎ lājī jìnxíng fēnlèi huíshōu duì huánbǎo yǒu bāngzhù.
我觉得把垃圾进行分类回收对环保有帮助。

Dìyī, kěyǐ zài cì lìyòng kě huíshōu de lājī, jiǎnshǎo yuáncáiliào de làngfèi.
第一，可以再次利用可回收的垃圾，减少原材料的浪费。

Dì èr, kěyǐ jiǎnshǎo yǒu hài lājī duì huánjìng de wēihài. Yīnwéi rénmen zhìzào de lājī zhōng,
第二，可以减少有害垃圾对环境的危害。因为人们制造的垃圾中，
yǒu yìxiē shì yǒu dú de.
有一些是有毒的。

Shuō shíhuà, fēnlèi huíshōu suīrán hěn máfan, dàn wèile huánbǎo, wǒmen háishi yào rènzhēn qù zuò.

6급 이상 说实话，分类回收虽然很麻烦，但为了环保，我们还是要认真去做。

Zǒng de lái shuō, wǒ juéde bǎ lājī jìnxíng fēnlèi huíshōu duì huánbǎo yǒu bāngzhù.
总的来说，我觉得把垃圾进行分类回收对环保有帮助。

해석 저는 쓰레기를 분리수거 하는 것이 환경 보호에 도움이 된다고 생각합니다. 첫째, 재활용이 가능한 쓰레기를 다시 이용해, 원자재의 낭비를 줄일 수 있습니다. 둘째, 유해한 쓰레기가 환경에 미치는 피해를 줄일 수 있습니다. 왜냐하면 사람들이 만든 쓰레기 중, 어떠한 것들은 독이 있기 때문입니다. 솔직히 말하면, 분리수거는 비록 귀찮지만, 그러나 환경 보호를 위해, 우리는 그래도 성실히 해나가야 합니다. 결론적으로 말하자면, 저는 쓰레기를 분리수거 하는 것이 환경 보호에 도움이 된다고 생각합니다.

어휘 垃圾 lājī 명 쓰레기 进行 jìnxíng 동 진행하다 分类回收 fēnlèi huíshōu 분리수거 环保 huánbǎo 명 환경 보호 谈 tán 동 말하다, 이야기하다 第一…第二… dìyī…dì èr… 첫째~ 둘째~ 可回收 kě huíshōu 재활용, 재활용할 수 있다 利用 lìyòng 동 이용하다 减少 jiǎnshǎo 동 줄이다, 감소하다 原材料 yuáncáiliào 명 원자재 浪费 làngfèi 동 낭비하다 有害 yǒu hài 형 유해하다 环境 huánjìng 명 환경 危害 wēihài 명 피해 동 해를 끼치다 制造 zhìzào 동 만들다, 제조하다 有毒 yǒu dú 독이 있다, 유독하다 说实话 shuō shíhuà 솔직히 말하면 虽然…但(是)… suīrán…dàn(shì)… 비록 ~이지만, 그러나~ 麻烦 máfan 형 귀찮다, 번거롭다 总的来说 zǒng de lái shuō 결론적으로 말하자면

실전 연습문제

5_04_6_연습문제_풀어보기.mp3,
5_04_7_연습문제_모범답변 따라하기_4-5급.mp3,
5_04_8_연습문제_모범답변 따라하기_6급 이상.mp3

제5부분 04 연습문제
바로듣기

먼저 문제를 눈으로 확인한 후, 문제를 듣고 큰 소리로 답변해보세요.

01 你觉得人们应不应该用动物进行实验？为什么？

______________________________。

02 你认为不少年轻人喜欢玩儿社交网络的理由是什么？

______________________________。

03 最近政府鼓励大家骑共享单车，你觉得骑共享单车好处多还是坏处多？请谈谈你的想法。

______________________________。

04 最近大学毕业以后继续依赖父母生活的“袋鼠族”在增加，对这种情况你怎么看？

______________________________。

모범답변 및 해석 p.384

실전 테스트

제5부분 실전 테스트 바로듣기

5_05_1_실전 테스트_풀어보기.mp3,
5_05_2_실전 테스트_모범답변 따라하기_4-5급.mp3,
5_05_3_실전 테스트_모범답변 따라하기_6급 이상.mp3

TSC 중국어 말하기 시험

해커스 001001
19/26

第5部分 : 拓展回答 - 第1题

볼륨

你认为父母的言语和行为会影响孩子的成长吗？
请谈谈你的想法。

TSC 중국어 말하기 시험

해커스 001001
20/26

第5部分 : 拓展回答 - 第2题

볼륨

你认为无偿献血的优缺点有哪些？
请谈谈你的看法。

TSC 중국어 말하기 시험

해커스
001001
21/26

第5部分 : 拓展回答 - 第3题

볼륨

为了保护环境，你支持在外边禁止使用一次性用品吗？

TSC 중국어 말하기 시험

해커스
001001
22/26

第5部分: 拓展回答 - 第4题

볼륨

你认为与别人交流时最重要的是什么？

모범답변 및 해석 p.388

상황 대응
情景应对

01 제안·요청하며 상황 대응하기

02 약속·예약하며 상황 대응하기

03 정보 교류하며 상황 대응하기

04 특정 태도로 상황 대응하기

실전 테스트

은수야, 내가 친구한테 전시회 티켓 2장을 선물 받았는데, 이번주 토요일에 같이 보러 갈래?
어쩌지? 그날이 우리 엄마 생신이라 가족들끼리 저녁 먹기로 했어. 정말 미안해. 우리 다음에 같이 가자.

남자가 여자에게 전시회를 같이 보러 가자고 했는데,
여자가 자신의 상황을 설명하며 남자의 초대를 정중히 거절하고 있군요.

제6부분은 주어지는 상황과 미션에 따라 실제처럼 상대방에게 말을 하며 미션을 수행하는 파트랍니다.
자, 그럼 제6부분에 대해 좀 더 자세히 알아볼까요?

출제 형태 제6부분은?

제6부분 '상황 대응'은 화면에 제시된 요청, 약속, 정보 교류, 태도 표현 등 다양한 상황과 미션을 보며 실제 그 상황에 있는 것처럼 답하는 파트입니다.

문제 번호	23, 24, 25
문제 수	3개
답변 준비시간	30초
답변시간	40초

평가 기준 (4-5급 공통)	주어진 상황을 잘 설명했는가
	제시된 미션을 정확히 해결했는가
	상상력을 더하여 더 길게 답변했는가
	답변시간을 충실하게 가득 채워 답변했는가

추가 평가 기준 (6급 이상)	외국인의 억양이 덜 느껴지는가
	답변 속도가 느리지 않고 유창한가

출제 경향 이렇게 출제돼요!

제6부분에서 미션에 따라 제안·요청, 약속·예약, 정보 교류, 특정 태도와 관련된 다양한 주제의 문제가 출제돼요. 아래 표를 보며 각 주제별로 어떤 문제들이 출제되는지 확인해보세요.

출제되는 주제

제안·요청	…… **请你向同屋说明情况，并邀请她一起去。** …… 룸메이트에게 상황을 설명하고, 또 함께 가자고 그녀를 초청하세요.
약속·예약	…… **请你给他打电话表示祝贺，并约定见面的时间和地点。** …… 그에게 전화해서 축하를 표하고, 또 만날 시간과 장소를 약속하세요.
정보 교류	…… **请给咨询老师说明你的水平和目标，并咨询上课时间等相关事宜。** …… 상담 선생님에게 당신의 수준과 목표를 설명하고, 또 수업 시간 등 관련 사항을 물어보세요.
특정 태도	…… **请你向她说明情况，并委婉地拒绝她。** …… 그녀에게 상황을 설명하고, 또 그녀를 완곡하게 거절하세요.

출제 비율

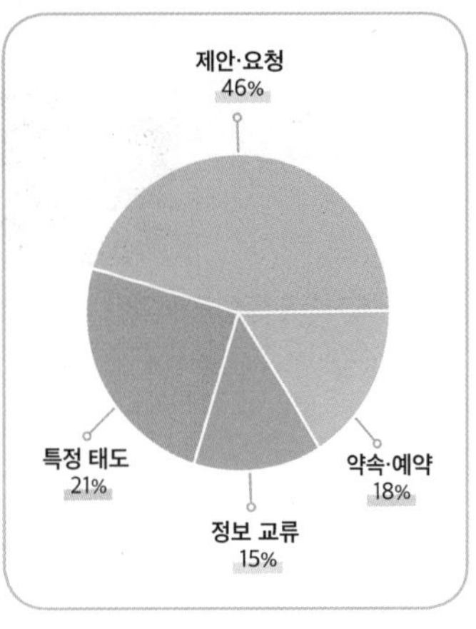

합격 비법 이렇게 학습하세요!

1. 문제에서 언급되는 상황과 제시되는 미션을 빠르고 정확하게 파악하세요.

제6부분은 주어지는 상황에 맞게 미션을 정확히 모두 수행해야 높은 점수를 받을 수 있어요. 그렇기 때문에 문제가 제시하는 상황과 미션이 각각 무엇인지 파악하는 것이 중요해요. 첫 번째 문장에서 언급되는 상황 배경과 마지막에 제시되는 미션을 빠르고 정확하게 파악하는 연습을 하세요.

2. 자연스럽게 상황 설명을 한 뒤 미션을 해결하세요.

제6부분은 제시된 미션만 해결하려고 하면 대화가 부자연스러워지기 때문에 문제에서 언급된 상황 또는 상상을 통해 만들어 낸 새로운 상황을 먼저 설명한 후, 자연스럽게 미션 해결을 위한 문장을 말하는 것이 중요해요. 또 생동감 있는 대화처럼 들리도록 답변의 맨 처음과 마지막에 각각 도입말과 마무리말을 추가하여 말하는 연습을 하세요.

문제 풀이 스텝 이런 순서로 답변하세요!

STEP 1 문제에서 제시된 상황과 미션 파악하기

TSC 중국어 말하기 시험
第6部分 : 情景应对 - 第1题
周末有一场马拉松比赛，你想跟同屋一起参加。
请你向同屋说明情况，并邀请她一起去。

*p.234, [제안·요청] 빈출 문제

화면에 문제가 먼저 나타나고, 약 2초 후 음성으로 문제 번호와 문제를 들려줍니다. 음성으로 문제를 읽어주기 시작하면 문제를 빠르게 해석하세요. 특히 '请… (Qǐng…, ~하세요)' 이전의 내용에서 상황을 파악하고, '请…' 다음의 내용에서 제시된 미션을 파악하세요.

[음성] **周末有一场马拉松比赛，你想跟同屋一起参加。请你向同屋说明情况，并邀请她一起去。**
주말에 마라톤 경기가 있는데, 당신은 룸메이트와 함께 참가하고 싶어요. 룸메이트에게 상황을 설명하고, 또 함께 가자고 그녀를 초청하세요.

STEP 2 답변 템플릿에 따라 답변 준비하기

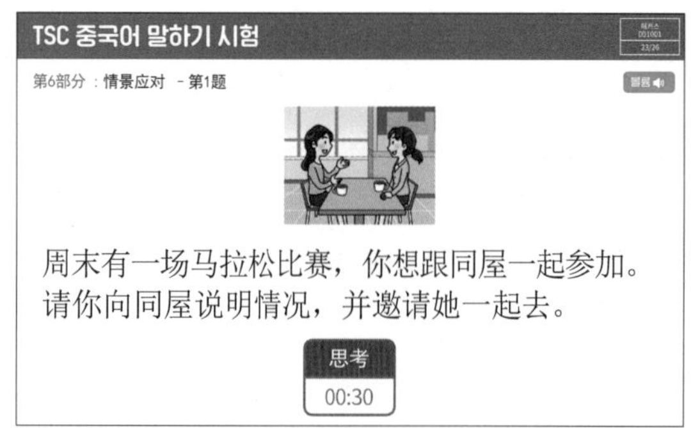
TSC 중국어 말하기 시험
第6部分 : 情景应对 - 第1题
周末有一场马拉松比赛，你想跟同屋一起参加。
请你向同屋说明情况，并邀请她一起去。
思考
00:30

문제를 들려주는 음성이 끝나면 30초의 답변 준비시간이 주어집니다. 답변 템플릿에 따라 준비시간 동안 답변문장 패턴을 활용하여 중국어 문장을 떠올리며 전체 답변을 준비해보세요.

답변 템플릿 | 모범답변

도입	도입말 하기	**小李，你好。现在说话方便吗？** 샤오리, 안녕. 지금 얘기하기 편해?
상황 설명	답변문장 패턴을 활용하여 두 문장 이상으로 상황 설명하기	**听说这周末有一场马拉松比赛，我想跟你一起参加。我记得你也挺喜欢马拉松的。** 듣자 하니 이번 주말에 마라톤 경기가 있다는데, 나는 너와 함께 참가하고 싶어. 나는 너도 마라톤을 매우 좋아하는 걸로 기억하고 있어. **而且上次你不是说想找个机会参加马拉松比赛嘛。** 게다가 지난번에 네가 기회를 봐서 마라톤 경기에 참가하고 싶다고 말했잖아.
미션 수행	답변문장 패턴을 활용하여 미션 수행 문장 말하기 **6급 이상이 목표라면?** 미션 수행과 관련하여 한 문장 덧붙이기	**如果你可以的话，咱们一起去参加这次比赛吧。** 만약 네가 가능하다면, 우리 함께 이번 경기에 참가하자. **从今天开始，我们一起去公园跑步，好吗？** 오늘부터, 우리 함께 공원에 달리기 하러 가자. 어때?
마무리	마무리말 하기	**你觉得怎么样？** 네 생각은 어때?

STEP 3 정확한 발음과 성조로 답변시간 꽉 채워 답변하기

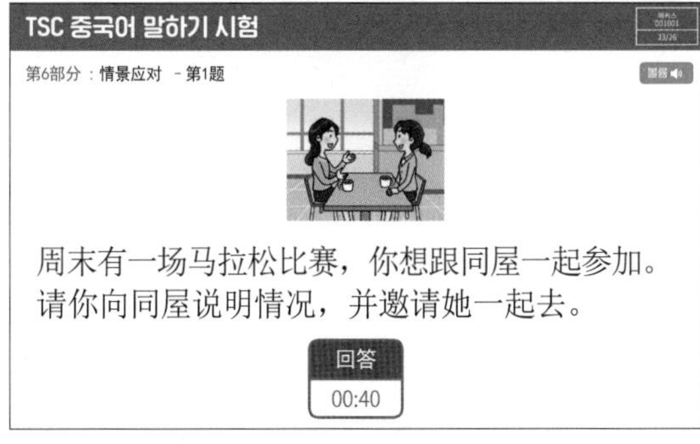
TSC 중국어 말하기 시험
第6部分：情景应对 - 第1题
周末有一场马拉松比赛，你想跟同屋一起参加。
请你向同屋说明情况，并邀请她一起去。
回答
00:40

답변 준비시간이 끝나면 '삐-' 소리와 함께 40초의 답변시간이 시작됩니다. '삐-' 소리가 들리면 녹음이 온전하게 되도록 1초 정도 후 준비한 답변을 정확한 발음과 성조로 답변시간 40초를 꽉 채워 답변하세요.

[답변] 小李，你好。现在说话方便吗？听说这周末有一场马拉松比赛，我想跟你一起参加。我记得你也挺喜欢马拉松的。而且上次你不是说想找个机会参加马拉松比赛嘛。如果你可以的话，咱们一起去参加这次比赛吧。从今天开始，我们一起去公园跑步，好吗？你觉得怎么样？

01 제안·요청하며 상황 대응하기

제안·요청 문제에는 초청/제안, 권유/설득/충고, 요구/부탁 관련 미션의 문제들이 다양한 상황으로 출제돼요. 제안·요청과 관련된 빈출 표현과 답변문장 패턴을 꼼꼼히 익혀보세요. 그리고 빈출 문제를 스스로 답변할 수 있도록 반복 연습하세요.

제6부분 01 바로듣기

빈출 표현 및 답변문장 패턴 익히기

① 빈출 표현 익히기

6_01_1_빈출 표현_따라읽기.mp3, 6_01_2_빈출 표현_암기하기.mp3

자주 쓰이는 초청/제안, 권유/설득/충고, 요구/부탁과 관련된 표현들과 도입말/마무리말을 큰 소리로 따라 말하며 익혀보세요.

초청/제안 관련 표현

- □ 邀请 yāoqǐng 동 초청하다
- □ 建议 jiànyì 동 제안하다
- □ 参加 cānjiā 동 참가하다, 참석하다
- □ 报名 bàomíng 동 등록하다, 신청하다
- □ 度过 dùguò 동 (시간을) 보내다, 지내다
- □ 放暑假 fàng shǔjià 여름 방학을 하다
- □ 机会 jīhuì 명 기회
- □ 比赛 bǐsài 명 경기, 시합
- □ 舍友 shèyǒu 명 룸메이트
- □ 同屋 tóngwū 명 룸메이트
- □ 同事 tóngshì 명 동료
- □ 陪 péi 동 ~와 함께 하다, 동반하다, 모시다
- □ 快要 kuàiyào 부 곧, 머지않아 ~한다
- □ 顺便 shùnbiàn 부 겸사겸사, ~하는 김에

권유/설득/충고 관련 표현

- □ 劝 quàn 동 권하다
- □ 说服 shuōfú 동 설득하다
- □ 劝告 quàngào 동 충고하다, 권고하다
- □ 忠告 zhōnggào 동 충고하다
- □ 提出 tíchū 제시하다, 제기하다
- □ 睡觉 shuìjiào 동 잠을 자다

□ 熬夜 áoyè ⓢ 밤새다, 철야하다

□ 赚钱 zhuàn qián 돈을 벌다

□ 计划 jìhuà ⓜ 계획 ⓢ 계획하다

□ 毕业 bìyè ⓜ 졸업 ⓢ 졸업하다

□ 读研究生 dú yánjiūshēng 대학원에 진학하다

□ 撒谎 sāhuǎng ⓢ 거짓말을 하다, 허튼소리를 하다

□ 道歉 dàoqiàn ⓢ 사과하다, 사죄하다

□ 弄坏 nònghuài 망치다

□ 改正 gǎizhèng ⓢ 바르게 고치다, 개정하다

□ 错误 cuòwù ⓜ 잘못, 실수

□ 习惯 xíguàn ⓜ 습관

□ 好好儿 hǎohāor ⓑ 충분히, 잘

요구/부탁 관련 표현

□ 要求 yāoqiú ⓢ 요구하다

□ 请 qǐng ⓢ 부탁하다

□ 解决 jiějué ⓢ 해결하다

□ 联系 liánxì ⓢ 연락하다, 연결하다

□ 掉 diào ⓢ 떨어뜨리다, 떨어지다

□ 修理 xiūlǐ ⓢ 수리하다, 고치다

□ 办公 bàngōng ⓢ 사무를 보다, 근무하다

□ 会议 huìyì ⓜ 회의

□ 维修店 wéixiūdiàn ⓜ 수리점

□ 不小心 bù xiǎoxīn 실수로, 부주의로

도입말 / 마무리말

□ 是…吗? Shì…ma? ~입니까?

□ 现在说话方便吗? Xiànzài shuōhuà fāngbiàn ma? 지금 얘기하기 편해?

□ 我想跟你说一件事情。Wǒ xiǎng gēn nǐ shuō yí jiàn shìqing. 내가 너에게 한 가지 일을 말하고 싶어.

□ 你还是听我的建议吧。Nǐ háishi tīng wǒ de jiànyì ba. 너는 내 제안을 듣는 편이 좋겠어.

□ 你觉得怎么样? Nǐ juéde zěnmeyàng? 네 생각은 어때?

□ 麻烦你快给我解决一下吧。Máfan nǐ kuài gěi wǒ jiějué yíxià ba. 번거롭겠지만 빨리 해결해 주세요.

□ 谢谢! Xièxie! 고마워!

② 답변문장 패턴 익히기

6_01_3_답변문장 패턴.mp3

상황을 실제처럼 설명하고 미션을 정확히 수행하기 위해 알아두어야 할 답변문장 패턴을 큰 소리로 따라 말하며 익혀보세요.

패턴 1 내가 알게 된 소식이나 상대방의 상태를 말할 때

Tīngshuō
听说… 듣자 하니~

Tīngshuō zhè zhōumò yǒu yì chǎng mǎlāsōng bǐsài, wǒ xiǎng gēn nǐ yìqǐ cānjiā.
听说这周末有一场马拉松比赛，我想跟你一起参加。
듣자 하니 이번 주말에 마라톤 경기가 있다는데, 나는 너와 함께 참가하고 싶어.

Tīngshuō nǐ zuìjìn jīngcháng áoyè hē jiǔ, suǒyǐ nǐ liǎnsè cái zhème chà.
听说你最近经常熬夜喝酒，所以你脸色才这么差。
듣자 하니 너 요즘 자주 밤새워 술을 마신다던데, 그래서 네 안색이 이렇게 안 좋은 거야.

패턴 2 상대방도 아는 정보를 확인시킬 때

bú shì ma
不是…嘛 ~잖아

Shàng cì nǐ bú shì yāoqǐng wǒ zhōumò yìqǐ qù tī zúqiú ma.
上次你不是邀请我周末一起去踢足球嘛。
지난번에 네가 주말에 함께 축구하러 가자고 나를 초대했잖아.

Jīntiān bú shì yǒu zhòngyào de huìyì ma.
今天不是有重要的会议嘛。
오늘 중요한 회의가 있잖아.

패턴 3 현재 또는 과거의 사실이나 의견을 설명할 때

Wǒ kàn Wǒ jìde
我看… / 我记得… 내가 보니~ / 나는 ~로 기억해

Nǐ shàng cì bú shì shēngbìng zhùyuàn le ma, wǒ kàn jiù shì hē tài duō jiǔ le.
你上次不是生病住院了嘛，我看就是喝太多酒了。
너 지난번에 아파서 입원했잖아. 내가 보니 술을 너무 많이 마셔서야.

Wǒ jìde nǐ yě tǐng xǐhuan mǎlāsōng de.
我记得你也挺喜欢马拉松的。
나는 너도 마라톤을 매우 좋아하는 걸로 기억하고 있어.

패턴 4 난처함이나 불만스러움을 표할 때

(zhè) zěnme bàn ne?
……，(这)怎么办呢？ ~, (이를) 어쩌지?

Jīntiān wǒ bú shì shēngbìng zhùyuàn le ma, dàn wǒ hái děi jìxù gōngzuò, zhè zěnme bàn ne?
今天我不是生病住院了嘛，但我还得继续工作，这怎么办呢？
오늘 내가 아파서 입원했잖아. 그런데 나는 그래도 계속 일을 해야만 해. 이를 어쩌지?

Búguò wǒ bù xiǎng yí ge rén qù yùndòng, zěnme bàn ne?
不过我不想一个人去运动，怎么办呢？
그런데 나는 혼자 운동하러 가고 싶지 않아. 어쩌지?

패턴 5 상황이나 행동에 대한 결과를 추측할 때

zhèyàng dehuà
这样的话… 이렇게 되면 / 이렇게 하면 / 이러면~

Nà tiān zuì gāo wēndù kěnéng huì chāoguò sānshíbā dù, zhèyàng dehuà shízài tài rè le.
那天最高温度可能会超过三十八度，这样的话实在太热了。
그날 최고 온도가 아마 38도를 넘을 거야. 이렇게 되면 정말 너무 덥겠어.

Wǒ kàn wàiguó xuéxiào de xuéfèi dōu hěn guì, zhèyàng dehuà nǐ děi yìbiān shàngxué yìbiān zhuàn qián.
我看外国学校的学费都很贵，这样的话你得一边上学一边赚钱。
내가 보니 외국 학교의 학비는 모두 비싼데, 이렇게 되면 너는 공부하면서 돈을 벌어야 해.

패턴 6 가볍게 제안하거나 요청할 때

hǎo ma?
…，好吗？ ~, 어때? / 응? / 괜찮아?

Cóng jīntiān kāishǐ, wǒmen yìqǐ qù gōngyuán pǎobù, hǎo ma?
从今天开始，我们一起去公园跑步，好吗？
오늘부터, 우리 함께 공원에 달리기하러 가자. 어때?

Qǐng nǐ kuài diǎnr xiū yi xiū zhège shǒujī, hǎo ma?
请你快点儿修一修这个手机，好吗？
이 휴대폰을 빨리 좀 수리해주세요. 네?

Shùnbiàn bǎ wǒ zhuōzi shang de nàxiē cáiliào yě dài guòlai, hǎo ma?
顺便把我桌子上的那些材料也带过来，好吗？
겸사겸사 내 책상 위의 그 자료들도 가져다줘. 괜찮아?

패턴 7 정중하게 제안하거나 요청할 때

Rúguǒ nǐ kěyǐ dehuà
如果你可以的话，… 만약 네가 가능하다면, ~

Rúguǒ nǐ kěyǐ dehuà, zánmen yìqǐ qù cānjiā zhè cì bǐsài ba.
如果你可以的话，咱们一起去参加这次比赛吧。
만약 네가 가능하다면, 우리 함께 이번 경기에 참가하자.

Rúguǒ nǐ kěyǐ dehuà, bǎ wǒ de bǐjìběn diànnǎo dài guòlai ba.
如果你可以的话，把我的笔记本电脑带过来吧。
만약 네가 가능하다면, 내 노트북을 가져다줘.

Rúguǒ nǐ kěyǐ dehuà, zánmen háishi qù bié de dìfang wánr ba.
如果你可以的话，咱们还是去别的地方玩儿吧。
만약 네가 가능하다면, 우리 다른 곳으로 놀러 가는 편이 좋겠어.

패턴 8 대안을 제시할 때

Yàobù xíng ma?
要不…，行吗? 아니면~, 괜찮아? / 가능해? / 알겠어?

Yàobù nǐ lái wǒ jiā yìqǐ wánr zhuōyóu, xíng ma?
要不你来我家一起玩儿桌游，行吗?
아니면 네가 우리 집에 와서 함께 보드게임을 하자. 괜찮아?

Yàobù zhǎo rén guòlai xiūlǐ yíxià, xíng ma?
要不找人过来修理一下，行吗?
아니면 사람을 구해서 수리하러 오게 해주세요. 가능한가요?

Yàobù nǐ zuò diǎnr bié de shìqing, xíng ma?
要不你做点儿别的事情，行吗?
아니면 너 다른 일을 좀 해봐. 알겠어?

패턴 9 구체적인 정보나 상황을 문의할 때

Kěyǐ gàosu wǒ yíxià ma?
…? 可以告诉我一下吗? ~? 내게 알려줄 수 있어?

Nǐ zhōumò tōngcháng shénme shíhou yǒu kòng? Kěyǐ gàosu wǒ yíxià ma?
你周末通常什么时候有空? 可以告诉我一下吗?
넌 주말에 통상적으로 언제 시간이 있어? 내게 알려줄 수 있어?

Xiūlǐfèi shì duōshao? Dàgài shénme shíhou néng xiūhǎo? Kěyǐ gàosu wǒ yíxià ma?
修理费是多少? 大概什么时候能修好? 可以告诉我一下吗?
수리비는 얼마인가요? 대략 언제 다 고칠 수 있나요? 제게 알려주실 수 있나요?

Nǐ wèishénme yào chūguó liúxué? Yídìng yào qù ma? Kěyǐ gàosu wǒ yíxià ma?
你为什么要出国留学? 一定要去吗? 可以告诉我一下吗?
너는 왜 외국에 가서 유학을 하려 해? 반드시 가야 해? 내게 알려줄 수 있어?

빈출 문제 공략하기

6_01_4_빈출 문제_4-5급.mp3, 6_01_5_빈출 문제_6급 이상.mp3

먼저 각 문제 아래에 제시된 그림과 어휘를 확인한 후, 문제를 읽고 스스로 답변해보세요. 그 다음 모범답변을 듣고 큰 소리로 따라 말하면서 답변 템플릿을 익히고 모범답변을 입에 붙여보세요.

① 초청/제안 문제

01

Zhōumò yǒu yì chǎng mǎlāsōng bǐsài, nǐ xiǎng gēn tóngwū yìqǐ cānjiā. Qǐng nǐ xiàng tóngwū shuōmíng qíngkuàng, bìng yāoqǐng tā yìqǐ qù.

周末有一场马拉松比赛，你想跟同屋一起参加。请你向同屋说明情况，并邀请她一起去。

주말에 마라톤 경기가 있는데, 당신은 룸메이트와 함께 참가하고 싶어요. 룸메이트에게 상황을 설명하고, 또 함께 가자고 그녀를 초청하세요.

답변 템플릿

도입	지금 얘기하기 편해?
상황 설명	듣자 하니 마라톤 경기가 있대. 네가 마라톤을 좋아하는 걸로 기억해. 지난번에 참가하고 싶다고 했잖아.
미션 수행	만약 네가 가능하다면, 함께 참가하자. 6급 이상 오늘부터 함께 달리기하러 가자. 어때?
마무리	네 생각은 어때?

Xiǎo Lǐ, nǐ hǎo. Xiànzài shuōhuà fāngbiàn ma?
小李，你好。现在说话方便吗？

Tīngshuō zhè zhōumò yǒu yì chǎng mǎlāsōng bǐsài, wǒ xiǎng gēn nǐ yìqǐ cānjiā. Wǒ jìde nǐ yě tǐng xǐhuan mǎlāsōng de.
听说这周末有一场马拉松比赛，我想跟你一起参加。我记得你也挺喜欢马拉松的。
Érqiě shàng cì nǐ bú shì shuō xiǎng zhǎo ge jīhuì cānjiā mǎlāsōng bǐsài ma.
而且上次你不是说想找个机会参加马拉松比赛嘛。

Rúguǒ nǐ kěyǐ dehuà, zánmen yìqǐ qù cānjiā zhè cì bǐsài ba.
如果你可以的话，咱们一起去参加这次比赛吧。
Cóng jīntiān kāishǐ, wǒmen yìqǐ qù gōngyuán pǎobù, hǎo ma?
6급 이상 从今天开始，我们一起去公园跑步，好吗？

Nǐ juéde zěnmeyàng?
你觉得怎么样？

해석 샤오리, 안녕. 지금 얘기하기 편해? 듣자 하니 이번 주말에 마라톤 경기가 있다는데, 나는 너와 함께 참가하고 싶어. 나는 너도 마라톤을 매우 좋아하는 걸로 기억하고 있어. 게다가 지난번에 네가 기회를 봐서 마라톤 경기에 참가하고 싶다고 말했잖아. 만약 네가 가능하다면, 우리 함께 이번 경기에 참가하자. 오늘부터, 우리 함께 공원에 달리기하러 가자. 어때? 네 생각은 어때?

어휘 周末 zhōumò 명 주말 场 chǎng 양 회, 번, 차례 马拉松 mǎlāsōng 명 마라톤 比赛 bǐsài 명 경기 同屋 tóngwū 명 룸메이트 参加 cānjiā 동 참가하다 说明 shuōmíng 동 설명하다 情况 qíngkuàng 명 상황 邀请 yāoqǐng 동 초청하다 听说 tīngshuō 동 듣자 하니 记得 jìde 동 기억하고 있다 挺 tǐng 부 매우 找机会 zhǎo jīhuì 기회를 보다, 기회를 잡다 嘛 ma 조 [서술문 뒤에 쓰여 당연함을 나타냄] 如果 rúguǒ 접 만약 咱们 zánmen 대 우리(들) 跑步 pǎobù 동 달리다, 뛰다 好吗 hǎo ma 어때?

02

Tóngshì yāo nǐ zhōumò yìqǐ qù tī zúqiú, dàn tiānqì yùbào shuō nà tiān zuì gāo wēndù kěnéng huì chāoguò sānshíbā dù. Qǐng nǐ gēn tā shuōmíng qíngkuàng, bìng tíchū bié de jiànyì.

同事邀你周末一起去踢足球，但天气预报说那天最高温度可能会超过三十八度。请你跟他说明情况，并提出别的建议。

동료가 주말에 함께 축구하러 가자고 당신을 초대했어요. 하지만 일기예보에서는 그날 최고 온도가 아마 38도를 넘을 것이라고 말해요. 그에게 상황을 설명하고, 또 다른 제안을 제시하세요.

답변 템플릿

도입	내가 한 가지 일을 말하고 싶어.
상황 설명	네가 주말에 함께 축구하러 가자고 나를 초대했잖아. 그런데 그날 최고 온도가 아마 38도를 넘을 거래. 이렇게 되면 정말 너무 덥겠어.
미션 수행	만약 네가 가능하다면, 우리 다른 일을 하러 가자. 6급 이상 아니면 우리 집에 와서 보드게임을 하자. 괜찮아?
마무리	네 생각은 어때?

Xiǎo Wáng, nǐ hǎo. Wǒ xiǎng gēn nǐ shuō yí jiàn shìqing.

小王，你好。我想跟你说一件事情。

Shàng cì nǐ bú shì yāoqǐng wǒ zhōumò yìqǐ qù tī zúqiú ma. Búguò wǒ gāngcái kàn tiānqì yùbào shuō nà tiān zuì gāo wēndù

上次你不是邀请我周末一起去踢足球嘛。不过我刚才看天气预报说那天最高温度

kěnéng huì chāoguò sānshíbā dù, zhèyàng dehuà shízài tài rè le.

可能会超过三十八度，这样的话实在太热了。

Rúguǒ nǐ kěyǐ dehuà, zánmen qù zuò diǎnr bié de shìqing ba.

如果你可以的话，咱们去做点儿别的事情吧。

Yàobù nǐ lái wǒ jiā yìqǐ wánr zhuōyóu, xíng ma?

6급 이상 **要不你来我家一起玩儿桌游，行吗？**

Nǐ juéde zěnmeyàng?

你觉得怎么样？

해석 샤오왕, 안녕. 내가 너에게 한 가지 일을 말하고 싶어. 지난번에 네가 주말에 함께 축구하러 가자고 나를 초대했잖아. 그런데 내가 아까 일기예보를 보니 그날 최고 온도가 아마 38도를 넘을 거래. 이렇게 되면 정말 너무 덥겠어. 만약 네가 가능하다면, 우리 다른 일을 좀 하러 가자. 아니면 네가 우리 집에 와서 함께 보드게임을 하자. 괜찮아? 네 생각은 어때?

어휘 同事 tóngshì 명 동료 邀 yāo 동 초대하다, 초청하다 周末 zhōumò 명 주말 踢足球 tī zúqiú 축구를 하다 天气预报 tiānqì yùbào 일기예보 温度 wēndù 명 온도 超过 chāoguò 동 넘다, 초과하다 说明 shuōmíng 동 설명하다 명 설명 情况 qíngkuàng 명 상황, 정황 提出 tíchū 제시하다, 제기하다 别的 bié de 다른, 다른 것 建议 jiànyì 명 제안 동 제안하다 事情 shìqing 명 일 邀请 yāoqǐng 동 초청하다, 초대하다 嘛 ma 조 [서술문 뒤에 쓰여 당연함을 나타냄] 不过 búguò 접 그런데, 그러나 这样的话 zhèyàng dehuà 이렇게 되면, 이렇게 하면, 이러면 实在 shízài 부 정말, 확실히 如果 rúguǒ 접 만약 咱们 zánmen 대 우리(들) 要不 yàobù 접 아니면, 그렇지 않으면 桌游 zhuō yóu 보드게임 行吗 xíng ma 괜찮아? 가능해? 알겠어?

② 권유/설득/충고 문제

01

Nǐ xiǎng gēn jiārén yìqǐ zuò huǒchē qù hǎibiān wánr, dàn jiārén dōu xiǎng zuò fēijī qù. Qǐng nǐ xiàng tāmen shuōchū nǐ de xiǎngfǎ bìng shuōfú tāmen.
你想跟家人一起坐火车去海边玩儿，但家人都想坐飞机去。请你向他们说出你的想法并说服他们。

당신은 가족과 함께 기차를 타고 해변에 놀러 가고 싶은데, 가족들은 비행기를 타고 가고 싶어 해요. 그들에게 당신의 생각을 말하고 또 그들을 설득하세요.

답변 템플릿

도입	지금 얘기하기 편하세요?
상황 설명	제가 지난번에 함께 해변에 놀러 가고 싶다고 말했잖아요. 아빠 엄마는 비행기를 타고 가고 싶어 하시던 걸로 기억하는데, 저는 기차를 타고 가고 싶어요.
미션 수행	만약 아빠, 엄마가 가능하다면 우리 기차 타고 놀러 가요. 아름다운 풍경을 볼 수 있고, 음식을 먹으면서, 이야기를 나눌 수도 있어요. 네? 6급 이상 아니면 우리 지금 여행 계획을 정해봐요. 괜찮아요?
마무리	아빠, 엄마 생각은 어때요?

Bàba, māma, xiànzài shuōhuà fāngbiàn ma?
爸爸，妈妈，现在说话方便吗？

Wǒ shàng cì bú shì shuō xiǎng yìqǐ qù hǎibiān wánr ma. Wǒ jìde bàba māma dōu xiǎng zuò fēijī qù, búguò wǒ xiǎng zuò huǒchē qù.
我上次不是说想一起去海边玩儿嘛。我记得爸爸妈妈都想坐飞机去，不过我想坐火车去。

Rúguǒ nǐmen kěyǐ dehuà, wǒmen háishi zuò huǒchē qù wánr ba. Dào shí wǒmen kěyǐ kàn měilì de jǐngsè, hái kěyǐ yìbiān chī dōngxi, yìbiān liáotiānr, hǎo ma?
如果你们可以的话，我们还是坐火车去玩儿吧。到时我们可以看美丽的景色，还可以一边吃东西，一边聊天儿，好吗？

Yàobù wǒmen xiànzài jiù dìng yíxià lǚyóu jìhuà, xíng ma?

要不我们现在就定一下旅游计划，行吗？

Nǐmen juéde zěnmeyàng?
你们觉得怎么样？

해석 아빠, 엄마, 지금 얘기하기 편하세요? 제가 지난번에 함께 해변에 놀러 가고 싶다고 말했잖아요. 저는 아빠 엄마 모두 비행기를 타고 가고 싶어 하시던 걸로 기억하는데, 저는 기차를 타고 가고 싶어요. 만약 아빠, 엄마가 가능하다면, 우리 그냥 기차 타고 놀러 가요. 그때 우리는 아름다운 풍경을 볼 수 있고, 음식을 먹으면서, 이야기를 나눌 수도 있어요. 네? 아니면 우리 지금 바로 여행 계획을 정해봐요. 괜찮아요? 아빠, 엄마 생각은 어때요?

어휘 火车 huǒchē 명 기차　海边 hǎibiān 해변, 바닷가　飞机 fēijī 명 비행기　说服 shuōfú 동 설득하다　嘛 ma 조 [서술문 뒤에 쓰여 당연함을 나타냄]　记得 jìde 동 기억하고 있다　不过 búguò 접 그런데, 그러나　如果 rúguǒ 접 만약　到时 dào shí 그때, 그때가 되면　美丽 měilì 형 아름답다, 예쁘다　景色 jǐngsè 명 풍경, 경치　一边…一边… yìbiān… yìbiān… ~하면서 ~하다　聊天儿 liáotiānr 동 이야기를 나누다, 잡담하다　好吗 hǎo ma 네? 어때요? 괜찮아요?　要不 yàobù 접 아니면, 그렇지 않으면　计划 jìhuà 명 계획 동 계획 하다　行吗 xíng ma 괜찮아? 가능해? 알겠어?

02

Nǐ dìdi jīngcháng áoyè hē jiǔ, suǒyǐ liǎnsè hěn chà, nǐ juéde zhèyàng xiàqu huì nònghuài shēntǐ. Qǐng nǐ gěi tā qiàdàng de zhōnggào.

你弟弟经常熬夜喝酒，所以脸色很差，你觉得这样下去会弄坏身体。请你给他恰当的忠告。

당신의 남동생은 자주 밤새워 술을 마시고, 그래서 안색이 나쁩니다. 당신은 이대로 가다가는 몸을 망칠 거라고 생각합니다. 그에게 적절한 충고를 하세요.

답변 템플릿

도입	내가 너에게 한 가지 일을 말하고 싶어.
상황 설명	듣자 하니 너 요즘 자주 밤새워 술을 마신다던데. 그래서 네 안색이 이렇게 안 좋은 거야. 너 지난번에 아파서 입원했고, 의사가 술 적게 마시라고 했잖아. 나는 네가 의사의 말을 들어야 한다고 생각해.
미션 수행	너 다음번에는 밤새워 술 마시지 마. 응? 6급 이상 아니면 너 운동 좀 해봐. 알겠어?
마무리	너는 내 제안을 듣는 편이 좋겠어.

Dìdi, wǒ xiǎng gēn nǐ shuō yí jiàn shìqing.

弟弟，我想跟你说一件事情。

Tīngshuō nǐ zuìjìn jīngcháng áoyè hē jiǔ, suǒyǐ nǐ liǎnsè cái zhème chà. Nǐ shàng cì bú shì shēngbìng zhùyuàn le ma, wǒ kàn jiù shì hē tài duō jiǔ le. Érqiě yīshēng bú shì ràng nǐ shǎo hē jiǔ, duō yùndòng, hǎohāor shuìjiào ma. Wǒ juéde nǐ yīnggāi tīng yīshēng de huà, bùrán huì nònghuài shēntǐ de.

听说你最近经常熬夜喝酒，所以你脸色才这么差。你上次不是生病住院了嘛，我看就是喝太多酒了。而且医生不是让你少喝酒，多运动，好好儿睡觉嘛。我觉得你应该听医生的话，不然会弄坏身体的。

Nǐ xià cì bú yào áoyè hē jiǔ le, hǎo ma?

你下次不要熬夜喝酒了，好吗?

Yàobù nǐ zuò diǎnr yùndòng, xíng ma?

要不你做点儿运动，行吗?

Nǐ háishi tīng wǒ de jiànyì ba.

你还是听我的建议吧。

해석 동생아, 내가 너에게 한 가지 일을 말하고 싶어. 듣자 하니 너 요즘 자주 밤새워 술을 마신다던데, 그래서 네 안색이 이렇게 안 좋은 거야. 너 지난번에 아파서 입원했잖아. 내가 보니 술을 너무 많이 마셔서야. 게다가 의사가 너에게 술 적게 마시고, 운동 많이 하며, 충분히 자도록 했잖아. 나는 네가 의사의 말을 들어야 한다고 생각해. 그렇지 않으면 몸을 망치게 될 거야. 너 다음번에는 밤새워 술 마시지 마. 응? 아니면 너 운동 좀 해봐. 알겠어? 너는 내 제안을 듣는 편이 좋겠어.

어휘 熬夜 áoyè 동 밤새다, 철야하다　脸色 liǎnsè 명 안색, 얼굴빛　弄坏 nònghuài 망치다　恰当 qiàdàng 형 적절하다, 알맞다　忠告 zhōnggào 명 충고 동 충고하다　事情 shìqing 명 일　听说 tīngshuō 동 듣자 하니　生病 shēngbìng 동 아프다, 병이 나다　住院 zhùyuàn 동 입원하다　嘛 ma 조 [서술문 뒤에 쓰여 당연함을 나타냄]　医生 yīshēng 명 의사　好好儿 hǎohāor 부 충분히, 잘　睡觉 shuìjiào 동 잠을 자다　不然 bùrán 접 그렇지 않으면　好吗 hǎo ma 응? 어때? 괜찮아?　要不 yàobù 접 아니면, 그렇지 않으면　行吗 xíng ma 알겠어? 가능해? 괜찮아?　还是…吧 háishi…ba ~하는 편이 좋다　建议 jiànyì 명 제안 동 제안하다

③ 요구/부탁 문제

Nǐ bù xiǎoxīn bǎ xīn mǎi de shǒujī diàodào shuǐ li le, xiànzài kāi buliǎo jī le. Qǐng nǐ dào wéixiūdiàn shuōmíng qíngkuàng bìng yāoqiú jiějué wèntí.
你不小心把新买的手机掉到水里了，现在开不了机了。请你到维修店说明情况并要求解决问题。
당신은 실수로 새로 산 휴대폰을 물 속에 떨어뜨려서, 현재 전원을 켤 수가 없게 되었습니다. 수리점에 가서 상황을 설명하고 또 문제를 해결해줄 것을 요구하세요.

답변 템플릿

도입	휴대폰 수리점인가요?
상황 설명	어제 휴대폰을 물 속에 떨어뜨려서, 전원을 켤 수가 없게 되었어요. 상황이 심각한데, 이걸 어쩌죠?
미션 수행	빨리 좀 수리해주세요. 네? 6급 이상 수리비는 얼마인가요? 언제 다 고칠 수 있나요? 제게 알려주실 수 있나요?
마무리	번거롭겠지만 빨리 해결해주세요.

Nǐ hǎo. Shì shǒujī wéixiūdiàn ma?
你好。是手机维修店吗?

Wǒ zuótiān bù xiǎoxīn bǎ xīn mǎi de shǒujī diàodào shuǐ li le, xiànzài kāi buliǎo jī le. Wǒ kàn qíngkuàng yǒudiǎnr yánzhòng,
我昨天不小心把新买的手机掉到水里了，现在开不了机了。我看情况有点儿严重，
dàn wǒ mǎshàng yào gēn gōngsī de rén liánxì, hái yào gěi jiārén fā duǎnxìn, zhè zěnme bàn ne?
但我马上要跟公司的人联系，还要给家人发短信，这怎么办呢?

Qǐng nǐ kuàidiǎnr xiū yi xiū zhège shǒujī, hǎo ma?
请你快点儿修一修这个手机，好吗?
Xiūlǐfèi shì duōshao? Dàgài shénme shíhou néng xiūhǎo? Kěyǐ gàosu wǒ yíxià ma?

6급 이상 **修理费是多少？大概什么时候能修好？可以告诉我一下吗?**

Máfan nǐ kuài gěi wǒ jiějué yíxià ba.
麻烦你快给我解决一下吧。

해석 안녕하세요. 휴대폰 수리점인가요? 제가 어제 실수로 새로 산 휴대폰을 물 속에 떨어뜨려서, 현재 전원을 켤 수가 없게 되었어요. 제가 보니 상황이 좀 심각한데, 저는 곧 회사 사람과 연락해야 하고, 또 가족에게 문자를 보내야 해요. 이걸 어쩌죠? 이 휴대폰을 빨리 좀 수리해주세요. 네? 수리비는 얼마인가요? 대략 언제 다 고칠 수 있나요? 제게 알려주실 수 있나요? 번거롭겠지만 빨리 해결해주세요.

어휘 不小心 bù xiǎoxīn 실수로, 부주의로 把 bǎ 개 ~을(를) 掉 diào 동 떨어뜨리다, 떨어지다 开机 kāijī 전원을 켜다, 기계를 가동하다 维修店 wéixiūdiàn 명 수리점 说明 shuōmíng 동 설명하다 명 설명 情况 qíngkuàng 명 상황, 정황 要求 yāoqiú 동 요구하다 명 요구 解决 jiějué 동 해결하다 严重 yánzhòng 형 심각하다 联系 liánxì 동 연락하다, 연결하다 发短信 fā duǎnxìn 문자를 보내다 怎么办 zěnme bàn 어쩌지, 어떡하지 修 xiū 동 고치다 好吗 hǎo ma 네? 괜찮아요? 어때요? 修理费 xiūlǐfèi 명 수리비 大概 dàgài 부 대략, 아마(도)

실전 연습문제

6_01_6_연습문제_풀어보기.mp3,
6_01_7_연습문제_모범답변 따라하기_4-5급.mp3,
6_01_8_연습문제_모범답변 따라하기_6급 이상.mp3

제6부분 01 연습문제 바로듣기

먼저 그림과 문제를 눈으로 확인한 후, 문제를 듣고 큰 소리로 답변해보며 실전 감각을 익혀보세요.

01

你突然生病住院了，只能用笔记本电脑办公。请你给弟弟打电话说明情况，并请他把笔记本电脑带过来。

______________________________。

02

你家里的网络速度突然变慢了，连视频都看不了了。请你给通信公司打电话说明情况，并要求解决问题。

______________________________。

03

快要放暑假了，你的妹妹不知道应该怎么度过这次假期。请你向她提出你的想法和建议。

______________________________。

04

医生建议你通过运动减肥，所以你想在暑假跟朋友一起去报网球班。请你向他说明情况，并邀请他一起去报名。

______________________________。

모범답변 및 해석 p.392

02 약속·예약하며 상황 대응하기

약속·예약 문제에는 약속 잡기, 약속 변경, 예약/예매 관련 미션의 문제들이 다양한 상황으로 출제돼요. 약속·예약과 관련된 빈출 표현과 답변문장 패턴을 꼼꼼히 익혀보세요. 그리고 빈출 문제를 스스로 답변할 수 있도록 반복 연습하세요.

제6부분 02 바로듣기

빈출 표현 및 답변문장 패턴 익히기

① 빈출 표현 익히기

6_02_1_빈출 표현_따라읽기.mp3, 6_02_2_빈출 표현_암기하기.mp3

자주 쓰이는 약속 잡기, 약속 변경, 예약/예매와 관련된 표현들과 도입말/마무리말을 큰 소리로 따라 말하며 익혀보세요.

약속 잡기 관련 표현

- □ 约 yuē 동 약속하다
- □ 约定 yuēdìng 동 약속하다
- □ 安排 ānpái 동 잡다, 배정하다
- □ 早上 zǎoshang 명 아침
- □ 中午 zhōngwǔ 명 정오, 점심
- □ 晚上 wǎnshang 명 저녁
- □ 上次 shàng cì 지난번
- □ 下次 xià cì 다음번
- □ 下周 xià zhōu 다음주
- □ 下个月 xià ge yuè 다음달
- □ 地点 dìdiǎn 명 장소, 지점
- □ 餐厅 cāntīng 명 레스토랑, 식당
- □ 酒店 jiǔdiàn 명 호텔
- □ 游览 yóulǎn 동 관광하다, 유람하다
- □ 商量 shāngliang 동 상의하다, 의논하다
- □ 访问 fǎngwèn 동 방문하다, 취재하다, 인터뷰하다

약속 변경 관련 표현

- □ 改约 gǎi yuē 약속을 변경하다
- □ 更改 gēnggǎi 동 변경하다
- □ 改天 gǎitiān 부 다른 날에
- □ 按时 ànshí 부 제때에, 시간에 맞추어
- □ 邀 yāo 동 초대하다, 초청하다
- □ 庆祝 qìngzhù 동 축하하다, 경축하다

- □ 看望 kànwàng ㊐ 문안하다, 방문하다
- □ 过节 guòjié ㊐ 명절을 지내다
- □ 逛街 guàngjiē ㊐ 아이쇼핑하다, 거리를 구경하며 돌아다니다
- □ 推迟 tuīchí ㊐ 연기하다, 미루다
- □ 咳嗽 késou ㊐ 기침하다
- □ 发烧 fāshāo ㊐ 열이 나다
- □ 全身出汗 quánshēn chū hàn 온 몸에 땀이 나다
- □ 急事 jí shì 급한 일
- □ 突然 tūrán ㊗ 갑작스럽다
- □ 展览 zhǎnlǎn ㊔ 전시회, 전람회
- □ 工作量 gōngzuò liàng 업무량
- □ 生日 shēngrì ㊔ 생일
- □ 家教 jiājiào ㊔ 과외 선생님, 과외
- □ 客户 kèhù ㊔ 고객, 거래처, 바이어
- □ 度假村 dùjiàcūn 리조트
- □ 森林公园 sēnlín gōngyuán 삼림 공원, 수목원

예약/예매 관련 표현

- □ 预订 yùdìng ㊐ 예약하다
- □ 预约 yùyuē ㊐ 예약하다 ㊔ 예약
- □ 参观 cānguān ㊐ 참관하다, 견학하다
- □ 开放 kāifàng ㊐ 개방하다, 개장하다
- □ 美丽 měilì ㊗ 아름답다, 예쁘다
- □ 景色 jǐngsè ㊔ 풍경, 경치
- □ 环境 huánjìng ㊔ 환경
- □ 高层 gāocéng ㊗ 높은 층의, 고층의
- □ 包间 bāojiān ㊔ 룸, 대절한 방
- □ 价格 jiàgé ㊔ 가격, 값
- □ 条件 tiáojiàn ㊔ 조건
- □ 座位 zuòwèi ㊔ 자리, 좌석
- □ 郊区 jiāoqū ㊔ 교외, (도시의) 변두리
- □ 博物馆 bówùguǎn ㊔ 박물관

도입말 / 마무리말

- □ 喂。Wéi. 여보세요.
- □ 祝贺你啊! Zhùhè nǐ a! 축하해!
- □ 非常抱歉。Fēicháng bàoqiàn. 정말 미안해.

② 답변문장 패턴 익히기 6_02_3_답변문장 패턴.mp3

상황을 실제처럼 설명하고 미션을 정확히 수행하기 위해 알아두어야 할 답변문장 패턴을 큰 소리로 따라 말하며 익혀보세요.

패턴 1 내가 알게 된 소식이나 상대방의 상태를 말할 때

Tīngshuō
听说… 듣자 하니~

Tīngshuō xuéxiào fùjìn xīn kāile yì jiā cāntīng.
听说学校附近新开了一家餐厅。
듣자 하니 학교 근처에 식당 하나가 새로 열었다던데.

Tīngshuō nǐ míngtiān bù néng lái shàngkè le, duì ma?
听说你明天不能来上课了，对吗?
듣자 하니 네가 내일 수업을 들으러 올 수 없게 되었다던데, 맞니?

패턴 2 상대방도 아는 정보를 확인시킬 때

bú shì ma
不是…嘛 ~잖아

Wǒ shàng cì bú shì shuō nǐ yídìng néng tōngguò miànshì ma.
我上次不是说你一定能通过面试嘛。
내가 지난번에 너는 꼭 면접을 통과할 수 있을 거라고 말했잖아.

Wǒmen bú shì yuēhǎo míngtiān yìqǐ qù guàngjiē ma, búguò wǒ hǎoxiàng gǎnmào le.
我们不是约好明天一起去逛街嘛，不过我好像感冒了。
우리 내일 함께 아이쇼핑하러 가기로 약속했잖아. 그런데 내가 감기에 걸린 것 같아.

패턴 3 현재 또는 과거의 사실이나 의견을 설명할 때

Wǒ kàn Wǒ jìde
我看… / 我记得… 내가 보니~ / 나는 ~로 기억해

Wǒ kàn nǐ yìzhí hěn xiǎng qù Jǐngfúgōng hé Dōngdàmén, zánmen míngtiān xiān qù zhè liǎng ge dìfang.
我看你一直很想去景福宫和东大门，咱们明天先去这两个地方。
내가 보니 네가 줄곧 경복궁과 동대문에 가고 싶어 하던데, 우리는 내일 먼저 이 두 곳을 갈 거야.

Wǒ jìde nǐmen cāntīng huánjìng búcuò, fàncài yě hěn hǎochī.
我记得你们餐厅环境不错，饭菜也很好吃。
저는 그 식당이 환경이 괜찮고, 음식도 맛있던 걸로 기억해요.

패턴 4 난처함이나 불만스러움을 표할 때

(zhè) zěnme bàn ne?
……, (这)怎么办呢? ~, (이를) 어쩌지?

Cóng zuótiān kāishǐ yìzhí késou, tóuténg, fāshāo, quánshēn chū hàn, zhè zěnme bàn ne?
从昨天开始一直咳嗽、头疼、发烧、全身出汗，这怎么办呢?
어제부터 줄곧 기침하고, 머리가 아프고, 열이 나고, 온 몸에 땀이 나. 이를 어쩌지?

Wǒ kàn nǐmen cāntīng xiànzài méiyǒu wèizi le, zěnme bàn ne?
我看你们餐厅现在没有位子了，怎么办呢?
제가 보니 식당에 지금 자리가 없는 것 같은데, 어쩌죠?

패턴 5 상황이나 행동에 대한 결과를 추측할 때

zhèyàng dehuà
这样的话… 이렇게 되면 / 이렇게 하면 / 이러면~

Zhè cì guòjié wǒ yào qù kànwàng nǎinai. Zhèyàng dehuà wǒ jiù bù néng gēn nǐ yìqǐ qù le.
这次过节我要去看望奶奶。这样的话我就不能跟你一起去了。
이번 명절에 나는 할머니를 문안하러 가야 해. 이렇게 되면 내가 너와 함께 갈 수 없겠다.

Wǒ xiǎng gēn nǐ yìqǐ zhǔnbèi kǎoshì. Zhèyàng dehuà wǒmen kěyǐ hùxiāng bāngzhù.
我想跟你一起准备考试。这样的话我们可以互相帮助。
나는 너와 함께 시험을 준비하고 싶어. 이렇게 하면 우리는 서로 도울 수 있어.

패턴 6 가볍게 제안하거나 요청할 때

hǎo ma?
…, 好吗? ~, 어때? / 응? / 괜찮아?

Zánmen míngtiān wǎnshang liù diǎn zài kāfēitīng ménkǒu jiànmiàn, hǎo ma?
咱们明天晚上六点在咖啡厅门口见面，好吗?
우리 내일 저녁 6시에 카페 입구에서 만나자. 어때?

Wǒ xiànzài jiù qù wènwen yǒu méiyǒu zuòwèi, hǎo ma?
我现在就去问问有没有座位，好吗?
제가 지금 자리가 있는지 없는지 물어보러 갈게요. 네?

Qǐng gěi wǒ yùdìng yí ge shí rén zuò de zhuōzi, hǎo ma?
请给我预订一个十人座的桌子，好吗?
10인석 테이블 하나를 예약해주세요. 괜찮아요?

패턴 7 정중하게 제안하거나 요청할 때

Rúguǒ nǐ kěyǐ dehuà
如果你可以的话，… 만약 네가 가능하다면, ~

Rúguǒ nǐ kěyǐ dehuà, wǒ dài nǐ qù zuì hǎochī de Zhōngguó cāntīng ba.
如果你可以的话，我带你去最好吃的中国餐厅吧。
만약 네가 가능하다면, 내가 가장 맛있는 중국 레스토랑에 너를 데리고 갈게.

Rúguǒ nǐ kěyǐ dehuà, zánmen xià ge yuè qù dùjiàcūn ba.
如果你可以的话，咱们下个月去度假村吧。
만약 네가 가능하다면, 우리 다음달에 리조트에 가자.

Rúguǒ nǐ kěyǐ dehuà, bāng wǒ zhǎo yí ge gāocéng de, jǐngsè zuì hǎo de fángjiān ba.
如果你可以的话，帮我找一个高层的，景色最好的房间吧。
만약 당신이 가능하다면, 저를 도와 높은 층의, 풍경이 가장 좋은 방을 찾아주세요.

패턴 8 대안을 제시할 때

Yàobù xíng ma?
要不…，行吗？ 아니면~, 괜찮아? / 가능해? / 알겠어?

Yàobù nǐ gàosu wǒ nǐ fāngbiàn de shíjiān, nǐ shénme shíhou fāngbiàn, zánmen jiù shénme shíhou qù, xíng ma?
要不你告诉我你方便的时间，你什么时候方便，咱们就什么时候去，行吗？
아니면 네가 편한 시간을 나에게 알려줘. 네가 언제가 편하면, 우리 바로 그때 가자. 괜찮아?

Yàobù zhíjiē yùdìng yí ge bāojiān ba, xíng ma?
要不直接预订一个包间吧，行吗？
아니면 곧바로 룸 하나를 예약해주세요. 가능해요?

Yàobù nǐ xuǎn ge dìfang ba, xíng ma?
要不你选个地方吧，行吗？
아니면 네가 장소 정해봐. 알겠어?

패턴 9 구체적인 정보나 상황을 문의할 때

Kěyǐ gàosu wǒ yíxià ma?
…? 可以告诉我一下吗? ~? 내게 알려줄 수 있어?

Nǐ míngtiān dǎsuan qù nǎli wánr? Jǐ diǎn chūfā? Kěyǐ gàosu wǒ yíxià ma?
你明天打算去哪里玩儿? 几点出发? 可以告诉我一下吗?
너 내일 어디로 놀러 갈 계획이야? 몇 시에 출발해? 내게 알려줄 수 있어?

Xià ge yuè nín shénme shíhou fāngbiàn? Kěyǐ gàosu wǒ yíxià ma?
下个月您什么时候方便? 可以告诉我一下吗?
다음달에 당신은 언제가 편하세요? 제게 알려주실 수 있나요?

Kāifàng shíjiān shì shénme shíhou? Kěyǐ gàosu wǒ yíxià ma?
开放时间是什么时候? 可以告诉我一下吗?
개장 시간은 언제인가요? 제게 알려주실 수 있나요?

빈출 문제 공략하기

6_02_4_빈출 문제_4-5급.mp3, 6_02_5_빈출 문제_6급 이상.mp3

먼저 각 문제 아래에 제시된 그림과 어휘를 확인한 후, 문제를 읽고 스스로 답변해보세요. 그 다음 모범답변을 듣고 큰 소리로 따라 말하면서 답변 템플릿을 익히고 모범답변을 입에 붙여보세요.

① 약속 잡기 문제

Nǐ de péngyou bèi dà gōngsī lùqǔ le, nǐ xiǎng qǐng tā chīfàn. Qǐng nǐ gěi tā dǎ diànhuà biǎoshì zhùhè, bìng yuēdìng jiànmiàn de shíjiān hé dìdiǎn.

你的朋友被大公司录取了，你想请他吃饭。请你给他打电话表示祝贺，并约定见面的时间和地点。

당신의 친구가 큰 회사에 채용되었고, 당신은 그에게 밥을 대접하고 싶어요. 그에게 전화해서 축하를 표하고, 또 만날 시간과 장소를 약속하세요.

답변 템플릿

도입	축하해!
상황 설명	듣자 하니 너 큰 회사에 채용되었다며. 내가 너는 꼭 면접을 통과할 수 있을 거라고 말했잖아. 이렇게 되면 네가 나에게 밥을 대접해야 하는데, 그냥 내가 대접할게.
미션 수행	다시 한 번 축하해. 우리 내일 저녁 6시에 카페 입구에서 만나자. 어때? 6급 이상 만약 네가 가능하다면, 내가 중국 레스토랑에 너를 데리고 갈게.
마무리	네 생각은 어때?

Wéi, nǐ hǎo. Shì Xiǎo Wáng ma? Zhùhè nǐ a!

喂，你好。是小王吗？祝贺你啊！

Tīngshuō nǐ bèi dà gōngsī lùqǔ le. Wǒ shàng cì bú shì shuō nǐ yídìng néng tōngguò miànshì ma. Zhèyàng dehuà nǐ yào qǐng wǒ chīfàn le, suànle, háishi wǒ qǐng nǐ chīfàn ba.

听说你被大公司录取了。我上次不是说你一定能通过面试嘛。这样的话你要请我吃饭了，算了，还是我请你吃饭吧。

Zài cì zhùhè nǐ, zánmen míngtiān wǎnshang liù diǎn zài kāfēitīng ménkǒu jiànmiàn, hǎo ma?

再次祝贺你，咱们明天晚上六点在咖啡厅门口见面，好吗？

Rúguǒ nǐ kěyǐ dehuà, wǒ dài nǐ qù zuì hǎochī de Zhōngguó cāntīng ba.

6급 이상 **如果你可以的话，我带你去最好吃的中国餐厅吧。**

Nǐ juéde zěnmeyàng?

你觉得怎么样？

해석 여보세요, 안녕. 샤오왕이니? 축하해! 듣자 하니 너 큰 회사에 채용되었다며. 내가 지난번에 너는 꼭 면접을 통과할 수 있을 거라고 말했잖아. 이렇게 되면 네가 나에게 밥을 대접해야 하는데, 됐다. 그냥 내가 너에게 밥을 대접할게. 다시 한 번 축하해. 우리 내일 저녁 6시에 카페 입구에서 만나자. 어때? 만약 네가 가능하다면, 내가 가장 맛있는 중국 레스토랑에 너를 데리고 갈게. 네 생각은 어때?

어휘 录取 lùqǔ 동 채용하다 请 qǐng 동 대접하다 表示 biǎoshì 동 표하다 祝贺 zhùhè 동 축하하다 约定 yuēdìng 동 약속하다 地点 dìdiǎn 명 장소 喂 wéi 여보세요 听说 tīngshuō 동 듣자 하니 通过 tōngguò 동 통과하다 개 ~을 통해 面试 miànshì 명 면접 동 면접을 보다 嘛 ma 조 [서술문 뒤에 쓰여 당연함을 나타냄] 这样的话 zhèyàng dehuà 이렇게 되면 算了 suànle 됐어, 관둬 咱们 zánmen 대 우리(들) 好吗 hǎo ma 어때? 如果 rúguǒ 접 만약 餐厅 cāntīng 명 레스토랑

② 약속 변경 문제

01

Míngtiān nǐ gēn péngyou yuēhǎo yìqǐ qù guàngjiē, dàn nǐ hǎoxiàng gǎnmào le, shēntǐ bú tài shūfu. Qǐng nǐ xiàng péngyou shuōmíng qíngkuàng bìng gǎi yuē shíjiān.

明天你跟朋友约好一起去逛街，但你好像感冒了，身体不太舒服。请你向朋友说明情况并改约时间。

내일 당신은 친구와 함께 아이쇼핑을 하러 가기로 약속했는데, 당신은 감기에 걸린 것 같고, 몸이 좀 불편합니다. 친구에게 상황을 설명하고 또 약속 시간을 변경하세요.

답변 템플릿

도입	지금 얘기하기 편해?
상황 설명	우리 내일 함께 아이쇼핑하러 가기로 약속했잖아. 그런데 내가 감기에 걸린 것 같아. 이를 어쩌지? 이렇게 되면 내가 너와 함께 갈 수가 없겠어.
미션 수행	만약 네가 가능하다면, 우리 다음주에 함께 아이쇼핑하러 가자. 6급 이상 그때 가서 내가 너에게 케이크를 대접할게. 괜찮아?
마무리	정말 미안해.

Xiǎo Wáng, nǐ hǎo. Xiànzài shuōhuà fāngbiàn ma?

小王，你好。现在说话方便吗？

Wǒmen bú shì yuēhǎo míngtiān yìqǐ qù guàngjiē ma, búguò wǒ hǎoxiàng gǎnmào le, cóng zuótiān kāishǐ yìzhí késou, tóuténg,

我们不是约好明天一起去逛街嘛，不过我好像感冒了，从昨天开始一直咳嗽，头疼，

fāshāo, quánshēn chū hàn, zhè zěnme bàn ne? Zhèyàng dehuà wǒ jiù bù néng gēn nǐ yìqǐ qù wánr le.

发烧，全身出汗，这怎么办呢？这样的话我就不能跟你一起去玩儿了。

Rúguǒ nǐ kěyǐ dehuà, zánmen xià zhōu yìqǐ qù guàngjiē ba.

如果你可以的话，咱们下周一起去逛街吧。

Dào shíhou wǒ qǐng nǐ chī dàngāo, hǎo ma?

6급 이상 **到时候我请你吃蛋糕，好吗？**

Fēicháng bàoqiàn.

非常抱歉。

해석 샤오왕, 안녕. 지금 얘기하기 편해? 우리 내일 함께 아이쇼핑하러 가기로 약속했잖아. 그런데 내가 감기에 걸린 것 같아. 어제부터 줄곧 기침하고, 머리가 아프고, 열이 나고, 온 몸에 땀이 나. 이를 어쩌지? 이렇게 되면 내가 너와 함께 놀러 갈 수가 없겠어. 만약 네가 가능하다면, 우리 다음주에 함께 아이쇼핑하러 가자. 그때 가서 내가 너에게 케이크를 대접할게. 괜찮아? 정말 미안해.

어휘 约 yuē 동 약속하다 逛街 guàngjiē 명 아이쇼핑하다, 거리를 구경하며 돌아다니다 好像 hǎoxiàng 동 (마치) ~인 것 같다 说明 shuōmíng 동 설명하다 명 설명 情况 qíngkuàng 명 상황, 정황 改约 gǎi yuē 약속을 변경하다 嘛 ma 조 [서술문 뒤에 쓰여 당연함을 나타냄] 不过 búguò 접 그런데, 그러나 咳嗽 késou 동 기침하다 发烧 fāshāo 동 열이 나다 全身出汗 quánshēn chū hàn 온 몸에 땀이 나다 怎么办 zěnme bàn 어쩌지, 어떡하지 这样的话 zhèyàng dehuà 이렇게 되면, 이렇게 하면, 이러면 如果 rúguǒ 접 만약 咱们 zánmen 대 우리(들) 好吗 hǎo ma 괜찮아? 어때? 응? 抱歉 bàoqiàn 형 미안해하다

02

Nǐ měi tiān wǎnshang dōu hé jiājiào xué wàiyǔ, dànshì nǐ zuìjìn juéde wǎnshang de xuéxí xiàolǜ bìng bù gāo. Qǐng nǐ xiàng lǎoshī shuōmíng qíngkuàng, bìng gēnggǎi shàngkè shíjiān.

你每天晚上都和家教学外语，但是你最近觉得晚上的学习效率并不高。请你向老师说明情况，并更改上课时间。

당신은 매일 저녁마다 과외 선생님에게 외국어를 배우는데, 당신은 요즘 저녁의 학습 효율이 전혀 높지 않다고 생각합니다. 선생님께 상황을 설명드리고, 또 수업 시간을 변경하세요.

답변 템플릿

도입	제가 선생님께 한 가지 일을 말씀드리고 싶어요.
상황 설명	우리가 매일 저녁마다 중국어를 공부하고 있잖아요. 저는 요즘 저녁 학습 효율이 전혀 높지 않다고 생각해요. 요즘 제 업무량이 너무 많아서, 숙제를 완성하기가 어려워요.
미션 수행	만약 가능하다면, 우리 주말 오전에 수업해요. 6급 이상 아니면 우리 이따가 계획을 정해요. 괜찮아요?
마무리	선생님 생각은 어때요?

Lǎoshī, nín hǎo. Wǒ xiǎng gēn nín shuō yí jiàn shìqing.

老师，您好。我想跟您说一件事情。

Wǒmen bú shì měi tiān wǎnshang dōu zài xuéxí Hànyǔ ma, búguò wǒ zuìjìn juéde wǎnshang de xuéxí xiàolǜ bìng bù gāo.

我们不是每天晚上都在学习汉语嘛，不过我最近觉得晚上的学习效率并不高。

Érqiě zuìjìn wǒ de gōngzuò liàng shízài tài duō le, zhèyàng dehuà jiù hěn nán ànshí wánchéng zuòyè le.

而且最近我的工作量实在太多了，这样的话就很难按时完成作业了。

Rúguǒ nín kěyǐ dehuà, zánmen zhōumò shàngwǔ shàngkè ba.

如果您可以的话，咱们周末上午上课吧。

Yàobù zánmen yíhuìr dìng yí ge jìhuà, xíng ma?

要不咱们一会儿定一个计划，行吗?

Nín juéde zěnmeyàng?

您觉得怎么样?

해석 선생님, 안녕하세요. 제가 선생님께 한 가지 일을 말씀드리고 싶어요. 우리가 매일 저녁마다 중국어를 공부하고 있잖아요. 그런데 저는 요즘 저녁 학습 효율이 전혀 높지 않다고 생각해요. 게다가 요즘 제 업무량이 정말 너무 많아서, 이렇게 되면 제때에 숙제를 완성하기가 어려워요. 만약 선생님이 가능하다면, 우리 주말 오전에 수업해요. 아니면 우리 이따가 계획을 정해요. 괜찮아요? 선생님 생각은 어때요?

어휘 家教 jiājiào 명 과외 선생님, 과외 外语 wàiyǔ 명 외국어 效率 xiàolǜ 명 효율, 능률 并不 bìng bù 부 전혀 ~하지 않다 说明 shuōmíng 동 설명하다 명 설명 情况 qíngkuàng 명 상황, 정황 事情 shìqing 명 일 嘛 ma 조 [서술문 뒤에 쓰여 당연함을 나타냄] 不过 búguò 접 그런데, 그러나 工作量 gōngzuò liàng 업무량 实在 shízài 부 정말, 확실히 这样的话 zhèyàng dehuà 이렇게 되면, 이렇게 하면, 이러면 按时 ànshí 부 제때에, 시간에 맞추어 如果 rúguǒ 접 만약 咱们 zánmen 대 우리(들) 周末 zhōumò 명 주말 计划 jìhuà 명 계획 동 계획하다 行吗 xíng ma 괜찮아? 가능해? 알겠어?

③ 예약/예매 문제

01

Nǐ de péngyou xià zhōu jiù yào dàxué bìyè le, nǐ dǎsuan hé péngyoumen yìqǐ qù cāntīng gěi tā qìngzhù. Qǐng nǐ gěi cāntīng dǎ diànhuà yùdìng zuòwèi.
你的朋友下周就要大学毕业了，你打算和朋友们一起去餐厅给她庆祝。请你给餐厅打电话预订座位。
당신의 친구가 다음주에 곧 대학을 졸업해서, 당신은 친구들과 함께 식당에 가서 그녀를 축하해줄 계획입니다. 식당에 전화해서 자리를 예약하세요.

답변 템플릿

도입	메이웨이 식당인가요?
상황 설명	제 친구가 다음주에 곧 대학을 졸업해요. 듣자 하니 그 식당에서 케이크를 선물해준다던데, 제가 친구들과 함께 식당에 가서 그녀를 축하해줄 계획이에요. 저는 그 식당이 괜찮았던 걸로 기억해요.
미션 수행	10인석 테이블 하나를 예약해주세요. 괜찮아요? 6급 이상 아니면 곧바로 룸 하나를 예약해주세요. 가능해요?
마무리	고맙습니다!

Wéi, nǐ hǎo. Shì Měiwèi cāntīng ma?
喂，你好。是美味餐厅吗？

Wǒ de péngyou xià zhōu jiù yào dàxué bìyè le. Tīngshuō nǐmen cāntīng miǎnfèi gěi bìyèshēng sòng dàngāo, suǒyǐ wǒ dǎsuan
我的朋友下周就要大学毕业了。听说你们餐厅免费给毕业生送蛋糕，所以我打算
hé péngyoumen yìqǐ qù nǐmen cāntīng gěi tā qìngzhù. Wǒ jìde nǐmen cāntīng huánjìng búcuò, fàncài yě hěn hǎochī.
和朋友们一起去你们餐厅给她庆祝。我记得你们餐厅环境不错，饭菜也很好吃。

Qǐng gěi wǒ yùdìng yí ge shí rén zuò de zhuōzi, hǎo ma?
请给我预订一个十人座的桌子，好吗？
Yàobù zhíjiē yùdìng yí ge bāojiān ba, xíng ma?

要不直接预订一个包间吧，行吗？

Xièxie!
谢谢！

해석 여보세요, 안녕하세요. 메이웨이 식당인가요? 제 친구가 다음주에 곧 대학을 졸업해요. 듣자 하니 그 식당에서 무료로 졸업생에게 케이크를 선물해준다던데, 그래서 제가 친구들과 함께 그 식당에 가서 그녀를 축하해줄 계획이에요. 저는 그 식당이 환경이 괜찮고, 음식도 맛있던 걸로 기억해요. 10인석 테이블 하나를 예약해주세요. 괜찮아요? 아니면 곧바로 룸 하나를 예약해주세요. 가능해요? 고맙습니다!

어휘 大学 dàxué 명 대학 毕业 bìyè 동 졸업하다 명 졸업 餐厅 cāntīng 명 식당, 레스토랑 庆祝 qìngzhù 동 축하하다, 경축하다 预订 yùdìng 동 예약하다, 예매하다 座位 zuòwèi 명 자리, 좌석 喂 wéi 여보세요 免费 miǎnfèi 동 무료로 하다 毕业生 bìyèshēng 졸업생 送 sòng 동 선물하다, 주다 蛋糕 dàngāo 명 케이크 记得 jìde 동 기억하고 있다 环境 huánjìng 명 환경 好吗 hǎo ma 괜찮아요? 어때요? 네? 要不 yàobù 접 아니면, 그렇지 않으면 直接 zhíjiē 형 곧바로 ~하다, 직접적이다 包间 bāojiān 명 룸, 대절한 방 行吗 xíng ma 가능해요? 괜찮아요? 알겠어요?

02

Nǐ fāxiàn jiāoqū xīn kāile yì jiā bówùguǎn, nǐ hěn xiǎng gēn péngyou yìqǐ qù. Qǐng gěi shòupiàochù dǎ diànhuà xúnwèn jiàgé hé kāifàng shíjiān děng xìnxī, bìng yùdìng ménpiào.

你发现郊区新开了一家博物馆，你很想跟朋友一起去。请给售票处打电话询问价格和开放时间等信息，并预订门票。

당신은 교외에 박물관 하나가 새로 연 것을 발견했고, 당신은 친구와 함께 가고 싶습니다. 표 판매처에 전화해서 가격과 개장 시간 등 정보를 물어보고, 또 입장권을 예매하세요.

답변 템플릿

도입	역사 문화 박물관 표 판매처인가요?
상황 설명	제가 보니 그 박물관이 이번 주말에 문을 열던데, 저는 친구와 함께 참관하러 가고 싶어요. 저는 그 박물관이 교외에 있는 걸로 기억해요.
미션 수행	입장권의 가격은 얼마인가요? 개장 시간은 언제인가요? 제게 알려주실 수 있나요? 만약 가능하다면, 토요일 입장권 2장을 예매해주세요. 6급 이상 아니면 제게 인터넷에서 입장권을 예매하는 방법을 알려주세요. 가능해요?
마무리	고맙습니다!

Wéi, nǐ hǎo. Shì lìshǐ wénhuà bówùguǎn shòupiàochù ma?
喂，你好。是历史文化博物馆售票处吗？

Wǒ kàn nǐmen bówùguǎn zhè zhōumò kāi mén, wǒ hěn xiǎng gēn péngyou yìqǐ qù cānguān. Wǒ jìde nǐmen bówùguǎn zài jiāoqū
我看你们博物馆这周末开门，我很想跟朋友一起去参观。我记得你们博物馆在郊区。

Ménpiào de jiàgé shì duōshao? Kāifàng shíjiān shì shénme shíhou? Kěyǐ gàosu wǒ yíxià ma? Rúguǒ nǐ kěyǐ dehuà, qǐng bāng wǒ yùdìng liǎng zhāng zhōu liù de ménpiào ba.
门票的价格是多少？开放时间是什么时候？可以告诉我一下吗？如果你可以的话，请帮我预订两张周六的门票吧。

Yàobù nǐ gàosu wǒ zài wǎngshàng yùdìng ménpiào de fāngfǎ, xíng ma?

6급 이상 **要不你告诉我在网上预订门票的方法，行吗？**

Xièxie!
谢谢！

해석 여보세요, 안녕하세요. 역사 문화 박물관 표 판매처인가요? 제가 보니 그 박물관이 이번 주말에 문을 열던데, 저는 친구와 함께 참관하러 가고 싶어요. 저는 그 박물관이 교외에 있는 걸로 기억해요. 입장권의 가격은 얼마인가요? 개장 시간은 언제인가요? 제게 알려주실 수 있나요? 만약 가능하다면, 저를 도와 토요일 입장권 2장을 예매해주세요. 아니면 제게 인터넷에서 입장권을 예매하는 방법을 알려주세요. 가능해요? 고맙습니다!

어휘 发现 fāxiàn 동 발견하다, 깨닫다 郊区 jiāoqū 명 교외, (도시의) 변두리 博物馆 bówùguǎn 명 박물관 询问 xúnwèn 동 물어보다, 알아보다 价格 jiàgé 명 가격, 값 开放 kāifàng 동 개장하다, 개방하다 等 děng 조 등, 따위 동 기다리다 信息 xìnxī 명 정보, 소식 预订 yùdìng 동 예매하다, 예약하다 门票 ménpiào 명 입장권 喂 wéi 여보세요 历史 lìshǐ 명 역사 周末 zhōumò 명 주말 参观 cānguān 동 참관하다, 견학하다 如果 rúguǒ 접 만약 要不 yàobù 접 아니면, 그렇지 않으면 行吗 xíng ma 가능해요? 괜찮아요? 알겠어요?

실전 연습문제

6_02_6_연습문제_풀어보기.mp3,
6_02_7_연습문제_모범답변 따라하기_4-5급.mp3,
6_02_8_연습문제_모범답변 따라하기_6급 이상.mp3

제6부분 02 연습문제 바로듣기

먼저 그림과 문제를 눈으로 확인한 후, 문제를 듣고 큰 소리로 답변해보며 실전 감각을 익혀보세요.

01

你的中国朋友第一次访问你们国家，明天你想带他去游览几个景点。请你跟他约定时间和地点。

____。

02

朋友邀你这次过节一起去度假村，不过你要去看望奶奶。请你向朋友说明情况，并请她改天一起去度假村。

____。

03

你跟客户约好一起去餐厅吃饭，后来才发现那家餐厅已经搬走了。请你向客户说明情况，并约别的地点。

____。

04

这次假期你打算跟朋友一起去旅游，你的朋友想住靠海边的房间。请你给酒店打电话预订房间并说明要求。

____。

모범답변 및 해석 p.396

03 정보 교류하며 상황 대응하기

정보 교류 문제에는 가격과 일정 등의 기본 정보, 구체적인 상황 정보와 인물 정보 관련 미션의 문제들이 다양한 상황으로 출제돼요. 정보 교류와 관련된 빈출 표현과 답변문장 패턴을 꼼꼼히 익혀보세요. 그리고 빈출 문제를 스스로 답변할 수 있도록 반복 연습하세요.

제6부분 03 바로듣기

빈출 표현 및 답변문장 패턴 익히기

① 빈출 표현 익히기

6_03_1_빈출 표현_따라읽기.mp3, 6_03_2_빈출 표현_암기하기.mp3

자주 쓰이는 기본 정보, 상황 정보, 인물 정보와 관련된 표현들과 도입말/마무리말을 큰 소리로 따라 말하며 익혀보세요.

기본 정보 관련 표현

- □ 咨询 zīxún ⓢ 물어보다
- □ 询问 xúnwèn ⓢ 물어보다
- □ 推荐 tuījiàn ⓢ 추천하다
- □ 告诉 gàosu ⓢ 알려주다
- □ 相关事宜 xiāngguān shìyí 관련 사항
- □ 周围 zhōuwéi ⓜ 주위
- □ 位置 wèizhi ⓜ 위치
- □ 对面 duìmiàn ⓜ 맞은편, 건너편
- □ 怎么走 zěnme zǒu 어떻게 갑니까?
- □ 迷路 mílù ⓢ 길을 잃다
- □ 课程 kèchéng ⓜ 커리큘럼, 교과 과정
- □ 邻居 línjū ⓜ 이웃
- □ 商家 shāngjiā ⓜ 판매자, 상점
- □ 发票 fāpiào ⓜ 영수증, 세금 계산서
- □ 包裹 bāoguǒ ⓜ 소포
- □ 号 hào ⓜ 사이즈, 번호
- □ 功能 gōngnéng ⓜ 기능, 효능
- □ 最新款 zuì xīnkuǎn 최신형
- □ 网址 wǎngzhǐ ⓜ (웹) 사이트 주소
- □ 购买 gòumǎi ⓢ 구매하다, 구입하다
- □ 订购 dìnggòu ⓢ 주문하다
- □ 送货 sònghuò ⓢ 배송하다, 배달하다
- □ 全都 quándōu ⓑ 전부, 모두
- □ 忘光 wàngguāng 완전히 잊어버리다
- □ 基础 jīchǔ ⓜ 기초, 토대
- □ 口语 kǒuyǔ ⓜ 회화, 구어

□ 阅读 yuèdú ⑧ 읽다, 열람하다

□ 症状 zhèngzhuàng ⑲ 증상, 증세

□ 治疗 zhìliáo ⑧ 치료하다 ⑲ 치료

□ 方法 fāngfǎ ⑲ 방법

상황 정보 관련 표현

□ 情况 qíngkuàng ⑲ 상황, 정황

□ 是否 shìfǒu ~인지 아닌지

□ 到底 dàodǐ ⑨ 도대체

□ 尽快 jǐnkuài ⑨ 되도록 빨리

□ 怎么回事 zěnme huí shì 어떻게 된 일인가, 어떻게 된 건가

□ 外卖 wàimài ⑲ 배달 음식

□ 送到 sòngdào 배달되다, 배송되다

□ 送餐员 sòngcānyuán ⑲ 음식 배달원

□ 坏 huài ⑧ 고장나다 ⑱ 나쁘다

□ 毛病 máobìng ⑲ 고장, 결함

□ 着急 zháojí ⑧ 조급해하다, 안달하다

□ 处理 chǔlǐ ⑧ 처리하다

인물 정보 관련 표현

□ 介绍 jièshào ⑧ 소개하다

□ 技术人员 jìshù rényuán ⑲ 기술자

□ 专业 zhuānyè ⑲ 전공

□ 辅导 fǔdǎo ⑧ (학습 등을) 도우며 지도하다

□ 号码 hàomǎ ⑲ 번호, 숫자

□ 联系方式 liánxì fāngshì 연락처

□ 正好 zhènghǎo ⑨ 마침 ⑱ 딱 맞다

□ 感兴趣 gǎn xìngqù 흥미를 느끼다

도입말 / 마무리말

□ 我是…。 Wǒ shì…. 저는 ~입니다.

□ 还有什么需要的吗? Hái yǒu shénme xūyào de ma? 또 뭐 필요한 거 있으세요?

□ 我说的你都明白了吧? Wǒ shuō de nǐ dōu míngbaile ba? 제가 한 말 모두 이해하셨죠?

② 답변문장 패턴 익히기

6_03_3_답변문장 패턴.mp3

상황을 실제처럼 설명하고 미션을 정확히 수행하기 위해 알아두어야 할 답변문장 패턴을 큰 소리로 따라 말하며 익혀보세요.

패턴 1 내가 알게 된 소식이나 상대방의 상태를 말할 때

Tīngshuō
听说… 듣자 하니~

Tīngshuō méiyǒu fāpiào jiù bù kěyǐ huàn.
听说没有发票就不可以换。
듣자 하니 영수증이 없으면 바꿀 수 없다던데.

Tīngshuō wǒmen gōngsī xiànzài xūyào yí ge diànnǎo jìshù rényuán.
听说我们公司现在需要一个电脑技术人员。
듣자 하니 우리 회사에 지금 컴퓨터 기술자가 한 명 필요하다던데.

패턴 2 상대방도 아는 정보를 확인시킬 때

bú shì ma
不是…嘛 ~잖아

Nǐ bú shì chángcháng mílù ma, wǒ yǒudiǎnr dānxīn.
你不是常常迷路嘛，我有点儿担心。
너는 자주 길을 잃잖아. 나는 약간 걱정이 돼.

Wǒ bú shì měi zhōu dōu lái tīng lǎoshī de Hànyǔ kǒuyǔ kè ma.
我不是每周都来听老师的汉语口语课嘛。
제가 매주 와서 선생님의 중국어 회화 수업을 듣잖아요.

패턴 3 현재 또는 과거의 사실이나 의견을 설명할 때

Wǒ kàn Wǒ jìde
我看… / 我记得… 내가 보니~ / 나는 ~로 기억해

Wǒ kàn tā měi zhōu liù shàngwǔ yǒu kòng, kěyǐ jiāo nǐ dǎ tàijíquán.
我看他每周六上午有空，可以教你打太极拳。
내가 보니 그가 매주 토요일 오전에 시간이 있어서, 너에게 태극권을 가르쳐줄 수 있어.

Wǒ jìde zuótiān hái néng yòng, jīntiān tūrán jiù huài le.
我记得昨天还能用，今天突然就坏了。
제가 어제는 아직 쓸 수 있었던 걸로 기억하는데, 오늘 갑자기 고장났어요.

패턴 4 난처함이나 불만스러움을 표할 때

(zhè) zěnme bàn ne?
……，(这)怎么办呢？ ~, (이를) 어쩌지?

Xiànzài wǒ quándōu wàngguāng le, zěnme bàn ne?
现在我全都忘光了，怎么办呢？
지금 저는 전부 완전히 잊어버렸어요. 어쩌죠?

Zhèyàng dehuà duì wǒ méiyǒu shénme bāngzhù, zhè zěnme bàn ne?
这样的话对我没有什么帮助，这怎么办呢？
이렇게 되면 제게 아무 도움이 안 되는데, 이를 어쩌죠?

패턴 5 상황이나 행동에 대한 결과를 추측할 때

zhèyàng dehuà
这样的话… 이렇게 되면 / 이렇게 하면 / 이러면~

Nǐ yīnggāi zhǎo yí ge dìtiězhàn, zuò dìtiě dào Guānghuàmén zhàn. Zhèyàng dehuà wǒ kěyǐ qù dìtiězhàn jiē nǐ.
你应该找一个地铁站，坐地铁到光化门站。这样的话我可以去地铁站接你。
너는 지하철역을 찾아서, 지하철을 타고 광화문 역에 도착해야 해. 이렇게 하면 내가 지하철역에 가서 너를 마중할 수 있어.

Kèchéng de nèiróng yìzhí dōu shì yuèdú. Zhèyàng dehuà duì wǒ de kǒuyǔ méiyǒu shénme bāngzhù.
课程的内容一直都是阅读。这样的话对我的口语没有什么帮助。
커리큘럼의 내용은 줄곧 읽기네요. 이렇게 되면 제 회화에 아무 도움이 안 돼요.

패턴 6 가볍게 제안하거나 요청할 때

hǎo ma?
…，好吗？ ~, 어때? / 응? / 괜찮아?

Nǐ xiàle dìtiě zhī hòu zhíjiē gēn wǒ liánxì, hǎo ma?
你下了地铁之后直接跟我联系，好吗？
너 지하철에서 내린 후에 곧바로 나에게 연락해. 어때?

Qǐng nǐ mǎshàng gěi sòngcānyuán dǎ diànhuà wèn yíxià, hǎo ma?
请你马上给送餐员打电话问一下，好吗？
당신이 즉시 음식 배달원에게 전화해서 물어봐주세요. 네?

패턴 7 정중하게 제안하거나 요청할 때

Rúguǒ nǐ kěyǐ dehuà
如果你可以的话，… 만약 네가 가능하다면, ~

Rúguǒ nǐ kěyǐ dehuà, bāng wǒ ānpái nàge xīn lái de lǎoshī ba.
如果你可以的话，帮我安排那个新来的老师吧。
만약 당신이 가능하다면, 저를 도와 그 새로 오신 선생님을 배정해주세요.

Rúguǒ nǐ kěyǐ dehuà, zhǎo ge shíjiān gēn tā jiànmiàn ba.
如果你可以的话，找个时间跟他见面吧。
만약 네가 가능하다면, 시간을 내서 그와 만나봐.

패턴 8 대안을 제시할 때

Yàobù xíng ma?
要不…，行吗? 아니면~, 괜찮아? / 가능해? / 알겠어?

Yàobù míngtiān zǎoshang liánxì wǒ, wǒ péi nǐ yìqǐ qù ba, xíng ma?
要不明天早上联系我，我陪你一起去吧，行吗?
아니면 내일 아침에 나에게 연락해. 내가 너와 함께 갈게. 괜찮아?

Yàobù nǐ bǎ tā de diànhuà hàomǎ gěi wǒ, wǒ lái liánxì ba, xíng ma?
要不你把他的电话号码给我，我来联系吧，行吗?
아니면 제게 그의 전화번호를 주세요. 제가 연락할게요. 가능할까요?

패턴 9 구체적인 정보나 상황을 문의할 때

Kěyǐ gàosu wǒ yíxià ma?
…? 可以告诉我一下吗? ~? 내게 알려줄 수 있어?

Xiànzài yǒu gǔdiǎn yīnyuè jīchǔ bān ma? Shàngkè shíjiān shì shénme shíhou? Kěyǐ gàosu wǒ yíxià ma?
现在有古典音乐基础班吗? 上课时间是什么时候? 可以告诉我一下吗?
지금 클래식 음악 기초반이 있나요? 수업 시간은 언제인가요? 제게 알려주실 수 있나요?

Zhè dàodǐ shì zěnme huí shì? Kěyǐ gàosu wǒ yíxià ma?
这到底是怎么回事? 可以告诉我一下吗?
이게 도대체 어떻게 된 건가요? 제게 알려주실 수 있나요?

패턴 10 구체적인 정보를 설명하거나 소개할 때

nǐ (kěyǐ) jì yíxià
…，你(可以)记一下。 ~, 기억해 둬(도 좋아).

Jiǔdiàn duìmiàn yǒu yí ge gōngjiāochēzhàn, zài nàr zuò yāo líng líng yāo lù jiù néng dào jīchǎng, nǐ jì yíxià.
酒店对面有一个公交车站，在那儿坐幺零零幺路就能到机场，你记一下。
호텔 맞은편에 버스 정류장이 하나 있는데, 그곳에서 1001번 버스를 타면 바로 공항에 도착할 수 있어. 기억해 둬.

Tā de shǒujī hàomǎ shì líng yāo líng yāo sān èr sì wǔ bā liù qī, ní kěyǐ jì yíxià.
他的手机号码是零幺零幺三二四五八六七，你可以记一下。
그의 휴대폰 번호는 010-1324-5867이야. 기억해 둬도 좋아.

패턴 11 알고 있는 정보나 상황을 전달할 때

Jù wǒ suǒ zhī
据我所知，… 내가 알기로는, ~

Jù wǒ suǒ zhī, tā dǎ tàijíquán dǎ de tǐng hǎo de.
据我所知，他打太极拳打得挺好的。
내가 알기로는, 그는 태극권을 매우 잘 해.

Jù wǒ suǒ zhī, tā duì diànnǎo jìshù fēicháng liǎojiě.
据我所知，他对电脑技术非常了解。
제가 알기로는, 그는 컴퓨터 기술에 대해 정말 잘 알고 있어요.

빈출 문제 공략하기

6_03_4_빈출 문제_4-5급.mp3, 6_03_5_빈출 문제_6급 이상.mp3

먼저 각 문제 아래에 제시된 그림과 어휘를 확인한 후, 문제를 읽고 스스로 답변해보세요. 그 다음 모범답변을 듣고 큰 소리로 따라 말하면서 답변 템플릿을 익히고 모범답변을 입에 붙여보세요.

① 기본 정보 문제

01

Zhè cì hánjià nǐ yào bào gāngqín bān. Qǐng gěi zīxún lǎoshī shuōmíng nǐ de shuǐpíng hé mùbiāo, bìng zīxún shàngkè shíjiān děng xiāngguān shìyí.
这次寒假你要报钢琴班。请给咨询老师说明你的水平和目标，并咨询上课时间等相关事宜。

이번 겨울 방학에 당신은 피아노반에 등록하려고 합니다. 상담 선생님에게 당신의 수준과 목표를 설명하고, 또 수업 시간 등 관련 사항을 물어보세요.

답변 템플릿

도입	여기가 씽푸 피아노반인가요?
상황 설명	제가 피아노반에 등록하려고 해요. 저 재작년에 여기서 피아노를 배운 적 있잖아요. 피아노를 쳐서 아내에게 들려주고 싶은데, 지금 저는 전부 완전히 잊어버렸어요. 어쩌죠?
미션 수행	지금 클래식 음악 기초반이 있나요? 수업 시간은 언제인가요? 제게 알려주실 수 있나요? 6급 이상 만약 당신이 가능하다면, 저를 도와 그 새로 오신 선생님을 배정해주세요.
마무리	고맙습니다!

Nǐ hǎo. Zhèli shì Xìngfú gāngqín bān ma?
你好。这里是幸福钢琴班吗？

Zhè cì hánjià wǒ yào bào gāngqín bān. Wǒ bú shì qiánnián zài zhèli xuéguo gāngqín ma, zuìjìn wǒ xiǎng tán gāngqín gěi qīzi tīng,
这次寒假我要报钢琴班。我不是前年在这里学过钢琴嘛，最近我想弹钢琴给妻子听，
dànshì xiànzài wǒ quándōu wàngguāng le, zěnme bàn ne?
但是现在我全都忘光了，怎么办呢？

Xiànzài yǒu gǔdiǎn yīnyuè jīchǔ bān ma? Shàngkè shíjiān shì shénme shíhou? Kěyǐ gàosu wǒ yíxià ma?
现在有古典音乐基础班吗？上课时间是什么时候？可以告诉我一下吗？
Rúguǒ nǐ kěyǐ dehuà, bāng wǒ ānpái nàge xīn lái de lǎoshī ba.
6급 이상 **如果你可以的话，帮我安排那个新来的老师吧。**

Xièxie!
谢谢！

해석 안녕하세요. 여기가 씽푸 피아노반인가요? 이번 겨울 방학에 제가 피아노반에 등록하려고 해요. 저 재작년에 여기서 피아노를 배운 적 있잖아요. 요즘 제가 피아노를 쳐서 아내에게 들려주고 싶은데, 지금 저는 전부 완전히 잊어버렸어요. 어쩌죠? 지금 클래식 음악 기초반이 있나요? 수업 시간은 언제인가요? 제게 알려주실 수 있나요? 만약 당신이 가능하다면, 저를 도와 그 새로 오신 선생님을 배정해주세요. 고맙습니다!

어휘 报 bào 동 등록하다 钢琴班 gāngqín bān 피아노반 咨询老师 zīxún lǎoshī 상담 선생님 目标 mùbiāo 명 목표 咨询 zīxún 동 물어보다 相关事宜 xiāngguān shìyí 관련 사항 弹钢琴 tán gāngqín 피아노를 치다 全都 quándōu 부 전부 忘光 wàngguāng 완전히 잊어버리다 古典 gǔdiǎn 형 클래식하다, 고전적이다 基础 jīchǔ 명 기초 安排 ānpái 동 배정하다

02

Nǐ de Zhōngguó péngyou yào chéngzuò míngtiān zǎoshang de fēijī huíguó le, dàn tā bù zhīdào gāi zěnme qù jīchǎng. Qǐng gàosu tā jīchǎng zěnme zǒu.

你的中国朋友要乘坐明天早上的飞机回国了，但她不知道该怎么去机场。请告诉她机场怎么走。

당신의 중국 친구가 내일 오전 비행기를 타고 귀국하려고 하는데, 그녀는 어떻게 공항에 가야 하는지를 모릅니다. 그녀에게 공항을 어떻게 가는지 알려주세요.

답변 템플릿

도입	내가 너에게 한 가지 일을 말하고 싶어.
상황 설명	듣자 하니 너 내일 비행기를 타고 귀국하는데, 어떻게 공항에 가야 하는지 모른다며. 너는 자주 길을 잃잖아. 나는 약간 걱정이 돼.
미션 수행	호텔 맞은편에 버스 정류장이 하나 있는데, 1001번 버스를 타면 공항에 도착할 수 있어. 기억해 둬. 6급 이상 아니면 내가 너와 함께 갈게. 괜찮아?
마무리	내가 한 말 모두 이해했지?

Xiǎo Wáng, nǐ hǎo. Wǒ xiǎng gēn nǐ shuō yí jiàn shìqing.

小王，你好。我想跟你说一件事情。

Tīngshuō nǐ yào chéngzuò míngtiān zǎoshang de fēijī huíguó, búguò bù zhīdào gāi zěnme qù jīchǎng. Érqiě nǐ bú shì chángcháng mílù ma, wǒ yǒudiǎnr dānxīn.

听说你要乘坐明天早上的飞机回国，不过不知道该怎么去机场。而且你不是常常迷路嘛，我有点儿担心。

Jiǔdiàn duìmiàn yǒu yí ge gōngjiāochēzhàn, zài nàr zuò yāo líng líng yāo lù jiù néng dào jīchǎng, nǐ jì yíxià.

酒店对面有一个公交车站，在那儿坐幺零零幺路就能到机场，你记一下。

Yàobù míngtiān zǎoshang liánxì wǒ, wǒ péi nǐ yìqǐ qù ba, xíng ma?

6급 이상 **要不明天早上联系我，我陪你一起去吧，行吗？**

Wǒ shuō de nǐ dōu míngbaile ba?

我说的你都明白了吧？

해석 샤오왕, 안녕. 내가 너에게 한 가지 일을 말하고 싶어. 듣자 하니 너 내일 오전 비행기를 타고 귀국하는데, 어떻게 공항에 가야 하는지 모른다며. 게다가 너는 자주 길을 잃잖아. 나는 약간 걱정이 돼. 호텔 맞은편에 버스 정류장이 하나 있는데, 그곳에서 1001번 버스를 타면 바로 공항에 도착할 수 있어. 기억해 둬. 아니면 내일 아침에 나에게 연락해. 내가 너와 함께 갈게. 괜찮아? 내가 한 말 모두 이해했지?

어휘 乘坐 chéngzuò 동 (자동차·배·비행기 등을) 타다 早上 zǎoshang 명 아침 飞机 fēijī 명 비행기 怎么走 zěnme zǒu 어떻게 갑니까 事情 shìqing 명 일 听说 tīngshuō 동 듣자 하니 不过 búguò 접 그런데, 그러나 迷路 mílù 동 길을 잃다 嘛 ma 조 [서술문 뒤에 쓰여 당연함을 나타냄] 担心 dānxīn 동 걱정하다 酒店 jiǔdiàn 명 호텔 对面 duìmiàn 명 맞은편, 건너편 要不 yàobù 접 아니면, 그렇지 않으면 联系 liánxì 동 연락하다, 연결하다 陪 péi 동 ~과(와) 함께 하다, 동반하다, 모시다 行吗 xíng ma 괜찮아? 가능해? 알겠어?

② 상황 정보 문제

01

Nǐ fāxiàn shàng zhōu gāng xiūhǎo de diànnǎo yòu chū wèntí le. Qǐng nǐ gěi fúwù zhōngxīn dǎ diànhuà shuōmíng qíngkuàng, bìng xúnwèn shì zěnme huí shì.

你发现上周刚修好的电脑又出问题了。请你给服务中心打电话说明情况，并询问是怎么回事。

당신은 지난주에 막 고쳤던 컴퓨터에 또 문제가 생긴 것을 발견했습니다. 서비스 센터에 전화해서 상황을 설명하고, 또 어떻게 된 일인지 물어보세요.

답변 템플릿

도입	컴퓨터 서비스 센터인가요?
상황 설명	제가 지난주에 막 고쳤던 컴퓨터에 또 문제가 생긴 것을 발견했어요. 제가 어제는 쓸 수 있었던 걸로 기억하는데, 오늘 갑자기 고장났어요. 제가 지금 이 컴퓨터를 사용해서 일들을 해야 하는데, 어쩌죠?
미션 수행	이게 도대체 어떻게 된 건가요? 제게 알려주실 수 있나요? 6급 이상 아니면 잠시 후에 제가 이 컴퓨터를 가져가서 당신들에게 한번 보여줄게요. 괜찮아요?
마무리	번거롭겠지만 빨리 해결해주세요.

Wéi, nǐ hǎo. Shì diànnǎo fúwù zhōngxīn ma?

喂，你好。是电脑服务中心吗?

Wǒ fāxiàn shàng zhōu gāng xiūhǎo de diànnǎo yòu chū wèntí le, wǒ jìde zuótiān hái néng yòng, jīntiān tūrán jiù huài le. Wǒ xiànzài yào yòng zhè tái diànnǎo zuò yìxiē zhòngyào de gōngzuò, zěnme bàn ne?

我发现上周刚修好的电脑又出问题了，我记得昨天还能用，今天突然就坏了。我现在要用这台电脑做一些重要的工作，怎么办呢?

Zhè dàodǐ shì zěnme huí shì? Kěyǐ gàosu wǒ yíxià ma?

这到底是怎么回事? 可以告诉我一下吗?

Yàobù yíhuìr wǒ bǎ diànnǎo dài guòqu gěi nǐmen kàn yíxià, xíng ma?

 6급 이상 **要不一会儿我把电脑带过去给你们看一下，行吗?**

Máfan nǐ kuài gěi wǒ jiějué yíxià ba.

麻烦你快给我解决一下吧。

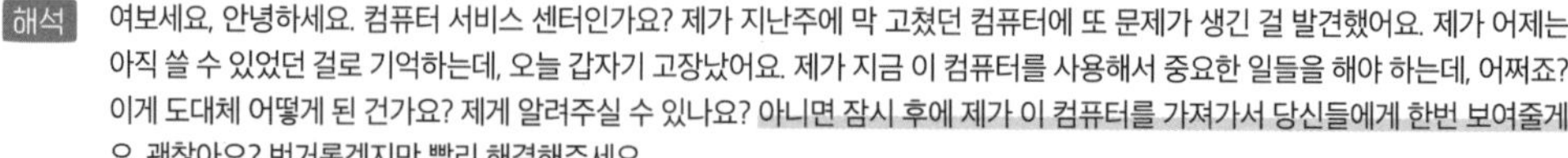

해석 여보세요, 안녕하세요. 컴퓨터 서비스 센터인가요? 제가 지난주에 막 고쳤던 컴퓨터에 또 문제가 생긴 걸 발견했어요. 제가 어제는 아직 쓸 수 있었던 걸로 기억하는데, 오늘 갑자기 고장났어요. 제가 지금 이 컴퓨터를 사용해서 중요한 일들을 해야 하는데, 어쩌죠? 이게 도대체 어떻게 된 건가요? 제게 알려주실 수 있나요? 아니면 잠시 후에 제가 이 컴퓨터를 가져가서 당신들에게 한번 보여줄게요. 괜찮아요? 번거롭겠지만 빨리 해결해주세요.

어휘 发现 fāxiàn 통 발견하다, 깨닫다 修 xiū 통 고치다 电脑 diànnǎo 명 컴퓨터 问题 wèntí 명 문제 中心 zhōngxīn 명 센터, 중심 说明 shuōmíng 통 설명하다 명 설명 情况 qíngkuàng 명 상황, 정황 询问 xúnwèn 통 물어보다, 알아보다 怎么回事 zěnme huí shì 어떻게 된 일인가, 어떻게 된 건가 喂 wéi 여보세요 突然 tūrán 형 갑작스럽다 坏 huài 통 고장나다 형 나쁘다 台 tái 양 대[기계 · 설비 등을 셀 때 쓰임] 工作 gōngzuò 명 일 통 일하다 怎么办 zěnme bàn 어쩌지, 어떡하지 到底 dàodǐ 부 도대체 要不 yàobù 접 아니면, 그렇지 않으면 把 bǎ 개 ~을(를) 行吗 xíng ma 괜찮아요? 알겠어요? 가능해요? 解决 jiějué 통 해결하다

02

Nǐ fāxiàn zuótiān zài shāngdiàn mǎi de qúnzi yǒudiǎnr dà, suǒyǐ xiǎng huàn xiǎo yí hào de, dàn nǐ yǐjīng bǎ fāpiào rēngdiào le. Qǐng nǐ xiàng shāngjiā shuōmíng qíngkuàng, bìng xúnwèn shìfǒu kěyǐ huàn.

你发现昨天在商店买的裙子有点儿大，所以想换小一号的，但你已经把发票扔掉了。请你向商家说明情况，并询问是否可以换。

당신은 어제 상점에서 산 치마가 약간 큰 것을 발견했고, 그래서 한 사이즈 작은 것으로 바꾸고 싶습니다. 하지만 당신은 이미 영수증을 버렸습니다. 판매자에게 상황을 설명하고, 또 바꿀 수 있는지 없는지 물어보세요.

답변 템플릿

도입	저는 치마를 바꾸러 온 사람이에요.
상황 설명	제가 보니 어제 여기서 산 치마가 약간 커요. 그래서 한 사이즈 작은 것으로 바꾸고 싶어요. 그런데 제가 이미 영수증을 버렸어요. 듣자 하니 영수증이 없으면 바꿀 수 없다던데, 이를 어쩌죠? 이 치마는 제가 한 번 밖에 안 입었어요.
미션 수행	이 치마 바꿀 수 있나요 없나요? 제게 알려주실 수 있나요? 6급 이상 아니면 오늘 제가 돌아가서 다시 영수증을 찾아볼게요. 괜찮아요?
마무리	번거롭겠지만 빨리 해결해주세요.

Nǐ hǎo. Wǒ shì lái huàn qúnzi de.
你好。我是来换裙子的。

Wǒ kàn zuótiān zài nǐmen zhèr mǎi de qúnzi yǒudiǎnr dà, suǒyǐ xiǎng huàn xiǎo yí hào de, búguò wǒ yǐjīng bǎ fāpiào
我看昨天在你们这儿买的裙子有点儿大，所以想换小一号的，不过我已经把发票
rēngdiào le. Tīngshuō méiyǒu fāpiào jiù bù kěyǐ huàn, zhè zěnme bàn ne? Zhè tiáo qúnzi wǒ zhǐ chuānle yí cì.
扔掉了。听说没有发票就不可以换，这怎么办呢？这条裙子我只穿了一次。

Zhè qúnzi néng bu néng huàn? Kěyǐ gàosu wǒ yíxià ma?
这裙子能不能换？可以告诉我一下吗？
Yàobù jīntiān wǒ huíqu zài zhǎozhao fāpiào, xíng ma?
6급 이상 要不今天我回去再找找发票，行吗？

Máfan nǐ kuài gěi wǒ jiějué yíxià ba.
麻烦你快给我解决一下吧。

해석 안녕하세요. 저는 치마를 바꾸러 온 사람이에요. 제가 보니 어제 여기서 산 치마가 약간 커요. 그래서 한 사이즈 작은 것으로 바꾸고 싶어요. 그런데 제가 이미 영수증을 버렸어요. 듣자 하니 영수증이 없으면 바꿀 수 없다던데, 이를 어쩌죠? 이 치마는 제가 한 번 밖에 안 입었어요. 이 치마 바꿀 수 있나요 없나요? 제게 알려주실 수 있나요? 아니면 오늘 제가 돌아가서 다시 영수증을 찾아볼게요. 괜찮아요? 번거롭겠지만 빨리 해결해주세요.

어휘 换 huàn 동 바꾸다, 교환하다 号 hào 명 사이즈, 번호 把 bǎ 개 ~을(를) 发票 fāpiào 명 영수증, 세금 계산서 扔掉 rēngdiào 버리다 商家 shāngjiā 명 판매자, 상점 说明 shuōmíng 동 설명하다 명 설명 情况 qíngkuàng 명 상황, 정황 询问 xúnwèn 동 물어보다, 알아보다 是否 shìfǒu ~인지 아닌지 不过 búguò 접 그런데, 그러나 听说 tīngshuō 동 듣자 하니 怎么办 zěnme bàn 어쩌지, 어떡하지 要不 yàobù 접 아니면, 그렇지 않으면 行吗 xíng ma 괜찮아요? 가능해요? 알겠어요? 解决 jiějué 동 해결하다

제6부분 해커스 TSC 한 권으로 끝내기

③ 인물 정보 문제

Nǐmen gōngsī xūyào yí ge diànnǎo jìshù rényuán, zhènghǎo nǐ de péngyou shì diànnǎo zhuānyè de. Qǐng nǐ xiàng shàngsi jièshào nǐ de péngyou.

你们公司需要一个电脑技术人员，正好你的朋友是电脑专业的。请你向上司介绍你的朋友。

당신의 회사에 컴퓨터 기술자가 한 명 필요한데, 마침 당신의 친구가 컴퓨터 전공자입니다. 상사에게 당신의 친구를 소개해주세요.

답변 템플릿

도입	지금 얘기하기 편하세요?
상황 설명	듣자 하니 우리 회사에 컴퓨터 기술자가 한 명 필요하다던데, 마침 제 친구 한 명이 컴퓨터 전공자예요. 제가 보니 그도 일을 구하고 있어요.
미션 수행	제가 알기로는, 그는 컴퓨터 기술에 대해 정말 잘 알고 있고, 우리 회사에 대해서도 흥미를 가지고 있어요. 만약 매니저님이 가능하시다면, 그와 연락 한번 해보세요. 6급 이상 아니면, 제가 그에게 매니저님을 찾아오라고 할게요. 괜찮아요?
마무리	매니저님 생각은 어떠세요?

Wáng jīnglǐ, nǐ hǎo, xiànzài shuōhuà fāngbiàn ma?

王经理，你好，现在说话方便吗？

Tīngshuō wǒmen gōngsī xiànzài xūyào yí ge diànnǎo jìshù rényuán, zhènghǎo wǒ de yí ge péngyou shì diànnǎo zhuānyè de.

听说我们公司现在需要一个电脑技术人员，正好我的一个朋友是电脑专业的。

Wǒ kàn tā yě zài zhǎo gōngzuò.

我看他也在找工作。

Jù wǒ suǒ zhī, tā duì diànnǎo jìshù fēicháng liǎojiě, érqiě duì wǒmen gōngsī yě hěn gǎn xìngqù. Rúguǒ nín kěyǐ dehuà, gēn tā liánxì yíxià ba.

据我所知，他对电脑技术非常了解，而且对我们公司也很感兴趣。如果您可以的话，跟他联系一下吧。

Yàobù, wǒ ràng tā chōu shíjiān lái gōngsī zhǎo nín, xíng ma?

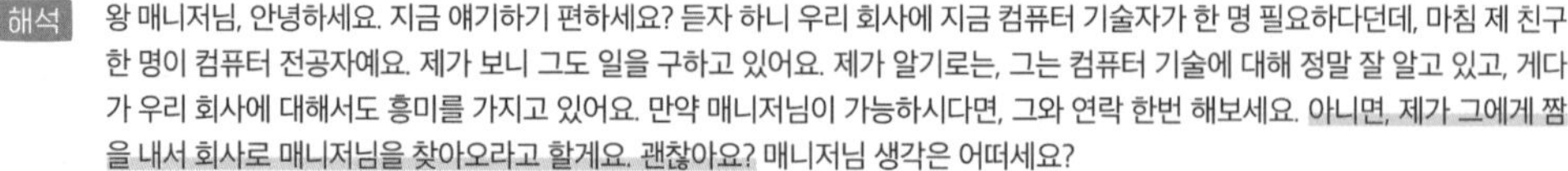

6급 이상 要不，我让他抽时间来公司找您，行吗？

Nín juéde zěnmeyàng?

您觉得怎么样？

해석 왕 매니저님, 안녕하세요. 지금 얘기하기 편하세요? 듣자 하니 우리 회사에 지금 컴퓨터 기술자가 한 명 필요하다던데, 마침 제 친구 한 명이 컴퓨터 전공자예요. 제가 보니 그도 일을 구하고 있어요. 제가 알기로는, 그는 컴퓨터 기술에 대해 정말 잘 알고 있고, 게다가 우리 회사에 대해서도 흥미를 가지고 있어요. 만약 매니저님이 가능하시다면, 그와 연락 한번 해보세요. 아니면, 제가 그에게 짬을 내서 회사로 매니저님을 찾아오라고 할게요. 괜찮아요? 매니저님 생각은 어떠세요?

어휘 电脑 diànnǎo 명 컴퓨터 技术人员 jìshù rényuán 명 기술자 正好 zhènghǎo 부 마침 형 딱 맞다 专业 zhuānyè 명 전공 据我所知 jù wǒ suǒ zhī 내가 알기로는, 내가 아는 바에 의하면 了解 liǎojiě 동 알다, 이해하다 感兴趣 gǎn xìngqù 흥미를 느끼다 如果 rúguǒ 접 만약 联系 liánxì 동 연락하다, 연결하다 要不 yàobù 아니면 抽时间 chōu shíjiān 짬을 내다, 시간을 내다 行吗 xíng ma 괜찮아요? 네? 가능해요?

실전 연습문제

6_03_6_연습문제_풀어보기.mp3,
6_03_7_연습문제_모범답변 따라하기_4-5급.mp3,
6_03_8_연습문제_모범답변 따라하기_6급 이상.mp3

제6부분 03 연습문제 바로듣기

먼저 그림과 문제를 눈으로 확인한 후, 문제를 듣고 큰 소리로 답변해보며 실전 감각을 익혀보세요.

01

你点了一份外卖，可是等了一个多小时都没送到。请你给外卖店打电话说明情况，并询问怎么回事。

______________________________。

02

你每周去汉语班学口语，但课程的内容却以阅读为主。请你向老师说明情况，并询问是否可以多锻炼口语。

______________________________。

03

有一位客人来公司找你的同事，但你的同事暂时不在。请向客人说明情况，并告诉他同事的联系方式。

______________________________。

04

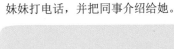

你的同事会打太极拳，正好你妹妹想学太极拳。请给妹妹打电话，并把同事介绍给她。

______________________________。

모범답변 및 해석 p.400

04 특정 태도로 상황 대응하기

특정 태도 문제에는 거절/양해, 불만, 축하/격려/위로 관련 미션의 문제들이 다양한 상황으로 출제돼요. 참고로 축하/격려/위로 문제는 두 가지 이상의 복합적인 태도를 동시에 요구하기도 해요. 특정 태도와 관련된 빈출 표현과 답변문장 패턴을 꼼꼼히 익혀보세요. 그리고 빈출 문제를 스스로 답변할 수 있도록 반복 연습하세요.

제6부분 04 바로듣기

빈출 표현 및 답변문장 패턴 익히기

① 빈출 표현 익히기

6_04_1_빈출 표현_따라읽기.mp3, 6_04_2_빈출 표현_암기하기.mp3

자주 쓰이는 거절/양해, 불만, 축하/격려/위로와 관련된 표현들과 마무리말을 큰 소리로 따라 말하며 익혀보세요.

거절/양해

□ 拒绝 jùjué ㉠ 거절하다

□ 谅解 liàngjiě ㉠ 양해하다

□ 无法 wúfǎ ㉠ ~할 수 없다, ~할 방법이 없다

□ 正要 zhèngyào 마침~하려고 하다

□ 本来 běnlái ㉡ 본래, 원래

□ 准时 zhǔnshí ㉢ 제때에, 시간에 맞다

□ 到时候 dào shíhou 때가 되면, 그때 가서

□ 委婉 wěiwǎn ㉢ 완곡하다

□ 委托 wěituō ㉠ 위탁하다, 의뢰하다

□ 照顾 zhàogù ㉠ 돌보다, 보살피다

□ 转告 zhuǎngào ㉠ 전달하다, 전언하다

□ 麻烦 máfan ㉢ 번거롭다, 귀찮다

□ 过敏 guòmǐn ㉠ 알레르기 반응을 보이다, 예민하다

□ 加班 jiābān ㉠ 야근하다, 초과 근무하다

□ 出差 chūchāi ㉠ 출장가다, 파견되다

□ 耽误 dānwu ㉠ 지체하다, 그르치다

□ 堵车 dǔchē ㉠ 교통이 체증되다, 차가 막히다

□ 上错 shàngcuò (지하철 등을) 잘못 타다

불만

□ 不满 bùmǎn ㉢ 불만족스럽다

□ 受不了 shòu buliǎo 참을 수 없다, 견딜 수 없다

□ 失望 shīwàng ㉠ 실망하다, 낙담하다

□ 完全 wánquán ㉡ 완전히 ㉢ 완전하다

□ 实际 shíjì ㉢ 실제(의), 실제적이다

□ 所有 suǒyǒu ㉢ 모든, 전부의

□ 产品 chǎnpǐn ⓜ 제품

□ 退换 tuìhuàn ⓓ 반품 교환하다

□ 影响 yǐngxiǎng ⓓ 영향을 주다 ⓜ 영향

□ 礼貌 lǐmào ⓗ 예의 바르다 ⓜ 예의

□ 管好 guǎnhǎo 잘 돌보다

□ 争吵 zhēngchǎo ⓓ 말다툼하다

□ 警察 jǐngchá ⓜ 경찰

□ 乘客 chéngkè ⓜ 승객

축하/격려/위로

□ 祝贺 zhùhè ⓓ 축하하다

□ 恭喜 gōngxǐ ⓓ 축하하다

□ 鼓励 gǔlì ⓓ 격려하다

□ 安慰 ānwèi ⓓ 위로하다

□ 成功 chénggōng ⓓ 성공하다, 이루다

□ 获得 huòdé ⓓ 차지하다, 얻다

□ 应聘 yìngpìn ⓓ 지원하다, 초빙에 응하다

□ 创业 chuàngyè ⓓ 창업하다

□ 转学 zhuǎnxué ⓓ 전학하다

□ 留学 liúxué ⓓ 유학하다, 유학 가다

□ 通知 tōngzhī ⓓ 알리다, 통지하다

□ 第一名 dìyī míng 일등, 제1위

□ 名牌大学 míngpái dàxué 명문대학

□ 面试失败 miànshì shībài 면접에서 떨어지다

□ 伤心 shāngxīn ⓗ 슬퍼하다, 상심하다

□ 难过 nánguò ⓗ 괴롭다, 슬프다

□ 辛苦 xīnkǔ ⓗ 수고스럽다 ⓓ 수고하다

□ 实在 shízài ⓑ 정말, 확실히

□ 终于 zhōngyú ⓑ 마침내, 끝내

□ 作为 zuòwéi ⓖ ~로서, ~의 신분으로서

□ 成为 chéngwéi ⓓ ~으로 되다

□ 当上 dāngshang ~이 되다

□ 不得不 bùdébù ⓑ 어쩔 수 없이, 마지못하여

□ 肯定 kěndìng ⓑ 확실히 ⓗ 확신하다

마무리말

□ 明天见！ Míngtiān jiàn! 내일 봐!

□ 一会儿见！ Yíhuìr jiàn! 이따 봐!

□ 你们注意一下。 Nǐmen zhùyì yíxià. 주의 좀 해주세요.

□ 加油！ Jiāyóu! 힘내!

② 답변문장 패턴 익히기 6_04_3_답변문장 패턴.mp3

상황을 실제처럼 설명하고 미션을 정확히 수행하기 위해 알아두어야 할 답변문장 패턴을 큰 소리로 따라 말하며 익혀보세요.

패턴 1 내가 알게 된 소식이나 상대방의 상태를 말할 때

Tīngshuō
听说… 듣자 하니~

Tīngshuō nǐ zuìjìn jīngcháng chídào, bú rènzhēn tīng kè.
听说你最近经常迟到，不认真听课。
듣자 하니 네가 요즘 자주 지각을 하고, 열심히 수업을 듣지 않는다던데.

Tīngshuō nǐ zài zhè cì kǎoshì zhōng huòdéle dìyī míng.
听说你在这次考试中获得了第一名。
듣자 하니 네가 이번 시험에서 일등을 차지했다던데.

패턴 2 상대방도 아는 정보를 확인시킬 때

bú shì ma
不是…嘛 ~잖아

Wǒmen bú shì yuēhǎo zài shì zhōngxīn jiànmiàn yìqǐ chīfàn ma.
我们不是约好在市中心见面一起吃饭嘛。
우리 시내 중심에서 만나서 함께 밥 먹기로 약속했잖아.

Wǒ bú shì shuō nǐ yídìng néng huòdé dìyī míng ma.
我不是说你一定能获得第一名嘛。
내가 너는 꼭 일등을 차지할 수 있을 거라고 말했잖아.

패턴 3 현재 또는 과거의 사실이나 의견을 설명할 때

Wǒ kàn Wǒ jìde
我看… / 我记得… 내가 보니~ / 나는 ~로 기억해

Wǒ kàn nǐ zhè cì kǎoshì zhǔnbèi de hěn hǎo, huòdé dìyī míng shì nǐ nǔlì de jiéguǒ.
我看你这次考试准备得很好，获得第一名是你努力的结果。
내가 보니 너는 이번 시험을 잘 준비했고, 일등을 차지한 것은 네 노력의 결과야.

Wǒ jìde zhàopiàn zhōng de qúnzi shì báisè de, wǒ shōudào de què shì huángsè de.
我记得照片中的裙子是白色的，我收到的却是黄色的。
저는 사진 속의 치마가 흰 색인 걸로 기억하는데, 제가 받은 것은 도리어 노란색이에요.

패턴 4 난처함이나 불만스러움을 표할 때

(zhè) zěnme bàn ne?
……，(这)怎么办呢? ~, (이를) 어쩌지?

Wǒ hǎoxiàng duì māo máo guòmǐn, zhè zěnme bàn ne?
我好像对猫毛过敏，这怎么办呢?
제가 고양이 털에 알레르기 반응이 있는 것 같아요. 이를 어쩌죠?

Nǐmen zhèngzài yǐngxiǎng suǒyǒu de kèrén, yǐngxiǎng tāmen kàn shū, yǐngxiǎng tāmen xiūxi, zhè zěnme bàn ne?
你们正在影响所有的客人，影响他们看书，影响他们休息，这怎么办呢?
당신들은 모든 손님들에게 영향을 주고 있어요. 그들이 책을 보는 것에 영향을 주고, 그들이 쉬는 것에 영향을 주네요. 이를 어쩌죠?

패턴 5 상황이나 행동에 대한 결과를 추측할 때

zhèyàng dehuà
这样的话… 이렇게 되면 / 이렇게 하면 / 이러면~

Wǒ shàngcuòle dìtiě, zhèyàng dehuà wǒ kěnéng huì chídào.
我上错了地铁，这样的话我可能会迟到。
나는 지하철을 잘못 탔고, 이렇게 되면 내가 늦을 것 같아.

Nǐ jīhū měi tiān dōu chī lājī shípǐn, zhèyàng dehuà hěn róngyì bǎ shēntǐ nònghuài.
你几乎每天都吃垃圾食品，这样的话很容易把身体弄坏。
너는 거의 매일 정크 푸드를 먹는데, 이렇게 하면 몸을 망가뜨리기 쉬워.

패턴 6 가볍게 제안하거나 요청할 때

hǎo ma?
…，好吗? ~, 어때? / 응? / 괜찮아?

Nǐmen háishi ānjìng yìdiǎnr, hǎo ma?
你们还是安静一点儿，好吗?
당신들은 그냥 조용히 좀 해주세요. 네?

Lǎoshī jīntiān qǐng nǐ chī wǎnfàn, hǎo ma?
老师今天请你吃晚饭，好吗?
선생님이 오늘 너에게 저녁밥을 대접할게. 어때?

패턴 7 정중하게 제안하거나 요청할 때

Rúguǒ nǐ kěyǐ dehuà
如果你可以的话，… 만약 네가 가능하다면, ~

Rúguǒ nǐ kěyǐ dehuà, wǒmen xià zhōu zài liánxì ba.
如果你可以的话，我们下周再联系吧。
만약 네가 가능하다면, 우리 다음주에 다시 연락하자.

Rúguǒ nǐ kěyǐ dehuà, gàosu wǒ nǐ xūyào shénme.
如果你可以的话，告诉我你需要什么。
만약 네가 가능하다면, 너에게 무엇이 필요한지 나한테 알려줘.

패턴 8 대안을 제시할 때

Yàobù xíng ma?
要不…，行吗? 아니면~, 괜찮아? / 가능해? / 알겠어?

Yàobù wǒ hé jǐngchá liánxì yíxià, gàosu tāmen zhège qíngkuàng, xíng ma?
要不我和警察联系一下，告诉他们这个情况，行吗?
아니면 제가 경찰과 연락해서, 그들에게 이 상황을 알릴게요. 알겠어요?

Yàobù míngtiān xiàkè hòu zánmen yìqǐ qù túshūguǎn fùxí, xíng ma?
要不明天下课后咱们一起去图书馆复习，行吗?
아니면 내일 수업 끝난 후에 우리 함께 도서관에 가서 복습하자. 괜찮아?

패턴 9 구체적인 정보나 상황을 문의할 때

Kěyǐ gàosu wǒ yíxià ma?
…? 可以告诉我一下吗? ~? 내게 알려줄 수 있어?

Nǐ dàodǐ wèishénme yào zhèyàng? Kěyǐ gàosu wǒ yíxià ma?
你到底为什么要这样? 可以告诉我一下吗?
너 도대체 왜 이렇게 하려는 거야? 나에게 알려줄 수 있어?

Nǐ xǐhuan chī shénme? Là de? Tián de? Kěyǐ gàosu wǒ yíxià ma?
你喜欢吃什么? 辣的? 甜的? 可以告诉我一下吗?
너는 뭐 먹는 걸 좋아하니? 매운 것? 단 것? 나에게 알려줄 수 있어?

패턴 10 거절하거나 양해를 구할 때

Zhēn bù hǎoyìsi
真不好意思，… 진짜 미안해. ~

Zhēn bù hǎoyìsi, nǐ háishi zhǎo bié de línjū bāngmáng ba.
真不好意思，你还是找别的邻居帮忙吧。
진짜 미안해요. 당신은 다른 이웃을 찾아서 도와달라고 하는 편이 좋겠어요.

Zhēn bù hǎoyìsi, nǐ zài děng wǒ yíhuìr ba.
真不好意思，你再等我一会儿吧。
진짜 미안해. 너 나를 잠시만 더 기다려줘.

빈출 문제 공략하기

6_04_4_빈출 문제_4-5급.mp3, 6_04_5_빈출 문제_6급 이상.mp3

먼저 각 문제 아래에 제시된 그림과 어휘를 확인한 후, 문제를 읽고 스스로 답변해보세요. 그 다음 모범답변을 듣고 큰 소리로 따라 말하면서 답변 템플릿을 익히고 모범답변을 입에 붙여보세요.

① 거절/양해 문제

01

Nǐ de línjū wěituō nǐ zài jiàqī zhàogù tā jiā de xiǎo māo, kěshì nǐ duì māo máo guòmǐn. Qǐng nǐ xiàng tā shuōmíng qíngkuàng, bìng wěiwǎn de jùjué tā.

你的邻居委托你在假期照顾他家的小猫，可是你对猫毛过敏。请你向她说明情况，并委婉地拒绝她。

당신의 이웃이 당신에게 휴가 기간 그의 집 고양이를 돌봐달라고 위탁했지만, 당신은 고양이 털에 알레르기 반응이 있습니다. 그녀에게 상황을 설명하고, 또 그녀를 완곡하게 거절하세요.

답변 템플릿

도입	제가 당신에게 한 가지 일을 말하고 싶어요.
상황 설명	지난번에 당신이 고양이를 위탁하고 싶어했잖아요. 그런데 제가 알레르기 반응이 있는 것 같아요. 이를 어쩌죠? 이렇게 되면 제가 당신을 도울 수 없겠어요.
미션 수행	진짜 미안해요. 당신은 다른 이웃을 찾는 편이 좋겠어요. 6급 이상 위층의 샤오리와 말해보세요. 어때요?
마무리	정말 미안해요.

Xiǎo Wáng, nǐ hǎo. Wǒ xiǎng gēn nǐ shuō yí jiàn shìqing.

小王，你好。我想跟你说一件事情。

Shàng cì nǐ bú shì xiǎng wěituō wǒ zài jiàqī zhàogù nǐ jiā de xiǎo māo ma, búguò wǒ hǎoxiàng duì māo máo guòmǐn,

上次你不是想委托我在假期照顾你家的小猫嘛，不过我好像对猫毛过敏，

zhè zěnme bàn ne? Zhèyàng dehuà wǒ jiù bù néng bāng nǐ zhàogù nǐ de xiǎo māo le.

这怎么办呢？这样的话我就不能帮你照顾你的小猫了。

Zhēn bù hǎoyìsi, nǐ háishi zhǎo bié de línjū bāngmáng ba.

真不好意思，你还是找别的邻居帮忙吧。

Lóushàng de Xiǎo Lǐ hěn xǐhuan dòngwù, nǐ qù gēn tā tán yi tán, hǎo ma?

6급 이상 **楼上的小李很喜欢动物，你去跟他谈一谈，好吗？**

Fēicháng bàoqiàn.

非常抱歉。

해석 샤오왕, 안녕하세요. 제가 당신에게 한 가지 일을 말하고 싶어요. 지난번에 당신이 제게 휴가 기간에 당신 고양이를 돌봐달라고 위탁하고 싶어했잖아요. 그런데 제가 고양이 털에 알레르기 반응이 있는 것 같아요. 이를 어쩌죠? 이렇게 되면 제가 당신을 도와 고양이를 돌볼 수 없겠어요. 진짜 미안해요. 당신은 다른 이웃을 찾아서 도와달라고 하는 편이 좋겠어요. 위층의 샤오리가 동물을 좋아하는데, 당신이 가서 그와 말해보세요. 어때요? 정말 미안해요.

어휘 邻居 línjū 명 이웃 委托 wěituō 동 위탁하다 照顾 zhàogù 동 돌보다 过敏 guòmǐn 동 알레르기 반응을 보이다 委婉 wěiwǎn 형 완곡하다 拒绝 jùjué 동 거절하다 不过 búguò 접 그런데 好像 hǎoxiàng 부 ~인 것 같다 怎么办 zěnme bàn 어쩌지 这样的话 zhèyàng dehuà 이렇게 되면 还是…吧 háishi…ba ~하는 편이 좋다 楼上 lóushang 위층 好吗 hǎo ma 어때요? 抱歉 bàoqiàn 형 미안해하다

02

Nǐ hé péngyou yuēhǎo zài shì zhōngxīn jiànmiàn, dàn nǐ shàngcuòle dìtiě, kěnéng huì chídào. Qǐng gěi péngyou dǎ diànhuà shuōmíng qíngkuàng bìng qǐngqiú liàngjiě.
你和朋友约好在市中心见面，但你上错了地铁，可能会迟到。请给朋友打电话说明情况并请求谅解。
당신은 친구와 시내 중심에서 만나기로 약속했는데, 당신은 지하철을 잘못 타서, 늦을 것 같습니다. 친구에게 전화해서 상황을 설명하고 또 양해를 구하세요.

답변 템플릿

도입	샤오리니? 나 지원이야.
상황 설명	우리 시내 중심에서 만나기로 약속했잖아. 그런데 내가 지하철을 잘못탔고, 다음 역에서 갈아탈 수 있어. 이렇게 되면 내가 늦을 것 같아.
미션 수행	진짜 미안해. 네가 나를 잠시만 더 기다려줘. 6급 이상 오늘 저녁밥과 음료는 내가 대접할게. 응?
마무리	정말 미안해.

Wéi, nǐ hǎo. Shì Xiǎo Lǐ ma? Wǒ shì Zhìyuán.
喂，你好。是小李吗？我是智元。

Wǒmen bú shì yuēhǎo zài shì zhōngxīn jiànmiàn yìqǐ chīfàn ma. Búguò wǒ shàngcuòle dìtiě, zhǐyǒu dào xià yí zhàn
我们不是约好在市中心见面一起吃饭嘛。不过我上错了地铁，只有到下一站
cái néng huànchéng, zhèyàng dehuà wǒ kěnéng huì chídào.
才能换乘，这样的话我可能会迟到。

Zhēn bù hǎoyìsi, nǐ zài děng wǒ yíhuìr ba.
真不好意思，你再等我一会儿吧。
Jīntiān de wǎnfàn hé yǐnliào wǒ lái qǐng, hǎo ma?
6급 이상 **今天的晚饭和饮料我来请，好吗？**

Fēicháng bàoqiàn.
非常抱歉。

해석 여보세요, 안녕. 샤오리니? 나 지원이야. 우리 시내 중심에서 만나서 함께 밥 먹기로 약속했잖아. 그런데 내가 지하철을 잘못 탔고, 다음 역에 도착해야만 갈아탈 수 있어. 이렇게 되면 내가 늦을 것 같아. 진짜 미안해. 네가 나를 잠시만 더 기다려줘. 오늘 저녁밥과 음료는 내가 대접할게. 응? 정말 미안해.

어휘 约 yuē 동 약속하다 市中心 shì zhōngxīn 시내 중심 上错 shàngcuò (지하철 등을) 잘못 타다 说明 shuōmíng 동 설명하다 명 설명 情况 qíngkuàng 명 상황, 정황 请求 qǐngqiú 동 구하다, 부탁하다 谅解 liàngjiě 동 양해하다, 이해하여 주다 喂 wéi 여보세요 嘛 ma 조 [서술문 뒤에 쓰여 당연함을 나타냄] 换乘 huànchéng 동 갈아타다, 환승하다 这样的话 zhèyàng dehuà 이렇게 되면, 이렇게 하면, 이러면 打出租车 dǎ chūzūchē 택시를 잡다 等 děng 동 기다리다 조 등, 따위 饮料 yǐnliào 명 음료 请 qǐng 동 대접하다, 한턱내다 好吗 hǎo ma 응? 어때? 괜찮아? 抱歉 bàoqiàn 형 미안해하다

② 불만 문제

Nǐ zài dìtiě li fāxiàn liǎng ge rén zài dàshēng zhēngchǎo, yǐngxiǎng dàole qítā chéngkè. Qǐng nǐ xiàng tāmen biǎoshì bùmǎn, bìng yāoqiú tāmen ānjìng.

你在地铁里发现两个人在大声争吵，影响到了其他乘客。请你向他们表示不满，并要求他们安静。

당신은 지하철 안에서 두 사람이 큰 소리로 말다툼을 하고 있고, 다른 승객들에게까지 영향을 주고 있는 것을 발견했습니다. 그들에게 불만을 나타내고, 또 조용할 것을 요구하세요.

답변 템플릿

도입	제가 당신들에게 한 가지 일을 말하고 싶습니다.
상황 설명	제가 보니 당신들은 줄곧 말다툼을 했는데, 예의가 없네요. 당신들은 손님들에게 영향을 주고 있어요. 이를 어쩌죠?
미션 수행	정말 예의가 없으시네요. 당신들은 그냥 조용히 좀 해주세요. 네? 6급 이상 아니면 제가 경찰에게 이 상황을 알릴 거예요. 알겠어요?
마무리	주의 좀 해주세요.

Nǐmen hǎo, wǒ xiǎng gēn nǐmen shuō yí jiàn shìqing.

你们好，我想跟你们说一件事情。

Wǒ kàn nǐmen yìzhí zài zhèr zhēngchǎo, dōu shí duō fēnzhōng le, zhēn bù lǐmào. Nǐmen zhèngzài yǐngxiǎng suǒyǒu de kèrén,

我看你们一直在这儿争吵，都十多分钟了，真不礼貌。你们正在影响所有的客人，

yǐngxiǎng tāmen kàn shū, yǐngxiǎng tāmen xiūxi, zhè zěnme bàn ne?

影响他们看书，影响他们休息，这怎么办呢？

Zhè zhēnde hěn bù lǐmào, nǐmen háishi ānjìng yìdiǎnr, hǎo ma?

这真的很不礼貌，你们还是安静一点儿，好吗？

Yàobù wǒ hé jǐngchá liánxì yíxià, gàosu tāmen zhège qíngkuàng, xíng ma?

6급 이상 **要不我和警察联系一下，告诉他们这个情况，行吗？**

Nǐmen zhùyì yíxià.

你们注意一下。

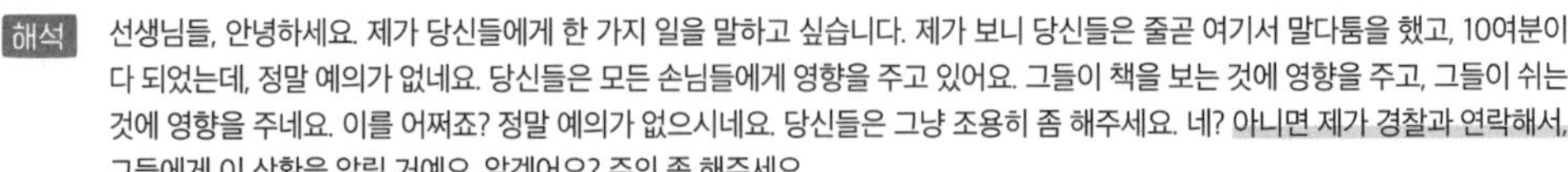

해석 선생님들, 안녕하세요. 제가 당신들에게 한 가지 일을 말하고 싶습니다. 제가 보니 당신들은 줄곧 여기서 말다툼을 했고, 10여분이 다 되었는데, 정말 예의가 없네요. 당신들은 모든 손님들에게 영향을 주고 있어요. 그들이 책을 보는 것에 영향을 주고, 그들이 쉬는 것에 영향을 주네요. 이를 어쩌죠? 정말 예의가 없으시네요. 당신들은 그냥 조용히 좀 해주세요. 네? 아니면 제가 경찰과 연락해서, 그들에게 이 상황을 알릴 거예요. 알겠어요? 주의 좀 해주세요.

어휘 发现 fāxiàn 동 발견하다, 깨닫다　争吵 zhēngchǎo 동 말다툼하다　影响 yǐngxiǎng 동 영향을 주다 명 영향　乘客 chéngkè 명 승객　表示 biǎoshì 동 나타내다, 표하다　不满 bùmǎn 명 불만 형 불만족하다　要求 yāoqiú 동 요구하다 명 요구　安静 ānjìng 형 조용하다　事情 shìqing 명 일　礼貌 lǐmào 형 예의 바르다 명 예의　所有 suǒyǒu 형 모든, 전부의　客人 kèrén 명 손님　怎么办 zěnme bàn 어쩌지, 어떡하지　好吗 hǎo ma 네? 어때요? 괜찮아요?　要不 yàobù 접 아니면, 그렇지 않으면　警察 jǐngchá 명 경찰　联系 liánxì 동 연락하다, 연결하다　情况 qíngkuàng 명 상황, 정황　行吗 xíng ma 알겠어요? 가능해요? 괜찮아요?

③ 축하/격려/위로 문제

01

Zài zhè cì kǎoshì zhōng, nǐ de xuésheng huòdéle dìyī míng. Zuòwéi lǎoshī, qǐng nǐ zhùhè nǐ de xuésheng.

在这次考试中，你的学生获得了第一名。作为老师，请你祝贺你的学生。

이번 시험에서, 당신의 학생이 일등을 차지했습니다. 선생님으로서, 당신의 학생을 축하해주세요.

답변 템플릿

도입	축하해!
상황 설명	듣자 하니 네가 일등을 차지했다던데. 지난번에 너는 꼭 일등을 차지할 수 있을 거라고 말했잖아. 내가 보니 너는 시험을 잘 준비했고, 네 노력의 결과야.
미션 수행	너를 축하하기 위해, 선생님이 오늘 너에게 저녁밥을 대접할게. 어때? 6급 이상 너는 뭐 먹는 걸 좋아하니? 나에게 알려줄 수 있어?
마무리	이따 봐!

Xiǎo Wáng, nǐ hǎo. Zhùhè nǐ a!

小王，你好。祝贺你啊！

Tīngshuō nǐ zài zhè cì kǎoshì zhōng huòdéle dìyī míng, shàng cì wǒ bú shì shuō nǐ yídìng néng huòdé dìyī míng ma. Wǒ kàn nǐ

听说你在这次考试中获得了第一名，上次我不是说你一定能获得第一名嘛。我看你

zhè cì kǎoshì zhǔnbèi de hěn hǎo, huòdé dìyī míng shì nǐ nǔlì de jiéguǒ.

这次考试准备得很好，获得第一名是你努力的结果。

Wèile zhùhè nǐ, lǎoshī jīntiān qǐng nǐ chī wǎnfàn, hǎo ma?

为了祝贺你，老师今天请你吃晚饭，好吗？

Nǐ xǐhuan chī shénme? Là de? Tián de? Kěyǐ gàosu wǒ yíxià ma?

你喜欢吃什么？辣的？甜的？可以告诉我一下吗？

Yíhuìr jiàn!

一会儿见！

해석 샤오왕, 안녕. 축하해! 듣자 하니 네가 이번 시험에서 일등을 차지했다던데, 지난번에 내가 너는 꼭 일등을 차지할 수 있을 거라고 말했잖아. 내가 보니 너는 이번 시험을 잘 준비했고, 일등을 차지한 것은 네 노력의 결과야. 너를 축하하기 위해, 선생님이 오늘 너에게 저녁밥을 대접할게. 어때? 너는 뭐 먹는 걸 좋아하니? 매운 것? 단 것? 나에게 알려줄 수 있어? 이따 봐!

어휘 获得 huòdé 동 차지하다, 얻다 第一名 dìyī míng 일등, 제1위 作为 zuòwéi 개 ~로서, ~의 신분으로서 祝贺 zhùhè 동 축하하다, 경하하다 听说 tīngshuō 동 듣자 하니 嘛 ma 조 [서술문 뒤에 쓰여 당연함을 나타냄] 结果 jiéguǒ 명 결과 접 결국 好吗 hǎo ma 어때? 괜찮아? 응? 辣的 là de 매운 것 甜的 tián de 단 것

02

Nǐ de péngyou huí lǎojiā zìzhǔ chuàngyè le, dànshì zài chuàngyè chūqī, tā fēicháng xīnkǔ. Qǐng nǐ gěi tā dǎ diànhuà ānwèi bìng gǔlì tā.

你的朋友回老家自主创业了，但是在创业初期，他非常辛苦。请你给他打电话安慰并鼓励他。

당신의 친구가 고향에 돌아가서 자주적으로 창업을 했는데, 창업 초기라서, 그는 정말 수고스럽습니다. 그에게 전화해서 그를 위로하고 또 격려하세요.

답변 템플릿

도입	샤오리니? 나 지원이야.
상황 설명	듣자 하니 너 고향에 돌아가서 창업했다며. 지금은 창업 초기라서, 네가 수고스러울 거야. 내가 보기에 너는 능력 있는 사람이고, 상황은 좋아질 거야.
미션 수행	걱정하지 마! 다음달에 내가 가서 널 도울게. 어때? 6급 이상 만약 네가 가능하다면, 무엇이 필요한지 나한테 알려줘.
마무리	네 생각은 어때?

Wéi, nǐ hǎo. Shì Xiǎo Lǐ ma? Wǒ shì Zhìyuán.

喂，你好。是小李吗？我是智元。

Tīngshuō nǐ huí lǎojiā zìzhǔ chuàngyè le, búguò xiànzài shì chuàngyè chūqī, nǐ yīnggāi hěn xīnkǔ ba. Wǒ kàn nǐ shì ge hěn yǒu nénglì de rén, suǒyǐ xiànzài de qíngkuàng zhǐshì zànshí de, yǐhòu huì biànhǎo de.

听说你回老家自主创业了，不过现在是创业初期，你应该很辛苦吧。我看你是个很有能力的人，所以现在的情况只是暂时的，以后会变好的。

Bié dānxīn le! Xià ge yuè wǒ qù nàr bāng nǐ, hǎo ma?

别担心了！下个月我去那儿帮你，好吗？

Rúguǒ nǐ kěyǐ dehuà, gàosu wǒ nǐ xūyào shénme.

6급 이상 **如果你可以的话，告诉我你需要什么。**

Nǐ juéde zěnmeyàng?

你觉得怎么样？

해석 여보세요, 안녕. 샤오리니? 나 지원이야. 듣자 하니 너 고향에 돌아가서 자주적으로 창업했다며. 그런데 지금은 창업 초기라서, 네가 수고스러울 거야. 내가 보기에 너는 능력 있는 사람이고, 그래서 지금의 상황은 잠시일 뿐, 이후에는 좋아질 거야. 걱정하지 마! 다음 달에 내가 그곳에 가서 널 도울게. 어때? 만약 네가 가능하다면, 너에게 무엇이 필요한지 나한테 알려줘. 네 생각은 어때?

어휘 老家 lǎojiā 명 고향(집) 自主 zìzhǔ 동 자주적으로 하다, 자주적이다 创业 chuàngyè 동 창업하다 初期 chūqī 명 초기 辛苦 xīnkǔ 형 수고스럽다 동 수고하다 安慰 ānwèi 동 위로하다 鼓励 gǔlì 동 격려하다 喂 wéi 여보세요 听说 tīngshuō 동 듣자 하니 不过 búguò 접 그런데, 그러나 能力 nénglì 명 능력 情况 qíngkuàng 명 상황, 정황 暂时 zànshí 형 잠시의, 잠깐의 好吗 hǎo ma 어때? 괜찮아? 응? 如果 rúguǒ 접 만약

실전 연습문제

6_04_6_연습문제_풀어보기.mp3,
6_04_7_연습문제_모범답변 따라하기_4-5급.mp3,
6_04_8_연습문제_모범답변 따라하기_6급 이상.mp3

제6부분 04 연습문제
바로듣기

먼저 그림과 문제를 눈으로 확인한 후, 문제를 듣고 큰 소리로 답변해보며 실전 감각을 익혀보세요.

01

这周六你的朋友想跟你一起打羽毛球，可是你要去妈妈的生日会。请向朋友说明情况并委婉地拒绝她。

______________________________。

02

上周你在网上买了一条裙子，但收货后才发现实际颜色和照片中的颜色不一样。请你给卖家打电话表示不满，并要求退换。

______________________________。

03

你的同学因为生病，几个月没来学校，明天终于可以上学了。请你祝贺并鼓励他。

______________________________。

04

你家马上要搬家，上高中的妹妹也不得不转学，离开熟悉的朋友们，她看起来很伤心。请你安慰她。

______________________________。

모범답변 및 해석 p.404

실전 테스트

제6부분 실전 테스트
바로듣기

6_05_1_실전 테스트_풀어보기.mp3,
6_05_2_실전 테스트_모범답변 따라하기_4-5급.mp3,
6_05_3_실전 테스트_모범답변 따라하기_6급 이상.mp3

TSC 중국어 말하기 시험

해커스
001001
23/26

第6部分 : 情景应对 - 第1题

你的朋友很想出国读研究生，可是你觉得现在出国留学对他的将来没有好处。
请你向他说明你的想法，并说服他留下来。

TSC 중국어 말하기 시험

해커스
001001
24/26

第6部分 : 情景应对 - 第2题

你跟朋友约好一起去看美术展览，后来才发现展览被推迟了。
请你向朋友说明情况并改约时间。

TSC 중국어 말하기 시험

해커스
001001
25/26

第6部分 : 情景应对 - 第3题

볼륨

今天你有重要的会议，但是路上堵车耽误了时间，你无法准时到公司。
请给同事打电话请求谅解，并请他转告会议内容。

모범답변 및 해석 p.408

본 교재 동영상강의·무료 학습자료 제공
china.Hackers.com

스토리 구성
看图说话

01 가족·친구 관련 만화의 스토리 구성하기

02 낯선 사람 관련 만화의 스토리 구성하기

03 주인공 1인 관련 만화의 스토리 구성하기

실전 테스트(1),(2)

제7부분 알아보기

은수는 내일 중요한 시험이 있다는 것이 생각났어요. 그래서 밤 늦게까지 커피를 마시며 공부를 해요. 커피 때문인지 은수는 잠이 오지 않아 괴로워해요. 다음 날 늦잠을 잔 은수가 헐레벌떡 집을 나서고 있어요.

여자가 4컷 만화를 보며,
스스로 스토리를 만들어 말하고 있군요.

제7부분은 이처럼 4컷 만화를 보고 스토리를 만드는 파트랍니다.
자, 그럼 제7부분에 대해 좀 더 자세히 알아볼까요?

출제 형태 제7부분은?

제7부분 '스토리 구성'은 만화 속 인물을 중심으로 장소, 동작, 상태, 감정 등을 묘사하며 스토리를 꾸며 말하는 파트입니다.

문제 번호	26
문제 수	1개
답변 준비시간	30초
답변시간	90초

평가 기준 (4-5급 공통)	만화 속 모든 그림을 묘사했는가
	각 그림을 생동감 있게 묘사했는가
	스토리의 기-승-전-결이 잘 나타나는가
	발음·성조가 정확한가

추가 평가 기준 (6급 이상)	그림으로 묘사된 내용 외에 상상을 덧붙여 스토리를 더욱 풍부하게 만들었는가
	답변시간을 최대한 활용하여 답변했는가

출제 경향 이렇게 출제돼요!

제7부분에서는 만화에 등장하는 인물의 수와 인물들 간의 관계에 따라 가족·친구, 낯선 사람, 주인공 1인과 관련된 다양한 주제의 만화가 출제돼요. 아래 표를 보며 각 주제별로 어떤 만화들이 출제되는지 확인해보세요.

출제되는 주제

가족·친구 관련 만화	친구의 생일을 축하해주기 위해 서프라이즈 축하 파티를 준비하는 만화
낯선 사람 관련 만화	행인의 도움을 통해 무거운 캐리어를 계단 위까지 안전하게 운반하는 만화
주인공 1인 관련 만화	자신이 더 이상 입지 않는 옷으로 반려동물의 옷을 만들어주는 만화

출제 비율

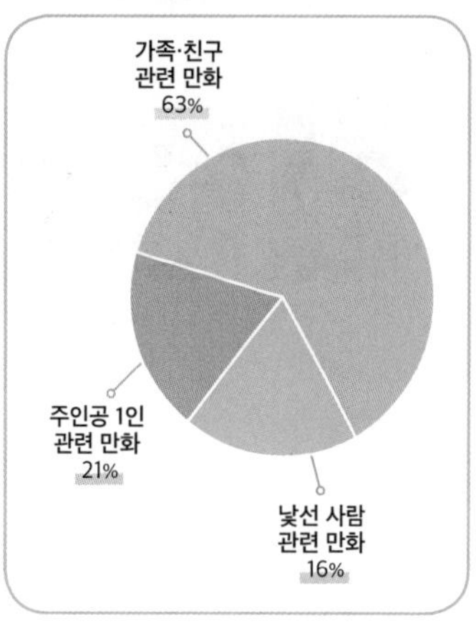

합격 비법 이렇게 학습하세요!

1. 만화 속 주인공을 설정하고 기-승-전-결이 있는 스토리를 구성하세요.

제7부분은 모든 그림을 '기-승-전-결' 흐름이 있는 하나의 스토리로 말해야 높은 점수를 받을 수 있어요. 자연스러운 스토리를 구성하기 위해서는 먼저 주인공을 설정해야 해요. 마지막 그림에서 감정이 가장 강조되는 인물을 주인공을 설정하고, 그 주인공의 감정에 따라 기-승-전-결이 있는 스토리를 구성하는 연습을 하세요.

2. 4개의 그림을 모두 생동감 있게 묘사하고 자연스럽게 이어 말하세요.

제7부분은 제시된 그림을 얼마나 생동감 있게 묘사하느냐에 따라 답변의 완성도가 달라져요. 그리고 단순히 그림을 묘사하는 것에 그치지 않고 각 그림을 묘사하는 문장을 자연스럽게 연결하여 하나의 스토리를 만들어 내는 것이 답변의 완성도에 큰 영향을 줘요. 따라서 다양한 장소, 동작, 상태를 묘사하는 패턴을 사용하여 각 그림을 생동감 있게 묘사하고, 상황 관련 패턴을 사용하여 각 그림의 묘사 내용을 자연스럽게 이어 말하는 연습을 하세요.

문제 풀이 스텝 이런 순서로 답변하세요!

STEP 1 답변 템플릿에 따라 우리말로 핵심 스토리 짜보기

*p.290, [가족·친구] 빈출 문제

화면에 만화가 나타난 후 30초의 답변시간이 주어집니다. 30초의 답변 준비시간 중 10초 동안, 먼저 만화 전체를 훑어보고 마지막 그림에서 감정이 가장 잘 드러나는 인물을 주인공으로 설정하세요. 그리고 답변 템플릿에 맞춰 우리말로 스토리를 짜보세요.

답변 템플릿		우리말 스토리
기	주인공이 있는 장소 묘사 후, 인물들의 동작/상태 묘사하기	샤오왕은 엄마와 함께 집에 있다. 샤오왕의 엄마는 우산을 샤오왕에게 준다.
승	인물들의 동작/상태 또는 상황 묘사하기	샤오왕은 거절했고, 그리고 문을 열고 나갔다.
전	인물들의 동작/상태 또는 상황 묘사하기 **6급 이상이 목표라면?** 주인공의 생각 또는 인물들의 대화 내용을 상상하여 말하기	샤오왕은 밖에 비가 내리고 있는 걸 본다. 그는 후회했다. 샤오왕은 마음속으로 생각한다. '아까 엄마 말을 들었어야 했다. 진짜 후회된다.'
결	인물들의 동작/상태 또는 상황 묘사 후, 주인공의 감정 묘사하기	샤오왕은 집으로 돌아갈 준비를 한다. 그는 엄마가 자신을 마중 온 것을 발견한다. 샤오왕은 매우 감동한다.

STEP 2 우리말 스토리에 따라 중국어 문장을 떠올리며 답변 준비하기

남은 20초의 답변 준비시간을 사용하여 우리말로 짜놓은 스토리에 따라 중국어 문장을 떠올려보세요.

중국어 문장

기	**小王跟妈妈一起在家。小王的妈妈把雨伞给小王。** 샤오왕은 엄마와 함께 집에 있다. 샤오왕의 엄마는 우산을 샤오왕에게 준다.
승	**小王拒绝了，然后打开门出去了。** 샤오왕은 거절했고, 그리고 문을 열고 나갔다.
전	**小王看到外边在下雨。他非常后悔。** 샤오왕은 밖에 비가 내리고 있는 걸 본다. 그는 후회했다. **小王心想："我刚才就应该听妈妈的话，真后悔。"** 샤오왕은 마음속으로 생각한다. '아까 엄마 말을 들었어야 했다. 진짜 후회된다.'
결	**小王准备回家。他发现妈妈来接自己了。小王非常感动。** 샤오왕은 집으로 돌아갈 준비를 한다. 그는 엄마가 자신을 마중 온 것을 발견한다. 샤오왕은 매우 감동한다.

STEP 3 준비한 답변에 살을 붙여가며 정확한 발음과 성조로 스토리 말하기

답변 준비시간이 끝나면 '삐-' 소리와 함께 90초의 답변시간이 시작됩니다. '삐-' 소리가 들리면 녹음이 온전하게 되도록 1초 정도 후에 준비한 답변에 살을 붙여가며 정확한 발음과 성조로 답변시간 90초를 꽉 채워 스토리를 중국어로 말하세요.

[답변] 有一天，小王跟妈妈一起在家门口。小王的妈妈把雨伞给小王，让小王带上。小王觉得拿着雨伞很麻烦，所以他拒绝了，然后转身打开门出去了。在教室里上课的小王通过窗户看到外边在下暴雨。他很担心，而且非常后悔。小王心想："今天真的下雨了，我刚才就应该听妈妈的话，真后悔。"放学后，没有雨伞的小王准备提着书包回家。这时，他发现妈妈带着雨伞来接自己了。小王非常感动。

01 가족·친구 관련 만화의 스토리 구성하기

가족·친구 관련 만화에는 가족 또는 친구 사이에서 벌어지는 스토리가 다양한 감정으로 출제돼요. 모든 그림을 잘 묘사할 수 있도록 가족·친구가 등장하는 만화와 관련된 빈출 표현과 답변문장 패턴을 꼼꼼히 익혀 보세요. 그리고 빈출 문제를 스스로 답변할 수 있도록 반복 연습하세요.

제7부분 01 바로듣기

빈출 표현 및 답변문장 패턴 익히기

① 빈출 표현 익히기

7_01_1_빈출 표현_따라읽기.mp3, 7_01_2_빈출 표현_암기하기.mp3

가족 또는 친구가 등장하는 만화에 자주 쓰이는 표현들 그리고 다양한 감정 표현을 큰 소리로 따라 말하며 익혀보세요.

가족 스토리 관련 표현

- □ 家人 jiārén 명 가족
- □ 家 jiā 명 집
- □ 餐桌 cānzhuō 명 식탁
- □ 沙发 shāfā 명 소파
- □ 衣柜 yīguì 명 옷장
- □ 袜子 wàzi 명 양말, 스타킹
- □ 窗户 chuānghu 명 창문, 창
- □ 存钱盒 cúnqiánhé 명 저금통
- □ 植物 zhíwù 명 식물
- □ 掉 diào 동 떨어뜨리다, 떨어지다
- □ 骗 piàn 동 속이다, 기만하다
- □ 拒绝 jùjué 동 거절하다, 거부하다
- □ 弄脏 nòngzāng 더럽히다
- □ 麻烦 máfan 형 번거롭다, 귀찮다
- □ 委婉 wěiwǎn 형 완곡하다
- □ 担心 dānxīn 동 걱정하다
- □ 欢呼 huānhū 동 환호하다
- □ 骄傲 jiāo'ào 형 자랑스럽다, 거만하다
- □ 睡觉 shuìjiào 동 잠을 자다
- □ 回家 huíjiā 동 집에 돌아오다
- □ 打开门 dǎkāi mén 문을 열다
- □ 受到 shòudào ~을 받다
- □ 千万 qiānwàn 부 절대로, 제발
- □ 不小心 bù xiǎoxīn 실수로, 부주의로

친구 스토리 관련 표현

- □ 朋友 péngyou 명 친구
- □ 同事 tóngshì 명 회사 동료
- □ 生日 shēngrì 명 생일
- □ 礼物 lǐwù 명 선물
- □ 惊喜 jīngxǐ 서프라이즈 / 형 놀라고도 기뻐하다
- □ 看书 kàn shū 책을 보다
- □ 睡着 shuìzháo 잠이 들다
- □ 玩儿手机 wánr shǒujī 휴대폰을 가지고 놀다
- □ 努力 nǔlì 동 열심이다, 노력하다
- □ 考试 kǎoshì 명 시험 동 시험을 보다
- □ 成绩 chéngjì 명 성적
- □ 满分 mǎnfēn 명 만점

감정 관련 표현

- □ 惊慌 jīnghuāng 형 당황하다
- □ 吃惊 chījīng 동 놀라다
- □ 开心 kāixīn 형 기뻐하다
- □ 高兴 gāoxìng 형 기뻐하다
- □ 感谢 gǎnxiè 동 감사하다
- □ 感动 gǎndòng 동 감동하다
- □ 伤心 shāngxīn 형 슬퍼하다
- □ 失望 shīwàng 동 실망하다
- □ 后悔 hòuhuǐ 동 후회하다
- □ 生气 shēngqì 동 화내다
- □ 不满 bùmǎn 형 불만스럽다
- □ 对不起 duìbuqǐ 미안하다
- □ 特别 tèbié 부 매우, 특히
- □ 非常 fēicháng 부 매우, 굉장히
- □ 十分 shífēn 부 매우, 십분
- □ 太~了 tài ~ le 매우, 너무

② 답변문장 패턴 익히기

7_01_3_답변문장 패턴.mp3

모든 그림을 생동감 있게 묘사하기 위해 꼭 알아두어야 할 답변문장 패턴을 큰 소리로 따라 말하며 익혀보세요.

패턴 1 주인공이 있는 장소를 묘사할 때

zài
在… ~에 있다

Yǒu yìtiān, Xiǎo Wáng zài jiā.
有一天，小王在家。 어느 날, 샤오왕은 집에 있습니다.

패턴 2 주인공이 다른 사람과 함께 있는 장소를 묘사할 때

gēn yìqǐ zài
跟…一起在… ~와 함께 ~에 있다

Yǒu yìtiān, Xiǎo Wáng gēn jiějie yìqǐ zài fángjiān.
有一天，小王跟姐姐一起在房间。 어느 날, 샤오왕은 언니와 함께 방에 있습니다.

패턴 3 인물이 서 있음을 묘사할 때

zhànzài
站在… ~에 서 있다

Lǎo Wáng zhànzài qīzi hé nǚ'ér miànqián chàngqǐle gē.
老王站在妻子和女儿面前唱起了歌。 라오왕은 아내와 딸 앞에 서서 노래를 부르기 시작했습니다.

패턴 4 인물이 특정 동작을 시작한다고 묘사할 때

kāishǐ
开始… ~을 시작하다

Lǎo Wáng kāishǐ chàng gē.
老王开始唱歌。 라오왕은 노래를 부르기 시작합니다.

패턴 5 인물이 무언가를 발견했음을 묘사할 때

fāxiàn
发现… ~을 발견하다

Xiǎo Wáng de māma fāxiàn wàibian tiānqì bù hǎo, gěi Xiǎo Wáng yì bǎ sǎn le.
小王的妈妈发现外边天气不好，给小王一把伞了。
샤오왕의 엄마는 밖에 날씨가 안 좋은 걸 발견하고, 샤오왕에게 우산 하나를 줬습니다.

패턴 6 인물이 두 가지 동작을 동시에 하고 있다고 묘사할 때

yìbiān yìbiān
一边…一边… ~을 하면서 ~을 하다

Xiǎo Wáng de māma yìbiān zuò fàn yìbiān gēn Xiǎo Wáng shuōhuà.
小王的妈妈一边做饭一边跟小王说话。
샤오왕의 엄마는 밥을 하면서 샤오왕과 이야기를 합니다.

6급 이상 패턴 7 인물이 상대방에게 말하고 있음을 묘사할 때

duì shuō
对…说… ~에게 말하다

Qīzi duì Lǎo Wáng shuō: "Zhè shì shénme shēngyīn?"
妻子对老王说："这是什么声音？"
아내가 라오왕에게 말했습니다. "이게 무슨 소리예요?"

6급 이상 패턴 8 인물의 속마음을 묘사할 때

xīn xiǎng
心想… 마음속으로 생각하다

Lǎo Wáng xīn xiǎng: "Bù xíng! Bù xíng! Qiānwàn bù néng bèi fāxiàn!"
老王心想："不行！不行！千万不能被发现！"
라오왕은 마음속으로 생각했습니다. '안 돼! 안 돼! 절대로 발견돼선 안 돼!'

패턴 9 특정 시간이 되어 일어난 일을 묘사할 때

Dàole
到了… ~이 되었다

Dàole xiàwǔ, Xiǎo Wáng hé péngyou shōudàole kǎoshì chéngjì.
到了下午，小王和朋友收到了考试成绩。
오후가 되자, 샤오왕과 친구는 시험 성적을 받았습니다.

패턴 10 시간이 흐른 후 일어난 일을 묘사할 때

Guòle yíhuìr
过了一会儿,… 잠시 후, ~

Guòle yíhuìr, Xiǎo Wáng dào gōngsī bàngōngshì le.
过了一会儿，小王到公司办公室了。
잠시 후, 샤오왕은 회사 사무실에 도착했습니다.

패턴 11 동시에 일어난 일을 묘사할 때

de tóngshí
…的同时 ~하는 동시에

Péngyou dǎkāi mén jìn jiàoshì de tóngshí, Xiǎo Lǐ názhe dàngāo cóng mén hòubian zǒu chūlai.
朋友打开门进教室的同时，小李拿着蛋糕从门后边走出来。
친구가 문을 열고 교실로 들어오는 동시에, 샤오리는 케이크를 들고 문 뒤에서 걸어 나옵니다.

패턴 12 '바로 그때' 일어난 일을 묘사할 때

Zhè shí
这时, … 이때, ~

Zhè shí, Xiǎo Wáng fāxiàn māma dàizhe yǔsǎn lái jiē zìjǐ le.
这时，小王发现妈妈带着雨伞来接自己了。
이때, 샤오왕은 엄마가 우산을 들고 자신을 마중 온 것을 발견합니다.

패턴 13 예상하지 못한 일이 일어났음을 묘사할 때

Méi xiǎngdào
没想到… 뜻밖에도~

Méi xiǎngdào Xiǎo Lǐ mǎshàng jiù shuìzháo le.
没想到小李马上就睡着了。 뜻밖에도 샤오리는 곧 잠이 들었습니다.

패턴 14 일의 결과를 묘사할 때

Jiéguǒ
结果… 결국~

Jiéguǒ, xiǎo gǒu zài zhíwù hòubian fāxiànle yí ge dōngxi.
结果，小狗在植物后边发现了一个东西。 결국, 강아지는 식물 뒤쪽에서 한 물건을 발견했습니다.

빈출 문제 공략하기

7_01_4_빈출 문제_4-5급.mp3, 7_01_5_빈출 문제_6급 이상.mp3

먼저 각 문제 아래에 정리된 어휘를 확인한 후, 만화를 보고 스스로 스토리를 만들어 답변해보세요. 그 다음 모범답변을 듣고 큰 소리로 따라 말하면서 답변 템플릿을 익히고 모범답변을 입에 붙여보세요.

① 가족 스토리

01

①

②

③

④

답변 템플릿

기	어느 날, 샤오왕은 집 현관에 있다. 엄마는 우산을 샤오왕에게 준다.
승	샤오왕이 거절한다.
전	수업을 듣는 샤오왕이 바깥에 폭우가 내리는 것을 본다. 6급 이상 샤오왕은 마음속으로 생각한다. '아까 엄마 말을 들었어야 했어.'
결	엄마가 우산을 들고 왔다. 샤오왕은 매우 감동한다.

Yǒu yìtiān, Xiǎo Wáng gēn māma yìqǐ zài jiā ménkǒu. Xiǎo Wáng de māma bǎ yǔsǎn gěi Xiǎo Wáng, ràng Xiǎo Wáng dàishang.
有一天，小王跟妈妈一起在家门口。小王的妈妈把雨伞给小王，让小王带上。

Xiǎo Wáng juéde názhe yǔsǎn hěn máfan, suǒyǐ tā jùjué le, ránhòu zhuǎnshēn dǎkāi mén chūqu le.
小王觉得拿着雨伞很麻烦，所以他拒绝了，然后转身打开门出去了。

Zài jiàoshì li shàngkè de Xiǎo Wáng tōngguò chuānghu kàndào wàibian zài xià bàoyǔ. Tā hěn dānxīn, érqiě fēicháng hòuhuǐ.
在教室里上课的小王通过窗户看到外边在下暴雨。他很担心，而且非常后悔。
Xiǎo Wáng xīn xiǎng: "Jīntiān zhēn de xià yǔ le, wǒ gāngcái jiù yīnggāi tīng māma de huà, zhēn hòuhuǐ."
6급 이상 小王心想："今天真的下雨了，我刚才就应该听妈妈的话，真后悔。"

Fàngxué hòu, méiyǒu yǔsǎn de Xiǎo Wáng zhǔnbèi tízhe shūbāo huíjiā. Zhè shí, tā fāxiàn māma dàizhe yǔsǎn lái jiē zìjǐ le.
放学后，没有雨伞的小王准备提着书包回家。这时，他发现妈妈带着雨伞来接自己了。
Xiǎo Wáng fēicháng gǎndòng.
小王非常感动。

해석 어느 날, 샤오왕은 엄마와 함께 집 현관에 있습니다. 샤오왕의 엄마는 우산을 샤오왕에게 주며, 샤오왕이 가져가도록 합니다. 샤오왕은 우산을 들고 가는 것이 번거롭다고 생각했고, 그래서 그는 거절했습니다. 그리고는 몸을 돌려 문을 열고 나갔습니다. 교실 안에서 수업을 듣는 샤오왕은 창문을 통해 밖에 폭우가 내리고 있는 걸 봅니다. 그는 걱정했고, 게다가 매우 후회했습니다. 샤오왕은 마음속으로 생각했습니다.'오늘 진짜 비가 오네. 아까 엄마 말을 들었어야 했어. 진짜 후회된다.' 학교가 끝난 후, 우산이 없는 샤오왕은 책가방을 든 채로 집으로 돌아갈 준비를 합니다. 이때, 그는 엄마가 우산을 들고 자신을 마중 온 것을 발견합니다. 샤오왕은 매우 감동했습니다.

어휘 家 jiā 명 집　麻烦 máfan 형 번거롭다　拒绝 jùjué 동 거절하다　转身 zhuǎnshēn 동 몸을 돌리다　打开门 dǎkāi mén 문을 열다　通过 tōngguò 개 ~을 통하여　窗户 chuānghu 명 창문　暴雨 bàoyǔ 명 폭우　担心 dānxīn 동 걱정하다　后悔 hòuhuǐ 동 후회하다　提 tí 동 (손잡이가 있는 물건을) 들다　回家 huíjiā 동 집에 돌아오다　发现 fāxiàn 동 발견하다　自己 zìjǐ 대 자신, 자기　感动 gǎndòng 동 감동하다

02

①

②

③

④

답변 템플릿

기	어느 날, 샤오왕은 방에 있다. 언니가 샤오왕에게 가방을 보여준다.
승	샤오왕이 언니의 가방을 메고 나간다.
전	샤오왕이 가방을 바닥 위로 떨어뜨린다. 6급 이상 샤오왕은 마음속으로 생각한다. '어떡하지? 언니가 화낼거야!'
결	결국 언니가 알게 되었다. 샤오왕은 매우 미안해한다.

Yǒu yìtiān, Xiǎo Wáng gēn jiějie yìqǐ zài fángjiān. Tā jiějie fēicháng jiāo'ào de ràng Xiǎo Wáng kàn tā xīn mǎi de bāo.
有一天，小王跟姐姐一起在房间。她姐姐非常骄傲地让小王看她新买的包。

Zài jiějie shuìjiào de shíhou, Xiǎo Wáng dàizhe jiějie de xīn bāo chūqu le.
在姐姐睡觉的时候，小王带着姐姐的新包出去了。

Wàibian zài xià dà yǔ. Xiǎo Wáng zài qù jiàn péngyou de lù shang, bù xiǎoxīn bǎ bāo diào zài jīshuǐ de dì shang le. Suǒyǐ bāo bèi dǎshī le.
外边在下大雨。小王在去见朋友的路上，不小心把包掉在积水的地上了。所以包被打湿了。

Xiǎo Wáng xīn xiǎng: "Zěnme bàn? Jiějie rúguǒ zhīdàole zhè jiàn shìqing, yídìng huì hěn shēngqì de!"
6급 이상 **小王心想："怎么办？姐姐如果知道了这件事情，一定会很生气的！"**

Xiǎo Wáng huíjiā hòu, fāxiàn jiějie zài zhǎo zìjǐ de xīn bāo. Jiéguǒ jiějie zhīdàole Xiǎo Wáng bùjǐn bǎ zìjǐ de xīn bāo dài chūmén, hái bǎ tā nòngzāngle de shì. Xiǎo Wáng de jiějie shífēn shēngqì, Xiǎo Wáng juéde fēicháng duìbuqǐ tā.
小王回家后，发现姐姐在找自己的新包。结果姐姐知道了小王不仅把自己的新包带出门，还把它弄脏了的事。小王的姐姐十分生气，小王觉得非常对不起她。

해석 어느 날, 샤오왕은 언니와 함께 방에 있습니다. 언니는 매우 자랑스럽게 샤오왕에게 그녀가 새로 산 가방을 보여줍니다. 언니가 잠을 잘 때, 샤오왕은 언니의 새 가방을 메고 나갔습니다. 밖에는 큰비가 내리고 있습니다. 샤오왕은 친구를 만나러 가는 도중, 실수로 가방을 물이 고인 바닥 위로 떨어뜨렸습니다. 그래서 가방이 젖었습니다. 샤오왕은 마음속으로 생각했습니다. '어떡하지? 언니가 만약 이 일을 알게되면, 분명히 화낼 거야!' 샤오왕은 집에 돌아온 후, 언니가 자신의 새 가방을 찾고 있는 중인 걸 발견했습니다. 결국 언니는 샤오왕이 자신의 새 가방을 메고 나갔을 뿐만 아니라, 그것을 더럽힌 일까지도 알게 되었습니다. 샤오왕의 언니는 매우 화가 났고, 샤오왕은 그녀에게 매우 미안했습니다.

어휘 骄傲 jiāo'ào 형 자랑스럽다, 거만하다 睡觉 shuìjiào 동 잠을 자다 朋友 péngyou 명 친구 路上 lù shang 도중, 길 위 不小心 bù xiǎoxīn 실수로, 부주의로 掉 diào 동 떨어뜨리다, 떨어지다 积水 jīshuǐ 동 물이 괴다 명 고인 물 如果 rúguǒ 접 만약 事情 shìqing 명 일 回家 huíjiā 동 집에 돌아오다 发现 fāxiàn 동 발견하다 自己 zìjǐ 대 자신, 자기 结果 jiéguǒ 접 결국 명 결과 不仅…还… bùjǐn… hái… ~뿐만 아니라 ~도 弄脏 nòngzāng 더럽히다 生气 shēngqì 동 화내다

제7부분

해커스 TSC 한 권으로 끝내기

② 친구 스토리

답변 템플릿

기	어느 날, 샤오리는 교실 안에 있다. 샤오리는 케이크 하나와 작은 선물을 준비했다.
승	샤오리는 친구가 오기를 기다리고 있다.
전	샤오리가 케이크를 들고 걸어 나온다. 6급 이상 샤오리는 친구에게 말한다. "생일 축하해!"
결	뜻밖에도 친구가 오늘은 자신의 생일이 아니라고 말한다. 샤오리는 매우 당황한다.

Yǒu yìtiān, Xiǎo Lǐ zài jiàoshì li. Jīntiān shì tā péngyou de shēngrì, suǒyǐ Xiǎo Lǐ xiǎng yào gěi péngyou yí ge jīngxǐ. Xiǎo Lǐ yǐjīng zhǔnbèi hǎole yí ge dàngāo hé xiǎo lǐwù.
有一天，小李在教室里。今天是他朋友的生日，所以小李想要给朋友一个惊喜。小李已经准备好了一个蛋糕和小礼物。

Xiǎo Lǐ zài jiàoshì de mén hòubian, jìngjìng de děngzhe péngyou lái. Xiǎo Lǐ xiǎng péngyou kàndào zìjǐ wèi tā zhǔnbèi de jīngxǐ shí, yídìng huì fēicháng gǎndòng hé kāixīn de.
小李在教室的门后边，静静地等着朋友来。小李想朋友看到自己为他准备的惊喜时，一定会非常感动和开心的。

Guòle yíhuìr, péngyou dǎkāi mén jìn jiàoshì de tóngshí, Xiǎo Lǐ názhe dàngāo cóng mén hòubian zǒu chūlai.
过了一会儿，朋友打开门进教室的同时，小李拿着蛋糕从门后边走出来。
Xiǎo Lǐ duì péngyou shuō: "Zhù nǐ shēngrì kuàilè!" Péngyou tài chījīng le.

6급 이상 小李对朋友说："祝你生日快乐！"朋友太吃惊了。

Méi xiǎngdào péngyou shuō jīntiān bú shì zìjǐ de shēngrì, ér shì míngtiān. Xiǎo Lǐ yǐwéi péngyou de shēngrì shì qī yuè shí hào, tā fēicháng jīnghuāng.
没想到朋友说今天不是自己的生日，而是明天。小李以为朋友的生日是七月十号，他非常惊慌。

해석 어느 날, 샤오리는 교실 안에 있습니다. 오늘은 그의 친구 생일입니다. 그래서 샤오리는 친구에게 서프라이즈를 해주려고 합니다. 샤오리는 이미 케이크 하나와 작은 선물을 준비했습니다. 샤오리는 교실 문 뒤쪽에서, 조용히 친구가 오기를 기다리고 있습니다. 샤오리는 친구가 자신이 그를 위해 준비한 서프라이즈를 볼 때, 분명 매우 감동하고 기뻐할 것이라 생각합니다. 잠시 후, 친구가 문을 열고 교실로 들어오는 동시에, 샤오리는 케이크를 들고 문 뒤에서 걸어 나옵니다. 샤오리는 친구에게 말했습니다. "생일 축하해!" 친구는 매우 놀랐습니다. 뜻밖에도 친구는 오늘이 자신의 생일이 아니라, 내일이라고 말합니다. 샤오리는 친구의 생일이 7월 10일이라고 생각했고, 그는 매우 당황했습니다.

어휘 朋友 péngyou 명 친구 生日 shēngrì 명 생일 惊喜 jīngxǐ 서프라이즈 형 놀라고도 기뻐하다 礼物 lǐwù 명 선물 自己 zìjǐ 대 자신, 자기 为 wèi 개 ~를 위해[대상을 나타냄] 感动 gǎndòng 동 감동하다, 감동시키다 开心 kāixīn 형 기쁘다, 즐겁다 打开门 dǎkāi mén 문을 열다 同时 tóngshí 명 동시 접 동시에 吃惊 chījīng 동 놀라다 不是…而是… bú shì…ér shì… ~이 아니고 ~이다 以为 yǐwéi 동 생각하다, 여기다 惊慌 jīnghuāng 형 당황하다

실전 연습문제

7_01_6_연습문제_풀어보기.mp3,
7_01_7_연습문제_모범답변 따라하기_4-5급.mp3,
7_01_8_연습문제_모범답변 따라하기_6급 이상.mp3

제7부분 01 연습문제 바로듣기

먼저 만화를 눈으로 확인한 후, 스스로 스토리를 만들어 답변해보세요.

01

①

②

③

④

____.

02

①

②

③

④

____.

모범답변 및 해석 p.411

02 낯선 사람 관련 만화의 스토리 구성하기

낯선 사람 관련 만화에는 행인/동승객, 고객/직원 또는 경쟁자 사이에서 벌어지는 스토리가 다양한 감정으로 출제돼요. 모든 그림을 잘 묘사할 수 있도록 낯선 사람이 등장하는 만화와 관련된 빈출 표현과 답변문장 패턴을 꼼꼼히 익혀보세요. 그리고 빈출 문제를 스스로 답변할 수 있도록 반복 연습하세요.

제7부분 02 바로듣기

빈출 표현 및 답변문장 패턴 익히기

① 빈출 표현 익히기

7_02_1_빈출 표현_따라읽기.mp3, 7_02_2_빈출 표현_암기하기.mp3

낯선 사람이 등장하는 만화에 자주 쓰이는 표현들을 큰 소리로 따라 말하며 익혀보세요.

행인/동승객 스토리 관련 표현

- □ 路上 lù shang 도중, 길 위
- □ 其他 qítā 때 다른, 기타
- □ 观众 guānzhòng 명 관객, 관중
- □ 接电话 jiē diànhuà 전화를 받다
- □ 遇到 yùdào 동 마주하다, 맞닥뜨리다
- □ 发现 fāxiàn 동 발견하다
- □ 解决 jiějué 동 해결하다
- □ 帮助 bāngzhù 동 돕다 명 도움
- □ 顺利 shùnlì 형 순조롭다
- □ 认真 rènzhēn 형 진지하다, 성실하다
- □ 困难 kùnnan 형 곤란하다 명 어려움
- □ 拿错 nácuò 잘못 가져오다, 잘못 가져가다
- □ 要求 yāoqiú 동 요구하다
- □ 表示 biǎoshì 동 표시하다, 나타내다
- □ 谢意 xièyì 명 감사의 뜻, 사의
- □ 收到 shōudào 받다
- □ 换到 huàndào ~으로 옮기다, ~으로 바꾸다
- □ 打扰 dǎrǎo 동 방해하다, 귀찮게 하다
- □ 发火 fāhuǒ 동 화를 내다
- □ 争吵 zhēngchǎo 동 말다툼하다
- □ 流眼泪 liú yǎnlèi 눈물을 흘리다
- □ 冰淇淋 bīngqílín 명 아이스크림
- □ 行李箱 xíngli xiāng 캐리어
- □ 好像 hǎoxiàng 부 마치 ~과(와) 같다

□ 差不多 chàbuduō 형 비슷하다 부 거의

□ 越来越 yuèláiyuè 점점

고객/직원 스토리 관련 표현

□ 客人 kèrén 명 손님

□ 店主 diànzhǔ 명 가게 주인, 점주

□ 售货员 shòuhuòyuán 명 점원, 판매원

□ 服务员 fúwùyuán 명 종업원

□ 商店 shāngdiàn 명 가게, 상점

□ 直接 zhíjiē 형 곧바로 ~하다, 직접적이다

□ 已经 yǐjīng 부 이미, 벌써

□ 坏 huài 동 썩다, 망가지다 형 나쁘다

□ 记得 jìde 동 기억하고 있다, 잊지 않고 있다

□ 问题 wèntí 명 문제

□ 游戏 yóuxì 명 게임

□ 玩儿电脑 wánr diànnǎo 컴퓨터를 하다, 컴퓨터를 가지고 놀다

경쟁자 스토리 관련 표현

□ 比赛 bǐsài 명 경기, 시합

□ 赛场 sàichǎng 명 시합장, 경기장

□ 起跑线 qǐpǎoxiàn 명 스타트라인

□ 终点线 zhōngdiǎnxiàn 명 결승선

□ 第一名 dìyī míng 일등

□ 速度 sùdù 명 속도

□ 奋力 fènlì 부 힘을 내어, 분발하여

□ 累 lèi 형 힘들다, 피곤하다

□ 瘦 shòu 형 마르다, 날씬하다

□ 可笑 kěxiào 형 우스꽝스럽다, 가소롭다

□ 希望 xīwàng 동 바라다, 희망하다

□ 超过 chāoguò 동 추월하다, 초과하다

□ 结束 jiéshù 동 끝나다, 종료하다

□ 获得 huòdé 동 차지하다, 얻다

② 답변문장 패턴 익히기

7_02_3_답변문장 패턴.mp3

모든 그림을 생동감 있게 묘사하기 위해 꼭 알아두어야 할 답변문장 패턴을 큰 소리로 따라 말하며 익혀보세요.

패턴 1 주인공이 있는 장소를 묘사할 때

zài
在… ~에 있다

Yǒu yìtiān, Xiǎo Lǐ zài fángjiān.
有一天，小李在房间。
어느 날, 샤오리는 방에 있습니다.

패턴 2 주인공이 다른 사람과 함께 있는 장소를 묘사할 때

gēn yìqǐ zài
跟…一起在… ~와 함께 ~에 있다

Yǒu yìtiān, Xiǎo Wáng gēn yí gè xiǎo nánháir yìqǐ zài sàichǎng.
有一天，小王跟一个小男孩儿一起在赛场。
어느 날, 샤오왕은 남자 아이 한 명과 함께 시합장에 있습니다.

패턴 3 인물이 서 있음을 묘사할 때

zhànzài
站在… ~에 서 있다

Lǎo Wáng zhànzài nàge fāhuǒ de nánrén miànqián.
老王站在那个发火的男人面前。
라오왕은 화를 내고 있는 그 남자 앞에 서 있습니다.

패턴 4 인물이 특정 동작을 시작한다고 묘사할 때

kāishǐ
开始… ~을 시작하다

Nàge nánrén kāishǐ fāhuǒ, tāmen jiù kāishǐ zhēngchǎo le.
那个男人开始发火，他们就开始争吵了。
그 남자는 화를 내기 시작했고, 그들은 말다툼을 하기 시작했습니다.

패턴 5 인물이 무언가를 발견했음을 묘사할 때

fāxiàn
发现… ~을 발견하다

Xiǎo Wáng fāxiàn huàjiā hěn rènzhēn de huà xiàqu.
小王发现画家很认真地画下去。
샤오왕은 화가가 진지하게 그림을 그려 나가는 것을 발견합니다.

패턴 6 인물이 두 가지 동작을 동시에 하고 있다고 묘사할 때

yìbiān yìbiān
一边…一边… ~을 하면서 ~을 하다

Tā yìbiān kàn Xiǎo Wáng de liǎn yìbiān hěn rènzhēn de huà xiàqù.
他一边看小王的脸一边很认真地画下去。
그는 샤오왕의 얼굴을 보면서 진지하게 그림을 그려 나갑니다.

6급 이상 패턴 7 인물이 상대방에게 말하고 있음을 묘사할 때

duì shuō
对…说… ~에게 말하다

Lǎo Wáng duì nàge nánrén shuō: "Nín néng bu néng guà diànhuà huòzhě qù wàimian tōnghuà?"
老王对那个男人说："您能不能挂电话或者去外面通话？"
라오왕이 그 남자에게 말했습니다. "당신은 전화를 끊거나 혹은 바깥에 가서 통화할 수 있나요 없나요?"

6급 이상 패턴 8 인물의 속마음을 묘사할 때

xīn xiǎng
心想… 마음속으로 생각하다

Xiǎo Lǐ xīn xiǎng: "Xīguā kàn qǐlai zhēn hǎochī".
小李心想："西瓜看起来真好吃。"
샤오리는 마음속으로 생각했습니다. '수박이 정말 맛있어 보인다.'

패턴 9 특정 시간이 되어 일어난 일을 묘사할 때

Dàole
到了… ~이 되었다

Dàole xiàwǔ, tā dàizhe xíngli xiāng chūfā le.
到了下午，她带着行李箱出发了。
오후가 되자, 그녀는 캐리어를 가지고 출발했습니다.

패턴 10 시간이 흐른 후 일어난 일을 묘사할 때

Guòle yíhuìr
过了一会儿,… 잠시 후, ~

Guòle yíhuìr, huàjiā huàwán le.
过了一会儿，画家画完了。
잠시 후, 화가가 그림을 다 그렸습니다.

패턴 11 동시에 일어난 일을 묘사할 때

de tóngshí
…的同时 ~하는 동시에

Xiǎo Wáng zuòxia de tóngshí, yí ge xiǎo nánháir zǒule guòlai.
小王坐下的同时，一个小男孩儿走了过来。
샤오왕이 앉는 동시에, 한 남자 아이가 걸어왔습니다.

패턴 12 '바로 그때' 일어난 일을 묘사할 때

Zhè shí
这时, … 이때, ~

Zhè shí, yí ge xiǎo nánháir názhe bīngqílín zǒujìn Xiǎo Wáng.
这时，一个小男孩儿拿着冰淇淋走近小王。
이때, 한 남자 아이가 아이스크림을 든 채 샤오왕에게 가까이 걸어옵니다.

패턴 13 예상하지 못한 일이 일어났음을 묘사할 때

Méi xiǎngdào
没想到… 뜻밖에도~

Méi xiǎngdào nàge nánháir zài Xiǎo Wáng miànqián tíng xiàlai le.
没想到那个男孩儿在小王面前停下来了。 뜻밖에도 그 남자 아이는 샤오왕 앞에 와서 멈췄습니다.

패턴 14 일의 결과를 묘사할 때

Jiéguǒ
结果… 결국~

Jiéguǒ yīnwèi nàge nánrén, Xiǎo Lǐ hěn shùnlì de shàngle lóutī.
结果因为那个男人，小李很顺利地上了楼梯。
결국 그 남자 덕분에, 샤오리는 순조롭게 계단을 오를 수 있었습니다.

빈출 문제 공략하기

7_02_4_빈출 문제_4-5급.mp3, 7_02_5_빈출 문제_6급 이상.mp3

먼저 각 문제 아래에 정리된 어휘를 확인한 후, 만화를 보고 스스로 스토리를 만들어 답변해보세요. 그 다음 모범답변을 듣고 큰 소리로 따라 말하면서 답변 템플릿을 익히고 모범답변을 입에 붙여보세요.

① 행인/동승객 스토리

①

②

③

④

답변 템플릿

기	어느 날, 샤오리는 방에 있다. 그녀는 물건을 캐리어 안에 넣는다.
승	다음날, 그녀는 캐리어를 들고 계단을 오를 방법이 없다.
전	이때, 어떤 남자가 그녀를 도와준다. 샤오리는 순조롭게 계단을 오른다. 6급 이상 샤오왕은 남자에게 말한다. "당신에게 매우 감사합니다."
결	결국 샤오왕은 매우 감동한다.

Yǒu yìtiān, Xiǎo Lǐ zài fángjiān. Tā zài shōushi xíngli xiāng. Tā dǎkāi xíngli xiāng hòu bǎ hěn duō dōngxi dōu fàngjìn xíngli xiāng li.
有一天，小李在房间。她在收拾行李箱。她打开行李箱后把很多东西都放进行李箱里。

Dì èr tiān, tā zài qù jīchǎng de lù shang, yùdàole lóutī. Kěshì xíngli xiāng tài zhòng, tā zìjǐ wúfǎ názhe xíngli xiāng shàng lóu.
第二天，她在去机场的路上，遇到了楼梯。可是行李箱太重，她自己无法拿着行李箱上楼。

Zhè shí, lù shang yǒu ge nánrén fāxiànle Xiǎo Lǐ, ránhòu jiù bāngzhùle tā. Yīnwèi nàge nánrén, Xiǎo Lǐ hěn shùnlì de shàngle lóutī.
这时，路上有个男人发现了小李，然后就帮助了她。因为那个男人，小李很顺利地上了楼梯。
Xiǎo Lǐ duì nánrén shuō: "Fēicháng gǎnxiè nín, rúguǒ méiyǒu nín de bāngzhù, wǒ shì jiějué buliǎo zhège kùnnan de."

小李对男人说："非常感谢您，如果没有您的帮助，我是解决不了这个困难的。"

Xiǎo Lǐ fēicháng gǎndòng, duì nàge nánrén biǎoshìle hěn dà de xièyì.
小李非常感动，对那个男人表示了很大的谢意。

해석 어느 날, 샤오리는 방에 있습니다. 그녀는 캐리어를 정리하고 있습니다. 그녀는 캐리어를 연 후 많은 물건을 모두 캐리어 안에 넣습니다. 다음날, 그녀는 공항에 가는 도중, 계단을 마주쳤습니다. 그런데 캐리어가 너무 무거워서, 그녀 스스로 캐리어를 들고 계단을 올라갈 방법이 없었습니다. 이때, 길 위의 어떤 남자가 샤오리를 발견하고, 그 다음 그녀를 바로 도와줬습니다. 그 남자 덕분에, 샤오리는 순조롭게 계단을 오를 수 있었습니다. 샤오리는 남자에게 말했습니다. "당신에게 매우 감사합니다. 만약 당신의 도움이 없었다면, 저는 이 어려움을 해결할 수 없었을 거예요." 샤오리는 매우 감동했고, 그 남자에게 큰 감사의 뜻을 표했습니다.

어휘 收拾 shōushi 동 정리하다 行李箱 xíngli xiāng 캐리어 路上 lù shang 도중, 길 위 遇到 yùdào 동 마주하다 可是 kěshì 접 그런데 重 zhòng 형 무겁다 无法 wúfǎ 동 ~할 방법이 없다 发现 fāxiàn 동 발견하다 帮助 bāngzhù 동 돕다 명 도움 感谢 gǎnxiè 동 감사하다 如果 rúguǒ 접 만약 解决 jiějué 동 해결하다 困难 kùnnan 명 어려움 형 곤란하다 结果 jiéguǒ 접 결국 顺利 shùnlì 형 순조롭다 感动 gǎndòng 동 감동하다 表示 biǎoshì 동 표시하다 谢意 xièyì 명 감사의 뜻

② 고객/직원 스토리

①

②

③

④

답변 템플릿

기	어느 날, 샤오리는 과일 가게에 있다. 그는 수박을 사려 한다.
승	가게 주인이 샤오리에게, 집에 가서 수박을 냉장고 안에 넣으라고 말했다.
전	샤오리는 컴퓨터 게임을 하기 급했기 때문에, 그래서 산 수박을 테이블 위에 올려놨다. 6급 이상 샤오리는 마음속으로 생각한다. '수박은 나중에 냉장고 안에 넣어도 문제 없을 거야.'
결	결국 그는 수박이 썩어, 먹을 수 없게 된 것을 발견한다. 샤오리는 매우 후회한다.

Yǒu yìtiān, Xiǎo Lǐ zài yì jiā shuǐguǒ shāngdiàn li. Tā yào mǎi yí ge xīguā.
有一天，小李在一家水果商店里。他要买一个西瓜。

Dāng tā fù qián de shíhou, diàn zhǔ duì Xiǎo Lǐ shuō, huíjiā hòu nǐ jìde bǎ xīguā fàng zài bīngxiāng li.
当他付钱的时候，店主对小李说，回家后你记得把西瓜放在冰箱里。

Xiǎo Lǐ huíjiā hòu, yīnwèi jízhe wánr diànnǎo yóuxì, suǒyǐ bǎ gāng mǎi de xīguā zhíjiē fàng zài zhuōzi shang le.
小李回家后，因为急着玩儿电脑游戏，所以把刚买的西瓜直接放在桌子上了。
Xiǎo Lǐ xīn xiǎng: "Wǒ xiān wánr yóuxì ba. Xīguā ne, yíhuìr fàng zài bīngxiāng li yě méi wèntí ba."
6급 이상 小李心想："我先玩儿游戏吧。西瓜呢，一会儿放在冰箱里也没问题吧。"

Tiān hēi le, Xiǎo Lǐ wánrle hěn cháng shíjiān de diànnǎo, jiù wàngle xīguā.
天黑了，小王玩儿了很长时间的电脑，就忘了西瓜。
Jiéguǒ dāng tā chī xīguā de shíhou, fāxiàn xīguā de yí bùfen yǐjīng huài le, dōu bù néng chī le.
结果当他吃西瓜的时候，发现西瓜的一部分已经坏了，都不能吃了。
Xiǎo Lǐ tèbié hòuhuǐ.
小李特别后悔。

해석 어느 날, 샤오리는 한 과일 가게에 있습니다. 그는 수박 하나를 사려 합니다. 그가 돈을 지불할 때, 가게 주인이 샤오리에게, 집에 돌아간 후 수박을 냉장고 안에 넣는 것을 기억하라고 말했습니다. 샤오리는 집에 돌아온 후, 컴퓨터 게임을 하기 급했기 때문에, 그래서 방금 산 수박을 곧바로 테이블 위에 올려놨습니다. 샤오리는 마음속으로 생각했습니다. '우선 게임을 하자. 수박은, 나중에 냉장고 안에 넣어도 문제 없을 거야.' 날이 어두워졌습니다. 샤오리는 오랜 시간 컴퓨터를 했고, 수박을 잊어버렸습니다. 결국 그가 수박을 먹으려 할 때, 수박의 일부분이 이미 썩어, 먹을 수 없게 된 것을 발견했습니다. 샤오리는 매우 후회했습니다.

어휘 家 jiā 양 가게 · 기업 따위를 세는 단위 명 집 商店 shāngdiàn 명 가게, 상점 当…的时候 dāng… de shíhou ~할 때 店主 diàn zhǔ 명 가게 주인, 점주 回家 huíjiā 동 집에 돌아오다 记得 jìde 동 기억하고 있다, 잊지 않고 있다 急 jí 형 급하다, 서두르다 玩儿电脑游戏 wánr diànnǎo yóuxì 컴퓨터 게임을 하다 刚 gāng 부 방금, 마침 直接 zhíjiē 형 곧바로 ~하다, 직접적이다 问题 wèntí 명 문제 时间 shíjiān 명 시간 结果 jiéguǒ 접 결국 명 결과 发现 fāxiàn 동 발견하다 部分 bùfen 명 부분, 일부 已经 yǐjīng 부 이미, 벌써 坏 huài 동 썩다, 망가지다 형 나쁘다 后悔 hòuhuǐ 동 후회하다, 뉘우치다

③ 경쟁자 스토리

①

②

③

④

답변 템플릿

기	어느 날, 샤오왕은 수영 경기 시합장에 있다. 샤오왕 옆에는 남자 아이 한 명이 있다.
승	샤오왕은 힘을 내서 수영한다.
전	잠시 후, 샤오왕이 속도를 늦춘다. 남자 아이가 샤오왕을 추월한다. 6급 이상 샤오왕은 마음속으로 생각한다. '왜 그는 저렇게 빠르게 수영할 수 있는 거지?'
결	생각지도 못하게 남자 아이가 일등을 차지했다. 샤오왕은 매우 놀란다.

Yǒu yìtiān, Xiǎo Wáng zài yóuyǒng sài sàichǎng. Xiǎo Wáng pángbiān yǒu yí ge yòu ǎi yòu shòu de xiǎo nánháir. Xiǎo Wáng juéde
有一天，小王在游泳赛赛场。小王旁边有一个又矮又瘦的小男孩儿。小王觉得
nàge háizi hěn kěxiào.
那个孩子很可笑。

Bǐsài kāishǐ le. Xiǎo Wáng fènlì de yóuzhe, xīwàng zìjǐ kěyǐ dédào dìyī míng.
比赛开始了。小王奋力地游着，希望自己可以得到第一名。

Guòle yíhuìr, Xiǎo Wáng juéde hěn lèi, tā bùdébù fàngmànle zìjǐ de sùdù. Kěshì pángbiān de nánháir yóu de sùdù fēicháng kuài,
过了一会儿，小王觉得很累，他不得不放慢了自己的速度。可是旁边的男孩儿游的速度非常快，
tā kàn qǐlai yìdiǎnr yě bú lèi. Tā jiànjiàn jiākuàile sùdù, zuìhòu chāoguòle Xiǎo Wáng.
他看起来一点儿也不累。 他渐渐加快了速度，最后超过了小王。
Xiǎo Wáng xīn xiǎng: "Wèishénme wǒ gǎndào zhème lèi, ér tā hái néng yóude nàme kuài ne?"
6급 이상 小王心想："为什么我感到这么累，而他还能游得那么快呢？"

Bǐsài jiéshù le, méi xiǎngdào nàge shòuxiǎo de nánháir déle dìyī míng, Xiǎo Wáng tèbié chījīng.
比赛结束了，没想到那个瘦小的男孩儿得了第一名，小王特别吃惊。

해석 어느 날, 샤오왕은 수영 경기 시합장에 있습니다. 샤오왕의 옆쪽에 작고 마른 남자 아이 한 명이 있습니다. 샤오왕은 그 아이가 우습다고 생각했습니다. 경기가 시작됐습니다. 샤오왕은 힘을 내서 수영하며, 자신이 일등을 차지할 수 있기를 바랍니다. 잠시 후, 샤오왕은 힘들다고 느꼈고, 그는 어쩔 수 없이 자신의 속도를 늦췄습니다. 그런데 옆쪽 남자 아이가 수영하는 속도는 매우 빨랐고, 그는 보기에 조금도 힘든 것 같지 않습니다. 그는 점점 속도를 빠르게 올리더니, 최후에는 샤오왕을 추월했습니다. 샤오왕은 마음속으로 생각했습니다.'왜 나는 이렇게 힘든데, 그는 여전히 저렇게 빠르게 수영할 수 있는 거지?' 시합이 끝났습니다. 생각지도 못하게 그 마르고 작은 남자 아이가 일등을 차지했고, 샤오왕은 매우 놀랐습니다.

어휘 游泳 yóuyǒng 명 수영 동 수영하다 赛 sài 명 경기 赛场 sàichǎng 명 시합장, 경기장 瘦 shòu 형 마르다, 날씬하다 孩子 háizi 명 아이 可笑 kěxiào 형 우습다, 가소롭다 比赛 bǐsài 명 경기, 시합 奋力 fènlì 부 힘을 내어, 분발하여 希望 xīwàng 동 바라다, 희망하다 自己 zìjǐ 대 자신, 자기 第一名 dìyī míng 일등 累 lèi 형 힘들다, 피곤하다 不得不 bùdébù 부 어쩔 수 없이, 마지못하여 放慢 fàngmàn 늦추다 速度 sùdù 명 속도 可是 kěshì 접 그런데, 그러나 看起来 kàn qǐlai 보기에, 보아하니 超过 chāoguò 동 추월하다, 초과하다 感到 gǎndào 동 느끼다, 여기다 而 ér 접 ~이지만, ~하고 结束 jiéshù 동 끝나다, 종료하다 吃惊 chījīng 동 놀라다

실전 연습문제

7_02_6_연습문제_풀어보기.mp3,
7_02_7_연습문제_모범답변 따라하기_4-5급.mp3,
7_02_8_연습문제_모범답변 따라하기_6급 이상.mp3

제7부분 02 연습문제 바로듣기

먼저 만화를 눈으로 확인한 후, 스스로 스토리를 만들어 답변해보세요.

01

① 

② 

③ 

④ 

____。

02

① 

② 

③ 

④ 

____。

모범답변 및 해석 p.413

03 주인공 1인 관련 만화의 스토리 구성하기

주인공 1인 관련 만화에는 주인공이 혼자 나오거나 반려동물과 함께 등장하는 스토리가 다양한 감정으로 출제돼요. 모든 그림을 잘 묘사할 수 있도록 주인공이 혼자 또는 반려동물과 함께 등장하는 만화와 관련된 빈출 표현과 답변문장 패턴을 꼼꼼히 익혀보세요. 그리고 빈출 문제를 스스로 답변할 수 있도록 반복 연습하세요.

제7부분 03 바로듣기

빈출 표현 및 답변문장 패턴 익히기

① 빈출 표현 익히기

7_03_1_빈출 표현_따라읽기.mp3, 7_03_2_빈출 표현_암기하기.mp3

주인공 또는 반려동물이 등장하는 만화에 자주 쓰이는 표현들을 큰 소리로 따라 말하며 익혀보세요.

주인공 1인 스토리 관련 표현

- □ 一个人 yí ge rén 혼자, 한 사람
- □ 梦 mèng 명 꿈
- □ 雪人 xuěrén 명 눈사람
- □ 身边 shēnbiān 명 곁, 신변
- □ 黑影 hēi yǐng 명 검은 그림자
- □ 照片 zhàopiàn 명 사진
- □ 计划 jìhuà 명 계획
- □ 压力 yālì 명 스트레스, 부담
- □ 景色 jǐngsè 명 풍경, 경치
- □ 美丽 měilì 형 아름답다, 예쁘다
- □ 害怕 hàipà 동 무서워하다, 두려워하다
- □ 哭 kū 동 울다
- □ 取 qǔ 동 찾아 가다, 취하다
- □ 躺 tǎng 동 눕다, 드러눕다
- □ 熬夜 áoyè 동 밤을 새다
- □ 睡懒觉 shuì lǎnjiào 늦잠을 자다
- □ 迟到 chídào 동 지각하다
- □ 整理 zhěnglǐ 동 정리하다
- □ 收拾 shōushi 동 정리하다, 치우다
- □ 打扫 dǎsǎo 동 청소하다
- □ 减轻 jiǎnqīng 동 줄이다, 덜다
- □ 决定 juédìng 동 결정하다 명 결정
- □ 出发 chūfā 동 출발하다, 떠나다
- □ 停住 tíngzhù 멈추다

□ 错过 cuògò ⑧(기회 등을) 놓치다

□ 愿意 yuànyì (조동) ~하고 싶다

□ 以为 yǐwéi (동) ~인 줄 알다

□ 找不到 zhǎo bu dào 찾을 수 없다

반려동물 스토리 관련 표현

□ 小狗 xiǎo gǒu (명) 강아지

□ 小猫 xiǎo māo (명) 고양이

□ 喂狗 wèi gǒu 개에게 먹이를 주다

□ 狗叫声 gǒu jiàoshēng 개가 짖는 소리

□ 丢 diū (동) 잃어버리다

□ 抱 bào (동) 안다, 포옹하다

□ 跑 pǎo (동) 달리다, 달아나다

□ 散步 sànbù (동) 산책하다, 산보하다

□ 公园 gōngyuán (명) 공원

□ 弄破 nòngpò 깨트리다

□ 弄乱 nòngluàn 어지럽히다

□ 弄坏 nònghuài 못쓰게 하다, 망치다

□ 弄倒 nòngdǎo 엎다, 뒤엎다

□ 认出 rènchū 알아보다, 식별하다

□ 海报 hǎibào (명) 포스터

□ 售货机 shòuhuòjī (음료 등을 파는) 자판기

② 답변문장 패턴 익히기

7_03_3_답변문장 패턴.mp3

모든 그림을 생동감 있게 묘사하기 위해 꼭 알아두어야 할 답변문장 패턴을 큰 소리로 따라 말하며 익혀보세요.

패턴 1 주인공이 있는 장소를 묘사할 때

zài
在… ~에 있다

Yǒu yìtiān, Xiǎo Wáng zài lù shang.
有一天，小王在路上。
어느 날, 샤오왕은 길 위에 있습니다.

패턴 2 주인공이 반려동물과 함께 있는 장소를 묘사할 때

gēn yìqǐ zài
跟…一起在… ~와 함께 ~에 있다

Yǒu yìtiān, Xiǎo Lǐ gēn tā de xiǎo gǒu Dōng Dong yìqǐ zài gōngyuán.
有一天，小李跟她的小狗东东一起在公园。
어느 날, 샤오리는 그녀의 강아지 둥둥과 함께 공원에 있습니다.

패턴 3 인물이 서 있음을 묘사할 때

zhànzài
站在… ~에 서 있다

Xiǎo Lǐ zhànzài shòuhuòjī qiánbian kànzhe lǐmian de yǐnliào.
小李站在售货机前边看着里面的饮料。
샤오리는 자판기 앞에 서서 안의 음료수를 보고 있습니다.

패턴 4 인물이 특정 동작을 시작한다고 묘사할 때

kāishǐ
开始… ~을 시작하다

Tā kāishǐ kàn zhànzài zìjǐ pángbiān de xiǎo gǒu.
她开始看站在自己旁边的小狗。
그녀는 자신의 옆에 서 있는 강아지를 쳐다보기 시작합니다.

패턴 5 인물이 무언가를 발견했음을 묘사할 때

fāxiàn
发现… ~을 발견하다

Tā zài yīguì li fāxiànle yí jiàn zhìliàng búcuò de jiù yīfu.
她在衣柜里发现了一件质量不错的旧衣服。
그녀는 옷장 안에서 질이 괜찮은 헌 옷 하나를 발견했습니다.

패턴 6 인물이 두 가지 동작을 동시에 하고 있다고 묘사할 때

yìbiān yìbiān
一边…一边… ~을 하면서 ~을 하다

Tā yìbiān zhěnglǐ yīguì yìbiān shōushi jiù yīfu.
她一边整理衣柜一边收拾旧衣服。
그녀는 옷장을 정리하면서 헌 옷을 정리합니다.

6급 이상 패턴 7 인물이 상대방에게 말하고 있음을 묘사할 때

duì shuō
对…说… ~에게 말하다

Xiǎo Lǐ duì xuěrén shuō:"Wǒ xiǎng yǒngyuǎn gēn nǐ zài yìqǐ."
小李对雪人说："我想永远跟你在一起。"
샤오리는 눈사람에게 말했습니다. "나는 영원히 너와 함께 하고 싶어."

6급 이상 패턴 8 인물의 속마음을 묘사할 때

xīn xiǎng
心想… 마음속으로 생각하다

Xiǎo Lǐ xīn xiǎng:"Wǒ yuànyì yǒngyuǎn gēn xuěrén zài yìqǐ."
小李心想："我愿意永远跟雪人在一起。"
샤오리는 마음속으로 생각했습니다.'나는 영원히 눈사람과 함께하고 싶어.'

패턴 9 특정 시간이 되어 일어난 일을 묘사할 때

Dàole
到了… ~이 되었다

Dàole zǎoshang, Xiǎo Lǐ wèile kàn zìjǐ de xuěrén cóng jiā li chūlai le.
到了早上，小李为了看自己的雪人从家里出来了。
아침이 되자, 샤오리는 자신의 눈사람을 보기 위해 집에서 나왔습니다.

패턴 10 시간이 흐른 후 일어난 일을 묘사할 때

Guòle yíhuìr
过了一会儿,… 잠시 후, ~

Guòle yíhuìr, dàbā dào zhàn le.
过了一会儿，大巴到站了。
잠시 후, 버스가 역에 도착했습니다.

패턴 11 동시에 일어난 일을 묘사할 때

de tóngshí
…的同时 ~하는 동시에

Xiǎo Lǐ fāxiàn yí ge rén bàozhe zìjǐ de xiǎo gǒu de tóngshí, pǎodào nàge rén miànqián le.
小李发现一个人抱着自己的小狗的同时，跑到那个人面前了。
샤오리는 한 사람이 자신의 강아지를 안고 있는 것을 발견한 동시에, 그 사람 앞으로 뛰어갔습니다.

패턴 12 '바로 그때' 일어난 일을 묘사할 때

Zhè shí
这时, … 이때, ~

Zhè shí, Xiǎo Lǐ fāxiàn qiánbian yí ge rén bàozhe zìjǐ de xiǎo gǒu zǒu guòlai.
这时，小李发现前边一个人抱着自己的小狗走过来。
이때, 샤오리는 앞쪽에서 한 사람이 자신의 강아지를 안고 걸어오는 것을 발견합니다.

패턴 13 예상하지 못한 일이 일어났음을 묘사할 때

Méi xiǎngdào
没想到… 뜻밖에도~

Méi xiǎngdào tā de xiǎo gǒu jìngjìng de pǎodào bié de dìfang le.
没想到她的小狗静静地跑到别的地方了。
뜻밖에도 그녀의 강아지는 조용히 다른 곳으로 뛰어갔습니다.

패턴 14 일의 결과를 묘사할 때

Jiéguǒ
结果… 결국~

Jiéguǒ Xiǎo Lǐ zhǎo bu dào xuěrén zài nǎr le.
结果小李找不到雪人在哪儿了。
결국 샤오리는 눈사람이 어디에 있는지 찾지 못하게 되었습니다.

빈출 문제 공략하기

 7_03_4_빈출 문제_4-5급.mp3, 7_03_5_빈출 문제_6급 이상.mp3

먼저 각 문제 아래에 정리된 어휘를 확인한 후, 만화를 보고 스스로 스토리를 만들어 답변해보세요. 그 다음 모범답변을 듣고 큰 소리로 따라 말하면서 답변 템플릿을 익히고 모범답변을 입에 붙여보세요.

① 주인공 1인 스토리

01

①

②

③

④

답변 템플릿

기	어느 날, 샤오리는 눈사람을 만들고 있다. 샤오리와 많은 사람들이 모두 나와서 눈싸움을 한다.
승	샤오리는 눈사람의 눈과 코를 만들고, 자신의 옷을 눈사람에게 입혀준다.
전	밤이 되고, 샤오리는 잠을 잔다. 꿈 속에서, 여름이 되었다. 그런데 눈사람이 여전히 그의 곁에 있다. 6급 이상 샤오리는 마음속으로 생각한다. '나는 영원히 눈사람과 함께하고 싶어.'
결	다음날, 샤오리는 집에서 나온다. 알고보니 눈사람이 녹아버렸다. 샤오리는 매우 슬퍼한다.

Yǒu yìtiān, Xiǎo Lǐ zài lù shang zuò xuěrén. Zuótiān xiàle dà xuě, suǒyǐ Xiǎo Lǐ hé hěn duō rén dōu chūlai dǎ xuězhàng.
有一天，小李在路上做雪人。昨天下了大雪，所以小李和很多人都出来打雪仗。

Xiǎo Lǐ yòng shù chà zuò xuěrén de yǎnjing hé bízi, hái bǎ zìjǐ hěn jiǔ méi chuānguo de yīfu dàilai, gěi xuěrén chuānshang.
小李用树杈做雪人的眼睛和鼻子，还把自己很久没穿过的衣服带来，给雪人穿上。

Dàole wǎnshang, Xiǎo Lǐ tǎng zài chuáng shang shuìjiào. Zài mèng li, xiàtiān lái le, kěshì xuěrén hái zài tā shēnbiān.
到了晚上，小李躺在床上睡觉。在梦里，夏天来了，可是雪人还在他身边。
Xiǎo Lǐ xīn xiǎng: "Wǒ yuànyì yǒngyuǎn gēn xuěrén zài yìqǐ."

6급 이상 小李心想："我愿意永远跟雪人在一起。"

Dì èr tiān, tiānqì hěn hǎo. Xiǎo Lǐ chūmén hòu zhǎo bu dào xuěrén zài nǎr le. Yuánlái zuótiān de xuěrén huà le, tā fēicháng shāngxīn.
第二天，天气很好。小李出门后找不到雪人在哪儿了。原来昨天的雪人化了，他非常伤心。

해석 어느 날, 샤오리는 길 위에서 눈사람을 만들고 있습니다. 어제 많은 눈이 내려서, 샤오리와 많은 사람들이 모두 나와서 눈싸움을 합니다. 샤오리는 나뭇가지를 이용해 눈사람의 눈과 코를 만들고, 자신이 오랫동안 입지 않은 옷을 가지고 와서, 눈사람에게 입혀줍니다. 밤이 되고, 샤오리는 침대에 누워 잠을 잡니다. 꿈 속에서, 여름이 되었습니다. 그런데 눈사람은 여전히 그의 곁에 있습니다. 샤오리는 마음속으로 생각했습니다. '나는 영원히 눈사람과 함께하고 싶어.' 다음날, 날씨가 좋습니다. 샤오리는 밖으로 나온 후 눈사람이 어디에 있는지 찾지 못하게 되었습니다. 알고보니 어제의 눈사람은 녹아버렸고, 그는 매우 슬펐습니다.

어휘 路上 lù shang 길 위, 도중 雪人 xuěrén 명 눈사람 雪 xuě 명 눈 打雪仗 dǎ xuězhàng 눈싸움을 하다 树杈 shù chà 명 나뭇가지 带来 dàilai 가지고 오다 自己 zìjǐ 대 자신, 자기 躺 tǎng 동 눕다, 드러눕다 睡觉 shuìjiào 동 잠을 자다 梦 mèng 명 꿈 可是 kěshì 접 그런데, 그러나 身边 shēnbiān 명 곁, 신변 愿意 yuànyì 조동 ~하고 싶다 永远 yǒngyuǎn 부 영원히, 항상 天气 tiānqì 명 날씨 原来 yuánlái 부 알고보니, 원래 化 huà 동 녹다, 변하다 伤心 shāngxīn 형 슬퍼하다, 상심하다

02

①

②

③

④

답변 템플릿

기	어느 날, 샤오왕은 방에 있다. 그녀는 컴퓨터로 여행 계획을 세운다.
승	다음날, 샤오왕은 고속버스에 앉아 있다. TV에서 오늘의 날씨를 방송하고 있지만, 그녀는 주의깊게 듣지 않았다.
전	샤오왕은 명소에 도착한 이후, 바로 해변에 가서 놀 것을 생각한다. 6급 이상 그녀는 마음속으로 생각한다. '나는 스트레스를 줄일 거야!'
결	잠시 후, 샤오왕은 차에서 내린 후 밖에 폭우가 내리고 있는 것을 발견한다. 샤오왕은 온 몸이 다 젖었다. 그녀는 매우 실망한다.

Yǒu yìtiān, Xiǎo Wáng zài fángjiān. Tā yòng diànnǎo yìbiān kàn měilì de jǐngdiǎn zhàopiàn yìbiān zuò lǚxíng jìhuà.
有一天，小王在房间。她用电脑一边看美丽的景点照片一边做旅行计划。

Dì èr tiān yí dà zǎo, Xiǎo Wáng zuòzài gāosù dàbā shang. Chē zuò qiánbian de xiǎo diànshì li zài bōbào jīntiān de tiānqì,
第二天一大早，小王坐在高速大巴上。车座前边的小电视里在播报今天的天气，
shuō jīntiān xiàwǔ huì xià yǔ. Dànshì tā yìzhí kàn chuāng wai de jǐngsè, suǒyǐ méi zhùyì tīng.
说今天下午会下雨。但是她一直看窗外的景色，所以没注意听。

Dàbā chūfā le. Xiǎo Wáng xiǎng, dàole jǐngdiǎn zhī hòu, jiù yào qù hǎibiān wánr.
大巴出发了。小王想，到了景点之后，就要去海边玩儿。
Tā xīn xiǎng: "Wǒ yào tōngguò zhè cì lǚxíng jiǎnqīng yālì!"
6급 이상 **她心想："我要通过这次旅行减轻压力！"**

Guòle yíhuìr, dàbā dào zhàn le. Kěshì Xiǎo Wáng xià chē hòu fāxiàn wàibian zài xià bàoyǔ. Xiǎo Wáng quánshēn dōu shī le,
过了一会儿，大巴到站了。可是小王下车后发现外边在下暴雨。小王全身都湿了，
tā tài shīwàng le.
她太失望了。

해석 어느 날, 샤오왕은 방에 있습니다. 그녀는 컴퓨터로 아름다운 명소 사진을 보면서 여행 계획을 세웁니다. 다음날 이른 아침, 샤오왕은 고속 버스에 앉아 있습니다. 차 좌석 앞쪽의 작은 TV에서 오늘의 날씨를 방송하고 있고, 오늘 오후에 비가 올 것이라고 말합니다. 그런데 그녀는 계속 창문 밖의 풍경을 보고 있어서, 그래서 주의깊게 듣지 않았습니다. 버스가 출발했습니다. 샤오왕은 명소에 도착한 이후, 바로 해변에 가서 놀 것을 생각합니다. 그녀는 마음속으로 생각했습니다. '나는 이번 여행을 통해서 스트레스를 줄일 거야!' 잠시 후, 버스가 역에 도착했습니다. 그런데 샤오왕은 차에서 내린 후 밖에 폭우가 내리고 있는 것을 발견합니다. 샤오왕은 온 몸이 다 젖었고, 그녀는 매우 실망했습니다.

어휘 电脑 diànnǎo 명 컴퓨터 一边…一边… yìbiān… yìbiān… ~하면서 ~하다 美丽 měilì 형 아름답다, 예쁘다 照片 zhàopiàn 명 사진 旅行 lǚxíng 명 여행 동 여행하다 计划 jìhuà 명 계획 座 zuò 명 좌석, 자리 电视 diànshì 명 TV 播报 bōbào 동 방송하다, 방영하다 天气 tiānqì 명 날씨 景色 jǐngsè 명 풍경, 경치 出发 chūfā 동 출발하다, 떠나다 通过 tōngguò 개 ~을 통하여 동 통과하다 减轻 jiǎnqīng 동 줄이다, 덜다, 가볍게 하다 压力 yālì 명 스트레스, 부담 可是 kěshì 접 그런데, 그러나 发现 fāxiàn 동 발견하다 湿 shī 형 젖다, 축축하다, 습하다 失望 shīwàng 동 실망하다

② 반려동물 스토리

①

②

③

④

답변 템플릿

기	어느 날, 라오리는 방에 있다. 그녀는 헌 옷을 정리한다. 그녀 옆에는 강아지 '둥둥'이 있다.
승	라오리는 질이 괜찮은 헌 옷을 발견한다. 그녀는 강아지를 쳐다본다.
전	잠시 후, 라오리는 옷을 만들기 시작한다. 6급 이상 그녀는 마음속으로 생각한다. '둥둥이에게 옷을 만들어줘야지!'
결	라오리는 옷을 다 만든 후, 강아지에게 입혀준다. 강아지는 기뻐서 이리저리 뛰어다닌다. 라오리는 매우 기뻐한다.

Yǒu yìtiān, Lǎo Lǐ zài zìjǐ de fángjiān. Tā dǎkāi yīguì shōushi hǎojiǔ méi chuān de jiù yīfu. Tā pángbiān yǒu yì zhī méiyǒu chuān yīfu de xiǎo gǒu 'Dōng Dong'.
有一天，老李在自己的房间。她打开衣柜收拾好久没穿的旧衣服。她旁边有一只没有穿衣服的小狗"东东"。

Lǎo Lǐ zhěnglǐ yīfu de shíhou fāxiànle yí jiàn zhìliàng búcuò de jiù yīfu. Tā názhe yīfu kàndào zhànzài pángbiān de xiǎo gǒu.
老李整理衣服的时候发现了一件质量不错的旧衣服。她拿着衣服看到站在旁边的小狗。

Guòle yíhuìr, Lǎo Lǐ yòng gè zhǒng zuò yīfu de dōngxi kāishǐ zuò yīfu.
过了一会儿，老李用各种做衣服的东西开始做衣服。

Tā xīn xiǎng: "Yòng zhè jiàn jiù yīfu gěi 'Dōng Dong' zuò yīfu ba!"
6급 이상 她心想："用这件旧衣服给'东东'做衣服吧！"

Lǎo Lǐ zuòwán yīfu hòu, jiù gěi xiǎo gǒu chuānshang le. Chuānshang yīfu de xiǎo gǒu kāixīn de pǎolai pǎoqu, kàn qǐlai tā hěn mǎnyì tā de xīn yīfu. Lǎo Lǐ kàn xiǎo gǒu kāixīn de yàngzi, yě fēicháng kāixīn.
老李做完衣服后，就给小狗穿上了。穿上衣服的小狗开心得跑来跑去，看起来它很满意它的新衣服。老李看小狗开心的样子，也非常开心。

해석 어느 날, 라오리는 자기 방에 있습니다. 그녀는 옷장을 열고 오랫동안 입지 않은 헌 옷을 정리합니다. 그녀 옆에는 옷을 입고 있지 않은 강아지 '동동'이 있습니다. 라오리는 옷을 정리할 때 질이 괜찮은 헌 옷 하나를 발견했습니다. 그녀는 옷을 들고 있는 채로 옆에 서있는 강아지를 쳐다봅니다. 잠시 후, 라오리는 각종 옷을 만드는 물건을 사용해 옷을 만들기 시작합니다. 그녀는 마음속으로 생각했습니다.'이 옷을 사용해 동동이에게 옷을 만들어 줘야지!' 라오리는 옷을 다 만든 후, 강아지에게 입혀주었습니다. 옷을 입은 강아지는 기뻐서 이리저리 뛰어다녔고, 보아하니 그도 그의 새로운 옷이 마음에 든 것 같습니다. 라오리도 강아지가 기뻐하는 모습을 보며, 매우 기뻐했습니다.

어휘 自己 zìjǐ 대 자기, 자신 收拾 shōushi 동 정리하다, 치우다 小狗 xiǎo gǒu 명 강아지 整理 zhěnglǐ 동 정리하다 发现 fāxiàn 동 발견하다 质量 zhìliàng 명 질, 품질 不错 búcuò 형 괜찮다, 좋다 各 gè 대 각, 여러, 갖가지 开心 kāixīn 형 기쁘다, 즐겁다 …来…去 …lai …qu 이리저리 ~하다, 반복해서 ~하다 看起来 kàn qǐlai 보아하니 样子 yàngzi 명 모습, 모양

실전 연습문제

7_03_6_연습문제_풀어보기.mp3,
7_03_7_연습문제_모범답변 따라하기_4-5급.mp3,
7_03_8_연습문제_모범답변 따라하기_6급 이상.mp3

제7부분 03 연습문제 바로듣기

먼저 만화를 눈으로 확인한 후, 스스로 스토리를 만들어 답변해보세요.

01

①

②

③

④

____ 。

02

①

②

③

④

____ 。

모범답변 및 해석 p.415

실전 테스트(1)

제7부분 실전 테스트(1)
바로듣기

7_04_1_실전 테스트(1)_풀어보기.mp3,
7_04_2_실전 테스트(1)_모범답변 따라하기_4-5급.mp3,
7_04_3_실전 테스트(1)_모범답변 따라하기_6급 이상.mp3

모범답변 및 해석 p.417

실전 테스트(2)

제7부분 실전 테스트(2)
바로듣기

7_04_4_실전 테스트(2)_풀어보기.mp3,
7_04_5_실전 테스트(2)_모범답변 따라하기_4-5급.mp3,
7_04_6_실전 테스트(2)_모범답변 따라하기_6급 이상.mp3

TSC 중국어 말하기 시험

해커스
001001
26/26

第7部分 ： 看图回答

볼륨

① ② ③ ④

모범답변 및 해석 p.418

실전모의고사

1. 답변 녹음을 위한 준비가 되셨나요? ·········· □
2. 스피커 음량을 알맞게 조절하셨나요? ········ □
3. 목소리를 가다듬고 입을 푸셨나요? ·········· □

모두 완료되었으면 실제 시험을 본다는 생각으로 테스트를 시작합니다.

실전모의고사
바로듣기

온라인 영상 모의고사
풀어보기

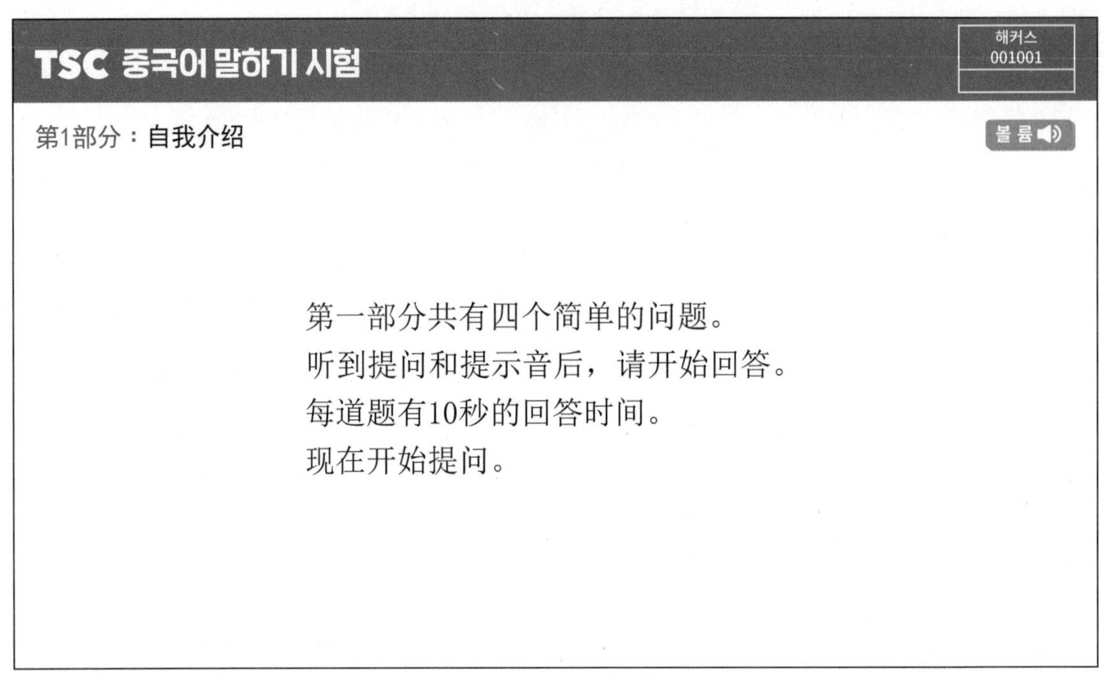
TSC 중국어 말하기 시험
해커스
001001
第1部分：自我介绍
볼 륨
第一部分共有四个简单的问题。
听到提问和提示音后，请开始回答。
每道题有10秒的回答时间。
现在开始提问。

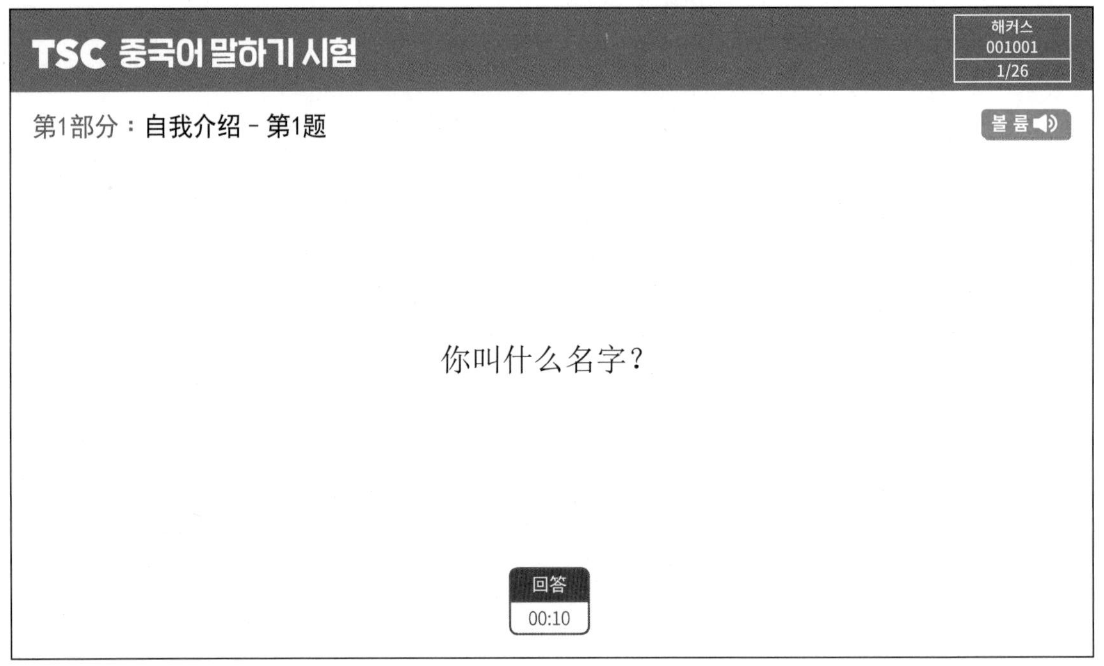
TSC 중국어 말하기 시험
해커스
001001
1/26
第1部分：自我介绍 - 第1题
볼 륨
你叫什么名字？
回答
00:10

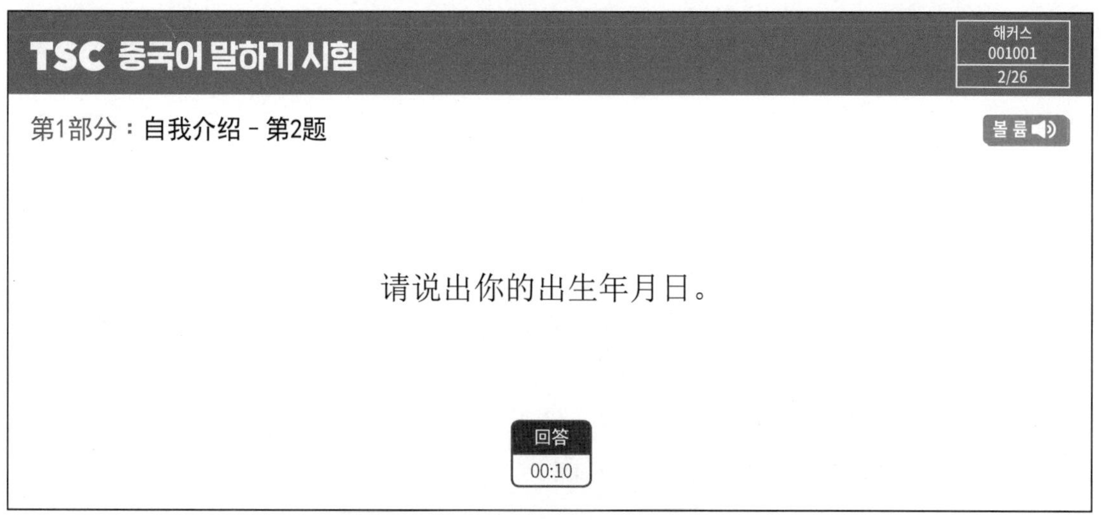
TSC 중국어 말하기 시험
해커스
001001
2/26
第1部分：自我介绍 - 第2题
볼륨
请说出你的出生年月日。
回答
00:10

TSC 중국어 말하기 시험
해커스
001001
3/26
第1部分：自我介绍 - 第3题
볼륨
你家有几口人？
回答
00:10

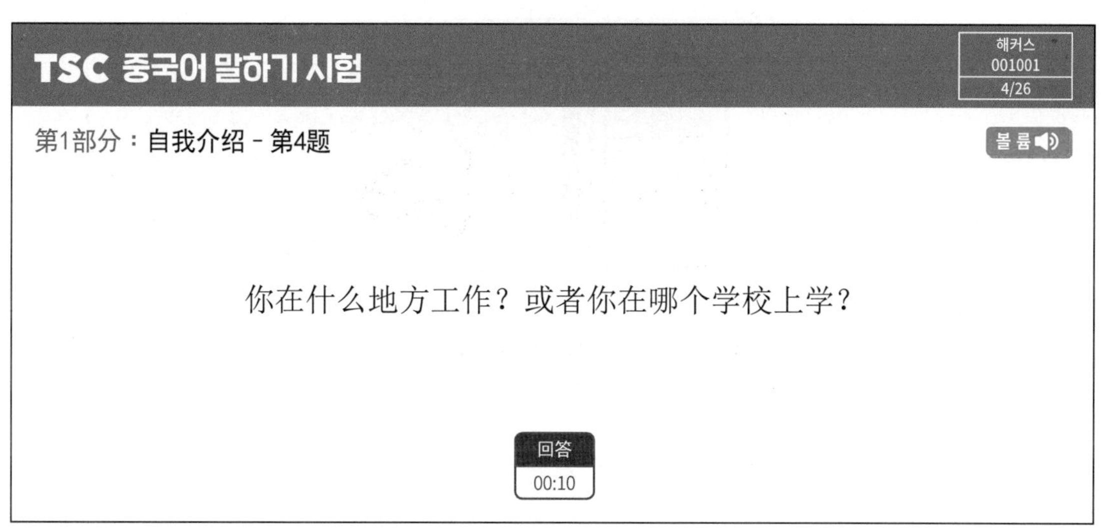
TSC 중국어 말하기 시험
해커스
001001
4/26
第1部分：自我介绍 - 第4题
볼륨
你在什么地方工作？或者你在哪个学校上学？
回答
00:10

TSC 중국어 말하기 시험

해커스
001001

第2部分：看图回答

볼륨

第二部分共有四道题，每道题各有一张提示图。
请根据提示图回答问题。
听到提问和提示音后，请准确地回答问题。
每道题有6秒的回答时间。
现在开始提问。

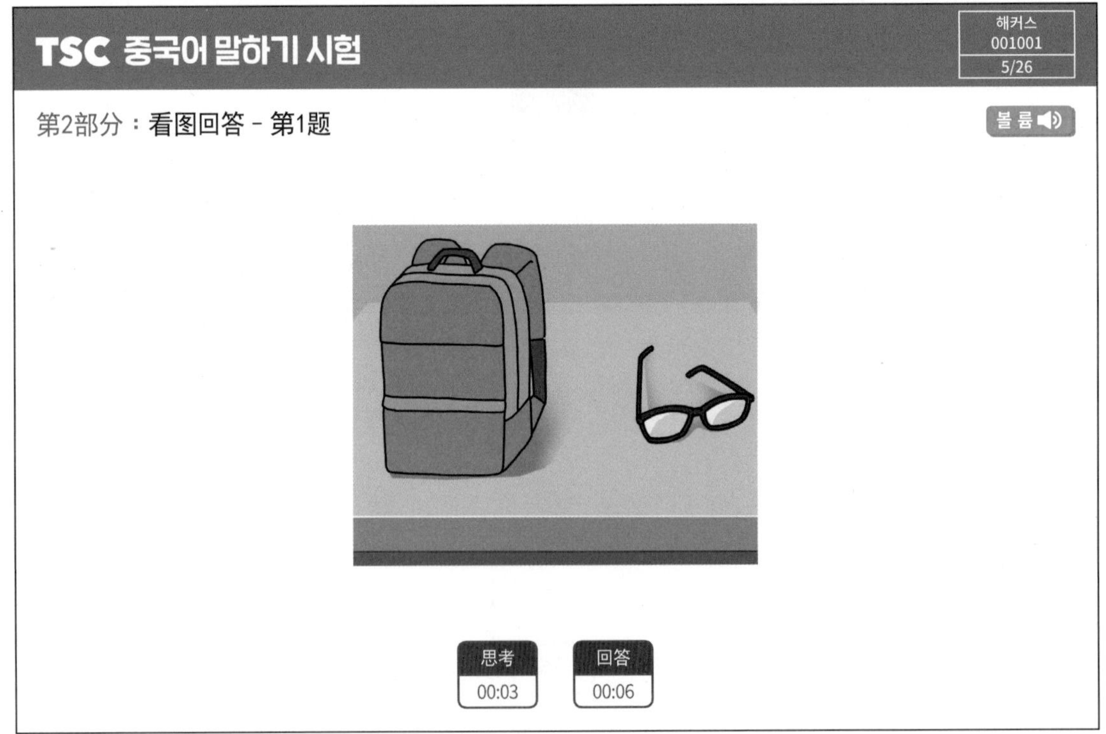

TSC 중국어 말하기 시험
해커스
001001
6/26
第2部分：看图回答 - 第2题
볼륨
2.5kg
思考
00:03
回答
00:06

TSC 중국어 말하기 시험
해커스
001001
7/26
第2部分：看图回答 - 第3题
볼륨
三
四
五
思考
00:03
回答
00:06

TSC 중국어 말하기 시험

第2部分：看图回答 - 第4题

볼륨

思考
00:03

TSC 중국어 말하기 시험

해커스
001001

第3部分：快速回答

볼륨

第三部分共有五道题，请完成简单对话。
每个对话都出自生活中常见的情景，在对话开始前，你将看到提示图。
请尽量回答得完整，内容的长短和所用到的词语都会影响考试分数。
请听下面的例句。

问题：老王来了吗？
回答1：还没来。
回答2：他还没来，怎么了？你有什么事吗？

两种回答方式都可以，但“回答2”更具体，你会得到更高的分数。
听到提问和提示音后，请开始回答问题。
每道题有15秒的回答时间。现在开始提问。

TSC 중국어 말하기 시험

해커스
001001
9/26

第3部分：快速回答 - 第1题

思考 00:02

回答 00:15

TSC 중국어 말하기 시험

해커스
001001
10/26

第3部分：快速回答 - 第2题

思考 00:02

回答 00:15

TSC 중국어 말하기 시험

해커스
001001
11/26

第3部分：快速回答 - 第3题

볼륨

思考
00:02

回答
00:15

TSC 중국어 말하기 시험

해커스
001001
12/26

第3部分：快速回答 - 第4题

思考
00:02

回答
00:15

TSC 중국어 말하기 시험

해커스
001001
13/26

第3部分：**快速回答 - 第5题**

思考
00:02

回答
00:15

TSC 중국어 말하기 시험

해커스
001001

第4部分：**简短回答**

볼륨

第四部分共有五道题。
请尽量回答得完整，内容的长短和所用到的词语都会影响考试分数。
请听下面的例句。

问题：这个周末你打算做什么？
回答1：爬山。
回答2：这周六早上我要跟家人一起去爬山，还有周日晚上我要去电影院看电影。

两种回答方式都可以，但“回答2”更具体，你会得到更高的分数。
听到提问和提示音后，请开始回答问题。
每道题有15秒的思考时间和25秒的回答时间。现在开始提问。

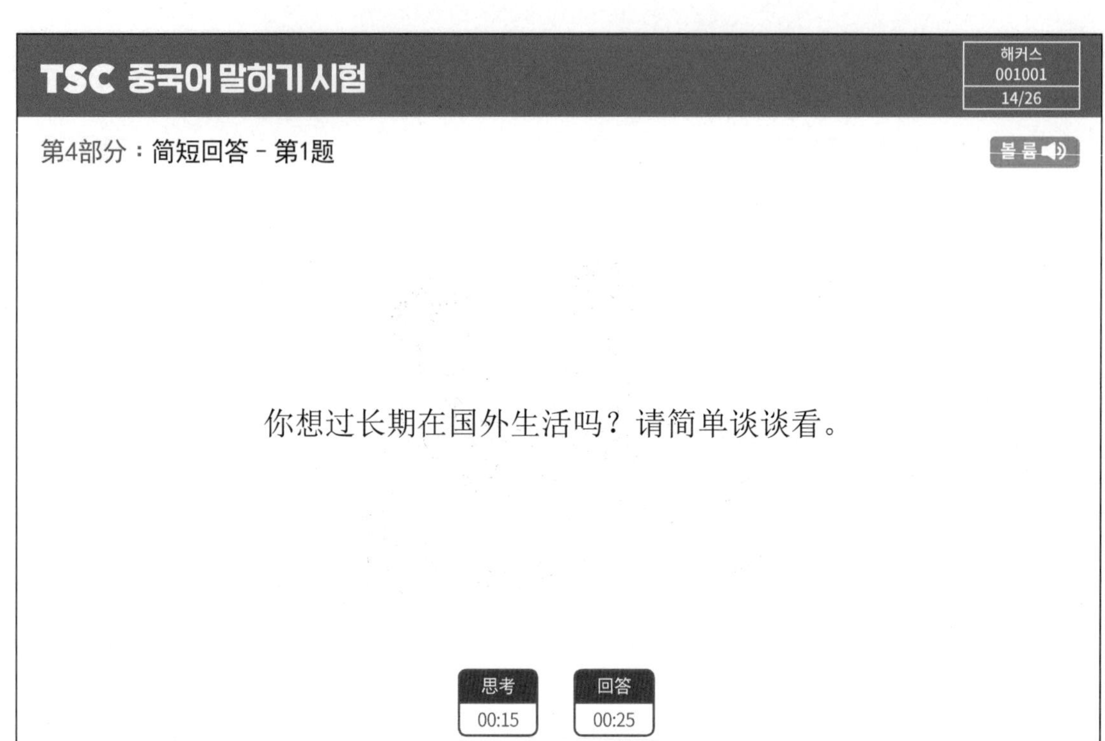
TSC 중국어 말하기 시험
해커스
001001
14/26
第4部分：简短回答 - 第1题
볼륨
你想过长期在国外生活吗？请简单谈谈看。
思考
00:15
回答
00:25

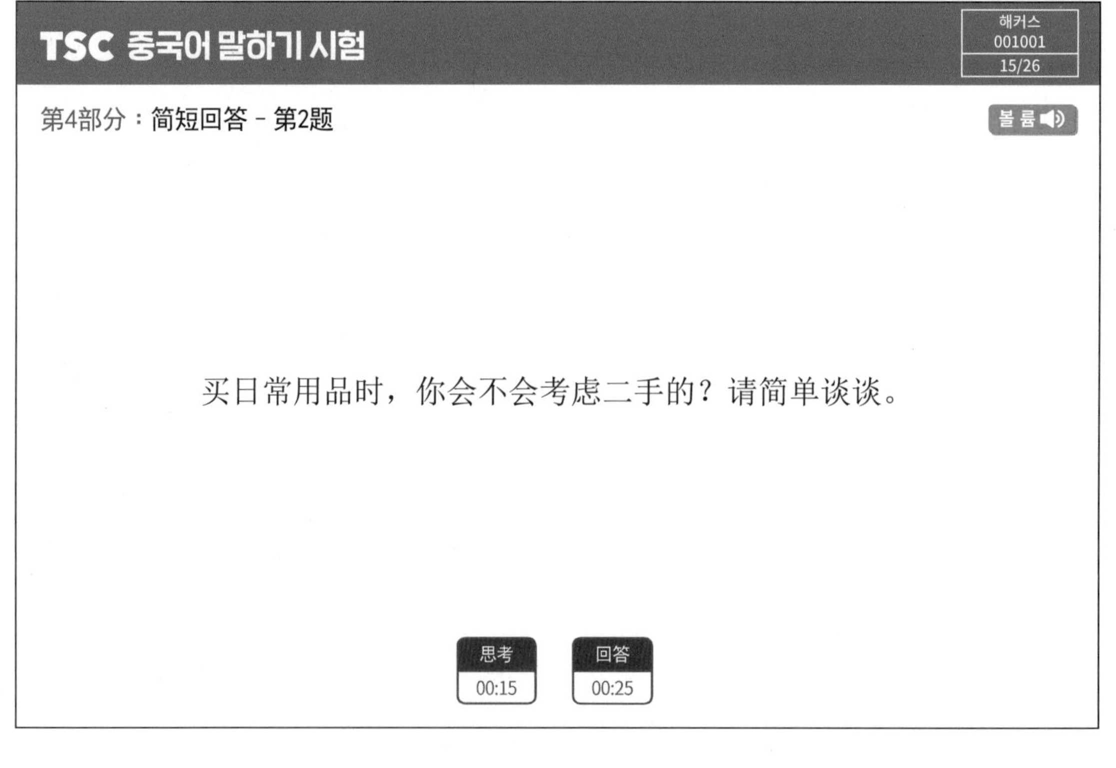
TSC 중국어 말하기 시험
해커스
001001
15/26
第4部分：简短回答 - 第2题
볼륨
买日常用品时，你会不会考虑二手的？请简单谈谈。
思考
00:15
回答
00:25

TSC 중국어 말하기 시험

해커스
001001
16/26

第4部分：简短回答 - 第3题

볼륨

在你的性格中，最想改变的缺点是什么？请简单说说。

思考 00:15 | 回答 00:25

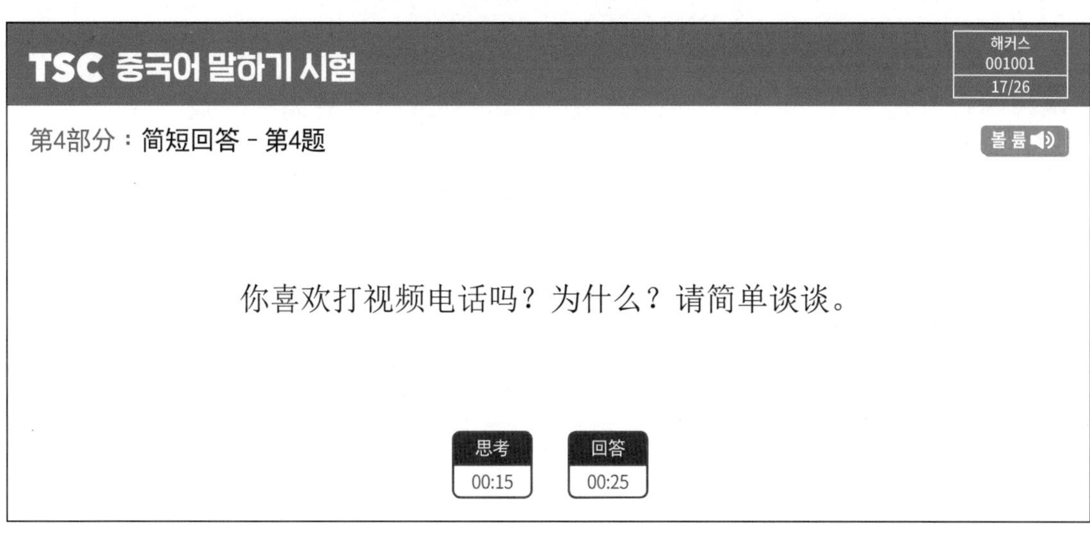

TSC 중국어 말하기 시험
해커스
001001
17/26
第4部分：简短回答 - 第4题
볼륨
你喜欢打视频电话吗？为什么？请简单谈谈。
思考
00:15
回答
00:25

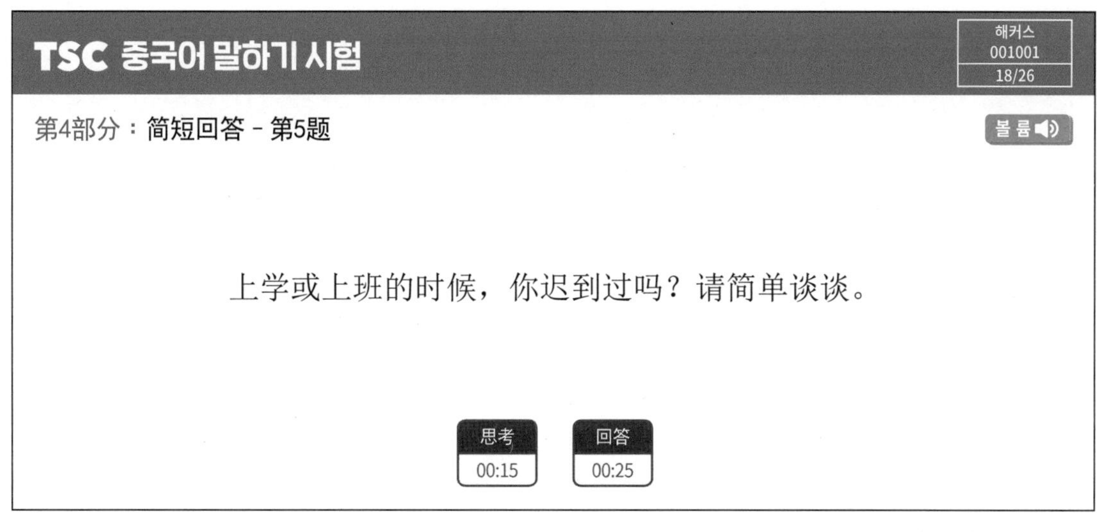

TSC 중국어 말하기 시험
해커스
001001
18/26
第4部分：简短回答 - 第5题
볼륨
上学或上班的时候，你迟到过吗？请简单谈谈。
思考
00:15
回答
00:25

TSC 중국어 말하기 시험

해커스
001001

第5部分：**拓展回答**

볼륨

第五部分共有四道题。请说出你的观点。
请尽量回答得完整，内容的长短和所用到的词语都会影响考试分数。
请听下面的例句。

问题：最近不少人做整容，你对此怎么看？
回答1：我觉得整容不好。
回答2：我认为整容是一件好的事。第一是因为，整容后外貌变得更好看的话，会对自己充满自信。第二是因为，可以给对方留下更好的印象。所以，我认为整容是一件好的事。

两种回答方式都可以，但“回答2”更具体，你会得到更高的分数。
听到提问和提示音后，请开始回答问题。
每道题有30秒的思考时间和50秒的回答时间。现在开始提问。

TSC 중국어 말하기 시험

해커스
001001
19/26

第5部分：**拓展回答 - 第1题**

볼륨

你赞成退休后离开城市，去农村生活吗？

思考 00:30

回答 00:50

TSC 중국어 말하기 시험

해커스
001001
20/26

第5部分：拓展回答 - 第2题

볼륨

找工作时，你认为外貌会影响你的面试结果吗？

思考 00:30

回答 00:50

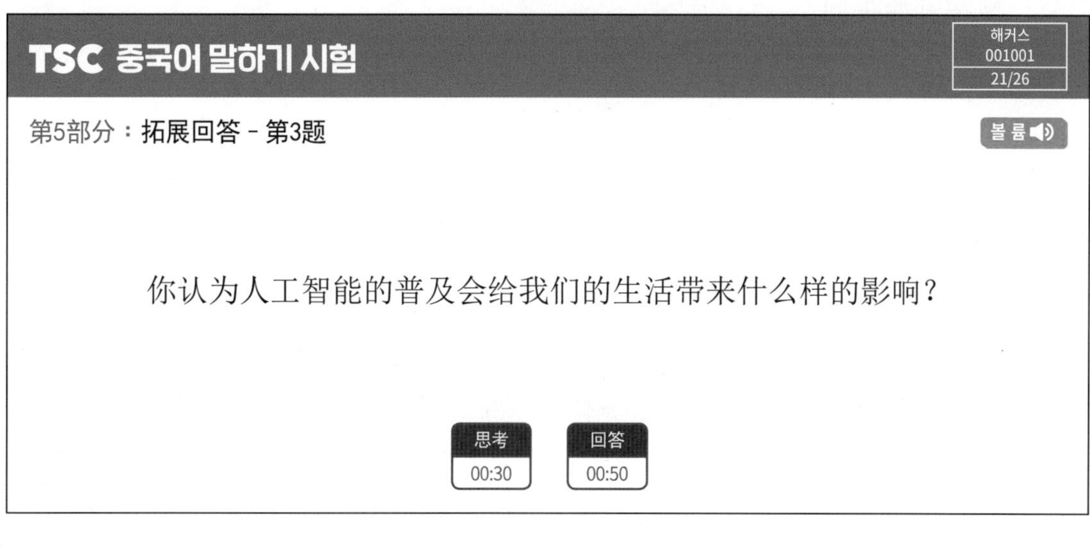

TSC 중국어 말하기 시험
해커스
001001
21/26
第5部分：拓展回答 - 第3题
볼륨
你认为人工智能的普及会给我们的生活带来什么样的影响？
思考
00:30
回答
00:50

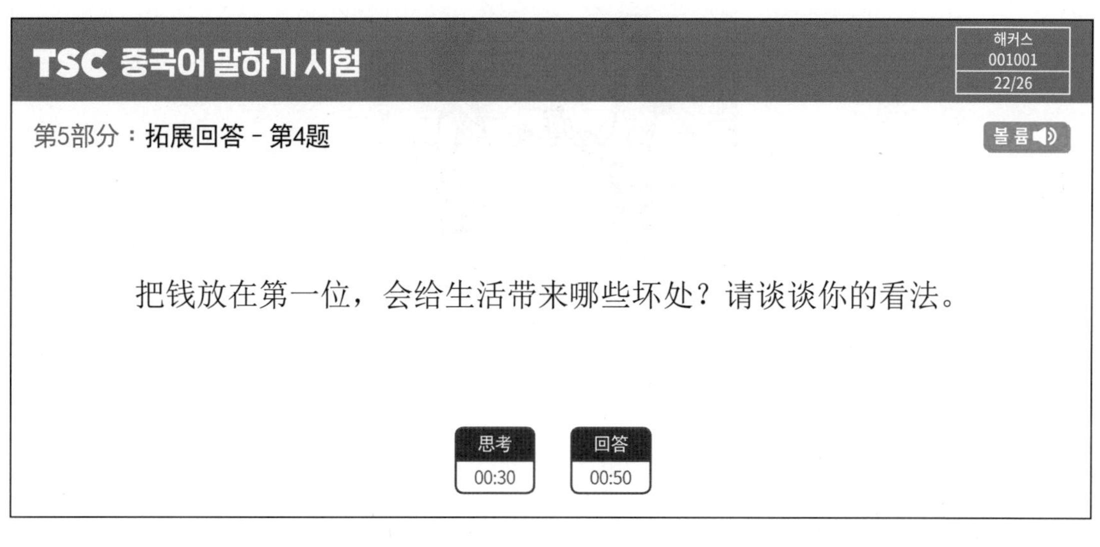

TSC 중국어 말하기 시험
해커스
001001
22/26
第5部分：拓展回答 - 第4题
볼륨
把钱放在第一位，会给生活带来哪些坏处？请谈谈你的看法。
思考
00:30
回答
00:50

TSC 중국어 말하기 시험

해커스
001001

第6部分：情景应对

볼륨

第六部分共有三道题，每道题各有一张提示图，
而且也有讲述提示图的中文内容。
如果你处于这种情况，你会怎么应对?
请尽量回答得完整，内容的长短和所用到的词语都会影响考试分数。
听到提问和提示音后，请开始回答。
每道题有30秒的思考时间和40秒的回答时间。
现在开始提问。

TSC 중국어 말하기 시험

해커스
001001
23/26

第6部分：情景应对 - 第1题

볼륨

你的同事在网上买了最新款的手机，你觉得功能很不错。
请你向她询问价格、购买网址等相关事宜。

思考	回答
00:30	00:40

TSC 중국어 말하기 시험

해커스
001001
24/26

第6部分：情景应对 - 第2题

你弟弟想去的那家公司通知他面试失败，弟弟看起来十分难过。
请你安慰并鼓励他。

TSC 중국어 말하기 시험

해커스
001001
25/26

第6部分：情景应对 - 第3题

你的舍友经常撒谎，所以其他朋友都不信任她。
请你劝她改正错误。

TSC 중국어 말하기 시험

해커스
001001

第7部分：看图说话

볼륨

第七部分有四幅连续的漫画。
请你仔细看漫画并叙述漫画的内容。
现在请看四幅漫画。(30秒)

TSC 중국어 말하기 시험

해커스
001001

26/26

第7部分：看图说话

①

②

③

④

现在开始叙述漫画的内容，请尽量回答得完整且详细。
你将有90秒的回答时间。
听到提示音后，请开始回答。

回答
01:30

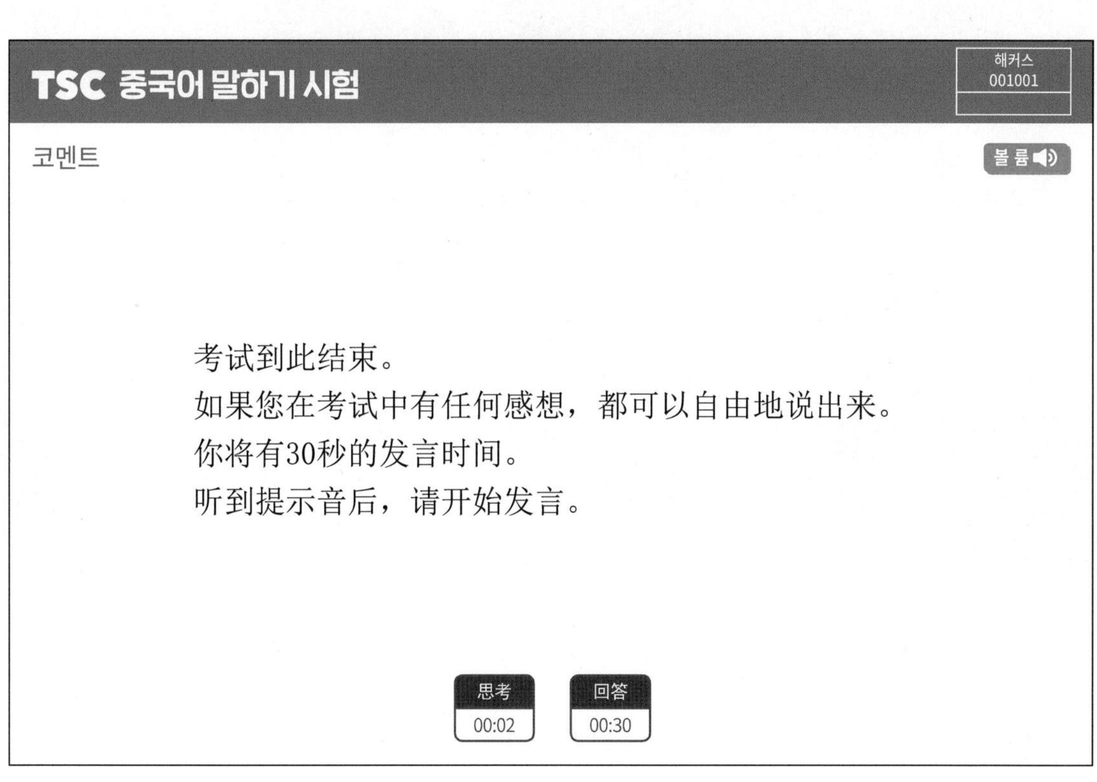

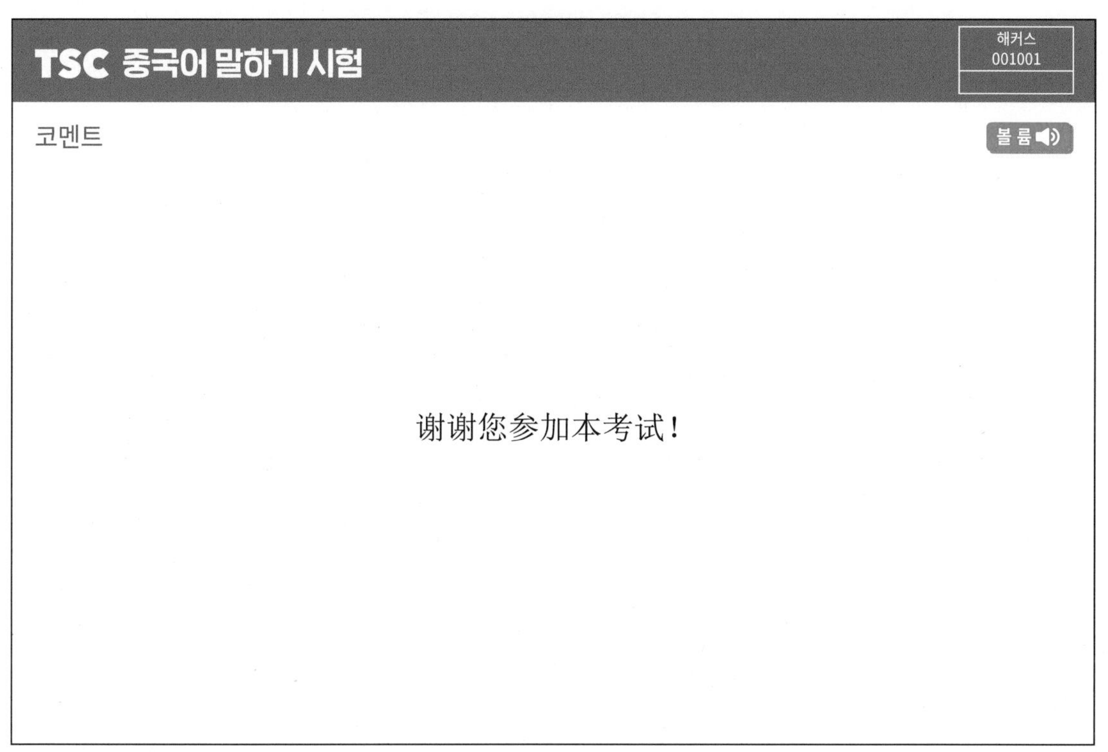

모범답변 및 해석 p.419

모범답변 및 해석

제1부분 자기 소개

제1부분 모범답변

실전 테스트

1_제1부분 실전 테스트 모범답변 따라하기.mp3

01

Nǐ jiào shénme míngzi?

你叫什么名字?

당신의 이름은 무엇입니까?

Wǒ jiào Jīn Míncàn. Zhè shì yéye gěi wǒ qǐ de míngzi.

살짝 끊어 읽으세요.

我叫ˇ金珉灿。这是ˇ爷爷给我起的名字。

해석 제 이름은 김민찬입니다. 할아버지가 제게 지어주신 이름입니다.

어휘 叫 jiào 동 ~라고 하다, 부르다 名字 míngzi 명 이름 金 Jīn 명 김[성씨] 爷爷 yéye 명 할아버지 给 gěi 개 ~에게 起名字 qǐ míngzi 이름을 짓다

02

Qǐng shuōchū nǐ de chūshēng nián yuè rì.

请说出你的出生年月日。

당신의 출생 연월일을 말해주세요.

Wǒ shì yī jiǔ jiǔ sān nián liù yuè sì hào chūshēng de.

我是ˇ一九九三年ˇ六月四号出生的。

해석 저는 1993년 6월 4일에 태어났습니다.

어휘 请 qǐng 동 ~해주세요 说出 shuōchū 말하다 出生年月日 chūshēng nián yuè rì 출생 연월일 年 nián 명 년 月 yuè 명 월 号 hào 명 일 出生 chūshēng 동 태어나다, 출생하다

03

Nǐ jiā yǒu jǐ kǒu rén?

你家有几口人?

당신의 가족은 몇 명입니까?

Wǒ jiā yǒu sì kǒu rén. Bàba, māma, dìdi hái yǒu wǒ.

我家ˇ有四口人。爸爸、妈妈、弟弟ˇ还有我。

해석 우리 가족은 4명입니다. 아빠, 엄마, 남동생 그리고 제가 있습니다.

어휘 家 jiā 명 집, 가정 有 yǒu 동 있다 几 jǐ 대 몇, 얼마 口 kǒu 양 명[식구를 세는 단위] 人 rén 명 사람 爸爸 bàba 명 아빠 妈妈 māma 명 엄마 弟弟 dìdi 명 남동생 还有 hái yǒu 그리고, 또

04

Nǐ zài shénme dìfang gōngzuò? Huòzhě nǐ zài nǎge xuéxiào shàngxué?

你在什么地方工作? 或者你在哪个学校上学?

당신은 어느 곳에서 일합니까? 혹은 어느 학교에 다닙니까?

Wǒ zhèngzài zhǎo gōngzuò. Wǒ xiǎng zhǎo yí fèn hǎo gōngzuò.

我正在ˇ找工作。我想ˇ找一份好工作。

해석 저는 일을 구하고 있습니다. 저는 좋은 일을 하나 구하고 싶습니다.

어휘 在 zài 개 ~에서 동 ~에 있다 地方 dìfang 명 곳, 장소 工作 gōngzuò 동 일하다 명 일 或者 huòzhě 접 혹은, 또는 学校 xuéxiào 명 학교 上学 shàngxué 동 다니다, 등교하다 正在 zhèngzài 부 ~하고 있다 找 zhǎo 동 구하다, 찾다 份 fèn 양 [일, 직업 등을 세는 단위]

모범답변 및 해석

해커스 TSC 한 권으로 끝내기

제2부분 그림 보고 답하기

제2부분 모범답변

[장소/위치, 직업] 실전 연습문제

2_제2부분 01 연습문제 모범답변 따라하기.mp3

01

Shénme dōngxi zài yòubian?
什么东西在右边?
무슨 물건이 오른쪽에 있습니까?

Píngguǒ zài yòubian.
苹果ˇ在右边。 (살짝 끊어 읽으세요.)

해석 사과가 오른쪽에 있습니다.

어휘 东西 dōngxi 명 물건 右边 yòubian 명 오른쪽 苹果 píngguǒ 명 사과

02

Tāmen zài wèishēngjiān ma?
他们在卫生间吗?
그들은 화장실에 있습니까?

Tāmen zài dìtiězhàn.
他们ˇ在地铁站。

해석 그들은 지하철역에 있습니다.

어휘 卫生间 wèishēngjiān 명 화장실 地铁站 dìtiězhàn 명 지하철역

03

Chuáng shang yǒu shénme?
床上有什么?
침대 위에 무엇이 있습니까?

Chuáng shang yǒu shǒujī.
床上ˇ有手机。

해석 침대 위에 휴대폰이 있습니다.

어휘 床上 chuáng shang 침대 위 手机 shǒujī 명 휴대폰

04

Tā shì yīshēng ma?
她是医生吗?
그녀는 의사입니까?

Tā shì lǎoshī.
她是老师。

해석 그녀는 선생님입니다.

어휘 医生 yīshēng 명 의사 老师 lǎoshī 명 선생님

01

Tā zài dǎ diànhuà ma?
她在打电话吗?
그녀는 전화하고 있습니까?

Tā zài yóuyǒng.
她ˇ在游泳。

해석 그녀는 수영하고 있습니다.

어휘 打电话 dǎ diànhuà 전화하다 游泳 yóuyǒng 동 수영하다

02

Háizi zài gàn shénme?
孩子在干什么?
아이는 무엇을 하고 있습니까?

Háizi zài shàng gōngjiāochē.
孩子ˇ在上公交车。

해석 아이는 버스에 오르고 있습니다.

어휘 孩子 háizi 명 아이, 자식 干 gàn 동 (일을) 하다 上 shàng 동 오르다, 타다 公交车 gōngjiāochē 명 버스

03

Wàimian rè ma?

外面热吗?

밖은 덥습니까?

Wàimian lěng.

外面冷。

해석 밖은 춥습니다.

어휘 外面 wàimian 명 밖, 바깥 热 rè 형 덥다 冷 lěng 형 춥다

04

Shéi pǎode bǐjiào kuài?

谁跑得比较快?

누가 비교적 빨리 뜁니까?

Yéye pǎode bǐjiào kuài.

爷爷跑得比较快。

해석 할아버지가 비교적 빨리 뜁니다.

어휘 跑得 pǎode ~하게 뛰다, ~하게 달리다 比较 bǐjiào 부 비교적 快 kuài 형 빠르다

[숫자] 실전 연습문제

2_제2부분 03 연습문제 모범답변 따라하기.mp3

01

Bàngōngshì li de wēndù shì jǐ dù?

办公室里的温度是几度?

사무실 안의 온도는 몇 도입니까?

Bàngōngshì li de wēndù shì èrshíliù dù.

办公室里的温度ˇ是二十六度。

해석 사무실 안의 온도는 26도입니다.

어휘 办公室 bàngōngshì 명 사무실　温度 wēndù 명 온도　度 dù 양 도(℃)

02

Bā yuè shísān hào shì xīngqī jǐ?

八月十三号是星期几?

8월 13일은 무슨 요일입니까?

Bā yuè shísān hào shì xīngqī sì.

八月十三号ˇ是星期四。

해석 8월 13일은 목요일입니다.

어휘 月 yuè 명 월　号 hào 명 일, 호　星期 xīngqī 명 요일

03

Jiàoshì li yǒu jǐ ge xuésheng?

教室里有几个学生?

교실 안에는 몇 명의 학생이 있습니까?

Jiàoshì li yǒu qī ge xuésheng.

教室里ˇ有七个学生。

해석 교실 안에는 7명의 학생이 있습니다.

어휘 教室 jiàoshì 명 교실 学生 xuésheng 명 학생

04

Diànyǐngyuàn zài jǐ lóu?

电影院在几楼?

영화관은 몇 층에 있습니까?

Diànyǐngyuàn zài wǔ lóu.

电影院ˇ在五楼。

해석 영화관은 5층에 있습니다.

어휘 电影院 diànyǐngyuàn 명 영화관 楼 lóu 명 층, 건물

실전 테스트

2_제2부분 실전 테스트 모범답변 따라하기.mp3

01

Màozi zài nǎr?

帽子在哪儿?

모자는 어디에 있습니까?

Màozi zài shāfā shang.

帽子ˇ在沙发上。

해석 모자는 소파 위에 있습니다.

어휘 帽子 màozi 명 모자 沙发 shāfā 명 소파

02

Nǚde zài pá shān ma?

女的在爬山吗?

여자는 등산을 하고 있습니까?

Nǚde zài jiǎn tóufa.

女的ˇ在剪头发。

해석 여자는 머리를 자르고 있습니다.

어휘 女的 nǚde 명 여자 爬山 pá shān 등산하다 剪头发 jiǎn tóufa 머리를 자르다

03

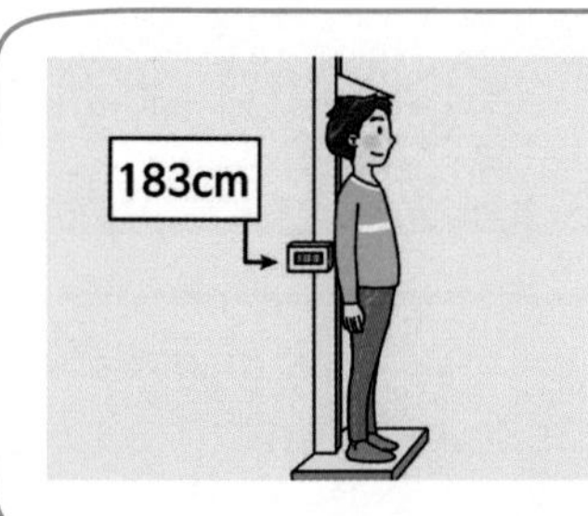

Tā de gèzi yǒu duō gāo?
他的个子有多高?
그의 키는 얼마나 큽니까?

Tā de gèzi yǒu yì mǐ bā sān.
他的个子ˇ有一米八三。

해석 그의 키는 1m83입니다.

어휘 个子 gèzi (명) 키 多 duō (대) 얼마나 (형) 많다 高 gāo (형) (키가) 크다, 높다 米 mǐ (양) 미터(m)

04

Jīdàn gèng piányi ma?
鸡蛋更便宜吗?
달걀이 더 쌉니까?

Niúnǎi gèng piányi.
牛奶ˇ更便宜。

해석 우유가 더 쌉니다.

어휘 鸡蛋 jīdàn (명) 달걀 更 gèng (부) 더 便宜 piányi (형) 싸다 牛奶 niúnǎi (명) 우유

제3부분 대화 완성

제3부분 모범답변

[기호·습관] 실전 연습문제

3_제3부분 01 연습문제 모범답변 따라하기_4-5급.mp3,
3_제3부분 01 연습문제 모범답변 따라하기_6급 이상.mp3

01

Nǐ xǐhuan shénme yàng de diànyǐng?
你喜欢什么样的电影?
너는 어떤 영화를 좋아해?

Wǒ xǐhuan Hánguó de àiqíngpiàn.
(살짝 끊어 읽으세요.)
我喜欢ˇ韩国的爱情片。

Wǒ juéde Hánguó de àiqíngpiàn hěn làngmàn, hěn hǎokàn.
我觉得ˇ韩国的爱情片ˇ很浪漫，很好看。

Wǒ xiǎng kàn zuìjìn shàngyìng de àiqíngpiàn, nǐ juéde zěnmeyàng?
6급 이상 我想看ˇ最近上映的爱情片，你觉得ˇ怎么样?

해석 나는 한국의 로맨스 영화를 좋아해. 나는 한국의 로맨스 영화가 낭만적이고, 재미있다고 생각해. 나 최근 개봉한 로맨스 영화를 보고 싶어. 너는 어떻게 생각해?

어휘 爱情片 àiqíngpiàn 로맨스 영화　浪漫 làngmàn 형 낭만적이다　最近 zuìjìn 명 최근, 요즘　上映 shàngyìng 동 개봉하다, 상영하다

02

Nǐ duō cháng shíjiān huàn yí cì shǒujī?

你多长时间换一次手机?

너는 얼마 만에 한 번 휴대폰을 바꾸니?

Wǒ yì nián huàn yí cì shǒujī.

我一年ˇ换一次手机。

Wǒ juéde zhè jǐ nián shǒujī de fāzhǎn yuèláiyuè kuài.

我觉得这几年ˇ手机的发展越来越快。

Zěnme le? Nǐ xiǎng huàn shǒujī ma?

6급 이상 怎么了? 你想换手机吗?

해석 나는 1년에 한 번 휴대폰을 바꿔. 나는 요 몇 년 동안 휴대폰의 발전이 점점 빨라진다고 생각해. 왜 그래? 너 휴대폰 바꾸고 싶어?

어휘 换 huàn 동 바꾸다, 교환하다 手机 shǒujī 명 휴대폰 发展 fāzhǎn 명 발전 동 발전하다 越来越 yuèláiyuè 점점, 갈수록 怎么了 zěnme le 왜 그래? 무슨 일이야?

03

Nǐ zhōumò tōngcháng jǐ diǎn qǐchuáng?

你周末通常几点起床?

너는 주말에 통상적으로 몇 시에 일어나?

Wǒ zhōumò tōngcháng qī diǎn qǐchuáng.

我周末ˇ通常七点起床。

Wǒ hěn xǐhuan zǎo diǎnr qǐchuáng, chūqu sànsanbù.

我很喜欢ˇ早点儿起床, 出去散散步。

Zhè zhōumò wǒmen yìqǐ qù gōngyuán sànbù, hǎo bu hǎo?

6급 이상 这周末ˇ我们一起去公园散步, 好不好?

해석 나는 주말에 통상적으로 7시에 일어나. 나는 좀 일찍 일어나서, 산책하러 나가는 걸 좋아해. 이번 주말에 우리 같이 공원에 산책하러 가자. 어때?

어휘 周末 zhōumò 명 주말 通常 tōngcháng 부 통상적으로, 보통 早点儿 zǎo diǎnr 좀 일찍 散步 sànbù 동 산책하다, 산보하다

04

Wǒ xiǎng gēn nǐ shāngliang yí jiàn shìqing, nǐ xiànzài fāngbiàn ma?

我想跟你商量一件事情，你现在方便吗？

나 너와 한 가지 일을 상의하고 싶은데, 너 지금 괜찮아?

Wǒ xiànzài bù fāngbiàn.

我现在不方便。

Wǒ yào gēn Xiǎo Wáng yìqǐ qù cāntīng chī wǔfàn.

我要ˇ跟小王一起去餐厅ˇ吃午饭。

Zánmen jīntiān xiàkè yǐhòu zài shuō, hǎo bu hǎo?

6급 이상 **咱们ˇ今天下课以后再说，好不好？**

해석 나 지금 안 괜찮아. 나는 샤오왕과 함께 식당에 가서 점심을 먹으려 해. 우리 오늘 수업 끝난 후에 다시 얘기하자. 어때?

어휘 商量 shāngliang 동 상의하다, 의논하다　事情 명 shìqing 일　方便 fāngbiàn 형 괜찮다, 편리하다　餐厅 cāntīng 명 식당　午饭 wǔfàn 명 점심　咱们 zánmen 대 우리(들)　下课 xiàkè 동 수업이 끝나다

[계획·경험] 실전 연습문제

3_제3부분 02 연습문제 모범답변 따라하기_4-5급.mp3, 3_제3부분 02 연습문제 모범답변 따라하기_6급 이상.mp3

01

Wǒ tīngshuō nǐ qùguo Ōuzhōu, duì ma?
我听说你去过欧洲，对吗?
내가 듣자 하니 너 유럽에 가본 적 있다던데, 맞아?

Duì, wǒ qùguo Ōuzhōu.
对，我去过欧洲。

Wǒ juéde Yìdàlì de huánjìng hěn búcuò, jǐngsè shífēn měilì.
我觉得ˇ意大利的环境很不错，景色十分美丽。

Zěnme le? Nǐ dǎsuan qù Ōuzhōu lǚyóu ma?
6급 이상

怎么了? 你打算ˇ去欧洲旅游吗?

해석 맞아, 나 유럽에 가본 적 있어. 나는 이탈리아의 환경이 괜찮고, 풍경이 매우 아름답다고 생각해. 무슨 일이야? 너 유럽에 여행 갈 계획이야?

어휘 听说 tīngshuō 동 듣자 하니 欧洲 Ōuzhōu 명 유럽 意大利 Yìdàlì 명 이탈리아 环境 huánjìng 명 환경 景色 jǐngsè 명 풍경, 경치 十分 shífēn 부 매우, 아주 美丽 měilì 형 아름답다, 예쁘다 怎么了 zěnme le 무슨 일이야? 왜 그래? 打算 dǎsuan 동 ~할 계획이다, ~할 것이다 旅游 lǚyóu 동 여행하다 명 여행

02

Nǐ zuìjìn jiànguo Xiǎo Wáng ma? Wǒ yìzhí liánxì bu shàng tā.

你最近见过小王吗？我一直联系不上他。

너 최근 샤오왕 만난 적 있어? 나는 그와 줄곧 연락이 안 돼.

Wǒ zuìjìn jiànguo Xiǎo Wáng.

我最近见过小王。

Zuìjìn tā jīngcháng qù guówài chūchāi, xiànzài zànshí bú zài Hánguó.

最近ˇ他经常去国外出差，现在ˇ暂时不在韩国。

Zěnme le? Nǐ yǒu shénme jíshì ma?

6급 이상 怎么了？你有什么急事吗？

해석 나는 최근 샤오왕을 만난 적이 있어. 요즘 그는 자주 외국으로 출장을 가서, 지금 잠시 한국에 없어. 무슨 일이야? 너 무슨 급한 일 있어?

어휘 最近 zuìjìn 명 최근, 요즘 一直 yìzhí 부 줄곧, 계속해서 联系 liánxì 동 연락하다, 연결하다 经常 jīngcháng 부 자주, 항상 国外 guówài 명 외국, 해외 出差 chūchāi 동 출장 가다 暂时 zànshí 명 잠시의, 잠깐의 怎么了 zěnme le 무슨 일이야? 왜 그래? 急事 jíshì 명 급한 일

03

Shàng cì xiūjià de shíhou, nǐ qùle nǎxiē dìfang?

上次休假的时候，你去了哪些地方？

지난번 휴가 때, 너는 어떤 곳들을 갔었어?

Shàng cì xiūjià de shíhou, wǒ qùle hěn duō dìfang.

上次休假的时候，我去了很多地方。

Wǒ juéde Yīngguó hé Fǎguó tèbié měilì.

我觉得ˇ英国和法国特别美丽。

Xià cì zánmen yìqǐ qù, hǎo bu hǎo?

6급 이상 下次咱们一起去，好不好？

해석 지난번 휴가 때, 나는 많은 곳들을 갔었어. 나는 영국과 프랑스가 특히 아름답다고 생각해. 다음번에 우리 같이 가자. 어때?

어휘 休假 xiūjià 명 휴가 地方 dìfang 명 곳, 장소, 부분 英国 Yīngguó 명 영국 法国 Fǎguó 명 프랑스 特别 tèbié 부 특히, 특별히 美丽 měilì 형 아름답다, 예쁘다 咱们 zánmen 대 우리(들)

04

Zhè xuéqī wǒ yào jiārù bǎolíngqiú shètuán.
这学期我要加入保龄球社团。
이번 학기에 나는 볼링 동아리에 가입할 거야.

Shì ma? Wǒmen yìqǐ jiārù ba.
是吗？我们一起加入吧。

Wǒ yě xiǎng qù dǎ bǎolíngqiú, jiǎnqīng yíxià yālì.
我也想ˇ去打保龄球，减轻一下压力。

Nǐ gàosu wǒ jiārù shètuán de fāngfǎ, hǎo bu hǎo?

你告诉我ˇ加入社团的方法，好不好？

해석 그래? 우리 같이 가입하자. 나도 볼링 치러 가서, 스트레스를 한번 줄여보고 싶어. 네가 나한테 동아리에 가입하는 방법을 알려줘. 어때?

어휘 学期 xuéqī 명 학기 加入 jiārù 동 가입하다 保龄球 bǎolíngqiú 명 볼링 社团 shètuán 명 동아리 减轻 jiǎnqīng 동 줄이다, 덜다, 가볍게 하다 压力 yālì 명 스트레스, 부담, 압력 方法 fāngfǎ 명 방법, 수단, 방식

[제안·의견] 실전 연습문제

3_제3부분 03 연습문제 모범답변 따라하기_4-5급.mp3, 3_제3부분 03 연습문제 모범답변 따라하기_6급 이상.mp3

01

Nǐ jīntiān tài xīnkǔ le, zǎo diǎnr xiūxi ba.
你今天太辛苦了，早点儿休息吧。
너 오늘 너무 수고했으니, 좀 일찍 쉬어.

Hǎo ba, wǒ huì zǎo diǎnr xiūxi.
好吧，我会早点儿休息。

Wǒ juéde zuìjìn wǒmen dōu hěn xīnkǔ, shízài tài lèi le.
我觉得ˇ最近我们都很辛苦，实在太累了。

Xià ge xīngqī wǒ yào qǐng yìtiān jià.
6급 이상 下个星期ˇ我要请一天假。

해석 좋아. 나 좀 일찍 쉴게. 나는 요즘 우리 모두가 수고스럽다고 생각해. 정말 너무 피곤해. 다음주에 나 하루 휴가를 낼 거야.

어휘 辛苦 xīnkǔ 형 수고스럽다 동 수고하다　早点儿 zǎo diǎnr 좀 일찍　休息 xiūxi 동 쉬다, 휴식하다　最近 zuìjìn 명 요즘, 최근　实在 shízài 부 정말, 확실히　累 lèi 형 피곤하다, 힘들다　请假 qǐngjià 동 휴가를 내다

02

Màn diǎnr zǒu, wǒ juéde nǐ zǒude tài kuài le.
慢点儿走，我觉得你走得太快了。
좀 천천히 걸어, 나는 네가 너무 빨리 걷는다고 생각해.

Shì ma? Wǒ màn diǎnr zǒu ba.
是吗？我慢点儿走吧。

Wǒ píngshí hěn xǐhuan sànbù, suǒyǐ zǒude hěn kuài.
我平时ˇ很喜欢散步，所以ˇ走得很快。

Wǒmen qù nàbiān de gōngyuán xiūxi yíhuìr, hǎo bu hǎo?
6급 이상 我们ˇ去那边的公园休息一会儿，好不好？

해석 그래? 내가 좀 천천히 걸을게. 나는 평소에 산책하는 걸 매우 좋아하고, 그래서 걷는 게 빨라. 우리 저쪽의 공원에 가서 잠시 쉬자. 어때?

어휘 走 zǒu 동 걷다, 떠나다　平时 píngshí 명 평소, 평상시　散步 sànbù 동 산책하다, 산보하다

03

Wǒ néng bu néng jièyòng yíxià nǐ de diànnǎo?
我能不能借用一下你的电脑?
내가 네 컴퓨터를 한번 빌려 쓸 수 있을까 없을까?

Bù hǎoyìsi, wǒ bù néng jiègěi nǐ.
不好意思，我不能借给你。

Wǒ xiànzài yào yòng zhège diànnǎo xiě zuòyè.
我现在要用这个电脑ˇ写作业。

Zěnme le? nǐ yòu xiǎng wánr yóuxì le ma?

6급 이상 **怎么了？你又想玩儿游戏了吗?**

해석 미안해. 나는 너에게 빌려줄 수 없어. 나는 지금 이 컴퓨터로 숙제를 해야 해. 무슨 일이야? 너 또 게임을 하고 싶어졌어?

어휘 借用 jièyòng 동 빌려 쓰다 电脑 diànnǎo 명 컴퓨터 不好意思 bù hǎoyìsi 미안하다 借给 jiègěi ~에게 빌려주다 写作业 xiě zuòyè 숙제를 하다 怎么了 zěnme le 무슨 일이야? 왜 그래? 玩儿游戏 wánr yóuxì 게임을 하다

04

Wǒ xiǎng bào yóuyǒng bān, dànshì yǒudiǎnr guì.
我想报游泳班，但是有点儿贵。
저는 수영반에 등록하고 싶은데, 약간 비싸네요.

Shì ma? Nà wǒ gěi nǐ dǎzhé ba.
是吗？那我给你打折吧。

Wǒ juéde nǐ yīnggāi shì xuésheng, xuésheng kěyǐ dǎ qī zhé.
我觉得ˇ你应该是学生，学生ˇ可以打七折。

Wǒ yào kàn yíxià nǐ de xuéshēngzhèng.

6급 이상 **我要看一下ˇ你的学生证。**

해석 그래요? 그럼 제가 당신에게 할인해 드릴게요. 제 생각엔 당신은 학생인 것 같은데, 학생은 30퍼센트 할인이 가능합니다. 제가 당신의 학생증을 한번 볼게요.

어휘 报 bào 동 등록하다, 신청하다 游泳班 yóuyǒng bān 수영반, 수영 학원 贵 guì 형 비싸다 打折 dǎzhé 동 할인하다, 가격을 깎다 应该 yīnggāi 조동 (당연히) ~할 것이다, (마땅히) ~해야 한다 学生 xuésheng 명 학생 学生证 xuéshēngzhèng 명 학생증

01

Qǐng wèn, yóujú zài nǎr?

请问，邮局在哪儿？

말씀 좀 묻겠습니다. 우체국은 어디에 있나요?

Yóujú zài Sānxīng Yīyuàn duìmiàn.

邮局ˇ在三星医院对面。

Wǒ juéde yóujú lí zhèr yǒudiǎnr yuǎn, nǐ zuìhǎo zuò gōngjiāochē qù.

我觉得ˇ邮局ˇ离这儿有点儿远，你最好ˇ坐公交车去。

Wǒ dài nǐ qù gōngjiāochēzhàn, hǎo bu hǎo?

6급 이상 **我带你ˇ去公交车站，好不好？**

해석 우체국은 삼성 병원 맞은편에 있습니다. 저는 우체국이 여기에서 약간 멀다고 생각해요. 당신은 버스를 타고 가는 게 제일 좋아요. 제가 당신을 버스 정류장에 데리고 가줄게요. 어때요?

어휘 请问 qǐng wèn 말씀 좀 묻겠습니다 邮局 yóujú 명 우체국 三星医院 Sānxīng Yīyuàn 삼성 병원 对面 duìmiàn 명 맞은편, 건너편 离 lí 동 ~에서, ~로부터 最好 zuìhǎo 부 ~하는 게 제일 좋다, 제일 좋기로는 公交车 명 gōngjiāochē 버스 带 dài 동 데리다, 이끌다 公交车站 gōngjiāochēzhàn 명 버스 정류장

02

Nǐ gānggāng jiègěi wǒ de qiānbǐ bú jiàn le, zěnme bàn?
你刚刚借给我的铅笔不见了，怎么办?
너가 방금 막 나에게 빌려준 연필이 없어졌는데, 어쩌지?

Shì ma? Wǒ bāng nǐ yìqǐ zhǎo ba.
是吗? 我帮你一起找吧。

Wǒ juéde nǐ de zhuōzi yǒudiǎnr luàn, hěn róngyì diū dōngxi.
我觉得ˇ你的桌子有点儿乱，很容易丢东西。

Xiàkè yǐhòu wǒmen yìqǐ zhěnglǐ, hǎo bu hǎo?
6급 이상 **下课以后ˇ我们一起整理，好不好?**

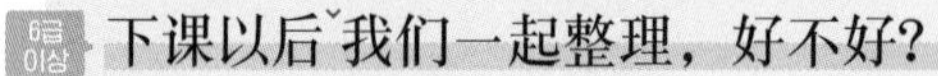

해석 그래? 내가 너를 도와 같이 찾아줄게. 나는 너의 책상이 약간 어지러워서, 물건을 잃어버리기 쉽다고 생각해. 수업 끝난 후에 우리 같이 정리하자. 어때?

어휘 刚刚 gānggāng 부 방금, 막　借给 jiègěi ~에게 빌려주다　铅笔 qiānbǐ 명 연필　不见了 bú jiàn le 없어졌다, 잃어버렸다　怎么办 zěnme bàn 어쩌지　帮你… bāng nǐ … 너를 도와 ~하다　桌子 zhuōzi 명 책상　乱 luàn 형 어지럽다　丢 diū 동 잃어버리다　下课 xiàkè 동 수업이 끝나다　整理 zhěnglǐ 동 정리하다

03

Wǒ cóng zuó wǎn kāishǐ fāshāo.
我从昨晚开始发烧。
나는 어젯밤부터 열이 나기 시작했어.

Shì ma? Gēn wǒ yìqǐ qù yīyuàn ba.
是吗? 跟我一起去医院吧。

Nǐ zuìjìn zǒngshì chuānde hěn shǎo, yīnggāi shì gǎnmào le.
你最近ˇ总是穿得很少， 应该是感冒了。

Nǐ yídìng yào zhùyì zìjǐ de shēntǐ jiànkāng.
6급 이상 **你一定要注意ˇ自己的身体健康。**

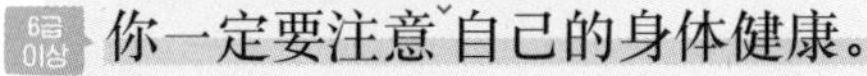

해석 그래? 나랑 같이 병원에 가자. 너 요즘 늘 옷을 적게 입어서, 감기에 걸렸을 거야. 너는 반드시 자신의 신체 건강에 주의해야 해.

어휘 从 cóng 개 ~부터　昨晚 zuó wǎn 어젯밤　发烧 fāshāo 동 열이 나다　最近 zuìjìn 명 요즘, 최근　总是 zǒngshì 부 늘　穿得 chuānde ~하게 입다　应该 yīnggāi 조동 (당연히) ~할 것이다　感冒 gǎnmào 동 감기에 걸리다 명 감기　自己 zìjǐ 대 자기, 스스로　健康 jiànkāng 명 건강

04

Bù hǎoyìsi, wǒ wàng dài zīliào le.
不好意思，我忘带资料了。
죄송해요. 제가 자료를 두고 왔어요.

Shì ma? Zěnme yòu wàng dài zīliào le?
是吗？怎么ˇ又忘带资料了？

Nǐ zuìjìn zǒngshì wàng dài dōngxi, gōngzuò yě hěn mǎhu.
你最近ˇ总是忘带东西，工作也很马虎。

Zěnme le? Chū shénme shì le ma?
6급 이상 **怎么了？出什么事了吗？**

해석 그래요? 어떻게 또 자료를 두고 왔어요? 당신 요즘 늘 물건을 두고 오고, 일도 건성으로 하네요. 왜 그래요? 무슨 일 생겼어요?

어휘 不好意思 bù hǎoyìsi 미안하다 忘带 wàng dài 두고 오다 资料 zīliào 명 자료 最近 zuìjìn 명 요즘, 최근 总是 zǒngshì 부 늘, 언제나 工作 gōngzuò 명 일 동 일하다 马虎 mǎhu 형 건성으로 하다, 부주의하다 怎么了 zěnme le 왜 그래? 무슨 일이야? 出事 chūshì 동 일이 생기다, 사고가 발생하다

실전 테스트

3_제3부분 실전 테스트 모범답변 따라하기_4-5급.mp3, 3_제3부분 실전 테스트 모범답변 따라하기_6급 이상.mp3

01

Nǐ xiǎng tīng Yīngyǔ kè ma?
你想听英语课吗?
당신은 영어 수업을 듣고 싶나요?

Wǒ xiǎng tīng Yīngyǔ kè.
我想听英语课。

Wǒ xiǎng tīng měi tiān wǎnshang qī diǎn de Yīngyǔ yuèdú kè.
我想听ˇ每天晚上七点的ˇ英语阅读课。

Qǐng gěi wǒ zhǎo yí wèi Měiguó lǎoshī, hǎo bu hǎo?
6급 이상 **请给我找一位ˇ美国老师，好不好?**

해석 저는 영어 수업을 듣고 싶어요. 저는 매일 저녁 7시의 영어 읽기 수업을 듣고 싶어요. 저에게 미국 선생님 한 분을 찾아주세요. 어때요?

어휘 英语 Yīngyǔ 명 영어 课 kè 명 수업 每天 měi tiān 매일 晚上 wǎnshang 명 밤, 저녁 阅读 yuèdú 동 읽다 美国 Měiguó 명 미국 老师 lǎoshī 명 선생님

02

Nǐ xuéguo nǎ jǐ zhǒng wàiyǔ?

你学过哪几种外语?

너는 몇 종류의 외국어들을 배워봤어?

Wǒ xuéguo liǎng zhǒng wàiyǔ, Yīngyǔ hé Hànyǔ.

我学过两种外语，英语和汉语。

Wǒ juéde xuéxí zhè liǎng zhǒng yǔyán dōu hěn yǒuqù.

我觉得ˇ学习这两种语言ˇ都很有趣。

Yǐhòu wǒmen yìqǐ xué Fǎyǔ, hǎo bu hǎo?

6급 이상 **以后ˇ我们一起学法语，好不好?**

해석 나는 두 종류의 외국어를 배워봤는데, 영어와 중국어야. 나는 이 두 종류의 언어를 공부하는 게 모두 재미있다고 생각해. 앞으로 우리 같이 프랑스어를 배우자. 어때?

어휘 外语 wàiyǔ 명 외국어　英语 Yīngyǔ 명 영어　汉语 Hànyǔ 명 중국어　学习 xuéxí 동 공부하다 명 학습　语言 yǔyán 명 언어　有趣 yǒuqù 형 재미있다, 흥미가 있다　法语 Fǎyǔ 명 프랑스어

03

Nǐ dǎsuan zěnme qù huǒchēzhàn?

你打算怎么去火车站?

너는 어떻게 기차역에 갈 계획이야?

Wǒ dǎsuan zuò chūzūchē qù huǒchēzhàn.

我打算ˇ坐出租车ˇ去火车站。

Wǒ yào zuò shí diǎn chūfā de huǒchē, zuò dìtiě láibují.

我要坐十点出发的火车，坐地铁ˇ来不及。

Wǒ juéde zuò chūzūchē bǐjiào kuài.

6급 이상 **我觉得ˇ坐出租车比较快。**

해석 나는 택시를 타고 기차역에 갈 계획이야. 나는 10시에 출발하는 기차에 타야 해서, 지하철을 타면 시간이 충분하지 않아. 나는 택시를 타는 것이 비교적 빠르다고 생각해.

어휘 火车站 huǒchēzhàn 명 기차역　出发 chūfā 동 출발하다, 떠나다　地铁 dìtiě 명 지하철　来不及 láibují 동 시간이 충분하지 않다

04

Zhè shì wǒ zuì xǐhuan de yīfu, nǐ juéde zěnmeyàng?
这是我最喜欢的衣服，你觉得怎么样？
이건 내가 가장 좋아하는 옷인데, 네 생각에는 어때?

Wǒ juéde zhè jiàn yīfu hěn piàoliang.
我觉得ˇ这件衣服很漂亮。

Nǐ gàosu wǒ zài nǎr mǎi de, hǎo bu hǎo?
你告诉我ˇ在哪儿买的，好不好？

Wǒ zuìjìn zhènghǎo xiǎng mǎi jǐ jiàn xīn yīfu.
6급 이상 我最近ˇ正好想买几件新衣服。

해석 나는 이 옷이 예쁘다고 생각해. 네가 나에게 어디서 산 것인지 알려줘. 어때? 나 요즘에 마침 새 옷을 몇 벌 사고 싶었어.

어휘 衣服 yīfu 명 옷 漂亮 piàoliang 형 예쁘다, 아름답다 告诉 gàosu 동 알려주다 正好 zhènghǎo 부 마침 형 딱 맞다

05

Duìbuqǐ, nín yào de yánsè yǐjīng màiwán le.
对不起，您要的颜色已经卖完了。
죄송해요. 당신이 원하는 색깔은 이미 다 팔렸어요.

Shì ma? Yòu màiwán le?
是吗？又卖完了？

Nà yǒu lánsè de shíhou tōngzhī wǒ, hǎo bu hǎo?
那ˇ有蓝色的时候ˇ通知我，好不好？

Wǒ jiù xiǎng mǎi lánsè de, qítā yánsè de bù hǎokàn.
6급 이상 我就想买蓝色的，其他颜色的ˇ不好看。

해석 그래요? 또 다 팔렸어요? 그럼 남색이 있을 때 저에게 알려주세요. 어때요? 저는 남색으로 된 것을 사고 싶고, 다른 색깔은 안 예뻐요.

어휘 颜色 yánsè 명 색깔, 색 卖完 màiwán 다 팔리다 蓝色 lánsè 명 남색, 푸른색 通知 tōngzhī 동 알리다, 통지하다 其他 qítā 대 다른, 기타

제4부분 일상 화제에 대해 설명하기

[생활 습관] 실전 연습문제

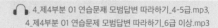

4_제4부분 01 연습문제 모범답변 따라하기_4-5급.mp3, 4_제4부분 01 연습문제 모범답변 따라하기_6급 이상.mp3

01

Nǐ huì bǎ hǎojiǔ méi yòngguo de dōngxi rēngdiào ma? Qǐng jiǎndān shuōshuo.
你会把好久没用过的东西扔掉吗？请简单说说。
당신은 오랫동안 사용하지 않은 물건을 내버립니까? 간단히 말해보세요.

Wǒ bú huì bǎ hǎojiǔ méi yòngguo de dōngxi rēngdiào.
我不会ˇ把好久没用过的东西扔掉。(살짝 끊어 읽으세요.)

Yīnwèi wǒ juéde bú luàn rēng dōngxi duì huánbǎo hěn yǒu bāngzhù.
因为我觉得ˇ不乱扔东西ˇ对环保很有帮助。

Rúguǒ biéren xūyào wǒ hǎojiǔ méi yòngguo de dōngxi, wǒ jiù huì sònggěi tā.
 6급 이상 如果ˇ别人需要我好久没用过的东西，我就会送给他。

Suǒyǐ, wǒ yǐhòu yě bú huì bǎ hǎojiǔ méi yòngguo de dōngxi rēngdiào.
所以，我以后ˇ也不会把好久没用过的东西扔掉。

해석 저는 오랫동안 사용하지 않은 물건을 내버리지 않습니다. 왜냐하면 저는 함부로 물건을 버리지 않는 것이 환경 보호에 도움이 된다고 생각하기 때문입니다. 만약 다른 사람이 제가 오랫동안 사용하지 않은 물건을 필요로 한다면, 저는 그에게 줄 것입니다. 그래서, 저는 앞으로도 오랫동안 사용하지 않은 물건을 내버리지 않을 것입니다.

어휘 好久 hǎojiǔ 형 오랫동안　扔掉 rēngdiào 내버리다　因为 yīnwèi 접 왜냐하면 ~때문이다　乱 luàn 부 함부로 형 어지럽다　扔 rēng 동 버리다, 던지다　对…很有帮助 duì…hěn yǒu bāngzhù ~에 도움이 되다　环保 huánbǎo 명 환경 보호　如果 rúguǒ 접 만약　别人 biéren 대 다른 사람

02

Mǎi xiézi shí, nǐ yuànyì qù shítǐdiàn shì chuān háishi zhíjiē zài wǎngshàng gòumǎi? Qǐng jiǎndān shuō yi shuō.

买鞋子时，你愿意去实体店试穿还是直接在网上购买？请简单说一说。

신발을 살 때, 당신은 오프라인 매장에 가서 신어보고 싶습니까 아니면 곧바로 온라인으로 구매하고 싶습니까? 간단히 말해보세요.

Mǎi xiézi shí, wǒ yuànyì qù shítǐdiàn shì chuān.

买鞋子时，我愿意ˇ去实体店试穿。

Yīnwèi zài shítǐdiàn mǎi xié dehuà, chūxiàn zhìliàng wèntí shí kěyǐ jíshí tuìhuàn.

因为ˇ在实体店买鞋的话，出现质量问题时ˇ可以及时退换。

Érqiě rúguǒ mǎshù bù héshì dehuà, jiù kěyǐ ràng diàn li de rén dāngchǎng huàn.

6급 이상 **而且ˇ如果码数不合适的话，就可以ˇ让店里的人当场换。**

Suǒyǐ, mǎi xiézi shí, wǒ yuànyì qù shítǐdiàn shì chuān.

所以，买鞋子时，我愿意ˇ去实体店试穿。

해석 신발을 살 때, 저는 오프라인 매장에 가서 신어보고 싶습니다. 왜냐하면 오프라인 매장에서 신발을 산다면, 품질 문제가 생길 시 즉시 반품하여 교환할 수 있기 때문입니다. 게다가 만약 사이즈가 알맞지 않는다면, 매장의 사람에게 그 자리에서 바꿔달라고 할 수 있습니다. 그래서, 신발을 살 때, 저는 오프라인 매장에 가서 신어보고 싶습니다.

어휘 愿意 yuànyì [조동] ~하고 싶다 实体店 shítǐdiàn [명] 오프라인 매장 试穿 shì chuān 신어 보다, 입어 보다 直接 zhíjiē [형] 곧바로 ~하다, 직접적이다 网上 wǎngshàng 온라인 购买 gòumǎi [동] 구매하다 因为 yīnwèi [접] 왜냐하면 ~때문이다 质量 zhìliàng [명] 품질, 질 及时 jíshí [부] 즉시 退换 tuìhuàn [동] 반품 교환하다 而且 érqiě [접] 게다가 如果 rúguǒ [접] 만약 码数 mǎshù [명] (신발, 옷 등의) 사이즈 合适 héshì [형] 알맞다 当场 dāngchǎng [부] 그 자리에서 换 huàn [동] 바꾸다, 교환하다

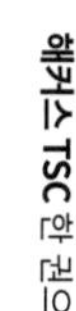

03

Nǐ zuòguo zhìyuàn fúwù huódòng ma? Qǐng jiǎndān shuōshuo.

你做过志愿服务活动吗？请简单说说。

당신은 자원 봉사 활동을 해본 적이 있습니까? 간단히 말해보세요.

Wǒ zuòguo zhìyuàn fúwù huódòng.

我做过志愿服务活动。

Yīnwèi wǒ xiǎng tōngguò cānjiā gè zhǒng gōngyì xìng huódòng lái fúwù shèhuì.

因为ˇ我想通过参加各种公益性活动ˇ来服务社会。

Bǐrú tànfǎng lǎorén, dǎsǎo xiǎoqū, zhǐhuī jiāotōng děng.

6급 이상 **比如ˇ探访老人、打扫小区、指挥交通等。**

Suǒyǐ, wǒ dǎsuan jìxù zuò zhìyuàn fúwù huódòng.

所以，我打算ˇ继续做志愿服务活动。

해석 저는 자원 봉사 활동을 해본 적이 있습니다. 왜냐하면 저는 각종 공익성 활동의 참가를 통해 사회에 봉사하고 싶기 때문입니다. 예를 들어 어르신을 찾아뵙고, 단지를 청소하며, 교통을 지휘하는 것 등입니다. 그래서, 저는 계속해서 자원 봉사 활동을 할 계획입니다.

어휘 志愿 zhìyuàn [동] 자원하다 服务 fúwù [명] 봉사, 서비스 [동] 봉사하다 活动 huódòng [명] 활동 因为 yīnwèi [접] 왜냐하면 ~때문이다 通过 tōngguò [개] ~을 통해 各种 gè zhǒng 각종, 여러 가지 公益性 gōngyì xìng 공익성 社会 shèhuì [명] 사회 比如 bǐrú [동] 예를 들어 ~이다 探访 tànfǎng [동] 방문하다 小区 xiǎoqū [명] 단지 指挥 zhǐhuī [동] 지휘하다 交通 jiāotōng [명] 교통 等 děng [조] 등, 따위 打算 dǎsuan [동] ~할 계획이다 继续 jìxù [동] 계속하다

04

Měi cì chīfàn zhī qián, nǐ dōu huì pāi měishí zhàopiàn ma? Qǐng jiǎndān shuō yi shuō.
每次吃饭之前，你都会拍美食照片吗？请简单说一说。
매번 밥을 먹기 전에, 당신은 맛있는 음식 사진을 찍습니까? 간단히 말해보세요.

Měi cì chīfàn zhī qián, wǒ dōu huì pāi měishí zhàopiàn.
每次吃饭之前，我都会拍美食照片。

Yīnwèi wǒ xǐhuan jìlù zìjǐ chīle shénme měishí, gēn shéi yìqǐ chī de.
因为ˇ我喜欢记录ˇ自己吃了什么美食，跟谁一起吃的。

Érqiě měishí zhàopiàn hěn róngyì zài shèjiāo wǎngluò yǐnrénzhùmù.
6급 이상 而且ˇ美食照片很容易在社交网络引人注目。

Suǒyǐ, wǒ chīfàn zhī qián huì pāi měishí zhàopiàn.
所以，我吃饭之前ˇ会拍美食照片。

해석 매번 밥을 먹기 전에, 저는 맛있는 음식 사진을 찍습니다. 왜냐하면 저는 자신이 무엇을 먹었는지, 누구와 함께 먹었는지 기록하는 것을 좋아하기 때문입니다. 게다가 맛있는 음식 사진은 쉽게 소셜 네트워크에서 사람들의 주목을 끕니다. 그래서, 저는 밥을 먹기 전에 맛있는 음식 사진을 찍습니다.

어휘 吃饭 chīfàn 밥을 먹다 …之前 zhī qián ~의 전 拍 pāi 동 (사진이나 영상을) 찍다, 촬영하다 美食 měishí 명 맛있는 음식 照片 zhàopiàn 명 사진 因为 yīnwèi 접 왜냐하면 ~때문이다 记录 jìlù 동 기록하다 명 기록 而且 érqiě 접 게다가 社交网络 shèjiāo wǎngluò 소셜 네트워크(SNS) 引人注目 yǐnrénzhùmù 성 사람들의 주목을 끌다

4_제4부분 02 연습문제 모범답변 따라하기_4-5급.mp3,
4_제4부분 02 연습문제 모범답변 따라하기_6급 이상.mp3

01

Nǐ dìyī cì yùdào míngxīng shì shénme shíhou? Qǐng jiǎndān shuōshuo.
你第一次遇到明星是什么时候？请简单说说。
당신이 처음 스타를 맞닥뜨린 것은 언제입니까? 간단히 말해보세요.

Wǒ dìyī cì yùdào míngxīng shì zài dàxué shíqī.
我第一次遇到明星ˇ是在大学时期。

Yīnwèi wǒ gēn yí wèi míngxīng kǎoshangle tóngyī dàxué de tóng yí ge xì.
因为ˇ我跟一位明星ˇ考上了同一大学的同一个系。

Wèile hé tā qīnjìn, wǒ jīngcháng bǎ bǐjì jiègěi tā.
6급 이상 **为了和她亲近，我经常ˇ把笔记借给她。**

Suǒyǐ, wǒ dìyī cì yùdào míngxīng shì zài dàxué shíqī.
所以，我第一次遇到明星ˇ是在大学时期。

해석 제가 처음 스타를 맞닥뜨린 것은 대학 시절 때입니다. 왜냐하면 제가 한 스타와 같은 대학의 같은 과에 합격하였기 때문입니다. 그녀와 친해지기 위해, 저는 자주 필기를 그녀에게 빌려주었습니다. 그래서, 제가 처음 스타를 맞닥뜨린 것은 대학 시절 때입니다.

어휘 第一次 dìyī cì 처음, 첫 번째 遇到 yùdào 동 맞닥뜨리다, 마주하다 明星 míngxīng 명 스타 大学时期 dàxué shíqī 대학 시절 因为 yīnwèi 접 왜냐하면 ~때문이다 考上 kǎoshang 합격하다 大学 dàxué 명 대학 系 xì 명 학과 为了 wèile 개 ~를 하기 위해, ~를 위해 亲近 qīnjìn 동 친해지다 형 친하다 笔记 bǐjì 명 필기 동 필기하다

02

Xuéshēng shídài, nǐ déguo jiǎng ma? Qǐng jiǎndān shuō yi shuō.
学生时代，你得过奖吗？请简单说一说。
학창 시절, 당신은 상을 받아본 적이 있습니까? 간단히 말해보세요.

Xuéshēng shídài, wǒ méiyǒu déguo jiǎng.
学生时代，我没有得过奖。

Yīnwèi wǒ hé xiànshí shēnghuó zhōng de dàduōshù rén yíyàng, shì ge hěn pǔtōng de xuésheng.
因为ˇ我和现实生活中的大多数人一样，是个ˇ很普通的学生。

Érqiě wǒ duì dé bu dé jiǎng bú tài jièyì.

而且ˇ我对得不得奖不太介意。

Suǒyǐ, xuéshēng shídài, wǒ méiyǒu déguo jiǎng.
所以，学生时代，我没有得过奖。

해석 학창 시절, 저는 상을 받아본 적이 없습니다. 왜냐하면 저는 현실 생활 속의 대다수의 사람과 같이, 평범한 학생이기 때문입니다. 게다가 저는 상을 받고 안 받고에 대해 그다지 개의치 않습니다. 그래서, 학창 시절, 저는 상을 받아본 적이 없습니다.

어휘 学生时代 xuéshēng shídài 학창 시절 得奖 dé jiǎng 상을 받다 因为 yīnwèi 접 왜냐하면 ~때문이다 现实 xiànshí 명 현실 형 현실적이다 生活 shēnghuó 명 생활 동 생활하다 大多数 dàduōshù 명 대다수 而且 érqiě 접 게다가 介意 jièyì 동 개의하다, 상관하다

03

Nǐ qù lǚxíng shí, yìbān xuǎnzé guónèi háishi guówài? Qǐng jiǎndān shuōshuo.
你去旅行时，一般选择国内还是国外？请简单说说。
당신은 여행을 갈 때, 일반적으로 국내를 선택합니까 아니면 해외를 선택합니까? 간단히 말해보세요.

Wǒ qù lǚxíng shí, yìbān xuǎnzé guówài.
我去旅行时，一般选择国外。

Yīnwèi wǒ juéde zhǐyǒu lǐjiě qítā guójiā de wénhuà, cái néng shìyìng quánqiú huà shídài.
因为我觉得ˇ只有理解其他国家的文化，才能适应ˇ全球化时代。

Hái yǒu qù guówài lǚyóu duì tígāo zìjǐ de jiànshi hěn yǒu bāngzhù.
6급 이상 还有ˇ去国外旅游ˇ对提高自己的见识ˇ很有帮助。

Suǒyǐ, wǒ qù lǚxíng shí, yìbān xuǎnzé guówài.
所以，我去旅行时，一般选择国外。

해석 저는 여행을 갈 때, 일반적으로 해외를 선택합니다. 왜냐하면 저는 다른 나라의 문화를 이해해야만, 비로소 글로벌화 시대에 적응할 수 있다고 생각하기 때문입니다. 그리고 해외로 여행가는 것은 자신의 견문을 높이는데 도움이 됩니다. 그래서, 저는 여행을 갈 때, 일반적으로 해외를 선택합니다.

어휘 旅行 lǚxíng 동 여행하다 명 여행 国内 guónèi 명 국내 国外 guówài 명 해외 因为 yīnwèi 접 왜냐하면 ~때문이다 理解 lǐjiě 동 이해하다 其他 qítā 대 다른 国家 guójiā 명 나라 适应 shìyìng 동 적응하다 全球化时代 quánqiú huà shídài 글로벌화 시대 旅游 lǚyóu 동 여행하다 명 여행 对…很有帮助 duì…hěn yǒu bāngzhù ~에 도움이 되다 提高 tígāo 동 높이다 见识 jiànshi 명 견문, 식견

04

Rúguǒ néng yǎng chǒngwù dehuà, nǐ xiǎng yǎng shénme dòngwù? Qǐng jiǎndān shuō yi shuō.
如果能养宠物的话，你想养什么动物？请简单说一说。
만약 반려동물을 기를 수 있다면, 당신은 어떤 동물을 기르고 싶습니까? 간단히 말해보세요.

Rúguǒ néng yǎng chǒngwù dehuà, wǒ xiǎng yǎng gǒu.
如果能养宠物的话，我想养狗。

Yīnwèi měi tiān dài gǒu chūmén sànbù, duì wǒ de jiànkāng hěn yǒu bāngzhù.
因为ˇ每天带狗出门散步，对我的健康ˇ很有帮助。

Érqiě yǎng gǒu kěyǐ jiǎnqīng wǒ de jìmògǎn.
6급 이상 **而且ˇ养狗可以减轻我的ˇ寂寞感。**

Suǒyǐ, rúguǒ néng yǎng chǒngwù dehuà, wǒ xiǎng yǎng gǒu.
所以，如果能养宠物的话，我想养狗。

해석 만약 반려동물을 기를 수 있다면, 저는 개를 기르고 싶습니다. 왜냐하면 매일 개를 데리고 외출하여 산책하는 것은, 제 건강에 도움이 되기 때문입니다. 게다가 개를 기르는 것은 제 외로움을 덜 수 있습니다. 그래서, 만약 반려동물을 기를 수 있다면, 저는 개를 기르고 싶습니다.

어휘 如果 rúguǒ 접 만약 养 yǎng 동 기르다 宠物 chǒngwù 명 반려동물 动物 dòngwù 명 동물 狗 gǒu 명 개 因为 yīnwèi 접 왜냐하면 ~때문이다 每天 měi tiān 매일 出门 chūmén 동 외출하다 散步 sànbù 동 산책하다, 산보하다 对…很有帮助 duì…hěn yǒu bāngzhù ~에 도움이 되다 健康 jiànkāng 명 건강 형 건강하다 而且 érqiě 접 게다가 减轻 jiǎnqīng 동 덜다, 가볍게 하다 寂寞感 jìmògǎn 명 외로움, 적막감

모범답변 및 해석

01

Nǐ shì xìnggé wàixiàng de rén ma? Qǐng jiǎndān tántan.
你是性格外向的人吗？请简单谈谈。
당신은 성격이 외향적인 사람입니까? 간단히 말해보세요.

Wǒ shì xìnggé wàixiàng de rén.
我是性格外向的人。

Yīnwèi wǒ shànyú biǎodá zìjǐ, ài shuōhuà, huì jījí zhǔdòng gēn biéren gōutōng.
因为ˇ我善于表达自己，爱说话，会积极主动ˇ跟别人沟通。

Bǐrú wǒ xǐhuan bāngzhù biéren, jīngcháng bǎ biéren de shì dàngchéng zìjǐ de shì.
6급 이상 比如我喜欢ˇ帮助别人，经常把别人的事ˇ当成自己的事。

Suǒyǐ, wǒ juéde wǒ shì xìnggé wàixiàng de rén.
所以，我觉得ˇ我是性格外向的人。

해석 저는 성격이 외향적인 사람입니다. 왜냐하면 저는 자신을 표현하는 것에 능숙하고, 말하는 것을 좋아하며, 적극적이고 자발적으로 다른 사람과 교류하기 때문입니다. 예를 들어 저는 다른 사람을 돕는 것을 좋아하고, 자주 다른 사람의 일을 자신의 일로 여깁니다. 그래서, 저는 제가 성격이 외향적인 사람이라고 생각합니다.

어휘 性格 xìnggé 명 성격 外向 wàixiàng 형 외향적이다 谈 tán 동 말하다, 이야기하다 因为 yīnwèi 접 왜냐하면 ~때문이다 善于… shànyú 동 ~에 능숙하다, ~을 잘하다 表达 biǎodá 동 (생각, 감정을) 표현하다, 나타내다 积极 jījí 형 적극적이다, 긍정적이다 主动 zhǔdòng 형 자발적이다, 능동적이다 沟通 gōutōng 동 교류하다, 소통하다 比如 bǐrú 동 예를 들어 ~이다 帮助 bāngzhù 동 돕다 명 도움 别人 biéren 대 다른 사람 当成 dàngchéng 동 ~로 여기다

Jiārén hé péngyou zhōng, nǐ píngshí gēn shéi zài yìqǐ de shíjiān gèng duō? Qǐng jiǎndān shuō yi shuō.

家人和朋友中， 你平时跟谁在一起的时间更多？请简单说一说。

가족과 친구 중, 당신은 평소 누구와 함께 있는 시간이 더 많습니까? 간단히 말해보세요.

Jiārén hé péngyou zhōng, wǒ píngshí gēn péngyou zài yìqǐ de shíjiān gèng duō.

家人和朋友中，我平时ˇ跟朋友在一起的时间更多。

Yīnwèi wǒ juéde jīngcháng gēn péngyou yìqǐ qù yǒuqù de dìfang hěn yǒu yìyì.

因为我觉得ˇ经常跟朋友一起去有趣的地方ˇ很有意义。

Érqiě péngyou néng gěi wǒ dàilai hěn duō kuàilè.

而且ˇ朋友能给我带来很多快乐。

Suǒyǐ, wǒ píngshí gēn péngyou zài yìqǐ de shíjiān gèng duō.

所以，我平时ˇ跟朋友在一起的时间更多。

해석 가족과 친구 중, 저는 평소 친구와 함께 있는 시간이 더 많습니다. 왜냐하면 저는 자주 친구와 함께 재미있는 곳에 가는 것이 의미가 있다고 생각하기 때문입니다. 게다가 친구는 저에게 많은 즐거움을 가져다 줄 수 있습니다. 그래서, 저는 평소 친구와 함께 있는 시간이 더 많습니다.

어휘 家人 jiārén 명 가족 朋友 péngyou 명 친구 平时 píngshí 명 평소 时间 shíjiān 명 시간 因为 yīnwèi 접 왜냐하면 ~때문이다 有趣 yǒuqù 형 재미있다 地方 dìfang 명 곳, 장소 意义 yìyì 명 의미 而且 érqiě 접 게다가

Yǒu rén duì nǐ shuō "Nǐ cuò le", nǐ de dìyī fǎnyìng shì shénme? Qǐng jiǎndān tán yi tán.

有人对你说"你错了"，你的第一反应是什么？请简单谈一谈。

어떤 사람이 당신에게 "당신이 틀렸어" 라고 말한다면, 당신의 첫 반응은 무엇입니까? 간단히 말해보세요.

Yǒu rén duì wǒ shuō "Nǐ cuò le", wǒ de dìyī fǎnyìng shì wèn tā "Wǒ nǎli cuò le?"

有人对我说"你错了"，我的第一反应ˇ是问他"我哪里错了？"

Yīnwèi xiǎng yào gǎizhèng cuòwù, jiù yào zhīdào zìjǐ nǎlǐ cuò le.

因为ˇ想要改正错误，就要知道ˇ自己哪里错了。

Rúguǒ wǒ gǎizhèngle cuòwù, jiù kěyǐ jìn yí bù fāzhǎn zìji.

如果我改正了错误，就可以进一步发展自己。

Suǒyǐ, wǒ de dìyī fǎnyìng shì wèn tā "Wǒ nǎli cuò le?"

所以，我的第一反应ˇ是问他"我哪里错了？"

해석 어떤 사람이 저에게 "당신이 틀렸어"라고 말한다면, 저의 첫 반응은 그에게 "저 어디가 틀렸나요?"라고 묻는 것입니다. 왜냐하면 잘못을 고치고 싶다면, 자신이 어디가 틀렸는지 알아야 하기 때문입니다. 만약 제가 잘못을 고쳤다면, 한 걸음 더 나아가 자신을 발전시킬 수 있습니다. 그래서, 저의 첫 반응은 그에게 "저 어디가 틀렸나요?"라고 묻는 것입니다.

어휘 有人 yǒu rén 어떤 사람 反应 fǎnyìng 명 반응 谈 tán 동 말하다 因为 yīnwèi 접 왜냐하면 ~때문이다 改正 gǎizhèng 동 고치다 错误 cuòwù 명 잘못 如果 rúguǒ 접 만약 进一步 jìn yí bù 한 걸음 더 나아가다 发展 fāzhǎn 동 발전하다

04

Shí nián hòu, nǐ xiǎng chéngwéi shénme yàng de rén? Qǐng jiǎndān shuōshuo.

十年后，你想成为什么样的人？请简单说说。

십년 후, 당신은 어떠한 사람이 되고 싶습니까? 간단히 말해보세요.

Shí nián hòu, wǒ xiǎng chéngwéi jīngjì shang hěn kuānyù de rén.

十年后，我想成为ˇ经济上很宽裕的人。

Yīnwèi yǒu zúgòu de qián kěyǐ huā dehuà, wǒ kěyǐ zuò zìjǐ xiǎng zuò de shì.

因为ˇ有足够的钱可以花的话，我可以做ˇ自己想做的事。

Érqiě yǒu qián jiù kěyǐ xiǎngshòu gèngjiā fēngfù de shēnghuó.

6급 이상 **而且ˇ有钱就可以享受ˇ更加丰富的生活。**

Suǒyǐ, shí nián hòu, wǒ xiǎng chéngwéi jīngjì shang hěn kuānyù de rén.

所以，十年后，我想成为ˇ经济上很宽裕的人。

해석 십년 후, 저는 경제적으로 여유로운 사람이 되고 싶습니다. 왜냐하면 쓸 수 있는 충분한 돈이 있다면, 저는 자신이 하고 싶은 일을 할 수 있기 때문입니다. 게다가 돈이 있으면 더욱 더 풍요로운 삶을 누릴 수 있습니다. 그래서, 십년 후, 저는 경제적으로 여유로운 사람이 되고 싶습니다.

어휘 成为 chéngwéi 동 ~이 되다, ~으로 되다 经济上 jīngjì shang 경제적으로 宽裕 kuānyù 형 여유롭다, 풍족하다 因为 yīnwèi 접 왜냐하면 ~때문이다 足够 zúgòu 동 충분하다, 족하다 花 huā 동 (돈·시간을) 쓰다 명 꽃 而且 érqiě 접 게다가 享受 xiǎngshòu 동 누리다, 즐기다 更加 gèngjiā 부 더욱 더 丰富 fēngfù 형 풍요롭다, 풍부하다 生活 shēnghuó 명 생활 동 생활하다

4_제4부분 실전 테스트 모범답변 따라하기_4-5급.mp3,
4_제4부분 실전 테스트 모범답변 따라하기_6급 이상.mp3

01

Guàngjiē shí, nǐ huì chōngdòng xiāofèi háishi yǒu jìhuà de gòumǎi? Qǐng jiǎndān shuōshuo.
逛街时，你会冲动消费还是有计划地购买？请简单说说。
쇼핑할 때, 당신은 충동적으로 소비합니까 아니면 계획 있게 물건을 구매합니까? 간단히 말해보세요.

Guàngjiē shí, wǒ huì chōngdòng xiāofèi.
逛街时，我会冲动消费。

Yīnwèi wǒ juéde chōngdòng xiāofèi duì huǎnjiě yālì hěn yǒu bāngzhù.
因为我觉得ˇ冲动消费对缓解压力ˇ很有帮助。

Bǐrú wǒ qù bǎihuòshāngdiàn kàndào xīn chǎnpǐn dehuà, jiù yídìng huì gòumǎi.
6급 이상 **比如我去百货商店ˇ看到新产品的话，就一定会购买。**

Suǒyǐ, guàngjiē shí, wǒ jīngcháng huì chōngdòng xiāofèi.
所以，逛街时，我经常会冲动消费。

해석 쇼핑할 때, 저는 충동적으로 소비합니다. 왜냐하면 저는 충동적으로 소비하는 것이 스트레스를 해소하는데 도움이 된다고 생각하기 때문입니다. 예를 들어 제가 백화점에 가서 신상품을 봤다면, 반드시 구매할 것입니다. 그래서, 쇼핑할 때, 저는 자주 충동적으로 소비합니다.

어휘 逛街 guàngjiē 동 쇼핑하다 冲动 chōngdòng 형 충동적이다 명 충동 消费 xiāofèi 동 소비하다 计划 jìhuà 동 계획하다 명 계획 购买 gòumǎi 동 구매하다 因为 yīnwèi 접 왜냐하면 ~때문이다 对…很有帮助 duì…hěn yǒu bāngzhù ~에 도움이 되다 缓解 huǎnjiě 동 해소하다, 완화시키다 压力 yālì 명 스트레스 比如 bǐrú 동 예를 들어 ~이다 新产品 xīn chǎnpǐn 신상품

02

Rúguǒ nǐ kàndào xūyào bāngzhù de rén, nǐ huì bāngzhù tā ma? Qǐng jiǎndān shuōshuo.
如果你看到需要帮助的人，你会帮助他吗？请简单说说。
만약 당신이 도움이 필요한 사람을 봤다면, 당신은 그를 도울 것입니까? 간단히 말해보세요.

Rúguǒ wǒ kàndào xūyào bāngzhù de rén, wǒ huì bāngzhù tā.
如果ˇ我看到需要帮助的人，我会帮助他。

Yīnwèi wǒ bù bāngzhù tā dehuà, nàge rén yǒu kěnéng kèfú buliǎo kùnnan.
因为ˇ我不帮助他的话，那个人ˇ有可能克服不了困难。

Érqiě zài wǒ xiǎo de shíhou, fùmǔ jiāo wǒ yào zuò yí ge shànliáng de rén.
6급 이상 **而且ˇ在我小的时候，父母教我ˇ要做一个善良的人。**

Suǒyǐ, wǒ huì bāngzhù tā.
所以，我会帮助他。

해석 만약 제가 도움이 필요한 사람을 봤다면, 저는 그를 도울 것입니다. 왜냐하면 제가 그를 돕지 않는다면, 그 사람은 어려움을 극복해 낼 수 없을 가능성이 있기 때문입니다. 게다가 저의 어린 시절, 부모님께서는 제게 착한 사람이 되어야 한다고 가르치셨습니다. 그래서, 저는 그를 도울 것입니다.

어휘 如果 rúguǒ 접 만약　帮助 bāngzhù 명 도움 동 돕다　因为 yīnwèi 접 왜냐하면 ~때문이다　有可能 yǒu kěnéng 가능성이 있다　克服 kèfú 동 극복하다, 이겨내다　…不了 …buliǎo ~해 낼 수 없다　困难 kùnnan 명 어려움 형 곤란하다　而且 érqiě 접 게다가　父母 fùmǔ 명 부모님　做 zuò 동 ~이(가) 되다　善良 shànliáng 형 착하다, 선량하다

03

Zhōngqiūjié shí, nǐ huì chī yuèbǐng ma? Qǐng jiǎndān shuōshuo.
中秋节时，你会吃月饼吗？请简单说说。
추석 때, 당신은 월병을 먹습니까? 간단히 말해보세요.

Zhōngqiūjié shí, wǒ bú huì chī yuèbǐng.
中秋节时，我不会吃月饼。

Yīnwèi Hánguó rén guò Zhōngqiūjié shí, yìbān shì quán jiārén jù zài yìqǐ zuò 'Sōngbǐng' chī.
因为ˇ韩国人过中秋节时，一般是全家人聚在一起ˇ做"松饼"吃。

Érqiě Hánguó mài yuèbǐng de dìfang yě bù duō, wǒ jīhū dōu méiyǒu jiànguo.
6급 이상 **而且韩国ˇ卖月饼的地方也不多，我几乎都没有见过。**

Suǒyǐ, Zhōngqiūjié shí, wǒ bú huì chī yuèbǐng.
所以，中秋节时，我不会吃月饼。

해석 추석 때, 저는 월병을 먹지 않습니다. 왜냐하면 한국인들은 추석을 보낼 때, 일반적으로 모든 가족이 모여 함께 '송편'을 만들어 먹기 때문입니다. 게다가 한국에는 월병을 파는 곳도 많지 않아서, 저는 거의 본 적이 없습니다. 그래서, 추석 때, 저는 월병을 먹지 않습니다.

어휘 中秋节 Zhōngqiūjié 명 중국의 추석, 중추절[음력 8월 15일]　月饼 yuèbǐng 명 월병　因为 yīnwèi 접 왜냐하면 ~때문이다　家人 jiārén 명 가족　聚 jù 동 모이다　松饼 Sōngbǐng 명 송편　而且 érqiě 접 게다가　地方 dìfang 명 곳, 장소, 부분　几乎 jīhū 부 거의

04

Nǐ zài xuéxí de guòchéng zhōng, yǒu yùxí de xíguàn ma? Qǐng jiǎndān tántan.

你在学习的过程中，有预习的习惯吗？请简单谈谈。

당신은 학습 과정 중, 예습하는 습관이 있습니까? 간단히 말해보세요.

Wǒ zài xuéxí de guòchéng zhōng, yǒu yùxí de xíguàn.

我在学习的过程中，有预习的习惯。

Yīnwèi wǒ juéde yùxí de xíguàn duì xuéxí hěn yǒu bāngzhù.

因为ˇ我觉得ˇ预习的习惯对学习ˇ很有帮助。

Rúguǒ wǒ shàngkè qián méi yùxí dehuà, jiù hěn nán lǐjiě shàngkè de nèiróng.

6급 이상 **如果ˇ我上课前没预习的话，就很难理解ˇ上课的内容。**

Suǒyǐ, wǒ dǎsuan bǎochí yùxí de xíguàn.

所以，我打算ˇ保持预习的习惯。

해석 저는 학습 과정 중, 예습하는 습관이 있습니다. 왜냐하면 저는 예습하는 습관이 학습에 도움이 된다고 생각하기 때문입니다. 만약 제가 수업 전에 예습을 하지 않았다면, 수업의 내용을 이해하기가 어렵습니다. 그래서, 저는 예습하는 습관을 유지할 계획입니다.

어휘 学习 xuéxí 명 학습 동 공부하다 过程 guòchéng 명 과정 预习 yùxí 동 예습하다 习惯 xíguàn 명 습관 谈 tán 동 말하다 因为 yīnwèi 접 왜냐하면 ~때문이다 对…很有帮助 duì…hěn yǒu bāngzhù ~에 도움이 되다 如果 rúguǒ 접 만약 理解 lǐjiě 동 이해하다 内容 nèiróng 명 내용 打算 dǎsuan 동 ~할 계획이다 保持 bǎochí 동 유지하다

05

Nǐ píngshí mǎi dōngxi de shíhou xǐhuan yòng shénme zhīfù fāngshì? Qǐng jiǎndān shuōshuo.

你平时买东西的时候喜欢用什么支付方式？请简单说说。

당신은 평소 물건을 살 때 어떤 지불 방식을 사용하는 것을 좋아합니까? 간단히 말해보세요.

Wǒ píngshí mǎi dōngxi de shíhou xǐhuan yòng shǒujī zhīfù fāngshì.

我平时买东西的时候ˇ喜欢用手机支付方式。

Yīnwèi yòng shǒujī zhīfù dehuà, wǒ búyòng dài xiànjīn huò xìnyòngkǎ chūqu.

因为ˇ用手机支付的话，我不用带现金ˇ或信用卡出去。

Érqiě zhè zhǒng zhīfù fāngshì fēicháng fāngbiàn.

而且ˇ这种支付方式非常方便。

Suǒyǐ, wǒ píngshí mǎi dōngxi de shíhou xǐhuan yòng shǒujī zhīfù fāngshì.

所以，我平时买东西的时候ˇ喜欢用手机支付方式。

해석 저는 평소 물건을 살 때 휴대폰 지불 방식을 사용하는 것을 좋아합니다. 왜냐하면 휴대폰으로 지불한다면, 저는 현금 혹은 신용카드를 들고 나갈 필요가 없기 때문입니다. 게다가 이러한 지불 방식은 매우 편리합니다. 그래서, 저는 평소 물건을 살 때 휴대폰 지불 방식을 사용하는 것을 좋아합니다.

어휘 平时 píngshí 명 평소, 평상시 买东西 mǎi dōngxi 물건을 사다 支付 zhīfù 동 지불하다 方式 fāngshì 명 방식, 방법 手机 shǒujī 명 휴대폰 因为 yīnwèi 접 왜냐하면 ~때문이다 现金 xiànjīn 명 현금 信用卡 xìnyòngkǎ 명 신용카드 而且 érqiě 접 게다가 方便 fāngbiàn 형 편리하다, 괜찮다

제5부분 의견 제시

제5부분 모범답변

[일상] 실전 연습문제

5_제5부분 01 연습문제 모범답변 따라하기_4-5급.mp3,
5_제5부분 01 연습문제 모범답변 따라하기_6급 이상.mp3

01

Chángqī zhǐ chīsù bù chī ròu huì ràng shēntǐ gèngjiā jiànkāng ma?
长期只吃素不吃肉会让身体更加健康吗?
장기간 채식만 하고 고기를 먹지 않으면 몸이 더 건강해집니까?

Chángqī zhǐ chīsù bù chī ròu bú huì ràng shēntǐ gèngjiā jiànkāng.
长期只吃素不吃肉ˇ不会让身体更加健康。 (살짝 끊어 읽으세요.)

Shǒuxiān ne, chángqī zhǐ chīsù, huì ràng tǐ nèi quēshǎo yíngyǎng chéngfèn, jiāsù shēntǐ lǎohuà.
首先呢，长期只吃素，会让体内ˇ缺少营养成分，加速身体老化。

Qícì ne, chángqī bù chī ròu, huì ràng rén xīnqíng bù hǎo, tǐlì xiàjiàng.
其次呢，长期不吃肉，会让人ˇ心情不好，体力下降。

Shuō shíhuà, suīrán wǒ bú tài xǐhuan chī ròu, dànshì kǎolǜ dào jiànkāng bùdébù chī.
6급 이상 **说实话，虽然ˇ我不太喜欢吃肉，但是考虑到健康ˇ不得不吃。**

Zǒng de lái shuō, wǒ juéde chángqī zhǐ chīsù bù chī ròu bú huì ràng shēntǐ gèngjiā jiànkāng.
总的来说，我觉得ˇ长期只吃素不吃肉ˇ不会让身体更加健康。

해석 장기간 채식만 하고 고기를 먹지 않으면 몸이 더 건강해지지 않습니다. 먼저, 장기간 채식만 하면, 체내에 영양 성분이 부족하게 하여, 신체의 노화를 가속시킵니다. 그다음, 장기간 고기를 먹지 않으면, 사람으로 하여금 기분을 안 좋게 하고, 체력을 떨어지게 합니다. 솔직히 말하면, 비록 저는 고기 먹는 것을 그다지 좋아하지 않지만, 그러나 건강을 생각해서 마지못하여 먹습니다. 결론적으로 말하자면, 저는 장기간 채식만 하고 고기를 먹지 않으면 몸이 더 건강해지지 않는다고 생각합니다.

어휘 吃素 chīsù 동 채식하다 身体 shēntǐ 명 몸, 신체 健康 jiànkāng 형 건강하다 명 건강 首先呢…其次呢… shǒuxiān ne…qícì ne… 먼저~ 그다음~ 体内 tǐ nèi 체내 缺少 quēshǎo 동 부족하다, 모자라다 营养 yíngyǎng 명 영양 成分 chéngfèn 명 성분, 요인 加速 jiāsù 동 가속시키다, 빨리하다 心情 xīnqíng 명 기분, 정서 下降 xiàjiàng 동 떨어지다, 하강하다 说实话 shuō shíhuà 솔직히 말하면 虽然…但(是)… suīrán…dàn(shì)… 비록 ~이지만, 그러나~ 考虑 kǎolǜ 동 생각하다, 고려하다 不得不… bùdébù… 부 마지못하여, 어쩔 수 없이 总的来说 zǒng de lái shuō 결론적으로 말하자면

02

Nǐ rènwéi nǐmen guójiā de rén yǒu chōngzú de shíjiān qù duànliàn shēntǐ ma? Qǐng tántan nǐ de xiǎngfǎ.
你认为你们国家的人有充足的时间去锻炼身体吗？请谈谈你的想法。
당신은 당신 나라의 사람들이 몸을 단련하러 갈 충분한 시간이 있다고 생각합니까? 당신의 생각을 말해주세요.

Wǒ rènwéi wǒmen guójiā de rén méiyǒu chōngzú de shíjiān qù duànliàn shēntǐ.
我认为ˇ我们国家的人ˇ没有充足的时间ˇ去锻炼身体。

Shǒuxiān ne, xuésheng hěn nán chōuchū shíjiān yùndòng, yīnwèi tāmen xūyào xuéxí de dōngxi tài duō.
首先呢，学生ˇ很难抽出时间运动，因为ˇ他们需要学习的东西太多。
Qícì ne, shàngbānzú yīnwèi jīngcháng jiābān, huíjiā hòu méiyǒu tǐlì hé shíjiān yùndòng.
其次呢，上班族ˇ因为经常加班，回家后ˇ没有体力和时间运动。
Shuō shíhuà, wǒmen bùguǎn duō máng, dōu yào chōu shíjiān qù yùndòng.
6급 이상 **说实话，我们不管多忙，都要ˇ抽时间去运动。**

Zǒng de lái shuō, wǒ rènwéi wǒmen guójiā de rén méiyǒu chōngzú de shíjiān qù duànliàn shēntǐ.
总的来说，我认为ˇ我们国家的人ˇ没有充足的时间ˇ去锻炼身体。

해석 저는 우리나라 사람들이 몸을 단련하러 갈 충분한 시간이 없다고 생각합니다. 먼저, 학생은 시간을 빼서 운동하기 어려운데, 왜냐하면 그들은 공부해야 할 것이 너무 많기 때문입니다. 그다음, 직장인은 자주 야근을 하기 때문에, 집에 돌아온 후 운동을 할 체력과 시간이 없습니다. 솔직히 말하면, 우리는 얼마나 바쁘든지 간에, 모두 짬을 내서 운동을 가야 합니다. 결론적으로 말하자면, 저는 우리나라 사람들이 몸을 단련하러 갈 충분한 시간이 없다고 생각합니다.

어휘 国家 guójiā 명 나라, 국가　充足 chōngzú 형 충분하다, 충족하다　身体 shēntǐ 명 몸, 신체　谈 tán 동 말하다, 이야기하다　首先呢…其次呢… shǒuxiān ne…qícì ne… 먼저~ 그다음~　学生 xuésheng 명 학생　抽出 chōuchū 빼다, 뽑아내다　需要 xūyào 동 해야 한다, 필요하다　学习 xuéxí 동 공부하다 명 학습　上班族 shàngbānzú 명 직장인　加班 jiābān 동 야근하다, 초과 근무를 하다　运动 yùndòng 동 운동하다 명 운동　说实话 shuō shíhuà 솔직히 말하면　不管…都… bùguǎn…dōu… ~를 하든지 간에, 모두~　抽时间 chōu shíjiān 짬을 내다, 시간을 내다　总的来说 zǒng de lái shuō 결론적으로 말하자면

03

Nǐ juéde nǐmen guójiā de wénhuà hé qítā guójiā de wénhuà yǒu shénme bù tóng zhī chù?

你觉得你们国家的文化和其他国家的文化有什么不同之处?

당신은 당신 나라의 문화와 다른 나라의 문화가 어떤 차이점이 있다고 생각합니까?

Wǒ juéde wǒmen guójiā de wénhuà hé qítā guójiā de wénhuà yǒu hěn duō bù tóng zhī chù.

我觉得ˇ我们国家的文化ˇ和其他国家的文化ˇ有很多不同之处。

Dìyī shì "kuài kuài" wénhuà, bùguǎn zuò shénme shì, dōu yāoqiú sùdù kuài.

第一是ˇ"快快"文化，不管做什么事，都要求速度快。

Dì èr shì wǎngbā wénhuà, bù shǎo niánqīng rén dōu xǐhuan qù wǎngbā wánr yóuxì.

第二是ˇ网吧文化，不少年轻人ˇ都喜欢去网吧玩儿游戏。

Shuō shíhuà, wǒ guó bùjǐn yǒu zhè liǎng diǎn dútè de wénhuà, hái yǒu qítā fēngfùduōcǎi de wénhuà.

6급 이상 **说实话，我国不仅ˇ有这两点独特的文化，还有其他ˇ丰富多彩的文化。**

Zǒng de lái shuō, wǒ juéde wǒmen guójiā de wénhuà hé qítā guójiā de wénhuà yǒu hěn duō bù tóng zhī chù.

总的来说，我觉得ˇ我们国家的文化ˇ和其他国家的文化ˇ有很多不同之处。

해석 저는 우리나라 문화와 다른 나라의 문화는 차이점이 많다고 생각합니다. 첫째는 '빨리빨리' 문화로, 어떤 일을 하든 간에, 모두 속도가 빠르기를 요구합니다. 둘째는 PC방 문화로, 적지 않은 젊은 사람들이 모두 PC방에 가서 게임하는 것을 좋아합니다. 솔직히 말하면, 우리나라는 이 두 가지의 독특한 문화뿐만 아니라, 다른 풍부하고 다채로운 문화도 있습니다. 결론적으로 말하자면, 저는 우리나라 문화와 다른 나라의 문화는 차이점이 많다고 생각합니다.

어휘 国家 guójiā 명 나라, 국가 其他 qítā 대 다른, 기타 不同之处 bù tóng zhī chù 차이점 第一…第二… dìyī…dì èr… 첫째~ 둘째~ 快快 kuài kuài 빨리빨리 不管…都… bùguǎn…dōu… ~를 하든지 간에, 모두~ 要求 yāoqiú 동 요구하다 명 요구 速度 sùdù 명 속도 网吧 wǎngbā 명 PC방 年轻人 niánqīng rén 젊은 사람 说实话 shuō shíhuà 솔직히 말하면 不仅…还… bùjǐn…hái… ~뿐만 아니라, (오히려) ~하다 独特 dútè 형 독특하다 丰富多彩 fēngfùduōcǎi 성 풍부하고 다채롭다 总的来说 zǒng de lái shuō 결론적으로 말하자면

04

Zuìjìn línjū zhī jiān chángcháng fāshēng lóucéng jiān de zàoyīn wèntí, nǐ duì cǐ zěnme kàn?

最近邻居之间常常发生楼层间的噪音问题，你对此怎么看？

최근 이웃 사이에 자주 층간 소음 문제가 발생하는데, 당신은 이에 대해 어떻게 생각합니까?

Zuìjìn línjū zhī jiān chángcháng fāshēng lóucéng jiān de zàoyīn wèntí, wǒ juéde zhè shì bǐjiào dà de wèntí.

最近邻居之间ˇ常常发生楼层间的噪音问题，我觉得ˇ这是比较大的问题。

Shǒuxiān ne, céng jiān zàoyīn hěn duō shíhou ràng rén wúfǎ rùshuì, gěi rén dàilai jīngshén shang de yālì.

首先呢，层间噪音ˇ很多时候让人无法入睡，给人带来精神上的压力。

Qícì ne, rúguǒ jiějué buliǎo zàoyīn wèntí, nàme línlǐ guānxi jiù hěn róngyì bèi pòhuài.

其次呢，如果解决不了噪音问题，那么ˇ邻里关系就很容易被破坏。

Shuō shíhuà, bùguǎn shì shénme shíhou, wǒmen dōu děi xiǎoxīn shǐyòng yǒu zàoyīn de jiādiàn.

6급 이상 **说实话，不管是什么时候，我们都得小心使用ˇ有噪音的家电。**

Zǒng de lái shuō, wǒ juéde céng jiān zàoyīn shì bǐjiào dà de wèntí.

总的来说，我觉得层间噪音ˇ是比较大的问题。

해석 최근 이웃 사이에 자주 층간 소음 문제가 발생하는데, 저는 이것이 비교적 큰 문제라고 생각합니다. 먼저, 층간 소음은 사람을 잠들 수 없게 하고, 사람에게 정신적 스트레스를 가져다주는 경우가 많습니다. 그다음, 만약 소음 문제를 해결할 수 없다면, 이웃관계는 쉽게 손상될 것입니다. 솔직히 말하면, 어느 때든 간에, 우리는 모두 소음이 있는 가전제품을 조심히 사용해야 합니다. 결론적으로 말하자면, 저는 층간 소음은 비교적 큰 문제라고 생각합니다.

어휘 最近 zuìjìn 명 최근 之间 zhī jiān 사이 常常 chángcháng 부 자주 发生 fāshēng 동 발생하다, 일어나다 楼层间 lóucéng jiān 층간 噪音 zàoyīn 명 소음 问题 wèntí 명 문제 看 kàn 동 ~라고 생각하다, 보다 首先呢…其次呢… shǒuxiān ne…qícì ne… 먼저~ 그다음~ 层间噪音 céng jiān zàoyīn 층간 소음 无法 wúfǎ 동 ~할 수 없다, 방법이 없다 入睡 rùshuì 동 잠들다 精神 jīngshén 명 정신 压力 yālì 명 스트레스 邻里关系 línlǐ guānxi 이웃 관계 破坏 pòhuài 동 손상시키다, 파괴하다 说实话 shuō shíhuà 솔직히 말하면 不管…都… bùguǎn…dōu… ~를 하든지 간에, 모두~ 使用 shǐyòng 동 사용하다 家电 jiādiàn 명 가전제품 总的来说 zǒng de lái shuō 결론적으로 말하자면

5_제5부분 02 연습문제 모범답변 따라하기_4-5급.mp3,
5_제5부분 02 연습문제 모범답변 따라하기_6급 이상.mp3

01

Nǐ rènwéi háizi jǐ suì chūguó liúxué bǐjiào héshì? Qǐng tántan nǐ de xiǎngfǎ.

你认为孩子几岁出国留学比较合适？请谈谈你的想法。

당신은 아이가 몇 살에 외국에 가서 유학하는 것이 비교적 적당하다고 생각합니까? 당신의 생각을 말해주세요.

Wǒ rènwéi háizi shíjiǔ suì yǐhòu chūguó liúxué bǐjiào héshì.

我认为ˇ孩子十九岁以后ˇ出国留学ˇ比较合适。

Dìyī, hěn xiǎo jiù líkāi fùmǔ shēnghuó dehuà, huì quēfá ānquángǎn.

第一，很小ˇ就离开父母生活的话，会缺乏安全感。

Dì èr, niánlíng xiǎo dehuà xūyào fùmǔ zhàogù, yīnwèi pànduànlì hé zìkònglì huì bǐjiào chà.

第二，年龄小的话ˇ需要父母照顾，因为ˇ判断力和自控力ˇ会比较差。

Shuō shíhuà, suīrán xiǎoshíhou liúxué yě yǒu hǎochù, dànshì zhǎngdà chéngrén zhī hòu qù liúxué yǒu

6급 이상 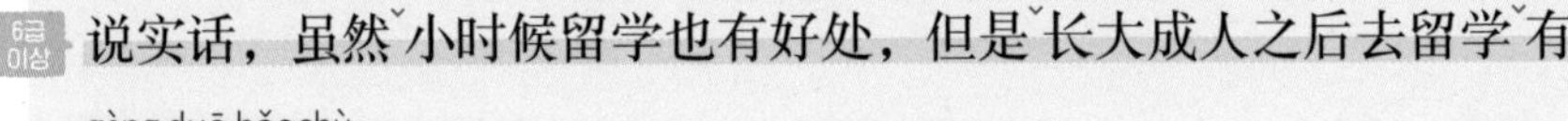

说实话，虽然ˇ小时候留学也有好处，但是ˇ长大成人之后去留学ˇ有

gèng duō hǎochù.

更多好处。

Zǒng de lái shuō, wǒ rènwéi háizi shíjiǔ suì yǐhòu chūguó liúxué bǐjiào héshì.

总的来说，我认为ˇ孩子十九岁以后出国留学ˇ比较合适。

해석 저는 아이가 19살 이후에 외국에 가서 유학하는 것이 비교적 적당하다고 생각합니다. 첫째, 어릴 때 부모님을 떠나 생활하면, 안정감이 부족할 수 있습니다. 둘째, 나이가 어리면 부모님의 보살핌이 필요한데, 왜냐하면 판단력과 자기 관리 능력이 비교적 떨어지기 때문입니다. 솔직히 말하면, 비록 어릴 때 유학하는 것도 좋은 점이 있지만, 그러나 성인이 된 이후 유학을 가면 더 많은 좋은 점이 있습니다. 결론적으로 말하자면, 저는 아이가 19살 이후에 외국에 가서 유학하는 것이 비교적 적당하다고 생각합니다.

어휘 孩子 háizi 명 아이, 자식 合适 héshì 형 적당하다, 적합하다, 알맞다 谈 tán 동 말하다, 이야기하다 第一…第二… dìyī… dì èr… 첫째~ 둘째~ 父母 fùmǔ 명 부모님 生活 shēnghuó 동 생활하다 명 생활 缺乏 quēfá 동 부족하다, 모자라다 安全感 ānquángǎn 명 안정감, 안전감 需要 xūyào 동 필요하다, (시간이) 걸리다 关照 guānzhào 동 보살피다, 돌보다 判断力 pànduànlì 명 판단력 自控力 zìkònglì 명 자기 관리 능력 说实话 shuō shíhuà 솔직히 말하면 虽然…但(是)… suīrán…dàn(shì)… 비록 ~이지만, 그러나~ 好处 hǎochù 명 좋은 점, 이점 成人 chéngrén 명 성인 동 어른이 되다 总的来说 zǒng de lái shuō 결론적으로 말하자면

02

Nǐ rènwéi wǎngshàng shòukè yǒu nǎxiē hǎochù hé huàichù? Qǐng tántan nǐ de kànfǎ.

你认为网上授课有哪些好处和坏处？请谈谈你的看法。

당신은 온라인으로 수업하는 것이 어떠한 좋은 점과 나쁜 점이 있다고 생각합니까? 당신의 견해를 말해주세요.

Wǒ rènwéi wǎngshàng shòukè jì yǒu hǎochù yě yǒu huàichù.

我认为网上授课既有好处也有坏处。

Shǒuxiān ne, wǎngshàng shòukè dǎpòle shíjiān hé kōngjiān de xiànzhì, xuésheng suíshísuídì kěyǐ fùxí zìjǐ bù dǒng de nèiróng.

首先呢，网上授课打破了时间和空间的限制，学生随时随地可以复习自己不懂的内容。

Qícì ne, suīrán wǎngshàng shòukè yǒu hǎochù, dàn shàngkè shí xuésheng kěnéng huì bàozhe shǒujī zuò yǔ xuéxí wúguān de shì.

其次呢，虽然网上授课有好处，但上课时学生可能会抱着手机做与学习无关的事。

Shuō shíhuà, wǒ juéde bùguǎn shì shénme shòukè fāngshì, dōu yǒu yōuquēdiǎn.

6급 이상 **说实话，我觉得不管是什么授课方式，都有优缺点。**

Zǒng de lái shuō, wǒ rènwéi wǎngshàng shòukè jì yǒu hǎochù yě yǒu huàichù.

总的来说，我认为网上授课既有好处也有坏处。

해석 저는 온라인으로 수업하는 것이 좋은 점이 있기도 하고 나쁜 점이 있기도 하다고 생각합니다. 먼저, 온라인으로 수업하는 것은 시간과 공간의 제한을 깼고, 학생은 언제 어디서나 자신이 이해하지 못한 내용을 복습할 수 있습니다. 그다음, 비록 온라인으로 수업하는 것은 좋은 점이 있지만, 그러나 수업할 때 학생이 휴대폰을 가지고 학습과 관계없는 일을 할 수도 있습니다. 솔직히 말하면, 저는 어떤 수업 방식이든 간에, 모두 장단점이 있다고 생각합니다. 결론적으로 말하자면, 저는 온라인으로 수업하는 것이 좋은 점이 있기도 하고 나쁜 점이 있기도 하다고 생각합니다.

어휘 网上 wǎngshàng 온라인 授课 shòukè 동 수업하다 好处 hǎochù 명 좋은 점, 이점 坏处 huàichù 명 나쁜 점, 결점 谈 tán 동 말하다, 이야기하다 看法 kànfǎ 명 견해 既…也… jì…yě… ~하고 (또) ~하다 首先呢…其次呢… shǒuxiān ne…qícì ne… 먼저~ 그다음~ 打破 dǎpò 동 깨다, 타파하다 空间 kōngjiān 명 공간 限制 xiànzhì 명 제한 동 제한하다 学生 xuésheng 명 학생 随时随地 suíshísuídì 성 언제 어디서나 自己 zìjǐ 대 자신, 자기 内容 nèiróng 명 내용 虽然…但(是)… suīrán…dàn(shì)… 비록 ~이지만, 그러나~ 抱着 bàozhe 가지다, 포옹하다 手机 shǒujī 명 휴대폰 与 yǔ 개 ~과(와), ~과(와) 함께 学习 xuéxí 명 학습 동 공부하다 无关 wúguān 동 관계가 없다 说实话 shuō shíhuà 솔직히 말하면 不管…都… bùguǎn…dōu… ~를 하든지 간에, 모두~ 方式 fāngshì 명 방식 优缺点 yōuquēdiǎn 명 장단점 总的来说 zǒng de lái shuō 결론적으로 말하자면

03

Nǐ rènwéi gōngsī de gōngzī dàiyù hé fúlì zhìdù, nǎge gèng zhòngyào?
你认为公司的工资待遇和福利制度，哪个更重要?
당신은 회사의 급여 대우와 복지 제도 중에, 어떤 것이 더 중요하다고 생각합니까?

Wǒ rènwéi gōngsī de fúlì zhìdù gèng zhòngyào.
我认为ˇ公司的福利制度更重要。

Dìyī shì yīnwèi gōngsī liánghǎo de fúlì zhìdù néng tíshēng yuángōng de gōngzuò xiàolǜ.
第一是因为ˇ公司良好的福利制度能提升ˇ员工的工作效率。

Dì èr shì yīnwèi gōngsī de fúlì zhìdù wánshàn dehuà, huì xīyǐn gèng duō yōuxiù réncái.
第二是因为ˇ公司的福利制度完善的话，会吸引更多优秀人才。

Shuō shíhuà, suīrán zhǎo gōngzuò hěn kùnnan, dàn wǒ háishi huì zhǎo yìxiē fúlì hǎo de gōngsī.

6급 이상 说实话，虽然ˇ找工作很困难，但我还是会找一些ˇ福利好的公司。

Zǒng de lái shuō, wǒ rènwéi gōngsī de fúlì zhìdù gèng zhòngyào.
总的来说，我认为ˇ公司的福利制度更重要。

해석 저는 회사의 복지 제도가 더 중요하다고 생각합니다. 첫째로는 회사의 좋은 복지 제도는 직원의 근무 효율을 끌어올릴 수 있기 때문입니다. 둘째로는 회사의 복지 제도가 완벽하다면, 더 많은 우수한 인재들을 끌어들일 수 있기 때문입니다. 솔직히 말하면, 비록 직업을 찾는 것은 어렵지만, 그러나 저는 그래도 복지가 좋은 회사들을 찾을 것입니다. 결론적으로 말하자면, 저는 회사의 복지 제도가 더 중요하다고 생각합니다.

어휘 公司 gōngsī 명 회사 工资 gōngzī 명 급여, 월급 待遇 dàiyù 명 (봉급, 지위 등의) 대우 동 대우하다 福利 fúlì 명 복지 동 복지를 증진시키다 制度 zhìdù 명 제도 第一…第二… dìyī…dì èr… 첫째~ 둘째~ 良好 liánghǎo 형 좋다, 양호하다 提升 tíshēng 동 끌어올리다, 진급하다 员工 yuángōng 명 직원, 종업원 工作 gōngzuò 명 근무, 직업 效率 xiàolǜ 명 효율, 능률 完善 wánshàn 형 완벽하다, 나무랄 데가 없다 吸引 xīyǐn 동 끌어들이다, 매료시키다 优秀 yōuxiù 형 우수하다, 뛰어나다 人才 réncái 명 인재 说实话 shuō shíhuà 솔직히 말하면 虽然…但(是)… suīrán…dàn(shì)… 비록 ~이지만, 그러나~ 总的来说 zǒng de lái shuō 결론적으로 말하자면

04

Nǐ tóngyì gōngsī zài zhāopìn shí qǔxiāo xuélì xiànzhì ma?

你同意公司在招聘时取消学历限制吗?

당신은 회사가 채용을 할 때 학력 제한을 없애는 것에 동의합니까?

Wǒ tóngyì gōngsī zài zhāopìn shí qǔxiāo xuélì xiànzhì.

我同意公司在招聘时取消学历限制。

Wǒ zhīsuǒyǐ tóngyì qǔxiāo xuélì xiànzhì, shìyīnwèi xiànzài gōngzuò nénglì bǐ xuélì gèng zhòngyào.

我之所以同意取消学历限制，是因为现在工作能力比学历更重要。

Yīnwéi bùguǎn xuélì gāodī, měi ge rén dōu yǒu zìjǐ de chángchù, xuélì bù děngtóng yú nénglì.

因为不管学历高低，每个人都有自己的长处，学历不等同于能力。

Shuō shíhuà, wǒ suīrán xuélì bù gāo, dàn háishi dédàoguo kěndìng de.

说实话，我虽然学历不高，但还是得到过肯定的。

Zǒng de lái shuō, wǒ tóngyì gōngsī zài zhāopìn shí qǔxiāo xuélì xiànzhì.

总的来说，我同意公司在招聘时取消学历限制。

해석 저는 회사가 채용을 할 때 학력 제한을 없애는 것에 동의합니다. 제가 학력 제한을 없애는 것에 동의하는 이유는, 현재 업무 능력이 학력보다 더 중요하기 때문입니다. 왜냐하면 학력이 높든 낮든 간에, 모든 사람들은 모두 자신의 장점이 있으며, 학력과 능력은 동일하지 않기 때문입니다. 솔직히 말하면, 저는 비록 학력이 높지 않지만, 그러나 그래도 인정을 받은 적이 있습니다. 결론적으로 말하자면, 저는 회사가 채용을 할 때, 학력 제한을 없애는 것에 동의합니다.

어휘 公司 gōngsī (명) 회사 招聘 zhāopìn (동) 채용하다, 모집하다, 초빙하다 取消 qǔxiāo (동) 없애다, 취소하다 学历 xuélì (명) 학력 限制 xiànzhì (명) 제한 (동) 제한하다 之所以…是因为… zhīsuǒyǐ…shìyīnwèi… ~한 이유는 ~이기 때문이다 工作 gōngzuò (명) 업무 (동) 일하다 能力 nénglì (명) 능력 不管…都… bùguǎn…dōu… ~를 하든지 간에, 모두 ~ 低 dī (형) 낮다 自己 zìjǐ (대) 자신, 자기 长处 chángchù (명) 장점, 뛰어난 점 等同 děngtóng (동) 동일하다, 동일시하다 说实话 shuō shíhuà 솔직히 말하면 虽然…但(是)… suīrán…dàn(shì)… 비록 ~이지만, 그러나~ 肯定 kěndìng (명) 인정 (동) 긍정하다 总的来说 zǒng de lái shuō 결론적으로 말하자면

01

Nǐ juéde zhuàn qián hé huā qián nǎge gèng zhòngyào? Qǐng tántan nǐ de kànfǎ.
你觉得赚钱和花钱哪个更重要？请谈谈你的看法。
당신은 돈을 버는 것과 돈을 쓰는 것 중 어떤 것이 더 중요하다고 생각합니까? 당신의 견해를 말해주세요.

Wǒ juéde huā qián gèng zhòngyào.
我觉得花钱更重要。

Dìyī, wǒmen zhuàn qián jiù shì wèile huā qián, zhǐ huì zhuàn qián què bú huì huā qián jiù méiyǒu yìyì le.
第一，我们赚钱ˇ就是为了花钱，只会赚钱ˇ却不会花钱ˇ就没有意义了。

Dì èr, huì huā qián de rén cái huì yǒu zhuàn qián de niàntou, dǒngde huā qián cái huì dǒngde zhuàn qián.
第二，会花钱的人ˇ才会有赚钱的念头，懂得花钱ˇ才会懂得赚钱。

6급 이상

Shuō shíhuà, zhǐyào xiāofèi xíguàn liánghǎo, bùguǎn shì fù rén háishi qióng rén, dōu néng guòshang xìngfú de shēnghuó.
说实话，只要消费习惯良好，不管是富人ˇ还是穷人，都能过上ˇ幸福的生活。

Zǒng de lái shuō, wǒ juéde huā qián gèng zhòngyào.
总的来说，我觉得花钱更重要。

해석 저는 돈을 쓰는 것이 더 중요하다고 생각합니다. 첫째, 우리가 돈을 버는 것은 바로 돈을 쓰기 위해서이며, 돈을 벌기만 하고 도리어 돈을 쓸 줄 모르는 것은 의미가 없습니다. 둘째, 돈을 쓸 줄 아는 사람이야말로 돈을 벌 생각이 있고, 돈을 쓸 줄 알아야 돈을 벌 줄 압니다. 솔직히 말하면, 소비 습관이 좋기만 하면, 부유한 사람이든 아니면 가난한 사람이든 간에, 모두 행복한 생활을 보낼 수 있습니다. 결론적으로 말하자면, 저는 돈을 쓰는 것이 더 중요하다고 생각합니다.

어휘 赚钱 zhuàn qián 돈을 벌다 花钱 huā qián 돈을 쓰다 谈 tán 동 말하다, 이야기하다 看法 kànfǎ 명 견해 第一…第二… dìyī…dì èr… 첫째~ 둘째~ 却 què 부 도리어, 오히려 意义 yìyì 명 의미, 의의 念头 niàntou 명 생각, 마음 说实话 shuō shíhuà 솔직히 말하면 只要 zhǐyào 접 ~하기만 하면 消费 xiāofèi 명 소비 동 소비하다 良好 liánghǎo 형 좋다, 양호하다 不管…都… bùguǎn…dōu… ~를 하든지 간에, 모두 ~ 富人 fù rén 부유한 사람 穷人 qióng rén 가난한 사람 幸福 xìngfú 형 행복하다 명 행복 生活 shēnghuó 명 생활 동 생활하다 总的来说 zǒng de lái shuō 결론적으로 말하자면

02

Nǐ juéde yíchuán jīyīn hé xìnggé yǒu guānxi ma? Wèishénme?
你觉得遗传基因和性格有关系吗？为什么？
당신은 유전자와 성격이 관계가 있다고 생각합니까? 어째서입니까?

Wǒ juéde yíchuán jīyīn hé xìnggé méiyǒu guānxi.
我觉得ˇ遗传基因和性格ˇ没有关系。

Dìyī, yīnwèi wǒ juéde xìnggé bú shì yǔshēngjùlái de, ér shì huì bèi zhōuwéi huánjìng suǒ gǎibiàn de.
第一，因为我觉得ˇ性格不是与生俱来的，而是ˇ会被周围环境所改变的。

Dì èr, wǒmen chángcháng huì kàndào jīyīn xiāngtóng, xìnggé què wánquán bù tóng de rén.
第二，我们常常会看到ˇ基因相同，性格却完全不同的人。

Shuō shíhuà, suīrán wǒ hé dìdi shì tóngyī tiān chūshēng de, dànshì wǒmen xìnggé bù tóng.
6급 이상 **说实话，虽然我和弟弟是同一天出生的，但是我们性格不同。**

Zǒng de lái shuō, wǒ juéde yíchuán jīyīn hé xìnggé méiyǒu guānxi.
总的来说，我觉得ˇ遗传基因和性格ˇ没有关系。

해석 저는 유전자와 성격이 관계가 없다고 생각합니다. 첫째, 왜냐하면 저는 성격은 태어날 때부터 갖고 있는 천성이 아니라, 주변 환경에 의해 바뀌는 것이라고 생각하기 때문입니다. 둘째, 우리는 유전자는 동일하지만, 성격은 도리어 완전히 다른 사람을 자주 볼 수 있습니다. 솔직히 말하면, 비록 저와 남동생은 같은 날에 태어났지만, 그러나 우리의 성격은 다릅니다. 결론적으로 말하자면, 저는 유전자와 성격이 관계가 없다고 생각합니다.

어휘 遗传基因 yíchuán jīyīn 유전자 性格 xìnggé 명 성격 第一…第二… dìyī…dì èr… 첫째~ 둘째~ 与生俱来 yǔshēngjùlái 성 태어날 때부터 갖고 있는 천성 被…所… bèi…suǒ… ~에 의해 ~하다 周围环境 zhōuwéi huánjìng 주변 환경 改变 gǎibiàn 동 바뀌다, 변하다 常常 chángcháng 부 자주 基因 jīyīn 명 유전자, 기본 요인 相同 xiāngtóng 형 동일하다, 서로 같다 却 què 부 도리어, 오히려 完全 wánquán 부 완전히 형 완전하다 说实话 shuō shíhuà 솔직히 말하면 虽然…但(是)… suīrán…dàn(shì)… 비록 ~이지만, 그러나~ 总的来说 zǒng de lái shuō 결론적으로 말하자면

03

Biéren wùhuì nǐ dehuà, nǐ huì zěnme jiějué?

别人误会你的话，你会怎么解决？

다른 사람이 당신을 오해했다면, 당신은 어떻게 해결할 것입니까?

Biéren wùhuì wǒ dehuà, wǒ huì jījí jiějué.

别人误会我的话， 我会积极解决。

Shǒuxiān ne, wǒ huì wèn duìfāng wùhuì wǒ de lǐyóu, ránhòu gàosu tā shìshí.

首先呢，我会问对方ˇ误会我的理由，然后告诉他事实。

Qícì ne, wǒ huì tángtangzhèngzhèng de biǎodá zìjǐ de xiǎngfǎ, ràng duìfāng liǎojiě qíngkuàng.

其次呢，我会ˇ堂堂正正地表达自己的想法，让对方ˇ了解情况。

Shuō shíhuà, suīrán wǒ juéde shíjiān huì zhèngmíng yíqiè, dànshì gēn duìfāng jiěshì yīrán shì bìbùkěshǎo de.

6급 이상 **说实话，虽然我觉得ˇ时间会证明一切，但是跟对方解释ˇ依然是必不可少的。**

Zǒng de lái shuō, biéren wùhuì wǒ dehuà, wǒ huì jījí jiějué.

总的来说，别人误会我的话，我会积极解决。

해석 다른 사람이 저를 오해했다면, 저는 적극적으로 해결할 것입니다. 먼저, 상대방에게 저를 오해한 이유를 물어보고, 그런 후 그에게 사실을 알려줄 것입니다. 그다음, 저는 정정당당하게 자신의 생각을 표현하고, 상대방으로 하여금 상황을 이해하게 할 것입니다. 솔직히 말하면, 비록 저는 시간이 모든 것을 증명해 줄 수 있지만, 그러나 상대방에게 해명하는 것 역시 반드시 필요하다고 생각합니다. 결론적으로 말하자면, 다른 사람이 저를 오해했다면, 저는 적극적으로 해결할 것입니다.

어휘 别人 biéren [대] 다른 사람 误会 wùhuì [동] 오해하다 [명] 오해 积极 jījí [형] 적극적이다 首先呢…其次呢… shǒuxiān ne…qícì ne… 먼저~ 그다음~ 对方 duìfāng [명] 상대방, 상대편 理由 lǐyóu [명] 이유 事实 shìshí [명] 사실 堂堂正正 tángtangzhèngzhèng [형] 정정당당하다 表达 biǎodá [동] (생각, 감정을) 표현하다, 나타내다 自己 zìjǐ [대] 자신, 자기 情况 qíngkuàng [명] 상황, 정황 说实话 shuō shíhuà 솔직히 말하면 虽然…但(是)… suīrán…dàn(shì)… 비록 ~이지만, 그러나~ 证明 zhèngmíng [동] 증명하다 [명] 증명서 一切 yíqiè [대] 모든 것, 일체 依然 yīrán [부] 역시, 여전히 必不可少 bìbùkěshǎo [성] 반드시 필요하다, 없어서는 안 된다 总的来说 zǒng de lái shuō 결론적으로 말하자면

04

Rúguǒ nǐ de háizi xiǎng hūn qián tóng jū, nǐ huì zhīchí háishi fǎnduì?

如果你的孩子想婚前同居，你会支持还是反对?

만약 당신의 아이가 결혼 전에 동거를 하고 싶다고 하면, 당신은 지지할 것입니까 아니면 반대할 것입니까?

Rúguǒ wǒ de háizi xiǎng hūn qián tóng jū, wǒ huì zhīchí.

如果ˇ我的孩子想婚前同居，我会支持。

Wǒ zhīsuǒyǐ zhīchí hūn qián tóng jū, shìyīnwèi tóng jū shì quèrèn àiqíng de fāngfǎ zhī yī.

我之所以支持婚前同居，是因为ˇ同居是确认爱情的方法之一。

Wǒ rènwéi tóng jū bùjǐn kěyǐ ràng gǎnqíng biànde gèng shēn, hái kěyǐ chōngfèn liǎojiě duìfāng.

我认为ˇ同居不仅可以ˇ让感情变得更深，还可以ˇ充分了解对方。

Shuō shíhuà, bùguǎn tóng jū háishi bù tóng jū, dōu gāi yào yóu liàn'ài zhōng de qínglǚ lái juédìng.

6급 이상 **说实话，不管同居ˇ还是不同居，都该要ˇ由恋爱中的情侣来决定。**

Zǒng de lái shuō, rúguǒ wǒ de háizi xiǎng hūn qián tóng jū, wǒ huì zhīchí.

总的来说，如果ˇ我的孩子想婚前同居，我会支持。

해석 만약 제 아이가 결혼 전에 동거를 하고 싶다고 하면, 저는 지지할 것입니다. 제가 결혼 전에 동거를 지지하는 이유는, 동거가 사랑을 확인하는 방법 중의 하나이기 때문입니다. 저는 동거가 감정을 더 깊어지게 할 수 있을 뿐만 아니라, 상대방을 충분히 이해할 수 있게 한다고 생각합니다. 솔직히 말하면, 동거를 하든지 안 하든지 간에, 모두 연애 중인 커플이 결정해야 합니다. 결론적으로 말하자면, 만약 제 아이가 결혼 전에 동거를 하고 싶다고 하면, 저는 지지할 것입니다.

어휘 孩子 háizi [명] 아이, 자식　同居 tóng jū [동] 동거하다　支持 zhīchí [동] 지지하다　反对 fǎnduì [동] 반대하다　之所以…是因为… zhīsuǒyǐ…shìyīnwèi… ~한 이유는 ~이기 때문이다　确认 quèrèn [동] 확인하다　爱情 àiqíng [명] 사랑, 애정　方法 fāngfǎ [명] 방법, 수단　…之一 zhī yī ~중의 하나　不仅…, 还 bùjǐn…, hái… ~뿐만 아니라, (오히려) ~하다　感情 gǎnqíng [명] 감정　深 shēn [형] 깊다　充分 chōngfèn [형] 충분하다　对方 duìfāng [명] 상대방, 상대편　说实话 shuō shíhuà 솔직히 말하면　不管…都… bùguǎn…dōu… ~를 하든지 간에, 모두 ~　由 yóu [개] ~이, ~으로부터　恋爱 liàn'ài [동] 연애하다, 연애　总的来说 zǒng de lái shuō 결론적으로 말하자면

5_제5부분 04 연습문제 모범답변 따라하기_4-5급.mp3, 5_제5부분 04 연습문제 모범답변 따라하기_6급 이상.mp3

01

Nǐ juéde rénmen yīng bu yīnggāi yòng dòngwù jìnxíng shíyàn? Wèishénme?
你觉得人们应不应该用动物进行实验？为什么？
당신은 사람들이 동물을 이용해서 실험을 해야 한다고 생각합니까 하면 안 된다고 생각합니까? 어째서입니까?

Wǒ juéde rénmen bù yīnggāi yòng dòngwù jìnxíng shíyàn.
我觉得ˇ人们不应该用动物进行实验。

Shǒuxiān ne, dòngwù yě shì yǒu shēngmìng de, měi ge shēngmìng dōu zhíde bèi zūnzhòng.
首先呢，动物ˇ也是有生命的，每个生命ˇ都值得被尊重。

Qícì ne, suīrán tōngguò dòngwù shíyàn huì dédào lǐxiǎng de jiéguǒ, dàn zài rén de shēnshang bù yídìng chénglì.
其次呢，虽然ˇ通过动物实验ˇ会得到理想的结果，但在人的身上ˇ不一定成立。

Shuō shíhuà, wǒ zhīsuǒyǐ fǎnduì ná dòngwù zuò shíyàn, shìyīnwèi zhège xíngwéi hěn bú dàodé.
6급 이상 **说实话，我之所以反对ˇ拿动物做实验，是因为ˇ这个行为很不道德。**

Zǒng de lái shuō, wǒ juéde rénmen bù yīnggāi yòng dòngwù jìnxíng shíyàn.
总的来说，我觉得ˇ人们不应该用动物进行实验。

해석 저는 사람들이 동물을 이용해서 실험을 하면 안 된다고 생각합니다. 먼저, 동물 역시 생명이 있는 것으로, 모든 생명은 모두 존중 받을 가치가 있습니다. 그다음, 비록 동물 시험을 통해 이상적인 결과를 얻을 수 있지만, 그러나 반드시 사람의 몸에 성립되는 것은 아닙니다. 솔직히 말하면, 제가 동물을 가지고 실험하는 것을 반대하는 이유는, 이 행위가 윤리적이지 않기 때문입니다. 결론적으로 말하자면, 저는 사람들이 동물을 이용해서 실험을 하면 안 된다고 생각합니다.

어휘 应该 yīnggāi 조동 (마땅히) ~해야 한다, (당연히) ~할 것이다 动物 dòngwù 명 동물 进行 jìnxíng 동 진행하다 实验 shíyàn 명 실험 동 실험하다 首先呢…其次呢… shǒuxiān ne…qícì ne… 먼저~ 그다음~ 生命 shēngmìng 명 생명 值得 zhíde 동 ~할 가치가 있다 尊重 zūnzhòng 동 존중하다, 중시하다 虽然…但(是)… suīrán…dàn(shì)… 비록 ~이지만, 그러나~ 通过 tōngguò 개 ~을 통해 동 통과하다 理想 lǐxiǎng 형 이상적이다 명 이상 结果 jiéguǒ 명 결과 접 결국 成立 chénglì 동 (의견·이론 등이) 성립되다, 근거가 있다 说实话 shuō shíhuà 솔직히 말하면 之所以…是因为… zhīsuǒyǐ… shìyīnwèi… ~한 이유는 ~이기 때문이다 反对 fǎnduì 동 반대하다 行为 xíngwéi 명 행위, 행동 道德 dàodé 형 윤리적이다 명 도덕 总的来说 zǒng de lái shuō 결론적으로 말하자면

Nǐ rènwéi bù shǎo niánqīng rén xǐhuan wánr shèjiāo wǎngluò de lǐyóu shì shénme?
你认为不少年轻人喜欢玩儿社交网络的理由是什么?
당신은 적지 않은 젊은 사람들이 소셜 네트워크 하는 것을 좋아하는 이유가 무엇이라고 생각합니까?

Wǒ rènwéi bù shǎo niánqīng rén xǐhuan wánr shèjiāo wǎngluò de lǐyóu hěn duō.
我认为ˇ不少年轻人喜欢玩儿社交网络的理由很多。

Dìyī shì yīnwèi, tāmen xiǎng shòudào biéren de guānxīn hé zhùmù.
第一是因为，他们ˇ想受到别人的关心ˇ和注目。

Dì èr shì yīnwèi, zuìjìn niánqīng rén tèbié yǒu gèxìng. Suǒyǐ, tāmen xiǎng gěi dàjiā kànkan zìjǐ de shēnghuó fāngshì.
第二是因为，最近年轻人ˇ特别有个性。所以，他们想给大家看看ˇ自己的生活方式。

Shuō shíhuà, zuìjìn bùguǎn niánlíng dà háishi niánlíng xiǎo, hěn duō rén dōu wánr shèjiāo wǎngluò.
6급 이상 **说实话，最近不管年龄大ˇ还是年龄小，很多人ˇ都玩儿社交网络。**

Zǒng de lái shuō, wǒ rènwéi bù shǎo niánqīng rén xǐhuan wánr shèjiāo wǎngluò de lǐyóu hěn duō.
总的来说，我认为ˇ不少年轻人喜欢玩儿社交网络的理由很多。

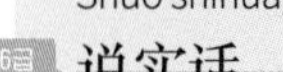

해석 저는 적지 않은 젊은 사람들이 소셜 네트워크 하는 것을 좋아하는 이유가 많다고 생각합니다. 첫째로는, 그들은 다른 사람들의 관심과 주목을 받고 싶기 때문입니다. 둘째로는, 최근 젊은 사람들이 매우 개성이 있기 때문입니다. 그래서, 그들은 사람들에게 자신의 생활 방식을 보여주고 싶어합니다. 솔직히 말하면, 최근 나이가 많든 아니면 적든 간에, 많은 사람들이 모두 소셜 네트워크 하는 것을 좋아합니다. 결론적으로 말하자면, 저는 적지 않은 젊은 사람들이 소셜 네트워크 하는 것을 좋아하는 이유가 많다고 생각합니다.

어휘 年轻人 niánqīng rén 젊은 사람 社交网络 shèjiāo wǎngluò 소셜 네트워크(SNS) 理由 lǐyóu 명 이유 第一…第二… dìyī…dì èr… 첫째~ 둘째~ 受到 shòudào ~을 받다 别人 biéren 대 다른 사람 注目 zhùmù 명 주목 동 주목하다 最近 zuìjìn 명 최근 个性 gèxìng 명 개성 自己 zìjǐ 대 자신, 자기 生活 shēnghuó 명 생활 동 생활하다 方式 fāngshì 명 방식, 방법 说实话 shuō shíhuà 솔직히 말하면 不管…都… bùguǎn…dōu… ~를 하든지 간에, 모두~ 年龄 niánlíng 명 나이, 연령 总的来说 zǒng de lái shuō 결론적으로 말하자면

03

Zuìjìn zhèngfǔ gǔlì dàjiā qí gòngxiǎng dānchē, nǐ juéde qí gòngxiǎng dānchē hǎochù duō háishi huàichù duō? Qǐng tántan nǐ de xiǎngfǎ.

最近政府鼓励大家骑共享单车，你觉得骑共享单车好处多还是坏处多？请谈谈你的想法。

최근 정부에서 사람들에게 공용자전거 타기를 권장하는데, 당신은 공용자전거를 타는 게 좋은 점이 많다고 생각합니까 아니면 나쁜 점이 많다고 생각합니까? 당신의 생각을 말해주세요.

Zuìjìn zhèngfǔ gǔlì dàjiā qí gòngxiǎng dānchē, wǒ juéde qí gòngxiǎng dānchē hǎochù duō.

最近ˇ政府鼓励大家ˇ骑共享单车，我觉得ˇ骑共享单车ˇ好处多。

Shǒuxiān ne, kěyǐ bǎohù huánjìng. Rúguǒ bù kāichē ér qí dānchē dehuà, kěyǐ jiǎnshǎo kōngqì wūrǎn.

首先呢，可以保护环境。如果不开车ˇ而骑单车的话，可以减少空气污染。

Qícì ne, kěyǐ jiéshěng jīnqián hé kōngjiān. Yīnwèi wǒ búyòng dāndú gòumǎi shǔyú zìjǐ de dānchē,

其次呢，可以节省金钱ˇ和空间。因为我不用单独购买ˇ属于自己的单车，

suǒyǐ kěyǐ shěng qián, yě kěyǐ jiéshěng tíngfàng dānchē de kōngjiān.

所以ˇ可以省钱，也可以节省停放单车的空间。

Shuō shíhuà, bùjǐn shì wǒ, hái yǒu wǒ zhōuwéi de péngyou dōu qíguo gòngxiǎng dānchē.

说实话，不仅是我，还有我周围的朋友ˇ都骑过共享单车。

Zǒng de lái shuō, wǒ juéde qí gòngxiǎng dānchē hǎochù duō.

总的来说，我觉得骑共享单车ˇ好处多。

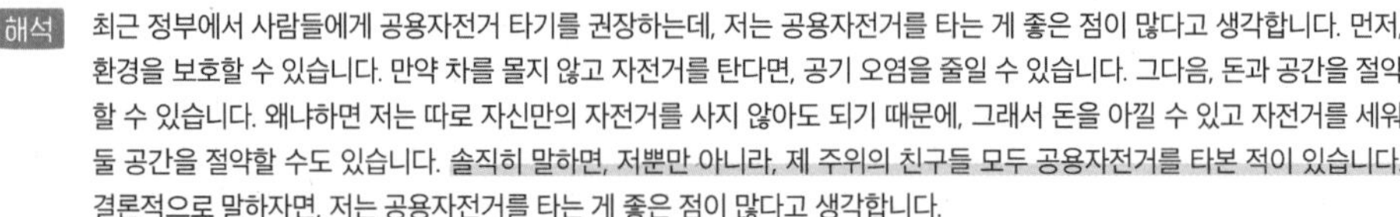

해석 최근 정부에서 사람들에게 공용자전거 타기를 권장하는데, 저는 공용자전거를 타는 게 좋은 점이 많다고 생각합니다. 먼저, 환경을 보호할 수 있습니다. 만약 차를 몰지 않고 자전거를 탄다면, 공기 오염을 줄일 수 있습니다. 그다음, 돈과 공간을 절약할 수 있습니다. 왜냐하면 저는 따로 자신만의 자전거를 사지 않아도 되기 때문에, 그래서 돈을 아낄 수 있고 자전거를 세워 둘 공간을 절약할 수도 있습니다. 솔직히 말하면, 저뿐만 아니라, 제 주위의 친구들 모두 공용자전거를 타본 적이 있습니다. 결론적으로 말하자면, 저는 공용자전거를 타는 게 좋은 점이 많다고 생각합니다.

어휘 最近 zuìjìn 명 최근 政府 zhèngfǔ 명 정부 鼓励 gǔlì 동 권장하다, 격려하다 共享单车 gòngxiǎng dānchē 공용자전거 好处 hǎochù 명 좋은 점, 이점 坏处 huàichù 명 나쁜 점, 결점 首先呢…其次呢… shǒuxiān ne…qícì ne… 먼저 ~ 그다음~ 保护 bǎohù 동 보호하다 环境 huánjìng 명 환경 而 ér 접 ~하고 , ~이지만 减少 jiǎnshǎo 동 줄이다, 감소하다 空气 kōngqì 명 공기 污染 wūrǎn 명 오염 동 오염되다 节省 jiéshěng 동 절약하다, 아끼다 空间 kōngjiān 명 공간 单独 dāndú 부 따로, 홀로 属于 shǔyú 동 ~에 속하다 单车 dānchē 명 자전거 停放 tíngfàng 동 세워 두다 说实话 shuō shíhuà 솔직히 말하면 不仅…还… bùjǐn…hái… ~뿐만 아니라, (오히려) ~하다 总的来说 zǒng de lái shuō 결론적으로 말하자면

Zuìjìn dàxué bìyè yǐhòu jìxù yīlài fùmǔ shēnghuó de "Dàishǔzú" zài zēngjiā, duì zhè zhǒng qíngkuàng nǐ zěnme kàn?

最近大学毕业以后继续依赖父母生活的"袋鼠族"在增加，对这种情况你怎么看?

최근 대학 졸업 후에 계속해서 부모님께 의존해서 생활하는 '캥거루족'이 증가하고 있는데, 이러한 상황에 대해 당신은 어떻게 생각합니까?

Zuìjìn dàxué bìyè yǐhòu jìxù yīlài fùmǔ shēnghuó de "Dàishǔzú" zài zēngjiā, wǒ juéde méiyǒu wèntí.

最近ˇ大学毕业以后ˇ继续依赖父母生活的ˇ"袋鼠族"在增加，我觉得没有问题。

Zuìjìn hěn duō rén zhīsuǒyǐ yīlài fùmǔ shēnghuó, shìyīnwèi xiànzài zhǎo gōngzuò hěn nán.

最近很多人之所以依赖父母生活，是因为ˇ现在找工作很难。

Suǒyǐ tāmen bùguǎn zìjǐ shìfǒu yuànyì, cóng jīngjì fāngmiàn shang kàn, dōu zhǐ néng yīlài fùmǔ shēnghuó.

所以ˇ他们不管自己是否愿意，从经济方面上看，都只能ˇ依赖父母生活。

Shuō shíhuà, suīrán xiànzài shèhuì shang yǒu hěn duō "Dàishǔzú", dàn kào zìjǐ nǔlì shēnghuó de rén yě bù shǎo.

6급 이상 **说实话，虽然现在社会上ˇ有很多"袋鼠族"，但靠自己努力生活的人ˇ也不少。**

Zǒng de lái shuō, wǒ juéde zhè zhǒng qíngkuàng méiyǒu wèntí.

总的来说，我觉得ˇ这种情况没有问题。

해석 최근 대학 졸업 후에 계속해서 부모님께 의존해서 생활하는 '캥거루족'이 증가하고 있는데, 저는 문제가 없다고 생각합니다. 최근 많은 사람들이 부모님께 의존하여 생활하는 이유는, 현재 직업을 찾는 것이 어렵기 때문입니다. 그래서 그들은 자신이 원하든지 원하지 않든지 간에, 경제적인 측면에서 본다면, 모두 부모님께 의존하여 생활할 수밖에 없습니다. 솔직히 말하면, 비록 현재 사회에는 '캥거루족'이 많지만, 그러나 자신에게 기대어 열심히 생활하는 사람도 적지 않습니다. 결론적으로 말하자면, 저는 이러한 상황은 문제가 없다고 생각합니다.

어휘 最近 zuìjìn 명 최근 依赖 yīlài 동 의존하다, 의지하다 父母 fùmǔ 명 부모님 生活 shēnghuó 동 생활하다, 살아가다 명 생활 袋鼠族 Dàishǔzú 캥거루족 增加 zēngjiā 동 증가하다, 늘리다 情况 qíngkuàng 명 상황, 정황 问题 wèntí 명 문제 之所以…是因为… zhīsuǒyǐ…shìyīnwèi… ~한 이유는 ~이기 때문이다 工作 gōngzuò 명 직업 동 일하다 不管…都… bùguǎn…dōu… ~를 하든지 간에, 모두 ~ 自己 zìjǐ 대 자신, 자기 是否 shìfǒu ~인지 아닌지 经济 jīngjì 명 경제 方面 fāngmiàn 명 측면, 방면 说实话 shuō shíhuà 솔직히 말하면 虽然…但(是)… suīrán…dàn(shì)… 비록 ~이지만, 그러나 ~ 靠 kào 동 기대다 总的来说 zǒng de lái shuō 결론적으로 말하자면

실전 테스트

5_제5부분 실전 테스트 모범답변 따라하기_4-5급.mp3, 5_제5부분 실전 테스트 모범답변 따라하기_6급 이상.mp3

01

Nǐ rènwéi fùmǔ de yányǔ hé xíngwéi huì yǐngxiǎng háizi de chéngzhǎng ma? Qǐng tántan nǐ de xiǎngfǎ.

你认为父母的言语和行为会影响孩子的成长吗？请谈谈你的想法。

당신은 부모님의 말과 행동이 아이의 성장에 영향을 준다고 생각합니까? 당신의 생각을 말해주세요.

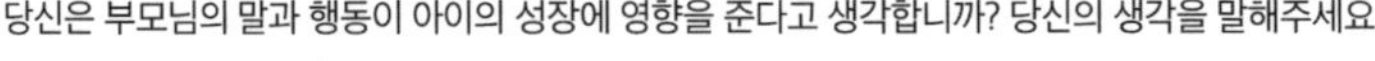

Wǒ rènwéi fùmǔ de yányǔ hé xíngwéi huì yǐngxiǎng háizi de chéngzhǎng.

我认为ˇ父母的言语和行为ˇ会影响孩子的成长。

Bùguǎn fùmǔ de yánxíng rúhé, dōu huì yǐngxiǎng dào háizi de yánxíng.

不管父母的言行如何，都会影响到ˇ孩子的言行。

Háizi bùjǐn huì shòudào yǐngxiǎng, hái huì bùzhībùjué de mófǎng fùmǔ de yányǔ hé xíngwéi.

孩子不仅ˇ会受到影响，还会ˇ不知不觉地模仿ˇ父母的言语和行为。

6급 이상

Shuō shíhuà, fùmǔ de yánxíng bùjǐn huì yǐngxiǎng dào háizi de yánxíng, hái huì yǐngxiǎng dào tāmen zhǎngdà yǐhòu de xìnggé.

说实话，父母的言行ˇ不仅会影响到孩子的言行，还会影响到ˇ他们长大以后的性格。

Zǒng de lái shuō, wǒ rènwéi fùmǔ de yányǔ hé xíngwéi huì yǐngxiǎng háizi de chéngzhǎng.

总的来说，我认为ˇ父母的言语和行为ˇ会影响孩子的成长。

해석 저는 부모님의 말과 행동이 아이의 성장에 영향을 준다고 생각합니다. 부모님의 언행이 어떻든 간에, 모두 아이의 언행에 영향을 줍니다. 아이는 영향을 받을 뿐만 아니라, 자기도 모르는 사이에 부모님의 말과 행동을 모방하기도 합니다. 솔직히 말하면, 부모님의 언행은 아이의 언행에 영향을 줄 뿐만 아니라, 그들이 자란 이후의 성격에도 영향을 줍니다. 결론적으로 말하자면, 저는 부모님의 말과 행동이 아이의 성장에 영향을 준다고 생각합니다.

어휘 父母 fùmǔ 명 부모님 言语 yányǔ 명 말, 언어 行为 xíngwéi 명 행동, 행위 影响 yǐngxiǎng 동 영향을 주다 명 영향 孩子 háizi 명 아이, 자식 成长 chéngzhǎng 동 성장하다, 자라다 谈 tán 동 말하다, 이야기하다 不管…都… bùguǎn…dōu… ~를 하든지 간에, 모두~ 言行 yánxíng 명 언행 如何 rúhé 대 어떻게, 어떤 不仅…还… bùjǐn…hái… ~뿐만 아니라, (오히려) ~하다 不知不觉 bùzhībùjué 성 자기도 모르는 사이에 模仿 mófǎng 동 모방하다, 흉내 내다 说实话 shuō shíhuà 솔직히 말하면 性格 xìnggé 명 성격 总的来说 zǒng de lái shuō 결론적으로 말하자면

02

Nǐ rènwéi wúcháng xiànxuè de yōuquēdiǎn yǒu nǎxiē? Qǐng tántan nǐ de kànfǎ.

你认为无偿献血的优缺点有哪些？请谈谈你的看法。

당신은 무상 헌혈하는 것의 장단점에 무엇이 있다고 생각합니까? 당신의 견해를 말해주세요.

Wǒ rènwéi wúcháng xiànxuè jì yǒu yōudiǎn yě yǒu quēdiǎn.

我认为ˇ无偿献血ˇ既有优点ˇ也有缺点。

Shǒuxiān ne, wúcháng xiànxuè huì bāngzhù dào hěn duō rén.

首先呢，无偿献血ˇ会帮助到很多人。

Qícì ne, suīrán wúcháng xiànxuè yǒu hěn duō yōudiǎn, dànshì xiànxuè yě huì dàilai shēntǐ biàn ruò hé huànshang chuánrǎnbìng de fēngxiǎn.

其次呢，虽然无偿献血ˇ有很多优点，但是ˇ献血也会带来ˇ身体变弱ˇ和患上传染病的风险。

Shuō shíhuà, wúcháng xiànxuè suīrán néng bāngzhù dào biéren, dàn zuò zhī qián háishi yào rènzhēn kǎolǜ.

6급 이상 **说实话，无偿献血ˇ虽然能帮助到别人，但做之前ˇ还是要认真考虑。**

Zǒng de lái shuō, wǒ rènwéi wúcháng xiànxuè jì yǒu yōudiǎn yě yǒu quēdiǎn.

总的来说，我认为ˇ无偿献血ˇ既有优点ˇ也有缺点。

해석 저는 무상 헌혈하는 것은 장점이 있기도 하고 단점이 있기도 하다고 생각합니다. 먼저, 무상 헌혈은 많은 사람을 도울 수 있습니다. 그다음, 비록 무상 헌혈은 많은 장점이 있지만, 그러나 헌혈은 몸이 허약해지고 전염병에 걸릴 위험을 가져다 줄 수도 있습니다. 솔직히 말하면, 무상 헌혈은 비록 다른 사람을 도울 수 있지만, 그러나 그래도 하기 전에 진지하게 고려해야 합니다. 결론적으로 말하자면, 저는 무상 헌혈하는 것은 장점이 있기도 하고 단점이 있기도 하다고 생각합니다.

어휘 无偿 wúcháng 형 무상의, 대가를 바라지 않는 献血 xiànxuè 명 헌혈 优缺点 yōuquēdiǎn 명 장단점 谈 tán 동 말하다, 이야기하다 看法 kànfǎ 명 견해 既…也… jì…yě… ~하고 (또) ~하다 优点 yōudiǎn 명 장점 缺点 quēdiǎn 명 단점 首先呢…其次呢… shǒuxiān ne…qícì ne… 먼저~ 그다음~ 虽然…但(是)… suīrán…dàn(shì)… 비록 ~이지만, 그러나~ 身体 shēntǐ 명 몸, 신체 弱 ruò 형 허약하다, 쇠약하다 患上 huànshang (병에) 걸리다 传染病 chuánrǎnbìng 명 전염병 风险 fēngxiǎn 명 위험 说实话 shuō shíhuà 솔직히 말하면 别人 biéren 대 다른 사람 考虑 kǎolǜ 동 고려하다, 생각하다 总的来说 zǒng de lái shuō 결론적으로 말하자면

03

Wèile bǎohù huánjìng, nǐ zhīchí zài wàibian jìnzhǐ shǐyòng yícìxìng yòngpǐn ma?
为了保护环境，你支持在外边禁止使用一次性用品吗?
환경을 보호하기 위해, 당신은 밖에서 일회용품 사용을 금지하는 것을 지지합니까?

Wèile bǎohù huánjìng, wǒ zhīchí zài wàibian jìnzhǐ shǐyòng yícìxìng yòngpǐn.
为了保护环境，我支持ˇ在外边ˇ禁止使用一次性用品。

Shǐyòng yícìxìng yòngpǐn suīrán fēicháng fāngbiàn, dàn yě huì yánzhòng pòhuài huánjìng.
使用一次性用品ˇ虽然非常方便，但也会严重破坏环境。

Wǒmen bùguǎn zài jiā li háishi zài wàibian, dōu jǐnliàng bù shǐyòng yícìxìng shēnghuó yòngpǐn.
我们不管在家里ˇ还是在外边，都尽量不使用一次性生活用品。

Shuō shíhuà, wèile bǎohù huánjìng, wǒmen bùjǐn yào shǎo yòng yícìxìng yòngpǐn, hái yào jiéyuē zīyuán.
6급 이상 **说实话，为了保护环境，我们不仅ˇ要少用一次性用品，还要节约资源。**

Zǒng de lái shuō, wǒ zhīchí zài wàibian jìnzhǐ shǐyòng yícìxìng yòngpǐn.
总的来说，我支持ˇ在外边ˇ禁止使用一次性用品。

해석 환경을 보호하기 위해, 저는 밖에서 일회용품 사용을 금지하는 것을 지지합니다. 일회용품을 사용하는 것은 비록 매우 편리하지만, 그러나 또한 심각하게 환경을 파괴합니다. 우리는 집이든 아니면 밖이든 간에, 모두 가능한 일회성 생활용품을 사용하지 않아야 합니다. 솔직히 말하면, 환경을 보호하기 위해, 우리는 일회용품을 적게 사용해야할 뿐만 아니라, 자원도 절약해야 합니다. 결론적으로 말하자면, 저는 밖에서 일회용품 사용을 금지하는 것을 지지합니다.

어휘 保护 bǎohù 동 보호하다　环境 huánjìng 명 환경　支持 zhīchí 동 지지하다　禁止 jìnzhǐ 동 금지하다　使用 shǐyòng 동 사용하다　一次性用品 yícìxìng yòngpǐn 일회용품　虽然…但(是)… suīrán…dàn(shì)… 비록 ~이지만, 그러나~　严重 yánzhòng 형 심각하다, 중대하다　破坏 pòhuài 동 파괴하다, 손상시키다　不管…都… bùguǎn…dōu… ~를 하든지 간에, 모두~　尽量 jǐnliàng 부 가능한, 되도록　生活用品 shēnghuó yòngpǐn 생활용품　说实话 shuō shíhuà 솔직히 말하면　不仅…还… bùjǐn…hái… ~뿐만 아니라, (오히려) ~하다　节约 jiéyuē 동 절약하다, 아끼다　资源 zīyuán 명 자원　总的来说 zǒng de lái shuō 결론적으로 말하자면

04

Nǐ rènwéi yǔ biéren jiāoliú shí zuì zhòngyào de shì shénme?

你认为与别人交流时最重要的是什么?

당신은 다른 사람과 교류할 때 가장 중요한 것이 무엇이라고 생각합니까?

Wǒ rènwéi yǔ biéren jiāoliú shí zuì zhòngyào de shì zūnzhòng biéren.

我认为ˇ与别人交流时最重要的ˇ是尊重别人。

Shǒuxiān ne, zūnzhòng biéren bùjǐn shì rén yǔ rén zhī jiān zuì jīběn de lǐmào, hái shì yì zhǒng zuòrén de tàidu.

首先呢，尊重别人ˇ不仅是人与人之间ˇ最基本的礼貌，还是一种ˇ做人的态度。

Qícì ne, yòng zūnzhòng de tàidu hé biéren gōutōng dehuà, kěyǐ jiǎnshǎo máodùn.

其次呢，用尊重的态度ˇ和别人沟通的话，可以减少矛盾。

Shuō shíhuà, bùguǎn hé shénme yàng de rén jiāoliú, wǒmen dōu yào zūnzhòng biéren.

6급 이상 **说实话，不管和什么样的人交流，我们都要尊重别人。**

Zǒng de lái shuō, wǒ rènwéi yǔ biéren jiāoliú shí zuì zhòngyào de shì zūnzhòng biéren.

总的来说，我认为ˇ与别人交流时最重要的ˇ是尊重别人。

해석 저는 다른 사람과 교류할 때 가장 중요한 것은 다른 사람을 존중하는 것이라고 생각합니다. 먼저, 다른 사람을 존중하는 것은 사람과 사람 사이 가장 기본적인 예의일 뿐만 아니라, 일종의 처세하는 태도입니다. 그다음, 존중하는 태도로 다른 사람과 소통한다면, 갈등을 줄일 수 있습니다. 솔직히 말하면, 어떠한 사람과 교류하든 간에, 우리는 모두 다른 사람을 존중해야 합니다. 결론적으로 말하자면, 저는 다른 사람과 교류할 때 가장 중요한 것은 다른 사람을 존중하는 것이라고 생각합니다.

어휘 与 yǔ 개 ~과(와), ~과(와) 함께　别人 biéren 대 다른 사람　交流 jiāoliú 동 교류하다, 서로 소통하다　尊重 zūnzhòng 동 존중하다, 중시하다　首先呢…其次呢… shǒuxiān ne…qícì ne… 먼저~ 그다음~　不仅…还… bùjǐn…hái… ~뿐만 아니라, (오히려) ~하다　之间 zhī jiān 사이　基本 jīběn 형 기본적인　礼貌 lǐmào 명 예의, 예의범절　做人 zuòrén 동 처세하다　态度 tàidu 명 태도　沟通 gōutōng 동 소통하다, 교류하다　减少 jiǎnshǎo 동 줄이다, 감소하다　矛盾 máodùn 명 갈등, 모순　说实话 shuō shíhuà 솔직히 말하면　不管…都… bùguǎn…dōu… ~를 하든지 간에, 모두~　总的来说 zǒng de lái shuō 결론적으로 말하자면

제6부분 모범답변

[제안·요청] 실전 연습문제

6_제6부분 01 연습문제 모범답변 따라하기_4-5급.mp3,
6_제6부분 01 연습문제 모범답변 따라하기_6급 이상.mp3

01

Nǐ tūrán shēngbìng zhùyuàn le, zhǐ néng yòng bǐjìběn diànnǎo bàngōng. Qǐng nǐ gěi dìdi dǎ diànhuà shuōmíng qíngkuàng, bìng qǐng tā bǎ bǐjìběn diànnǎo dài guòlai.

你突然生病住院了，只能用笔记本电脑办公。请你给弟弟打电话说明情况，并请他把笔记本电脑带过来。

당신은 갑자기 아파서 입원을 했고, 노트북으로 사무를 보는 수밖에 없습니다. 남동생에게 전화해서 상황을 설명하고, 또 그에게 노트북을 가져와 줄 것을 부탁하세요.

Wéi, dìdi, xiànzài shuōhuà fāngbiàn ma?

喂，弟弟，现在说话方便吗?

Jīntiān wǒ bú shì shēngbìng zhùyuàn le ma, dàn wǒ hái děi jìxù gōngzuò, bǐrú fā diànzǐ yóujiàn, cānjiā huìyì, cházhǎo xìnxī

살짝 끊어 읽으세요.

今天ˇ我不是生病住院了嘛，但我ˇ还得继续工作，比如ˇ发电子邮件、参加会议、查找信息

shénme de, zhè zěnme bàn ne? Zhèyàng dehuà wǒ děi yòng bǐjìběn diànnǎo bàngōng.

什么的，这怎么办呢? 这样的话ˇ我得用笔记本电脑办公。

Rúguǒ nǐ kěyǐ dehuà, bǎ wǒ de bǐjìběn diànnǎo dài guòlai ba.

如果你可以的话，把我的笔记本电脑ˇ带过来吧。

Shùnbiàn bǎ wǒ zhuōzi shang de nàxiē cáiliào yě dài guòlai, hǎo ma?

6급 이상 **顺便ˇ把我桌子上的那些材料ˇ也带过来，好吗?**

Xièxie!

谢谢！

해석 여보세요, 동생아. 지금 얘기하기 편해? 오늘 내가 아파서 입원했잖아. 그런데 나는 그래도 계속 일을 해야만 해. 예를 들어 이메일을 발송하고, 회의에 참석하고, 정보를 찾는 것 등등이야. 이를 어쩌지? 이렇게 되면 내가 노트북으로 사무를 봐야만 해. 만약 네가 가능하다면, 내 노트북을 가져다 줘. 겸사겸사 내 책상 위의 그 자료들도 가져다 줘. 괜찮아? 고마워!

어휘 突然 tūrán 형 갑작스럽다 生病 shēngbìng 동 아프다 住院 zhùyuàn 동 입원하다 比如 bǐrú 동 예를 들어 ~이다 笔记本电脑 bǐjìběn diànnǎo 노트북 办公 bàngōng 동 사무를 보다 说明 shuōmíng 동 설명하다 情况 qíngkuàng 명 상황 把 bǎ 개 ~을(를) 喂 wéi 여보세요 嘛 ma 조 [서술문 뒤에 쓰여 당연함을 나타냄] 继续 jìxù 동 계속하다 工作 gōngzuò 동 일하다 명 일 电子邮件 diànzǐ yóujiàn 명 이메일 会议 huìyì 명 회의 查找 cházhǎo 동 찾다, 조사하다 信息 xìnxī 명 정보, 소식 什么的 shénme de ~등등 怎么办 zěnme bàn 어쩌지 这样的话 zhèyàng dehuà 이렇게 되면 如果 rúguǒ 접 만약 顺便 shùnbiàn 부 겸사겸사, ~하는 김에 材料 cáiliào 명 자료 好吗 hǎo ma 괜찮아?

02

Nǐ jiā li de wǎngluò sùdù tūrán biànmàn le, lián shìpín dōu kàn buliǎo le. Qǐng nǐ gěi tōngxìn gōngsī dǎ diànhuà shuōmíng qíngkuàng, bìng yāoqiú jiějué wèntí.

你家里的网络速度突然变慢了，连视频都看不了了。请你给通信公司打电话说明情况，并要求解决问题。

당신 집의 인터넷이 갑자기 느려졌고, 동영상조차도 볼 수 없게 되었습니다. 당신이 통신회사에 전화해서 상황을 설명하고, 또 문제를 해결해 줄 것을 요구하세요.

Wéi, nǐ hǎo. Shì tōngxìn gōngsī ma?

喂，你好。是通信公司吗?

Wǒ jiā li de wǎngluò sùdù tūrán biànmàn le.

我家里的网络速度突然变慢了。

Wǒ jìde zuótiān wǎnshang méiyǒu wèntí, jīntiān tūrán biànmàn le, lián shìpín dōu kàn buliǎo le.

我记得昨天晚上没有问题，今天突然变慢了，连视频都看不了了。

Wǒ jīntiān hái yào shàngwǎng tīng kè, cházhǎo xìnxī, jiāo zuòyè. Zěnme bàn ne?

我今天还要上网听课，查找信息，交作业。怎么办呢?

Yǒu méiyǒu jǐnkuài jiějué zhège wèntí de fāngfǎ? Kěyǐ gàosu wǒ yíxià ma?

有没有尽快解决这个问题的方法? 可以告诉我一下吗?

Yàobù zhǎo rén guòlai xiūlǐ yíxià, xíng ma?

6급 이상 **要不找人过来修理一下，行吗?**

Máfan nǐ kuài gěi wǒ jiějué yíxià ba.

麻烦你快给我解决一下吧。

해석 여보세요, 안녕하세요. 통신회사인가요? 우리 집의 인터넷 속도가 갑자기 느려졌어요. 저는 어제 밤에는 문제가 없었던 걸로 기억하는데, 오늘 갑자기 느려졌고, 동영상조차도 볼 수 없게 됐어요. 저는 오늘도 인터넷에 접속해서 수업을 듣고, 정보를 찾고, 숙제를 제출해야 해요. 어쩌죠? 가능한 빨리 이 문제를 해결할 방법이 있나요 없나요? 제게 알려줄 수 있나요? 아니면 사람 구해서 수리하러 오게 해주세요. 가능한가요? 번거롭겠지만 빨리 해결해주세요.

어휘 网络 wǎngluò 명 인터넷, 온라인　速度 sùdù 명 속도　突然 tūrán 형 갑작스럽다　连 lián 개 ~조차도, ~마저도　视频 shìpín 명 동영상　通信公司 tōngxìn gōngsī 통신회사　说明 shuōmíng 동 설명하다 명 설명　情况 qíngkuàng 명 상황, 정황　要求 yāoqiú 동 요구하다 명 요구　解决 jiějué 동 해결하다　问题 wèntí 명 문제　喂 wéi 여보세요　记得 jìde 동 기억하고 있다　上网 shàngwǎng 동 인터넷에 접속하다　查找 cházhǎo 동 찾다, 조사하다　信息 xìnxī 명 정보, 소식　交 jiāo 동 제출하다, 사귀다　怎么办 zěnme bàn 어쩌지, 어떡하지　尽快 jǐnkuài 부 가능한 빨리, 되도록 빨리　要不 yàobù 접 아니면, 그렇지 않으면　修理 xiūlǐ 동 수리하다, 고치다　行吗 xíng ma 가능한가요? 괜찮아요? 알겠어요?　麻烦 máfan 형 번거롭다, 귀찮다

03

Kuàiyào fàng shǔjià le, nǐ de mèimei bù zhīdào yīnggāi zěnme dùguò zhè cì jiàqī. Qǐng nǐ xiàng tā tíchū nǐ de xiǎngfǎ hé jiànyì.
快要放暑假了，你的妹妹不知道应该怎么度过这次假期。请你向她提出你的想法和建议。
곧 여름 방학을 하는데, 당신의 여동생은 이번 방학 기간을 어떻게 보내야 할지 모릅니다. 그녀에게 당신의 생각과 제안을 제시하세요.

Mèimei, wǒ xiǎng gēn nǐ shuō yí jiàn shìqing.
妹妹，我想跟你说一件事情。

Tīngshuō nǐ kuàiyào fàng shǔjià le, dànshì bù zhīdào yīnggāi zěnme dùguò zhè cì jiàqī.
听说ˇ你快要放暑假了，但是ˇ不知道应该怎么度过这次假期。
Wǒ shàng dàxué de shíhou bú shì měi cì fàngjià dōu qù hǎiwài lǚxíng le ma, wǒ kàn nǐ yě yào duō qù hǎiwài lǚxíng, liǎojiě wàiguó wénhuà.
我上大学的时候ˇ不是每次放假ˇ都去海外旅行了嘛，我看ˇ你也要多去海外旅行，了解外国文化。

Rúguǒ nǐ kěyǐ dehuà, zhè cì qù Zhōngguó lǚyóu ba.
如果你可以的话，这次ˇ去中国旅游吧。
Wǒ hé māma péi nǐ yìqǐ qù, hǎo ma?

我和妈妈陪你一起去，好吗？

Nǐ háishi tīng wǒ de jiànyì ba.
你还是ˇ听我的建议吧。

해석 동생아, 내가 너에게 한 가지 일을 말하고 싶어. 듣자 하니 너 곧 여름 방학을 하는데, 이번 방학 기간을 어떻게 보내야 할지 모르겠다며. 내가 대학에 다닐 때에는 매번 방학에 모두 해외 여행을 갔잖아. 내가 보니 너도 해외 여행을 많이 가서, 외국 문화를 이해해야 해. 만약 네가 가능하다면, 이번에 중국으로 여행을 가봐. 나와 엄마가 너와 함께 갈게. 어때? 너는 내 제안을 듣는 편이 좋겠어.

어휘 快要 kuàiyào 부 곧, 머지않아 ~한다 放暑假 fàng shǔjià 여름 방학을 하다 应该 yīnggāi 조동 (마땅히) ~해야 한다, (당연히) ~할 것이다 度过 dùguò 동 (시간을) 보내다, 지내다 提出 tíchū 제시하다, 제기하다 建议 jiànyì 명 제안 동 제안하다 事情 shìqing 명 일 听说 tīngshuō 동 듣자 하니 大学 dàxué 명 대학 海外 hǎiwài 명 해외 旅行 lǚxíng 동 여행하다 명 여행 嘛 ma 조 [서술문 뒤에 쓰여 당연함을 나타냄] 了解 liǎojiě 동 이해하다, 알다 外国 wàiguó 명 외국 如果 rúguǒ 접 만약 陪 péi 동 ~과(와) 함께 하다, 동반하다, 모시다 好吗 hǎo ma 어때? 괜찮아? 응? 还是…吧 háishi…ba ~하는 편이 좋다

Yīshēng jiànyì nǐ tōngguò yùndòng jiǎnféi, suǒyǐ nǐ xiǎng zài shǔjià gēn péngyou yìqǐ qù bào wǎngqiú bān. Qǐng nǐ xiàng tā shuōmíng qíngkuàng, bìng yāoqǐng tā yìqǐ qù bàomíng.

医生建议你通过运动减肥，所以你想在暑假跟朋友一起去报网球班。请你向他说明情况，并邀请他一起去报名。

의사가 당신에게 운동을 통해 다이어트할 것을 제안했습니다. 그래서 당신은 여름 방학에 친구와 함께 테니스반에 등록하고 싶습니다. 그에게 상황을 설명하고, 또 그에게 함께 등록하자고 초청하세요.

Xiǎo Lǐ, nǐ hǎo. Xiànzài shuōhuà fāngbiàn ma?

小李，你好。现在说话方便吗？

Wǒ shàng cì bú shì qù yīyuàn kàn yīshēng le ma, yīshēng jiànyì wǒ tōngguò yùndòng jiǎnféi.

我上次ˇ不是去医院看医生了嘛，医生建议我ˇ通过运动减肥。

Tīngshuō gōngsī duìmiàn de wǎngqiú bān hěn búcuò, érqiě jiàgé hái hěn piányi.

听说ˇ公司对面的网球班ˇ很不错，而且价格ˇ还很便宜。

Búguò wǒ bù xiǎng yí ge rén qù yùndòng, zěnme bàn ne?

不过我不想一个人去运动，怎么办呢？

Rúguǒ nǐ kěyǐ dehuà, zánmen yìqǐ qù bàomíng ba.

如果你可以的话，咱们一起去报名吧。

Yìqǐ dǎ wǎngqiú duànliàn shēntǐ, shùnbiàn jiǎnjianféi, hǎo ma?

一起打网球ˇ锻炼身体，顺便减减肥，好吗？

Nǐ juéde zěnmeyàng?

你觉得怎么样？

해석 샤오리, 안녕. 지금 얘기하기 편해? 내가 지난번에 병원에 가서 의사 선생님을 뵈었잖아. 의사 선생님께서 나에게 운동을 통해 다이어트할 것을 제안하셨어. 듣자 하니 회사 맞은편의 테니스반이 괜찮고, 게다가 가격도 싸대. 그런데 나는 혼자 운동하러 가고 싶지 않아. 어쩌지? 만약 네가 가능하다면, 우리 함께 가서 등록하자. 함께 테니스를 치면서 몸을 단련하고, 겸사겸사 다이어트 좀 하자. 괜찮아? 네 생각은 어때?

어휘 医生 yīshēng 명 의사 建议 jiànyì 동 제안하다 명 제안 通过 tōngguò 개 ~을 통해 동 통과하다 减肥 jiǎnféi 동 다이어트하다, 살을 빼다 报 bào 동 등록하다, 신청하다 网球班 wǎngqiú bān 테니스반 说明 shuōmíng 동 설명하다 명 설명 情况 qíngkuàng 명 상황, 정황 邀请 yāoqǐng 동 초청하다, 초대하다 报名 bàomíng 동 등록하다, 신청하다 嘛 ma 조 [서술문 뒤에 쓰여 당연함을 나타냄] 听说 tīngshuō 동 듣자 하니 对面 duìmiàn 명 맞은편, 건너편 价格 jiàgé 명 가격 不过 búguò 접 그런데, 그러나 如果 rúguǒ 접 만약 咱们 zánmen 대 우리(들) 顺便 shùnbiàn 부 겸사겸사, ~하는 김에 好吗 hǎo ma 괜찮아? 어때? 응?

6_제6부분 02 연습문제 모범답변 따라하기_4-5급.mp3, 6_제6부분 02 연습문제 모범답변 따라하기_6급 이상.mp3

01

Nǐ de Zhōngguó péngyou dìyī cì fǎngwèn nǐmen guójiā, míngtiān nǐ xiǎng dài tā qù yóulǎn jǐ ge jǐngdiǎn. Qǐng nǐ gēn tā yuēdìng shíjiān hé dìdiǎn.

你的中国朋友第一次访问你们国家，明天你想带他去游览几个景点。请你跟他约定时间和地点。

당신의 중국 친구가 처음으로 당신의 나라에 방문했는데, 내일 당신은 그를 데리고 몇 가지 명소를 관광시켜 주고 싶습니다. 그와 시간과 장소를 약속하세요.

Xiǎo Lǐ, nǐ hǎo. Wǒ xiǎng gēn nǐ shuō yí jiàn shìqing.

小李，你好。我想跟你说一件事情。

Nǐ bú shì dìyī cì fǎngwèn Hánguó ma, míngtiān wǒ xiǎng dài nǐ qù yóulǎn jǐ ge jǐngdiǎn.

你不是ˇ第一次访问韩国嘛，明天ˇ我想带你去游览几个景点。

Wǒ kàn nǐ yìzhí hěn xiǎng qù Jǐngfúgōng hé Dōngdàmén, zánmen míngtiān xiān qù zhè liǎng ge dìfang.

我看ˇ你一直很想去景福宫和东大门，咱们明天ˇ先去这两个地方。

Zánmen míngtiān zǎoshang bā diǎn zài jiǔdiàn ménkǒu jiànmiàn, hǎo ma?

咱们明天ˇ早上八点在酒店门口见面，好吗？

Rúguǒ nǐ kěyǐ dehuà, wǒmen xiàwǔ zài duō qù jǐ ge dìfang ba.

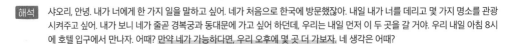

如果你可以的话，我们下午ˇ再多去几个地方吧。

Nǐ juéde zěnmeyàng?

你觉得怎么样？

해석 샤오리, 안녕. 내가 너에게 한 가지 일을 말하고 싶어. 네가 처음으로 한국에 방문했잖아. 내일 내가 너를 데리고 몇 가지 명소를 관광시켜주고 싶어. 내가 보니 네가 줄곧 경복궁과 동대문에 가고 싶어 하던데, 우리는 내일 먼저 이 두 곳을 갈 거야. 우리 내일 아침 8시에 호텔 입구에서 만나자. 어때? 만약 네가 가능하다면, 우리 오후에 몇 곳 더 가보자. 네 생각은 어때?

어휘 第一次 dìyī cì 처음, 최초 访问 fǎngwèn 동 방문하다, 취재하다, 인터뷰하다 国家 guójiā 명 나라, 국가 游览 yóulǎn 동 관광하다, 유람하다 地点 dìdiǎn 명 장소, 지점 事情 shìqing 명 일 嘛 ma 조 [서술문 뒤에 쓰여 당연함을 나타냄] 景福宫 Jǐngfúgōng 고유 경복궁 东大门 Dōngdàmén 고유 동대문 咱们 zánmen 대 우리(들) 早上 zǎoshang 명 아침 酒店 jiǔdiàn 명 호텔 好吗 hǎo ma 어때? 괜찮아? 응? 如果 rúguǒ 접 만약

02

Péngyou yāo nǐ zhè cì guòjié yìqǐ qù dùjiàcūn, búguò nǐ yào qù kànwàng nǎinai. Qǐng nǐ xiàng péngyou shuōmíng qíngkuàng, bìng qǐng tā gǎitiān yìqǐ qù dùjiàcūn.
朋友邀你这次过节一起去度假村，不过你要去看望奶奶。请你向朋友说明情况，并请她改天一起去度假村。
친구가 당신에게 이번 명절에 함께 리조트에 가자고 초대했는데, 당신은 할머니를 문안하러 가야 합니다. 친구에게 상황을 설명하고, 또 그녀에게 다른 날에 함께 리조트에 가자고 하세요.

Xiǎo Wáng, nǐ hǎo. Xiànzài shuōhuà fāngbiàn ma?
小王，你好。现在说话方便吗？

Nǐ shàng cì bú shì shuō guòjié xiǎng gēn wǒ yìqǐ qù dùjiàcūn ma.
你上次不是说ˇ过节想跟我一起去度假村嘛。
Búguò zhè cì guòjié wǒ yào qù kànwàng nǎinai. Zhèyàng dehuà wǒ jiù bù néng gēn nǐ yìqǐ qù le. Zhè zěnme bàn ne?
不过这次过节ˇ我要去看望奶奶。这样的话ˇ我就不能跟你一起去了。这怎么办呢？

Rúguǒ nǐ kěyǐ dehuà, zánmen xià ge yuè qù dùjiàcūn ba.
如果你可以的话，咱们ˇ下个月去度假村吧。
Yàobù nǐ gàosu wǒ nǐ fāngbiàn de shíjiān, nǐ shénme shíhou fāngbiàn, zánmen jiù shénme shíhou qù, xíng ma?

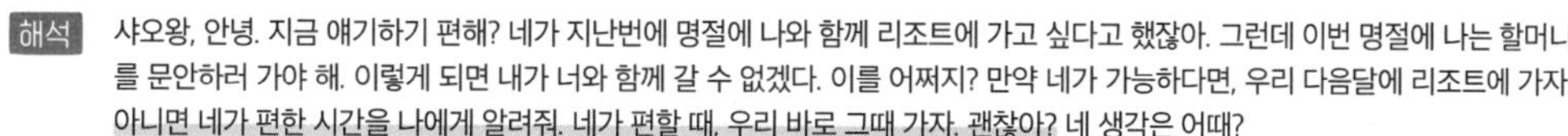

6급 이상 **要不ˇ你告诉我你方便的时间，你什么时候方便，咱们就什么时候去，行吗？**

Nǐ juéde zěnmeyàng?
你觉得怎么样？

해석 샤오왕, 안녕. 지금 얘기하기 편해? 네가 지난번에 명절에 나와 함께 리조트에 가고 싶다고 했잖아. 그런데 이번 명절에 나는 할머니를 문안하러 가야 해. 이렇게 되면 내가 너와 함께 갈 수 없겠다. 이를 어쩌지? 만약 네가 가능하다면, 우리 다음달에 리조트에 가자. 아니면 네가 편한 시간을 나에게 알려줘. 네가 편할 때, 우리 바로 그때 가자. 괜찮아? 네 생각은 어때?

어휘 邀 yāo 동 초대하다, 초청하다 过节 guòjié 동 명절을 지내다 度假村 dùjiàcūn 명 리조트 不过 búguò 접 그런데, 그러나 看望 kànwàng 동 문안하다, 방문하다 说明 shuōmíng 동 설명하다 명 설명 情况 qíngkuàng 명 상황, 정황 改天 gǎitiān 부 다른 날에 嘛 ma 조 [서술문 뒤에 쓰여 당연함을 나타냄] 这样的话 zhèyàng dehuà 이렇게 되면, 이렇게 하면, 이러면 怎么办 zěnme bàn 어쩌지, 어떡하지 如果 rúguǒ 접 만약 咱们 zánmen 대 우리(들) 下个月 xià ge yuè 다음달 要不 yàobù 접 아니면, 그렇지 않으면 行吗 xíng ma 괜찮아? 가능해? 알겠어?

03

Nǐ gēn kèhù yuēhǎo yìqǐ qù cāntīng chīfàn, hòulái cái fāxiàn nà jiā cāntīng yǐjīng bānzǒu le. Qǐng nǐ xiàng kèhù shuōmíng qíngkuàng, bìng yuē bié de dìdiǎn.
你跟客户约好一起去餐厅吃饭，后来才发现那家餐厅已经搬走了。请你向客户说明情况，并约别的地点。
당신은 고객과 함께 식당에 가서 밥을 먹기로 약속했는데, 나중에야 그 식당이 이미 이사갔음을 발견했습니다. 고객에게 상황을 설명하고, 또 다른 장소로 약속하세요.

Lǐ xiānsheng, nín hǎo, wǒ xiǎng gēn nín shuō yí jiàn shìqing.
李先生，您好，我想跟您说一件事情。

Wǒmen bú shì yuēhǎo yìqǐ qù shìqū de Zhōngguó cāntīng chīfàn ma, búguò wǒ hòulái cái fāxiàn nà jiā cāntīng yǐjīng bānzǒu le,
我们不是约好ˇ一起去市区的中国餐厅吃饭嘛，不过我后来才发现ˇ那家餐厅已经搬走了，
zhè zěnme bàn ne? Zhèyàng dehuà wǒ jiù bù néng qǐng nǐ chī Zhōngguó cài le.
这怎么办呢？这样的话ˇ我就不能请你吃中国菜了。

Rúguǒ nín kěyǐ dehuà, wǒmen qù gōngsī fùjìn de Yìdàlì cāntīng ba.
如果您可以的话，我们去ˇ公司附近的意大利餐厅吧。
Wǒ xiànzài jiù qù wènwen yǒu méiyǒu zuòwèi, hǎo ma?
6급 이상 **我现在就去问问ˇ有没有座位，好吗？**

Fēicháng bàoqiàn.
非常抱歉。

해석 이 선생님, 안녕하세요. 제가 당신께 한 가지 일을 말씀드리고 싶어요. 우리는 시내 지역의 중국 레스토랑에 함께 가서 밥을 먹기로 약속했었잖아요. 그런데 제가 나중에야 그 식당이 이미 이사갔음을 발견했어요. 이를 어쩌죠? 이렇게 되면 제가 당신에게 중국 음식을 대접할 수가 없겠어요. 만약 당신이 가능하시다면, 우리 회사 부근의 이태리 레스토랑으로 가요. 제가 지금 자리가 있는지 없는지 물어보러 갈게요. 괜찮아요? 정말 죄송합니다.

어휘 客户 kèhù 명 고객, 거래처, 바이어　餐厅 cāntīng 명 식당, 레스토랑　发现 fāxiàn 동 발견하다, 깨닫다　说明 shuōmíng 동 설명하다 명 설명　情况 qíngkuàng 명 상황, 정황　别的 bié de 다른, 다른 것　地点 dìdiǎn 명 장소, 지점　事情 shìqing 명 일　嘛 ma 조 [서술문 뒤에 쓰여 당연함을 나타냄]　不过 búguò 접 그런데, 그러나　怎么办 zěnme bàn 어찌지, 어떡하지　这样的话 zhèyàng dehuà 이렇게 되면, 이렇게 하면, 이러면　如果 rúguǒ 접 만약　座位 zuòwèi 명 자리, 좌석　好吗 hǎo ma 괜찮아요? 어때요? 네?　抱歉 bàoqiàn 형 미안해하다

04

Zhè cì jiàqī nǐ dǎsuan gēn péngyou yìqǐ qù lǚyóu, nǐ de péngyou xiǎng zhù kào hǎibiān de fángjiān. Qǐng nǐ gěi jiǔdiàn dǎ diànhuà yùdìng fángjiān bìng shuōmíng yāoqiú.

这次假期你打算跟朋友一起去旅游，你的朋友想住靠海边的房间。请你给酒店打电话预订房间并说明要求。

이번 휴가 기간에 당신은 친구와 함께 여행을 갈 계획인데, 당신의 친구가 해변에 인접한 방에 묵고 싶어합니다. 호텔에 전화해서 방을 예약하고 또 요구사항을 설명하세요.

Wéi, nǐ hǎo. Shì Rújiā jiǔdiàn ma?

喂，你好。是如家酒店吗？

Zhè cì jiàqī wǒ dǎsuan gēn péngyou yìqǐ qù lǚyóu, wǒ péngyou xiǎng zhù kào hǎibiān de fángjiān.

这次假期ˇ我打算跟朋友一起去旅游，我朋友ˇ想住靠海边的房间。

Wǒ kàn nǐmen jiǔdiàn yǒu hěn duō kào hǎibiān de fángjiān, jǐngsè hěn měilì, huánjìng yě tǐng búcuò de.

我看你们酒店ˇ有很多靠海边的房间，景色很美丽，环境ˇ也挺不错的。

Qǐng gěi wǒ yùdìng yí ge kào hǎibiān, yǒu wúxiàn wǎng de fángjiān, hǎo ma?

请给我预订一个ˇ靠海边，有无线网的房间，好吗？

Rúguǒ nǐ kěyǐ dehuà, bāng wǒ zhǎo yí ge gāocéng de, jǐngsè zuì hǎo de fángjiān ba.

6급 이상 **如果你可以的话，帮我找一个高层的，景色最好的房间吧。**

Xièxie!

谢谢！

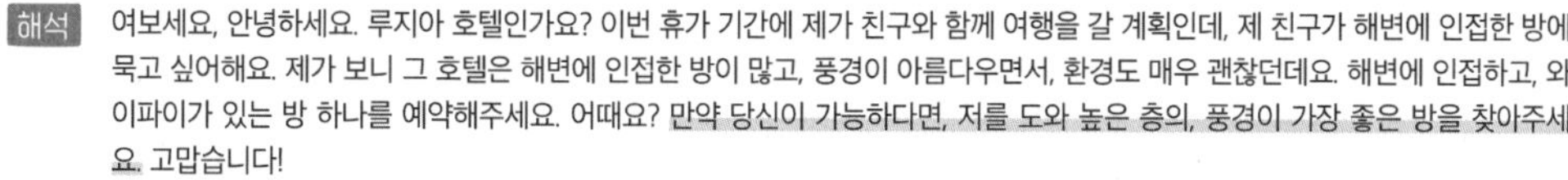

해석 여보세요, 안녕하세요. 루지아 호텔인가요? 이번 휴가 기간에 제가 친구와 함께 여행을 갈 계획인데, 제 친구가 해변에 인접한 방에 묵고 싶어해요. 제가 보니 그 호텔은 해변에 인접한 방이 많고, 풍경이 아름다우면서, 환경도 매우 괜찮던데요. 해변에 인접하고, 와이파이가 있는 방 하나를 예약해주세요. 어때요? 만약 당신이 가능하다면, 저를 도와 높은 층의, 풍경이 가장 좋은 방을 찾아주세요. 고맙습니다!

어휘 靠 kào 동 인접하다, 기대다 海边 hǎibiān 명 해변, 바닷가 酒店 jiǔdiàn 명 호텔 预订 yùdìng 동 예약하다, 예매하다 说明 shuōmíng 동 설명하다 명 설명 要求 yāoqiú 명 요구사항, 요구 동 요구하다 喂 wéi 여보세요 景色 jǐngsè 명 풍경, 경치 美丽 měilì 형 아름답다, 예쁘다 环境 huánjìng 명 환경 挺 tǐng 부 매우, 아주 无线网 wúxiàn wǎng 와이파이 好吗 hǎo ma 어때요? 괜찮아요? 네? 如果 rúguǒ 접 만약 高层 gāocéng 형 높은 층의, 고층의

6_제6부분 03 연습문제 모범답변 따라하기_4-5급.mp3,
6_제6부분 03 연습문제 모범답변 따라하기_6급 이상.mp3

01

Nǐ diǎnle yí fèn wàimài, kěshì děngle yí ge duō xiǎoshí dōu méi sòngdào. Qǐng nǐ gěi wàimàidiàn dǎ diànhuà shuōmíng qíngkuàng, bìng xúnwèn zěnme huí shì.

你点了一份外卖，可是等了一个多小时都没送到。请你给外卖店打电话说明情况，并询问怎么回事。

당신이 배달 음식 한 세트를 시켰는데, 한 시간이 넘도록 기다렸는데도 배달되지 않았습니다. 배달 음식점에 전화해서 상황을 설명하고, 또 어떻게 된 일인지 물어보세요.

Wéi, nǐ hǎo. Shì Měiwèi wàimàidiàn ma?

喂，你好。是美味外卖店吗?

Wǒ jìde wǒ bā diǎn bàn gěi nǐmen dǎ diànhuà diǎnle yí fèn wàimài, dànshì xiànzài dōu shí diǎn le wǒ háishi méi shōudào.

我记得ˇ我八点半给你们打电话ˇ点了一份外卖，但是现在都十点了ˇ我还是没收到。

Wǒ hé péngyoumen shízài shì tài è le, zěnme bàn ne?

我和朋友们ˇ实在是太饿了，怎么办呢?

Zhèxiē cài dàodǐ shénme shíhou cái néng sòngdào? Kěyǐ gàosu wǒ yíxià ma?

这些菜ˇ到底什么时候才能送到? 可以告诉我一下吗?

Qǐng nǐ mǎshàng gěi sòngcānyuán dǎ diànhuà wèn yíxià, hǎo ma?

6급 이상 **请你马上ˇ给送餐员打电话问一下，好吗?**

Máfan nǐ kuài gěi wǒ jiějué yíxià ba.

麻烦你ˇ快给我解决一下吧。

해석 여보세요, 안녕하세요. 메이웨이 배달 음식점인가요? 저는 제가 8시 반에 당신들에게 전화해서 배달 음식 한 세트를 시킨 걸로 기억하는데, 지금 10시가 다 되었는데도 저는 아직 받지 못했어요. 저와 친구들은 정말 너무 배고파요. 어쩌죠? 이 음식들은 도대체 언제 배달되나요? 제게 알려주실 수 있나요? 당신이 즉시 음식 배달원에게 전화해서 물어봐주세요. 네? 번거롭겠지만 빨리 해결해주세요.

어휘 份 fèn 양 세트, 조각, (신문·잡지·문건의) 부 外卖 wàimài 명 배달 음식 可是 kěshì 접 그러나, 하지만 等 děng 동 기다리다 조 등, 따위 送到 sòngdào 배달되다, 배송되다 说明 shuōmíng 동 설명하다 명 설명 情况 qíngkuàng 명 상황, 정황 询问 xúnwèn 동 물어보다, 알아보다 怎么回事 zěnme huí shì 어떻게 된 일인가, 어떻게 된 건가 喂 wéi 여보세요 实在 shízài 부 정말, 확실히 怎么办 zěnme bàn 어쩌지, 어떡하지 到底 dàodǐ 부 도대체 送餐员 sòngcānyuán 명 음식 배달원 好吗 hǎo ma 네? 어때요? 괜찮아요? 麻烦 máfan 형 번거롭다, 귀찮다 解决 jiějué 동 해결하다

02

Nǐ měi zhōu qù Hànyǔ bān xué kǒuyǔ, dàn kèchéng de nèiróng què yǐ yuèdú wéi zhǔ. Qǐng nǐ xiàng lǎoshī shuōmíng qíngkuàng, bìng xúnwèn shìfǒu kěyǐ duō duànliàn kǒuyǔ.

你每周去汉语班学口语，但课程的内容却以阅读为主。请你向老师说明情况，并询问是否可以多锻炼口语。

당신은 매주 중국어반에 가서 회화를 배우는데, 커리큘럼의 내용은 오히려 읽기 위주입니다. 선생님께 상황을 설명하고, 또 회화를 많이 연습할 수 있을지 없을지 물어보세요.

Lǎoshī, nín hǎo, wǒ xiǎng gēn nín shuō yí jiàn shìqing.

老师，您好，我想跟您说一件事情。

Wǒ bú shì měi zhōu dōu lái tīng lǎoshī de Hànyǔ kǒuyǔ kè ma, búguò kèchéng de nèiróng què yìzhí dōu shì yuèdú.

我不是ˇ每周都来听老师的ˇ汉语口语课嘛，不过ˇ课程的内容ˇ却一直都是阅读。

Zhèyàng dehuà duì wǒ de kǒuyǔ méiyǒu shénme bāngzhù, zhè zěnme bàn ne?

这样的话ˇ对我的口语没有什么帮助，这怎么办呢？

Néng bu néng duō ānpái yìxiē kǒuyǔ liànxí? Kěyǐ gàosu wǒ yíxià ma?

能不能多安排一些ˇ口语练习？可以告诉我一下吗？

Rúguǒ nín kěyǐ dehuà, zánmen duō liàn yi liàn Hànyǔ kǒuyǔ ba.

如果您可以的话，咱们ˇ多练一练汉语口语吧。

Xièxie!

谢谢！

해석 선생님, 안녕하세요, 제가 선생님께 한 가지 일을 말씀드리고 싶어요. 제가 매주 와서 선생님의 중국어 회화 수업을 듣잖아요. 그런데 커리큘럼의 내용은 오히려 줄곧 읽기네요. 이렇게 되면 제 회화에 아무 도움이 안 되는데, 이를 어쩌죠? 회화 연습을 더 많이 배정해 주실 수 있나요 없나요? 제게 알려주실 수 있나요? 만약 선생님께서 가능하시다면, 우리 중국어 회화를 많이 연습해봐요. 고맙습니다!

어휘 口语 kǒuyǔ 명 회화, 구어 课程 kèchéng 명 커리큘럼, 교과 과정 内容 nèiróng 명 내용 却 què 부 오히려, 도리어 阅读 yuèdú 동 읽다, 열람하다 说明 shuōmíng 동 설명하다 명 설명 情况 qíngkuàng 명 상황, 정황 询问 xúnwèn 동 물어보다, 알아보다 是否 shìfǒu ~인지 아닌지 事情 shìqing 명 일 嘛 ma 조 [서술문 뒤에 쓰여 당연함을 나타냄] 不过 búguò 접 그런데, 그러나 这样的话 zhèyàng dehuà 이렇게 되면, 이렇게 하면, 이러면 帮助 bāngzhù 명 도움 동 돕다 怎么办 zěnme bàn 어쩌지, 어떡하지 安排 ānpái 동 배정하다, 안배하다 如果 rúguǒ 접 만약 咱们 zánmen 대 우리(들)

03

Yǒu yí wèi kèrén lái gōngsī zhǎo nǐ de tóngshì, dàn nǐ de tóngshì zànshí bú zài. Qǐng xiàng kèrén shuōmíng qíngkuàng, bìng gàosu tā tóngshì de liánxì fāngshì.
有一位客人来公司找你的同事，但你的同事暂时不在。请向客人说明情况，并告诉他同事的联系方式。
한 손님이 회사에 와서 당신의 동료를 찾는데, 당신의 동료는 잠시 부재중입니다. 손님에게 상황을 설명하고, 또 그에게 동료의 연락처를 알려주세요.

Nín hǎo, shì Wáng xiānsheng ma?
您好，是王先生吗?

Tīngshuō nín zhǎo Xiǎo Wáng yǒu shìr, búguò Xiǎo Wáng chūqu bàn yí jiàn hěn zhòngyào de shìqing le, suǒyǐ zànshí bú zài.
听说ˇ您找小王有事儿，不过小王ˇ出去办一件很重要的事情了，所以ˇ暂时不在。
Wǒ jìde tā chūqu de shíhou dàizhe shǒujī, nín kěyǐ zhíjiē liánxì tā.
我记得ˇ他出去的时候带着手机，您可以直接联系他。

Tā de diànhuà hàomǎ shì líng yāo líng yāo èr sān sì wǔ qī liù bā, nín kěyǐ jì yíxià.
他的电话号码是ˇ零幺零幺二三四五七六八，您可以记一下。
Yàobù wǒ bǎ tā de liánxì fāngshì fādào nín de yóuxiāng li, xíng ma?
6급 이상 要不ˇ我把他的联系方式ˇ发到您的邮箱里，行吗?

Hái yǒu shénme xūyào de ma?
还有什么需要的吗?

해석 안녕하세요. 왕 선생님이신가요? 듣자 하니 당신께서 볼일이 있어 샤오왕을 찾으신다고 하던데, 샤오왕은 중요한 일 하나를 처리하러 나가서, 잠시 부재중입니다. 저는 그가 나갈 때 휴대폰을 가지고 있던 걸로 기억하는데, 당신께서 직접 그에게 연락하셔도 됩니다. 그의 전화번호는 010-1234-5768입니다. 기억해 두셔도 좋습니다. 아니면 제가 그의 연락처를 당신의 이메일로 보내드리겠습니다. 괜찮습니까? 또 뭐 필요한 거 있으십니까?

어휘 客人 kèrén 명 손님 同事 tóngshì 명 동료 暂时 zànshí 형 잠시의, 잠깐의 说明 shuōmíng 동 설명하다 명 설명 情况 qíngkuàng 명 상황, 정황 联系方式 liánxì fāngshì 연락처 听说 tīngshuō 동 듣자 하니 不过 búguò 접 그런데, 그러나 办 bàn 동 처리하다, 다루다 记得 jìde 동 기억하고 있다 直接 zhíjiē 형 직접적이다, 곧바로 ~하다 号码 hàomǎ 명 번호, 숫자 要不 yàobù 접 아니면, 그렇지 않으면 把 bǎ 개 ~을(를) 邮箱 yóuxiāng 명 이메일, 우편함 行吗 xíng ma 괜찮아요? 가능한가요? 알겠어요?

04

Nǐ de tóngshì huì dǎ tàijíquán, zhènghǎo nǐ mèimei xiǎng xué tàijíquán. Qǐng gěi mèimei dǎ diànhuà, bìng bǎ tóngshì jièshào gěi tā.

你的同事会打太极拳，正好你妹妹想学太极拳。请给妹妹打电话，并把同事介绍给她。

당신의 동료가 태극권을 할 줄 아는데, 마침 당신의 여동생이 태극권을 배우고 싶어합니다. 여동생에게 전화하고, 또 동료를 그녀에게 소개해주세요.

Wéi, mèimei, xiànzài shuōhuà fāngbiàn ma?

喂，妹妹，现在说话方便吗?

Nǐ bú shì yìzhí xiǎng xué tàijíquán ma, zhènghǎo wǒ de tóngshì huì dǎ tàijíquán.

你不是一直想学太极拳嘛，正好我的同事会打太极拳。

Wǒ kàn tā měi zhōu liù shàngwǔ yǒu kòng, kěyǐ jiāo nǐ dǎ tàijíquán.

我看他每周六上午有空，可以教你打太极拳。

Jù wǒ suǒ zhī, tā dǎ tàijíquán dǎde tǐng hǎo de. Rúguǒ nǐ kěyǐ dehuà, zhǎo ge shíjiān gēn tā jiànmiàn ba.

据我所知，他打太极拳打得挺好的。如果你可以的话，找个时间跟他见面吧。

Yàobù, wǒ bǎ nǐ de shǒujī hàomǎ gàosu tā, xíng ma?

要不，我把你的手机号码告诉他，行吗?

Hái yǒu shénme xūyào de ma?

还有什么需要的吗?

해석 여보세요, 동생아. 지금 얘기하기 편하니? 너 줄곧 태극권을 배우고 싶어했잖아. 마침 내 동료가 태극권을 할 줄 알아. 내가 보니 그가 매주 토요일 오전에 시간이 있어서, 너에게 태극권을 가르쳐줄 수 있어. 내가 알기로는, 그는 태극권을 매우 잘 해. 만약 네가 가능하다면, 시간을 내서 그와 만나봐. 아니면, 내가 너의 휴대폰 번호를 그에게 알려줄게. 괜찮아? 또 뭐 필요한 거 있어?

어휘 同事 tóngshì 명 동료　太极拳 tàijíquán 명 태극권　正好 zhènghǎo 부 마침 형 딱 맞다　把 bǎ 개 ~을(를)　喂 wéi 여보세요　嘛 ma 조 [서술문 뒤에 쓰여 당연함을 나타냄]　挺 tǐng 부 매우, 아주　空 kòng 명 시간, 틈, 짬　据我所知 jù wǒ suǒ zhī 내가 알기로는, 내가 아는 바에 의하면　如果 rúguǒ 접 만약　号码 hàomǎ 명 번호, 숫자　行吗 xíng ma 괜찮아? 알겠어? 가능해?

6_제6부분 04 연습문제 모범답변 따라하기_4-5급.mp3,
6_제6부분 04 연습문제 모범답변 따라하기_6급 이상.mp3

01

Zhè zhōu liù nǐ de péngyou xiǎng gēn nǐ yìqǐ dǎ yǔmáoqiú, kěshì nǐ yào qù māma de shēngrì huì. Qǐng xiàng péngyou shuōmíng qíngkuàng bìng wěiwǎn de jùjué tā.
这周六你的朋友想跟你一起打羽毛球，可是你要去妈妈的生日会。请向朋友说明情况并委婉地拒绝她。

이번 주 토요일에 당신의 친구는 당신과 함께 배드민턴을 치고 싶어하지만, 그러나 당신은 엄마의 생일 파티에 가야 합니다. 친구에게 상황을 설명하고 또 완곡하게 거절하세요.

Xiǎo Lǐ, nǐ hǎo. Xiànzài shuōhuà fāngbiàn ma?
小李，你好。现在说话方便吗?

Shàng cì nǐ bú shì shuō zhōu liù xiǎng gēn wǒ yìqǐ dǎ yǔmáoqiú ma.
上次你不是说ˇ周六想跟我一起打羽毛球嘛。

Wǒ běnlái bú shì dǎsuan gēn nǐ qù de ma, dànshì wǒ tūrán xiǎngdào nà tiān děi qù māma de shēngrì huì.
我本来ˇ不是打算跟你去的嘛，但是ˇ我突然想到ˇ那天得去妈妈的生日会。

Zhèyàng dehuà wǒ jiù bù néng gēn nǐ yìqǐ qù le.
这样的话ˇ我就不能跟你一起去了。

Zhēn bù hǎoyìsi, zánmen háishi xià cì zài yuē ba.
真不好意思，咱们还是ˇ下次再约吧。

Yàobù nǐ hé zánmen bān de Xiǎo Wáng yìqǐ qù dǎ, xíng ma?
6급 이상 **要不ˇ你和咱们班的小王一起去打，行吗?**

Fēicháng bàoqiàn.
非常抱歉。

해석 샤오리, 안녕. 지금 얘기하기 편해? 지난번에 네가 토요일에 나와 함께 배드민턴 치고 싶다고 말했잖니. 나는 원래 너와 갈 계획이었잖아. 그런데 나 갑자기 그날 엄마의 생일 파티에 가야 한다는 것이 생각났어. 이렇게 되면 내가 너와 함께 갈 수가 없겠어. 진짜 미안해. 우리 다음번에 다시 약속 잡는 편이 좋겠어. 아니면 너 우리 반 샤오왕과 함께 치러 가도록 해. 괜찮아? 정말 미안해.

어휘 羽毛球 yǔmáoqiú 명 배드민턴 可是 kěshì 접 그러나, 하지만 生日会 shēngrì huì 생일 파티 说明 shuōmíng 동 설명하다 명 설명 情况 qíngkuàng 명 상황, 정황 委婉 wěiwǎn 형 완곡하다 拒绝 jùjué 동 거절하다, 거부하다 嘛 ma 조 [서술문 뒤에 쓰여 당연함을 나타냄] 本来 běnlái 부 원래, 본래 突然 tūrán 형 갑작스럽다 这样的话 zhèyàng dehuà 이렇게 되면, 이렇게 하면, 이러면 咱们 zánmen 대 우리(들) 还是…吧 háishi…ba ~하는 편이 좋다 约 yuē 동 약속하다 要不 yàobù 접 아니면, 그렇지 않으면 行吗 xíng ma 괜찮아? 알겠어? 가능해? 抱歉 bàoqiàn 형 미안해하다

02

Shàng zhōu nǐ zài wǎngshàng mǎile yì tiáo qúnzi, dàn shōuhuò hòu cái fāxiàn shíjì yánsè hé zhàopiàn zhōng de yánsè bù yíyàng. Qǐng nǐ gěi màijiā dǎ diànhuà biǎoshì bùmǎn, bìng yāoqiú tuìhuàn.

上周你在网上买了一条裙子，但收货后才发现实际颜色和照片中的颜色不一样。请你给卖家打电话表示不满，并要求退换。

지난주에 당신은 인터넷에서 치마 한 벌을 샀는데, 배송을 받은 후에야 실제 색깔과 사진 속의 색깔이 다르다는 것을 발견했습니다. 판매자에게 전화해서 불만을 나타내고, 또 반품 교환을 요구하세요.

Wéi, nǐ hǎo. Shì Měilì fúzhuāngdiàn ma?

喂，你好。是美丽服装店吗？

Wǒ shàng zhōu zài nǐmen wǎngzhàn mǎile yì tiáo qúnzi. Wǒ jìde zhàopiàn zhōng de qúnzi shì báisè de,

我上周在你们网站买了一条裙子。我记得照片中的裙子是白色的，

dàn jīntiān shōudào hòu cái fāxiàn, qúnzi de yánsè hé zhàopiàn zhōng de wánquán bù yíyàng.

但今天收到后才发现，裙子的颜色和照片中的完全不一样。

Zhēn ràng rén shīwàng, nǐ xiànzài jiù gěi wǒ huàn yíxià, hǎo ma?

真让人失望，你现在ˇ就给我换一下，好吗？

Yàobù nǐ zhíjiē gēn zǒng jīnglǐ liánxì, gàosu tā zhège qíngkuàng, xíng ma?

6급 이상 **要不ˇ你直接跟总经理联系，告诉她这个情况，行吗？**

Máfan nǐ kuài gěi wǒ jiějué yíxià ba.

麻烦你ˇ快给我解决一下吧。

해석 여보세요, 안녕하세요. 메이리 옷 가게인가요? 저는 지난주에 홈페이지에서 치마 한 벌을 샀어요. 저는 사진 속 치마가 흰색인 걸로 기억하는데, 그런데 오늘 받아본 후, 치마의 색깔이 사진 속과 완전히 다르다는 것을 발견했어요. 너무 사람을 실망시키네요. 지금 바로 교환해주세요. 네? 아니면 당신이 곧바로 사장에게 연락해서, 그녀에게 이 상황을 알리세요. 알겠어요? 번거롭겠지만 빨리 해결해주세요.

어휘 条 tiáo [양] [가늘고 긴 것을 세는 단위] 裙子 qúnzi [명] 치마, 스커트 发现 fāxiàn [동] 발견하다, 깨닫다 实际 shíjì [형] 실제적이다 [명] 실제 表示 biǎoshì [동] 나타내다, 표하다 不满 bùmǎn [명] 불만 [형] 불만족하다 要求 yāoqiú [동] 요구하다 [명] 요구 退换 tuìhuàn [동] 반품 교환하다 喂 wéi 여보세요 网站 wǎngzhàn [명] 홈페이지 记得 jìde [동] 기억하고 있다 收到 shōudào 받다, 수령하다 完全 wánquán [부] 완전히 [형] 완전하다 失望 shīwàng [동] 실망하다, 낙담하다 好吗 hǎo ma 네? 괜찮아요? 어때요? 要不 yàobù [접] 아니면, 그렇지 않으면 直接 zhíjiē [형] 곧바로 ~하다, 직접적이다 联系 liánxì [동] 연락하다, 연결하다 情况 qíngkuàng [명] 상황, 정황 行吗 xíng ma 알겠어요? 가능한가요? 괜찮아요? 麻烦 máfan [형] 번거롭다, 귀찮다 解决 jiějué [동] 해결하다

03

Nǐ de tóngxué yīnwèi shēngbìng, jǐ ge yuè méi lái xuéxiào, míngtiān zhōngyú kěyǐ shàngxué le. Qǐng nǐ zhùhè bìng gǔlì tā.

你的同学因为生病，几个月没来学校，明天终于可以上学了。请你祝贺并鼓励他。

당신의 동급생이 아픈 것 때문에 몇 달동안 학교를 오지 못했는데, 내일 마침내 학교에 다닐 수 있게 되었습니다. 그를 축하하고 또 격려해주세요.

Xiǎo Lǐ, nǐ hǎo. Zhùhè nǐ a!

小李，你好。祝贺你啊！

Yīnwèi shēngbìng, nǐ bú shì jǐ ge yuè méi lái xuéxiào ma, tīngshuō nǐ zài yīyuàn li yě yìzhí zài kàn shū.

因为生病，你不是ˇ几个月没来学校嘛，听说ˇ你在医院里ˇ也一直在看书。

Wǒ kàn nǐ kěndìng hěn xiǎng huí xuéxiào, míngtiān nǐ zhōngyú kěyǐ shàngxué le!

我看ˇ你肯定很想回学校，明天ˇ你终于可以上学了！

Zài cì zhùhè nǐ, rúguǒ nǐ yùdào shénme kùnnan, jìde gàosu wǒ, wǒ yídìng bāng nǐ, hǎo ma?

再次祝贺你，如果ˇ你遇到什么困难，记得告诉我，我一定帮你，好吗？

Yàobù míngtiān xiàkè hòu zánmen yìqǐ qù túshūguǎn fùxí, xíng ma?

6급 이상 要不ˇ明天下课后ˇ咱们一起去图书馆复习，行吗？

Jiāyóu!

加油！

해석 샤오리, 안녕. 축하해! 아픈 것 때문에, 네가 몇 달동안 학교에 오지 못했잖아. 듣자 하니 너는 병원 안에서도 줄곧 책을 봤다더라. 내가 보니 너는 확실히 학교에 돌아오고 싶었을 텐데, 내일이면 너는 마침내 학교에 다닐 수 있게 되었구나! 다시 한 번 축하해. 만약 네가 어떤 어려움을 맞닥뜨리면, 나에게 말하는 걸 기억해 둬. 내가 반드시 도와줄게. 응? 아니면 내일 수업 끝난 후에 우리 함께 도서관에 가서 복습하자. 가능해? 힘내!

어휘 生病 shēngbìng 동 아프다, 병이 나다 终于 부 zhōngyú 마침내, 끝내 祝贺 zhùhè 동 축하하다, 경하하다 鼓励 gǔlì 동 격려하다 嘛 ma 조 [서술문 뒤에 쓰여 당연함을 나타냄] 听说 tīngshuō 동 듣자 하니 肯定 kěndìng 부 확실히 형 확신하다 如果 rúguǒ 접 만약 遇到 yùdào 동 맞닥뜨리다, 마주하다 困难 kùnnan 명 어려움 형 곤란하다 记得 jìde 동 기억하고 있다 好吗 hǎo ma 어때? 괜찮아? 응? 要不 yàobù 접 아니면, 그렇지 않으면 咱们 zánmen 대 우리(들) 行吗 xíng ma 가능해? 괜찮아? 알겠어?

04

Nǐ jiā mǎshàng yào bānjiā, shàng gāozhōng de mèimei yě bùdébù zhuǎnxué, líkāi shúxi de péngyoumen, tā kàn qǐlai hěn shāngxīn. Qǐng nǐ ānwèi tā.
你家马上要搬家，上高中的妹妹也不得不转学，离开熟悉的朋友们，她看起来很伤心。请你安慰她。
당신의 집은 곧 이사를 갑니다. 고등학교에 다니는 여동생도 어쩔 수 없이 전학을 가고, 친숙한 친구들을 떠나야 해서, 그녀는 슬퍼 보입니다. 당신이 그녀를 위로해주세요.

Mèimei, wǒ xiǎng gēn nǐ shuō yí jiàn shìqing.
妹妹，我想跟你说一件事情。

Wǒmen mǎshàng yào bānjiā, nǐ bú shì yě děi líkāi shúxi de péngyou ma, nǐ kàn qǐlai hěn shāngxīn a.
我们马上要搬家，你不是ˇ也得离开熟悉的朋友嘛，你看起来ˇ很伤心啊。
Tīngshuō nǐ de péngyoumen yě hěn shāngxīn, búguò nǐ háishi kěyǐ jìxù gēn tāmen liánxì.
听说ˇ你的朋友们也很伤心，不过ˇ你还是可以继续跟他们联系。

Bié tài shāngxīn le! Zhè zhōumò yāoqǐng nǐ de péngyoumen guòlai wánr, hǎo ma?
别太伤心了！这周末ˇ邀请你的朋友们过来玩儿，好吗？
Yàobù wǒ dài nǐmen yìqǐ qù cāntīng chīfàn, xíng ma?
6급 이상 要不ˇ我带你们一起去餐厅吃饭，行吗？

Nǐ juéde zěnmeyàng?
你觉得怎么样？

해석 동생아, 내가 너에게 한 가지 일을 말하고 싶어. 우리는 곧 이사를 가고, 너도 친숙한 친구들을 떠나야 하잖아. 너 슬퍼 보인다. 듣자 하니 너의 친구들도 슬퍼한다더라. 그런데 너는 여전히 그들과 계속 연락할 수 있어. 너무 슬퍼하지 마! 이번 주말에 네 친구들에게 놀러 오라고 초청하자. 어때? 아니면 내가 너희들을 데리고 식당에 가서 함께 밥을 먹을게. 괜찮아? 네 생각은 어때?

어휘 高中 gāozhōng 명 고등학교 不得不 bùdébù 부 어쩔 수 없이, 마지못하여 转学 zhuǎnxué 동 전학하다 伤心 shāngxīn 형 슬퍼하다, 상심하다 安慰 ānwèi 동 위로하다 事情 shìqing 명 일 嘛 ma 조 [서술문 뒤에 쓰여 당연함을 나타냄] 听说 tīngshuō 동 듣자 하니 不过 búguò 접 그런데, 그러나 继续 jìxù 동 계속하다 联系 liánxì 동 연락하다, 연결하다 周末 zhōumò 명 주말 邀请 yāoqǐng 동 초청하다, 초대하다 好吗 hǎo ma 어때? 괜찮아? 응? 要不 yàobù 접 아니면, 그렇지 않으면 餐厅 cāntīng 명 식당, 레스토랑 行吗 xíng ma 괜찮아? 가능해? 알겠어?

01

Nǐ de péngyou hěn xiǎng chūguó dú yánjiūshēng, kěshì nǐ juéde xiànzài chūguó liúxué duì tā de jiānglái méiyǒu hǎochù. Qǐng nǐ xiàng tā shuōmíng nǐ de xiǎngfǎ, bìng shuōfú tā liú xiàlai.

你的朋友很想出国读研究生，可是你觉得现在出国留学对他的将来没有好处。请你向他说明你的想法，并说服他留下来。

당신의 친구는 외국에 가서 대학원에 진학하고 싶어하는데, 당신은 지금 외국에 가서 유학하는 것이 그의 장래에 좋은 점이 없다고 생각합니다. 그에게 당신의 생각을 설명하고, 또 그가 남아있도록 설득하세요.

Xiǎo Wáng, nǐ hǎo. Wǒ xiǎng gēn nǐ shuō yí jiàn shìqing.

小王，你好。我想跟你说一件事情。

Tīngshuō nǐ bìyè yǐhòu xiǎng chūguó dú yánjiūshēng, búguò wǒ juéde xiànzài chūguó liúxué duì nǐ de jiānglái méiyǒu hǎochù.

听说ˇ你毕业以后ˇ想出国读研究生，不过我觉得ˇ现在出国留学ˇ对你的将来没有好处。

Wǒ kàn wàiguó xuéxiào de xuéfèi dōu hěn guì, zhèyàng dehuà nǐ děi yìbiān shàngxué yìbiān zhuàn qián, hěn nán hǎohāor xuéxí.

我看ˇ外国学校的学费都很贵，这样的话ˇ你得一边上学ˇ一边赚钱，很难好好儿学习。

Nǐ zuìhǎo háishi bú yào chūguó liúxué le, hǎo ma?

你最好ˇ还是不要出国留学了，好吗?

Yàobù nǐ háishi kǎolǜ zài Hánguó dú yánjiūshēng, xíng ma?

6급 이상 **要不ˇ你还是考虑ˇ在韩国读研究生，行吗?**

Nǐ háishi tīng wǒ de jiànyì ba.

你还是听我的建议吧。

해석 샤오왕, 안녕. 내가 너에게 한 가지 일을 말하고 싶어. 듣자 하니 네가 졸업한 후에 외국에 가서 대학원에 진학하고 싶어한다며. 그런데 나는 지금 외국에 가서 유학하는 게 너의 장래에 좋은 점이 없다고 생각해. 내가 보니 외국 학교의 학비는 모두 비싼데, 이렇게 되면 너는 공부하면서 돈을 벌어야 하고, 잘 공부하기가 어려워. 너는 그냥 외국에 가서 유학하지 않는 게 제일 좋겠어. 어때? 아니면 너 그냥 한국에서 대학원에 진학하는 것을 고려해봐. 괜찮아? 너는 내 제안을 듣는 편이 좋겠어.

어휘 出国 chūguó 동 외국에 가다 读研究生 dú yánjiūshēng 대학원에 진학하다 可是 kěshì 접 그런데 说明 shuōmíng 동 설명하다 명 설명 说服 shuōfú 동 설득하다 事情 shìqing 명 일 听说 tīngshuō 동 듣자 하니 毕业 bìyè 동 졸업하다 명 졸업 不过 búguò 접 그런데 这样的话 zhèyàng dehuà 이렇게 되면 一边…一边… yìbiān… yìbiān… ~하면서 ~하다 赚钱 zhuàn qián 돈을 벌다 好好儿 hǎohāor 부 잘, 충분히 最好 zuìhǎo 부 ~하는 게 제일 좋다 好吗 hǎo ma 어때? 要不 yàobù 접 아니면 考虑 kǎolǜ 동 고려하다 行吗 xíng ma 괜찮아? 还是…吧 háishi…ba ~하는 편이 좋다 建议 jiànyì 명 제안 동 제안하다

02

Nǐ gēn péngyou yuēhǎo yìqǐ qù kàn měishù zhǎnlǎn, hòulái cái fāxiàn zhǎnlǎn bèi tuīchí le. Qǐng nǐ xiàng péngyou shuōmíng qíngkuàng bìng gǎi yuē shíjiān.
你跟朋友约好一起去看美术展览，后来才发现展览被推迟了。请你向朋友说明情况并改约时间。
당신은 친구와 함께 미술 전시회를 보러 가기로 약속했는데, 나중에서야 전시회가 연기된 것을 발견했습니다. 친구에게 상황을 설명하고 또 약속 시간을 변경하세요.

Xiǎo Lǐ, nǐ hǎo. Wǒ xiǎng gēn nǐ shuō yí jiàn shìqing.
小李，你好。我想跟你说一件事情。

Wǒmen bú shì yuēhǎo xià zhōu yìqǐ qù kàn měishù zhǎnlǎn ma, wǒ gānggāng cái fāxiàn nàge zhǎnlǎn bèi tuīchí le, tuīchí dào
我们不是约好ˇ下周一起去看美术展览嘛，我刚刚才发现ˇ那个展览被推迟了，推迟到
shí yuèfèn le. Wǒ jìde nǐ hěn xiǎng qù kàn nàge zhǎnlǎn, zhè zěnme bàn ne?
十月份了。我记得ˇ你很想去看那个展览，这怎么办呢？

Rúguǒ nǐ kěyǐ dehuà, zánmen shí yuèfèn qù kàn zhǎnlǎn ba.
如果你可以的话，咱们ˇ十月份去看展览吧。
Xià zhōu wǒmen jiù qù sēnlín gōngyuán wánr, hǎo ma?
6급 이상 **下周ˇ我们就去森林公园玩儿，好吗？**

Nǐ juéde zěnmeyàng?
你觉得怎么样？

해석 샤오리, 안녕. 내가 너에게 한 가지 일을 말하고 싶어. 우리가 다음주에 함께 미술 전시회를 보러 가기로 약속했잖아. 내가 방금 막 그 전시회가 연기된 것을 발견했어. 10월로 연기됐대. 나는 네가 그 전시회에 가고 싶어 했던 걸로 기억하는데, 이를 어쩌지? 만약 네가 가능하다면, 우리 10월달에 전시회 보러 가자. 다음주에는 우리 삼림 공원에 가서 놀자. 어때? 네 생각은 어때?

어휘 约 yuē 동 약속하다 美术 měishù 명 미술 展览 zhǎnlǎn 명 전시회, 전람회 发现 fāxiàn 동 발견하다, 깨닫다 推迟 tuīchí 동 연기하다, 미루다 说明 shuōmíng 동 설명하다 명 설명 情况 qíngkuàng 명 상황, 정황 改约 gǎi yuē 약속을 변경하다 事情 shìqing 명 일 嘛 ma 조 [서술문 뒤에 쓰여 당연함을 나타냄] 记得 jìde 동 기억하고 있다 怎么办 zěnme bàn 어쩌지, 어떡하지 如果 rúguǒ 접 만약 咱们 zánmen 대 우리(들) 森林公园 sēnlín gōngyuán 삼림 공원, 수목원 好吗 hǎo ma 어때? 괜찮아? 응?

03

Jīntiān nǐ yǒu zhòngyào de huìyì, dànshì lù shang dǔchē dānwule shíjiān, nǐ wúfǎ zhǔnshí dào gōngsī. Qǐng gěi tóngshì dǎ diànhuà qǐngqiú liàngjiě, bìng qǐng tā zhuǎngào huìyì nèiróng.

今天你有重要的会议，但是路上堵车耽误了时间，你无法准时到公司。请给同事打电话请求谅解，并请他转告会议内容。

오늘 당신은 중요한 회의가 있는데, 길 위에서 교통 체증이 시간을 지체시켰고, 당신은 회사에 제때에 도착할 수가 없습니다. 동료에게 전화해서 양해를 구하고, 또 그에게 회의 내용을 전달해달라고 하세요.

Wéi, nǐ hǎo. Shì Xiǎo Wáng ma? Wǒ shì Zhìyuán.

喂，你好。是小王吗？我是智元。

Jīntiān bú shì yǒu zhòngyào de huìyì ma. Búguò yīnwèi dǔchē, wǒ wúfǎ zhǔnshí dào gōngsī, zěnme bàn ne?

今天不是有重要的会议嘛。不过因为堵车，我无法准时到公司，怎么办呢？

Zhèyàng dehuà wǒ jiù bù néng cānjiā huìyì, zhǐ néng máfan nǐ le.

这样的话我就不能参加会议，只能麻烦你了。

Zhēn bù hǎoyìsi, dào shíhou qǐng nǐ gàosu wǒ yíxià huìyì nèiróng.

真不好意思，到时候请你告诉我一下会议内容。

Rúguǒ nǐ kěyǐ dehuà, xiàwǔ sān diǎn zài bàngōngshì jiàn ge miàn ba.

6급 이상 **如果你可以的话，下午三点在办公室见个面吧。**

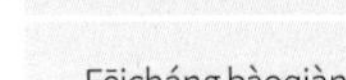

Fēicháng bàoqiàn.

非常抱歉。

해석 여보세요, 안녕. 샤오왕이니? 나는 지원이야. 오늘 중요한 회의가 있잖아. 그런데 교통 체증 때문에, 내가 제때에 회사에 도착할 수가 없어. 어쩌지? 이렇게 되면 내가 회의에 참석할 수가 없고, 너를 번거롭게 할 수밖에 없겠다. 진짜 미안해. 때가 되면 나에게 회의 내용을 한번 알려줘. 만약 네가 가능하다면, 오후 3시에 사무실에서 한 번 만나자. 정말 미안해.

어휘 会议 huìyì 명 회의 堵车 dǔchē 동 교통이 체증되다, 차가 막히다 耽误 dānwu 동 지체하다, 그르치다 无法 wúfǎ 동 ~할 수 없다, ~할 방법이 없다 准时 zhǔnshí 형 제때에, 시간에 맞다 同事 tóngshì 명 동료 请求 qǐngqiú 동 구하다, 부탁하다 谅解 liàngjiě 동 양해하다, 이해하여 주다 转告 zhuǎngào 동 전달하다, 전언하다 内容 nèiróng 명 내용 喂 wéi 여보세요 嘛 ma 조 [서술문 뒤에 쓰여 당연함을 나타냄] 不过 búguò 접 그런데, 그러나 怎么办 zěnme bàn 어쩌지, 어떡하지 这样的话 zhèyàng dehuà 이렇게 되면, 이렇게 하면, 이러면 参加 cānjiā 동 참석하다, 참가하다 麻烦 máfan 형 번거롭다, 귀찮다 到时候 dào shíhou 때가 되면, 그때 가서 如果 rúguǒ 접 만약 抱歉 bàoqiàn 형 미안해하다

제7부분 스토리 구성

제7부분 모범답변

[가족·친구] 실전 연습문제

7_제7부분 01 연습문제 모범답변 따라하기_4-5급.mp3, 7_제7부분 01 연습문제 모범답변 따라하기_6급 이상.mp3

01

①

②

③

④

Yǒu yìtiān, Lǎo Wáng zài jiā. Lǎo Wáng zhànzài qīzi hé nǚér miànqián chàngqǐle gē.
有一天，老王在家。老王ˇ站在妻子和女儿面前ˇ唱起了歌。 (살짝 끊어 읽으세요.)
Tā de qīzi hé nǚér dōu juéde hěn hǎotīng.
他的妻子和女儿ˇ都觉得很好听。

Lǎo Wáng chàngwán hòu, jiù shòudàole qīzi hé nǚér de huānhū.
老王唱完后，就受到了妻子和女儿的欢呼。
Dànshì gēqǔ de shēngyīn yìzhí méiyǒu duàn.
但是ˇ歌曲的声音ˇ一直没有断。

Zhè shí, xiǎo gǒu tūrán pǎodào yí ge zhíwù hòumian le.
这时，小狗ˇ突然跑到一个植物后面了。
Dāng xiǎo gǒu pǎodào zhíwù hòubian de shíhou, Lǎo Wáng xīn xiǎng: “Bù xíng! Bù xíng! Qiānwàn bù néng bèi fāxiàn!”
6급 이상 当小狗ˇ跑到植物后边的时候，老王心想：“不行！不行！千万不能被发现！”

Jiéguǒ, xiǎo gǒu zài zhíwù hòubian fāxiànle yí ge dōngxi. Nà lǐmian chūlai de shēngyīn hé Lǎo Wáng chàng gē de shēngyīn yíyàng.
结果，小狗在植物后边ˇ发现了一个东西。那里面出来的声音ˇ和老王唱歌的声音一样。
Yuánlái bú shì Lǎo Wáng chàng de, ér shì tā piàn jiārén zìjǐ hěn huì chàng gē.
原来ˇ不是老王唱的，而是ˇ他骗家人自己很会唱歌。
Zhè shí, Lǎo Wáng fēicháng chījīng, tā de qīzi hé nǚér shífēn shīwàng.
这时，老王非常吃惊，他的妻子和女儿十分失望。

해석 어느 날, 라오왕은 집에 있습니다. 라오왕은 아내와 딸 앞에 서서 노래를 부르기 시작했습니다. 그의 아내와 딸은 모두 듣기 좋다고 생각합니다. 라오왕은 노래를 다 부른 후, 아내와 딸의 환호를 받았습니다. 그런데 노래의 소리가 계속 끊어지지 않았습니다. 이때, 강아지가 갑자기 한 식물 뒤로 뛰어갔습니다. 강아지가 식물 뒤쪽으로 뛰어갔을 때, 라오왕은 마음속으로 생각했습니다. '안 돼! 안 돼! 절대로 발견돼선 안 돼!' 결국, 강아지는 식물 뒤쪽에서 한 물건을 발견했습니다. 그 안에서 나오는 소리는 라오왕이 노래 부르는 소리와 같았습니다. 알고보니 라오왕이 부른 것이 아니고, 그가 자신이 노래를 잘 부른다고 가족을 속인 것입니다. 이때, 라오왕은 매우 놀랐고, 그의 아내와 딸은 매우 실망했습니다.

어휘 家 jiā 명 집 受到 shòudào ~을 받다 欢呼 huānhū 동 환호하다 继续 jìxù 동 계속하다 小狗 xiǎo gǒu 명 강아지 突然 tūrán 형 갑작스럽다 植物 zhíwù 명 식물 当…的时候 dāng… de shíhou ~할 때 行 xíng 동 괜찮다, 좋다 千万 qiānwàn 부 절대로, 제발 发现 fāxiàn 동 발견하다 结果 jiéguǒ 접 결국 명 결과 原来 yuánlái 부 알고보니, 원래 不是…而是… bú shì…ér shì… ~이 아니고 ~이다 骗 piàn 동 속이다, 기만하다 家人 jiārén 명 가족 自己 zìjǐ 대 자신, 자기 吃惊 chījīng 동 놀라다 失望 shīwàng 동 실망하다

02

①

②

③

④

Yǒu yìtiān, Xiǎo Lǐ gēn péngyou yìqǐ zài túshūguǎn.
有一天，小李跟朋友ˇ一起在图书馆。
Yīnwèi tāmen míngtiān yǒu kǎoshì, suǒyǐ Xiǎo Lǐ de péngyou zài hěn nǔlì de xuéxí.
因为ˇ他们明天有考试，所以ˇ小李的朋友ˇ在很努力地学习。
Kěshì Xiǎo Lǐ yìzhí wánr shǒujī, méiyǒu xuéxí.
可是小李ˇ一直玩儿手机，没有学习。

Péngyou kàn Xiǎo Lǐ hěn cháng shíjiān bú kàn shū, jiù ràng tā hǎohāor zhǔnbèi kǎoshì.
朋友看小李很长时间不看书，就让他ˇ好好儿准备考试。
Kěshì Xiǎo Lǐ duì péngyou shuō huíjiā zhǔnbèi kǎoshì yě láidejí. Ránhòu tā jìxù wánr shǒujī le.
可是小李对朋友说ˇ回家准备考试ˇ也来得及。然后ˇ他继续玩儿手机了。

Xiǎo Lǐ huíjiā hòu, dāng tā zuòzhe xuéxí de shíhou, tūrán juéde hěn kùn.
小李回家后，当他ˇ坐着学习的时候，突然觉得很困。
Tā xīn xiǎng: "Wǒ xiànzài tèbié kùn, kěndìng wúfǎ xuéxí le."
6급 이상 他心想："我现在特别困，肯定无法学习了。"
Guòle yíhuìr, tā jiù shuìzháo le.
过了一会儿，他ˇ就睡着了。

Dì èr tiān, kǎoshì kǎowán hòu, chéngjì mǎshàng jiù chūlai le.
第二天，考试考完后，成绩ˇ马上就出来了。
Xiǎo Lǐ déle sānshí fēn, ér péngyou déle mǎnfēn. Xiǎo Lǐ shífēn hòuhuǐ.
小李得了三十分，而朋友ˇ得了满分。小李十分后悔。

해석 어느 날, 샤오리는 친구와 함께 도서관에 있습니다. 그들은 내일 시험이 있기 때문에, 그래서 샤오리의 친구는 열심히 공부를 하고 있습니다. 그런데 샤오리는 계속 휴대폰을 가지고 놀고, 공부를 하지 않습니다. 친구는 샤오리가 오래 책을 보지 않는 것을 보고, 그에게 시험 준비를 제대로 하라고 말합니다. 그런데 샤오리는 친구에게 집에 돌아가서 시험을 준비해도 시간이 충분하다고 말합니다. 그리고 그는 계속 휴대폰을 가지고 놀았습니다. 샤오리는 집에 돌아온 후, 앉은 채로 공부를 할 때, 갑자기 졸렸습니다. 그는 마음속으로 생각했습니다. '나는 지금 매우 졸려서, 분명 공부할 수 없을 거야.' 잠시 후, 그는 잠이 들었습니다. 다음날, 시험이 끝난 후, 성적이 바로 나왔습니다. 샤오리는 30점을 받았지만, 친구는 만점을 받았습니다. 샤오리는 매우 후회했습니다.

어휘 朋友 péngyou 명 친구 图书馆 túshūguǎn 명 도서관 努力 nǔlì 동 열심이다, 노력하다 学习 xuéxí 동 공부하다 명 공부 可是 kěshì 접 그런데, 그러나 玩儿手机 wánr shǒujī 휴대폰을 가지고 놀다 很长时间 hěn cháng shíjiān 오래, 긴 시간 看书 kàn shū 책을 보다 回家 huíjiā 동 집에 돌아가다 来得及 láidejí 동 시간이 충분하다, 늦지 않다 继续 jìxù 동 계속하다 当…的时候 dāng… de shíhou ~할 때 突然 tūrán 형 갑작스럽다 困 kùn 형 졸리다, 지치다 肯定 kěndìng 부 분명, 확실히 无法 wúfǎ 동 ~할 수가 없다, ~할 방법이 없다 睡着 shuìzháo 잠이 들다 成绩 chéngjì 명 성적 而 ér 접 ~이지만, ~하고 满分 mǎnfēn 명 만점 后悔 hòuhuǐ 동 후회하다, 뉘우치다

7_제7부분 02 연습문제 모범답변 따라하기_4-5급.mp3, 7_제7부분 02 연습문제 모범답변 따라하기_6급 이상.mp3

01

① 

② 

③ 

④ 

Yǒu yìtiān, Lǎo Wáng zài diànyǐngyuàn kàn diànyǐng. Lǎo Wáng hé qítā guānzhòng dōu zài ānanjìngjìng de kàn diànyǐng.
有一天，老王ˇ在电影院看电影。老王和其他观众ˇ都在安安静静地看电影。

Guòle yíhuìr, zuòzài Lǎo Wáng hòumian de nánrén jiēqǐle diànhuà.
过了一会儿，坐在老王后面的男人ˇ接起了电话。

Nàge nánrén jiē diànhuà de shēngyīn hěn dà, zhōuwéi de rén dōu bùmǎn de kànzhe tā.
那个男人接电话的声音很大，周围的人ˇ都不满地看着他。

Lǎo Wáng yě juéde hěn bùmǎn, suǒyǐ tā yāoqiú nàge nánrén ānjìng diǎnr.
老王也觉得很不满，所以ˇ他要求那个男人ˇ安静点儿。

Lǎo Wáng duì nàge nánrén shuō: "Nín néng bu néng guà diànhuà huòzhě qù wàimian tōnghuà?"
6급 이상 老王对那个男人说："您能不能挂电话ˇ或者去外面通话？"

Kěshì méi xiǎngdào nàge nánrén kāishǐ fāhuǒ, tāmen jiù kāishǐ zhēngchǎo le.
可是没想到ˇ那个男人开始发火，他们就开始争吵了。

Tāmen zhēngchǎo de shēngyīn yuèláiyuè dà, jiéguǒ yǒude guānzhòng jiù líkāile diànyǐngyuàn. Lǎo Wáng fēicháng shēngqì.
他们争吵的声音ˇ越来越大，结果ˇ有的观众ˇ就离开了电影院。老王非常生气。

해석 어느 날, 라오왕은 영화관에서 영화를 보고 있습니다. 라오왕과 다른 관객들은 모두 조용히 영화를 보고 있습니다. 잠시 후, 라오왕 뒤쪽에 앉아 있는 남자가 갑자기 전화를 받았습니다. 그 남자가 전화를 받는 소리는 컸고, 주위 사람들은 모두 불만스럽게 그를 쳐다 봅니다. 라오왕도 불만스럽게 생각해서, 그래서 그는 그 남자에게 좀 조용히 해줄 것을 요구합니다. 라오왕이 그 남자에게 말했습니다. "당신은 전화를 끊거나 혹은 바깥에 가서 통화할 수 있나요 없나요?" 그런데 뜻밖에도 그 남자는 화를 내기 시작했고, 그들은 말다툼을 하기 시작했습니다. 그들의 말다툼 소리는 점점 커졌고, 결국 어떤 관객은 영화관을 떠났습니다. 라오왕은 매우 화가 났습니다.

어휘 电影院 diànyǐngyuàn 명 영화관 电影 diànyǐng 명 영화 其他 qítā 대 다른, 기타 观众 guānzhòng 명 관객, 관중 安静 ānjìng 형 조용하다, 평온하다 突然 tūrán 형 갑작스럽다 接电话 jiē diànhuà 전화를 받다 周围 zhōuwéi 명 주위, 주변 要求 yāoqiú 동 요구하다 可是 kěshì 접 그런데, 그러나 发火 fāhuǒ 동 화를 내다 争吵 zhēngchǎo 동 말다툼하다 越来越 yuèláiyuè 점점 结果 jiéguǒ 접 결국 명 결과 生气 shēngqì 동 화내다

02

①

②

③

④

Yǒu yìtiān, Xiǎo Wáng zài lù shang. Tā fāxiàn lù shang yǒu yí wèi shōu fèi huà huàr de huàjiā.
有一天，小王在路上。她发现ˇ路上有一位收费画画儿的画家。

Xiǎo Wáng zuòzài huàjiā qiánbian de yǐzi shang, ránhòu huàjiā kāishǐ huà huàr le.
小王ˇ坐在画家前边的椅子上，然后ˇ画家开始画画儿了。
Tā yìbiān kàn Xiǎo Wáng de liǎn yìbiān hěn rènzhēn de huà xiàqu.
他一边看小王的脸ˇ一边很认真地画下去。

Xiǎo Wáng kànzhe huàjiā rènzhēn huà huàr de yàngzi, jiù xiǎng kuài diǎnr kàndào huàr.
小王看着画家ˇ认真画画儿的样子，就想ˇ快点儿看到画儿。
Tā xīn xiǎng: "Huàr lǐmian de wǒ kěndìng tǐng piàoliang de, huíjiā hòu wǒ yídìng yào bǎ nà zhāng huàr guàzài fángjiān li."
6급 이상 她心想："画儿里面的我ˇ肯定挺漂亮的，回家后ˇ我一定要把那张画儿ˇ挂在房间里。"

Guòle yíhuìr, huàjiā huà wán le, tā bǎ wánchéng de huàr gěi Xiǎo Wáng le.
过了一会儿，画家画完了，他把完成的画儿ˇ给小王了。
Xiǎo Wáng shōudào huàr zhī hòu, fāxiàn lǐmian de zìjǐ fēicháng kěxiào. Tā tài shīwàng le.
小王收到画儿之后，发现ˇ里面的自己非常可笑。她太失望了。

해석 어느 날, 샤오왕은 길 위에 있습니다. 그녀는 길 위에서 돈을 받고 그림을 그리는 한 화가를 발견합니다. 샤오왕은 화가 앞의 의자에 앉았고, 그리고 화가는 그림을 그리기 시작했습니다. 그는 샤오왕의 얼굴을 보면서 진지하게 그림을 그려 나갑니다. 샤오왕은 화가가 진지하게 그림을 그리는 모습을 보며, 그림을 빨리 보고 싶다고 생각합니다. 그녀는 마음속으로 생각했습니다. '그림 속의 나는 분명 매우 예쁠 거야. 집으로 돌아간 후 나는 꼭 저 그림을 방 안에 걸어둬야지.' 잠시 후, 화가가 그림을 다 그렸고, 그는 완성한 그림을 샤오왕에게 주었습니다. 샤오왕은 그림을 받은 후, 그 속의 자신이 매우 우스꽝스럽다는 것을 발견했습니다. 그녀는 매우 실망했습니다.

어휘 路上 lù shang 길 위, 도중 发现 fāxiàn 동 발견하다 收 shōu 동 받다, 거두어들이다 一边…一边… yìbiān… yìbiān… ~하면서 ~하다 认真 rènzhēn 형 진지하다, 성실하다 样子 yàngzi 명 모습, 모양 肯定 kěndìng 부 분명, 확실히 挺 tǐng 부 매우, 아주 回家 huíjiā 동 집에 돌아가다 挂 guà 동 걸다, 걸리다 收到 shōudào 받다 自己 zìjǐ 대 자신, 자기 可笑 kěxiào 형 우스꽝스럽다, 가소롭다 失望 shīwàng 동 실망하다

[주인공 1인] 실전 연습문제

7_제7부분 03 연습문제 모범답변 따라하기_4-5급.mp3, 7_제7부분 03 연습문제 모범답변 따라하기_6급 이상.mp3

01

①

②

③

④

Yǒu yìtiān, Xiǎo Wáng zài lù shang.
有一天，小王在路上。

Yīnwèi tiān yǐjīng hēi le, érqiě lù shang zhǐ yǒu tā yí ge rén, suǒyǐ Xiǎo Wáng gǎnjué yǒudiǎnr hàipà.
因为天已经黑了，而且路上只有他一个人，所以小王感觉有点儿害怕。

Guòle yíhuìr, Xiǎo Wáng tūrán fāxiàn yǒu yí ge hēi yǐng gēnzhe zìjǐ zǒu, tā gǎnjué fēicháng hàipà.
过了一会儿，小王突然发现有一个黑影跟着自己走，他感觉非常害怕。

Tā juédìng huítóu kàn hòubian de rén shì shéi.
他决定回头看后边的人是谁。

Dāng tā tíngzhù zhuǎnshēn hòu, què fāxiàn shēn hòu méiyǒu rènhé rén.
当他停住转身后，却发现身后没有任何人。

Tā xīn xiǎng: "Zěnme yí ge rén yě méiyǒu ne? Nà gāngcái de hēi yǐng dàodǐ shì shénme?"
6급 이상 他心想："怎么一个人也没有呢？那刚才的黑影到底是什么？"

Yuánlái, yìzhí gēnzhe tā lái de hēi yǐng bú shì rén ér shì guàzài tā shūbāo shang de qìqiú.
原来，一直跟着他来的黑影不是人而是挂在他书包上的气球。

Xiǎo Wáng kànzhe zìjǐ shūbāo shang de qìqiú, fēicháng jīnghuāng.
小王看着自己书包上的气球，非常惊慌。

해석 어느 날, 샤오왕은 길 위에 있습니다. 날이 이미 어두워졌고, 게다가 길 위에 그 혼자만 있기 때문에, 그래서 샤오왕은 조금 무서웠습니다. 잠시 후, 샤오왕은 갑자기 한 검은 그림자가 자신을 따라 걷고 있는 것을 발견했고, 그는 매우 무서웠습니다. 그는 고개를 돌려 뒤쪽의 사람이 누구인지 보기로 결정했습니다. 그가 멈추고 몸을 돌렸을 때, 뒤에 도리어 어떠한 사람도 없다는 것을 발견했습니다. 그는 마음속으로 생각했습니다. '어떻게 한 사람도 없는 거지? 그럼 방금 검은 그림자는 도대체 무엇이지? 알고보니, 계속 그를 따라 왔던 검은 그림자는 사람이 아니라 그의 책가방 위에 걸려 있는 풍선이었습니다. 샤오왕은 자신의 책가방 위의 풍선을 보면서, 매우 당황했습니다.

어휘 路上 lù shang 길 위, 도중 已经 yǐjīng 부 이미, 벌써 一个人 yí ge rén 혼자, 한 사람 感觉 gǎnjué 동 느끼다, 여기다 害怕 hàipà 동 무서워하다, 두려워하다 突然 tūrán 형 갑작스럽다 发现 fāxiàn 동 발견하다 黑影 hēi yǐng 명 검은 그림자 决定 juédìng 동 결정하다 명 결정 当 dāng 개 [어떤 일이 발생한 시간을 표시하는 데 쓰임] 停住 tíngzhù 동 멈추다 转 zhuǎn 동 돌다 却 què 부 도리어, 오히려 任何 rènhé 대 어떠한, 무슨 刚才 gāngcái 명 방금 到底 dàodǐ 부 도대체 原来 yuánlái 부 알고보니, 원래 不是…而是… bú shì… ér shì… ~이 아니라 ~이다 挂 guà 동 걸다, 걸리다 自己 zìjǐ 대 자신, 자기 惊慌 jīnghuāng 형 당황하다

모범답변 및 해석

해커스 TSC 한 권으로 끝내기

02

① 

② 

③ 

④ 

Yǒu yìtiān, Xiǎo Lǐ gēn tā de xiǎo gǒu Dōng Dong yìqǐ zài gōngyuán sànbù.
有一天，小李跟她的小狗东东一起在公园散步。
Xiǎo Lǐ juéde yǒudiǎnr kě, zhànzài shòuhuòjī qiánbian kànzhe lǐmian de yǐnliào.
小李觉得有点儿渴，站在售货机前边看着里面的饮料。

Zhè shí, tā de xiǎo gǒu jìngjìng de pǎodào bié de dìfang le.
这时，她的小狗静静地跑到别的地方了。
Dāng Xiǎo Lǐ fāxiàn tā de xiǎo gǒu bújiàn de shíhou, gǎndào fēicháng chījīng.
当小李发现她的小狗不见的时候，感到非常吃惊。

Xiǎo Lǐ duì gōngyuán de gōngzuò rényuán shuō zìjǐ de xiǎo gǒu tūrán bú jiàn le, qǐng bāng tā yìqǐ zhǎo yi zhǎo.
小李对公园的工作人员说自己的小狗突然不见了，请帮她一起找一找。
Zhè shí, Xiǎo Lǐ fāxiàn qiánbian yí ge rén bàozhe zìjǐ de xiǎo gǒu zǒu guòlai.
这时，小李发现前边一个人抱着自己的小狗走过来。
Tā xīn xiǎng: "Éi? Nà zhī xiǎo gǒu shì bu shì wǒ de Dōng Dong?"
6급 이상 她心想："诶？那只小狗是不是我的东东？"

Xiǎo Lǐ pǎodào nàge rén miànqian, rènchūle Dōng Dong.
小李跑到那个人面前，认出了东东。
Zhèyàng, Xiǎo Lǐ jiù zhǎodàole zìjǐ de xiǎo gǒu. Tā fēicháng gǎnxiè nàge rén, duì tā biǎoshì xièyì le.
这样，小李就找到了自己的小狗。她非常感谢那个人，对他表示谢意了。

해석 어느 날, 샤오리는 그녀의 강아지 둥둥과 함께 공원에서 산책을 하고 있습니다. 샤오리는 조금 목이 마르다고 느껴, 자판기 앞에 서서 안의 음료수를 보고 있습니다. 이때, 그녀의 강아지는 조용히 다른 곳으로 뛰어갔습니다. 샤오리는 그녀의 강아지가 안 보이는 것을 발견했을 때, 매우 놀랐습니다. 샤오리는 공원의 직원에게 자신의 강아지가 갑자기 안 보인다고 말했고, 그녀를 도와 같이 찾아달라고 요청했습니다. 이때, 샤오리는 앞쪽에서 한 사람이 자신의 강아지를 안고 걸어오고 있는 것을 발견합니다. 그녀는 마음속으로 생각했습니다. '어? 저 강아지 내 둥둥 아니야?' 샤오리는 그 사람 앞으로 뛰어갔고, 둥둥을 알아봤습니다. 이렇게, 샤오리는 자신의 강아지를 찾았습니다. 그녀는 그 사람에게 매우 감사했고, 그에게 감사의 뜻을 표했습니다.

어휘 小狗 xiǎo gǒu 명 강아지 散步 sànbù 동 산책하다, 산보하다 售货机 shòuhuòjī (음료 등을 파는) 자판기 饮料 yǐnliào 명 음료수, 음료 别的 bié de 다른 当…的时候 dāng… de shíhou ~할 때 发现 fāxiàn 동 발견하다 感到 gǎndào 동 느끼다, 여기다 吃惊 chījīng 동 놀라다 工作人员 gōngzuò rényuán 명 직원 自己 zìjǐ 대 자신, 자기 突然 tūrán 형 갑작스럽다 一个人 yí ge rén 한 사람, 혼자 抱 bào 동 안다, 껴안다, 포옹하다 感谢 gǎnxiè 동 감사하다, 고맙다 表示 biǎoshì 동 표시하다, 나타내다 谢意 xièyì 명 감사의 뜻, 사의

실전 테스트(1)

7_제7부분 실전 테스트(1) 모범답변 따라하기_4-5급.mp3,
7_제7부분 실전 테스트(1) 모범답변 따라하기_6급 이상.mp3

①

②

③

④

Yǒu yìtiān, Xiǎo Wáng gēn bàba yìqǐ zài jiā. Tā de bàba zuòzài shāfā shang kàn diànshì, tā fāxiàn bàba de wàzi pò le.
有一天，小王跟爸爸一起在家。她的爸爸ˇ坐在沙发上看电视，她发现ˇ爸爸的袜子破了。

Xiǎo Wáng zǒujìn zìjǐ de fángjiān, dǎkāi zìjǐ de cúnqiánhé, kànle kàn lǐmian yǒu duōshao qián.
小王走进自己的房间，打开自己的存钱盒，看了看里面有多少钱。

Ránhòu tā cóng hézi li náchū yìxiē qián hòu chūmén le.
然后ˇ她从盒子里拿出一些钱后出门了。

Guòle yíhuìr, Xiǎo Wáng láidàole yì jiā wàzi shāngdiàn.
过了一会儿，小王来到了一家袜子商店。

Tā zài xǔduō wàzi zhōng wèi bàba xuǎnzéle zuì piàoliang de yì shuāng.
她在许多袜子中ˇ为爸爸选择了ˇ最漂亮的一双。

Tā xīn xiǎng: "Rúguǒ wǒ bǎ zhè shuāng wàzi sònggěi bàba de huà, bàba yídìng huì hěn gāoxìng ba."
6급 이상 她心想："如果ˇ我把这双袜子送给爸爸的话，爸爸ˇ一定会很高兴吧。"

Xiǎo Wáng huíjiā le. Ránhòu tā bǎ gāng mǎi de wàzi sònggěi bàba le.
小王回家了。然后ˇ她把刚买的袜子ˇ送给爸爸了。

Bàba fēicháng gǎndòng, Xiǎo Wáng kànzhe bàba de xiàoliǎn, yě shífēn kāixīn.
爸爸非常感动，小王看着爸爸的笑脸，也十分开心。

해석 어느 날, 샤오왕은 아빠와 함께 집에 있습니다. 그녀의 아빠는 소파에 앉아 TV를 보고 있고, 그녀는 아빠의 양말이 구멍난 것을 발견했습니다. 샤오왕은 자신의 방으로 걸어 들어와, 자신의 저금통을 열고, 안에 돈이 얼마나 있는지 봤습니다. 그리고 그녀는 통 안에서 약간의 돈을 꺼낸 후 외출했습니다. 잠시 후, 샤오왕은 한 양말 가게에 왔습니다. 그녀는 매우 많은 양말 중에서 아빠를 위해 가장 예쁜 한 쌍을 선택했습니다. 그녀는 마음속으로 생각했습니다. '만약 내가 이 양말을 아빠에게 준다면, 아빠는 분명히 기뻐할 거야.' 샤오왕은 집에 돌아왔습니다. 그리고 그녀는 방금 산 양말을 아빠에게 주었습니다. 아빠는 매우 감동했고, 샤오왕도 아빠의 웃는 얼굴을 보며, 매우 기뻐했습니다.

어휘 家 jiā 명 집 양 [가게·기업 따위를 세는 단위] 沙发 shāfā 명 소파 电视 diànshì 명 TV 发现 fāxiàn 동 발견하다 袜子 wàzi 명 양말, 스타킹 破 pò 동 구멍나다, 파손되다 형 낡다 自己 zìjǐ 대 자신, 자기 存钱盒 cúnqiánhé 명 저금통 商店 shāngdiàn 명 가게, 상점 许多 xǔduō 수 매우 많다 选择 xuǎnzé 동 선택하다 最 zuì 부 가장, 제일 如果 rúguǒ 접 만약 回家 huíjiā 동 집에 돌아오다 刚 gāng 부 방금, 막, 겨우 感动 gǎndòng 동 감동하다, 감동시키다 开心 kāixīn 형 기쁘다, 즐겁다

7_제7부분 실전 테스트(2) 모범답변 따라하기_4-5급.mp3,
7_제7부분 실전 테스트(2) 모범답변 따라하기_6급 이상.mp3

①

②

③

④

Yǒu yìtiān, Xiǎo Lǐ zài zìjǐ de fángjiān. Tā bǎ gāng mǎi huílai de xiézi fàngzài dìbǎn shang le.
有一天，小李在自己的房间。他把刚买回来的鞋子放在地板上了。

Tā de fángjiān li yǒu yì zhī xiǎo gǒu.
他的房间里有一只小狗。

Xiǎo Lǐ tǎngzài chuáng shang xiǎngzhe míngtiān chuānzhe xīn mǎi de xiézi chūmén de zìjǐ, fēicháng kāixīn.
小李躺在床上想着明天穿着新买的鞋子出门的自己，非常开心。

Kěshì zài xiéhé pángbiān yìzhí yǒu tā de xiǎo gǒu.
可是在鞋盒旁边一直有他的小狗。

Dì èr tiān, Xiǎo Lǐ dōu zhǔnbèi hǎo chūmén de shíhou, tā tūrán fāxiàn zìjǐ de xiézi bú jiàn le.
第二天，小李都准备好出门的时候，他突然发现自己的鞋子不见了。

Tā xīn xiǎng: "Éi? Wǒ zuótiān mǎi de xié qù nǎr le ne?"
6급 이상 他心想："诶？我昨天买的鞋去哪儿了呢？"

Xiǎo Lǐ zǒudào kètīng hòu, fāxiàn tā de xiǎo gǒu zài wánr tā de xīn xié.
小李走到客厅后，发现他的小狗在玩儿他的新鞋。

Tā kàndào zìjǐ de xié yǐjīng huài le, dōu bù néng chuān le. Xiǎo Lǐ fēicháng chījīng.
他看到自己的鞋已经坏了，都不能穿了。小李非常吃惊。

해석 어느 날, 샤오리는 자신의 방에 있습니다. 그는 방금 사서 돌아온 신발을 바닥에 두었습니다. 그의 방 안에는 강아지 한 마리가 있습니다. 샤오리는 침대 위에 누워 내일 새로 산 신발을 신고 외출하는 자신을 생각하고, 매우 기뻐합니다. 그런데 신발 상자 옆에 계속 그의 강아지가 있습니다. 다음날, 샤오리가 모든 준비를 마치고 외출을 하려 할 때, 그는 갑자기 자신의 신발이 보이지 않는다는 것을 발견했습니다. 그는 마음속으로 생각했습니다. '어? 내가 어제 산 신발 어디갔지?' 샤오리는 거실로 나간 후, 그의 강아지가 그의 새 신발을 가지고 놀고 있는 것을 발견합니다. 그는 자신의 신발이 이미 망가지고, 신을 수도 없게 된 것을 봤습니다. 샤오리는 매우 놀랐습니다.

어휘 自己 zìjǐ 대 자신, 자기　刚 gāng 부 방금, 막, 겨우　鞋 xié 명 신발　地板 dìbǎn 명 바닥, 마루　小狗 xiǎo gǒu 명 강아지　躺 tǎng 동 눕다, 드러눕다　开心 kāixīn 형 기쁘다, 즐겁다　可是 kěshì 접 그런데, 그러나　突然 tūrán 형 갑작스럽다　发现 fāxiàn 동 발견하다　客厅 kètīng 명 거실, 응접실　已经 yǐjīng 부 이미, 벌써　坏 huài 동 망가지다 형 나쁘다　吃惊 chījīng 동 놀라다

실전모의고사 (온라인 영상 모의고사)

실전모의고사 모범답변

8_실전모의고사 모범답변 따라하기_4-5급.mp3, 8_실전모의고사 모범답변 따라하기_6급 이상.mp3

제1부분

제1부분에는 모두 4개의 간단한 문제가 있습니다.
문제와 제시음이 들리고 난 후, 답변을 시작하세요.
문제 당 10초의 답변시간이 제공됩니다.
지금 문제가 시작됩니다.

01

Nǐ jiào shénme míngzi?
你叫什么名字?
당신의 이름은 무엇입니까?

Wǒ jiào Lǐ Yínxiù. Zhè shì nǎinai gěi wǒ qǐ de míngzi.
我叫ˇ李垠秀。这是ˇ奶奶给我起的名字。 (살짝 끊어 읽으세요.)

해석 제 이름은 이은수입니다. 할머니가 제게 지어주신 이름입니다.

어휘 叫 jiào 동 ~라고 하다, 부르다　名字 míngzi 명 이름　李 Lǐ 명 이[성씨]　奶奶 nǎinai 명 할머니　给 gěi 개 ~에게　起名字 qǐ míngzi 이름을 짓다

02

Qǐng shuōchū nǐ de chūshēng nián yuè rì.
请说出你的出生年月日。
당신의 출생 연월일을 말해주세요.

Wǒ shì yī jiǔ bā jiǔ nián jiǔ yuè bā hào chūshēng de.
我是ˇ一九八九年ˇ九月八号出生的。

해석 저는 1989년 9월 8일에 태어났습니다.

어휘 请 qǐng 동 ~해주세요　说出 shuōchū 말하다　出生年月日 chūshēng nián yuè rì 출생 연월일　年 nián 명 년　月 yuè 명 월　号 hào 명 일　出生 chūshēng 동 태어나다, 출생하다

03

Nǐ jiā yǒu jǐ kǒu rén?

你家有几口人?

당신의 가족은 몇 명입니까?

Wǒ jiā yǒu sān kǒu rén. Bàba, māma hái yǒu wǒ.

我家有三口人。爸爸、妈妈还有我。

해석 우리 가족은 3명입니다. 아빠, 엄마 그리고 제가 있습니다.

어휘 家 jiā 명 집, 가정 有 yǒu 동 있다 几 jǐ 수 몇, 얼마 口 kǒu 양 명[식구를 세는 단위] 人 rén 명 사람 爸爸 bàba 명 아빠 妈妈 māma 명 엄마 还有 hái yǒu 그리고, 또

04

Nǐ zài shénme dìfang gōngzuò? Huòzhě nǐ zài nǎge xuéxiào shàngxué?

你在什么地方工作? 或者你在哪个学校上学?

당신은 어느 곳에서 일합니까? 혹은 어느 학교에 다닙니까?

Wǒ zài Sānxīng gōngzuò. Wǒ xǐhuan zhè jiā gōngsī.

我在三星工作。我喜欢这家公司。

해석 저는 삼성에서 일합니다. 저는 이 회사를 좋아합니다.

어휘 在 zài 개 ~에서 동 ~에 있다 地方 dìfang 명 곳, 장소 工作 gōngzuò 동 일하다 명 일 或者 huòzhě 접 혹은, 또는 学校 xuéxiào 명 학교 上学 shàngxué 동 다니다, 등교하다 三星 Sānxīng 고유 삼성 喜欢 xǐhuan 동 좋아하다 家 jiā 양 [가게·기업 따위를 세는 단위] 公司 gōngsī 명 회사

제2부분

제2부분에는 모두 4문제가 있고, 문제마다 1장의 그림이 출제됩니다.
그림에 근거하여 문제에 답변하세요.
문제와 제시음이 들리고 난 후, 정확하게 답변하세요.
문제 당 6초의 답변시간이 제공됩니다.
지금 문제가 시작됩니다.

01

Yǎnjìng zuǒbian yǒu shénme?
眼镜左边有什么?
안경 왼쪽에 무엇이 있습니까?

Yǎnjìng zuǒbian yǒu shūbāo.
眼镜左边ˇ有书包。

해석 안경 왼쪽에 책가방이 있습니다.

어휘 眼镜 yǎnjìng 명 안경 左边 zuǒbian 명 왼쪽 书包 shūbāo 명 책가방

02

Zhège huāpíng yǒu duō zhòng?
这个花瓶有多重?
이 꽃병은 얼마나 무겁습니까?

Zhège huāpíng yǒu èr diǎn wǔ gōngjīn.
这个花瓶ˇ有二点五公斤。

해석 이 꽃병은 2.5kg입니다.

어휘 花瓶 huāpíng 명 꽃병 多 duō 대 얼마나 형 많다 重 zhòng 형 무겁다 点 diǎn 명 소수점, 시 公斤 gōngjīn 양 킬로그램(kg)

03

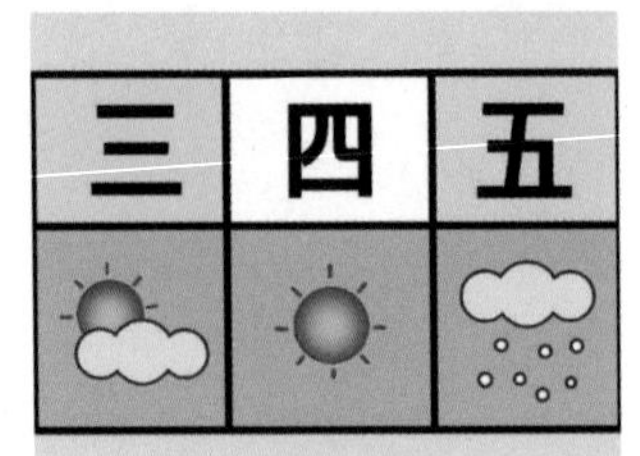

Xīngqī wǔ xià yǔ ma?

星期五下雨吗?

금요일은 비가 내립니까?

Xīngqī wǔ xià xuě.

星期五下雪。

해석 금요일은 눈이 내립니다.

어휘 星期 xīngqī 명 요일 下雨 xià yǔ 비가 내리다 下雪 xià xuě 눈이 내리다

04

Yínháng duìmiàn yǒu yóujú ma?

银行对面有邮局吗?

은행 맞은편에는 우체국이 있습니까?

Yínháng duìmiàn yǒu miànbāodiàn.

银行对面有面包店。

해석 은행 맞은편에는 빵집이 있습니다.

어휘 银行 yínháng 명 은행 对面 duìmiàn 명 맞은편 邮局 yóujú 명 우체국 面包店 miànbāodiàn 명 빵집

제3부분

제3부분에는 모두 5문제가 있습니다. 간단한 대화를 완성하세요.
모든 대화는 생활 속에서 자주 접하는 상황들로 출제되며, 대화 시작 전에 그림이 보여집니다.
최대한 완전하게 답변하세요. 내용의 길이와 사용한 모든 어휘는 시험 점수에 영향을 줄 수 있습니다.
아래 예시를 들어보세요.

문제 : 샤오왕은 왔습니까?
답변1 : 아직 안왔습니다.
답변2 : 그는 아직 안왔습니다. 왜 그러시죠? 무슨 일 있으신가요?

두 가지 답변 방식 모두 가능하지만, '답변2'가 더 구체적이기 때문에, 더 높은 점수를 받을 수 있습니다.
문제와 제시음이 들리고 난 후, 답변을 시작하세요.
문제 당 15초의 답변시간이 제공됩니다. 지금 문제가 시작됩니다.

01

Zhè shì bu shì Xiǎo Wáng sòng nǐ de yīfu?
这是不是小王送你的衣服?
이거 샤오왕이 너에게 선물해준 옷이야 아니야?

Zhè shì Xiǎo Wáng sòng wǒ de yīfu.
这是小王送我的衣服。

Wǒ juéde zhè jiàn yīfu yánsè hěn piàoliang, dàxiǎo yě hěn héshì.
我觉得这件衣服颜色很漂亮，大小也很合适。

Zěnme le? Nǐ yě xiǎng mǎi zhèyàng de yīfu ma?
6급 이상 **怎么了？你也想买这样的衣服吗?**

해석 이것은 샤오왕이 나에게 선물해 준 옷이야. 나는 이 옷 색깔이 예쁘고, 크기도 알맞다고 생각해. 왜 그래? 너도 이런 옷 사고 싶어?

어휘 送 sòng 동 선물하다, 주다 衣服 yīfu 명 옷 颜色 yánsè 명 색깔, 색 漂亮 piàoliang 형 예쁘다, 아름답다 大小 dàxiǎo 명 크기 合适 héshì 형 알맞다, 적합하다 怎么了 Zěnme le 왜 그래? 무슨 일이야?

02

Nǐ zhè jǐ tiān liǎnsè bú tài hǎo, gōngzuò yālì dà ma?

你这几天脸色不太好，工作压力大吗?

너 요 며칠 안색이 별로 안 좋은데, 일 스트레스가 커?

Wǒ gōngzuò yālì hěn dà.

我工作压力很大。

Wǒ zuìjìn jīhū měi tiān dōu yào jiābān, shízài tài kùn le.

我最近ˇ几乎每天都要加班，实在太困了。

Nǐ bāng wǒ qù chāoshì mǎi diǎnr qiǎokèlì, hǎo bu hǎo?

6급 이상 **你帮我ˇ去超市买点儿巧克力，好不好?**

해석 나는 일 스트레스가 커. 나는 요즘 거의 매일 야근을 해야 하는데, 정말 너무 졸려. 네가 나 대신 슈퍼마켓에 가서 초콜릿을 좀 사다 줘. 어때?

어휘 脸色 liǎnsè 명 안색, 얼굴빛 工作 gōngzuò 명 일 동 일하다 压力 yālì 명 스트레스, 부담, 압력 最近 zuìjìn 명 요즘, 최근 每天 měi tiān 매일 加班 jiābān 동 야근하다, 초과 근무를 하다 实在 shízài 부 정말, 확실히 困 kùn 형 졸리다, 지치다 帮我… bāng wǒ… 나를 대신하여 ~하다, 나를 도와 ~하다 超市 chāoshì 명 슈퍼마켓, 마트 巧克力 qiǎokèlì 명 초콜릿

03

Wǒ juéde jīntiān tèbié rè, nǐ juéde ne?

我觉得今天特别热，你觉得呢?

나는 오늘 특히 덥다고 생각해. 네 생각은 어때?

Shì ma? Wǒ juéde jīntiān bú tài rè.

是吗? 我觉得今天不太热。

Zěnme le? Nǐ xiǎng zhǎo ge liángkuai de dìfang ma?

怎么了? 你想找个凉快的地方吗?

Wǒ jīngcháng qù de kāfēitīng jiù zài qiánmian, zǒu ba!

6급 이상 **我经常去的咖啡厅就在前面，走吧！**

해석 그래? 나는 오늘 그다지 덥지 않다고 생각해. 왜 그래? 너 시원한 곳을 찾고 싶어? 내가 자주 가는 카페가 바로 앞이야, 가자!

어휘 怎么了 Zěnme le 왜 그래? 무슨 일이야? 凉快 liángkuai 형 시원하다, 서늘하다 地方 dìfang 명 곳, 장소, 부분 经常 jīngcháng 부 자주, 항상 咖啡厅 kāfēitīng 명 카페

04

Shàng zhōu nǐ qù bǎihuòshāngdiàn mǎile shénme?

上周你去百货商店买了什么?

지난주에 너는 백화점에 가서 무엇을 샀어?

Shàng zhōu wǒ qù bǎihuòshāngdiàn mǎile yí jiàn wàitào.

上周ˇ我去百货商店买了一件外套。

Wǒ juéde nàge wàitào zhìliàng hěn búcuò.

我觉得那个外套ˇ质量很不错。

Xià cì gěi nǐ kànkan, hǎo bu hǎo?

6급 이상 **下次给你看看，好不好?**

해석 지난주에 나는 백화점에 가서 외투 한 벌을 샀어. 나는 그 외투가 품질이 괜찮다고 생각해. 다음번에 너에게 보여줄게. 어때?

어휘 百货商店 bǎihuòshāngdiàn 명 백화점 外套 wàitào 명 외투 质量 zhìliàng 명 품질, 질 不错 búcuò 형 괜찮다, 좋다

05

Wǒ kěyǐ kàn yíxià nǐ de bǐjì ma?

我可以看一下你的笔记吗?

내가 너의 필기를 한번 봐도 될까?

Dāngrán kěyǐ, wǒ gěi nǐ kàn ba.

当然可以，我给你看吧。

Wǒ juéde nǐ yīnggāi rènzhēn tīng kè, jiānchí yùxí hé fùxí.

我觉得ˇ你应该认真听课，坚持预习和复习。

Zhè zhōumò lái wǒ jiā yìqǐ xuéxí, hǎo bu hǎo?

6급 이상 **这周末ˇ来我家一起学习，好不好?**

해석 당연히 되지. 내가 너에게 보여줄게. 나는 네가 성실하게 수업을 듣고, 꾸준히 예습과 복습을 해야 한다고 생각해. 이번 주말에 우리 집에 와서 같이 공부하자. 어때?

어휘 笔记 bǐjì 명 필기 동 필기하다 当然 dāngrán 부 당연히 형 당연하다 应该 yīnggāi 조동 (마땅히) ~해야 한다, (당연히) ~할 것이다 认真 rènzhēn 형 성실하다, 진지하다 听课 tīng kè 수업을 듣다 坚持 jiānchí 동 꾸준히 하다 预习 yùxí 동 예습하다 复习 fùxí 동 복습하다 周末 zhōumò 명 주말 学习 xuéxí 동 공부하다 명 학습

제4부분

제4부분에는 모두 5문제가 있습니다.
최대한 완전하게 답변하세요. 내용의 길이와 사용한 모든 어휘는 시험 점수에 영향을 줄 수 있습니다. 아래 예시를 들어보세요.

문제 : 이번 주 주말에 당신은 무엇을 할 계획입니까?
답변1 : 등산이요.
답변2 : 이번 주 토요일 아침에 저는 가족들과 함께 등산을 갈 거고, 그리고 일요일 저녁에 저는 영화관에 가서 영화를 볼 겁니다.

두 가지 답변 방식 모두 가능하지만, '답변2'가 더 구체적이기 때문에, 더 높은 점수를 받을 수 있습니다.
문제와 제시음이 들리고 난 후, 답변을 시작하세요.
문제 당 15초의 답변 준비시간과 25초의 답변시간이 제공됩니다. 지금 문제가 시작됩니다.

01

Nǐ xiǎngguo chángqī zài guówài shēnghuó ma? Qǐng jiǎndān tántan kàn.
你想过长期在国外生活吗？请简单谈谈看。
당신은 장기간 해외에서 생활하는 것을 생각해본 적이 있습니까? 간단히 말해보세요.

Wǒ xiǎngguo chángqī zài guówài shēnghuó.
我想过长期在国外生活。

Yīnwèi wǒ xiǎng qù shǐyòng Yīngyǔ de guójiā shēnghuó, xué dìdao chúnzhèng de Yīngyǔ.
因为ˇ我想去使用英语的国家生活，学地道纯正的英语。

Bǐrú Měiguó, Yīngguó, Jiānádà děng yǐ Yīngyǔ wéi zhǔ de xīfāng guójiā.
6급 이상 **比如ˇ美国、英国、加拿大等ˇ以英语为主的西方国家。**

Suǒyǐ, wǒ dǎsuan qù guówài chángqī shēnghuó.
所以，我打算ˇ去国外长期生活。

해석 저는 장기간 해외에서 생활하는 것을 생각해본 적이 있습니다. 왜냐하면 저는 영어를 사용하는 나라에 가서, 정통의 올바른 영어를 배우고 싶기 때문입니다. 예를 들어 미국, 영국, 캐나다 등 영어가 위주인 서양 국가입니다. 그래서, 저는 해외에 가서 장기간 생활할 계획입니다.

어휘 想过 xiǎngguo 생각해보다 生活 shēnghuó 동 생활하다 명 생활 谈 tán 동 말하다, 이야기하다 因为 yīnwèi 접 왜냐하면 ~때문이다 使用 shǐyòng 동 사용하다 国家 guójiā 명 나라, 국가 地道 dìdao 형 정통의, 본고장의 纯正 chúnzhèng 형 올바르다 比如 bǐrú 동 예를 들어 ~이다 等 děng 조 등, 따위 以…为主 yǐ…wéi zhǔ ~을 위주로 하다 西方 xīfāng 명 서양, 서방 打算 dǎsuan 동 ~할 계획이다, ~할 것이다

02

Mǎi rìcháng yòngpǐn shí, nǐ huì bu huì kǎolǜ èrshǒu de? Qǐng jiǎndān tántan.
买日常用品时，你会不会考虑二手的？请简单谈谈。
일상 용품을 살 때, 당신은 중고를 고려합니까? 간단히 말해보세요.

Mǎi rìcháng yòngpǐn shí, wǒ huì kǎolǜ èrshǒu de.
买日常用品时，我会考虑二手的。

Yīnwèi wǒ juéde èrshǒu de jiàgé piányi, zhìliàng yě bǐ xiǎngxiàng de hǎo.
因为我觉得ˇ二手的价格便宜，质量ˇ也比想象的好。

Bǐrú èrshǒu de shū, yīguì, yǐzi děng dōu zhídé gòumǎi.
6급 이상 **比如ˇ二手的书、衣柜、椅子等ˇ都值得购买。**

Suǒyǐ, wǒ huì kǎolǜ mǎi èrshǒu de.
所以，我会考虑买二手的。

해석 일상 용품을 살 때, 저는 중고를 고려합니다. 왜냐하면 저는 중고는 가격이 저렴하고, 품질도 상상한 것보다 좋다고 생각하기 때문입니다. 예를 들어 중고의 책, 옷장, 의자 등 모두 구매할 가치가 있습니다. 그래서, 저는 중고를 사는 것을 고려합니다.

어휘 日常用品 rìcháng yòngpǐn 일상 용품 考虑 kǎolǜ 동 고려하다, 생각하다 二手 èrshǒu 형 중고의 谈 tán 동 말하다, 이야기하다 因为 yīnwèi 접 왜냐하면 ~때문이다 想象 xiǎngxiàng 동 상상하다 比如 bǐrú 동 예를 들어 ~이다 衣柜 yīguì 명 옷장 等 děng 조 등, 따위 值得… zhídé… 동 ~할 가치가 있다 购买 gòumǎi 동 구매하다

03

Zài nǐde xìnggé zhōng, zuì xiǎng gǎibiàn de quēdiǎn shì shénme? Qǐng jiǎndān shuōshuo.
在你的性格中，最想改变的缺点是什么？请简单说说。
당신의 성격 중에서, 가장 고치고 싶은 단점은 무엇입니까? 간단히 말해보세요.

Zài wǒ de xìnggé zhōng, zuì xiǎng gǎibiàn de quēdiǎn shì cūxīn.
在我的性格中，最想改变的缺点ˇ是粗心。

Yīnwèi wǒ duì zìjǐ yāoqiú bù gāo, zuòshì tàidu búgòu yánsù.
因为我对自己ˇ要求不高，做事态度ˇ不够严肃。

Bǐrú wǒ xiǎng kuài diǎnr zuòwán shìqing, chángcháng bú rènzhēn sīkǎo.
6급 이상 **比如ˇ我想快点儿做完事情，常常不认真思考。**

Suǒyǐ, wǒ zuì xiǎng gǎibiàn de quēdiǎn shì cūxīn.
所以，我最想改变的缺点ˇ是粗心。

해석 제 성격 중에서, 가장 고치고 싶은 단점은 세심하지 못한 점입니다. 왜냐하면 저는 자신에 대한 요구가 높지 않고, 일을 처리하는 태도가 충분히 진지하지 못하기 때문입니다. 예를 들어 저는 빨리 일을 끝내고 싶어서, 자주 진지하게 생각하지 않습니다. 그래서, 제가 가장 고치고 싶은 단점은 세심하지 못한 점입니다.

어휘 性格 xìnggé 명 성격 最 zuì 부 가장 改变 gǎibiàn 동 고치다 缺点 quēdiǎn 명 단점 粗心 cūxīn 형 세심하지 못하다, 소홀하다 因为 yīnwèi 접 왜냐하면 ~때문이다 做事 zuòshì 동 일을 처리하다 态度 tàidu 명 태도 够 gòu 부 충분히 동 충분하다 严肃 yánsù 형 진지하다 比如 bǐrú 동 예를 들어 ~이다 事情 shìqing 명 일 思考 sīkǎo 동 생각하다

04

Nǐ xǐhuan dǎ shìpín diànhuà ma? Wèishénme? Qǐng jiǎndān tántan.

你喜欢打视频电话吗？为什么？请简单谈谈。

당신은 영상 통화하는 것을 좋아합니까? 어째서입니까? 간단히 말해보세요.

Wǒ bù xǐhuan dǎ shìpín diànhuà.

我不喜欢打视频电话。

Yīnwèi wǒ běnshēn jiù bù zěnme gēn biéren dǎ diànhuà, wǒ chángcháng fā duǎnxìn liáotiānr.

因为我本身就不怎么跟别人打电话，我常常发短信聊天儿。

Érqiě wǒ juéde dǎ shìpín diànhuà yǒudiǎnr hàixiū.

6급 이상 **而且我觉得打视频电话有点儿害羞。**

Suǒyǐ, wǒ bù xǐhuan dǎ shìpín diànhuà.

所以，我不喜欢打视频电话。

해석 저는 영상 통화하는 것을 좋아하지 않습니다. 왜냐하면 저 자신이 다른 사람과 그다지 전화하지 않으며, 저는 자주 문자를 보내 이야기를 나누기 때문입니다. 게다가 저는 영상 통화를 하는 것이 조금 부끄럽다고 생각합니다. 그래서, 저는 영상 통화하는 것을 좋아하지 않습니다.

어휘 打电话 dǎ diànhuà 전화하다　视频 shìpín 명 영상, 동영상　谈 tán 동 말하다, 이야기하다　因为 yīnwèi 접 왜냐하면 ~때문이다　本身 běnshēn 대 자신, 본인　别人 biéren 대 다른 사람　发短信 fā duǎnxìn 문자를 보내다　聊天儿 liáotiānr 동 이야기를 나누다, 잡담하다　而且 érqiě 접 게다가　害羞 hàixiū 형 부끄러워하다, 수줍어하다

05

Shàngxué huò shàngbān de shíhou, nǐ chídàoguo ma? Qǐng jiǎndān tántan.

上学或上班的时候，你迟到过吗？请简单谈谈。

학교에 다닐 때 혹은 출근을 할 때, 당신은 지각한 적이 있습니까? 간단히 말해보세요.

Shàngxuéde shíhou, wǒ chídàoguo.

上学的时候，我迟到过。

Yīnwèi wǒ měi tiān wǎnshàng dǎ yóuxì, hěn wǎn cái shuìjiào.

因为我每天晚上打游戏，很晚才睡觉。

Érqiě wǒ zhù de dìfang lí xuéxiào tài yuǎn le, zhìshǎo xūyào yí ge xiǎoshí.

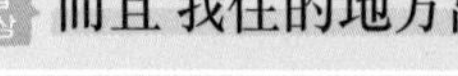

6급 이상 **而且我住的地方离学校太远了，至少需要一个小时。**

Suǒyǐ, shàngxuéde shíhou, wǒ chídàoguo.

所以，上学的时候，我迟到过。

해석 학교에 다닐 때, 저는 지각한 적이 있습니다. 왜냐하면 저는 매일 밤 게임을 하고, 늦게서야 비로소 잤기 때문입니다. 게다가 제가 사는 곳은 학교에서 너무 멀어서, 적어도 한 시간이 걸렸습니다. 그래서, 학교에 다닐 때, 저는 지각한 적이 있습니다.

어휘 上学 shàngxué 동 학교에 다니다　上班 shàngbān 동 출근하다　迟到 chídào 동 지각하다　谈 tán 동 말하다, 이야기하다　因为 yīnwèi 접 왜냐하면 ~때문이다　打游戏 dǎ yóuxì 게임을 하다　而且 érqiě 접 게다가　地方 dìfang 명 곳, 장소, 부분　学校 xuéxiào 명 학교　至少 zhìshǎo 부 적어도, 최소한　需要 xūyào 동 (시간이) 걸리다, 필요하다

제5부분

제5부분에는 모두 4문제가 있습니다. 당신의 관점을 말해주세요.
최대한 완전하게 답변하세요. 내용의 길이와 사용한 모든 어휘는 시험 점수에 영향을 줄 수 있습니다.
아래 예시를 들어보세요.

문제 : 최근 적지 않은 사람들이 성형을 합니다. 당신은 이에 대해 어떻게 생각합니까?

답변1 : 저는 성형은 안 좋다고 생각합니다.

답변2 : 저는 성형은 좋은 것이라고 생각합니다. 첫 번째 이유는, 성형 후 외모가 더 보기 좋아진다면, 자신에게 자신감이 생길 수 있습니다. 두 번째 이유는, 상대방에게 더 좋은 인상을 남길 수 있습니다. 그래서 저는 성형은 좋은 것이라고 생각합니다.

두 가지 답변 방식 모두 가능하지만, '답변2'가 더 구체적이기 때문에, 더 높은 점수를 받을 수 있습니다.
문제와 제시음이 들리고 난 후, 답변을 시작하세요.
문제 당 30초의 답변 준비시간과 50초의 답변시간이 제공됩니다. 지금 문제가 시작됩니다.

01

Nǐ zànchéng tuìxiū hòu líkāi chéngshì, qù nóngcūn shēnghuó ma?
你赞成退休后离开城市，去农村生活吗?
당신은 퇴직 후에 도시를 떠나, 농촌으로 가서 생활하는 것을 찬성합니까?

Wǒ zànchéng tuìxiū hòu líkāi chéngshì, qù nóngcūn shēnghuó.
我赞成退休后离开城市，去农村生活。

Dìyī shì yīnwèi kōngqì hǎo. Qīngxīn de kōngqì duì shēntǐ hé xīnlǐ jiànkāng yǒu hěn duō hǎochù.
第一是因为空气好。清新的空气对身体和心理健康有很多好处。

Dì èr shì yīnwèi fēngjǐng hǎo. Nóngcūn de huánjìng bǐjiào qīngyōu, kěyǐ jiǎnqīng yālì.
第二是因为风景好。农村的环境比较清幽，可以减轻压力。

6급 이상
Shuō shíhuà, suīrán zài chéngshì shēnghuó huì hěn fāngbiàn, dàn wǒ háishi xiǎng zài nóngcūn xiǎngshòu yōuxián de lǎonián shēnghuó.
说实话，虽然在城市生活会很方便，但我还是想在农村享受悠闲的老年生活。

Zǒng de lái shuō, wǒ zànchéng tuìxiū hòu líkāi chéngshì, qù nóngcūn shēnghuó.
总的来说，我赞成退休后离开城市，去农村生活。

해석 저는 퇴직 후에 도시를 떠나, 농촌으로 가서 생활하는 것을 찬성합니다. 첫째로는 공기가 좋기 때문입니다. 신선한 공기는 신체와 심리 건강에 좋은 점이 많습니다. 둘째로는 풍경이 좋기 때문입니다. 농촌의 환경은 비교적 수려하고 그윽하여, 스트레스를 줄일 수 있습니다. 솔직히 말하면, 비록 도시에서 생활하는 것은 편리하지만, 그러나 저는 그래도 농촌에서 여유로운 노년 생활을 즐기고 싶습니다. 결론적으로 말하자면, 저는 퇴직 후에 도시를 떠나, 농촌으로 가서 생활하는 것을 찬성합니다.

어휘 赞成 zànchéng 동 찬성하다 退休 tuìxiū 동 퇴직하다 城市 chéngshì 명 도시 农村 nóngcūn 명 농촌 生活 shēnghuó 동 생활하다 명 생활 第一…第二… dìyī…dì èr… 첫째~ 둘째~ 空气 kōngqì 명 공기 清新 qīngxīn 형 신선하다 身体 shēntǐ 명 신체 心理 xīnlǐ 명 심리 健康 jiànkāng 명 건강 형 건강하다 好处 hǎochù 명 좋은 점 风景 fēngjǐng 명 풍경 环境 huánjìng 명 환경 清幽 qīngyōu 형 수려하고 그윽하다 减轻 jiǎnqīng 동 줄이다 压力 yālì 명 스트레스 说实话 shuō shíhuà 솔직히 말하면 虽然…但(是)… suīrán…dàn(shì)… 비록 ~이지만, 그러나~ 享受 xiǎngshòu 동 즐기다 悠闲 yōuxián 형 여유롭다 总的来说 zǒng de lái shuō 결론적으로 말하자면

02

Zhǎo gōngzuò shí, nǐ rènwéi wàimào huì yǐngxiǎng nǐ de miànshì jiéguǒ ma?

找工作时，你认为外貌会影响你的面试结果吗?

직업을 구할 때, 당신은 외모가 당신의 면접 결과에 영향을 준다고 생각합니까?

Zhǎo gōngzuò shí, wǒ rènwéi wàimào bú huì yǐngxiǎng wǒ de miànshì jiéguǒ.

找工作时，我认为外貌ˇ不会影响我的面试结果。

Dìyī, miànshì shì wèile píngjià yìngpìn zhě de biǎodá nénglì hé yìngbiàn nénglì, ér bú shì wèile píngjià wàimào.

第一，面试ˇ是为了评价应聘者的表达能力ˇ和应变能力，而不是为了评价外貌。

Dì èr, zhǐyào chuānzhuó gānjìng, tàidu rènzhēn, jiù yídìng huì huòdé miànshìguān de hǎogǎn.

第二，只要穿着干净、态度认真，就一定ˇ会获得面试官的好感。

Shuō shíhuà, suīrán yǒu hěn duō rén wàimào chūzhòng, dàn tāmen de nénglì hé tàidu kěnéng bù fúhé yāoqiú.

6급 이상 **说实话，虽然有很多人外貌出众，但他们的能力和态度ˇ可能不符合要求。**

Zǒng de lái shuō, wǒ rènwéi wàimào bú huì yǐngxiǎng wǒ de miànshì jiéguǒ.

总的来说，我认为外貌ˇ不会影响我的面试结果。

해석 직업을 구할 때, 저는 외모가 저의 면접 결과에 영향을 주지 않는다고 생각합니다. 첫째, 면접은 지원자의 표현 능력과 임기응변 능력을 평가하기 위함이지, 외모를 평가하기 위함이 아닙니다. 둘째, 옷차림이 깔끔하고, 태도가 성실하기만 하면, 분명히 면접관의 호감을 얻을 수 있을 것입니다. 솔직히 말하면, 비록 많은 사람들이 외모는 뛰어나지만, 그러나 그들의 능력과 태도는 요구에 부합하지 않을수 있습니다. 결론적으로 말하자면, 저는 외모가 저의 면접 결과에 영향을 주지 않는다고 생각합니다.

어휘 工作 gōngzuò 명 직업 동 일하다 外貌 wàimào 명 외모, 외관 影响 yǐngxiǎng 동 영향을 주다 명 영향 面试 miànshì 명 면접 동 면접을 보다 结果 jiéguǒ 명 결과 접 결국 第一…第二… dìyī…dì èr… 첫째~ 둘째~ 评价 píngjià 동 평가하다 명 평가 应聘者 yìngpìn zhě 지원자, 응시자 表达能力 biǎodá nénglì 표현 능력 应变能力 yìngbiàn nénglì 임기응변 능력 只要 zhǐyào 접 ~하기만 하면 穿着 chuānzhuó 명 옷차림, 복장 态度 tàidu 명 태도 获得 huòdé 동 얻다, 취득하다 面试官 miànshìguān 면접관 好感 hǎogǎn 명 호감 说实话 shuō shíhuà 솔직히 말하면 虽然…但(是)… suīrán…dàn(shì)… 비록 ~이지만, 그러나~ 出众 chūzhòng 형 뛰어나다, 출중하다 符合 fúhé 동 부합하다, 들어맞다 要求 yāoqiú 명 요구 동 요구하다 总的来说 zǒng de lái shuō 결론적으로 말하자면

03

Nǐ rènwéi réngōng zhìnéng de pǔjí huì gěi wǒmen de shēnghuó dàilai shénme yàng de yǐngxiǎng?
你认为人工智能的普及会给我们的生活带来什么样的影响?
당신은 인공지능의 보급이 우리의 생활에 어떠한 영향을 가져다줄 것이라고 생각합니까?

Wǒ rènwéi réngōng zhìnéng de pǔjí huì gěi wǒmen de shēnghuó dàilai hěn duō yǐngxiǎng.
我认为人工智能的普及ˇ会给我们的生活ˇ带来很多影响。

Dìyī, réngōng yīliáo jīqì huì tígāo shǒushù de zhǔnquè lǜ.
第一，人工医疗机器ˇ会提高手术的准确率。

Dì èr, réngōng zhìnéng jīqìrén kěyǐ péibàn rénmen, chéngwéi rénmen de hǎo péngyou.
第二，人工智能机器人ˇ可以陪伴人们，成为人们的好朋友。

Shuō shíhuà, suīrán réngōng zhìnéng zài shēnghuó zhōng hěn pǔbiàn, dàn háishi yǒu hěn duō bùfen xūyào rén de cānyù.
6급 이상 **说实话，虽然人工智能ˇ在生活中很普遍，但ˇ还是有很多部分ˇ需要人的参与。**

Zǒng de lái shuō, wǒ rènwéi zhège xiànxiàng huì gěi wǒmen de shēnghuó dàilai hěn duō yǐngxiǎng.
总的来说，我认为这个现象ˇ会给我们的生活ˇ带来很多影响。

해석 저는 인공지능의 보급이 우리의 생활에 많은 영향을 가져다줄 것이라고 생각합니다. 첫째, 인공지능 의료 기기는 수술의 정확도를 향상시킵니다. 둘째, 인공지능 로봇은 사람들과 함께하며, 사람들의 좋은 친구가 될 수 있습니다. 솔직히 말하면, 비록 인공지능이 우리의 생활에 널리 퍼져 있지만, 그러나 그래도 사람의 참여가 필요한 부분이 많이 있습니다. 결론적으로 말하자면, 저는 이 현상이 우리의 생활에 많은 영향을 가져다줄 것이라고 생각합니다.

어휘 人工智能 réngōng zhìnéng 인공지능 普及 pǔjí 명 보급 동 보급되다 生活 shēnghuó 명 생활 동 생활하다 影响 yǐngxiǎng 명 영향 동 영향을 주다 第一…第二… dìyī…dì èr… 첫째~ 둘째~ 医疗 yīliáo 명 의료 机器 jīqì 명 기기, 기계 提高 tígāo 동 향상시키다, 끌어올리다 手术 shǒushù 명 수술 准确率 zhǔnquè lǜ 정확도 机器人 jīqìrén 명 로봇 成为 chéngwéi 동 ~이 되다, ~으로 되다 说实话 shuō shíhuà 솔직히 말하면 虽然…但(是)… suīrán…dàn(shì)… 비록 ~이지만, 그러나~ 普遍 pǔbiàn 형 널리 퍼져 있다, 보편적이다 部分 bùfen 명 부분, 일부 需要 xūyào 동 필요하다, (시간이) 걸리다 参与 cānyù 동 참여하다, 참가하다 总的来说 zǒng de lái shuō 결론적으로 말하자면 现象 xiànxiàng 명 현상

04

Bǎ qián fàngzài dìyī wèi, huì gěi shēnghuó dàilai nǎxiē huàichù? Qǐng tántan nǐ de kànfǎ.

把钱放在第一位，会给生活带来哪些坏处？请谈谈你的看法。

돈을 최우선으로 두는 것은, 생활에 어떠한 나쁜 점들을 가져다 줍니까? 당신의 견해를 말해주세요.

Bǎ qián fàngzài dìyī wèi, huì gěi shēnghuó dàilai hěn duō huàichù.

把钱ˇ放在第一位，会给生活ˇ带来很多坏处。

Dìyī gè huàichù shì, wǒmen hěn yǒu kěnéng kàn bu dào wǒmen shēnbiān zhēnzhèng de xìngfú.

第一个坏处是，我们很有可能看不到ˇ我们身边真正的幸福。

Dì èr gè huàichù shì, rénjì guānxi huì biànde yuèláiyuè chà, zuìhòu shēnbiān kěnéng yí ge rén dōu méiyǒu.

第二个坏处是，人际关系ˇ会变得越来越差，最后ˇ身边可能一个人都没有。

Shuō shíhuà, wǒ rènwéi qián suīrán zhòngyào, dàn wǒmen de rénshēng zhōng hái yǒu gèng duō yǒu jiàzhí de dōngxi.

6급 이상 **说实话，我认为钱ˇ虽然重要，但我们的人生中ˇ还有更多有价值的东西。**

Zǒng de lái shuō, wǒ juéde bǎ qián fàngzài dìyī wèi, huì gěi shēnghuó dàilai hěn duō huàichù.

总的来说，我觉得ˇ把钱放在第一位，会给生活ˇ带来很多坏处。

해석 돈을 최우선으로 두는 것은, 생활에 많은 나쁜 점들을 가져다 줍니다. 첫 번째 나쁜 점은, 우리가 우리 곁의 진정한 행복을 보지 못할 가능성이 크다는 것입니다. 두 번째 나쁜 점은, 인간관계가 점점 나빠져서, 결국에는 곁에 한 사람도 없을 수 있다는 것입니다. 솔직히 말하면, 저는 돈은 비록 중요하지만, 그러나 우리의 인생에는 그래도 더 많은 가치 있는 것들이 있다고 생각합니다. 결론적으로 말하자면, 저는 돈을 최우선으로 두는 것은, 생활에 많은 나쁜 점들을 가져다 준다고 생각합니다.

어휘 第一位 dìyī wèi 최우선　生活 shēnghuó 명 생활 동 생활하다　坏处 huàichù 명 나쁜 점, 결점　谈 tán 동 말하다, 이야기하다　看法 kànfǎ 명 견해　第一…第二… dìyī…dì èr… 첫째~ 둘째~　真正 zhēnzhèng 형 진정한, 참된　幸福 xìngfú 명 행복 형 행복하다　人际关系 rénjì guānxi 인간관계　越来越 yuèláiyuè 점점　一个人 yí ge rén 한 사람　说实话 shuō shíhuà 솔직히 말하면　虽然…但(是)… suīrán…dàn(shì)… 비록 ~이지만, 그러나~　人生 rénshēng 명 인생　价值 jiàzhí 명 가치　总的来说 zǒng de lái shuō 결론적으로 말하자면

제6부분

제6부분은 모두 3문제가 있고, 문제마다 1장의 그림이 출제됩니다.
그리고 그림을 설명하는 중국어도 함께 제공됩니다.
만약 당신이 그러한 상황에 처해있다면, 어떻게 대응할 것입니까?
최대한 완전하게 답변하세요. 내용의 길이와 사용한 모든 어휘는 시험 점수에 영향을 줄 수 있습니다.
문제와 제시음이 들리고 난 후, 답변을 시작하세요.
문제 당 30초의 답변 준비시간과 40초의 답변시간이 제공됩니다.
지금 문제가 시작됩니다.

01

Nǐde tóngshì zài wǎngshàng mǎile zuì xīnkuǎn de shǒujī, nǐ juéde gōngnéng hěn búcuò. Qǐng nǐ xiàng tā xúnwèn jiàgé, gòumǎi wǎngzhǐ děng xiāngguān shìyí.
你的同事在网上买了最新款的手机，你觉得功能很不错。请你向她询问价格、购买网址等相关事宜。
당신의 동료가 인터넷에서 최신형의 휴대폰을 샀는데, 당신은 기능이 괜찮다고 생각합니다. 그녀에게 가격, 구매 사이트 주소 등 관련 사항을 물어보세요.

Xiǎo Lǐ, nǐ hǎo. Xiànzài shuōhuà fāngbiàn ma?
小李，你好。现在说话方便吗？

Nǐ zhè cì bú shì zài wǎngshàng mǎile zuì xīnkuǎn de shǒujī ma, wǒ juéde gōngnéng hěn búcuò, wǒ yě xiǎng mǎi yíyàng de,
你这次ˇ不是在网上买了最新款的手机嘛，我觉得ˇ功能很不错，我也想买一样的，
zěnme bàn ne? Tīngshuō zài shítǐdiàn mǎi dehuà, jiàgé tài guì le, zài wǎngshàng mǎi huì gèng piányi.
怎么办呢？听说ˇ在实体店买的话，价格太贵了，在网上买ˇ会更便宜。

Zhè kuǎn shǒujī shì duōshao qián? Zài nǎge wǎngzhàn mǎi de? Kěyǐ gàosu wǒ yíxià ma?
这款手机ˇ是多少钱？在哪个网站买的？可以告诉我一下吗？
Rúguǒ nǐ kěyǐ dehuà, zhǎo ge shíjiān bāng wǒ kànkan shǒujī ba.
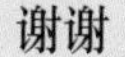
6급 이상 **如果你可以的话，找个时间ˇ帮我看看手机吧。**

Xièxie!
谢谢！

해석 샤오리, 안녕. 지금 얘기하기 편해? 너 이번에 인터넷에서 최신형 휴대폰을 샀잖아. 나는 기능이 괜찮다고 생각하고, 나도 같은 것을 사고 싶어. 어쩌지? 듣자 하니 오프라인 매장에서 사면 가격이 너무 비싸고, 인터넷에서 사면 더 싸다던데. 이 휴대폰 얼마야? 어느 사이트에서 산 거야? 나에게 알려줄 수 있어? 만약 네가 가능하다면, 시간을 내서 나를 도와 휴대폰을 좀 봐 줘. 고마워!

어휘 同事 tóngshì 명 동료 最新款 zuì xīnkuǎn 최신형 功能 gōngnéng 명 기능, 효능 询问 xúnwèn 동 물어보다, 알아보다 价格 jiàgé 명 가격, 값 购买 gòumǎi 동 구매하다, 구입하다 网址 wǎngzhǐ 명 (웹) 사이트 주소 等 děng 조 등, 따위 동 기다리다 相关事宜 xiāngguān shìyí 관련 사항 嘛 ma 조 [서술문 뒤에 쓰여 당연함을 나타냄] 怎么办 zěnme bàn 어쩌지, 어떡하지 听说 tīngshuō 동 듣자 하니 实体店 shítǐdiàn 명 오프라인 매장 如果 rúguǒ 접 만약

02

Nǐ dìdi xiǎng qù de nà jiā gōngsī tōngzhī tā miànshì shībài, dìdi kàn qilai shífēn nánguò. Qǐng nǐ ānwèi bìng gǔlì tā.
你弟弟想去的那家公司通知他面试失败，弟弟看起来十分难过。请你安慰并鼓励他。

당신의 남동생이 가고 싶어하던 그 회사에서 그가 면접에서 떨어졌다고 통지했고, 남동생은 매우 괴로워 보입니다. 당신이 그를 위로하고 또 격려하세요.

Dìdi, wǒ xiǎng gēn nǐ shuō yí jiàn shìqing.
弟弟，我想跟你说一件事情。

Tīngshuō nǐ xiǎng qù de nà jiā gōngsī tōngzhī nǐ miànshì shībài, zhè ràng nǐ shífēn nánguò.
听说你想去的那家公司通知你面试失败，这让你十分难过。
Búguò nǐ háishi yǒu hěn duō jīhuì qù yìngpìn qítā gōngsī, wǒ kàn nǐ xià cì yídìng néng chénggōng.
不过你还是有很多机会去应聘其他公司，我看你下次一定能成功。

Bié tài shāngxīn le! Xià cì qù yìngpìn gèng hǎo de gōngsī, hǎo ma?
别太伤心了！下次去应聘更好的公司，好吗？
Rúguǒ nǐ kěyǐ dehuà, jīn wǎn gēn wǒ qù kǎoròudiàn chīfàn ba.
6급 이상 **如果你可以的话，今晚跟我去烤肉店吃饭吧。**

Nǐ juéde zěnmeyàng?
你觉得怎么样？

해석 동생아, 내가 너에게 한 가지 일을 말하고 싶어. 듣자 하니 네가 가고 싶어하던 그 회사에서 너에게 면접에서 떨어졌다고 통지했고, 이것이 너를 매우 괴롭게 한다며. 그런데 너에게는 아직도 다른 회사에 지원할 많은 기회가 있고, 내가 보니 너는 다음번에 꼭 성공할 수 있을거야. 너무 슬퍼하지 마! 다음번에 더 좋은 회사에 가서 지원해봐. 어때? 만약 네가 가능하다면, 오늘밤에 나와 고깃집에 밥 먹으러 가자. 네 생각은 어때?

어휘 通知 tōngzhī (동) 통지하다, 알리다　面试失败 miànshì shībài 면접에서 떨어지다　十分 shífēn (부) 매우, 아주　难过 nánguò (형) 괴롭다, 슬프다　安慰 ānwèi (동) 위로하다　鼓励 gǔlì (동) 격려하다　事情 shìqing (명) 일　听说 tīngshuō (동) 듣자 하니　不过 búguò (접) 그런데, 그러나　机会 jīhuì (명) 기회　应聘 yìngpìn (동) 지원하다, 초빙에 응하다　成功 chénggōng (동) 성공하다, 이루다　好吗 hǎo ma 어때? 괜찮아? 응?　如果 rúguǒ (접) 만약　烤肉店 kǎoròudiàn (명) 고깃집

03

Nǐ de shèyǒu jīngcháng sāhuǎng, suǒyǐ qítā péngyou dōu bú xìnrèn tā. Qǐng nǐ quàn tā gǎizhèng cuòwù.

你的舍友经常撒谎，所以其他朋友都不信任她。请你劝她改正错误。

당신의 룸메이트는 자주 거짓말을 하고, 그래서 다른 친구들이 모두 그녀를 믿지 않습니다. 당신이 그녀에게 잘못을 바르게 고칠 것을 권하세요.

Xiǎo Wáng, nǐ hǎo. Wǒ xiǎng gēn nǐ shuō yí jiàn shìqing.

小王，你好。我想跟你说一件事情。

Tīngshuō nǐ píngshí jīngcháng sāhuǎng, suǒyǐ qítā péngyou dōu bú xìnrèn nǐ.

听说ˇ你平时经常撒谎，所以ˇ其他朋友都不信任你。

Wǒ kàn nǐ hǎoxiàng méi dǎsuan gǎidiào zhège huài xíguàn, zhèyàng dehuà wǒ yě bù néng xìnrèn nǐ le.

我看ˇ你好像没打算改掉这个坏习惯，这样的话ˇ我也不能信任你了。

Cóng jīntiān kāishǐ, nǐ háishi bú yào jīngcháng sāhuǎng, hǎo ma?

从今天开始，你还是ˇ不要经常撒谎，好吗?

Rúguǒ nǐ kěyǐ dehuà, zhǎo ge jīhuì xiàng péngyoumen dàoqiàn ba.

6급 이상 **如果你可以的话，找个机会ˇ向朋友们道歉吧。**

Nǐ háishi tīng wǒ de jiànyì ba.

你还是听我的建议吧。

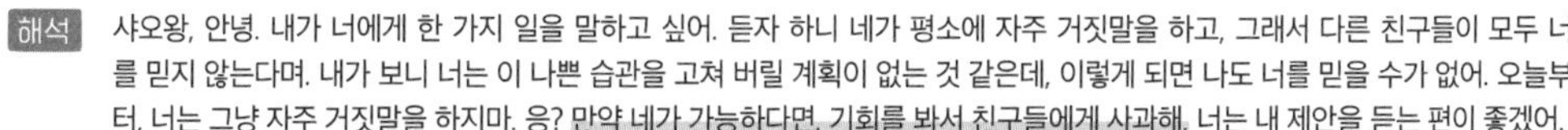

해석 샤오왕, 안녕. 내가 너에게 한 가지 일을 말하고 싶어. 듣자 하니 네가 평소에 자주 거짓말을 하고, 그래서 다른 친구들이 모두 너를 믿지 않는다며. 내가 보니 너는 이 나쁜 습관을 고쳐 버릴 계획이 없는 것 같은데, 이렇게 되면 나도 너를 믿을 수가 없어. 오늘부터, 너는 그냥 자주 거짓말을 하지마. 응? 만약 네가 가능하다면, 기회를 봐서 친구들에게 사과해. 너는 내 제안을 듣는 편이 좋겠어.

어휘 舍友 shèyǒu 명 룸메이트 撒谎 sāhuǎng 동 거짓말을 하다, 허튼소리를 하다 信任 xìnrèn 동 믿다, 신임하다 명 신임 劝 quàn 동 권하다, 타이르다 改正 gǎizhèng 동 바르게 고치다, 개정하다 错误 cuòwù 명 잘못, 실수 事情 shìqing 명 일 听说 tīngshuō 동 듣자 하니 平时 píngshí 명 평소, 평상시 好像 hǎoxiàng 부 (마치) ~인 것 같다 改掉 gǎidiào 고쳐 버리다 坏 huài 형 나쁘다 동 고장나다 习惯 xíguàn 명 습관 这样的话 zhèyàng dehuà 이렇게 되면, 이렇게 하면, 이러면 好吗 hǎo ma 응? 어때? 괜찮아? 如果 rúguǒ 접 만약 找机会 zhǎo jīhuì 기회를 보다, 기회를 잡다 道歉 dàoqiàn 동 사과하다, 사죄하다 还是…吧 háishi…ba ~하는 편이 좋다 建议 jiànyì 명 제안 동 제안하다

제7부분

제7부분은 4컷의 연속된 만화가 나옵니다.
만화를 자세히 보고 만화의 내용을 서술하세요.

① 

② 

③ 

④ 

Yǒu yìtiān, Xiǎo Wáng zài yí liàng huǒchē li.
有一天，小王ˇ在一辆火车里。

Tā de pángbiān yǒu yí ge nánrén, nàge nánrén yìbiān dàshēng dǎ diànhuà yìbiān chī bǐnggān. Xiǎo Wáng fēicháng bùmǎn.
他的旁边ˇ有一个男人，那个男人ˇ一边大声打电话ˇ一边吃饼干。小王非常不满。

Xiǎo Wáng xiǎng zhǎo kōng de zuòwèi, jiù kànle kàn zhōuwéi, tā fāxiàn fùjìn yǒu yí wèi nǚshēng yí ge rén zuòzhe.
小王想找空的座位，就看了看周围，他发现ˇ附近有一位女生ˇ一个人坐着。

Tā qiánmian méiyǒu rén zuò.
她前面没有人坐。

Suǒyǐ Xiǎo Wáng huàndào nàge zuòwèi le.
所以小王ˇ换到那个座位了。

Xiǎo Wáng zuòzài nǚshēng de qiánmian xīn xiǎng: "Méiyǒu rén dǎrǎo wǒ, hěn ānjìng."
6급 이상 小王坐在女生的前面ˇ心想："没有人打扰我，很安静。"

Zhè shí, yí ge xiǎo nánháir názhe bīngqílín zǒujìn Xiǎo Wáng.
这时，一个小男孩儿ˇ拿着冰淇淋走近小王。

Méi xiǎngdào nàge nánháir zài Xiǎo Wáng miànqián tíng xiàlai le, yuánlái Xiǎo Wáng qiánmian de nǚshēng shì nánháir de māma.
没想到ˇ那个男孩儿ˇ在小王面前停下来了，原来ˇ小王前面的女生ˇ是男孩儿的妈妈。

Érqiě nánháir kāishǐ dàshēng chàng gē. Xiǎo Wáng fēicháng shāngxīn, kāishǐ liúqǐle yǎnlèi.
而且男孩儿ˇ开始大声唱歌。小王非常伤心，开始流起了眼泪。

해석 어느 날, 샤오왕은 기차 안에 있습니다. 그의 옆에는 한 남자가 있는데, 그 남자는 큰 소리로 전화를 하면서 과자를 먹고 있습니다. 샤오왕은 매우 불만스럽습니다. 샤오왕은 빈 좌석을 찾고 싶어서, 주위를 봤는데, 그는 근처에 여자 한 명이 혼자 앉아 있는 것을 발견했습니다. 그녀 앞에는 앉아 있는 사람이 없습니다. 그래서 샤오왕은 그 좌석으로 옮겼습니다. 샤오왕은 여자 앞에 앉은 채 마음속으로 생각했습니다. '나를 방해하는 사람이 없어서, 조용하네.' 이때, 한 남자 아이가 아이스크림을 든 채 샤오왕에게 가까이 걸어옵니다. 뜻밖에도 그 남자 아이는 샤오왕 앞에 와서 멈췄고, 알고보니 샤오왕 앞의 여자는 남자 아이의 엄마였습니다. 게다가 남자 아이는 큰 소리로 노래를 부르기 시작합니다. 샤오왕은 매우 슬펐고, 눈물을 흘리기 시작했습니다.

어휘 火车 huǒchē 명 기차 一边…一边… yìbiān… yìbiān… ~하면서 ~하다 打电话 dǎ diànhuà 전화를 하다 饼干 bǐnggān 명 과자, 비스킷 空 kōng 형 비다 座位 zuòwèi 명 좌석, 자리 周围 zhōuwéi 명 주위, 주변 发现 fāxiàn 동 발견하다 一个人 yíge rén 혼자, 한 사람 换到 huàndào ~으로 옮기다, ~으로 바꾸다 打扰 dǎrǎo 동 방해하다, 귀찮게 하다 安静 ānjìng 형 조용하다, 평온하다 冰淇淋 bīngqílín 명 아이스크림 面前 miànqián 명 앞, 면전 停 tíng 동 멈추다, 정지하다 原来 yuánlái 부 알고보니, 원래 伤心 shāngxīn 형 슬퍼하다, 상심하다 流眼泪 liú yǎnlèi 눈물을 흘리다

해커스 중국어 TSC 한 권으로 끝내기

초판 7쇄 발행 2025년 2월 3일
초판 1쇄 발행 2021년 4월 7일

지은이	해커스 중국어연구소
펴낸곳	㈜해커스 어학연구소
펴낸이	해커스 어학연구소 출판팀
주소	서울특별시 서초구 강남대로61길 23 ㈜해커스 어학연구소
고객센터	02-537-5000
교재 관련 문의	publishing@hackers.com 해커스중국어 사이트(china.Hackers.com) 교재Q&A 게시판
동영상강의	china.Hackers.com
ISBN	978-89-6542-419-2 (13720)
Serial Number	01-07-01

해커스 중국어 TSC 한 권으로 끝내기

어떤 문제에도 답할 수 있는

만능 표현 비법 노트

01 장소·국가 2	**06** 쇼핑·경제 18	**11** 인물·관계 34
02 시점·시간 6	**07** 건강·운동·음식 22	**12** 인생관·가치관 39
03 일상·습관 9	**08** 주거·교통 26	**13** 트렌드·관심사 42
04 학업·직업 11	**09** 기념일·행사 29	**14** 날씨·환경 44
05 여가·취미 16	**10** 성격·성향 31	**15** 상태·상황 46

해커스 어학연구소

장소·국가

음원을 들으며 장소, 국가 관련 만능 표현과 부분별 활용 문장을 큰 소리로 따라하세요.

만능 표현 01.mp3

◦ 일상 관련 장소

jiā 家 명 집, 가정

제3부분
Wǒ píngshí xǐhuan zài jiā tán gāngqín.
我平时喜欢在家弹钢琴。
나는 평소에 집에서 피아노를 치는 걸 좋아해.

제4부분
Wǒ wèile huǎnjiě píláo hé yālì, xiǎng zài jiā xiūxi xiūxi.
我为了缓解疲劳和压力，想在家休息休息。
저는 피로와 스트레스를 해소하기 위해, 집에서 쉬고 싶습니다.

xuéxiào 学校 명 학교

제3부분
Wǒ hé Xiǎo Wáng shì zài xuéxiào li rènshi de.
我和小王是在学校里认识的。
나와 샤오왕은 학교 안에서 알게 된 거야.

제6부분
Yīnwèi shēngbìng, nǐ bú shì jǐ ge yuè méi lái xuéxiào ma.
因为生病，你不是几个月没来学校嘛。
아픈 것 때문에, 네가 몇 달 동안 학교에 오지 못했잖아.

gōngsī 公司 명 회사

제3부분
Tīngshuō tā de gōngsī fùjìn zǒngshì dǔchē, jiāotōng bù fāngbiàn.
听说他的公司附近总是堵车，交通不方便。
듣자 하니 그의 회사 근처는 늘 차가 막히고, 교통이 편리하지 않대.

제6부분
Tīngshuō gōngsī duìmiàn de wǎngqiú bān hěn búcuò, érqiě jiàgé hái hěn piányi.
听说公司对面的网球班很不错，而且价格还很便宜。
듣자 하니 회사 맞은편의 테니스반이 괜찮고, 게다가 가격도 싸대.

zhàn 站 명 역

제3부분
Wǒmen zuò chūzūchē qù huǒchēzhàn ba.
我们坐出租车去火车站吧。
우리 택시를 타고 기차역에 가자.

제6부분
Yīnwèi huànchéngzhàn tài fùzá, suǒyǐ wǒ shàngcuòle dìtiě.
因为换乘站太复杂，所以我上错了地铁。
환승역이 너무 복잡했기 때문에, 내가 지하철을 잘못 탔어.

cāntīng 餐厅 명 식당

제3부분
Wǒ yào gēn Xiǎo Wáng yìqǐ qù cāntīng chī wǔfàn.
我要跟小王一起去餐厅吃午饭。
나는 샤오왕과 함께 식당에 가서 점심을 먹으려 해.

제6부분
Wéi, nǐ hǎo. Shì Měiwèi cāntīng ma?
喂，你好。是美味餐厅吗？
여보세요, 안녕하세요. 메이웨이 식당인가요?

kāfēitīng
咖啡厅
명 카페

제 3부분
Zánmen qù nà jiā kāfēitīng zuò yíhuìr, hǎo bu hǎo?
咱们去那家咖啡厅坐一会儿，好不好？
우리 저 카페에 가서 잠시 앉아 있자. 어때?

제 6부분
Zánmen míngtiān wǎnshang liù diǎn zài kāfēitīng ménkǒu jiànmiàn, hǎo ma?
咱们明天晚上六点在咖啡厅门口见面，好吗？
우리 내일 저녁 6시에 카페 입구에서 만나자. 어때?

túshūguǎn
图书馆
명 도서관

제 3부분
Wǒ píngshí xǐhuan zài túshūguǎn kàn shū.
我平时喜欢在图书馆看书。
나는 평소에 도서관에서 책 보는 걸 좋아해.

제 6부분
Míngtiān xiàkè hòu zánmen yìqǐ qù túshūguǎn fùxí, hǎo ma?
明天下课后咱们一起去图书馆复习，好吗？
내일 수업 끝난 후에 우리 함께 도서관에 가서 복습하자. 어때?

yīyuàn
医院
명 병원

제 3부분
Gēn wǒ yìqǐ qù yīyuàn ba.
跟我一起去医院吧。
나랑 같이 병원에 가자.

제 6부분
Wǒ bú shì qù yīyuàn kàn yīshēng le ma, yīshēng jiànyì wǒ tōngguò yùndòng jiǎnféi.
我不是去医院看医生了嘛，医生建议我通过运动减肥。
내가 병원에 가서 의사 선생님을 뵈었잖아. 의사 선생님께서 나에게 운동을 통해 다이어트할 것을 제안하셨어.

bǎihuòshāngdiàn
百货商店
명 백화점

제 3부분
Shàng zhōu wǒ qù bǎihuòshāngdiàn mǎile yí jiàn wàitào.
上周我去百货商店买了一件外套。
지난주에 나는 백화점에 가서 외투 한 벌을 샀어.

제 4부분
Wǒ qù bǎihuòshāngdiàn kàndào xīn chǎnpǐn dehuà, jiù yídìng huì gòumǎi.
我去百货商店看到新产品的话，就一定会购买。
제가 백화점에 가서 신상품을 봤다면, 반드시 구매할 것입니다.

∘ 여행 관련 장소

jīchǎng
机场
명 공항

제 3부분
Wǒ yào zhǔnbèi xíngli, xiàbān yǐhòu zhíjiē qù jīchǎng.
我要准备行李，下班以后直接去机场。
나는 짐 챙기고, 퇴근 후에 곧바로 공항으로 가.

제 6부분
Tīngshuō nǐ yào zuò míngtiān zǎoshang de fēijī, búguò bù zhīdào gāi zěnme qù jīchǎng.
听说你要坐明天早上的飞机，不过不知道该怎么去机场。
듣자 하니 너 내일 오전 비행기 타야 하는데, 어떻게 공항에 가야 하는지 모른다며.

guówài
国外
명 해외, 외국

제 4부분
Wǒ qù lǚxíng shí, yìbān xuǎnzé guówài.
我去旅行时，一般选择国外。
저는 여행을 갈 때, 일반적으로 해외를 선택합니다.

제 5부분
Suīrán zài guówài shēnghuó bù róngyì, dàn yě néng hěn kuài xuéxí dào dìdao de wàiyǔ.
虽然在国外生活不容易，但也能很快学习到地道的外语。
비록 외국에서 생활하는 것은 쉽지 않지만, 그러나 정통의 외국어를 빨리 배울 수도 있습니다.

단어	부분	예문
hǎibiān **海边** 명 해변, 바닷가	제3부분	Wǒ dài nǐ qù zuì yǒumíng de hǎibiān cāntīng, hǎo bu hǎo? 我带你去最有名的海边餐厅，好不好？ 내가 가장 유명한 해변 레스토랑에 너를 데리고 갈게. 어때?
	제6부분	Wǒ shàng cì bú shì shuō xiǎng yìqǐ qù hǎibiān wánr ma. 我上次不是说想一起去海边玩儿嘛。 제가 지난번에 함께 해변에 놀러 가고 싶다고 말했잖아요.
jǐngdiǎn **景点** 명 명소	제6부분	Míngtiān wǒ xiǎng dài nǐ qù yóulǎn jǐ ge jǐngdiǎn. 明天我想带你去游览几个景点。 내일 내가 너를 데리고 몇 가지 명소를 관광시켜 주고 싶어.
	제7부분	Xiǎo Wáng xiǎng, dàole jǐngdiǎn zhīhòu, jiù yào qù hǎibiān wánr. 小王想，到了景点之后，就要去海边玩儿。 샤오왕은 명소에 도착한 이후, 바로 해변에 가서 놀 것을 생각합니다.

∘ 주변 장소, 위치

단어	부분	예문
dìfang **地方** 명 곳, 장소	제3부분	Shàng cì xiūjià de shíhou, wǒ qùle hěn duō dìfang. 上次休假的时候，我去了很多地方。 지난번 휴가 때, 나는 많은 곳들을 갔었어.
	제6부분	Wǒ kàn nǐ hěn xiǎng qù Jǐngfúgōng hé Dōngdàmén, míngtiān xiān qù zhè liǎng ge dìfang ba. 我看你很想去景福宫和东大门，明天先去这两个地方吧。 내가 보니 네가 줄곧 경복궁과 동대문에 가고 싶어 하던데, 내일 먼저 이 두 곳을 가자.
zhōuwéi **周围** 명 주위, 주변	제5부분	Bùjǐn shì wǒ, hái yǒu wǒ zhōuwéi de péngyou dōu qíguo gòngxiǎng dānchē. 不仅是我，还有我周围的朋友都骑过共享单车。 저뿐만 아니라, 제 주위의 친구들 모두 공용자전거를 타본 적이 있습니다.
	제7부분	Nánrén jiē diànhuà de shēngyīn hěn dà, zhōuwéi de rén dōu bùmǎn de kànzhe tā. 男人接电话的声音很大，周围的人都不满地看着他。 남자가 전화를 받는 소리는 컸고, 주위 사람들은 모두 불만스럽게 그를 쳐다봅니다.
fùjìn **附近** 명 근처, 부근	제3부분	Tīngshuō tā de gōngsī fùjìn zǒngshì dǔchē, jiāotōng bù fāngbiàn. 听说他的公司附近总是堵车，交通不方便。 듣자 하니 그의 회사 근처는 늘 차가 막히고, 교통이 편리하지 않대.
	제6부분	Rúguǒ nín kěyǐ dehuà, wǒmen qù gōngsī fùjìn de Yìdàlì cāntīng ba. 如果您可以的话，我们去公司附近的意大利餐厅吧。 만약 당신이 가능하다면, 우리 회사 부근의 이태리 레스토랑으로 가요.
duìmiàn **对面** 명 맞은편, 건너편	제3부분	Yóujú zài Sānxīng Yīyuàn duìmiàn. 邮局在三星医院对面。 우체국은 삼성 병원 맞은편에 있습니다.
	제6부분	Jiǔdiàn duìmiàn yǒu ge gōngjiāochēzhàn, zài nàr zuò yāo líng yāo lù jiù néng dào jīchǎng. 酒店对面有个公交车站，在那儿坐幺零幺路就能到机场。 호텔 맞은편에 버스 정류장이 있는데, 그곳에서 101번 버스를 타면 바로 공항에 도착할 수 있어.

∘ 국가, 대륙

guójiā
国家
명 나라, 국가

제 4부분
Wèile xué dìdao chúnzhèng de Yīngyǔ, wǒ xiǎng qù shǐyòng Yīngyǔ de guójiā shēnghuó.
为了学地道纯正的英语，我想去使用英语的国家生活。
올바른 영어를 배우기 위해, 저는 영어를 사용하는 나라에 가서 생활하고 싶습니다.

제 5부분
Wǒ juéde wǒmen guójiā de gōnggòng jiāotōng xìtǒng bǐ qítā guójiā de gèng hǎo.
我觉得我们国家的公共交通系统比其他国家的更好。
제가 생각하기에 우리나라의 대중교통 시스템이 다른 나라의 것보다 더 좋습니다.

Zhōngguó
中国
명 중국

제 3부분
Wǒ zài Zhōngguó zhǎodàole mǎnyì de gōngzuò.
我在中国找到了满意的工作。
나는 중국에서 만족스러운 직업을 찾았어.

제 4부분
Wǒ yí ge rén qùguo Zhōngguó, Rìběn, Měiguó děng hěn duō dìfang.
我一个人去过中国、日本、美国等很多地方。
저는 혼자 중국, 일본, 미국 등 많은 곳에 가 본 적이 있습니다.

Ōuzhōu
欧洲
명 유럽

제 3부분
Zěnme le? Nǐ dǎsuan qù Ōuzhōu lǚyóu ma?
怎么了？你打算去欧洲旅游吗？
무슨 일이야? 너 유럽에 여행 갈 계획이야?

제 6부분
Rúguǒ nǐ kěyǐ dehuà, zhè cì hánjià zánmen yìqǐ qù Ōuzhōu lǚxíng ba.
如果你可以的话，这次寒假咱们一起去欧洲旅行吧。
만약 네가 가능하다면, 이번 겨울 방학에 우리 같이 유럽에 여행 가자.

02 시점·시간

음원을 들으며 시점, 시간 관련 만능 표현과 부분별 활용 문장을 큰 소리로 따라하세요.

만능 표현 02.mp3

가까운 시점

xiànzài 现在 명 지금, 현재

제3부분
Wǒ xiànzài yào yòng zhège diànnǎo xiě zuòyè.
我现在要用这个电脑写作业。
나는 지금 이 컴퓨터로 숙제를 해야 해.

제5부분
Hěn duō rén zhīsuǒyǐ yīlài fùmǔ shēnghuó, shìyīnwèi xiànzài zhǎo gōngzuò hěn nán.
很多人之所以依赖父母生活，是因为现在找工作很难。
많은 사람들이 부모님께 의존하여 생활하는 이유는, 현재 직업을 찾는 것이 어렵기 때문입니다.

gāng 刚 부 막, 방금

제6부분
Wǒ fāxiàn shàng zhōu gāng xiūhǎo de diànnǎo yòu chū wèntí le.
我发现上周刚修好的电脑又出问题了。
제가 지난주에 막 고쳤던 컴퓨터에 또 문제가 생긴 걸 발견했어요.

제7부분
Xiǎo Lǐ bǎ gāng mǎi de xīguā zhíjiē fàngzài zhuōzi shang le.
小李把刚买的西瓜直接放在桌子上了。
샤오리는 방금 산 수박을 곧바로 테이블 위에 올려놨습니다.

gāngcái 刚才 명 아까, 방금

제6부분
Wǒ gāngcái kàn tiānqì yùbào shuō nà tiān zuì gāo wēndù huì chāoguò sānshíbā dù.
我刚才看天气预报说那天最高温度会超过三十八度。
내가 아까 일기예보를 보니 그날 최고 온도가 38도를 넘을 거래.

제7부분
Tā xīn xiǎng: "Gāngcái de hēi yǐng dàodǐ shì shénme?"
他心想："刚才的黑影到底是什么？"
그는 마음속으로 생각했습니다. '방금 검은 그림자는 도대체 무엇이지?'

특정 시점

píngshí 平时 명 평소, 평상시

제3부분
Wǒ píngshí xǐhuan zài túshūguǎn kàn shū.
我平时喜欢在图书馆看书。
나는 평소에 도서관에서 책 보는 걸 좋아해.

제4부분
Jiārén hé péngyou zhōng, wǒ píngshí gēn péngyou zài yìqǐ de shíjiān gèng duō.
家人和朋友中，我平时跟朋友在一起的时间更多。
가족과 친구 중, 저는 평소 친구와 함께 있는 시간이 더 많습니다.

zuìjìn 最近 명 요즘, 최근

제3부분
Zuìjìn Xiǎo Lǐ jīngcháng zuò bāozi, zuòde fēicháng bàng.
最近小李经常做包子，做得非常棒。
요즘 샤오리가 자주 바오쯔를 만드는데, 굉장히 훌륭하게 만들어.

제6부분
Tīngshuō nǐ zuìjìn jīngcháng áoyè hē jiǔ, suǒyǐ nǐ liǎnsè cái zhème chà.
听说你最近经常熬夜喝酒，所以你脸色才这么差。
듣자 하니 너 요즘 자주 밤새워 술을 마신다던데, 그래서 네 안색이 이렇게 안 좋은 거야.

jīntiān
今天
명 오늘

제3부분
Wǒ juéde jīntiān de gōngzuò tèbié xīnkǔ, shízài tài lèi le.
我觉得今天的工作特别辛苦，实在太累了。
나는 오늘의 일이 특히 수고스러웠다고 생각해. 정말 너무 피곤해.

제6부분
Cóng jīntiān kāishǐ, wǒmen yìqǐ qù gōngyuán pǎobù, hǎo ma?
从今天开始，我们一起去公园跑步，好吗？
오늘부터, 우리 함께 공원에 달리기 하러 가자. 어때?

měi tiān
每天
매일

제3부분
Wǒ xiǎng tīng měi tiān wǎnshang qī diǎn de Yīngyǔ yuèdú kè.
我想听每天晚上七点的英语阅读课。
저는 매일 저녁 7시의 영어 읽기 수업을 듣고 싶어요.

제4부분
Wǒ rènwéi měi tiān dài gǒu chūmén sànbù, yīnggāi duì wǒ de jiànkāng hěn yǒu bāngzhù.
我认为每天带狗出门散步，应该对我的健康很有帮助。
저는 매일 개를 데리고 외출하여 산책하는 것이, 제 건강에 도움이 될 것이라 생각합니다.

zhōumò
周末
명 주말

제3부분
Zhège zhōumò nǐ gēn wǒ yìqǐ qù, hǎo bu hǎo?
这个周末你跟我一起去，好不好？
이번 주말에 너 나와 함께 가자. 어때?

제6부분
Shàng cì nǐ bú shì yāoqǐng wǒ zhōumò yìqǐ qù tī zúqiú ma.
上次你不是邀请我周末一起去踢足球嘛。
지난번에 네가 주말에 함께 축구하러 가자고 나를 초대했잖아.

xià zhōu
下周
다음주

제3부분
Xià zhōu liù qǐng nǐ jiègěi wǒ chuān yíxià, hǎo bu hǎo?
下周六请你借给我穿一下，好不好？
다음주 토요일에 내가 한번 입을 수 있게 빌려 줘. 어때?

제6부분
Rúguǒ nǐ kěyǐ dehuà, zánmen xià zhōu yìqǐ qù guàngjiē ba.
如果你可以的话，咱们下周一起去逛街吧。
만약 네가 가능하다면, 우리 다음주에 함께 아이쇼핑하러 가자.

xià ge yuè
下个月
다음달

제3부분
Xià ge yuè zánmen yìqǐ qù mǎi yì tái xīn de, hǎo bu hǎo?
下个月咱们一起去买一台新的，好不好？
다음달에 우리 같이 새 것 한 대 사러 가자. 어때?

제6부분
Bié dānxīn le! Xià ge yuè wǒ qù nàr bāng nǐ, hǎo ma?
别担心了！下个月我去那儿帮你，好吗？
걱정하지 마! 다음달에 내가 그곳에 가서 널 도울게. 어때?

shàng cì
上次
지난번

제3부분
Shàng cì xiūjià de shíhou, wǒ qùle Yīngguó hé Fǎguó.
上次休假的时候，我去了英国和法国。
지난번 휴가 때, 나는 영국과 프랑스를 갔었어.

제6부분
Shàng cì nǐ bú shì yāoqǐng wǒ zhōumò yìqǐ qù tī zúqiú ma.
上次你不是邀请我周末一起去踢足球嘛。
지난번에 네가 주말에 함께 축구하러 가자고 나를 초대했잖아.

∘ 시간 관련 표현

표현	부분	예문
shí 时 명 때	제4부분	Chūnjié shí, wǒ xiǎng yí ge rén guònián. 春节时，我想一个人过年。 설날 때, 저는 혼자 설을 지내고 싶습니다.
	제5부분	Wǒ mǎi chǎnpǐn shí, bùguǎn jiàgé duō gāo, xìngnéng hǎo de wǒ dōu huì mǎi. 买产品时，不管价格多高，性能好的我都会买。 제품을 살 때, 가격이 얼마나 높든 간에, 성능이 좋은 것이면 저는 모두 삽니다.
shíjiān 时间 명 시간	제3부분	Wǒ qù Zhōngguó dāile yí duàn shíjiān. 我去中国待了一段时间。 나는 중국에 가서 일정 시간 머물렀어.
	제6부분	Yàobù nǐ gàosu wǒ nǐ fāngbiàn de shíjiān. 要不你告诉我你方便的时间。 아니면 네가 편한 시간을 나에게 알려줘.
shíhou 时候 명 때	제4부분	Wǒ píngshí mǎi dōngxi de shíhou xǐhuan yòng shǒujī zhīfù fāngshì. 我平时买东西的时候喜欢用手机支付方式。 저는 평소 물건을 살 때 휴대폰 지불 방식을 사용하는 것을 좋아합니다.
	제6부분	Wǒ shàng dàxué de shíhou xǐhuan bú shì měi cì fàngjià dōu qù hǎiwài lǚxíng le ma. 我上大学的时候不是每次放假都去海外旅行了嘛。 내가 대학 다닐 때에는 매번 방학에 모두 해외 여행을 갔잖아.
dào shíhou 到时候 그때 가서, 때가 되면	제3부분	Dào shíhou zài liánxì ba, hǎo bu hǎo? 到时候再联系吧，好不好? 그때 가서 다시 연락하자. 어때?
	제6부분	Dào shíhou wǒ qǐng nǐ chī dàngāo, hǎo ma? 到时候我请你吃蛋糕，好吗? 그때 가서 내가 너에게 케이크를 대접할게. 괜찮아?
zhī qián 之前 ~의 전	제4부분	Měi cì chīfàn zhī qián, wǒ huì pāi měishí zhàopiàn. 每次吃饭之前，我会拍美食照片。 매번 밥을 먹기 전에, 저는 맛있는 음식 사진을 찍습니다.
	제5부분	Wúcháng xiànxuè néng bāngzhù dào biéren, dàn zuò zhī qián háishi yào rènzhēn kǎolǜ. 无偿献血能帮助到别人，但做之前还是要认真考虑。 무상 헌혈은 다른 사람을 도울 수 있지만, 그러나 그래도 하기 전에 진지하게 고려해야 합니다.
qījiān 期间 명 기간, 시간	제3부분	Wǒ juéde xiūjià qījiān zài jiā li dehuà, tài wúliáo le. 我觉得休假期间在家里的话，太无聊了。 나는 휴가 기간에 집에 있으면, 너무 심심하다고 생각해.
	제4부분	Kǎoshì qījiān, wǒ yìbān huì zài xuéxiào túshūguǎn xuéxí. 考试期间，我一般会在学校图书馆学习。 시험 기간에, 저는 보통 학교 도서관에서 공부합니다.

03 일상·습관

음원을 들으며 일상, 습관 관련 만능 표현과 부분별 활용 문장을 큰 소리로 따라하세요.

만능 표현 03.mp3

◦ 일상

huíjiā
回家
동 집에 돌아가다

제3부분
Xiàbān hòu, wǒ yào zhíjiē huíjiā.
下班后，我要直接回家。
퇴근 후에, 나는 곧바로 집에 돌아갈 거야.

제5부분
Shàngbānzú yīnwèi jīngcháng jiābān, huíjiā hòu méiyǒu tǐlì hé shíjiān yùndòng.
上班族因为经常加班，回家后没有体力和时间运动。
직장인은 자주 야근을 하기 때문에, 집에 돌아온 후 운동을 할 체력과 시간이 없습니다.

xiūxi
休息
동 쉬다, 휴식하다

제3부분
Nǐ yě kuài diǎnr huíjiā hǎohāor xiūxi, hǎo bu hǎo?
你也快点儿回家好好儿休息，好不好？
너도 빨리 집에 돌아가서 충분히 쉬어. 어때?

제4부분
Wǒ wèile huǎnjiě píláo hé yālì, xiǎng zài jiā xiūxi xiūxi.
我为了缓解疲劳和压力，想在家休息休息。
저는 피로와 스트레스를 해소하기 위해, 집에서 쉬고 싶습니다.

shuìjiào
睡觉
동 잠을 자다

제3부분
Wǒ huì zǎo diǎnr shuìjiào.
我会早点儿睡觉。
나 좀 일찍 잘게.

제6부분
Yīshēng bú shì ràng nǐ shǎo hē jiǔ, duō yùndòng, hǎohāor shuìjiào ma.
医生不是让你少喝酒、多运动，好好儿睡觉嘛。
의사가 너에게 술 적게 마시고, 운동 많이 하며, 충분히 자도록 했잖아.

áoyè
熬夜
동 밤새다, 철야하다

제4부분
Áoyè yǐjīng chéngwéi wǒ de xíguàn zhī yī le.
熬夜已经成为我的习惯之一了。
밤새는 것은 이미 제 습관 중의 하나가 되었습니다.

제6부분
Tīngshuō nǐ zuìjìn jīngcháng áoyè hē jiǔ, suǒyǐ nǐ liǎnsè cái zhème chà.
听说你最近经常熬夜喝酒，所以你脸色才这么差。
듣자 하니 너 요즘 자주 밤새워 술을 마신다던데, 그래서 네 안색이 이렇게 안 좋은 거야.

sànbù
散步
동 산책하다, 산보하다

제3부분
Wǒ hěn xǐhuan zǎo diǎnr qǐchuáng, chūqu sànsanbù.
我很喜欢早点儿起床，出去散散步。
나는 좀 일찍 일어나서, 산책하러 나가는 걸 좋아해.

제4부분
Wǒ rènwéi měi tiān dài gǒu chūmén sànbù, yīnggāi duì wǒ de jiànkāng hěn yǒu bāngzhù.
我认为每天带狗出门散步，应该对我的健康很有帮助。
저는 매일 개를 데리고 외출하여 산책하는 것이, 제 건강에 도움이 될 것이라 생각합니다.

∘ 습관

어휘	부분	예문
xíguàn 习惯 명 습관	제4부분	Wǒ de yǐnshí xíguàn hěn jiànkāng. 我的饮食习惯很健康。 제 음식 습관은 건강합니다.
	제5부분	Ài yuèdú de xíguàn gěi rénmen dàilai de hǎochù hěn duō. 爱阅读的习惯给人们带来的好处很多。 독서를 좋아하는 습관이 사람들에게 가져다주는 좋은 점은 많습니다.
	제6부분	Wǒ kàn nǐ hǎoxiàng méi dǎsuan gǎidiào zhège huài xíguàn. 我看你好像没打算改掉这个坏习惯。 내가 보니 너는 이 나쁜 습관을 고쳐 버릴 계획이 없는 것 같아.
chángcháng 常常 부 자주	제5부분	Zuìjìn línjū zhī jiān chángcháng fāshēng lóucéng jiān de zàoyīn wèntí. 最近邻居之间常常发生楼层间的噪音问题。 최근 이웃 사이에 자주 층간 소음 문제가 발생합니다.
	제6부분	Nǐ bú shì chángcháng mílù ma, wǒ yǒudiǎnr dānxīn. 你不是常常迷路嘛，我有点儿担心。 너는 자주 길을 잃잖아. 나는 약간 걱정이 돼.
jīngcháng 经常 부 자주, 항상	제3부분	Wǒ bù jīngcháng hē jiǔ. 我不经常喝酒。 나는 자주 술을 안 마셔.
	제5부분	Bùjǐn shì wǒ, hái yǒu hěn duō péngyou yě jīngcháng jiào wàimài. 不仅是我，还有很多朋友也经常叫外卖。 저뿐만 아니라, 많은 친구들도 자주 배달 음식을 시킵니다.
tōngcháng 通常 부 통상적으로, 보통	제3부분	Wǒ zhōumò tōngcháng qī diǎn qǐchuáng. 我周末通常七点起床。 나는 주말에 통상적으로 7시에 일어나.
	제4부분	Wǒ tōngcháng zài jiànshēnfáng zuò yùndòng. 我通常在健身房做运动。 저는 보통 헬스장에서 운동을 합니다.
zǒngshì 总是 부 늘, 언제나	제3부분	Nǐ zuìjìn zǒngshì chuānde hěn shǎo, yīnggāi shì gǎnmào le. 你最近总是穿得很少，应该是感冒了。 너 요즘 늘 옷을 적게 입어서, 감기에 걸렸을 거야.
	제6부분	Nǐ bú yào zǒngshì áoyè wánr yóuxì, hǎo ma? 你不要总是熬夜玩儿游戏，好吗？ 너 언제나 밤을 새며 게임하지 마. 응?

04 학업 · 직업

만능 표현 04 바로듣기

음원을 들으며 학업, 직업 관련 만능 표현과 부분별 활용 문장을 큰 소리로 따라하세요.

만능 표현 04.mp3

∘ 학업

xuéxí
学习
동 배우다, 공부하다

제3부분
Wǒ juéde xuéxí zhè sān zhǒng yǔyán dōu hěn yǒuqù.
我觉得学习这三种语言都很有趣。
나는 이 세 종류의 언어를 배우는 게 모두 재미있다고 생각해.

제6부분
Zhèyàng dehuà nǐ děi yìbiān shàngxué yìbiān zhuàn qián, hěn nán hǎohāor xuéxí.
这样的话你得一边上学一边赚钱，很难好好儿学习。
이렇게 되면 너는 공부하면서 돈을 벌어야 하고, 잘 공부하기가 어려워.

yùxí
预习
동 예습하다

제4부분
Wǒ zài xuéxí de guòchéng zhōng, yǒu yùxí de xíguàn.
我在学习的过程中，有预习的习惯。
저는 학습의 과정 중, 예습하는 습관이 있습니다.

제6부분
Wǒ yídìng huì rènzhēn tīng kè, zuòhǎo yùxí hé fùxí de, hǎo ma?
我一定会认真听课，做好预习和复习的，好吗？
제가 꼭 성실하게 수업을 듣고, 예습과 복습을 잘 할게요. 어때요?

fùxí
复习
동 복습하다

제3부분
Wǒ juéde nǐ yīnggāi rènzhēn tīng kè, jiānchí yùxí hé fùxí.
我觉得你应该认真听课，坚持预习和复习。
나는 네가 성실하게 수업을 듣고, 꾸준히 예습과 복습을 해야 한다고 생각해.

제6부분
Míngtiān xiàkè hòu zánmen yìqǐ qù túshūguǎn fùxí, hǎo ma?
明天下课后咱们一起去图书馆复习，好吗？
내일 수업 끝난 후에 우리 함께 도서관에 가서 복습하자. 어때?

yuèdú
阅读
동 읽다, 독서하다

제3부분
Wǒ xiǎng tīng měi tiān wǎnshang qī diǎn de Yīngyǔ yuèdú kè.
我想听每天晚上七点的英语阅读课。
저는 매일 저녁 7시의 영어 읽기 수업을 듣고 싶어요.

제5부분
Ài yuèdú de xíguàn gěi rénmen dàilai de hǎochù hěn duō.
爱阅读的习惯给人们带来的好处很多。
독서를 좋아하는 습관이 사람들에게 가져다주는 좋은 점은 많습니다.

nèiróng
内容
명 내용

제4부분
Rúguǒ wǒ shàngkè qián méi yùxí dehuà, jiù hěn nán lǐjiě shàngkè de nèiróng.
如果我上课前没预习的话，就很难理解上课的内容。
만약 제가 수업 전에 예습을 하지 않았다면, 수업의 내용을 이해하기 어렵습니다.

제6부분
Wǒ měi zhōu tīng Hànyǔ kǒuyǔ kè, búguò kèchéng de nèiróng yìzhí dōu shì yuèdú.
我每周听汉语口语课，不过课程的内容一直都是阅读。
저는 매주 중국어 회화 수업을 듣는데, 커리큘럼의 내용은 줄곧 읽기네요.

단어	부분	예문
kǒuyǔ **口语** 명 회화, 구어	제5부분	Kàn diànyǐng duì xuéxí rìcháng kǒuyǔ hěn yǒu bāngzhù. 看电影对学习日常口语很有帮助。 영화 보는 것은 일상 회화를 공부하는데 도움이 됩니다.
	제6부분	Rúguǒ nín kěyǐ dehuà, zánmen duō liàn yi liàn Hànyǔ kǒuyǔ ba. 如果您可以的话，咱们多练一练汉语口语吧。 만약 선생님께서 가능하시다면, 우리 중국어 회화를 많이 연습해봐요.
tígāo **提高** 동 높이다, 향상시키다	제4부분	Qù guówài lǚyóu duì tígāo zìjǐ de jiànshi hěn yǒu bāngzhù. 去国外旅游对提高自己的见识很有帮助。 해외로 여행가는 것은 자신의 견문을 높이는 데 도움이 됩니다.
	제5부분	Yuèdú kěyǐ tuòkuān zhīshi fànwéi, hái kěyǐ tígāo xiǎngxiànglì. 阅读可以拓宽知识范围，还可以提高想象力。 독서는 지식 범위를 넓힐 수 있으며, 상상력을 향상시킬 수도 있습니다.
liǎojiě **了解** 동 이해하다, 알다	제5부분	Chūguó liúxué kěyǐ xuéxí wàiyǔ, hái néng liǎojiě yǒuguān de wénhuà bèijǐng. 出国留学可以学习外语，还能了解有关的文化背景。 외국에 가서 유학하는 것은 외국어를 학습할 수 있고, 관련 있는 문화 배경도 이해할 수 있습니다.
	제6부분	Wǒ kàn nǐ yě yào duō qù hǎiwài lǚxíng, liǎojiě wàiguó wénhuà. 我看你也要多去海外旅行，了解外国文化。 내가 보니 너도 해외 여행을 많이 가서, 외국 문화를 이해해야 해.
chūguó **出国** 동 외국에 가다, 출국하다	제5부분	Wǒ rènwéi háizi shíjiǔ suì yǐhòu chūguó liúxué bǐjiào héshì. 我认为孩子十九岁以后出国留学比较合适。 저는 아이가 19살 이후에 외국에 가서 유학하는 것이 비교적 적당하다고 생각합니다.
	제6부분	Tīngshuō nǐ bìyè yǐhòu xiǎng chūguó dú yánjiūshēng。 听说你毕业以后想出国读研究生。 듣자 하니 네가 졸업한 후에 외국에 가서 대학원에 진학하고 싶어한다며.
liúxué **留学** 동 유학하다, 유학 가다	제5부분	Suīrán xiǎo shíhou liúxué yě yǒu hǎochù, dànshì zhǎngdà hòu liúxué yǒu gèng duō hǎochù. 虽然小时候留学也有好处，但是长大后留学有更多好处。 비록 어릴 때 유학하는 것도 좋은 점이 있지만, 그러나 자란 후에 유학하면 더 좋은 점이 많습니다.
	제6부분	Nǐ zuìhǎo háishi bú yào chūguó liúxué le, hǎo ma? 你最好还是不要出国留学了，好吗？ 너는 그냥 외국에 가서 유학하지 않는 게 제일 좋아. 어때?

◦ 수업

단어	부분	예문
dàxué **大学** 명 대학	제4부분	Wǒ gēn yí wèi míngxīng kǎoshangle tóngyī dàxué de tóng yí ge xì. 我跟一位明星考上了同一大学的同一个系。 제가 한 스타와 같은 대학의 같은 과에 합격했습니다.
	제6부분	Wǒ de péngyou xià zhōu jiù yào dàxué bìyè le. 我的朋友下周就要大学毕业了。 내 친구는 다음주에 곧 대학을 졸업한다.

kèchéng **课程** 명 커리큘럼, 교과 과정	제 5부분	Wǒ rènwéi zuìjìn xuéxiào de kèchéng ānpái de bù hélǐ. **我认为最近学校的课程安排得不合理。** 저는 최근 학교의 커리큘럼이 불합리하게 배정되었다고 생각합니다.
	제 6부분	Wǒ měi zhōu tīng Hànyǔ kǒuyǔ kè, búguò kèchéng de nèiróng yìzhí dōu shì yuèdú. **我每周听汉语口语课，不过课程的内容一直都是阅读。** 저는 매주 중국어 회화 수업을 듣는데, 커리큘럼의 내용은 줄곧 읽기네요.
shàngxué **上学** 동 학교에 다니다, 등교하다	제 4부분	Shàngxué de shíhou, wǒ chídàoguo. **上学的时候，我迟到过。** 학교에 다닐 때, 저는 지각한 적이 있습니다.
	제 6부분	Wǒ kàn nǐ kěndìng hěn xiǎng huí xuéxiào, míngtiān nǐ zhōngyú kěyǐ shàngxué le! **我看你肯定很想回学校，明天你终于可以上学了！** 내가 보니 너는 확실히 학교에 돌아오고 싶어했는데, 내일이면 너는 마침내 학교에 다닐 수 있게 되었구나!
tīng kè **听课** 수업을 듣다	제 3부분	Wǒ xiǎng tīng wǎnshang qī diǎn de Hànyǔ kè. **我想听晚上七点的汉语课。** 저는 저녁 7시의 중국어 수업을 듣고 싶어요.
	제 6부분	Wǒ yídìng huì rènzhēn tīng kè, zuòhǎo yùxí hé fùxí de, hǎo ma? **我一定会认真听课，做好预习和复习的，好吗？** 제가 꼭 성실하게 수업을 듣고, 예습과 복습을 잘 할게요. 어때요?
xiàkè **下课** 동 수업이 끝나다	제 3부분	Zánmen jīntiān xiàkè yǐhòu zài shuō, hǎo bu hǎo? **咱们今天下课以后再说，好不好？** 우리 오늘 수업 끝난 후에 다시 얘기하자. 어때?
	제 6부분	Míngtiān xiàkè hòu zánmen yìqǐ qù túshūguǎn fùxí, hǎo ma? **明天下课后咱们一起去图书馆复习，好吗？** 내일 수업 끝난 후에 우리 함께 도서관에 가서 복습하자. 어때?

∘ 학습 태도

nǔlì **努力** 명 노력 동 노력하다	제 4부분	Wèile ràng wǒ shìyìng xuéxiào shēnghuó, tā zuòle xǔduō nǔlì. **为了让我适应学校生活，他做了许多努力。** 저를 학교 생활에 적응시키기 위해, 그분은 매우 많은 노력을 하셨습니다.
	제 5부분	Bùguǎn niánlíng dà háishi xiǎo, jīngguò nǔlì dōu kěyǐ péiyǎng liánghǎo de xìnggé. **不管年龄大还是小，经过努力都可以培养良好的性格。** 나이가 많든 아니면 적든지 간에, 노력을 거쳐 모두 좋은 성격을 기를 수 있습니다.
	제 6부분	Huòdé dìyī míng shì nǐ nǔlì de jiéguǒ. **获得第一名是你努力的结果。** 일등을 차지한 것은 네 노력의 결과야.
rènzhēn **认真** 형 진지하다, 성실하다	제 4부분	Wǒ xiǎng kuài diǎnr zuòwán shìqing, chángcháng bú rènzhēn sīkǎo. **我想快点儿做完事情，常常不认真思考。** 저는 빨리 일을 끝내고 싶어서, 자주 진지하게 생각하지 않습니다.
	제 5부분	Wúcháng xiànxuè néng bāngzhù dào biéren, dàn zuò zhī qián háishi yào rènzhēn kǎolǜ. **无偿献血能帮助到别人，但做之前还是要认真考虑。** 무상 헌혈은 다른 사람을 도울 수 있지만, 그러나 그래도 하기 전에 진지하게 고려해야 합니다.

∘ 직업

gōngzuò
工作
동 일하다
명 일

제5부분
Dà bùfen niánqīng rén yuànyì yìbiān nǔlì gōngzuò yìbiān zìyóu shēnghuó.
大部分年轻人愿意一边努力工作一边自由生活。
대부분의 젊은 사람들은 열심히 일하면서 자유롭게 생활하기를 원합니다.

제6부분
Wǒ xiànzài yào yòng zhè tái diànnǎo zuò yìxiē zhòngyào de gōngzuò, zěnme bàn ne?
我现在要用这台电脑做一些重要的工作，怎么办呢？
제가 지금 이 컴퓨터를 사용해서 중요한 일들을 해야 하는데, 어쩌죠?

shìqing
事情
명 일

제4부분
Shìqián zuòhǎo jìhuà dehuà, zuò shìqing shí jiù huì hěn shùnlì.
事前做好计划的话，做事情时就会很顺利。
사전에 계획을 한다면, 일을 처리할 때 순조로울 수 있습니다.

제6부분
Xiǎo Wáng chūqu bàn yí jiàn hěn zhòngyào de shìqing le, suǒyǐ zànshí bú zài.
小王出去办一件很重要的事情了，所以暂时不在。
샤오왕은 중요한 일 하나를 처리하러 나가서, 잠시 부재중입니다.

jiābān
加班
동 야근하다, 초과 근무를 하다

제3부분
Wǒ zuìjìn jīhū měi tiān dōu yào jiābān, shízài tài kùn le.
我最近几乎每天都要加班，实在太困了。
나는 요즘 거의 매일 야근을 해야 하는데, 정말 너무 졸려.

제5부분
Shàngbānzú yīnwèi jīngcháng jiābān, huíjiā hòu méiyǒu tǐlì hé shíjiān yùndòng.
上班族因为经常加班，回家后没有体力和时间运动。
직장인은 자주 야근을 하기 때문에, 집에 돌아온 후 운동을 할 체력과 시간이 없습니다.

xiàolǜ
效率
명 효율, 능률

제5부분
Hézuò bùjǐn tígāo gōngzuò xiàolǜ, hái kěyǐ qǔdé lǐxiǎng de jiéguǒ.
合作不仅提高工作效率，还可以取得理想的结果。
협력은 근무 효율을 향상시킬 뿐만 아니라, 이상적인 결과를 얻을 수도 있습니다.

제6부분
Wǒ zuìjìn juéde wǎnshang de xuéxí xiàolǜ bìng bù gāo.
我最近觉得晚上的学习效率并不高。
저는 요즘 저녁 학습 효율이 전혀 높지 않다고 생각해요.

∘ 취업, 창업

yìngpìn
应聘
동 지원하다, 초빙에 응하다

제5부분
Miànshì shì wèile píngjià yìngpìn zhě de biǎodá nénglì hé yìngbiàn nénglì.
面试是为了评价应聘者的表达能力和应变能力。
면접은 지원자의 표현 능력과 임기응변 능력을 평가하기 위함입니다.

제6부분
Nǐ háishi yǒu hěn duō jīhuì qù yìngpìn qítā gōngsī.
你还是有很多机会去应聘其他公司。
너에게는 아직 다른 회사에 지원할 많은 기회가 있어.

zhāopìn
招聘
동 채용하다, 모집하다, 초빙하다

제5부분
Wǒ tóngyì gōngsī zài zhāopìn shí qǔxiāo xuélì xiànzhì.
我同意公司在招聘时取消学历限制。
저는 회사가 채용을 할 때 학력 제한을 없애는 것에 동의합니다.

제6부분
Tīngshuō nà jiā gōngsī zhèngzài zhāopìn diànnǎo jìshù rényuán.
听说那家公司正在招聘电脑技术人员。
듣자 하니 그 회사가 컴퓨터 기술자를 모집하고 있다던데.

miànshì **面试** ⓜ 면접 ⓢ 면접을 보다	제 5부분	Zhǎo gōngzuò shí, wǒ rènwéi wàimào bú huì yǐngxiǎng wǒ de miànshì jiéguǒ. **找工作时，我认为外貌不会影响我的面试结果。** 직업을 구할 때, 저는 외모가 저의 면접 결과에 영향을 주지 않는다고 생각합니다.
	제 6부분	Wǒ shàng cì bú shì shuō nǐ yídìng néng tōngguò miànshì ma. **我上次不是说你一定能通过面试嘛。** 지난번에 너는 꼭 면접을 통과할 수 있을 거라고 말했잖아.
réncái **人才** ⓜ 인재	제 5부분	Gōngsī de fúlì zhìdù wánshàn dehuà, huì xīyǐn gèng duō yōuxiù réncái. **公司的福利制度完善的话，会吸引更多优秀人才。** 회사의 복지 제도가 완벽하다면, 더 많은 우수한 인재들을 끌어들일 수 있습니다.
	제 6부분	Tīngshuō tā shì ge réncái, wǒ xiǎng gēn tā liánxì yíxià. **听说她是个人才，我想跟她联系一下。** 듣자 하니 그녀는 인재라던데, 저는 그녀와 연락해보고 싶어요.
chuàngyè **创业** ⓢ 창업하다	제 4부분	Wèile wèilái guò hǎo diǎnr de rìzi, wǒ yìzhí zài wèi chuàngyè zuò zhǔnbèi. **为了未来过好点儿的日子，我一直在为创业做准备。** 미래에 좀 더 잘 살기 위해, 저는 줄곧 창업을 위한 준비를 하고 있습니다.
	제 6부분	Xiànzài shì chuàngyè chūqī, nǐ yīnggāi hěn xīnkǔ ba. **现在是创业初期，你应该很辛苦吧。** 지금은 창업 초기라서, 네가 수고스러울 거야.

여가 · 취미

만능 표현 05 바로듣기

음원을 들으며 여가, 취미 관련 만능 표현과 부분별 활용 문장을 큰 소리로 따라하세요.

만능 표현 05.mp3

∘ 여가

표현	부분	활용 문장
lǚxíng **旅行** 동 여행하다 명 여행	제 3부분	Zhè cì shǔjià zánmen yìqǐ qù hǎibiān lǚxíng, hǎo bu hǎo? 这次暑假咱们一起去海边**旅行**，好不好？ 이번 여름 방학에 우리 같이 해변으로 여행 가자. 어때?
	제 4부분	Wǒ juéde yí ge rén qù lǚxíng duì péiyǎng dúlì yìshi hěn yǒu bāngzhù. 我觉得一个人去**旅行**对培养独立意识很有帮助。 저는 혼자 여행을 가는 것이 자립심을 기르는 데 도움이 된다고 생각합니다.
	제 6부분	Wǒ shàng dàxué de shíhou bú shì měi cì fàngjià dōu qù hǎiwài lǚxíng le ma. 我上大学的时候不是每次放假都去海外**旅行**了嘛。 내가 대학 다닐 때에는 매번 방학에 모두 해외 여행을 갔잖아.
lǚyóu **旅游** 동 여행하다 명 여행	제 3부분	Zěnme le? Nǐ dǎsuan qù Ōuzhōu lǚyóu ma? 怎么了？你打算去欧洲**旅游**吗？ 무슨 일이야? 너 유럽에 여행 갈 계획이야?
	제 4부분	Qù guówài lǚyóu duì tígāo zìjǐ de jiànshi hěn yǒu bāngzhù. 去国外**旅游**对提高自己的见识很有帮助。 해외로 여행가는 것은 자신의 견문을 높이는데 도움이 됩니다.
	제 6부분	Yàobù wǒmen xiànzài jiù dìng yíxià lǚyóu jìhuà, xíng ma? 要不我们现在就定一下**旅游**计划，行吗？ 아니면 우리 지금 바로 여행 계획을 정해봐요. 괜찮아요?
jiàqī **假期** 명 휴가 기간, 방학 기간	제 3부분	Zhè cì jiàqī, wǒ guòde hěn kāixīn. 这次**假期**，我过得很开心。 이번 휴가 기간에, 나는 즐겁게 지냈어.
	제 6부분	Shàng cì nǐ bú shì xiǎng wěituō wǒ zài jiàqī zhàogù nǐ jiā de xiǎo māo ma. 上次你不是想委托我在**假期**照顾你家的小猫嘛。 지난번에 당신이 휴가 기간에 당신의 집 고양이를 제게 돌봐달라고 위탁하고 싶어 했잖아요.
shǔjià **暑假** 명 여름 방학	제 3부분	Zhè cì shǔjià zánmen yìqǐ qù hǎibiān lǚxíng, hǎo bu hǎo? 这次**暑假**咱们一起去海边旅行，好不好？ 이번 여름 방학에 우리 같이 해변으로 여행 가자. 어때?
	제 6부분	Tīngshuō nǐ kuàiyào fàng shǔjià le, dànshì bù zhīdào yīnggāi zěnme guò. 听说你快要放**暑假**了，但是不知道应该怎么过。 듣자 하니 너 곧 여름 방학을 하는데, 어떻게 보내야 할지 모르겠다며.

jǐngsè **景色** 명 풍경, 경치	제3부분	Wǒ juéde Yìdàlì de huánjìng hěn búcuò, jǐngsè shífēn měilì. 我觉得意大利的环境很不错，**景色**十分美丽。 나는 이탈리아의 환경이 괜찮고, 풍경이 매우 아름답다고 생각해.
	제6부분	Zhèyàng dehuà kěyǐ kàn měilì de jǐngsè, hái kěyǐ chī dōngxi liáotiānr. 这样的话可以看美丽的**景色**，还可以吃东西聊天儿。 이렇게 하면 아름다운 풍경을 볼 수 있고, 음식을 먹으며 이야기를 나눌 수도 있어요.

◦ 취미

xìngqù **兴趣** 명 흥미	제5부분	Kàn diànshìjù kěyǐ yǐnfā xué wàiyǔ de xìngqù. 看电视剧可以引发学外语的**兴趣**。 드라마를 보는 것은 외국어 학습의 흥미를 일으킬 수 있습니다.
	제6부분	Tā duì diànnǎo jìshù fēicháng liǎojiě, érqiě duì wǒmen gōngsī yě hěn gǎn xìngqù. 他对电脑技术非常了解，而且对我们公司也很感**兴趣**。 그는 컴퓨터 기술에 대해 정말 잘 알고 있고, 게다가 우리 회사에 대해서도 흥미를 가지고 있어요.
diànyǐng **电影** 명 영화	제3부분	Wǒ juéde Hánguó de àiqíng diànyǐng hěn làngmàn, hěn hǎokàn. 我觉得韩国的爱情**电影**很浪漫，很好看。 나는 한국의 로맨스 영화가 낭만적이고, 재미있다고 생각해.
	제5부분	Wǒ juéde guānkàn diànyǐng huò diànshìjù yǒu zhù yú xuéhǎo wàiyǔ. 我觉得观看**电影**或电视剧有助于学好外语。 저는 영화 혹은 드라마를 보는 것이 외국어를 잘 배우는 데 도움이 된다고 생각합니다.
zhǎnlǎn **展览** 명 전시회, 전람회	제3부분	Xiàkè yǐhòu wǒmen yìqǐ qù kàn lìshǐ zhǎnlǎn, hǎo bu hǎo? 下课以后我们一起去看历史**展览**，好不好？ 수업 끝난 후에 우리 함께 역사 전시회 보러 가자. 어때?
	제6부분	Wǒmen bú shì yuēhǎo xià zhōu yìqǐ qù kàn měishù zhǎnlǎn ma. 我们不是约好下周一起去看美术**展览**嘛。 우리가 다음주에 함께 미술 전시회를 보러 가기로 약속했잖아.
tán gāngqín **弹钢琴** 피아노를 치다	제3부분	Wǒ juéde tán gāngqín hěn yǒu yìsi, kěyǐ jiǎnqīng yālì. 我觉得**弹钢琴**很有意思，可以减轻压力。 나는 피아노를 치는 게 매우 재미있고, 스트레스를 줄일 수 있다고 생각해.
	제6부분	Zuìjìn wǒ xiǎng tán gāngqín gěi qīzi tīng, dànshì xiànzài wǒ quándōu wàngguāng le. 最近我想**弹钢琴**给妻子听，但是现在我全都忘光了。 요즘 제가 피아노를 쳐서 아내에게 들려주고 싶은데, 지금 저는 전부 완전히 잊어버렸어요.
huà huàr **画画儿** 그림을 그리다	제3부분	Wǒ huà huàr huàde hěn hǎo. 我**画画儿**画得很好。 나 그림 잘 그려.
	제7부분	Xiǎo Wáng kànzhe huàjiā rènzhēn huà huàr de yàngzi, jiù xiǎng kuài diǎnr kàndào huàr. 小王看着画家认真**画画儿**的样子，就想快点儿看到画儿。 샤오왕은 화가가 진지하게 그림을 그리는 모습을 보며, 그림을 빨리 보고 싶다고 생각합니다.

쇼핑·경제

만능 표현 06 바로듣기

음원을 들으며 쇼핑, 경제 관련 만능 표현과 부분별 활용 문장을 큰 소리로 따라하세요.

만능 표현 06.mp3

◦ 상품 종류

chǎnpǐn 产品 명 제품, 상품

제4부분
Wèile hélǐ xiāofèi, wǒ huì kǎolǜ chǎnpǐn de xìngjiàbǐ.
为了合理消费，我会考虑产品的性价比。
합리적인 소비를 하기 위해, 저는 제품의 가성비를 고려합니다.

제5부분
Rúguǒ chǎnpǐn de xìngnéng hěn qiáng, chǎnpǐn de jiàgé zìrán jiù huì hěn gāo.
如果产品的性能很强，产品的价格自然就会很高。
만약 제품의 성능이 좋다면, 제품의 가격은 자연히 높을 것이기 때문입니다.

yīfu 衣服 명 옷

제3부분
Wǒ juéde zhè jiàn yīfu hěn piàoliang.
我觉得这件衣服很漂亮。
나는 이 옷이 예쁘다고 생각해.

제7부분
Tā dǎkāi yīguì shōushi hǎojiǔ bù chuān de jiù yīfu.
她打开衣柜收拾好久不穿的旧衣服。
그녀는 옷장을 열고 오랫동안 입지 않은 헌 옷을 정리합니다.

◦ 상품 특징

jiàgé 价格 명 가격

제5부분
Mǎi chǎnpǐn shí, bùguǎn jiàgé duō gāo, xìngnéng hǎo de wǒ dōu huì mǎi.
买产品时，不管价格多高，性能好的我都会买。
제품을 살 때, 가격이 얼마나 높든 간에, 성능이 좋은 것이면 저는 모두 삽니다.

제6부분
Ménpiào de jiàgé shì duōshao? Kāifàng shíjiān shì shénme shíhou?
门票的价格是多少？开放时间是什么时候？
입장권의 가격은 얼마인가요? 개장 시간은 언제인가요?

gōngnéng 功能 명 기능, 효능

제4부분
Liǎng tái shǒujī de gōngnéng chàbuduō dehuà, wǒ huì xuǎn gèng piányi de.
两台手机的功能差不多的话，我会选更便宜的。
두 대의 휴대폰의 기능이 비슷하다면, 저는 더 저렴한 것을 고를 것입니다.

제6부분
Nǐ zhè cì zài wǎngshàng mǎi de shǒujī, wǒ juéde gōngnéng hěn búcuò.
你这次在网上买的手机，我觉得功能很不错。
네가 이번에 인터넷에서 산 휴대폰, 나는 기능이 괜찮다고 생각해.

yánsè 颜色 명 색깔, 색

제3부분
Wǒ xiǎng mǎi lánsè de wàzi, qítā yánsè de bù hǎokàn.
我想买蓝色的袜子，其他颜色的不好看。
저는 남색 양말을 사고 싶고, 그 외 색깔은 안 예뻐요.

제6부분
Wǒ kàn qúnzi de yánsè hé zhàopiàn zhōng de wánquán bù yíyàng.
我看裙子的颜色和照片中的完全不一样。
제가 보니 치마의 색깔이 사진 속과 완전히 달라요.

zhìliàng
质量
명 품질, 질

제 3부분
Wǒ juéde nàge wàitào zhìliàng hěn búcuò.
我觉得那个外套质量很不错。
나는 그 외투가 품질이 괜찮다고 생각해.

제 4부분
Wǒ píngcháng shuìmián zhìliàng bú tài hǎo.
我平常睡眠质量不太好。
저는 평소 수면의 질이 그다지 좋지 않습니다.

제 5부분
Dà chéngshì de jiàoyù, yīliáo tiáojiàn jiào hǎo, rénmen de shēnghuó zhìliàng yě hěn gāo.
大城市的教育、医疗条件较好，人们的生活质量也很高。
대도시의 교육, 의료 조건이 비교적 좋아서, 사람들의 생활의 질도 높습니다.

◦ 구매

mǎi
买
동 사다

제 3부분
Xià cì wǒ zhǎo ge shíjiān qù chāoshì bāng nǐ mǎi, hǎo bu hǎo?
下次我找个时间去超市帮你买，好不好？
다음번에 내가 시간을 내서 슈퍼마켓에 가서 너 대신 사줄게. 어때?

제 4부분
Mǎi xiézi shí, wǒ yuànyì qù shítǐdiàn shì chuān.
买鞋子时，我愿意去实体店试穿。
신발을 살 때, 저는 오프라인 매장에 가서 신어보고 싶습니다.

제 4부분
Wǒ píngshí mǎi dōngxi de shíhou xǐhuan yòng shǒujī zhīfù fāngshì.
我平时买东西的时候喜欢用手机支付方式。
저는 평소 물건을 살 때 휴대폰 지불 방식을 사용하는 것을 좋아합니다.

제 6부분
Wéi, nǐ hǎo. Wǒ gānggāng shōudàole zài nǐmen nàr mǎi de qúnzi.
喂，你好。我刚刚收到了在你们那儿买的裙子。
여보세요, 안녕하세요. 저는 방금 막 그곳에서 산 치마를 받았어요.

gòumǎi
购买
동 구매하다, 사다

제 4부분
Rúguǒ wǒ qù bǎihuòshāngdiàn kàndào xīn chǎnpǐn, jiù yídìng huì gòumǎi.
如果我去百货商店看到新产品，就一定会购买。
만약 제가 백화점에 가서 신상품을 봤다면, 반드시 구매할 것입니다.

제 5부분
Wǒ búyòng dāndú gòumǎi shǔyú zìjǐ de dānchē.
我不用单独购买属于自己的单车。
저는 따로 자신만의 자전거를 사지 않아도 됩니다.

guàngjiē
逛街
동 (아이) 쇼핑하다, 거리를 구경하며 돌아다니다

제 4부분
Guàngjiē shí, wǒ huì chōngdòng xiāofèi.
逛街时，我会冲动消费。
쇼핑할 때, 저는 충동적으로 소비합니다.

제 6부분
Wǒmen bú shì yuēhǎo míngtiān yìqǐ qù guàngjiē ma, búguò wǒ hǎoxiàng gǎnmào le.
我们不是约好明天一起去逛街嘛，不过我好像感冒了。
우리 내일 함께 아이 쇼핑하러 가기로 약속했잖아. 그런데 내가 감기에 걸린 것 같아.

∘ 교환

huàn
换
동 바꾸다, 교환하다

제4부분
Rúguǒ zài shítǐdiàn mǎi xié dehuà, mǎshù bù héshì shí kěyǐ dāngchǎng huàn.
如果在实体店买鞋的话，码数不合适时可以当场换。
만약 오프라인 매장에서 신발을 산다면, 사이즈가 알맞지 않을 경우 그 자리에서 바꿀 수 있습니다.

제6부분
Wǒ zuótiān zài zhèr mǎi de qúnzi yǒudiǎnr dà, xiǎng huàn xiǎo yí hào de.
我昨天在这儿买的裙子有点儿大，想换小一号的。
저는 어제 여기서 산 치마가 약간 커서, 한 사이즈 작은 것으로 바꾸고 싶어요.

huài
坏
동 고장나다, 썩다
형 나쁘다

제6부분
Wǒ jìde zuótiān hái néng yòng, jīntiān tūrán jiù huài le, zěnme bàn ne?
我记得昨天还能用，今天突然就坏了，怎么办呢？
제가 어제는 아직 쓸 수 있었던 걸로 기억하는데, 오늘 갑자기 고장났어요. 어쩌죠?

제7부분
Jiéguǒ dāng tā chī xīguā de shíhou, fāxiàn xīguā de yí bùfen yǐjīng huài le.
结果当他吃西瓜的时候，发现西瓜的一部分已经坏了。
결국 그가 수박을 먹을 때, 수박의 일부분이 이미 썩은 것을 발견했습니다.

wèntí
问题
명 문제

제3부분
Wǒ juéde nàge bīngxiāng yǒu wèntí.
我觉得那个冰箱有问题。
나는 그 냉장고에 문제가 있다고 생각해.

제6부분
Wǒ fāxiàn shàng zhōu gāng xiūhǎo de diànnǎo yòu chū wèntí le.
我发现上周刚修好的电脑又出问题了。
제가 지난주에 막 고쳤던 컴퓨터에 또 문제가 생긴 걸 발견했어요.

∘ 소비

xiāofèi
消费
동 소비하다
명 소비

제4부분
Wǒ juéde chōngdòng xiāofèi duì huǎnjiě yālì hěn yǒu bāngzhù.
我觉得冲动消费对缓解压力很有帮助。
저는 충동적으로 소비하는 것이 스트레스를 해소하는 데 도움이 된다고 생각합니다.

제5부분
Zhǐyào xiāofèi xíguàn liánghǎo, jiù néng guòshang xìngfú de shēnghuó.
只要消费习惯良好，就能过上幸福的生活。
소비 습관이 좋기만 하면, 모두 행복한 생활을 보낼 수 있습니다.

huā
花
동 (돈/시간을) 쓰다

제4부분
Yǒu zúgòu de qián kěyǐ huā dehuà, wǒ kěyǐ zuò zìjǐ xiǎng zuò de shì.
有足够的钱可以花的话，我可以做自己想做的事。
쓸 수 있는 충분한 돈이 있다면, 저는 자신이 하고 싶은 일을 할 수 있습니다.

제5부분
Wǒmen zhǐ huì zhuàn qián què bú huì huā qián jiù méiyǒu yìyì le.
我们只会赚钱却不会花钱就没有意义了。
우리가 돈을 벌기만 하고 도리어 돈을 쓸 줄 모르면 의미가 없습니다.

qián
钱
명 돈

제4부분
Chuàngyè chénggōng dehuà, jiù kěyǐ zhuàn hěn duō qián.
创业成功的话，就可以赚很多钱。
창업에 성공하면, 많은 돈을 벌 수 있습니다.

제5부분
Wǒ juéde huā qián gèng zhòngyào.
我觉得花钱更重要。
저는 돈을 쓰는 것이 더 중요하다고 생각합니다.

∘ 저축

jiéshěng **节省** 동 아끼다, 절약하다	제 4부분	Kàn diànzǐ shū dehuà, wǒ kěyǐ jiéshěng hěn duō qián hé dàliàng kōngjiān. **看电子书的话，我可以节省很多钱和大量空间。** 전자책을 본다면, 저는 많은 돈과 대량의 공간을 아낄 수 있습니다.
	제 5부분	Qícì ne, kěyǐ jiéshěng jīnqián hé kōngjiān. **其次呢，可以节省金钱和空间。** 그다음, 돈과 공간을 절약할 수 있습니다.
zhuàn qián **赚钱** 돈을 벌다	제 5부분	Huì huā qián de rén cái huì yǒu zhuàn qián de niàntou. **会花钱的人才会有赚钱的念头。** 돈을 쓸 줄 아는 사람이야말로 돈을 벌 생각이 있습니다.
	제 6부분	Zhèyàng dehuà nǐ děi yìbiān shàngxué yìbiān zhuàn qián, hěn nán hǎohāor xuéxí. **这样的话你得一边上学一边赚钱，很难好好儿学习。** 이렇게 되면 너는 공부하면서 돈을 벌어야 하고, 잘 공부하기가 어려워.
jīngjì **经济** 명 경제	제 4부분	Shí nián hòu, wǒ xiǎng chéngwéi jīngjì shang hěn kuānyù de rén. **十年后，我想成为经济上很宽裕的人。** 십년 후, 저는 경제적으로 여유로운 사람이 되고 싶습니다.
	제 5부분	Jiéhūn shí xūyào yǒu wùzhì jīchǔ, zhè huì dàilai jīngjì shang de yālì. **结婚时需要有物质基础，这会带来经济上的压力。** 결혼할 때 물질적인 기반이 있어야 해서, 이는 경제적인 부담을 가져다줍니다.

07 건강·운동·음식

만능 표현 07 바로듣기

음원을 들으며 건강, 운동, 음식 관련 만능 표현과 부분별 활용 문장을 큰 소리로 따라하세요.

만능 표현 07.mp3

∘ 질병, 신체

shēngbìng
生病
동 아프다, 병이 나다

제3부분
Wǒ hǎoxiàng shēngbìng le, yào qù yīyuàn kànbìng.
我好像生病了，要去医院看病。
나 아무래도 아픈 것 같아. 병원에 가서 진료 받아야 해.

제6부분
Yīnwèi shēngbìng, nǐ bú shì jǐ ge yuè méi lái xuéxiào ma.
因为生病，你不是几个月没来学校嘛。
아픈 것 때문에, 네가 몇 달 동안 학교에 오지 못했잖아.

zhùyuàn
住院
동 입원하다

제6부분
Nǐ shàng cì bú shì shēngbìng zhùyuàn le ma, wǒ kàn jiù shì hē tài duō jiǔ le.
你上次不是生病住院了嘛，我看就是喝太多酒了。
너 지난번에 아파서 입원했었잖아. 내가 보니 술을 너무 많이 마셔서야.

제7부분
Jiéguǒ, Xiǎo Wáng shēngbìng zhùyuàn le, tā fēicháng shāngxīn.
结果，小王生病住院了，他非常伤心。
결국, 샤오왕은 아파서 입원했고, 그는 매우 슬펐습니다.

gǎnmào
感冒
동 감기에 걸리다
명 감기

제3부분
Nǐ zuìjìn zǒngshì chuānde hěn shǎo, yīnggāi shì gǎnmào le.
你最近总是穿得很少，应该是感冒了。
너 요즘 늘 옷을 적게 입어서, 감기에 걸렸을 거야.

제6부분
Wǒmen bú shì yuēhǎo míngtiān yìqǐ qù guàngjiē ma, búguò wǒ hǎoxiàng gǎnmào le.
我们不是约好明天一起去逛街嘛，不过我好像感冒了。
우리 내일 함께 아이쇼핑하러 가기로 약속했잖아. 그런데 내가 감기에 걸린 것 같아.

késou
咳嗽
동 기침하다

제3부분
Háizi shì cóng shàng ge xīngqī kāishǐ késou de.
孩子是从上个星期开始咳嗽的。
아이가 지난주부터 기침을 하기 시작했어요.

제6부분
Cóng zuótiān kāishǐ yìzhí késou, tóuténg, fāshāo, quánshēn chū hàn.
从昨天开始一直咳嗽、头疼、发烧、全身出汗。
어제부터 줄곧 기침하고, 머리가 아프고, 열이 나고, 온 몸에 땀이 나.

shēntǐ
身体
명 몸, 신체

제3부분
Wǒ juéde hē jiǔ duì wǒ de shēntǐ méiyǒu shénme hǎochù.
我觉得喝酒对我的身体没有什么好处。
나는 술 마시는 게 내 몸에 아무런 좋은 점이 없다고 생각해.

제5부분
Chángqī zhǐ chīsù bù chī ròu bú huì ràng shēntǐ gèngjiā jiànkāng.
长期只吃素不吃肉不会让身体更加健康。
장기간 채식만 하고 고기를 먹지 않으면 몸이 더 건강해지지 않습니다.

제6부분
Wǒ juéde nǐ zhèyàng xiàqu huì nònghuài shēntǐ de.
我觉得你这样下去会弄坏身体的。
나는 네가 이대로 가다가는 몸을 망칠 거라고 생각해.

건강 관리

jiànkāng 健康 ⓜ 건강 ⓗ 건강하다

제3부분
Wǒ juéde zhèxiē yùndòng duì jiànkāng hěn yǒu hǎochù.
我觉得这些运动对健康很有好处。
나는 이 운동들이 건강에 좋은 점이 있다고 생각해.

제4부분
Wǒ de yǐnshí xíguàn hěn jiànkāng.
我的饮食习惯很健康。
제 음식 습관은 건강합니다.

제5부분
Wǒ bùjǐn xiǎng huóde cháng, hái xiǎng huóde jiànjiankāngkāng.
我不仅想活得长，还想活得健健康康。
저는 오래 살고 싶을 뿐만 아니라, 건강하게 살고 싶습니다.

---

yālì 压力 ⓜ 스트레스, 압력, 부담

제4부분
Yīnwèi zuìjìn chóu shì bǐjiào duō, shēnghuó yālì de zēngdà shǐ wǒ jīngcháng shīmián.
因为最近愁事比较多，生活压力的增大使我经常失眠。
왜냐하면 최근에 걱정거리가 비교적 많고, 생활 스트레스의 증가가 저로 하여금 자주 잠을 이루지 못하게 하기 때문입니다.

제5부분
Wǒ juéde "shìdàng de yālì" jì yǒu hǎochù yě yǒu huàichù.
我觉得"适当的压力"既有好处也有坏处。
저는 '적당한 스트레스'는 좋은 점이 있기도 하고 나쁜 점이 있기도 하다고 생각합니다.

---

jiǎnqīng 减轻 ⓓ 줄이다, 덜다, 가볍게 하다

제3부분
Wǒ juéde tán gāngqín hěn yǒu yìsi, kěyǐ jiǎnqīng yālì.
我觉得弹钢琴很有意思，可以减轻压力。
나는 피아노를 치는 게 매우 재미있고, 스트레스를 줄일 수 있다고 생각해.

제4부분
Yǎng gǒu kěyǐ jiǎnqīng wǒ de jìmògǎn.
养狗可以减轻我的寂寞感。
개를 기르는 것은 제 외로움을 덜 수 있습니다.

제5부분
Hē jiǔ kěyǐ jiǎnqīng yālì, yě kěyǐ ràng rén zànshí wàngjì fánnǎo.
喝酒可以减轻压力，也可以让人暂时忘记烦恼。
술을 마시면 스트레스를 줄일 수 있고, 또한 사람으로 하여금 잠시 걱정을 잊을 수 있게 합니다.

---

bǎochí 保持 ⓓ 유지하다, 지키다

제4부분
Wǒ rènwéi liánghǎo de yǐnshí xíguàn duì bǎochí shēntǐ jiànkāng hěn yǒu bāngzhù.
我认为良好的饮食习惯对保持身体健康很有帮助。
저는 좋은 음식 습관이 신체의 건강을 유지하는 데 도움이 된다고 생각합니다.

제5부분
Yuángōng dōu xūyào bǎochí liánghǎo de gōngzuò tàidu.
员工都需要保持良好的工作态度。
직원들은 모두 좋은 근무 태도를 유지해야 합니다.

---

duànliàn shēntǐ 锻炼身体 몸을 단련하다

제5부분
Wǒ rènwéi wǒmen guójiā de rén méiyǒu chōngzú de shíjiān qù duànliàn shēntǐ.
我认为我们国家的人没有充足的时间去锻炼身体。
저는 우리나라 사람들이 몸을 단련하러 갈 충분한 시간이 없다고 생각합니다.

제6부분
Yìqǐ dǎ wǎngqiú duànliàn shēntǐ, shùnbiàn jiǎnjianféi, hǎo ma?
一起打网球锻炼身体，顺便减减肥，好吗？
함께 테니스를 치면서 몸을 단련하고, 겸사겸사 다이어트 좀 하자. 어때?

스포츠

yùndòng
运动
명 운동
동 운동하다

제4부분
Wǒ juéde, sī jiào duì wǒ de yùndòng hěn yǒu bāngzhù.
我觉得，私教对我的运动很有帮助。
제가 생각하기에, 개인 트레이너는 제 운동에 도움이 됩니다.

제5부분
Xuésheng hěn nán chōuchū shíjiān yùndòng, yīnwèi xūyào xuéxí de dōngxi tài duō.
学生很难抽出时间运动，因为需要学习的东西太多。
학생은 시간을 빼서 운동하기 어려운데, 왜냐하면 공부해야 할 것이 너무 많기 때문입니다.

wǎngqiú
网球
명 테니스

제3부분
Wǒ jīngcháng tī zúqiú, dǎ bàngqiú, dǎ wǎngqiú.
我经常踢足球、打棒球、打网球。
나는 자주 축구, 야구, 테니스를 해.

제6부분
Tīngshuō gōngsī duìmiàn de wǎngqiú bān hěn búcuò, érqiě jiàgé hái hěn piányi.
听说公司对面的网球班很不错，而且价格还很便宜。
듣자 하니 회사 맞은편의 테니스반이 괜찮고, 게다가 가격도 싸대.

bǎolíngqiú
保龄球
명 볼링

제2부분
Tā xiàwǔ sān diǎn dǎ bǎolíngqiú.
他下午三点打保龄球。
그는 오후 3시에 볼링을 칩니다.

제3부분
Wǒ yě xiǎng qù dǎ bǎolíngqiú, jiǎnqīng yíxià yālì.
我也想去打保龄球，减轻一下压力。
나도 볼링 치러 가고 싶어. 스트레스를 한번 줄여보려고.

yóuyǒng
游泳
동 수영하다

제2부분
Tā zài yóuyǒng.
她在游泳。
그녀는 수영하고 있습니다.

제7부분
Yǒu yìtiān, Xiǎo Wáng zài yóuyǒng sài sàichǎng.
有一天，小王在游泳赛赛场。
어느 날, 샤오왕은 수영 경기 시합장에 있습니다.

음식, 음료

zuò
做
동 만들다, 하다

제3부분
Zuìjìn Xiǎo Lǐ jīngcháng zuò bāozi, zuòde fēicháng bàng.
最近小李经常做包子，做得非常棒。
요즘 샤오리가 자주 바오쯔를 만드는데, 굉장히 훌륭하게 만들어.

제4부분
Hánguó rén guò Zhōngqiūjié shí, quán jiārén jù zài yìqǐ zuò "Sōngbǐng" chī.
韩国人过中秋节时，全家人聚在一起做"松饼"吃。
한국인들은 추석을 보낼 때, 모든 가족이 모여 함께 '송편'을 만들어 먹습니다.

제5부분
Wǒ juéde zuìjìn hěn duō rén bú zuò fàn tiāntiān jiào wàimài de lǐyóu hěn duō.
我觉得最近很多人不做饭天天叫外卖的理由很多。
저는 최근 많은 사람들이 밥을 하지 않고 매일 배달 음식을 시키는 이유가 많다고 생각합니다.

cài **菜** 명 요리, 음식	제3부분	Zhèxiē cài dōu shì wǒ zuò de. **这些菜都是我做的。** 이 요리들 모두 내가 만든 거야.
	제6부분	Zhèxiē cài dàodǐ shénme shíhou cái néng sòngdào? Kěyǐ gàosu wǒ yíxià ma? **这些菜到底什么时候才能送到？可以告诉我一下吗？** 이 음식들은 도대체 언제 배달되나요? 제게 알려주실 수 있나요?
Zhōngguó cài **中国菜** 중국 음식	제3부분	Wǒ píngshí hěn xǐhuan zuò zhèyàng de Zhōngguó cài. **我平时很喜欢做这样的中国菜。** 나는 평소에 이런 중국 음식을 만드는 걸 좋아해.
	제6부분	Zhèyàng dehuà wǒ jiù bù néng qǐng nǐ chī Zhōngguó cài le. **这样的话我就不能请你吃中国菜了。** 이렇게 되면 제가 당신에게 중국 음식을 대접할 수가 없겠어요.
wàimài **外卖** 명 배달 음식	제5부분	Wǒ juéde zuìjìn hěn duō rén bú zuò fàn tiāntiān jiào wàimài de lǐyóu hěn duō. **我觉得最近很多人不做饭天天叫外卖的理由很多。** 저는 최근 많은 사람들이 밥을 하지 않고 매일 배달 음식을 시키는 이유가 많다고 생각합니다.
	제6부분	Wǒ jìde wǒ bā diǎn bàn gěi nǐmen dǎ diànhuà diǎnle yí fèn wàimài. **我记得我八点半给你们打电话点了一份外卖。** 저는 제가 8시 반에 당신들에게 전화해서 배달 음식 한 세트를 시킨 걸로 기억해요.
yǐnliào **饮料** 명 음료	제5부분	Qítā zhǒnglèi de yǐnliào tìdài buliǎo hē jiǔ de kuàilè. **其他种类的饮料替代不了喝酒的快乐。** 다른 종류의 음료는 술을 마시는 기쁨을 대체할 수 없습니다.
	제6부분	Jīntiān de wǎnfàn hé yǐnliào wǒ lái qǐng, hǎo ma? **今天的晚饭和饮料我来请，好吗？** 오늘 저녁밥과 음료는 내가 대접할게. 응?
jiǔ **酒** 명 술	제3부분	Zěnme le? Nǐ xiǎng gēn wǒ yìqǐ qù hē jiǔ ma? **怎么了？你想跟我一起去喝酒吗？** 무슨 일이야? 너 나랑 같이 술 마시러 가고 싶니?
	제5부분	Jiǔ kěyǐ ràng rénmen biànde gèngjiā shúxi hé qīnjìn. **酒可以让人们变得更加熟悉和亲近。** 술은 사람들로 하여금 더 익숙하고 친하게 합니다.

08 주거·교통

음원을 들으며 주거, 교통 관련 만능 표현과 부분별 활용 문장을 큰 소리로 따라하세요.

만능 표현 08.mp3

◦ 주거, 숙박

표현	부분	문장
zhù 住 동 살다, 묵다	제4부분	Wǒ zhù de dìfang lí xuéxiào tài yuǎn le, zhìshǎo xūyào yí ge xiǎoshí. 我住的地方离学校太远了，至少需要一个小时。 제가 사는 곳은 학교에서 너무 멀어서, 적어도 한 시간이 걸렸습니다.
	제6부분	Wǒ péngyou xiǎng zhù kào hǎibiān de fángjiān. 我朋友想住靠海边的房间。 제 친구가 해변에 인접한 방에 묵고 싶어해요.
bānjiā 搬家 동 이사하다	제3부분	Dāngrán kěyǐ, wǒ bāng nǐ bānjiā ba. 当然可以，我帮你搬家吧。 당연히 되지. 내가 네 이사하는 것을 도와줄게.
	제6부분	Wǒmen mǎshàng yào bānjiā, nǐ bú shì yě děi líkāi shúxi de péngyou ma. 我们马上要搬家，你不是也得离开熟悉的朋友嘛。 우리는 곧 이사를 가고, 너도 친숙한 친구들을 떠나야 하잖아.
jiǔdiàn 酒店 명 호텔	제3부분	Wǒ juéde nà jiā jiǔdiàn de fúwù hěn hǎo. 我觉得那家酒店的服务很好。 나는 그 호텔의 서비스가 좋다고 생각해.
	제6부분	Wǒ kàn nǐmen jiǔdiàn yǒu hěn duō kào hǎibiān de fángjiān, jǐngsè hěn měilì. 我看你们酒店有很多靠海边的房间，景色很美丽。 제가 보니 그 호텔은 해변에 인접한 방이 많고, 풍경이 아름답던데요.
fángjiān 房间 명 방	제6부분	Qǐng gěi wǒ yùdìng yí ge kào hǎibiān de fángjiān, hǎo ma? 请给我预订一个靠海边的房间，好吗？ 해변에 인접한 방 하나를 예약해주세요. 어때요?
	제7부분	Yǒu yìtiān, Lǎo Lǐ zài zìjǐ de fángjiān. 有一天，老李在自己的房间。 어느 날, 라오리는 자기 방에 있습니다.
shìqū 市区 명 시내 지역	제4부분	Shìqū hé jiāoqū zhōng, wǒ huì xuǎnzé zài jiāoqū shēnghuó. 市区和郊区中，我会选择在郊区生活。 시내 지역과 교외 지역 중, 저는 교외 지역에서 생활하는 것을 선택할 것입니다.
	제6부분	Wǒmen bú shì yuēhǎo yìqǐ qù shìqū de Zhōngguó cāntīng chīfàn ma. 我们不是约好一起去市区的中国餐厅吃饭嘛。 우리는 시내 지역의 중국 레스토랑에 함께 가서 밥을 먹기로 약속했었잖아요.

jiāoqū
郊区
명 교외 지역, (도시의) 변두리

제4부분
Cóng mǎi fáng de jiǎodù kǎolǜ, xuǎnzé jiāoqū gèng huásuàn.
从买房的角度考虑，选择郊区更划算。
집을 사는 관점에서 고려하면, 교외 지역을 선택하는 것이 더 수지가 맞습니다.

제6부분
Wǒ jìde nǐmen bówùguǎn zài jiāoqū, wǒ xiǎng yùdìng ménpiào.
我记得你们博物馆在郊区，我想预订门票。
저는 그 박물관이 교외에 있는 걸로 기억하는데, 입장권을 예매하고 싶어요.

◦ 교통 상황

jiāotōng
交通
명 교통

제3부분
Tīngshuō tā de gōngsī fùjìn zǒngshì dǔchē, jiāotōng bù fāngbiàn.
听说他的公司附近总是堵车，交通不方便。
듣자 하니 그의 회사 근처는 늘 차가 막히고, 교통이 편리하지 않대.

제4부분
Wǒ cānjiāguo xǔduō gōngyì xìng huódòng, bǐrú tànfǎng lǎorén, zhǐhuī jiāotōng děng.
我参加过许多公益性活动，比如探访老人、指挥交通等。
저는 많은 공익성 활동, 예를 들어 노인을 방문하는 것, 교통을 지휘하는 것 등에 참가한 적이 있습니다.

제5부분
Wǒ juéde wǒmen guójiā de gōnggòng jiāotōng xìtǒng bǐ qítā guójiā de gèng hǎo.
我觉得我们国家的公共交通系统比其他国家的更好。
제가 생각하기에 우리나라의 대중교통 시스템이 다른 나라의 것보다 더 좋습니다.

dǔchē
堵车
동 차가 막히다, 교통이 체증되다

제4부분
Rúguǒ zài jiāoqū shēnghuó, wǒ búyòng rěn dǔchē zhī kǔ, búyòng zài lù shang dānwu shíjiān.
如果在郊区生活，我不用忍堵车之苦，不用在路上耽误时间。
만약 교외 지역에서 생활한다면, 저는 차가 막히는 고통을 참을 필요가 없고, 길에서 시간을 지체할 필요가 없습니다.

제6부분
Jīntiān yīnwèi dǔchē, wǒ wúfǎ zhǔnshí dào gōngsī, zěnme bàn ne?
今天因为堵车，我无法准时到公司，怎么办呢？
오늘 교통 체증 때문에, 나는 제때에 회사에 도착할 수가 없어. 어쩌지?

◦ 교통수단

fēijī
飞机
명 비행기

제3부분
Wǒ xiànzài yào qù mǎi fēijīpiào, wǎnshang hái yào zhǔnbèi xíngli.
我现在要去买飞机票，晚上还要准备行李。
나는 지금 비행기표를 사러 가야 하고, 저녁에는 또 짐을 챙겨야 해.

제6부분
Wǒ jìde bàba māma dōu xiǎng zuò fēijī qù, búguò wǒ xiǎng zuò huǒchē qù.
我记得爸爸妈妈都想坐飞机去，不过我想坐火车去。
저는 아빠 엄마 모두 비행기를 타고 가고 싶어 하시는 걸로 기억하는데, 저는 기차를 타고 가고 싶어요.

huǒchē
火车
명 기차

제4부분
Chūnjié shí, hěn nán mǎidào huǒchēpiào huòzhě fēijīpiào.
春节时，很难买到火车票或者飞机票。
설날 때는, 기차표 혹은 비행기표를 사기가 어렵습니다.

제6부분
Wǒmen háishi zuò huǒchē qù wánr, hǎo ma?
我们还是坐火车去玩儿，好吗？
우리 그냥 기차 타고 가서 놀아요. 네?

gōngjiāochē
公交车
명 버스

제3부분
Wǒ juéde yóujú lí zhèr yǒudiǎnr yuǎn, nǐ zuìhǎo zuò gōngjiāochē qù.
我觉得邮局离这儿有点儿远，你最好坐公交车去。
저는 우체국이 여기에서 약간 멀다고 생각해요. 당신은 버스를 타고 가는 게 제일 좋아요.

제6부분
Jiǔdiàn duìmiàn yǒu ge gōngjiāochēzhàn, zài nàr zuò yāo líng yāo lù jiù néng dào jīchǎng.
酒店对面有个公交车站，在那儿坐幺零幺路就能到机场。
호텔 맞은편에 버스 정류장이 있는데, 그곳에서 101번 버스를 타면 바로 공항에 도착할 수 있어.

dìtiě
地铁
명 지하철

제3부분
Wǒmen yào zuò shí diǎn chūfā de huǒchē, zuò dìtiě láibují.
我们要坐十点出发的火车，坐地铁来不及。
우리는 10시에 출발하는 기차에 타야 하니까, 지하철을 타면 시간이 충분하지 않아.

제5부분
Suíshí kěyǐ chádào dìtiě hé gōngjiāochē de shíshí wèizhi yǐjí xìnxī.
随时可以查到地铁和公交车的实时位置以及信息。
수시로 지하철과 버스의 실시간 위치 및 정보를 찾을 수 있습니다.

dǎ chūzūchē
打出租车
택시를 잡다

제3부분
Zánmen qù duìmiàn dǎ chūzūchē, hǎo bu hǎo?
咱们去对面打出租车，好不好？
우리 맞은편에 가서 택시를 잡자. 어때?

제6부분
Zhèyàng dehuà wǒ zhǐ néng dǎ chūzūchē qù zhǎo nǐ le.
这样的话我只能打出租车去找你了。
이렇게 되면 내가 택시를 잡아서 너를 찾아갈 수밖에 없겠어.

◦ 탑승

zuò
坐
동 타다, 앉다

제3부분
Wǒ juéde yóujú lí zhèr yǒudiǎnr yuǎn, nǐ zuìhǎo zuò gōngjiāochē qù.
我觉得邮局离这儿有点儿远，你最好坐公交车去。
저는 우체국이 여기에서 약간 멀다고 생각해요. 당신은 버스를 타고 가는 게 제일 좋아요.

제7부분
Dì èr tiān yí dà zǎo, Xiǎo Wáng zuòzài gāosù dàbā shang.
第二天一大早，小王坐在高速大巴上。
다음날 이른 아침, 샤오왕은 고속 버스에 앉아 있습니다.

chéngzuò
乘坐
동 (자동차·배·비행기 등을) 타다

제5부분
Suīrán wǒ yǒu chē, dàn wǒ gèng xǐhuan chéngzuò gōnggòng jiāotōng gōngjù.
虽然我有车，但我更喜欢乘坐公共交通工具。
비록 저는 차가 있지만, 그러나 저는 대중교통을 타는 것을 더 좋아합니다.

제6부분
Wǒ yào chéngzuò míngtiān de fēijī huíguó, búguò bù zhīdào gāi zěnme qù jīchǎng.
我要乘坐明天的飞机回国，不过不知道该怎么去机场。
나는 내일 비행기를 타고 귀국하려 하는데, 어떻게 공항에 가야 하는지 몰라.

huànchéng
换乘
동 갈아타다, 환승하다

제5부분
Zài shǒu'ěr, yì zhāng jiāotōng kǎ jiù kěyǐ huànchéng suǒyǒu de dìtiě hé gōngjiāochē.
在首尔，一张交通卡就可以换乘所有的地铁和公交车。
서울에서는, 교통카드 한 장으로 모든 지하철과 버스를 갈아탈 수 있습니다.

제6부분
Yīnwèi huànchéngzhàn tài fùzá, suǒyǐ wǒ shàngcuòle dìtiě.
因为换乘站太复杂，所以我上错了地铁。
환승역이 너무 복잡했기 때문에, 내가 지하철을 잘못 탔어.

09 기념일 · 행사

만능 표현 09
바로듣기

음원을 들으며 기념일, 행사 관련 만능 표현과 부분별 활용 문장을 큰 소리로 따라하세요.

만능 표현 09.mp3

∘ 생일

shēngrì
生日
명 생일

제3부분
Nà tiān wǒ yào cānjiā Xiǎo Wáng de shēngrì jùhuì.
那天我要参加小王的生日聚会。
그날 나는 샤오왕의 생일 모임에 참석해야 해.

제7부분
Jīntiān shì tā péngyou de shēngrì, suǒyǐ Xiǎo Lǐ xiǎng yào gěi péngyou yí ge jīngxǐ.
今天是他朋友的生日，所以小李想要给朋友一个惊喜。
오늘은 그의 친구 생일입니다. 그래서 샤오리는 친구에게 서프라이즈를 해주려고 합니다.

dàngāo
蛋糕
명 케이크

제6부분
Dào shíhou wǒ qǐng nǐ chī dàngāo, hǎo ma?
到时候我请你吃蛋糕，好吗?
그때 가서 내가 너에게 케이크를 대접할게. 괜찮아?

제7부분
Xiǎo Lǐ yǐjīng zhǔnbèi hǎole yí ge dàngāo hé xiǎo lǐwù.
小李已经准备好了一个蛋糕和小礼物。
샤오리는 이미 케이크 하나와 작은 선물을 준비했습니다.

sòng
送
동 선물하다, 주다

제3부분
Zhè shì Xiǎo Wáng sòng wǒ de yīfu.
这是小王送我的衣服。
이것은 샤오왕이 나에게 선물해준 옷이야.

제4부분
Rúguǒ biéren xūyào wǒ hǎojiǔ méi yòngguo de dōngxi, wǒ jiù huì sònggěi tā.
如果别人需要我好久没用过的东西，我就会送给他。
만약 다른 사람이 제가 오랫동안 사용하지 않은 물건을 필요로 한다면, 저는 그에게 줄 것입니다.

∘ 경기, 시합

bǐsài
比赛
명 경기, 시합

제6부분
Tīngshuō zhè zhōumò yǒu yì chǎng mǎlāsōng bǐsài, wǒ xiǎng gēn nǐ yìqǐ cānjiā.
听说这周末有一场马拉松比赛，我想跟你一起参加。
듣자 하니 이번 주말에 마라톤 경기가 있다는데, 나는 너와 함께 참가하고 싶어.

제7부분
Bǐsài kāishǐ le.
比赛开始了。
경기가 시작됐습니다.

dìyī míng
第一名
일등

제6부분
Shàng cì wǒ bú shì shuō nǐ yídìng néng huòdé dìyī míng ma.
上次我不是说你一定能获得第一名嘛。
지난번에 내가 너는 꼭 일등을 차지할 수 있을 거라고 말했잖아.

제7부분
Xiǎo Wáng fènlì de yóuzhe, xīwàng zìjǐ kěyǐ dédào dìyī míng.
小王奋力地游着，希望自己可以得到第一名。
샤오왕은 힘을 내서 수영하며, 자신이 일등을 차지할 수 있기를 바랍니다.

cānjiā
参加
동 참가하다, 참석하다

제4부분
Wǒ cānjiāguo xǔduō gōngyì xìng huódòng, bǐrú tànfǎng lǎorén, zhǐhuī jiāotōng děng.
我参加过许多公益性活动，比如探访老人、指挥交通等。
저는 많은 공익성 활동, 예를 들어 노인을 방문하는 것, 교통을 지휘하는 것 등에 참가한 적이 있습니다.

제6부분
Jīntiān wǒ hái děi cānjiā huìyì, cházhǎo xìnxī shénme de.
今天我还得参加会议、查找信息什么的。
오늘 나는 그래도 회의에 참석하고, 정보 등을 찾아야 해.

huòdé
获得
동 얻다, 차지하다

제5부분
Zhǐyào chuānzhuó gānjìng, tàidu rènzhēn, jiù yídìng huì huòdé miànshìguān de hǎogǎn.
只要穿着干净、态度认真，就一定会获得面试官的好感。
옷차림이 깔끔하고 태도가 성실하기만 하면, 분명히 면접관의 호감을 얻을 수 있을 것입니다.

제6부분
Shàng cì wǒ bú shì shuō nǐ yídìng néng huòdé dìyī míng ma.
上次我不是说你一定能获得第一名嘛。
지난번에 내가 너는 꼭 일등을 차지할 수 있을 거라고 말했잖아.

성격 · 성향

만능 표현 10 바로듣기

음원을 들으며 성격, 성향 관련 만능 표현과 부분별 활용 문장을 큰 소리로 따라하세요.

만능 표현 10.mp3

◦ 성격

xìnggé 性格 명 성격

제 3부분
Wǒ juéde tā hěn huópo, xìnggé yě hěn hǎo.
我觉得她很活泼，性格也很好。
나는 그녀가 활발하고, 성격도 좋다고 생각해.

제 4부분
Wǒ xìnggé bǐjiào nèixiàng, bùgǎn zhǔdòng yǔ rén jiāoliú.
我性格比较内向，不敢主动与人交流。
저는 성격이 비교적 내성적이라, 자발적으로 사람과 소통할 용기가 없습니다.

liánghǎo 良好 형 좋다, 양호하다

제 4부분
Wǒ rènwéi liánghǎo de yǐnshí xíguàn duì bǎochí shēntǐ jiànkāng hěn yǒu bāngzhù.
我认为良好的饮食习惯对保持身体健康很有帮助。
저는 좋은 음식 습관이 신체의 건강을 유지하는데 도움이 된다고 생각합니다.

제 5부분
Bùguǎn niánlíng dà háishi xiǎo, jīngguò nǔlì dōu kěyǐ péiyǎng liánghǎo de xìnggé.
不管年龄大还是小，经过努力都可以培养良好的性格。
나이가 많든 아니면 적든지 간에, 노력을 거쳐 모두 좋은 성격을 기를 수 있습니다.

jījí 积极 형 적극적이다, 긍정적이다

제 4부분
Wǒ shànyú biǎodá zìjǐ, huì jījí zhǔdòng gēn biéren gōutōng.
我善于表达自己，会积极主动跟别人沟通。
저는 자신을 표현하는 것에 익숙하고, 적극적이고 자발적으로 다른 사람과 교류합니다.

제 5부분
Bùguǎn xìnggé xiāojí háishi jījí, dōu kěyǐ jiànlì jiào guǎng de rénjì guānxi.
不管性格消极还是积极，都可以建立较广的人际关系。
성격이 소극적이든 아니면 적극적이든 간에, 비교적 넓은 좋은 인간관계를 형성할 수 있습니다.

wàixiàng 外向 형 외향적이다

제 4부분
Wǒ shì xìnggé wàixiàng de rén.
我是性格外向的人。
저는 성격이 외향적인 사람입니다.

제 5부분
Wǒ bù tóngyì wàixiàng de rén gèng róngyì chénggōng de kànfǎ.
我不同意外向的人更容易成功的看法。
저는 외향적인 사람이 더 쉽게 성공한다고 하는 견해에 동의하지 않습니다.

nèixiàng 内向 형 내성적이다, 내향적이다

제 4부분
Wǒ xìnggé bǐjiào nèixiàng, bùgǎn zhǔdòng yǔ rén jiāoliú.
我性格比较内向，不敢主动与人交流。
저는 성격이 비교적 내성적이라, 자발적으로 사람과 소통할 용기가 없습니다.

제 6부분
Wǒ kàn tā shì ge nèixiàng de rén, bú tài xǐhuan dǎ diànhuà.
我看他是个内向的人，不太喜欢打电话。
내가 보니 그는 내성적인 사람이라서, 전화하는 것을 그다지 좋아하지 않아.

∘ 성격 개선

gǎibiàn
改变
㉺ 고치다, 바꾸다, 변하다

제4부분
Zài wǒ de xìnggé zhōng, zuì xiǎng gǎibiàn de quēdiǎn shì cūxīn.
在我的性格中，最想改变的缺点是粗心。
제 성격 중에서, 가장 고치고 싶은 단점은 세심하지 못한 점입니다.

제5부분
Wǒ zhīchí yí ge rén jīngguò nǔlì, kěyǐ gǎibiàn zìjǐ xìnggé de guāndiǎn.
我支持一个人经过努力，可以改变自己性格的观点。
저는 사람은 노력을 거쳐, 자신의 성격을 바꿀 수 있다는 관점을 지지합니다.

péiyǎng
培养
㉺ 기르다, 양성하다

제4부분
Wǒ juéde yí ge rén qù lǚxíng duì péiyǎng dúlì yìshi hěn yǒu bāngzhù.
我觉得一个人去旅行对培养独立意识很有帮助。
저는 혼자 여행을 가는 것이 자립심을 기르는 데 도움이 된다고 생각합니다.

제5부분
Yuèdú kěyǐ péiyǎng rén de xiězuò nénglì.
阅读可以培养人的写作能力。
독서는 사람의 작문하는 능력을 기를 수 있게 합니다.

∘ 성향, 태도

ānjìng
安静
㉻ 조용하다

제3부분
Wǒ juéde túshūguǎn hěn ānjìng, hěn shìhé kàn shū.
我觉得图书馆很安静，很适合看书。
나는 도서관이 조용하고, 책을 보기 적합하다고 생각해.

제6부분
Nǐmen háishi ānjìng yìdiǎnr, hǎo ma?
你们还是安静一点儿，好吗？
당신들은 그냥 조용히 좀 해주세요. 네?

dānxīn
担心
㉺ 걱정하다

제6부분
Bié dānxīn le! Xià ge yuè wǒ qù nàr bāng nǐ, hǎo ma?
别担心了！下个月我去那儿帮你，好吗？
걱정하지 마! 다음달에 내가 그곳에 가서 널 도울게. 어때?

제7부분
Tā hěn dānxīn, érqiě gǎnjué fēicháng hòuhuǐ.
他很担心，而且感觉非常后悔。
그는 걱정했고, 게다가 매우 후회했습니다.

kǎolǜ
考虑
㉺ 고려하다, 생각하다

제4부분
Wǒ huàn xīn shǒujī de shíhou, shǒuxiān huì kǎolǜ jiàgé fāngmiàn.
我换新手机的时候，首先会考虑价格方面。
저는 새로운 휴대폰으로 바꿀 때, 가장 먼저 가격 부분을 고려합니다.

제5부분
Suīrán wǒ bú tài xǐhuan chī ròu, dànshì kǎolǜ dào jiànkāng bùdébù chī.
虽然我不太喜欢吃肉，但是考虑到健康不得不吃。
비록 저는 고기 먹는 것을 그다지 좋아하지 않지만, 그러나 건강을 생각해서 마지못하여 먹습니다.

제6부분
Yàobù nǐ háishi kǎolǜ zài Hánguó dú yánjiūshēng, xíng ma?
要不你还是考虑在韩国读研究生，行吗？
아니면 너 그냥 한국에서 대학원에 진학하는 것을 고려해봐. 괜찮아?

jìxù 继续 동 계속하다	제 4부분	Wèile fúwù shèhuì, wǒ huì jìxù zuò gèzhǒnggèyàng de zhìyuàn huódòng. 为了服务社会，我会继续做各种各样的志愿活动。 사회에 봉사하기 위해, 저는 계속해서 각양각색의 자원 활동을 할 것입니다.
	제 5부분	"Shìdàng de yālì" néng ràng wǒmen jìxù qiánjìn. "适当的压力"能让我们继续前进。 '적당한 스트레스'는 우리로 하여금 계속 앞으로 나아가게 합니다.
	제 6부분	Jīntiān wǒ bú shì shēngbìng zhùyuàn le ma, dàn wǒ hái děi jìxù gōngzuò. 今天我不是生病住院了嘛，但我还得继续工作。 오늘 내가 아파서 입원했잖아. 그런데 나는 그래도 계속 일을 해야만 해.
jìhuà 计划 명 계획 동 계획하다	제 4부분	Wǒ shì ge shìqián zuòhǎo jìhuà de rén. 我是个事前做好计划的人。 저는 사전에 계획을 하는 사람입니다.
	제 6부분	Yàobù wǒmen xiànzài jiù dìng yíxià lǚyóu jìhuà, xíng ma? 要不我们现在就定一下旅游计划，行吗？ 아니면 우리 지금 바로 여행 계획을 정해봐요. 괜찮아요?
bù xiǎoxīn 不小心 실수로, 부주의로	제 6부분	Wǒ zuótiān bù xiǎoxīn bǎ xīn mǎi de shǒujī diàodào shuǐ li le. 我昨天不小心把新买的手机掉到水里了。 제가 어제 실수로 새로 산 휴대폰을 물 속에 떨어뜨렸어요.
	제 7부분	Xiǎo Wáng zài qù jiàn péngyou de lù shang, bù xiǎoxīn bǎ bāo diào zài jīshuǐ de dì shang le. 小王在去见朋友的路上，不小心把包掉在积水的地上了。 샤오왕은 친구를 만나러 가는 도중, 실수로 가방을 물이 고인 바닥 위로 떨어뜨렸습니다.

11 인물·관계

만능 표현 11 바로듣기

음원을 들으며 인물, 관계 관련 만능 표현과 부분별 활용 문장을 큰 소리로 따라하세요.

만능 표현 11.mp3

◦ 가족

jiārén
家人
명 가족

제 4부분
Jiārén hé péngyou zhōng, wǒ píngshí gēn péngyou zài yìqǐ de shíjiān gèng duō.
家人和朋友中，我平时跟朋友在一起的时间更多。
가족과 친구 중, 저는 평소 친구와 함께 있는 시간이 더 많습니다.

제 5부분
Wǒ hé jiārén suīrán jīyīn xiāngsì, dàn xìnggé wánquán bù yíyàng.
我和家人虽然基因相似，但性格完全不一样。
저와 가족들은 비록 유전자는 비슷하지만, 그러나 성격은 완전히 다릅니다.

fùmǔ
父母
명 부모님

제 4부분
Zài wǒ xiǎo de shíhou, fùmǔ jiāo wǒ yào zuò yí ge shànliáng de rén.
在我小的时候，父母教我要做一个善良的人。
저의 어린 시절, 부모님께서는 제게 착한 사람이 되어야 한다고 가르치셨습니다.

제 5부분
Hěn xiǎo jiù líkāi fùmǔ shēnghuó dehuà, huì quēfá ānquángǎn.
很小就离开父母生活的话，会缺乏安全感。
어릴 때 부모님을 떠나 생활하면, 안정감이 부족할 수 있습니다.

háizi
孩子
명 아이, 자식

제 3부분
Háizi cóng shàng ge xīngqī kāishǐ késou.
孩子从上个星期开始咳嗽。
아이가 지난주부터 기침을 하기 시작했어요.

제 5부분
Wǒ rènwéi fùmǔ de yányǔ hé xíngwéi huì yǐngxiǎng háizi de chéngzhǎng.
我认为父母的言语和行为会影响孩子的成长。
저는 부모님의 말과 행동이 아이의 성장에 영향을 준다고 생각합니다.

◦ 친구, 동료

péngyou
朋友
명 친구

제 5부분
Réngōng zhìnéng jīqìrén kěyǐ péibàn rénmen, chéngwéi rénmen de hǎo péngyou.
人工智能机器人可以陪伴人们，成为人们的好朋友。
인공지능 로봇은 사람들과 함께하며, 사람들의 좋은 친구가 될 수 있습니다.

제 6부분
Tīngshuō nǐ píngshí jīngcháng sāhuǎng, suǒyǐ qítā péngyou dōu bú xìnrèn nǐ.
听说你平时经常撒谎，所以其他朋友都不信任你。
듣자 하니 네가 평소에 자주 거짓말을 하고, 그래서 다른 친구들이 모두 너를 믿지 않는다며.

tóngshì
同事
명 동료

제 3부분
Zhè zhōumò wǒ dǎsuan gēn tóngshì yìqǐ qù pá shān.
这周末我打算跟同事一起去爬山。
이번 주말에 나는 동료와 함께 등산하러 갈 계획이야.

제 6부분
Wáng xiānsheng, nínhǎo, wǒ shì Xiǎo Wáng de tóngshì.
王先生，您好，我是小王的同事。
왕 선생님, 안녕하세요. 저는 샤오왕의 동료입니다.

∘ 주변 인물

단어	부분	예문
línjū 邻居 명 이웃	제 5부분	Zuìjìn línjū zhī jiān chángcháng fāshēng lóucéng jiān de zàoyīn wèntí. 最近邻居之间常常发生楼层间的噪音问题。 최근 이웃 사이에 자주 층간 소음 문제가 발생합니다.
	제 6부분	Zhēn bù hǎoyìsi, nǐ háishi zhǎo bié de línjū bāngmáng ba. 真不好意思，你还是找别的邻居帮忙吧。 진짜 미안해요. 당신은 다른 이웃을 찾아서 도와달라고 하는 편이 좋겠어요.
lǎoshī 老师 명 선생님	제 3부분	Qǐng gěi wǒ zhǎo yí wèi Měiguó lǎoshī, hǎo bu hǎo? 请给我找一位美国老师，好不好？ 저에게 미국 선생님 한 분을 찾아 주세요. 어때요?
	제 4부분	Xuéshēng shíqī wǒ zuì zūnjìng hé gǎnxiè de rén shì wǒ chū yī de lǎoshī. 学生时期我最尊敬和感谢的人是我初一的老师。 학창 시절에 제가 가장 존경하고 감사했던 사람은 제 중학교 1학년 선생님입니다.
xuésheng 学生 명 학생	제 3부분	Wǒ juéde nǐ yīnggāi shì xuésheng, xuésheng kěyǐ dǎ qī zhé. 我觉得你应该是学生，学生可以打七折。 제 생각엔 당신은 학생인 것 같은데, 학생은 30퍼센트 할인이 가능합니다.
	제 5부분	Xuésheng hěn nán chōuchū shíjiān yùndòng, yīnwèi xūyào xuéxí de dōngxi tài duō. 学生很难抽出时间运动，因为需要学习的东西太多。 학생은 시간을 빼서 운동하기 어려운데, 왜냐하면 공부해야 할 것이 너무 많기 때문입니다.
duìfāng 对方 명 상대방	제 4부분	Rúguǒ wǒ zhǔdòng xiàng duìfāng dǎ zhāohu, wǒ de liǎn jiù huì biànde hěn hóng. 如果我主动向对方打招呼，我的脸就会变得很红。 만약 제가 자발적으로 상대방을 향해 인사하면, 제 얼굴은 빨갛게 변할 것입니다.
	제 5부분	Wǒ huì tángtangzhèngzhèng de biǎodá zìjǐ de xiǎngfǎ, ràng duìfāng liǎojiě qíngkuàng. 我会堂堂正正地表达自己的想法，让对方了解情况。 저는 정정당당하게 자신의 생각을 표현하고, 상대방으로 하여금 상황을 이해하게 할 것입니다.
biéren 别人 대 다른 사람	제 4부분	Wǒ juéde zìjǐ shì ge hěn huì ānwèi biéren de rén. 我觉得自己是个很会安慰别人的人。 제가 생각하기에 저는 다른 사람을 잘 위로할 줄 아는 사람입니다.
	제 5부분	Biéren wùhuì wǒ dehuà, wǒ huì jījí jiějué. 别人误会我的话，我会积极解决。 다른 사람이 저를 오해했다면, 저는 적극적으로 해결할 것입니다.
yí ge rén 一个人 혼자, 한 사람	제 4부분	Chūnjié shí, wǒ xiǎng yí ge rén guònián. 春节时，我想一个人过年。 설날 때, 저는 혼자 설을 지내고 싶습니다.
	제 6부분	Wǒ bù xiǎng yí ge rén qù yùndòng, zěnme bàn ne? 我不想一个人去运动，怎么办呢？ 나는 혼자 운동하러 가고 싶지 않아. 어쩌지?

∘ 만남, 소통

단어	부분	예문
jiànmiàn **见面** 동 만나다	제4부분	Yǔ rén chū cì jiànmiàn shí, wǒ huì děng duìfāng xiān shuōhuà. **与人初次见面时，我会等对方先说话。** 사람과 처음 만날 때, 저는 상대방이 먼저 말을 하기를 기다립니다.
	제6부분	Zánmen míngtiān wǎnshang liù diǎn zài kāfēitīng ménkǒu jiànmiàn, hǎo ma? **咱们明天晚上六点在咖啡厅门口见面，好吗？** 우리 내일 저녁 6시에 카페 입구에서 만나자. 어때?
liáotiānr **聊天儿** 동 이야기를 나누다, 잡담하다	제4부분	Wǒ běnshēn jiù bù zěnme gēn biéren dǎ diànhuà, wǒ chángcháng fā duǎnxìn liáotiānr. **我本身就不怎么跟别人打电话，我常常发短信聊天儿。** 저 자신은 다른 사람과 그다지 전화하지 않으며, 저는 자주 문자를 보내 이야기를 나눕니다.
	제6부분	Zhèyàng dehuà kěyǐ kàn měilì de jǐngsè, hái kěyǐ chī dōngxi liáotiānr. **这样的话可以看美丽的景色，还可以吃东西聊天儿。** 이렇게 하면 아름다운 풍경을 볼 수 있고, 음식을 먹으며 이야기를 나눌 수도 있어요.
dǎ diànhuà **打电话** 통화하다, 전화하다	제4부분	Wǒ juéde dǎ shìpín diànhuà yǒudiǎnr hàixiū. **我觉得打视频电话有点儿害羞。** 저는 영상 통화를 하는 것이 조금 부끄럽다고 생각합니다.
	제6부분	Wǒ jìde wǒ bā diǎn bàn gěi nǐmen dǎ diànhuà diǎnle yí fèn wàimài. **我记得我八点半给你们打电话点了一份外卖。** 저는 제가 8시 반에 당신들에게 전화해서 배달 음식을 한 세트 시킨 걸로 기억해요.
jiāoliú **交流** 동 (서로) 소통하다, 교류하다	제4부분	Wǒ xìnggé bǐjiào nèixiàng, bùgǎn zhǔdòng yǔ rén jiāoliú. **我性格比较内向，不敢主动与人交流。** 저는 성격이 비교적 내성적이라, 자발적으로 사람과 소통할 용기가 없습니다.
	제5부분	Wǒ rènwéi yǔ biéren jiāoliú shí zuì zhòngyào de shì zūnzhòng biéren. **我认为与别人交流时最重要的是尊重别人。** 저는 다른 사람과 교류할 때 가장 중요한 것은 다른 사람을 존중하는 것이라고 생각합니다.
gōutōng **沟通** 동 교류하다, 소통하다	제4부분	Wǒ shànyú biǎodá zìjǐ, huì jījí zhǔdòng gēn biéren gōutōng. **我善于表达自己，会积极主动跟别人沟通。** 저는 자신을 표현하는 것에 능숙하고, 적극적이고 자발적으로 다른 사람과 교류합니다.
	제5부분	Yòng zūnzhòng de tàidu hé biéren gōutōng dehuà, kěyǐ jiǎnshǎo máodùn. **用尊重的态度和别人沟通的话，可以减少矛盾。** 존중하는 태도로 다른 사람과 소통한다면, 갈등을 줄일 수 있습니다.
péibàn **陪伴** 동 함께하다, 동반하다	제4부분	Biéren yùdào kùnnan shí, wǒ dōu huì chōu shíjiān péibàn tāmen. **别人遇到困难时，我都会抽时间陪伴他们。** 다른 사람이 어려움을 맞닥뜨렸을 때, 저는 짬을 내어 그들과 함께합니다.
	제5부분	Réngōng zhìnéng jīqìrén kěyǐ péibàn rénmen, chéngwéi rénmen de hǎo péngyou. **人工智能机器人可以陪伴人们，成为人们的好朋友。** 인공지능 로봇은 사람들과 함께하며, 사람들의 좋은 친구가 될 수 있습니다.

yǐngxiǎng
影响
동 영향을 주다
명 영향

제5부분
Bùguǎn fùmǔ de yánxíng rúhé, dōu huì yǐngxiǎng dào háizi de yánxíng.
不管父母的言行如何，都会影响到孩子的言行。
부모님의 언행이 어떻든 간에, 모두 아이의 언행에 영향을 줍니다.

제6부분
Nǐmen zài yǐngxiǎng suǒyǒu de kèrén, yǐngxiǎng tāmen kànshū hé xiūxí.
你们在影响所有的客人，影响他们看书和休息。
당신들은 모든 손님들에게 영향을 주고 있어요. 그들이 책 보는 것과 쉬는 것에 영향을 주네요.

---

qīnjìn
亲近
동 친해지다
형 친하다

제4부분
Wèile hé tā qīnjìn, wǒ jīngcháng bǎ bǐjì jiègěi tā.
为了和她亲近，我经常把笔记借给她。
그녀와 친해지기 위해, 저는 자주 필기를 그녀에게 빌려주었습니다.

제5부분
Jiǔ kěyǐ ràng rénmen biànde gèngjiā shúxi hé qīnjìn.
酒可以让人们变得更加熟悉和亲近。
술은 사람들로 하여금 더 익숙하고 친하게 합니다.

---

lǐmào
礼貌
명 예의
형 예의 바르다

제5부분
Zūnzhòng biéren shì rén yǔ rén zhī jiān zuì jīběn de lǐmào.
尊重别人是人与人之间最基本的礼貌。
다른 사람을 존중하는 것은 사람과 사람 사이 가장 기본적인 예의입니다.

제6부분
Wǒ kàn nǐmen yìzhí zài zhèr zhēngchǎo, dōu shí duō fēnzhōng le, zhēn bù lǐmào.
我看你们一直在这儿争吵，都十多分钟了，真不礼貌。
제가 보니 당신들은 줄곧 여기서 말다툼을 했고, 10여분이 다 되었는데, 정말 예의가 없네요.

---

zhùmù
注目
명 주목
동 주목하다

제4부분
Měishí zhàopiàn hěn róngyì zài shèjiāo wǎngluò yǐnrénzhùmù.
美食照片很容易在社交网络引人注目。
맛있는 음식 사진은 쉽게 소셜 네트워크에서 사람들의 주목을 끕니다.

제5부분
Tāmen xiǎng shòudào biéren de guānxīn hé zhùmù.
他们想受到别人的关心和注目。
그들은 다른 사람들의 관심과 주목을 받고 싶어 합니다

◦ 도움, 협력

bāngzhù
帮助
명 도움
동 돕다

제3부분
Zěnme le? Xūyào wǒ de bāngzhù ma?
怎么了？需要我的帮助吗？
무슨 일이야? 내 도움이 필요해?

제5부분
Kàn diànyǐng duì xuéxí rìcháng kǒuyǔ hěn yǒu bāngzhù.
看电影对学习日常口语很有帮助。
영화 보는 것은 일상 회화를 공부하는 데 도움이 됩니다.

제6부분
Zhèyàng dehuà duì wǒ de kǒuyǔ méiyǒu shénme bāngzhù, zhè zěnme bàn ne?
这样的话对我的口语没有什么帮助，这怎么办呢？
이렇게 되면 제 회화에 아무 도움이 안 되는데, 이를 어쩌죠?

xūyào
需要
동 필요하다, (시간이) 걸리다

제4부분
Rúguǒ biéren xūyào wǒ hǎojiǔ méi yòngguo de dōngxi, wǒ jiù huì sònggěi tā.
如果别人需要我好久没用过的东西，我就会送给他。
만약 다른 사람이 제가 오랫동안 사용하지 않은 물건을 필요로 한다면, 저는 그에게 줄 것입니다.

제5부분
Wǒ rènwéi dāng yí ge zǔzhī de lǐngdǎo xūyào hěn duō tiáojiàn.
我认为当一个组织的领导需要很多条件。
저는 조직의 리더가 되려면 많은 조건이 필요하다고 생각합니다.

제6부분
Hái yǒu shénme xūyào de ma?
还有什么需要的吗？
또 뭐 필요한 거 있어?

zhàogù
照顾
동 보살피다, 돌보다

제5부분
Niánlíng xiǎo dehuà xūyào fùmǔ zhàogù, yīnwèi pànduànlì bǐjiào chà.
年龄小的话需要父母照顾，因为判断力比较差。
나이가 어리다면 부모님의 보살핌이 필요한데, 왜냐하면 판단력이 비교적 떨어지기 때문입니다.

제6부분
Shàng cì nǐ bú shì xiǎng wěituō wǒ zài jiàqī zhàogù nǐ jiā de xiǎo māo ma.
上次你不是想委托我在假期照顾你家的小猫嘛。
지난번에 당신이 휴가 기간에 당신의 집 고양이를 제게 돌봐달라고 위탁하고 싶어 했잖아요.

jiějué
解决
동 해결하다

제5부분
Rén duō lìliang dà, rénmen tōngguò hézuò kěyǐ gèng hǎo de jiějué nántí.
人多力量大，人们通过合作可以更好地解决难题。
사람이 많으면 역량이 커지고, 사람들은 협력을 통해 어려운 문제를 더 잘 해결할 수 있습니다.

제6부분
Máfan nǐ kuài gěi wǒ jiějué yíxià ba.
麻烦你快给我解决一下吧。
번거롭겠지만 빨리 해결해주세요.

12 인생관 · 가치관

음원을 들으며 인생관, 가치관 관련 만능 표현과 부분별 활용 문장을 큰 소리로 따라하세요.

만능 표현 12.mp3

∘ 인생관, 목표

rénshēng
人生
명 인생

제 4부분
Wǒ rénshēng zhōng zuì zhòngyào de shì shēntǐ jiànkāng.
我人生中最重要的是身体健康。
제 인생에서 가장 중요한 것은 신체의 건강입니다.

제 5부분
Qián suīrán zhòngyào, dàn wǒmen de rénshēng zhōng hái yǒu gèng duō yǒu jiàzhí de dōngxi.
钱虽然重要，但我们的人生中还有更多有价值的东西。
돈은 비록 중요하지만, 그러나 우리의 인생에는 그래도 더 많은 가치 있는 것들이 있습니다.

---

shèhuì
社会
명 사회

제 4부분
Wǒ xiǎng tōngguò cānjiā gè zhǒng gōngyì xìng huódòng lái fúwù shèhuì.
我想通过参加各种公益性活动来服务社会。
저는 각종 공익성 활동의 참가를 통해 사회에 봉사하고 싶습니다.

제 5부분
Hézuò kěyǐ tígāo gèrén nénglì, tóngshí tígāo shèhuì de zōnghé shuǐpíng.
合作可以提高个人能力，同时提高社会的综合水平。
협력은 개인의 능력을 향상시킬 수 있고, 동시에 사회의 종합 수준을 향상시킬 수 있습니다.

---

mùbiāo
目标
명 목표

제 4부분
Wǒ jīnnián zuì dà de mùbiāo shì xuéhǎo Hànyǔ.
我今年最大的目标是学好汉语。
저의 올해 가장 큰 목표는 중국어를 잘 배우는 것입니다.

제 5부분
Bùguǎn zuò shénme shì, lǐngdǎo dōu yào qīngchu de zhīdào zìjǐ de mùbiāo.
不管做什么事，领导都要清楚地知道自己的目标。
어떤 일을 하든지 간에, 리더는 모두 자신의 목표를 명확하게 알아야 합니다.

---

yìyì
意义
명 의미, 의의

제 4부분
Wǒ juéde jīngcháng gēn péngyou yìqǐ qù yǒuqù de dìfang hěn yǒu yìyì.
我觉得经常跟朋友一起去有趣的地方很有意义。
저는 자주 친구와 함께 재미있는 곳에 가는 것이 의미가 있다고 생각합니다.

제 5부분
Xìnyǎng zōngjiào kěyǐ ràng rén zhǎodào zìjǐ shēnghuó de yìyì hé xīwàng.
信仰宗教可以让人找到自己生活的意义和希望。
종교를 믿는 것은 사람으로 하여금 자기 삶의 의의와 희망을 찾을 수 있게 합니다.

---

chénggōng
成功
동 성공하다, 이루다

제 4부분
Chuàngyè chénggōng dehuà, jiù kěyǐ zhuàn hěn duō qián.
创业成功的话，就可以赚很多钱。
창업에 성공하면, 많은 돈을 벌 수 있습니다.

제 6부분
Nǐ háishi yǒu hěn duō jīhuì de, wǒ kàn nǐ xià cì yídìng néng chénggōng.
你还是有很多机会的，我看你下次一定能成功。
너에게는 아직도 많은 기회가 있고, 내가 보니 너는 다음번에 꼭 성공할 수 있을 거야.

xìngfú
幸福
명 행복
형 행복하다

제4부분
Wǒ juéde rénshēng zuì dà de xìngfú jiù shì jiànkāng de huózhe.
我觉得人生最大的幸福就是健康地活着。
제가 생각하기에 인생 최대의 행복은 바로 건강하게 사는 것입니다.

제5부분
Zhǐyào xiāofèi xíguàn liánghǎo, jiù néng guòshang xìngfú de shēnghuó.
只要消费习惯良好，就能过上幸福的生活。
소비 습관이 좋기만 하면, 모두 행복한 생활을 보낼 수 있습니다.

nénglì
能力
명 능력

제5부분
Yǒuxiē rén wàimào chūzhòng, dàn tāmen de nénglì kěnéng bù fúhé yāoqiú.
有些人外貌出众，但他们的能力可能不符合要求。
어떤 사람들은 외모는 뛰어나지만, 그러나 그들의 능력은 요구에 부합하지 않을 수도 있습니다.

제6부분
Wǒ kàn nǐ shì ge hěn yǒu nénglì de rén, suǒyǐ xiànzài de qíngkuàng zhǐshì zànshí de.
我看你是个很有能力的人，所以现在的情况只是暂时的。
내가 보기에 너는 능력 있는 사람이고, 그래서 지금의 상황은 잠시일 뿐이야.

chéngwéi
成为
동 ~이 되다, ~으로 되다

제4부분
Áoyè yǐjīng chéngwéi wǒ de xíguàn zhī yī le.
熬夜已经成为我的习惯之一了。
밤새는 것은 이미 제 습관 중의 하나가 되었습니다.

제5부분
Rúguǒ wǒ de háizi zhǎngdà yǐhòu xiǎng chéngwéi yí ge míngxīng, wǒ huì zhīchí.
如果我的孩子长大以后想成为一个明星，我会支持。
만약 제 아이가 커서 스타가 되고 싶어 한다면, 저는 지지할 것입니다.

xiǎngshòu
享受
동 누리다, 즐기다

제4부분
Yǒu qián jiù kěyǐ xiǎngshòu gèngjiā fēngfù de shēnghuó.
有钱就可以享受更加丰富的生活。
돈이 있으면 더욱 더 풍요로운 삶을 누릴 수 있습니다.

제5부분
Zuìjìn hěn duō niánqīng rén bù xiǎng jiéhūn, xiǎng dúzì xiǎngshòu rénshēng de lǐyóu hěn duō.
最近很多年轻人不想结婚，想独自享受人生的理由很多。
최근 많은 젊은 사람들이 결혼하고 싶어 하지 않고, 혼자서 인생을 즐기고 싶어 하는 이유는 많습니다.

가치관, 선택

zhídé
值得
동 ~할 만하다, ~할 가치가 있다

제3부분
Wǒ juéde nàli yǒu xǔduō zhídé yí qù de dìfang.
我觉得那里有许多值得一去的地方。
나는 그곳에 한 번 가 볼 만한 곳이 매우 많이 있다고 생각해.

제4부분
Èrshǒu de shū, yīguì, yǐzi děng dōu zhídé gòumǎi.
二手的书、衣柜、椅子等都值得购买。
중고의 책, 옷장, 의자 등 모두 구매할 가치가 있습니다.

제5부분
Dòngwù yě shì yǒu shēngmìng de, měi ge shēngmìng dōu zhídé bèi zūnzhòng.
动物也是有生命的，每个生命都值得被尊重。
동물 역시 생명이 있는 것으로, 모든 생명은 모두 존중 받을 가치가 있습니다.

jiǎodù
角度
명 관점, 각도

제 4부분
Cóng mǎi fáng de jiǎodù kǎolǜ, xuǎnzé jiāoqū gèng huásuàn.
从买房的角度考虑，选择郊区更划算。
집을 사는 관점에서 고려하면, 교외 지역을 선택하는 것이 더 수지가 맞습니다.

제 5부분
Cóng gōngsī de jiǎodù kàn, guǎnlǐ yuángōng jiù huì biànde hěn nán.
从公司的角度看，管理员工就会变得很难。
회사의 관점에서 보면, 직원들을 관리하기가 어려워질 것입니다.

---

fāngmiàn
方面
명 부분, 측면

제 4부분
Wǒ huàn xīn shǒujī de shíhou, shǒuxiān huì kǎolǜ jiàgé fāngmiàn.
我换新手机的时候，首先会考虑价格方面。
저는 새로운 휴대폰으로 바꿀 때, 가장 먼저 가격 부분을 고려합니다.

제 5부분
Tāmen zài jīngjì fāngmiàn zhǐ néng yīlài fùmǔ shēnghuó.
他们在经济方面只能依赖父母生活。
그들은 경제적인 측면에서 부모님께 의존하여 생활할 수밖에 없습니다.

---

xuǎnzé
选择
동 선택하다, 고르다
명 선택

제 4부분
Wǒ qù lǚxíng shí, yìbān xuǎnzé guówài.
我去旅行时，一般选择国外。
저는 여행을 갈 때, 일반적으로 해외를 선택합니다.

제 5부분
zhǎo gōngzuò shí jīhuì hěn duō, suǒyǐ nénggòu xuǎnzé zìjǐ xiǎng yào de gōngzuò.
找工作时机会很多，所以能够选择自己想要的工作。
직업을 찾을 때 기회가 많아, 그래서 자신이 원하는 직업을 고를 수 있습니다.

---

yuànyì
愿意
조동 ~하고 싶다, ~하기를 원하다

제 4부분
Mǎi xiézi shí, wǒ yuànyì qù shítǐdiàn shì chuān.
买鞋子时，我愿意去实体店试穿。
신발을 살 때, 저는 오프라인 매장에 가서 신어보고 싶습니다.

제 5부분
Dà bùfen niánqīng rén yuànyì yìbiān nǔlì gōngzuò yìbiān zìyóu shēnghuó.
大部分年轻人愿意一边努力工作一边自由生活。
대부분의 젊은 사람들은 열심히 일하면서 자유롭게 생활하기를 원합니다.

13 트렌드·관심사

만능 표현 13 바로듣기

음원을 들으며 트렌드, 관심사 관련 만능 표현과 부분별 활용 문장을 큰 소리로 따라하세요.

만능 표현 13.mp3

∘ 인터넷, 미디어

shèjiāo wǎngluò
社交网络
소셜 네트워크 (SNS)

제 4부분
Měishí zhàopiàn hěn róngyì zài shèjiāo wǎngluò yǐnrénzhùmù.
美食照片很容易在社交网络引人注目。
맛있는 음식 사진은 쉽게 소셜 네트워크에서 사람들의 주목을 끕니다.

제 5부분
Wǒ rènwéi bù shǎo niánqīng rén xǐhuan wánr shèjiāo wǎngluò de lǐyóu hěn duō.
我认为不少年轻人喜欢玩儿社交网络的理由很多。
저는 적지 않은 젊은 사람들이 소셜 네트워크 하는 것을 좋아하는 이유가 많다고 생각합니다.

shìpín
视频
명 영상, 동영상

제 4부분
Wǒ bù xǐhuan dǎ shìpín diànhuà.
我不喜欢打视频电话。
저는 영상 통화하는 것을 좋아하지 않습니다.

제 6부분
Jīntiān wǎngluò sùdù tūrán biànmàn le, lián shìpín dōu kàn buliǎo le.
今天网络速度突然变慢了，连视频都看不了了。
오늘 인터넷 속도가 갑자기 느려졌고, 동영상조차도 볼 수 없게 됐어요.

∘ 과학기술

jìshù
技术
명 기술

제 5부분
Jìshù hánliàng yuè gāo, jiàgé yuè guì.
技术含量越高，价格越贵。
기술 함량이 높을수록, 가격도 높아집니다.

제 6부분
Tīngshuō wǒmen gōngsī xiànzài xūyào yí ge diànnǎo jìshù rényuán.
听说我们公司现在需要一个电脑技术人员。
듣자 하니 우리 회사에 지금 컴퓨터 기술자가 한 명 필요하다던데.

fāzhǎn
发展
명 발전
동 발전하다

제 3부분
Wǒ juéde zhè jǐ nián shǒujī de fāzhǎn yuèláiyuè kuài.
我觉得这几年手机的发展越来越快。
나는 요 몇 년 동안 휴대폰의 발전이 점점 빨라진다고 생각해.

제 5부분
Wèile fāzhǎn, wǒ rènwéi rén yǔ rén zhī jiān de hézuò gèng zhòngyào.
为了发展，我认为人与人之间的合作更重要。
발전을 위해, 저는 사람과 사람 사이의 협력이 더 중요하다고 생각합니다.

∘ 정보, 서비스

단어	부분	예문
xìnxī **信息** 명 정보, 소식	제5부분	Suíshí kěyǐ chádào dìtiě hé gōngjiāochē de shíshí wèizhi yǐjí xìnxī. **随时可以查到地铁和公交车的实时位置以及信息。** 수시로 지하철과 버스의 실시간 위치 및 정보를 찾을 수 있습니다.
	제6부분	Jīntiān wǒ hái děi cānjiā huìyì, cházhǎo xìnxī shénme de. **今天我还得参加会议、查找信息什么的。** 오늘 나는 그래도 회의에 참석하고, 정보 등을 찾아야 해.
fúwù **服务** 명 서비스, 봉사 동 봉사하다	제5부분	Zuìjìn dà bùfen jiǔdiàn dōu kāishǐ tígōng dài kè tíngchē fúwù. **最近大部分酒店都开始提供代客停车服务。** 최근 대부분의 호텔들은 모두 발레파킹 서비스를 제공하기 시작했습니다.
	제6부분	Wǒ jìde nǐmen cāntīng huánjìng búcuò, fúwù yě tǐng hǎo de. **我记得你们餐厅环境不错，服务也挺好的。** 저는 그 식당이 환경이 괜찮고, 서비스도 매우 좋았던 걸로 기억해요.
fāngbiàn **方便** 형 괜찮다, 편하다, 편리하다	제3부분	Wǒ xiànzài bù fāngbiàn. **我现在不方便。** 나 지금 안 괜찮아.
	제5부분	Suīrán méitǐ ràng shēnghuó biànde fāngbiàn, dàn yě dàilaile bù shǎo wèntí. **虽然媒体让生活变得方便，但也带来了不少问题。** 비록 매체는 생활을 편해지게 했지만, 그러나 또한 적지 않은 문제를 가져다주었습니다.
	제6부분	Bàba, māma, xiànzài shuōhuà fāngbiàn ma? **爸爸、妈妈，现在说话方便吗？** 아빠, 엄마, 지금 얘기하기 편하세요?
suíshísuídì **随时随地** 성 언제 어디서나	제4부분	Yǒu shǒujī dehuà, wǒ kěyǐ suíshísuídì yuèdú, wǒ juéde hěn shíyòng. **有手机的话，我可以随时随地阅读，我觉得很实用。** 휴대폰이 있다면, 저는 언제 어디서나 읽을 수 있어, 실용적이라고 생각합니다.
	제5부분	Wǎngshàng shòukè kěyǐ ràng xuésheng suíshísuídì fùxí bù dǒng de nèiróng. **网上授课可以让学生随时随地复习不懂的内容。** 온라인으로 수업하는 것은 학생들이 언제 어디서나 이해하지 못한 내용을 복습할 수 있게 합니다.

14 날씨·환경

만능 표현 14
바로듣기

음원을 들으며 날씨, 환경 관련 만능 표현과 부분별 활용 문장을 큰 소리로 따라하세요.

만능 표현 14.mp3

일기예보

표현	부분	문장
tiānqì 天气 명 날씨	제3부분	Wǒ juéde jīntiān de tiānqì hěn liángkuai. 我觉得今天的天气很凉快。 나는 오늘의 날씨가 시원하다고 생각해.
	제7부분	Dì èr tiān, tiānqì tèbié hǎo. 第二天，天气特别好。 다음날, 날씨가 매우 좋습니다.
wēndù 温度 명 온도	제2부분	Bàngōngshì li de wēndù shì èrshíliù dù. 办公室里的温度是二十六度。 사무실 안의 온도는 26도입니다.
	제6부분	Wǒ gāngcái kàn tiānqì yùbào shuō nà tiān zuì gāo wēndù huì chāoguò sānshíbā dù. 我刚才看天气预报说那天最高温度会超过三十八度。 내가 아까 일기예보를 보니 그날 최고 온도가 38도를 넘을 거래.
rè 热 형 덥다	제3부분	Wǒ yě juéde jīntiān tèbié rè. 我也觉得今天特别热。 나도 오늘 특히 덥다고 생각해.
	제6부분	Zhèyàng dehuà shízài tài rè le. 这样的话实在太热了。 이렇게 되면 정말 너무 덥겠어.
liángkuai 凉快 형 시원하다, 서늘하다	제3부분	Wǒ xiǎng zhǎo ge yǒu kōngtiáo de, liángkuai de dìfang. 我想找个有空调的、凉快的地方。 나는 에어컨이 있는, 시원한 곳을 찾고 싶어.
	제6부분	Tiānqì yùbào shuō míngtiān tiānqì hěn liángkuai, wǒmen kěyǐ chūqu wánr le. 天气预报说明天天气很凉快，我们可以出去玩儿了。 일기예보에서 말하길 내일은 날씨가 시원하대. 우리 나가서 놀 수 있겠다.

환경 보호

표현	부분	문장
huánbǎo 环保 명 환경 보호	제4부분	Wèile huánbǎo, wǒ zuòguo jiéyuē yòng shuǐ de nǔlì. 为了环保，我做过节约用水的努力。 환경 보호를 위해, 저는 물 사용을 절약하는 노력을 해봤습니다.
	제5부분	Wǒ juéde bǎ lājī jìnxíng fēnlèi huíshōu duì huánbǎo yǒu bāngzhù. 我觉得把垃圾进行分类回收对环保有帮助。 저는 쓰레기를 분리수거 하는 것이 환경 보호에 도움이 된다고 생각합니다.

jiéyuē
节约
동 절약하다, 아끼다

제 4부분
Wèile jiéyuē yòng shuǐ, wǒ bú huì huā tài cháng shíjiān xǐzǎo.
为了节约用水，我不会花太长时间洗澡。
물 사용을 절약하기 위해, 저는 오랜 시간을 쓰며 목욕하지 않습니다.

제 5부분
Wèile bǎohù huánjìng, wǒmen yào shǎo yòng yícìxìng yòngpǐn, hái yào jiéyuē zīyuán.
为了保护环境，我们要少用一次性用品，还要节约资源。
환경을 보호하기 위해, 우리는 일회용품을 적게 사용해야 하고, 자원을 절약해야 합니다.

bǎohù huánjìng
保护环境
환경을 보호하다

제 4부분
Bú luàn rēng dōngxi duì bǎohù huánjìng hěn yǒu bāngzhù.
不乱扔东西对保护环境很有帮助。
함부로 물건을 버리지 않는 것은 환경을 보호하는 데 도움이 됩니다.

제 5부분
Shǒuxiān ne, kěyǐ bǎohù huánjìng, hái kěyǐ jiǎnshǎo kōngqì wūrǎn.
首先呢，可以保护环境，还可以减少空气污染。
먼저, 환경을 보호할 수 있고, 공기 오염을 줄일 수도 있습니다.

15 상태·상황

음원을 들으며 상태, 상황 관련 만능 표현과 부분별 활용 문장을 큰 소리로 따라하세요.

만능 표현 15.mp3

∘ 긍정적인 상태

표현	부분	문장
hǎo 好 형 잘, 좋다	제3부분	Wǒ huà huàr huàde hěn hǎo. 我画画儿画得很好。 나 그림 잘 그려.
	제6부분	Wǒ kàn nǐ zhè cì kǎoshì zhǔnbèi de hěn hǎo, huòdé dìyī míng shì nǐ nǔlì de jiéguǒ. 我看你这次考试准备得很好，获得第一名是你努力的结果。 내가 보니 너는 이번 시험을 잘 준비했고, 일등을 차지한 것은 네 노력의 결과야.
hǎochī 好吃 형 맛있다	제3부분	Wǒ juéde cǎoméi wèir de dàngāo yě tǐng hǎochī de. 我觉得草莓味儿的蛋糕也挺好吃的。 저는 딸기 맛 케이크도 매우 맛있다고 생각해요.
	제6부분	Rúguǒ nǐ kěyǐ dehuà, wǒ dài nǐ qù zuì hǎochī de Zhōngguó cāntīng ba. 如果你可以的话，我带你去最好吃的中国餐厅吧。 만약 네가 가능하다면, 내가 가장 맛있는 중국 레스토랑에 너를 데리고 갈게.
hǎokàn 好看 형 재미있다, 보기 좋다	제3부분	Wǒ juéde Hánguó de àiqíng diànyǐng hěn làngmàn, hěn hǎokàn. 我觉得韩国的爱情电影很浪漫，很好看。 나는 한국의 로맨스 영화가 낭만적이고, 재미있다고 생각해.
	제6부분	Nǐ jīntiān chuān de xiézi hěn hǎokàn. 你今天穿的鞋子很好看。 네가 오늘 신은 신발이 보기 좋다.
búcuò 不错 형 괜찮다, 훌륭하다	제3부분	Wǒ juéde Yìdàlì de huánjìng hěn búcuò, jǐngsè shífēn měilì. 我觉得意大利的环境很不错，景色十分美丽。 나는 이탈리아의 환경이 괜찮고, 풍경이 매우 아름답다고 생각해.
	제6부분	Tīngshuō gōngsī duìmiàn de wǎngqiú bān hěn búcuò, érqiě jiàgé hái hěn piányi. 听说公司对面的网球班很不错，而且价格还很便宜。 듣자 하니 회사 맞은편의 테니스반이 괜찮고, 게다가 가격도 싸대.
yǒuqù 有趣 형 재미있다, 흥미가 있다	제3부분	Wǒ jīngcháng gēn fùqin yìqǐ qù pá shān, yòu jiànkāng yòu yǒuqù. 我经常跟父亲一起去爬山，又健康又有趣。 나는 자주 아버지와 함께 등산을 가는데, 건강하기도 하고 재미있기도 해.
	제4부분	Wǒ jīngcháng gēn péngyou yìqǐ qù yǒuqù de dìfang, chī hǎochī de dōngxi. 我经常跟朋友一起去有趣的地方，吃好吃的东西。 저는 자주 친구와 함께 재미있는 곳에 가서, 맛있는 것을 먹습니다.

piányi
便宜
형 저렴하다, 싸다

제4부분
Liǎng tái shǒujī de gōngnéng chàbuduō dehuà, wǒ huì xuǎn gèng piányi de.
两台手机的功能差不多的话，我会选更便宜的。
두 대의 휴대폰의 기능이 비슷하다면, 저는 더 저렴한 것을 고를 것입니다.

제6부분
Tīngshuō gōngsī duìmiàn de wǎngqiú bān hěn búcuò, érqiě jiàgé hái hěn piányi.
听说公司对面的网球班很不错，而且价格还很便宜。
듣자 하니 회사 맞은편의 테니스반이 괜찮고, 게다가 가격도 싸대.

mǎnyì
满意
형 만족스럽다
동 만족하다

제3부분
Wǒ zài Zhōngguó zhǎodàole mǎnyì de gōngzuò.
我在中国找到了满意的工作。
나는 중국에서 만족스러운 직업을 찾았어.

제7부분
Xiǎo gǒu duì tā de xīn yīfu hěn mǎnyì.
小狗对它的新衣服很满意。
강아지는 자신의 새로운 옷에 만족스러워합니다.

héshì
合适
형 알맞다, 적당하다, 적합하다

제3부분
Wǒ juéde zhè jiàn yīfu yánsè hěn piàoliang, dàxiǎo yě hěn héshì.
我觉得这件衣服颜色很漂亮，大小也很合适。
나는 이 옷이 색깔이 예쁘고, 크기도 알맞다고 생각해.

제4부분
Rúguǒ zài shítǐdiàn mǎi xié dehuà, mǎshù bù héshì shí kěyǐ dāngchǎng huàn.
如果在实体店买鞋的话，码数不合适时可以当场换。
만약 오프라인 매장에서 신발을 산다면, 사이즈가 알맞지 않을 경우 그 자리에서 바꿀 수 있습니다.

제5부분
Wǒ rènwéi háizi shíjiǔ suì yǐhòu chūguó liúxué bǐjiào héshì.
我认为孩子十九岁以后出国留学比较合适。
저는 아이가 19살 이후에 외국에 가서 유학하는 것이 비교적 적당하다고 생각합니다.

○ 부정적인 상태

yánzhòng
严重
형 심하다, 심각하다, 중대하다

제3부분
Wǒ juéde tā késou yuèláiyuè yánzhòng le.
我觉得她咳嗽越来越严重了。
저는 그녀가 기침하는 것이 점점 심해진다고 생각해요.

제5부분
Shǐyòng yícìxìng yòngpǐn suīrán fēicháng fāngbiàn, dàn yě huì yánzhòng pòhuài huánjìng.
使用一次性用品虽然非常方便，但也会严重破坏环境。
일회용품을 사용하는 것은 비록 매우 편리하지만, 그러나 또한 심각하게 환경을 파괴합니다.

제6부분
Qíngkuàng yǒudiǎnr yánzhòng, wǒ mǎshàng gēn gōngsī de rén liánxì.
情况有点儿严重，我马上跟公司的人联系。
상황이 좀 심각하네요. 제가 바로 회사 사람과 연락할게요.

chà
差
형 떨어지다, 안 좋다, 부족하다

제5부분
Niánlíng xiǎo dehuà xūyào fùmǔ zhàogù, yīnwèi pànduànlì bǐjiào chà.
年龄小的话需要父母照顾，因为判断力比较差。
나이가 어리다면 부모님의 보살핌이 필요한데, 왜냐하면 판단력이 비교적 떨어지기 때문입니다.

제6부분
Tīngshuō nǐ zuìjìn jīngcháng áoyè hē jiǔ, suǒyǐ nǐ liǎnsè cái zhème chà.
听说你最近经常熬夜喝酒，所以你脸色才这么差。
듣자 하니 너 요즘 자주 밤새워 술을 마신다던데, 그래서 네 안색이 이렇게 안 좋은 거야.

guì
贵
형 비싸다

제 3부분
Wǒ juéde zhè jiàn yīfu yǒudiǎnr guì.
我觉得这件衣服有点儿贵。
저는 이 옷이 조금 비싸다고 생각해요.

제 6부분
Wàiguó xuéxiào de xuéfèi dōu hěn guì, zhèyàng dehuà nǐ děi biān shàngxué biān zhuàn qián.
外国学校的学费都很贵，这样的话你得边上学边赚钱。
외국 학교의 학비는 모두 비싼데, 이렇게 되면 너는 공부하면서 돈을 벌어야 해.

nán
难
형 어렵다

제 4부분
Chūnjié shí, hěn nán mǎidào huǒchēpiào huòzhě fēijīpiào.
春节时，很难买到火车票或者飞机票。
설날 때는, 기차표 혹은 비행기표를 사기가 어렵습니다.

제 5부분
Suīrán xìnggé hěn nán gǎibiàn, dàn zhǐyào nǔlì, méiyǒu shénme bù kěnéng de.
虽然性格很难改变，但只要努力，没有什么不可能的。
비록 성격은 바꾸기 어렵지만, 그러나 노력하기만 한다면, 불가능한 것은 없습니다.

máfan
麻烦
형 귀찮다, 번거롭다

제 5부분
Fēnlèi huíshōu suīrán hěn máfan, dàn wèile huánbǎo háishi yào rènzhēn qù zuò.
分类回收虽然很麻烦，但为了环保还是要认真去做。
분리수거는 비록 귀찮지만, 그러나 환경 보호를 위해 성실하게 해나가야 합니다.

제 6부분
Zhèyàng dehuà wǒ jiù bù néng cānjiā huìyì, zhǐ néng máfan nǐ le.
这样的话我就不能参加会议，只能麻烦你了。
이렇게 되면 내가 회의에 참석할 수가 없고, 너를 번거롭게 할 수 밖에 없겠다.

lèi
累
형 피곤하다, 힘들다

제 3부분
Wǒ juéde jīntiān de gōngzuò tèbié xīnkǔ, shízài tài lèi le.
我觉得今天的工作特别辛苦，实在太累了。
나는 오늘의 일이 특히 수고스러웠다고 생각해. 정말 너무 피곤해.

제 7부분
Xiǎo Wáng juéde hěn lèi, tā bùdébù fàngmànle zìjǐ de sùdù.
小王觉得很累，他不得不放慢了自己的速度。
샤오왕은 힘들다고 느꼈고, 그는 어쩔 수 없이 자신의 속도를 늦췄습니다.

xīnkǔ
辛苦
형 수고스럽다
동 수고하다

제 3부분
Wǒ juéde zuìjìn wǒmen dōu hěn xīnkǔ, shízài tài lèi le.
我觉得最近我们都很辛苦，实在太累了。
나는 요즘 우리 모두가 수고스럽다고 생각해. 정말 너무 피곤해.

제 6부분
Xiànzài shì chuàngyè chūqī, nǐ yīnggāi hěn xīnkǔ ba.
现在是创业初期，你应该很辛苦吧。
지금은 창업 초기라서, 네가 수고스러울 거야.

shīwàng
失望
동 실망하다

제 6부분
Qúnzi de yánsè hé zhàopiàn zhōng de wánquán bù yíyàng, zhēn ràng rén shīwàng.
裙子的颜色和照片中的完全不一样，真让人失望。
치마의 색깔이 사진 속과 완전히 달라서, 정말 사람을 실망시키네요.

제 7부분
Xiǎo Wáng quánshēn dōu shī le, tā tài shīwàng le.
小王全身都湿了，她太失望了。
샤오왕의 온몸은 다 젖었고, 그녀는 매우 실망했습니다.

∘ 정도

표현	파트	예문
tǐng 挺 ㊀ 매우, 아주	제3부분	Wǒ juéde cǎoméi wèir de dàngāo yě tǐng hǎochī de. 我觉得草莓味儿的蛋糕也挺好吃的。 저는 딸기 맛 케이크도 매우 맛있다고 생각해요.
	제6부분	Wǒ jìde nǐmen cāntīng huánjìng búcuò, fúwù yě tǐng hǎo de. 我记得你们餐厅环境不错，服务也挺好的。 저는 그 식당이 환경이 괜찮고, 서비스도 매우 좋았던 걸로 기억해요.
shízài 实在 ㊀ 정말, 확실히	제3부분	Wǒ juéde jīntiān de gōngzuò tèbié xīnkǔ, shízài tài lèi le. 我觉得今天的工作特别辛苦，实在太累了。 나는 오늘의 일이 특히 수고스러웠다고 생각해. 정말 너무 피곤해.
	제6부분	Zuìjìn wǒ de gōngzuò liàng shízài tài duō le. 最近我的工作量实在太多了。 요즘 제 업무량이 정말 너무 많아요.
wánquán 完全 ㊀ 완전히 ㊙ 완전하다	제5부분	Wǒmen chángcháng huì kàndào jīyīn xiāngtóng, xìnggé què wánquán bù tóng de rén. 我们常常会看到基因相同，性格却完全不同的人。 우리는 유전자는 동일하지만, 성격은 도리어 완전히 다른 사람을 자주 볼 수 있습니다.
	제6부분	Qúnzi de yánsè hé zhàopiàn zhōng de wánquán bù yíyàng, zhēn ràng rén shīwàng. 裙子的颜色和照片中的完全不一样，真让人失望。 치마의 색깔이 사진 속과 완전히 달라서, 정말 사람을 실망시키네요.
biànde 变得 ~하게 변하다, ~해지다	제4부분	Rúguǒ wǒ zhǔdòng xiàng duìfāng dǎ zhāohu, wǒ de liǎn jiù huì biànde hěn hóng. 如果我主动向对方打招呼，我的脸就会变得很红。 만약 제가 자발적으로 상대방을 향해 인사하면, 제 얼굴은 빨갛게 변할 것입니다.
	제5부분	Suīrán méitǐ ràng shēnghuó biànde fāngbiàn, dàn yě dàilaile bù shǎo wèntí. 虽然媒体让生活变得方便，但也带来了不少问题。 비록 매체는 생활을 편해지게 했지만, 그러나 또한 적지 않은 문제를 가져다주었습니다.
yuèláiyuè 越来越 점점, 갈수록	제3부분	Wǒ juéde zhè jǐ nián shǒujī de fāzhǎn yuèláiyuè kuài. 我觉得这几年手机的发展越来越快。 나는 요 몇 년 동안 휴대폰의 발전이 점점 빨라진다고 생각해.
	제5부분	Zuìjìn yìrén jiātíng yuèláiyuè duō. 最近一人家庭越来越多。 최근 1인 가구가 점점 많아졌습니다.

◦ 비교

단어	부분	예문
bǐjiào 比较 ㉾ 비교적	제2부분	Nǚshēng de gèzi bǐjiào gāo. 女生的个子比较高。 여자의 키가 비교적 큽니다.
	제4부분	Yīnwèi zuìjìn chóu shì bǐjiào duō, shēnghuó yālì de zēngdà shǐ wǒ jīngcháng shīmián. 因为最近愁事比较多，生活压力的增大使我经常失眠。 왜냐하면 최근에 걱정거리가 비교적 많고, 생활 스트레스의 증가가 저로 하여금 자주 잠을 이루지 못하게 하기 때문입니다.
	제5부분	Wǒ rènwéi lóucéng jiān de zàoyīn shì bǐjiào dà de wèntí. 我认为楼层间的噪音是比较大的问题。 저는 층간 소음이 비교적 큰 문제라고 생각합니다.
gèng 更 ㉾ 더	제4부분	Liǎng tái shǒujī de gōngnéng chàbuduō dehuà, wǒ huì xuǎn gèng piányi de. 两台手机的功能差不多的话，我会选更便宜的。 두 대의 휴대폰의 기능이 비슷하다면, 저는 더 저렴한 것을 고를 것입니다.
	제5부분	Wǒ juéde wǒmen guójiā de gōnggòng jiāotōng xìtǒng bǐ qítā guójiā de gèng hǎo. 我觉得我们国家的公共交通系统比其他国家的更好。 제가 생각하기에 우리나라의 대중교통 시스템이 다른 나라의 것보다 더 좋습니다.
	제6부분	Bié tài shāngxīn le! Xià cì qù yìngpìn gèng hǎo de gōngsī, hǎo ma? 别太伤心了！下次去应聘更好的公司，好吗？ 너무 슬퍼하지 마! 다음번에 더 좋은 회사에 가서 지원해봐. 어때?
gèngjiā 更加 ㉾ 더욱 더, 더	제4부분	Yǒu qián jiù kěyǐ xiǎngshòu gèngjiā fēngfù de shēnghuó. 有钱就可以享受更加丰富的生活。 돈이 있으면 더욱 더 풍요로운 삶을 누릴 수 있습니다.
	제5부분	Jiǔ kěyǐ ràng rénmen biànde gèngjiā shúxi hé qīnjìn. 酒可以让人们变得更加熟悉和亲近。 술은 사람들로 하여금 더 익숙하고 친하게 합니다.

◦ 상황 전개

단어	부분	예문
qíngkuàng 情况 ㊔ 상황, 정황	제5부분	Wǒ huì tángtangzhèngzhèng de biǎodá zìjǐ de xiǎngfǎ, ràng duìfāng liǎojiě qíngkuàng. 我会堂堂正正地表达自己的想法，让对方了解情况。 저는 정정당당하게 자신의 생각을 표현하고, 상대방으로 하여금 상황을 이해하게 할 것입니다.
	제6부분	Wǒ kàn nǐ shì ge hěn yǒu nénglì de rén, suǒyǐ xiànzài de qíngkuàng zhǐshì zànshí de. 我看你是个很有能力的人，所以现在的情况只是暂时的。 내가 보기에 너는 능력 있는 사람이고, 그래서 지금의 상황은 잠시일 뿐이야.
fāshēng 发生 ㉨ 발생하다	제5부분	Zuìjìn línjū zhī jiān chángcháng fāshēng lóucéng jiān de zàoyīn wèntí. 最近邻居之间常常发生楼层间的噪音问题。 최근 이웃 사이에 자주 층간 소음 문제가 발생합니다.
	제6부분	Wǒ de shǒujī fāshēngle shénme wèntí? Kěyǐ gàosu wǒ yíxià ma? 我的手机发生了什么问题？可以告诉我一下吗？ 제 휴대폰에 무슨 문제가 발생한 거죠? 제게 알려주실 수 있나요?

yìbiān… yìbiān… **一边…一边…** ~하면서 ~하다	제5부분	Dà bùfen niánqīng rén yuànyì yìbiān nǔlì gōngzuò yìbiān zìyóu shēnghuó. **大部分年轻人愿意一边努力工作一边自由生活。** 대부분의 젊은 사람들은 열심히 일하면서 자유롭게 생활하기를 원합니다.
	제7부분	Nàge nánrén yìbiān dàshēng dǎ diànhuà yìbiān chī bǐnggān. **那个男人一边大声打电话一边吃饼干。** 그 남자는 큰 소리로 전화를 하면서 과자를 먹고 있습니다.
zhènghǎo **正好** 부 마침 형 딱 맞다	제3부분	Wǒ zhènghǎo xiǎng qù jiànshēnfáng duànliàn yíxià shēntǐ. **我正好想去健身房锻炼一下身体。** 내가 마침 헬스장에 가서 몸을 좀 단련하고 싶었어.
	제6부분	Gōngsī xūyào diànnǎo jìshù rényuán, wǒ zhènghǎo yǒu ge péngyou shì diànnǎo zhuānyè de. **公司需要电脑技术人员，我正好有个朋友是电脑专业的。** 회사에 컴퓨터 기술자가 필요한데, 저는 마침 컴퓨터 전공인 친구가 있어요.
zànshí **暂时** 형 잠시의, 잠깐의	제3부분	Zuìjìn tā jīngcháng qù guówài chūchāi, xiànzài zànshí bú zài Hánguó. **最近他经常去国外出差，现在暂时不在韩国。** 요즘 그는 자주 해외로 출장을 가서, 지금 잠시 한국에 없어.
	제5부분	Hē jiǔ kěyǐ jiǎnqīng yālì, yě kěyǐ ràng rén zànshí wàngjì fánnǎo. **喝酒可以减轻压力，也可以让人暂时忘记烦恼。** 술을 마시면 스트레스를 줄일 수 있고, 또한 사람으로 하여금 잠시 걱정을 잊을 수 있게 합니다.
wúfǎ **无法** 동 ~할 수가 없다, ~할 방법이 없다	제5부분	Céng jiān zàoyīn ràng rén wúfǎ rùshuì, gěi rén dàilai jīngshén shang de yālì. **层间噪音让人无法入睡，给人带来精神上的压力。** 층간 소음은 사람을 잠들 수 없게 하고, 사람에게 정신적 스트레스를 가져다줍니다.
	제6부분	Jīntiān yīnwèi dǔchē, wǒ wúfǎ zhǔnshí dào gōngsī, zěnme bàn ne? **今天因为堵车，我无法准时到公司，怎么办呢？** 오늘 교통 체증 때문에, 나는 제때에 회사에 도착할 수가 없어. 어쩌지?

상태·상황

"好的开始是成功的一半。"
좋은 시작은 성공의 절반이다.